전근대 일본유통사와 정치권력

국립중앙도서관 출판시도서목록(CIP)

전근대 일본유통사와 정치권력: 선사·고대·중세편/
박경수 지음.
 ― 서울 : 논형, 2012
     p. ;   cm

ISBN 978-89-6357-411-0 94910 : ₩35000

일본사[日本史]
유통 경제[流通經濟]

913-KDC5
952-DDC21   CIP2012005236

전근대 일본유통사와 정치권력

선사 · 고대 · 중세편

박경수 지음

전근대 일본유통사와 정치권력
선사 · 고대 · 중세편

초판 1쇄 인쇄 2012년 10월 15일
초판 1쇄 발행 2012년 10월 25일

지은이 박경수
펴낸곳 논형
펴낸이 소재두
등록번호 제2003-000019호
등록일자 2003년 3월 5일
주소 서울시 관악구 성현동 7-77 한립토이프라자 6층
전화 02-887-3561
팩스 02-887-6690
ISBN 978-89-6357-411-0 94910

값 35,000원

서론

1. 왜 유통사인가?

상업이란 생산된 물자를 상인이 개입하여 소비자에게 상품으로 판매하고 이윤을 취득하는 생업 유형을 가리킨다. 그러나 유통이란 상인의 개재(介在) 여부와는 상관없이 생산자와 소비자 혹은, 생산자 상호 간에 물자가 직거래되는 행위까지도 포함하므로 상업에 비해 보다 포괄적인 의미를 지닌다.[1] 본서에서 논하는 선사시대의 증여와 호혜적 교역, 고대사회에서 흔히 관찰되는 조세의 재분배에 바탕을 둔 재정적 물류 등은 기본적으로 상인이 개입하지 않는 유통형태이다.

또한 전근대사회의 물자유통에는 토지, 노동력, 재배방식, 가공기술 등 생산에 수반되는 각종 조건뿐만 아니라 생산된 물자에 대한 보관과 수송, 당대의 보편적 기호, 소비재로서의 유용성과 물가, 정치권력의 시장관 등 다양한 요인이 복합적으로 작용한다.[2] 그러므로 이러한 인간의 경제활동을 총체적으로 파악하기 위해서는 생산에서 최종 소비에 이르는 유통의 전 과정에 내포된 다양한 인간관계로까지 연구영역을 심화, 확장시킬 필요가 있다.[3] 하지만 종래 역사학의 시선은 주로 생산을 둘러싼 문제에만 주목해왔다.

위와 같은 시각에서 보면 상인의 상업활동만으로 영역을 국한시킨 기존

---

1) 楠木謙周, 「商人と商業の發生」, 櫻井英治·中西聰 편 『新體系日本史12 流通經濟史』, 山川出版社, 2002, 81쪽; 石井寬治, 『日本流通史』, 有斐閣, 2003, 2~3쪽.

2) 春田直紀, 「モノからみた15世紀の社会」, 『日本史研究』 546, 2008을 참조하여 작성함.

3) 櫻井英治·中西聰 편, 앞의 책 『新體系日本史12 流通經濟史』의 「序」 p. ii를 일부 참조하였음.

상업사로서는 물자 순환의 전 과정을 통시대적으로 다루기가 불가능하다. 따라서 근년 일본 역사학계에서는 유통사 또는 유통경제사라는 분류 개념을 일반적으로 사용한다. 이는 중개자로서 상인이 개재되지 않는 경우까지를 포괄해서 유통경제의 통시대적인 변화과정을 살피고 유통기구의 변천을 구조적으로 추적함으로써 생산력, 생산관계를 중심으로 한 기존 진보사관의 패러다임을 보완하려는 학문분야라고 할 수 있다. 본서에서 유통사란 개념을 도입한 것은 이런 맥락에서이다.

2. 내재적, 관계론적 관점의 중시

각각의 시대는 말할 필요도 없이 그 자체로서 분절적으로 존재하는 것이 아니다. 크고 작은 단절을 경험하면서도 이전 시대의 필연적 소산으로서 그 연장선상에 놓여 있는 것이다. 일례로써 우리가 잘 아는 명치유신 후 일본의 자본주의화와 제국주의화 과정을 서구로부터의 충격, 국제정세의 추이라는 외재적 관점만으로 접근하려는 자세는 온당치 못하다. 어떠한 외인(外因)도 그 사회 고유의 복잡다기한 내인(內因)을 경유하지 않고서는 자신을 관철할 수 없기 때문이다. 그러므로 본서와 같이 유통의 역사를 고찰하는 경우도 일차적으로는 전근대 일본사회의 내부로부터 형성된 다양한 경제적 스펙트럼을 검증하는 내재적 관점이 대단히 중요하다.

단, 과거 일본의 역사학계에서는 일본사를 여타 아시아 각국의 역사와는 이질적이며 서유럽사의 단계적 발전에 비견할만한 비유럽세계의 유일한 사례로서 높이 평가하는 경향이 강했다. 하지만 근년에는 이런 탈아론적 연구사조에 대해 학계 내부로부터 자성론이 강력히 제기되고 있다. 즉, 일본사를 아시아사 속의 한 지역사로 자리매김하고 특히 동아시아사의 보편성이란 기반 위에서 그 개성적인 측면을 추구하는 쪽으로 패러다임을 전환한 것이다.

이런 시각에서 보면 유통사는 자기폐쇄적인 틀 안에 갇혔던 종전의 일본사를 개방적인 교류의 장으로 이끌어낼 수 있는 아주 적절한 학문분야라 할 수 있다. 집단의 안과 밖을 연결 짓는 것이 유통의 본질이며, 나아가서 내셔 널리즘을 초월하여 국가라는 테두리에 얽매이지 않는 연결망사회의 복합체 로서 세계를 파악하려는 관점이야말로 유통사에서 대단히 중대한 의미를 지니기 때문이다.[4] 본서에서는 일본사의 내재적 관점을 중시하는 동시에, 일본열도를 중심으로 한 동아시아권의 광역적인 유통망에 대해서도 깊은 관심을 기울일 생각이다.

3. 유통경제와 정치권력

유통사의 전면적인 검토를 위해서는 생산과 소비는 말할 필요도 없고 양 자의 연결고리로써 물류와 교통, 화폐, 상인 및 시장과 도시, 금융, 물가와 소비자의식 등등 유통과정에 관련된 모든 분야를 종합적으로 다루지 않으 면 안 된다. 그런데 전근대사의 경우, 유통사의 수많은 대상 영역 가운데서 도 가장 중요한 의미를 지니는 것은 실은 경제 외적 범주에 속하는 정치권력 과의 상관관계이다. 특히 고대국가 이후의 일본 전근대사회는 시대를 거슬 러 오를수록 조세 상품화에 기반을 둔 정치권력의 재정적 물류가 유통경제 를 주도한 측면이 강하다. 그러므로 상인의 주요 활동무대인 시장적 물류는 당대 권력체계의 성격, 재정 및 유통정책과 긴밀히 연동될 수밖에 없었다. 따라서 본질에 있어 대립적이면서도 현실에서는 상하종속적인 협조체계를 영위하는 재정적 물류와 시장적 물류의 관계는 전근대 유통사에서 반드시 짚고 넘어가야 할 중대한 논점이라고 할 수 있다.[5]

---

4) 櫻井英治·中西聰 편, 앞의 책 『新體系日本史12 流通經濟史』의 「序」 p. iii.
5) 豊田武·兒玉幸多 편, 『流通史 I』, 山川出版社, 1969의 「まえがき」와 「序章」 1쪽; 足立啓 二, 「東アジアにおける錢貨の流通」, 『アジアのなかの日本史III 海上の道』, 東京大学出版会, 1992, 89-90쪽 등을 참고하였음.

근현대 자본주의의 경우 이윤의 무한증식을 최선의 가치로 삼는 시장, 자본의 끝없는 탐욕을 적절한 선에서 통제하여 성장과 분배의 균형을 도모할 수 있는 국정운영의 기본 정신은 정치 지도자에게 필수 불가결한 덕목이다. 하지만 극히 다양한 여러 동인이 복잡하게 뒤얽힌 시장경제 및 금융을 정치가 완벽히 통제한다는 것은 애당초 불가능한 일이다. 반면, 시장경제가 미성숙한 전근대사회의 경우는 일견하여 정치권력이 자신들의 지배체제를 유지, 보전하기 위해 유통경제를 비교적 수월히 장악하고 통제한 것처럼 보이는 측면도 있다.

실제로 패전 후 일본 역사학계를 주도한 마르크스주의 역사학은 전근대 일본사에서 정치체제와 유통경제 발전이 상극을 이루었으며, 권력은 체제 안정을 위해 유통경제를 강력히 통제했다고 보는 시각이 일반적이었다. 그러나 중농주의를 기조로 하며 아직 전문적인 경제관료가 육성되지 않았거나 막 태동했을 뿐인 단계에서 끊임없이 확대되는 시장적 물류에 대해 실제로 정치권력이 그 전모를 파악하고 통제와 조정을 가하는 데는 큰 한계가 있을 수밖에 없었다. 본서의 범위를 벗어난 이야기지만 전근대 일본사의 마지막 단계에 들어서서도 정치권력은 시장을 장악하기 위해 유통정책의 실질적인 측면을 통제 대상인 상업자본의 시장지배력에 의존해야만 했다.

위와 같은 관점에 입각하여 본서에서는 전편에 걸쳐 유통경제와 정치권력의 상관관계에 천착할 것이다. 목차를 통해 쉽게 알 수 있듯이 고분시대 이후 본서의 구성은 시대별 권력체계와 재정 변화를 먼저 다루었다. 본서의 제명을 '전근대 일본유통사와 정치권력'으로 한 것도 이러한 이유에서이다.

4. 연구방법과 범위

필자는 과거 에도시대 미쓰이가(三井家), 센다이번(仙台藩)의 상인조직을 대상으로 다량의 미간행 일차사료를 실증 분석하여 독자적인 소결론에 도달하는 방식의 연구논문을 주로 발표해왔다.[6] 그러나 근년에는 이런 자신의 기존 연구에 대해 방법론적 회의를 느끼고 있다. 정치한 개별 연구(monograph)가 그 자체로서 학술적 의미를 지닌다 해도 결국은 일본인 연구자들에 의한 자국사 연구와 동질적인 작업에 지나지 않으며, 필자의 기량에 연유하는 바가 크겠으나 개별 연구만으로는 일본사에 대한 통시대적 안목을 확보하기가 지난한 문제라는 자성 때문이다.

주지하다시피 일본 역사학계는 자국사의 거의 모든 분야에 걸쳐 양질의 연구업적을 매년 천 여 편씩 쏟아내는 동시에, 각 분야별로도 기존 연구사에 대한 첨예한 문제제기가 지속적으로 이루어지고 있다. 역사적으로 밀접한 연관을 가진 인접국의 일본사 연구자로서 이러한 일본 학계의 동향을 예의주시하면서 어떤 나름의 연구시좌를 확보하느냐는 점은 필자에게 대단히 중요한 문제이다.

한편으로, 1990년대 이후 한국의 일본사 연구는 그전까지의 자국 중심, 관계사 중심이라는 협소한 역사관을 지양하고 일본사를 독자적인 연구영역으로 부상시켜 일본 역사학계의 수준과 관심을 반영하는 다양한 주제를 추구해왔다. 그러나 상당한 양적, 질적인 발전에도 불구하고 국내 일본사 연구는 시급히 보완해야 할 몇 가지 문제점을 내포하고 있다.[7] 그 가운데서도 일본적인 연구방법론을 그대로 답습하여 정교하지만 주제별로 고립된 실증 연구에 함몰함으로써 보다 거시적인 안목으로 일본사를 조감하고 이를 비교사적 연구로까지 심화하려는 노력이 별반 보이지 않는 점은 심각한 반성이 요구된다고 하겠다.

---

6) 그간의 연구를 소묘하면 다음과 같다. 박경수, 「商家同族団の組織と理念」, 『民族学研究』 54-3, 1989; 동, 「巨大商人資本と幕藩権力」, 『日本歴史』 502, 1990(이상, 미츠이가); 동, 「仙台城下における株仲間の成立」, 『歴史』 77, 1991; 동, 「仙台藩の流通政策と地域経済圏」, 渡辺信夫 편 『近世日本の生活文化と地域社会』, 河出書房新社, 1995; 동, 「江戸時代 商人의 移住와 領主支配」, 『日本歴史研究』 6, 1997; 동, 「城下町の商業特権と藩政」, 日本國立史料館 『史料館研究紀要』 34, 2003(이상은 센다이번) 등.

7) 역사학회, 『歴史學報 한국역사학계의 회고와 전망』 중 일본사 부분 참조.

이번 작업은 위와 같이 필자 개인과 소속 학술집단의 종래 연구방법에 대한 나름의 회의에서 출발했다. 본서는 전근대 일본유통사를 1부 선사 · 고분시대, 2부 고대, 3부 중세로 구성한다. 그 각각에 대해서는 유통경제와 정치권력의 상관관계를 토대로 하여 가급적 장별로 주제를 설정하고자 노력했으며, 각 장의 소주제별로 일본 역사학계의 최신 연구성과와 문제의식을 광범위하게 섭렵하면서 전체를 통해 전근대 일본유통사의 총체적, 시계열적인 이해에 접근하는 것을 목표로 삼았다.

애초에는 명치유신 이전까지의 전근대 유통사를 모두 포괄할 계획이었으나 고대, 중세의 방대한 선행 연구를 섭렵하는 일만으로도 시간적으로 큰 어려움을 느꼈기에 에도시대에 대해서는 다음 기회로 미룰 수밖에 없었다. 또한 일본 측의 연구성과를 소화하고 정리하는 데 급급함으로써 관련 주제에 대한 한국역사학계의 성과를 거의 참고하지 못했다. 따라서 본서는 필자에게 하나의 시금석이긴 하지만 많은 반성자료를 남긴 미완의 작업결과임이 분명하다. 끝으로 필자가 일일이 검토하지 못한 선행 연구도 그 존재와 연구사적 의미가 확실하다고 판단되면 동학들의 참고를 위해 각주에 게재했음을 밝힌다.

본서의 내용과 관련하여 이미 발표한 졸고는 아래와 같다. 각각의 원고에 대해서는 본서의 편제와 취지에 맞춰 부득이 약간의 첨삭을 가했다.

① 「선사시대 일본열도의 유통과 생업」, 『日本語文學』 32, 2006(본서 1부의 1장)
② 「야요이시대 일본열도의 생업과 유통」, 강릉원주대학교 인문학연구소 『人文學報』 31, 2006(1부의 2장)
③ 「古墳時代의 유통과 생업」, 한국인문과학회 『人文學論叢』 7, 2008(1부의 3장)
④ 「고대 일본의 유통경제와 국가재정: 재분배 실물공납경제에서 유통경제로」, 『동북아문화연구』 22, 2010(2부의 1~2장)
⑤ 「중세 일본의 宋錢 유통과 撰錢令」, 『日本歷史研究』 34, 2011(3부의 4장)

차례

일러두기

1. 고대, 중세 등 시대구분 명칭은 일본사의 시대구분에 따름.

2. 연도는 서력(연호) 순으로 표기하며, 복수의 국가가 관련된 경우는 해당 연호를 병기함. 남북조내란기의 연호는 남조·북조 순.

3. 사료의 용어를 그대로 사용한 때는 ' '를, 재출(再出) 이후는 ' '를 생략함. 학술용어는 문맥 이해를 위해 필요한 경우를 제외하고는 ' '를 생략함.

4. 일본사의 인명, 지명, 연구자명은 일본어 발음(한자) 순으로 표기하고 재출(再出) 이후는 한자를 생략함.

5. 한글 한자어만으로 의미가 통하는 지명, 제도의 명칭 등은 가급적 한자의 한글 독음으로 표기함.

6. 각주의 '논문'은 학술잡지에 실린 연구를, '논고'는 학술서적에 실린 연구를 가리킴.

1부
선사 · 고분시대의 생업과 재분배유통구조

메소포타미아에 민간상인이 출현한 기원전 2000년경이 일본열도는 조몬시대(繩紋時代)의 후기로 들어서는 무렵이며,[1] 중국에서 민간상인이 왕성하게 활동을 전개한 진한대(秦漢代)는 일본열도의 야요이시대(彌生時代)에 해당한다.[2]

야요이시대 전기인 기원전 2세기 말 이후 북부 규슈(九州)에는 청동 거울을 비롯한 전한(前漢)의 문물이 유입되었다. 같은 시기 북부 규슈와 혼슈(本州) 서단 지역 족장층의 묘지에서는 한반도 남부로부터 유입된 석기, 청동기 등도 확인되고 있다. 게다가 야요이시대부터 본격적으로 시작된 수전도작(水田稻作)을 중심으로 한 식량생산은 일본열도가 문명단계로 진입하는 경제적 기반이 되기도 했다. 이렇게 조몬시대가 끝나고 신석기와 초기 철기문명이 겹치는 야요이시대로 진입한 무렵은 대륙과의 교류가 급격히 증가하여 일본열도에 엄청난 영향을 미친다. 일본열도에서 인류사 보편의 신석기혁명에 상당하는 획기적인 변화가 일어난 것은 바로 이 야요이시대라고 할 수 있다.[3] 신석기혁명에 관해서는 본문 중에 후술할 예정이다.

물자, 정보, 기술 등을 포괄하는 의미로서 재화의 유통이란 동서고금을 막

---

1) 繩文時代는 토기의 출현 이후인 기원전 1만년부터 기원전 4세기까지로 보는 것이 일반적이다. 이는 다시 토기의 형식 분류를 중심으로 크게 草創期(지질학적으로는 更新世 말기)·早期·前期·中期·後期·晩期의 6기로 구분된다.

2) 彌生時代는 대개 기원전 4세기부터 기원후 3세기까지의 약 600년간에 해당하며, 이를 다시 前期(BC 4C~BC 2c)·中期(BC 1C~AD 1c)·後期(AD 2~3c 후반)로 구분한다.

3) 大貫靜夫,「日本と大陸の交流」,『東アジアと日本の考古學Ⅲ』, 同成社, 2003.

론하고 인간 생존을 위한 필수 불가결한 행위이다. 물론 조몬과 야요이 어느 쪽이든 이 시기 일본열도는 민간상인은 물론이고 국가권력도 미성립 상태였음이 분명하다. 하지만 상인과 상업이 아직 성립하지 않았다고는 해도 조몬, 야요이시대의 일본열도에 재화의 유통실태가 존재한 것은 자명한 사실이다. 다만 그것이 언제, 어떤 방식으로 전개되었는가에 관해서는 열도 내에 문헌사료가 전혀 존재하지 않던 시대인 만큼 주로 고고학적인 성과에 의존할 수밖에 없다.[4] 고고학적으로 본 선사시대 인류의 사회적인 행동은 그 대부분이 광의의 유통행위로 이루어진다. 그리고 물자가 유통하는 현상의 규명은 당시의 정치, 경제, 사회시스템을 파악하는 데도 중요한 단서를 제공해준다.

야요이시대가 종료된 3세기 후반 혹은, 4세기 초반~7세기를 일본사에서는 보통 고분시대(古墳時代)라고 칭한다.[5] 홋카이도(北海道)와 혼슈 북단, 혼슈의 나머지 대부분 지역 및 시코쿠(四國)와 규슈, 오키나와(沖繩), 이 세 지역은 원래 조몬시대까지는 동일하게 발달한 수렵채집경제의 단계였을 것으로 추정된다. 이 가운데 열도 중심부에 해당하는 혼슈, 시코쿠, 규슈 일대는 야요이시대에 들어 수전도작이 도입되면서 농경 위주의 생업이 확대되었다. 그런데 이 세 지역이 완전히 공통성을 상실하고 각각의 사회발전이 분기하게 된 것은 고분시대부터이다.[6] 고분시대는 왕권과 각지의 유력한 수장

---

4) 고고학적 연구에서 유통분야는 일견 간단해 보이지만 실은 해석이 가장 어려운 부분이므로 개념상 혼란을 피하기 위해 먼저 용어의 정의를 명확히 해둘 필요가 있다. 일반적으로 交換은 서로 주고받는 호혜적 행위 그 자체를 의미하지만, 交易은 서로 등가라고 인식하는 물자를 교환하거나 화폐를 매개로 한 상업적 거래를 의미한다. 다만 고고학적으로는 어떤 물자의 상호교환 혹은, 교역을 명백히 증명하는 일이 사실상 불가능하다. 자가 소비를 상회하는 특정 물자의 생산이나 회소가치를 지닌 물자가 원격지로 운반된 잔존 상황 등을 통해 때로 그것이 교역을 목적으로 했거나 또는 그 결과임을 추측할 수 있을 뿐이다(이상은 設樂博己, 「彌生時代の交易·交通」, 『考古學による日本歷史9 交易と交通』, 雄山閣, 1997, 41쪽). 이에 대해 流通은 교환, 교역을 포함하여 사람·물자·정보·사회적 관계 등이 교류하는 현상의 총칭으로 사용된다. 본장에서는 위와 같은 고고학의 자료적 한계에 입각하여 교역의 기초가 되는 생산과 유통문제를 주로 다룬다.

5) 古墳時代는 고분의 축조 상황을 중심으로 하여 前期(3세기 말~4세기 중엽)·中期(4세기 후엽~5세기 중엽)·後期(5세기 후엽~6세기 말 혹은, 7세기 초)로 구분한다.

6) 都出比呂志, 「國家形成の諸段階」, 『歷史評論』 551호, 1996.

층을 중심으로 열도 안팎의 갖가지 기술, 지식, 정보가 집적되고 수공업이 상당히 빠른 속도로 발전한 시대였다.

이상과 같은 선사, 고분시대에 대한 개괄적 이해를 바탕으로 하여 여기서는 유통사와 관련해서 다음과 같은 과제를 설정했다.

첫째, 선사시대에 관해서는 먼저 일반적 시대구분론과 함께 이 시대 일본 열도의 지역적 특수성에 관한 선행연구의 논점을 정리한다. 다음으로 20세기 서양 고고학의 방대한 연구성과 중에서 특히 유통문제에 초점을 맞추어 기존 연구사를 간략히 소개하고, 이를 바탕으로 하여 후기 구석기시대와 조몬시대 일본열도의 유통과 생업 그리고 사회적 분업의 전개과정을 고찰한다.

둘째, 야요이시대 수전도작을 기반으로 열도 각지에 형성된 촌락은 결코 일반의 선입견처럼 자급자족적이자 폐쇄적인 소세계가 아니었다. 그것들은 처음부터 외부로부터 다양한 물자를 공급받아 성립하였으며, 지역에 따라서는 수장제(首長制)로 이행하는 재분배유통구조의 조짐도 확연히 모습을 드러낸다. 본장에서는 이러한 야요이시대 일본열도의 수공업생산과 사회적 분업을 정치권력의 생성 및 전개와 관련지어 다각도로 검토한다.

셋째, 소위 전방후원분체제를 중심으로 한 고분질서 및 왕권의 성립과 변천과정, 그것을 기반으로 하여 이루어진 고분시대 각종 물자의 생산·유통과 한·왜 교류 등을 전기, 중기와 후기로 나누어 시기별로 검토하고, 나아가서 그러한 모든 사항을 포괄하는 일본열도의 고대국가 형성에 대해 학계의 현재 입장을 정리해보기로 한다.

일본열도에 관련된 문헌사료에서 장시(場市)와 물자 유통에 관한 기록이 조금씩 나타나는 것은 고분시대부터이다.[7] 그러나 고분시대라 해도 극소량에 불과한 문헌사료만으로 당시의 유통사를 제대로 검토하는 일은 불가능하다. 여기서는 가능한 한 문헌사료에 대해서도 언급하겠지만, 주로 일본 고고학계의 근년 연구성과를 중심으로 논의를 진행해보고자 한다.

---

7) 平野邦雄, 「第1章 古代の商品流通」, 豊田武·兒玉幸多 編『流通史Ⅰ』, 山川出版社, 1969, 17쪽.

선사시대 일본열도의 유통과 생업

1. 세계사의 선사시대와 일본열도

일본열도의 형태가 지구상에 모습을 드러낸 것은 약 200만 년 이전으로 추정되며, 그 후로도 해수면 상승과 하강이 거듭되면서 열도 주변의 형태는 큰 변동을 겪은 것으로 보인다. 특히 약 70만 년 전의 민델빙하기와 약 20만 년 전의 리스빙하기에는 해수면이 하강함으로써 한반도와 북부 규슈, 홋카이도와 시베리아 사이에 육교가 출현하고 큰 동물이나 사람의 왕래가 가능해졌다. 그 후 약 2.5~1.6만 년 전의 최종 빙하기에도 해수면이 하강한다. 이때는 열도 주변에 좁은 해협들이 만들어지는데, 대한해협과 쓰시마해협은 폭 12~15km에 수심 10~30m의 좁은 수로가 길이 150km 이상에 걸쳐 형성되었다. 약 1.3만 년 전부터는 한난의 교체가 격심해지고 1만 년 전쯤에 이르러 최종 빙하기가 끝나면서 지구 전체가 안정적이고 지속적인 온난기를 맞이한다. 이때를 전후하여 열도 주변의 해협도 그 규모가 지금과 같이 확대되었다.[1]

---

1) 松藤和人,「日本列島の舊石器時代」, 歷史學硏究會 · 日本史硏究會『日本史講座1 東アジアにおける國家の形成』, 東京大學出版會, 2004; 今村啓爾,「日本列島の新石器時代」, 같은 책『日本史講座1 東アジアにおける国家の形成』.

물론 해협이 육로를 통한 사람과 동식물의 이동을 저해한 것은 사실이지만 문화적인 접촉과 교류가 완전히 단절되는 것은 아니다. 해협이 형성된 후에도 일본열도는 북으로는 홋카이도 북쪽의 소야(宗谷)해협을 사이에 두고 사할린과 시베리아로 연결되며, 남쪽의 규슈는 대한해협을 거쳐 한반도로 통했다. 그리고 해협을 통해 비의도적 혹은, 때로 의도적인 내왕이 지속되는 한편으로 열도 내부에서는 대륙과는 구별되는 문화가 서서히 움트기 시작한다.

검인정제도를 취하고 있는 일본의 역사교과서들은 대체로 구석기, 신석기, 청동기, 철기시대와 같이 선사시대 세계사의 보편적인 시대구분과 더불어 선(先)토기, 조몬, 야요이시대와 같은 일본열도만의 독자적인 시대 명칭을 병용한다. 그런데 실제로 이 양자의 대응관계는 전문 고고학자들 사이에서도 의견이 분분한 극히 어려운 문제이기도 하다. 가장 중요한 문제는 선사시대 연구를 주도해온 서양 고고학의 경우 신석기시대가 마제석기·토기와 같은 도구 사용에 더하여 농경, 목축에 의한 식료생산경제가 시작된 시대로 정의되고 있다는 점이다. 특히 근년에는 식료 생산이 인류문명의 획기적 발전에 중요한 역할을 수행했다는 인식 하에 식료생산경제를 신석기시대를 가늠하는 가장 명확한 지표로 인정하는 추세이며, 이런 인식에 근거하여 신석기혁명이란 용어까지 사용된다.

일본열도의 경우 조몬시대 초창기까지는 토기를 보유한 구석기시대에 속한다. 그리고 예전에는 신석기시대로 간주해온 조몬 조기까지도 신석기문화의 보편적인 현상으로 일컬어지는 농경, 목축은 나타나지 않는다. 조몬 전기 이후 비로소 밤(栗)을 비롯한 각종 식용작물이 재배되고, 조몬 후기 말엽부터는 벼 재배가 확인되는 등 식료 생산이 행해졌다. 하지만 이때의 식료 생산은 서아시아 일원처럼 작물 종자를 이용한 계획적 재배에 기반을 둔 초원성 신석기문화와는 달리 주로 풍부한 온대 삼림자원을 수동적으로 이용하는 것이었다. 그 때문에 조몬시대의 식료 생산은 해당 지역 주민의 생활 안정에는 크게 기여했겠지만 열도 전체의 문명에 근본적인 변화를 초래한 것으로 평가하기 어렵다. 따라서 서양 고고학의 세계사적 시대구분과 결부시키면 조몬시대란 구석기 말기부터 중석기를 거쳐 신석기시대 초기까지 존속한 것으로 규정된다.[2]

일본열도가 문명단계로 진입한 경제적 기반은 야요이시대부터 본격적으로 시작된 벼를 중심으로 한 수전도작 농경에서 찾을 수 있다. 따라서 일본열도에서 신석기혁명에 상당하는 변화가 일어난 것은 이 시대로 보아야 한다. 그러나 도구 사용이란 측면에서 보면 야요이시대는 신석기도 청동기도 아닌 초기 철기시대에 해당한다. 선사시대 세계사의 보편적인 시대구분과 일본열도의 독자적인 시대 명칭 사이의 대응관계는 여전히 미해결상태인 것이다. 이런 점을 통해서도 야요이시대 일본열도가 외부로부터 충격으로 인해 대단히 급격한 변화를 겪었음을 짐작할 수 있다.

2. 서양 고고학을 통해 본 유통사의 제 단계

유라시아대륙의 동과 서에 위치하는 동양과 서양의 유통사를 비교하면 그 큰 흐름에는 무시할 수 없는 공통성이 내재되어 있음을 알 수 있다. 하지만 어떤 경우에도 생산과 유통은 자급자족에서 전업 생산을 거쳐 상업적 교역으로 발달하는 식의 단순한 변화는 아니며, 지역 및 집단에 따라 극히 다양한 양상을 띤다. 게다가 근년에는 앞서 본 예와 같이 서양 고고학에 입각한 선사시대의 일반적인 시대구분법이 동아시아의 특정 지역을 대상으로 한 연구결과와 상충되는 사례도 속속 보고되고 있다. 이러한 동서양의 각 지

---

2) 이상, 본문의 기술은 今村啓爾, 앞의 논문「日本列島の新石器時代」를 주로 참고하였음.

역별 연구성과를 상호 비교한다면 인류사를 고찰하는 데 대단히 유용한 효과를 기대할 수 있을 것이다. 다만 현 단계로는 20세기 후반 서양 고고학이 달성한 명쾌한 유적정보 추출 및 처리방법, 그 이론화의 성과와 견줄 만한 수준 높은 연구가 아직 동양권에는 많지 않은 듯하다.[3]

고고학에서 유통사라는 범주에 명확한 역사적 의의를 부여함으로써 연구의 출발점을 제공한 것은 20세기 전반에 주로 활약한 호주 출신 고고학자 차일드(Vere Gordon Childe, 1892~1957)이다. 그는 서양사를 통시대적으로 관찰하면서 이미 후기 구석기시대에 전문 공인(Specialized craftsmen)이 존재하여 특수한 위신재(威信財)만이 아니라 산해(山海)의 산물에 대한 항상적인 교역이 이루어졌고, 신석기와 청동기시대는 당초부터 위신재, 필수재의 광역적인 교역과 그것을 생업으로 삼는 사람들이 존재함으로써 이들이 그후 상인의 성립으로 이어진다는 등의 주장을 제기했다. 특히 그는 청동기시대 서남아시아에서 상인에 의한 상업적 교역이 활발했음을 강조하면서, 문자 발생 이전의 유럽에서도 도시문명과 밀접한 관계를 지닌 광범위한 교역관계가 발생한 것으로 추측했다. 그리고 서양 고대문명의 클라이맥스인 철기시대와 로마시대를 거쳐 기원후 3세기 이후에 도시와 교역이 일단 쇠퇴하며, 이어서 교회와 수도원을 중심으로 다시금 중세적인 도시 및 교역이 발달한 것으로 파악했다.

20세기 후반에 들어 고고학적 발굴자료의 비약적인 증가와 더불어 자연과학적인 산지추정법이 진전되면서 유통사 연구를 위한 각종 정보의 축적이 활발해진다. 특히 선사시대도 고대사회에 필적할 정도의 유통현상이 존재했다는 사실이 속속 밝혀짐으로써 선사문명에 관한 인식의 전환이 필요한 단계로 접어들었다.

---

3) 宇野隆夫,「西洋流通史の考古學的研究 -イギリス考古學の研究動向から-」,『古代文化』48-10, 1996.

차일드 이후 유럽 고고학을 주도한 것은 영국인 학자 랜프류(Andrew Colin Renfrew. 1937~)이다. 그는 지중해의 에게해역과 서아시아 일대의 흑요석(黑耀石) 유통을 소재로 삼아 원산지에서 출토 지점까지의 거리와 출토된 중량의 상관관계를 유형화함으로써 물자가 원활히 유통된 1차 유통권(Contact Zone)과 유통량이 가속적으로 감소하는 2차 유통권(Fall-off Zone)이 존재함을 밝혀냈다. 또 2차 유통권을 세분하여 호혜적 교역, 위신재 교역, 중개인 교역, 거점적 교역으로 분류하기도 했다.[4] 또한 차일드 이후로는 고고학적인 현상 혹은, 그 현상을 잉태한 사회시스템을 해석하는 정보원으로서 민족학, 문화인류학 등에 대한 관심이 높아졌으며 이와 동시에 문헌사학도 고고학 발전에 큰 힘을 보탰다. 이러한 기반 위에서 랜프류는 고고학, 민족학, 문헌사학의 성과를 종합하여 아래와 같은 10단계 유통형태론를 제기했다.

① 직접적 획득(Direct Access): 개인, 집단이 원산지에서 물자를 직접 입수함으로써 교환의 과정을 거치지 않는 것.

② 방문교역(Home Base Reciprocity): 개인, 집단이 물자를 소유한 집단의 거주지를 방문하여 교환에 의해 입수하는 것.

③ 경계역 교역(Boundary Reciprocity): 집단 간의 경계지점에서 상호 교환을 행하는 것. 교환자가 얼굴을 마주하지 않는 침묵교역도 포함된다.

④ 연쇄교역(Down-the-Line): 인접한 집단 간에 ②, ③ 형태의 교역이 연쇄적으로

---

4) 호혜적 교역: 서아시아 신석기시대의 흑요석과 같은 석기 원재료와 소금·어패류·모피류 등을 비롯한 식료 및 의복재료를 중심으로 하여 인접한 개인, 집단 간의 지연과 혼인관계를 기초로 한 상호 수혜적인 물품교환이 연쇄함으로써 이루어진다. 세계사의 '원시적'인 종족 사례에서 보편적으로 관찰된다.
위신재 교역: 유럽 신석기시대의 지중해산 조개 장신구 교역과 기원전 2천년기의 琥珀 교역 그리고 동아시아권의 硬玉 교역 등을 들 수 있다.
중개인 교역: 각지를 순회하는 상인을 매개로 한 교역을 가리킨다. 지중해 청동기시대 후기의 교역과 페니키아의 교역 등이 그 사례이다.
거점적 교역: 특정 지역을 거점으로 한 교역으로 서아시아 신석기시대의 흑요석 유통, 동지중해 청동기시대 후기의 금속무역 등이 있다.

이루어지는 것. 사람의 장거리 이동 없이 물자가 광역적으로 유통된다.

⑤ 재분배유통(Central Place Redistribution): 힘, 권위를 배경으로 한 특정 인물 또는 집단이 일방적으로 물자를 소유하고 재분배하는 것.

⑥ 시장교역(Central Place Market-Exchange): 특정 장소에 여러 종류의 교환재를 가진 상인과 소비자가 모여들어 상호 교환하는 것.

⑦ 중개인 교역(Middleman Trading): 상인적인 성격을 띤 사람이나 집단이 생산자와 소비자 사이에 개입하여 장거리에 걸친 교역을 행하는 것.

⑧ 파견교역(Emissary Trading): 사절을 파견하여 교역을 행하는 것. 본질은 앞의 ②와 별반 다르지 않지만 국가적인 조직과 외교를 배경으로 한다.

⑨ 조계(租界)교역(Colonial Enclave): 식민지 또는 교역거점으로서 조차지를 형성하여 사절을 파견해서 교역을 행하는 것. 국가의 직접적인 힘을 배경으로 한다.

⑩ 자유거점교역(Port-of-Trade): 국가를 포함한 복수 집단이 사절을 파견하여 교역을 행하지만 교역장(交易場) 자체는 어느 집단에도 속하지 않는 것.

위 10단계 유통형태 중 ②~④는 대개 호혜적 교역에 속할 것이며, ⑥~⑩은 상인과 화폐가 개재되는 상업적 교역에 해당하는 것으로 볼 수 있다. 양자의 중간점에서 연결고리 역할을 하는 ⑤ 재분배유통은 수장제사회(首長制社會)의 일반적인 지표라고 할 수 있는데,[5] 도시 및 국가의 형성기에 현저히 강화되는 점이 특징적이다. 강대한 권력에 의한 강제적인 재분배유통은 분업적인 사회조직과 유통관리기구의 재편성을 통해 ⑥~⑩과 같은 상업적 교역을 파생, 발달시키는 경우가 많다. 예를 들어 최초의 성숙한 도시로 평가되는 기원전 4천년기 후반 메소포타미아의 신전경제도시(神殿經濟都市)는 공권력에 의해 강제적으로 형성된 공방처럼 수공업 생산의 재분배유

---

5) 재분배유통의 대표적인 형태는 宗敎材, 威信材나 우수한 석재 가공품 등을 일방적으로 배포 또는 賜與함으로써 그 반대급부로 사회적 지위, 외교적 상하관계 등 비물질적 가치를 획득하는 경우이다. 이는 결과적으로 집단 내부나 집단 간 관계에 있어서 가장권, 수장권, 왕권 등을 강화하는 역할을 한다. 반면에 보호받을 수 있는 종속적인 지위를 얻기 위해 물질적 가치를 제공하는 것이 貢納이며, 그 가장 발달된 형태가 국가의 징세시스템이라고 할 수 있다.

통기구가 상인이 활약하는 교역장과 같은 상업적 교역기구와 결합함으로써 성립될 수 있었다. 서양사에서는 이러한 재분배유통과 상업적 교역의 상관관계가 이후 역사를 움직인 원동력이 되었던 것으로 보이는 사례가 많다. 재분배유통과 상업적 교역은 서로 의존하거나 경합하지만 중앙집권이 강화되면 재분배유통 쪽이 강해진다. 상업적 교역이 활성화되기 위해서는 재분배유통으로부터 탈피할 수 있는 사회정세의 변화 즉, 영주층을 중심으로 한 신분적 지배의 와해와 동시에, 유통경제의 주역이 재분배유통에서 상업적 교역으로 전환되는 등의 전제가 필요하다.

위와 같은 랜프류의 고고학적인 유통이론에 대해 영국인 학자 호더(Ian Hodder, 1948~)는 고고 자료의 해석 결과를 시공을 달리하는 타민족에게까지 확대 적용하는 데 소극적인 자세를 취했다. 그는 오히려 민족학, 문헌사학 등에 의해 밝혀진 제 사례를 통해 인간집단의 행동이 대단히 개성적이어서 법칙적으로 해석하기 어렵다는 점을 중시했다. 나아가서 호더는 수치에는 많은 다양한 가치가 반영되어 있다고 간주함으로써 랜프류와 같이 출토 유적의 밀도와 비율 등에 의거하여 1차, 2차 유통권을 나누는 식의 주관적인 구분방법을 지양한다. 그리고 계량한 결과가 어떤 방법으로 전체에 통용될 수 있을지를 수학적으로 엄밀히 추구해서 그 결론에 대해 여러 가지 분석을 행함으로써 특정 물자가 광역적으로 유통되는 이유에 대해 가장 개연성이 높은 시스템을 규명하고자 했다.

랜프류와 호더의 연구성과는 각기 20세기 후반 서구의 프로세스 고고학(processual archaeology)과 이에 대한 학문적 반성에서 비롯된 포스트 프로세스 고고학(post processual archaeology)을 대표하는 업적이라 할 수 있으며,[6] 양자를 통해 고고학적 유통사 연구의 전체 수준이 높아진 점은 이론의

---

6) 프로세스 고고학이란 1960년대 후반 이후 미국을 중심으로 나타난 고고학의 새로운 사조를 말한다. 이전의 고고학이 문화의 편년과 그 전파과정을 증명하는 데 치중해온 것에 불만을 품

여지가 없다. 현재로서는 양자의 차이가 거의 해소되어 단지 연구자세 면에서 인류문화의 법칙성을 적극적으로 추구하느냐, 보다 신중하게 지역별 개인별 개성에 착목하느냐는 정도의 차이를 빚고 있는 것으로 보인다.[7]

3. 후기 구석기시대 석기·석재의 유통

일본열도의 후기 구석기시대에 관해서는 1946년 군마현(群馬縣) 이와쥬쿠유적(岩宿遺跡)의 발견 이후 현재까지 열도 전역에서 최종 빙하기 최한랭기를 중심으로 형성된 4,000개소 이상의 유적이 발굴 조사되었다.[8]

후기 구석기시대 일본열도 내에서는 동일 규격의 석기를 연속적으로 제작하는 기법이 성행하고 우량 석재가 상당히 광역적으로 유통되기 시작한

은 일단의 소장 고고학자들이 보다 과학적이고 法則定立的인 방법으로 고고학을 통한 인류문명의 복원을 지향했다. 그러나 이는 처음부터 인류학의 일부로서 발달해온 까닭에 인류문명의 일반법칙 정립에 중점을 둠으로써 개별 문화의 역사과정에 내포된 복잡함과 그 지역적, 시대적인 차이를 경시할 수밖에 없었다. 호더를 포함한 포스트 프로세스 고고학자들은 역사학으로서의 고고학이라는 입장에서 그 극복을 추구한 것이라고 할 수 있다. 都出比呂志,「考古學と社会」,『岩波講座 日本考古学』7, 1986, 35-37쪽; 朝日新聞社,『週刊朝日百科 日本の歴史 別册3 考古学への招待』, 1988, 3쪽.

7) 이상, 본문의 서양 고고학에 대한 서술은 주로 宇野隆夫 앞의 논문「西洋流通史の考古學的研究 -イギリス考古學の研究動向から一」, 동,「原始·古代の流通」,『古代史の論点3 都市と工業と流通』, 小學館, 1998에 의거함. 본문 중 차일드의 연구 원전은 Childe, V. G(1950), The urban revolution. *Town Planning Review*, vol. 21. 랜프류의 연구 원전은 Renfrew, C(1975). *Trade as action at a distance. In Ancient Civilisation and Trade*, edited by J.A. Sabloff and C.C. Lamberg-Karlovsky, University of New Mexico Press. 호더의 연구 원전은 Hodder, I(1991), *Reading the Past: Current approachs to interpretation in archaeology*, 2nd edition, Cambridge가 있다.

8) 松藤和人, 앞의 논문「日本列島の舊石器時代」. 그런데 지난 2000년 11월 5일『毎日新聞』에서 특종 보도한 宮城縣 上高森의 전기 구석기시대 유적날조사건은 비단 고고학계뿐만 아니라 일본사회 전체에 엄청난 충격을 던졌다. 일본고고학협회는 그 즉시「전·중기 구석기문제 조사연구특별위원회」를 설치하고 날조 당사자가 발굴조사에 가담한 33개소 유적을 중심으로 검증작업을 진행한 결과, 2002년 5월 그 가운데 30개소 유적에 대해 "학문적 자료로서의 요건이 근본적으로 결여되어 학술자료로 사용하는 것이 불가능"하다는 통일 견해를 발표했다. 日本考古學協會,『前·中期舊石器問題調査硏究特別委員會報告(II)』, 2002.

다. 그러면 이 시대 물자유통의 대략적 경향을 알기 위해 흑요석, 사누카이트(sanukite),[9] 경옥(硬玉. 비취)의 산지와 그 출토유적에 관해 살펴보자. 먼저 흑요석 산지는 혼슈의 관동에서 동북에 이르는 동일본지역과 홋카이도, 규슈 일대에 주로 분포하고 서일본에서는 거의 보이지 않는다. 반면에 사누카이트 산지는 주로 혼슈의 서일본지역에, 경옥 산지는 대개 관동과 서일본 지역에 분포한다. 일본열도로만 한정지어 보면 동일본의 흑요석은 직선거리 200㎞권 이내에서, 서일본의 사누카이트는 100㎞권 이내에서 유통하는 경우가 많은데, 이렇게 원격지산 석기·석재가 멀리까지 운반되어 광범위하게 유통되는 현상은 후기 구석기시대의 문화적 특질이라고도 할 수 있다.[10]

후기 구석기시대의 대표적인 유통물자인 흑요석의 경우, 홋카이도 다이세츠산계(大雪山系) 동북방 기슭에 위치한 표고 1,147m의 아카이시산(赤石山)은 매장량 수십억 톤으로 추정되는 열도 내 최대 규모의 흑요석 산지로 유명하다. 일대를 사행하여 오오츠크해로 유입되는 유베츠강(湧別川)과 그 지류 유역에는 90개소 이상의 구석기 유적이 존재하는데 이것들을 근처의 지명을 따서 시라타키유적(白瀧遺跡)이라 총칭한다. 유적의 일부 지역에 대해 1995년부터 7년간에 걸쳐 행해진 조사에서는 흑요석 유물 약 365만 점, 총 중량 약 8t 가량이 출토되었다. 그 중 끝이 날카로운 첨두기(尖頭器)를 중심으로 일정한 형태를 갖춘 석기류는 약 2.6만 점 정도이고 제작 시기는 주로 2.5만~1만 년 전 후기 구석기로부터 조몬시대에 걸친 것들이었다. 석기류를 제외한 나머지 흑요석 유물의 대부분은 석기 제작 시에 발생한 박편류(剝片類)와 쇄편류(碎片類)들이다. 이것들을 색깔별, 특징별로 분류하고 무

---

9) 명치시대 '사누키(讚岐)의 돌'이란 뜻에서 독일인 학자에 의해 명명됨. 조직이 치밀한 칠흑색의 安山岩으로 재질이 극히 단단하여 철기 도래 이전까지 석기의 소재로 사용됨. 讚岐는 四國의 香川縣 전역을 가리키는 옛 지명.

10) 宇野隆夫, 앞의 논문 「原始·古代の流通」, 164-165쪽의 지도; 松藤和人, 앞의 논문 「日本列島の舊石器時代」.

늬 등을 중심으로 같은 원석을 찾아서 이를 다시 상하·좌우·전후의 3차원
접합작업을 거친 결과 조합된 유물의 형태를 보면, 알맹이 부분의 완성된 석
기는 어디론가 사라지고 제작 때 발생한 조각들만 남은 중공상태(中空狀態)
가 됨을 알 수 있다.

　이 시라타키산 흑요석을 원석으로 한 후기 구석기시대의 석기 제품은 홋
카이도 내에서는 원산지로부터 약 350㎞ 남쪽 쓰가루해협(津輕海峽)에 면
한 유적에서, 열도 바깥으로는 360㎞ 북방인 사할린의 유적에서도 확인된
다. 그 후 조몬시대에 들어서면 시라타키산 석기는 쓰가루해협을 건너서
후술하는 혼슈 최북단의 아오모리현(青森縣) 산나이마루야마유적(三內丸
山遺跡)과 심지어 직선거리로 760㎞나 떨어진 니가타현(新潟縣)에서도 나
타나며, 북방으로는 러시아 연해주의 유적에서도 출토된다. 또 시라타키유
적 내부에서도 여타 지역을 산지로 한 흑요석제 석기와 재료가 출토되기도
했다.[11]

　특히 유라시아대륙과 일본열도를 잇는 지리적 요충지 중 하나인 사할린
에서는 시라타키산 흑요석제 석기를 포함한 선사시대의 유적이 다수 발견
되었다.[12] 이에 따르면 사할린에서 가장 오래된 흑요석제 유물 출토 유적은
원산지인 시라타키로부터 약 300㎞ 떨어진 사할린 남부의 유적으로 연대
는 약 2.3만 년 전쯤으로 추정된다. 이 당시 홋카이도와 사할린 사이는 빙
하로 인해 현재보다 130m 정도 해수면이 하강했기 때문에 육교가 존재했
다. 따라서 이 시대는 두 지역 사이에 항상적인 접촉이 있었음이 분명하다.
신석기시대 초기가 되면 시라타키산을 비롯하여 같은 홋카이도 내 오키도
산(置戶産) 흑요석이 약 1,000㎞ 떨어진 사할린 북단의 유적에서까지 나타

---

11) 長沼孝,「黒曜石の山·白滝遺跡群」,『科学』 72호, 岩波書店, 2002.
12) 佐藤宏之·ヤロスラフ V.クズミン·ミチェル D. クラスコク,「サハリン島出土の先史時
代黒曜石製石器の原産地分析と黒曜石の流通」,『北海道考古学』 38輯, 2002.

나고, 그로부터 초기 철기시대에 이르기까지 홋카이도산 흑요석은 사할린 전역에서 이용되었다. 즉, 사할린의 인간집단과 홋카이도 집단 사이에는 선사시대를 통하여 장기간에 걸쳐 흑요석을 중심으로 한 활발한 물류망이 존재한 것이다.

그런데 위와 같은 홋카이도산 흑요석의 유통은 당시 동아시아 전역에 걸쳐 펼쳐진 광역적인 물류망의 일부였던 것으로 보인다. 한반도 남해안에는 유명한 부산 동삼동(東三洞) 패총을 비롯하여 흑요석제 석기가 다량으로 출토된 선사유적들이 있다. 그 가운데는 돌톱(石鋸)처럼 규슈 서북지역의 사가현(佐賀縣) 고시다케산(腰岳産) 흑요석으로 추정되는 석재를 사용하고 형태상으로도 고시타케 주변의 것들과 구분이 힘든 석기가 포함되어 있다.[13] 또 백두산은 양질의 흑요석을 대량으로 산출한 원산지이다. 그 정확한 화학적 조성은 아직 밝혀지지 않았으나, 광복 전 교토대학(京都大學)이 함경북도 회령 주변에서 채집한 흑요석제 석기 자료와 화학적 조성이 유사한 것들이 러시아의 연해주 블라디보스토크에 가까운 유적군 등지에서 발견되었다. 게다가 주목할 만한 일은 아무르강 하류역에 위치한 유적에서도 회령 주변과 동일한 조성으로 보이는 흑요석제 석기가 검출되었다는 사실이다.[14] 회령 주변의 채집물이 백두산을 원산지로 한다는 기존 가설이 정확하다면 신석기시대 초두에는 직선거리로 1,500㎞를 넘는 지역에서 흑요석의 이동과 교역이 이루어졌다는 가정이 성립한다. 이처럼 적어도 후기 구석기시대 말부터 신석기시대 초두에 걸쳐 동아시아에서는 흑요석으로 대표되는 석재자원을 중심으로 현대인의 상상을 초월한 광역적인 물류망이 장구한 시간

---

13) 藥科哲夫, 「石器および玉類原材料の山地分析」, 『考古学と年代測定学・地球科学』, 同成社, 1999; 河 仁秀, 「東三洞貝塚と韓・日新石器時代の交流」, 『シンポジウム海峡を越えて -原の辻以前の先史時代の人と交流』, 龍田考古会, 2001.

14) 藥科哲夫・東村武信・佐藤宏之・Z.ラプシナ, 「石器石材の山地推定(18)」, 『日本文化財科学会 第15回大会 発表要旨』, 1998, 138-139쪽.

속에 형성되었을 가능성이 크다. 또한 이는 사람의 장거리 이동에 의한 것이 아니라 앞서 본 랜프류의 10단계 유통형태론 중 ④ 연쇄교역의 범주에 해당하는 사례일 것이다.

열도 내부에서도 후기 구석기시대 이래 외양의 도서지역에서 산출되는 흑요석을 구하여 혼슈로부터 사람들이 바다를 건넌 흔적이 보인다. 예를 들어 이미 3만 년 전 이즈제도(伊豆諸島)의 고즈시마산(神津島産) 흑요석이 남부 관동지역이나 시즈오카(靜岡) 등지에서 이용된 것이다. 고즈시마와 혼슈 사이는 해수면이 가장 저하한 것으로 보이는 최종 빙하기 최한랭기에도 최소한 50㎞에 걸친 바다가 가로놓였던 것으로 추정된다. 아마도 해변에 터전을 마련한 인간집단의 단거리 해상 왕래와 오랜 경험의 축적이 해상의 길을 형성하기에 이르렀을 것이다.[15] 다만 열도 내의 흑요석 이용은 극히 예외적인 경우를 제외하고는 외양 도항을 수반한 규모로 전개되지는 않았다. 후대 조몬시대의 경우도 이즈제도에서는 "시계(視界)에 들어오는 섬에 한하여 도해하는 경향"이 지적되므로,[16] 후기 구석기시대의 항해기술이 마치 먼 바다를 왕래할 만한 수준인 것처럼 비약되어서는 곤란하다.

사누카이트에 관해서도 간단히 살펴보자. 현재의 오사카부(大阪府)와 나라현(奈良縣) 경계지점에 위치한 후타카미야마(二上山)는 기내(畿內) 일원에서 유수한 사누카이트 원산지로 알려져 있다. 특히 북쪽 기슭은 1970년 이후 면밀한 답사가 이루어져 다수의 석기 제작지가 판명되었다. 이곳에서 북서쪽으로 약 4㎞ 떨어진 오사카부 하비키노시(羽曳野市) 스이쵸엔유적(翠鳥園遺蹟)은 근처 54개소로부터 집중적으로 풍부한 접합 자료가 출토된 후기 구석기시대의 석기 제작지로서 사누카이트 원석을 반입하여 분할, 박

---

15) 白石太一郞,「總論-交通·交易システムの變遷とその背景」,『考古學による日本歷史9 交易と交通』, 雄山閣, 1997, 14-16쪽을 참조함.

16) 橋口尙武,「海からの贈り物」,『海を渡った繩文人』, 小學館, 1999.

편 박리, 나이프형 석기제작 등을 일관 공정으로 행한 흔적이 뚜렷하다. 그 총량이 당해 유적의 석기 소비량을 크게 상회하는 점으로 보아 완성된 석기 의 대부분은 외부로 반출된 것으로 보인다. 일본열도의 후기 구석기문화에 지역색이 명료하게 드러나는 것은 바로 이 사누카이트라는 혼슈 서일본에 한정된 지역적인 석재를 사용한 나이프형 석기문화로부터라고 할 수 있다. 이는 열도 내부만이 아니라 동아시아 전체에서도 특이한 석기문화로 평가 된다.

이렇게 후기 구석기시대의 집락유적에서는 석기 및 석재가 보편적으로 출토된다. 다만 열도 전체로 보면 후기 구석기시대는 아직 석재를 직접 채취 하여 자가 소비하는 자급자족형이 주류였으며 앞서 언급한 흑요석 혹은, 사 누카이트의 예와 같이 광역적인 유통망의 형성이나 지역 분업적인 산출 · 가공 · 소비의 사례는 예외적인 경우에 불과하다. 이 점은 뒤이은 조몬시대 가 가공한 석기의 교역을 중심으로 하였던 것과는 질적으로 크게 다른 부분 이다.[17]

4. 조몬시대의 유통과 생업

1) 조몬과 야요이의 시대구분

일본열도에 인간의 정주가 보편적으로 확인되는 것은 대개 지금으로부터 9,500년 전인 조몬시대 조기부터이다. 다만 그 이전 조몬 초창기에도 지리 적 조건으로 보다 일찍 온대 삼림이 분포하게 된 남부 규슈의 1.2만 년 전 유 적에서는 열도 내 타 지역에 앞서서 수혈식 주거, 토기의 보편적 사용, 조몬

---

17) 이상, 후기 구석기시대의 유통에 관해서는 松藤和人, 앞의 논문 「日本列島の舊石器時代」 의 시각과 논리에 많은 부분을 의존함.

식 석기, 삼림식물의 식료화 등 조몬문화의 기본 요소를 두루 갖춘 정주생활이 예외적으로 나타난다. 그 후 장기간에 걸쳐 지속적으로 온난한 기후가 도래하자 남부 규슈의 삼림자원을 이용한 안정적인 식료생산형태가 열도를 따라 북상하여 대개 조몬 조기 무렵에는 관동지역까지 사람의 정주가 가능했던 것으로 추측된다.[18]

이처럼 조몬시대는 후기 구석기시대의 수렵채집을 중심으로 한 이동생활로부터 어로를 포함한 다양한 생업활동을 일정한 계절 조건에 맞추어 반복적으로 영위하는 정주생활로의 변화가 두드러진다. 그리고 토기의 제작과 사용이 일반화하여 식재료의 가열이 가능해짐으로써 식용자원의 범위가 일거에 확대되고, 따라서 사용 도구의 분화와 함께 다종다양한 석기가 제작, 사용되었다.

1970년대 전반까지 일본 고고학계는 조몬시대는 음지, 야요이시대는 양지이며, 채집경제사회에 해당하는 조몬인을 "그 날 먹을거리를 찾아 헤매는 비참하고 가난하고 연약한 야만인"으로 간주해왔다. 그러나 70년대 후반부터 세계사적으로 파문을 일으킨 미개사회 재조명의 여파가 조몬시대 연구에도 영향을 미쳐 자연과 공생하는 조몬인의 생활상이 학계의 주목을 받기에 이르렀다.[19]

원래 조몬, 야요이라는 시대명칭은 토기 표면에 새끼줄 문양이 아로새겨진 조몬토기의 형태와 1883년 도쿄도 나카노구(中野區) 야요이마치(彌生町)에서 발견된 소위 야요이토기에서 유래되었다.[20] 그러나 조몬토기와 야요이토기가 시기별, 지역별로 각기 다양한 형태를 취한다는 사실이 밝혀지면서 단순히 토기의 형태만을 최대공약수로 삼아 두 시대를 구분하기는 어려워

---

18) 今村啓爾, 앞의 논문「日本列島の新石器時代」.

19) 武末純一,『日本史リブレット3 弥生の村』, 山川出版社, 2002, 13쪽.

20) 그런데 彌生時代를 명명하는 결정적 단서가 된 이 彌生町의 토기에도 새끼줄 문양이 새겨져 있으며, 후일의 연구에 의해 사실은 야요이식 토기가 아님이 밝혀졌다.

졌다. 예컨대 조몬토기를 특징짓는 파도 모양의 주둥이는 소수이긴 하나 야요이토기에도 발견되며, 야요이토기를 특징짓는 옹기형은 소수이지만 조몬토기에서도 보인다. 또한 서일본에서는 후기 이후의 조몬토기에 새끼줄 문양이 사라지는 반면에 동일본의 야요이토기나 홋카이도의 속(續)조몬토기에는 새끼줄 문양이 보이는 것이 일반적이다.[21]

이에 따라 근년에는 토기가 아닌, 식료의 '채집'에 기반을 둔 조몬문화와 식료의 '생산'을 기반으로 한 야요이문화로 구분하는 주장도 대두되었다.[22] 그러나 최근의 조몬문화 연구에 의해 조몬 만기에는 팥·들깨·표주박·유채·우엉을 비롯하여 극히 일부 지역에서 벼·보리·메밀까지도 재배된 사실이 확인됨으로써 조몬 만기를 농경사회의 출발점으로 인식하는 견해도 있다.[23] 그러므로 식료생산을 지표로 한 시대구분론은 아직 학계의 공인을 받은 단계는 아니며, 토기 형태를 중심으로 한 종전의 정의가 지금도 일반적으로 적용된다. 현재 구미의 고고학계, 인류학계에서는 인류 초기의 식료 재배를 복잡수렵채집민(complex hunter-gatherers)에 의한 채원적(菜園的) 농경(horticulture)이라 하여 그 후의 본격적 농경(agriculture)과 구분한다. 실체가 아직 명확하지는 않지만 조몬시대의 농경을 복잡수렵채집민에 의한 채원적 농경으로, 야요이시대 이후를 본격적 농경으로 이해하려는 시도도 보인다.[24]

---

21) 續繩文文化란 홋카이도를 중심으로 기원전 3세기부터 기원후 7세기까지 지속된 문화를 말하며, 혼슈와는 달리 水田稻作이 전개되지 않고 조몬문화와의 연속성이 강하게 나타난다. 속조몬토기란 바로 그 시대 홋카이도에서 출토된 토기를 지칭한다.

22) 佐原眞, 「彌生文化の比較考古學 一總論」, 『古代を考える 稻·金屬·戰爭 彌生』, 吉川弘文館, 2002, 2-4쪽.

23) 坂本寧男, 『雑穀のきた道』, 日本放送出版協会, 1988; 高橋護, 「西日本における縄文時代の生業と集落」, 『島根考古学会誌』18, 2001.

24) 佐原眞, 앞의 논문 「彌生文化の比較考古學 一總論」, 4-5쪽.

2) 정주생업집단의 출현과 집단 간 물물교환경제

조몬시대는 원석을 내려쳐서 날카로운 단면을 가진 조각을 단순 활용하는 박편 석기의 경우 석재 자체가 유통되었지만, 조문 중기 이후는 돌도끼(石斧)와 같이 일정한 가공과정을 거치는 마제석기가 원격지까지 유통됨으로써 질적으로 새로운 단계의 유통이 발달한다. 따라서 현재 학계에서는 조몬시대를 자급자족의 시대로만 이해하던 종래의 시각이 급속히 퇴조하고 있다.

조몬시대의 유통이 학계에 큰 관심을 모은 것은 후기 구석기시대와의 경계점에 해당하는 약 1.2만 년 전 나가노현(長野縣) 미코시바유적(神子柴遺跡)에서 석기가 집중적으로 출토된 다음의 일이다. 이 유적에서는 돌창(石槍), 마제 돌도끼 등 57점 이상의 완성품을 중심으로 한 석기군과 극소량의 토기 조각이 직경 6m 범위에서 출토되었다. 박편 흔적이 전혀 없는 점으로 미루어 석기를 제작한 장소가 아니라 저장이나 의례를 위한 매납(埋納) 유적으로 평가되며, 교역 가능성이 제기되기도 했다. 같은 시기에 근방의 생산 유적에서는 1,000개 이상의 돌창을 집중적으로 제작한 사례가 남아있는 반면에 위와 같은 소규모의 소비 유적도 많이 보인다. 이 미코시바 단계에서 석기 생산과 사용의 분업화를 둘러싼 맹아가 확인된 점은 극히 중요하다. 왜냐하면 전술한 바와 같이 후기 구석기시대는 석재 유통이 기본인 반면, 조몬시대에 들어서면 가공제품의 유통이 두드러지기 때문이다.[25]

조몬시대는 이렇게 비교적 이른 시기부터 석기의 생산 유적과 소비 유적이 확연히 구분된다. 생산 유적은 주로 특정한 석재의 원산지 근처에 분포하고 있다. 나가노현 스와호(諏訪湖)의 동북방에 위치하며 후기 구석기시대부터의 흑요석 산지로 알려진 다카야마유적(鷹山遺跡) 위쪽 표고 1,500m 고지는 조몬시대 초창기의 석기생산유적으로, 현재도 수혈식 거주시설 잔재와

---

25) 宇野隆夫, 앞의 논문「原始・古代の流通」.

함께 무수한 양의 흑요석 파편이 출토된다. 즉, 이곳에 거주하면서 원석을 채굴 또는 입수하여 석기 제작에 종사한 이를테면 제작전업집단이 존재했던 것이다. 이러한 조몬시대의 대규모 석기생산유적은 일본열도 각지의 흑요석 원산지 주변에 남아있다. 그 중에도 조몬시대 중, 후기의 대표적인 흑요석 산지인 사가현 고시다케의 스즈오케유적(鈴桶遺跡)에서는 방대한 수량의 미사용 흑요석 원석과 함께 석기 제작시에 발생한 파편류와 완성단계의 석기류가 다량 출토되었다. 반면에 서북부 규슈의 연안지역에는 이미 가공이 완료된 석기만 출토되는 유적들이 넓은 범위에 걸쳐 나타난다. 그 분포범위는 나가사키현(長崎縣)의 고토열도(五島列島), 이키(壹岐), 쓰시마(對馬)를 포함하여 한반도 남해안까지 미치는 것으로 보인다. 석재 원산지와 인접한 생산 유적 그리고 반입된 석기를 사용한 넓은 범위의 소비 유적이 일목요연하게 구별되는 것이다.

그런데 고시다케산 흑요석으로 제작된 석기가 반입된 서북부 규슈의 연안지역은 본시 패총유적으로서 각종 어류와 해양에 서식하는 포유류의 뼈가 대량으로 출토되고 있다. 문제는 동일한 종류의 뼈가 석재 원산지를 포함한 내륙지역의 유적에서도 발견된다는 점이다. 이를 통해 조몬시대 중, 후기의 서북부 규슈에는 어로활동의 거점인 연안지역과 수렵채집활동의 거점인 내륙지역에 각기 성격을 달리하는 두 종류의 정주생업집단(定住生業集團)이 존재했으며, 양자 사이에 서로의 생산물이 교환되었음을 짐작할 수 있다. 이 가운데 내륙의 집단에는 석기 생산에 종사한 제작전업집단이 소속되었던 것으로 보이는데, 그들에 의해 제작되고 연안지역으로 반출된 석기 제품은 주로 돌작살(石銛)이었다. 그 작살을 활용한 어획물의 일부가 내륙지역으로 반출된 것이다. 또 연안지역의 집단 내부에서는 보다 외양까지 진출 가능했던 어로전업집단의 존재를 상정할 수 있다. 다시 말하면 내륙과 연안으로 나뉘어 거주한 두 종류의 정주생업집단은 각기 고립적으로 존재한 것이 아니라 석기 생산 혹은, 어로를 중심으로 한 내부 전업집단의 생산활동에 기반하여 어로 도구인 돌작살과 그 사용을 통해 얻은 해산물을 상호 수급(需給)하는 형태의 호혜적인 물물교환을 행했다고 할 수 있다. 이러한 석기와 식량 간의 수급관계에 입각하면 조몬 중, 후기가 이미 자급자족이 아닌 물물교환이란 순환과정 하에서 유지되었다는 사실은 의심할 여지가 없다.

한편, 서북부 규슈의 돌작살 제작에 이용된 석재로는 흑요석 외에도 안산암(安山岩)이 있다. 고시다케에서 동쪽으로 20여 ㎞ 떨어진 사가현 오니노하나산(鬼鼻山)이 바로 그 원산지이다. 따라서 물물교환은 단지 일정한 두 종류의 집단 사이에서만 이루어진 것이 아니라 마치 화학물질의 분자구조식과 같이 복수 집단이 상호 연쇄된 구조를 취한 것으로 보아야 한다. 보다 넓은 시야에서 보면 각기 다른 환경 하에서 독자적인 특산품을 보유한 정주 생업집단이 그 내부에서 생성된 제작전업집단의 생산효율이 높아지면서 복수의 타 집단들과 잉여 특산품에 대한 물물교환을 행했으며, 이것이 먼 훗날 상업적 교역으로 발전하는 단초로 작용했을 것이다. 결론적으로 비(非)집권적이며 권력에 의한 재분배유통의 비중이 아직 극히 낮았던 조몬시대의 경제는 다양한 생업을 하나로 조합한 자급자족적인 것이 아니라 분명히 집단 간의 교환경제단계에 돌입해 있었다. 이런 현상은 석기만이 아니라 조몬토기의 경우에도 유사하게 나타난다.[26]

3) 산나이마루야마유적(三內丸山遺跡)을 통해 본 조몬사회의 '교역'

조몬시대의 유통물자는 후기 구석기시대 이래의 필수재인 석기 석재에 더하여 경옥제 장신구와 조개 팔찌(貝輪) 등 종교재, 위신재를 중심으로 크게 변화했다. 일례로서 현재의 도야마현(富山縣)과 니가타현 경계 지역은

---

26) 이상, 定住生業集團 간의 互惠的 交易에 관한 본문의 기술은 安蒜政雄,「石器時代の物物交換とミチ」,『考古学による日本歷史9 交易と交通』, 雄山閣, 1997, 31-33쪽을 주로 참조함.

경옥 제품, 마제 돌도끼 등의 대규모 생산지로 학계에 널리 알려져 있다.[27] 이것들은 석재 원산지 부근에서 집중적으로 제품화 과정을 거친 후에 유통 되었는데, 특히 조몬 중기에서 만기에 걸친 도야마현 아사히마치유적(朝日 町遺跡)은 출토량이 엄청난 것으로 보아 이곳이 제작전업집단의 유적지임 을 쉽게 이해할 수 있다. 조몬시대의 광역유통은 이러한 생산 변혁을 기반으 로 비로소 가능했을 것이다.

경옥제 장신구와 조개 팔찌 등의 유통은 열도 전역에 걸친다. 예컨대 경 옥 원산지인 니가타현 이토이강(絲魚川)을 중심으로 한 장신구 유통망은 북 으로 홋카이도 서북단까지, 남으로는 규슈 전역에까지 미치고 있다. 또한 이 토이강 하류 유역을 기점으로 삼아 100㎞ 단위로 출토 유적수를 산출해보면 경옥제 장신구의 유통이 동으로는 관동지역, 쓰가루해협 부근, 홋카이도 이 시카리(石狩)의 저지대 등과 서로는 북부 규슈 일대가 크고 작은 피크를 이 룸으로써 산지로부터 거리가 멀수록 출토 유적의 밀도와 비율이 감소하는 게 아니라는 사실이 분명히 드러난다. 즉, 앞의 서양 고고학사에서 논한 호 더의 랜프류설에 대한 비판이 일본열도 내에서 그대로 재현되고 있는 것이 다. 이러한 현상은 각지에 유통거점이 존재했고, 그것들을 연결하는 망을 통 해 아마도 호혜적 교역이 연쇄적으로 이루어진 결과일 것이다.[28]

그런데 같은 호혜적 교역을 상정하더라도 필수재인 석기 석재에 대해 경 옥제 장신구와 조개 팔찌 같은 위신재는 상당히 다른 의미를 내포한다. 조 몬시대의 위신재 유통은 아직은 초기단계에 불과한 미성숙한 계층사회에서 지도자 상호 간에 행해진 의례적인 선물교환으로 보는 것이 타당할 것이다. 이 점은 한편으로 수장제 성립의 가능성을 시사해 주기도 한다. 수장제의 보

---

27) 硬玉의 원산지는 목재 벌채와 가공을 위한 도구인 마제 돌도끼 제작에 최적의 석재인 蛇 紋岩 산지이기도 하다. 단, 마제 돌도끼는 종족 사례에 따라 필수재와 위신재의 양면성을 갖는 경우가 많은 점에 주의를 요한다.

28) 宇野隆夫, 앞의 논문「原始·古代の流通」, 171-173쪽의 지도, 그래프와 해설을 참조함.

편적인 특색 중 하나가 교역 기능을 내재한 대규모 집락 즉, 거점센터의 성립인데 아오모리현(青森県)의 산나이마루야마유적은 그 적절한 사례라고 할 수 있다.

1994년부터 시작된 이 유적의 발굴조사는 결과적으로 조몬시대에 관한 이미지를 크게 변화시켰다. 유적은 조몬 전기부터 형성되어 전성기는 조몬 중기 무렵으로 보인다. 여기서는 방대한 수의 수혈식 주거유적, 일정한 원칙에 따라 망자를 매장한 2열로 된 긴 묘지군, 고상식(高床式) 창고군 흔적과 함께 직경 1m에 달하는 여섯 개의 밤나무 거목 기둥으로 이루어진 추정 수십 미터 높이의 대형 제사용 건물유구가 발견되었다.[29] 또한 유적으로부터는 대량의 조몬토기와 석기, 점토 채굴갱, 도로, 토우(土偶), 각종 장신구, 목기와 골각기, 그밖에 표주박·우엉·콩 등의 식물이 출토되고 DNA 분석에 의해 밤나무 재배가 확인되는 등 집락 전체의 모습과 당시 자연환경이 구체적으로 판명되었다. 이밖에도 홋카이도산 흑요석, 니가타현 이토이강 유역의 경옥 제품, 이와테현산(岩手縣産) 호박, 아키타현산(秋田縣産) 아스팔트 등의 원석이나 가공품이 출토되었는데,[30] 이것들은 호혜적인 증여나 교환의 형태를 통해 육로 및 해로로 현지까지 운반되었던 것으로 보인다.

산나이마루야마유적에 대해서는 발굴 당시에 여러 가지 의견과 심지어 억측들이 매스컴에 의해 유포되어 최대 인구 500명설과 현존 기간이 기원전 3500년부터 기원전 2000년에 걸친다는 설 등이 제기되었다. 500명설은 수긍하기 어렵지만 대개 20명 미만에 불과했던 당시의 일반적인 집락 규모에 비교하면 수십 배에 달하는 많은 인구를 보유한 거대집락이었음이 분명

---

29) 掘立柱 형식의 건물로서 기둥을 박은 여섯 개의 구덩이는 각기 직경 약 2m, 깊이 약 2m 정도이며 기둥 사이의 간격은 약 4.2m로 일정하다.

30) 아스팔트는 지표 부근으로 흘러나온 원유에서 휘발 성분이 증발하고 남은 불휘발성 물질을 말한다. 용도는 출토 유물의 부착상태로 보아 접착제로 사용된 것으로 보이며, 후대의 대체물로는 옻과 같은 수지나 아교가 있다. 일본열도 내의 아스팔트 산출지는 新潟에서 秋田에 걸친 우리의 동해안 지역에 점재하며 특히 秋田의 천연 아스팔트 용출지가 유명하다.

하다. 어떠한 이유로 이 정도의 집단적 거주가 가능했을까? 하나의 가능성으로서 유적이 위치한 지점이 혼슈의 최북단이며 혼슈-홋카이도를 연결하는 유통로가 하나의 점으로 수렴되는 교통 요충지라는 점을 고려할 필요가 있다. 이 같은 지리적 요인 덕분에 원래는 근방에 산재했을 것으로 추측되는 복수의 소규모 집단이 유통활동 즉, 교역에 참가하기 위해 해당 지점으로 집주한 결과로써 거대집락이 출현한 것으로 생각된다. 조몬 중기에는 위와 같은 대규모 집락유적이 이 혼슈 북단만이 아니라 홋카이도 남부, 관동지역 등에 걸쳐 다수 존재한 사실이 속속 밝혀지고 있다.[31]

약간의 비약이 허용된다면 이상의 사례와 같이 수렵, 어로, 채집 등을 통한 식료획득 이외의 활동으로서 초보적인 교역행위에 참여하고 그 일에 많은 시간을 할애한 것으로 보이는 사람들을 조몬시대에 속한다는 이유만으로 단순히 수렵채집민으로 일괄하는 것은 적절치 않은 것 같다. 조몬문화의 경우도 교역을 하나의 생업으로 평가할 수 있는 새로운 척도가 필요하지 않을까? 그러나 일부 선정적인 매스컴처럼 '상인'이란 시대착오적인 용어를 함부로 사용하여 선진적인 조몬문화의 환상을 만연시키는 것은 큰 문제라고 할 수 있다.[32]

선사시대의 생업으로서 교역이란 문제에 관해 고스기 야스시(小杉康)는 다음과 같은 주장을 펼쳤다.[33] 지금까지는 선사시대나 소위 미개사회에 관한 연구에서 생업이란 식료생산활동에 국한된 사안으로만 인식하는 것이 보통이었다. 따라서 교역은 생업의 일환으로서가 아니라 식료생산경제로부터 파생된 잉여생산물의 집락 간, 지역 간 상호보완적인 공급활동으로 이

---

31) 今村啓爾, 앞의 논문「日本列島の新石器時代」.

32) 小杉康,「交易好きな三內丸山集団」,『三內丸山フォーラム '98』, 1998; 동,「生業としての交易活動」,『考古学研究』50-2, 2003. 그는 三內丸山에 모인 소지역집단은 교역활동에 주체적으로 종사하는 사람들을 포함한다고 가정하여 하나의 가설로서 이를 好交易的 集中型 集落群 結合體라고 명명하였다.

33) 小杉康, 앞의 논문「生業としての交易活動」.

해되었다. 또한 식료 이외에 예를 들어 원산지가 한정된 흑요석, 경옥 등의 물자를 입수하는 문제는 식량 충족을 일차적 과제로 하는 기존 조몬문화의 이미지로서는 부수적인 일로 간주되어 왔다. 고스기에 따르면 이것이 바로 "먼저 배부터 채워야만"이라고 하는 기존의 생업사관(生業史觀)이다. 그는 선사시대에 대해서도 인간의 본질적 성향이라 할 수 있는 교환성을 중시해야 한다고 강조한다. 다시 말해 원산지가 지리적으로 한정된 특정 천연자원의 유통과정을 애초부터 생업에서 배제하지 않고 거대집락유적이나 생산유적이 형성되는 프로세스에 유통과정이 어떻게 관련되는지를 고찰함으로써 조몬문화에서도 자급자족이란 폐쇄적인 사회관을 지양하고 개방적인 공동사회의 유통단계로서 생산자와 소비자 간의 유통문제를 제기할 수 있다고 본 것이다.

4) 조몬시대 일본열도와 대륙

조몬시대 일본열도와 대륙과의 교류로서 잘 알려진 것은 조몬 조기 사할린-홋카이도 동부의 교섭 그리고 조몬 전기 한반도 남부-북부 규슈와의 교섭이다. 다만 전자는 불과 몇 가지 사례가 밝혀졌을 뿐이므로 밀접한 연관이 있었다고는 보기 어렵고 현 단계로는 특수한 현상에 불과하다.

후자의 경우, 일본열도의 조몬시대는 한반도로 보면 즐문(櫛紋)토기문화로 일컬어지는 신석기시대에 해당한다. 해협을 사이에 둔 한반도 남해안 일대와 북부 규슈는 유사한 형태의 각종 유물과 함께 한반도 남부에서 열도의 조몬토기가, 북부 규슈에서 한반도의 즐문토기가 출토되는 등으로 각기 상대방 지역에 근원을 둔 유물이 다수 출토됨으로써 예전부터 학계에서는 상호 영향을 주고받은 점에 주목해왔다. 특히 한반도 남해안의 동삼동, 송도, 욕지도 등지의 유적에서 출토된 흑요석은 앞서 본 바와 같이 규슈의 고시타케 계열로 판단된다. 또한 규슈의 나가사키현과 사가현 내에 한반도 계통의 즐문토기가 출토되지 않는 점으로 미루어 즐문토기인이 흑요석을 입수하기 위해 직접 규슈로 건너간 것이 아니라 조몬인이 흑요석 원석이나 그 가공재를 쓰시마, 한반도 남부의 도서지역에 지참함으로써 다른 모종의 물자와 교환했을 가능성이 크다. 양안 사이의 해협에는 참돔·참치·방어 등을 중심으로 한 어장이 존재했으므로 아마도 어로민 왕래에 따른 자연스러운 문물의 이동과 상호 간의 정보전달시스템이 존재했던 것으로 보인다. 조몬시대의 이러한 교류가 훗날 한반도로부터 수전도작문화 전래를 용이하게 해준 주요 전제가 되었을 것이다.[34]

그런데 주의를 요하는 점은 조몬시대 대륙과의 교류를 뒷받침하는 유물, 유구가 한반도와의 관계만으로는 설명하기 어려운 동일본지역에도 다수 분포한다는 사실이다. 따라서 이것들이 대륙에서 직접 전래된 것이라고 한다면 역사적으로 대륙과 열도 사이의 창구 역할을 담당해온 한반도 남부-북부 규슈의 교통로와는 다른 경로를 취했을 가능성도 있다. 게다가 다른 하나의 창구인 사할린-홋카이도 간의 북방경로에서도 대륙계통의 유적, 유구가 사할린에서는 전혀 나타나지 않고 홋카이도 남쪽에서 일부 발견될 뿐이다. 그 결과 연구자들 가운데는 이것들이 직접 교류의 산물이 아니라 대륙 문물에 대한 단순한 모방에 불과하다고 결론짓는 경우와 동중국해 또는 동해를 직접 횡단하여 동일본으로 연결되는 제3의 경로가 있었다고 보는 경우로 견해가 나뉘게 되었다. 특히 현재 일본의 고고학계에서는 조몬시대, 야요이시대의 동해는 항해가 상대적으로 용이한 내해였을 뿐이며 따라서 대륙과 동일본을 직접 연결하는 해상 횡단항로가 존재했을 것이라고 간주함으로써 조몬문화의 개방성을 과도하게 평가하는 주장이 우후죽순처럼 제기되는 실정

---

34) 縄文時代 대륙과 일본의 교류는 木村幾多郎, 「縄文時代の日韓交流」, 『東アジアと日本の考古學Ⅲ』, 同成社, 2003을 참조함.

이다.[35)]

하지만 보다 안전한 대한해협과 쓰시마해협, 소야해협과 같은 단거리 연안 해로를 두고 먼 훗날 발해사절단의 왕래 때도 많은 희생이 불가피했던 이런 위험한 횡단항로를 교류의 통로로 이용해야 할 필연적 이유나 항해 수단의 발달 정도 등과 같이 상식적인 의문에 대해서는 아직 명확한 해답이 제시되지 않았다. 다시 말해서 정확한 학문적 논증을 거치지 않은 채 일본열도의 선사시대에 대한 낭만적인 가설이 마치 학계의 공인된 사실인양 정착되어 가고 있는 것이다.[36)]

---

35) 연구 사례로는 岡村道雄, 『繩文の生活誌 -日本の歷史01-』, 講談社, 2000; 寺澤薰, 『日本の歷史 2.王權誕生』, 講談社, 2000 등이 있다.

36) 이 부분은 大貫靜夫, 앞의 논문 「日本と大陸の交流」의 내용을 정리하였음.

2장

야요이시대 정치권력의 생성, 전개와 유통 변화

1. 수전도작문화의 계보

일본열도의 신석기혁명은 벼라고 하는 온대적 환경에 적합한 곡물 생산에서 비롯되었다. 하지만 그것이 혁명적인 변화를 야기하는 데는 단순히 벼의 전래만으로는 불충분하다. 조몬 만기와 같이 자연의 힘에 의존한 방치적인 재배가 아니라 관개와 수전이라는 인위적인 생육환경의 정비 그리고 벼생육의 적인 잡초 제거에 많은 시간과 노동력을 투여하는 능동적인 재배로의 전환이 그 전제조건이었던 것이다. 야요이시대의 수전도작은 그러한 새로운 생산방법에 의해 비로소 달성될 수 있었으며 철제 농기구 보급에 힘입어 그 발전이 가속화되었다.[1]

그러면 수전도작문화의 계보를 둘러싸고 벌어진 일본 역사학계의 논쟁에 관해 간단히 살펴보자. 일본인의 기원과도 연관되는 이 문제에 관해서는 모든 것을 한반도로부터 건너 간 도래인과 결부시킨 도리이 류조(鳥居龍藏)의 주장을 비롯하여,[2] 실로 과거 1세기 간에 걸친 논쟁이 있어 왔다.[3]

---

1) 今村啓爾, 앞의 논문「日本列島の新石器時代」.

2) 田畑久夫,『鳥居竜蔵のみた日本 -日本民族·文化の源流を求めて-』, 古今書院, 2007. 그러나 鳥居의 설은 결국 日鮮同祖論과 한일 강제병합의 논리적 기반으로 기능했다는 점을 간과해선 안될 것이다.

3) 이하, 본문의 연구사적 정리는 森岡秀人,「農耕社會の成立」, 歷史學硏究會·日本史硏究會

수전도작이 열도로 전파된 경로에 대해서는 예전부터 남방설, 북방설과 함께 직접도래설, 간접도래설 등이 있었다. 그러나 현재로서는 대륙으로부터 한반도 남부를 경유하여 북부 규슈로 전파되었다는 북방설, 간접도래설이 한국의 고고학 연구자들뿐만 아니라 일본의 야요이시대 연구자들 대다수에게 공유되고 있다. 수전도작문화의 한반도 전래설은 다시 두 갈래로 나뉜다. 그 첫째는 도래인이 소수에 불과하며 결국 토착 조몬인에게 흡수됨으로써 그들이 보유했던 대륙의 문화도 조몬문화에 일정한 영향을 끼치며 변용되고, 결과적으로 조몬인의 후예를 주축으로 한 야요이문화가 생성되었다는 조몬-야요이문화의 연속설이다. 둘째는 한반도로부터 사람들이 대거 도래하였으며 이들이 새로운 문화의 성립에 지대한 영향을 미쳤다고 보는 야요이문화의 열도이식설이다.[4] 이 논쟁과 관련하여 북부 규슈 및 혼슈 서단의 동해 연안에서 발굴된 야요이 인골의 절대 다수는 야요이시대 중기에 속하며 그 중 도래인 계통의 야요이인이 80~90%, 조몬 계통의 야요이인이 10~20%라는 사실이 형질인류학적 연구에 의해 새롭게 판명되었다. 만약 수전도작을 중심으로 한 야요이사회의 생성 및 발전이 토착 조몬 계통에 의한 것이라 한다면 새로운 문화가 생성된 후 200년 이상이 지난 야요이 중기에 동일한 지역에서 형질이 크게 다른 도래인 계통의 사람들이 대다수를 점하는 사회집단이 존재했다는 위 연구결과를 정합적으로 설명해내기 어렵다. 즉, 야요이문화의 개화와 그 발전은 당초부터 도래인 집단이 견인하였으며, 그들이 상대적으로 높은 생산력에 힘입어 급속히 인구를 늘려갔을 개연성이 크다.[5]

편 『日本史講座1 東アジアにおける國家の形成』, 東京大學出版會, 2004를 참조하여 작성함.

4) 水田稻作文化의 전파 경로와 한반도 전래설에 대해서는 佐原眞, 앞의 논문 「彌生文化の比較考古學 一總論」에 주로 의거함.

5) 中橋孝博·飯塚勝, 「北部九州の繩文~彌生移行期に關する人類學的考察」, 『人類學雜誌』 第106卷 第1号, 1998. 한편, 형질인류학자 埴原和郎은 오키나와를 비롯한 일본열도 각지의 패총에서 발굴된 인골의 형질 계측과 DNA 분석을 통해, 繩文人의 계보는 1.2만 년 전까지 존재했다고 하는 남중국해를 중심으로 한 동남아시아계열의 집단과 친연성이 강하다고 보았다. 그리고 彌生時代 초기부터 7세기까지의 약 1,000년간에 걸쳐 대륙의 秦·漢 교체를 시발점으로

그러나 한편으로 조몬시대에도 혼슈 최북단인 아오모리현 하치노헤시(八戸市) 가자하리유적(風張遺跡)의 발굴 사례와 같이 벼와 수전이 존재하였으며,[6] 농경문화 전파에 조몬인의 역할이 컸음을 강조하는 주장이 근년 제기되었다.[7] 또한 형질인류학적인 측면에서도 최근에는 야요이문화 성립 초기의 인골에 도래인적인 형질을 주장할 수 있는 소재가 적고 거꾸로 도래인의 묘로 추정되어온 규슈 북단 후쿠오카현(福岡縣) 내의 지석묘에서 조몬인 형질과 조몬 풍습인 발치(拔齒)를 한 인골이 발견된 사례가 드러나기도 했다. 그러므로 열도로 전래된 수전도작문화의 주체를 둘러싼 논쟁에 관해서는 어느 한 쪽만을 일방적으로 부각시키기보다 끝없이 변화하는 역사과정 속에서 도래계와 조몬계 양자가 융합하고 때로 그 강약이 파도처럼 나타났다고 이해하는 편이 실상에 가까울 것이다.[8]

2. 수공업생산과 사회적 분업

수전도작은 이전까지의 주로 수렵과 채집에 의거한 식료획득 단계와는 달리 한정된 시간 동안 대지에다 노동력을 집약적으로 투여함으로써 생산

하여 주로 중국 동북부에 거주하던 북아시아계열의 퉁구스인이 한반도를 경유하여 거의 백만명 규모로 북부 규슈에 대거 도래하였다고 한다. 이후 도래계 집단은 서일본을 중심으로 널리 확산되었고, 한편으로 繩文人의 계보를 잇는 재래계 집단은 古墳時代 이후 동일본과 남부 규슈로, 심지어는 시간의 경과와 함께 아이누지역과 오키나와로 옮아가서 정착하는 이른바 '일본인집단의 역전현상'이라는 二重構造가 형성되었다고 주장했다. 埴原和郎, 『日本人の誕生』, 吉川弘文館, 1996.

6) 武末純一, 앞의 책 『日本史リブレット3 弥生の村』, 1쪽.

7) 金關恕・大坂府立彌生文化博物館편, 『彌生文化の成立』, 角川書店, 1995.

8) 森岡秀人, 앞의 논고 「農耕社會の成立」. 森岡에 따르면 농경문화의 후발지역을 대상으로 한 비슷한 논쟁은 유럽 고고학계에도 있다고 한다. 즉, 서아시아를 기원지로 한 농경민이 유럽으로 이주한 결과 초기 농경이 유럽으로 전래되었다는 이민설에 대해, 유럽 재래의 수렵민이 교역・교환에 의해 재배 식물이나 가축을 입수함으로써 농경화를 촉진시켰다고 보는 토착민설 사이의 논쟁이 바로 그것이다.

성을 비약적으로 향상시킬 수 있었다. 수전도작이 보편화되자 농한기를 중심으로 갑자기 늘어난 잉여시간대는 사람들로 하여금 계절의 순환에 따른 계획성 있는 분업의 가능성에 눈뜨게 했다. 그 결과 석제 · 목제 농기구 제작, 방직, 어로, 그 외 신기술의 전수와 습득에 많은 시간을 투여하는 노동의 전문화가 크게 촉진된다. 야요이시대와 그 이전 조몬시대의 사회구조를 비교하면 결정적인 차이는 조몬의 소규모 혈연집단에서 야요이시대는 수리(水利)를 중심으로 한 농업공동체로서 지연집단이 편성되기 시작하고, 공동체 간의 분업에서도 조몬시대에 비해 전업적 생산의 비중이 현저히 높아진 점을 들 수 있다.[9]

우선 내륙의 수전도작지대와 해안지대의 분업에 관해 살펴보자. 야요이시대 남도(南島) 즉, 현재의 오키나와 일대로부터 일본열도로 운반되어 제품화된 조개 팔찌는 1980년대 말까지 발굴된 수량이 약 530점에 달한다.[10] 이는 본토의 야요이인과 남도인 사이에 물자유통이 행해졌음을 보여주는 증거라 할 수 있다. 열도 본토에서 남도산 조개껍질을 가장 먼저 입수한 것은 한반도 어로문화의 영향을 받은 마츠우라반도(松浦半島), 고토열도(五島列島) 등 야요이시대 전반기 서북부 규슈의 집단들이었다. 바다를 무대로 생업을 영위한 이들 집단은 남도산 조개껍질을 규슈 내륙부 도작지대의 수장층에 공급하였고 그곳에서는 이것들을 팔찌로 가공하여 유통시켰다. 내륙과 해안 사이에 집단 간 사회적 분업관계가 성립한 것이다. 그 외에도 이들 해안 집단에 의해 내륙부로 전래된 물자에는 각종 어패류와 대륙의 청동기, 철 소재 등이 있으며 역으로 내륙에서 해안부로 전래된 물자로는 쌀을 비롯하여 열도 내의 청동기, 석기 소재 및 그 제품 등이 있었을 것으로 추정

---

9) 森岡秀人,「七. 分業と流通 -繩文 · 古墳時代との比較」, 佐原眞 편『古代を考える 稻 · 金屬 · 戰爭-彌生-』, 吉川弘文館, 2002, 173-174쪽.

10) 木下尙子,「南海産貝輪交易考」,『横山浩一先生退官記念論文集Ⅰ 生産と流通の考古學』, 文獻出版, 1989.

된다. 이리하여 대외적인 교통을 담당한 해안 집단이 어로와 교역을 중심으로 전업화하고 농·어촌 간의 항상적인 유통관계가 활발해진 것은 야요이 중기부터이다. 이후 남도산 조개 팔찌의 유통은 북부 규슈에서 혼슈의 산잉(山陰, 현재의 島根縣과 鳥取縣 일원), 세토내해(瀨戶內海) 방면으로까지 확대된다.[11]

또한 야요이시대 수전도작지대 내부의 사회적 분업으로는 조몬 이래의 전통적인 석기 생산과 야요이에 들어서 시작된 청동기, 철기 생산을 들 수 있다. 야요이시대는 청동기와 철기 등 특정 분야의 생산에서도 전문 공인이 탄생한 시대로 생각된다. 조몬시대까지는 존재하지 않던, 대륙에 소재를 의존하는 청동기 및 철기의 생산에는 고도의 기술수준이 요구되었다. 그 중에서도 전문지식과 숙련노동을 요하는 부문은 특정 제작전업집단 내부의 전업세대 간에 조직적인 분업이 행해지고, 또 생산된 제품이 공동체 수장층의 손을 거쳐 재분배 유통됨으로써 극소수의 생산 집락과 제품을 공급받는 다수 집락 간의 관계를 선명하게 규정지었다. 예컨대 동탁(銅鐸), 동검, 동모(銅矛) 등의 청동기 생산은 오로지 전문 공인을 보유한 특정한 대형 거점집락에서만 행해지고 생산된 제품은 일반 집락까지 운반되어 농경의례에 활용하는 형태의 집락 간 분업이 활발히 이루어진 것으로 보인다.[12]

---

11) 設樂博己, 앞의 논문 「彌生時代の交易·交通」, 41-52쪽. 이 남도산 조개 팔찌는 홋카이도의 조몬·야요이 이행기 유적과(大島直行, 「北海道出土の貝輪について」, 『考古學ジャーナル』311, 1989), 심지어는 그 조개 소재가 경주 皇南大塚 南墳, 金鈴塚 등 신라의 대형 적석목곽분에서도 집중적으로 출토되는 점으로 보아 대단히 광역적인 유통이 행해졌던 것으로 보인다. 신라에서는 규슈의 호족들을 통해 이것들을 입수하여 상위계층의 馬裝 소재로 사용했던 것으로 보인다. 木下尙子, 「古代朝鮮·琉球交流試論 -朝鮮半島における起源1世紀から7世紀の大型卷貝使用製品の考古學的檢討-」, 『靑丘學術論集』第18集, 2001; 동, 「韓半島の琉球列島産貝製品 -1~7世紀を對象に-」, 『韓半島考古學論叢』, すずさわ書店, 2002.

12) 森岡秀人, 앞의 논고 「七. 分業と流通 -繩文·古墳時代との比較」, 167-173쪽.

3. 정치권력의 생성, 전개와 야요이 고분

야요이시대는 열도 주민의 대부분이 채집민에서 농민으로 전환해가는 시대이며 이런 과정을 통해 인간과 자연,[13] 인간과 인간 사이의 분열과 대립이 본격적으로 나타난다. 이 같은 야요이시대의 분열과 대립을 상징하는 것이 주위를 해자로 에워싼 환호집락(環濠集落)의 광범위한 성립이다. 야요이시대는 지역별로 중앙의 거점집락과 주변 소규모 집락이 합하여 하나의 집단을 형성하는 경우가 많은데 거점집락의 대부분은 환호집락이다. 내부의 일상 생활공간과 거주시설을 원형으로 둘러싼 해자는 사람과 자연을 분리시킬 뿐 아니라 집락의 내부와 외부를 명확히 구분하고 상호 격차와 대립을 낳았다. 이것이 수전도작에 기반을 둔 야요이사회의 본질이므로 환호집락의 존재는 조몬과 야요이를 구분하는 주요 지표라 할 수 있다.[14]

산지를 끼고 평야와 분지, 하천 유역을 단위로 하는 각 지역마다 정치적인 조직인 '구니(國, 小國)'가 형성되고 구니 내부의 집락과 집락 사이에는 상하관계가 표면화되었다. 또 집락 내부는 수장층과 일반 민중으로 분열되고 구니의 정점에 위치하는 집락의 수장 즉, 왕이 나타나는 등 계층분화도 진척되었다. 동시에 야요이시대는 일본열도가 동아시아 세계와 공식적인 관계를 맺기 시작한 시발점으로 중국의 역사서는 이때부터 열도와 그 주민들을 '왜(倭)', '왜인(倭人)'이라 칭했다. 이러한 야요이시대 왜의 집락들은 열도 내부만이 아니라 한반도와 중국으로부터 청동기와 철기 및 그 소재를 비롯한 많은 물자와 정보, 심지어는 정치적 권위를 받아들임으로써 존립이

---

13) 彌生人들에게 대지란 점차 파헤쳐서 작물을 재배하기 위한 노동의 대상물이었으며, 숲은 벌채하여 농지 개간과 농기구를 제작하는 자원으로 활용되었다. 꽃가루 분석의 결과로도 야요이 초기에 이미 삼림파괴현상이 보인다고 한다. 武末純一, 앞의 책『日本史リブレット3 弥生の村』, 16쪽.

14) 武末純一, 앞의 책『日本史リブレット3 弥生の村』, 16쪽.

가능했다.[15]

야요이시대 정치권력의 생성과 전개과정을 단적으로 보여주는 것이 바로 분구묘(墳丘墓)의 출현과 그 확산이다. 지표에 수직으로 구덩이를 파서 망자를 매장하고 그 위로 흙을 쌓아 다지는 형태의 분구묘는 각지에서 다양한 전개를 보이는데, 계보상으로는 야요이 전기에 출현하는 방형(方形) 주구묘(周溝墓), 방형 대상묘(臺狀墓), 원형 주구묘라는 세 가지 형식이 기본이며 야요이 후기에는 여기에 원형 대상묘가 더해진다.[16] 야요이시대 중기 말에서 후기 사이에는 분구의 규모에 격차가 생기고 수장 내지 공동체 내 유력자의 것으로 추정되는 전장 20m를 넘는 당시로선 대형 분구묘가 나타난다. 이 단계는 사회가 어느 정도 복잡성을 띠면서 공동체를 주도하는 수장에게 제 기능과 권한이 집중됨으로써 수장묘와 그 외 공동체 성원의 묘를 차별화하는 움직임이 보이며, 한편으로는 분구묘를 표상으로 하는 집단 내부의 종적 통합이 모습을 드러내는 시점이기도 하다. 게다가 이러한 수장층의 성장은 공동체의 변질을 촉진하는 중요한 계기로 작용했다. 일례로서 이 시기는 석기가 쇠퇴하고 철기가 본격적으로 사용되는데, 이는 한반도 남부산 철 소재를 비롯한 물자유통기구의 재편이 수장층의 정치적 결합을 재촉한 결과라고 볼 수 있다.

야요이시대 중기 무렵 일본열도에 중국 황제로부터 인정받은 '왕(王)'이 있었음을 보여주는 단적인 증거가 후쿠오카시립박물관에 소장된 '한위노국왕(漢委奴國王)'이란 명문의 금인(金印)이다.[17] 이것은 후한의 초대 광무제(光武帝, 재위 25~57)가 서기 57년 왜의 노국왕에게 책봉의 증거로 인감

---

15) 武末純一, 앞의 책 『日本史リブレット3 弥生の村』, 27-29쪽.

16) 周溝墓란 주위를 도랑으로 둘러친 묘이며, 臺狀墓란 墳丘 없이 구릉 정상에 편평한 면을 만들어 구덩이를 파고 매장한 묘를 말한다. 方形 周溝墓와 方形 臺狀墓는 사방 10m 정도가 일반적이다.

17) 1784년 福岡市 志賀島에서 출토되어 일본국보로 지정됨. 漢委奴國王의 '委'를 '倭'로 이해하는 것이 현재까지의 통설이다.

을 하사했다는 『후한서』 동이전의 기록과도 일치한다. 이 시기 북부 규슈에서는 소국(小國)들의 연합이 강화되고 그 중 노국(奴國)과 이도국(伊都國)이 지배적인 위치에 있었다.[18] 배경으로는 농업생산력보다도 후술하는 바와 같이 이 두 소국이 한반도 및 중국과의 외교권을 장악하여 청동기·철기와 그 외 교역품을 독점적으로 대량 입수, 배포한 점이 크게 작용했던 것으로 보인다.[19]

야요이시대 후기 후반부터 말기에 걸쳐서는 주로 동일본을 중심으로 하여 규슈까지 분포한 전방후방형(前方後方形) 분구묘와 주로 서일본을 중심으로 관동지역까지 분포한 전방후원형(前方後圓形) 분구묘 등 수장묘 전용의 고분형태가 성립한다. 또한 이와 동시에 다른 분구묘는 일제히 소형화하는 한편, 공동체 최하층의 묘로 추정되는 밀집형 토갱묘(土坑墓)가 출현하여 앞 시기부터 시작된 공동체의 계층분화가 급속히 진전되었음을 알 수 있다. 각지의 세력들은 중핵을 이루는 분구묘의 피장자를 중심으로 한 지역연합을 기반으로 인접한 지역연합들과 결합하고 상호 공통의 분구묘 형식을 채용함으로써 다른 집단과의 차별성을 명확히 한 것으로 보인다. 또 위와 같은 과정을 통해 집단 규모의 대형화가 촉진되고 동시에 이전까지 개별 공동체의 기반을 이루었던 환호집락은 그 해체가 가속화하였다.

그러나 이 단계까지는 수장묘로 판단되는 분구묘의 규모가 대개 전장 20~50m 정도로 후대에 비해서는 동 시대 다른 분규묘들과 그다지 큰 차이가 나지 않는 점으로 보아 각지에 형성된 지역연합은 완전한 상하관계가 아닌 비교적 병렬적인 결합체가 아니었을까 추측된다. 다만 전장 100m 전후

---

18) 奴國이란 『後漢書』 東夷傳, 『三國志 魏志』 倭人傳에 보이는 1세기 중엽에서 3세기 전반에 걸쳐 북부 규슈 博多 근처에 존재한 당시로서 열도 최대 규모의 소국을 지칭함. 2만여 호에 인구 약 10만 명. 伊都國은 『三國志 魏志』 倭人傳에 보이는 3세기경의 정치외교적 요충지에 존재한 소국. 위치는 현재의 福岡縣 前原町 부근으로 비정되며 규모는 1000~1만여 호로 추측됨.
19) 武末純一, 앞의 책 『日本史リブレット3 弥生の村』, 50-52쪽.

에 달하는 기내 나라현 사쿠라이시(櫻井市)의 마키무쿠(纏向) 전방후원형 주구묘군은 이 시대로서는 아주 돌출적인 규모라고 할 수 있다. 이것이 근처 각지의 분구묘들과 형태, 규모 면에서 일정한 서열관계를 형성하고 있는 점으로 미루어 이미 기내의 지역연합체는 인근 지역연합과의 사이에 상하 계층적인 결합을 달성하고 있었던 것으로 보인다. 그러나 기내지역의 경우도 아직은 하나의 연합체로서 다른 지역연합과 경합하는 수준에 불과하며 그 전체를 통솔할만한 힘을 지닌 것은 아니었다. 이러한 야요이 말기의 전방후원형 분구묘 단계는 뒤이은 고분시대(古墳時代) 수장연합체제(首長聯合體制)의 맹아기로 평가할 수 있을 것이다.[20]

4. 청동기 · 철기의 유통과 북부 규슈, 기내

1) 청동기 유통의 지역적 차이

야요이문화의 양대 중심지인 북부 규슈와 현재의 나라, 교토, 오사카 일원을 지칭하는 기내지역은 청동기의 생산과 유통에서 확연한 차이를 드러낸다. 북부 규슈의 청동기 생산은 야요이 전기에 세형 동모 · 동검 · 동과(銅戈) 등 무기류로부터 시작되었는데, 당초의 제작전업집단은 각지에 분산되어 소규모로 위치함으로써 보다 광역적인 공급을 목적으로 한 집중적인 생산체제는 존재하지 않았다. 그러나 야요이 중기에 들면 후쿠오카평야의 경우 전술한 노국의 중심지인 스구(須玖)에 집약적인 청동기 생산거점이 형성

---

20) 和田晴吾, 「古墳文化論」, 歷史學研究會 · 日本史研究會 『日本史講座1』, 東京大學出版會, 2004, 170-176쪽. 和田는 方形과 圓形의 분구묘가 혼재하던 畿內에서 원형 중심의 원리가 우위를 점하게 된 배경에는 그 때까지 방형분이던 중국의 황제묘가 後漢 이래 圓墳化하고 나중에는 중소형의 묘에도 원분이 보급되는 등 동아시아적 고분질서가 영향을 미치지 않았을까 추측하고 있다.

되고,[21] 후기에는 인근에 유리 공방도 설치 운영되었다. 청동기, 철기, 유리 생산과 같은 특수 산업의 기술과 원료는 주로 한반도를 중심으로 한 대륙에 의존하였기에 위와 같은 생산의 집중화는 이 지역에 형성된 세력이 근방에서 유일하게 대륙과의 유통루트를 장악했음을 의미하며, 바로 이때 앞서 본 해안 집단과의 분업관계가 유효하게 작용했을 것이다. 이리하여 스구를 중심으로 한 세력은 야요이 중기 이후 한반도와의 강한 유대를 바탕으로 인근 지역의 공인들을 포용하면서 청동기, 철기 생산을 거의 독점하고 해당 물자의 지역 내 재분배유통에 강력한 권한을 보유했던 것으로 보인다.

기내지역에서도 세토내해 해안부의 거점집락을 중심으로 여러 곳에서 동탁·동검·동과·구리 팔찌 등의 주형이 출토되었다. 이것들은 북부 규슈에서 세토내해를 거쳐 기내로 전래된 청동기 소재가 아마도 거점집락 내부의 도래인 기술자집단에 의해 제품화되어 인근 각지로 유통된 흔적으로 보인다. 즉, 이미 기내 일대에도 북부 규슈와의 교통을 선점한 복수의 세력집단이 존재했던 것이다. 그러나 북부 규슈와는 달리 기내지역은 야요이 중기 이후로도 생산거점이 역내의 어느 한 지점으로 집중되는 현상은 나타나지 않는다.

이것은 지리적 배경을 기반으로 성립한 두 지역 정치세력의 성격 차이에서 기인한 것으로 보인다. 북부 규슈는 구릉지대를 사이에 두고 격리된 평야 단위로 독립적인 세력권이 성립하였으며, 그 결과 필수물자를 대개는 각각의 영역 내부에서 조달하는 자기완결형 사회를 발전시켰다. 이에 대해 기내지역의 집락들은 세토내해 연안의 광대한 평야지대에 전개되었으며 자체적으로 필수물자를 충족하기가 불가능했던 까닭에 거점집락 간의 교통에 기반을 둔 대단히 광역적인 유통망을 구축했다. 게다가 자기완결형인 북부 규

---

21) 須玖는 현재의 福岡縣 春日市의 일부. 1993년까지 福岡平野에서 출토된 청동기 鑄型의 수는 140점 이상에 달하는 것으로 보고되고 있다. 平田定幸, 「福岡平野における青銅器生産 -春日丘陵とその周邊を中心として-」, 『考古學ジャーナル』 359, 1993.

슈에서는 야요이시대 중기 이후 지역의 수장층이 사회적 분업에 기초한 특수 산업들을 총괄하고 해안 집단과의 관계를 통해 대륙 정보와 교통을 장악함으로써 자원 집적과 재분배유통의 핵심으로서 권위를 드높여 차츰 전제군주적인 성격을 강화해갔다. 하지만 야요이 중기의 기내지역에는 대평야의 여러 세력을 결집시킬만한 중핵적인 정치세력이 아직 존재하지 않았다. 중기 이후 기내지역에서 격화된 집락 간 전투는 통치기구를 잉태하기 위한 과정으로 해석되지만, 핵심 세력이 등장하기 전까지는 상호 균등한 관계를 유지하지 않으면 모두가 공멸할 위험성이 상존했다. 즉, 이 무렵 북부 규슈가 초기적인 수장제사회의 재분배유통단계로 접어들었음에 비해, 기내지역의 제 집단은 아직도 호혜적인 조몬시대의 사회적 시스템을 그대로 유지하고 있었던 것이다.[22]

한편, 이렇게 서일본 각지에서 동시다발적으로 제작되기 시작한 청동기에 비해 철기의 출현은 대륙으로부터 철 자원을 보다 수월하게 입수할 수 있었던 북부 규슈가 시기적으로 빠르며 따라서 서고동저(西高東低)의 지역적 편차를 보인다. 그러나 북부 규슈에서도 야요이 중기까지는 한반도에서 전래된 철기 제품을 장기간 사용 후에 마모되면 기왕의 석기 제작기술을 활용하여 새로운 형태의 철기로 재생해서 활용하는 일이 많았다. 철기 제작의 전업화가 본격적으로 추진된 것은 야요이시대 중기 후반부터로 추정된다.[23]

2) 철 유통과 왜국대란

그러면 여기서 야요이시대 후기에 발생한 소위 왜국대란(倭國大亂)을 철의 유통과 관련지어 검토해보자.

---

22) 기내와 북부 규슈의 정치세력을 둘러싼 성격 차이는 設樂博己, 앞의 논문「彌生時代の交易・交通」, 41-52쪽을 참조함.
23) 森岡秀人, 앞의 논고「七. 分業と流通 -繩文・古墳時代との比較」, 167-173쪽.

『한서지리지(漢書地理志)』가 왜에 백여 국이 존재했다고 기록한 바와 같이 기원전 1세기 무렵 열도 내에는 지리적, 정치적 통합체인 소국이 다수 형성되어 있었다. 기원후 180년경이 되면 『후한서』 동이전에 "환령(桓靈, 桓帝와 靈帝의 재위기간, 146~189) 무렵 왜국에 대란이 일어나 계속 서로 싸워서 여러 해 동안 주인이 없었다"라는 기사가 나타난다. 이를 같은 시기의 『삼국지 위지(三國志魏志)』 동이전 왜인조(이하, '『위지』 왜인전'으로 약칭)에 보이는 "야마타이국(邪馬台國)에서는 본시 남자로서 왕을 세웠는데 7, 80년이 지나 나라 안이 어지럽고 전쟁이 오래 이어졌다. 그래서 여러 나라가 힘을 합쳐 한 여자를 왕으로 세웠으니 이름은 히미코(卑彌呼)라고 한다. 주술을 행하며 많은 사람들이 그것을 믿었다"라는 기사와 대조하면, 2세기 후반 무렵 열도 내부에 큰 소란이 발생했음을 알 수 있다.

후한은 동 세기 중엽 이후 외척과 환관의 발호로 정국이 혼미해지고 184년에는 황건적(黃巾賊)의 난이 발생하는 등 주변 지역과의 조공관계를 거의 유지할 수 없는 상황에 빠진다. 이러한 대륙 정세가 한반도와 일본열도의 질서 변화에 큰 요인으로 작용했을 것이다. 후술하는 바와 같이 『위지』 왜인전의 후속 기사에 따르면 여왕 히미코는 238년(경초2), 243년(정시4) 위나라에 조공함으로써 열도 내에서 야마타이국의 위상을 높이고 대외교섭권을 장악했다.

그런데 왜국대란에 관해서는 이를 한반도 남부로부터 유입되는 철 소재와 제품의 수입루트 장악을 둘러싼 서일본지역 수장층의 주도권 분쟁이며, 고대국가 형성기인 야마토 정권(倭政權)[24] 성립의 초기과정으로 파악하려는 주장이 근년 다수 제기되고 있다. 즉, 2세기 후반에 들어서면 일본열도에서도 대

---

24) 본문의 야마토 정권(倭政權)이란 古墳時代 나라분지와 기내 일원을 본거지로 한 倭王과 몇몇 유력 씨족이 중심이 되어 성립시킨 초기적인 국가체제를 의미한다. 1970년대까지는 학계에서 이를 大和朝廷이라고 불렀다. 그러나 大和라는 표기 자체가 8세기 奈良時代 이후의 것이며 또 고분시대의 정치세력을 설명하기에는 朝廷이라는 용어가 부적절하다는 점이 지적됨으로써 대개 1980년대 이후로는 '야마토 정권(倭政權)', '야마토 왕권(倭王權)', '왜국 정권(倭國政權)'이라는 명칭이 정착되었다. 본고에서는 야마토 정권으로 통일해서 사용한다.

부분의 석기가 모습을 감추고 철기로 대체된다. 그럼에도 불구하고 열도 내에 이 시기의 제철유적이 전혀 발견되지 않는 점은 철 소재가 한반도와의 교역에 의한 획득물임을 웅변으로 말해준다. 이런 관점에서 왜국대란을 철을 비롯한 선진문물의 획득을 둘러싸고 열도 내부에서 기존의 유리한 입장을 계속 유지하려는 북부 규슈의 세력과 새롭게 경쟁에 뛰어든 기내 및 세토내해 세력 간의 지역적 대립을 축으로 한 일련의 분쟁으로 보는 것이다.[25]

『위지』동이전 변진조(弁辰條)는 변진 즉, 가야가 "철을 산출하고 한(韓), 예(濊), 왜가 모두 그 철을 구입한다. 대개 시장에서 매매를 할 때는 모두 철을 이용하니 중국에서 동전을 사용하는 것과 같다. 또 철을 2군(낙랑·대방)에도 공급했다"라고 기록하고 있다. 이 기사만으로는 구체적인 시기나 가야 내 철의 산지를 특정할 수 없지만 아마도 4세기대 낙동강 유역에서 산출된 철에 관한 기사로 추정된다.[26] 3세기를 전후한 시기에 가야지역에 존재한 안사국(安邪國), 구사국(狗邪國)은 낙동강 하구에 위치하여 교역으로 번창하였으며 당시로서는 일대에서 가장 유력한 소국이었다. 두 나라는 가야지역의 다른 많은 소국들과 연합하여 교역권을 형성하고 철 소재를 매개로 낙랑, 대방, 왜와의 교역을 주도했던 것으로 보인다. 특히 철의 주산지이며 유통의 일대 거점으로 주목되는 구사국은 대방과 왜의 중간지점으로서 교역이 크게 성행하였다.[27] 또한 변진조에 기록된 철의 교역 상대는 같은 한반도 남부 일대의 마한, 변한과 북방의 예, 남방의 왜 등인데 이들 지역이 철 소재를 입

---

25) 白石太一郎,「古墳成立論」,『新版古代の日本 1古代史總論』, 角川書店, 1993(동,『古墳と古墳群の研究』, 塙書房, 2000년에 재수록); 동,「倭國誕生」,『日本の時代史 1倭國誕生』, 吉川弘文館. 2002; 鈴木靖民,「文獻からみた加耶と倭の鐵」,『國立歷史民俗博物館研究報告』110, 2004.

26) 고고학적으로는 이때의 철이 鐵鑛石인지, 板狀 철 제품이나 한국과 일본의 고분에서 출토되는 鐵鋌에 해당하는지에 대해 의견이 분분하다. 그러나 대체적으로 당시의 철이 중간소재이며 실물화폐로서 교환가치가 높은 교역품이었다는 점에 의견이 일치한다. 鈴木靖民, 앞의 논문「文獻からみた加耶と倭の鐵」, 148쪽.

27) 일례로서『魏志』倭人傳의 기사에 따르면, 당시 帶方郡에서 일본열도까지의 여정은 狗邪國-對馬國-一支國-末盧國-伊都國이란 경로를 취하여 분명히 구사국을 경유했다.

수한 이후를 고려하면 가공기술과 재분배체계를 보유한 수장층 또는 왕권과 같은 공권력의 관여를 쉽게 짐작할 수 있다. 가야와 왜의 관계에 대해서는 후술하는 가야지역의 왜 계통 유물을 통해서도 알 수 있듯이 바다를 건너 가야를 왕래한 왜인들의 해상교역집단이 존재했다고 봐도 부자연스러운 것은 아니며, 그들이 한반도 남부에 일정기간 체류하는 일도 있었을 것이다.[28]

한편으로 『위지』 왜인전의 또 다른 기사에 따르면, 가야와 일본열도 사이에 위치한 쓰시마와 이키섬은 식량이 부족하여 배를 타고 남북으로 쌀을 구했다고 한다. 이 두 소국은 규슈 등지에서 구입한 목재와 그 밖의 물자를 한반도 여러 소국에 판매하는 동시에, 주로 가야의 구사국에서 사들인 철을 식량과 목재의 구입 대금으로 열도의 소국들에게 지불함으로써 중개교역지로서 자활을 도모했던 것으로 보인다. 앞에서 언급한 열도 내 해상교역집단의 실체는 바로 이 쓰시마와 이키의 주민들이 아닐까? 그리고 이들을 경유하여 한반도의 철 소재를 수입한 열도 내의 교역주체는 현계탄(玄界灘)에 면한 북부 규슈의 노국과 이도국이었을 것으로 추측된다.[29]

이러한 연구사를 토대로 스즈키 야스타미(鈴木靖民)는 왜국대란에 대해, "낙랑군 및 제 한국(韓國)과의 교류를 통해 사회의 계층화를 진전시킨 현계탄 연안을 비롯한 북부 규슈의 수장들과 이에 대항하여 철의 입수와 분배를 요구한 산잉·세토우치·기내 등 후발지역 수장들 사이에서 벌어진 싸움"이며, "그 결과, 기내의 야마토(倭, 현 나라분지의 일부)와 세토내해 동부를 중심으로 한 지역이 우위를 점하고 해외교류의 창구인 북부 규슈, 세토내해 등지의 철 유통거점을 장악"했다. 그리고 이와 동시에 기내와 세토내해

---

28) 鈴木靖民, 앞의 논문 「文獻からみた加耶と倭の鐵」, 148쪽.

29) 白石太一郎, 「古墳にみる王權」, 『週刊朝日百科 日本の歷史 別冊 歷史の讀み方3 考古學への招待』, 朝日新聞社, 1988, 22쪽; 동, 「總論-交通·交易システムの變遷とその背景」, 『考古學による日本歷史9 交易と交通』, 雄山閣, 1997, 8-9쪽. 한편, 북부 九州와 対馬 그리고 本州의 서쪽 끝인 下關 사이의 바다를 일본에서는 '겐카이나다(玄界灘)' 혹은, '겐카이(玄海)'라고 부른다. 한국에서 흔히 '현해탄(玄海灘)'이라 칭하는 것은 위 양자를 혼용한 잘못된 명칭이다.

동부의 수장들은 철 "제련기술의 이전, 재분배와 호혜적 교환 등을 통해 열도 각지의 수장층과 인격적·정치적 네트워크를 형성"한다. 나아가서 이렇게 철 "유통기구를 장악한 자의 지위 계승과 외교권, 제사권 행사에 기인한 특정집단의 전업화 및 공직화(公職化)에 의거하여 왜왕(倭王)으로서 왕위와 공권력이 확립"되는바, "이것이 왜국대란 이후 야마타이국을 맹주로 한 왜국의 형성과정이다"라고 주장했다.[30]

왜국대란의 본질을 철을 둘러싼 수입주도권 쟁탈전으로 보는 이 같은 학계의 시각은 당시의 대내외적 상황을 고려하여 다음과 같이 재정리할 수 있다. 즉, 지리적 이점을 살린 북부 규슈의 연합세력이 한반도로부터 철 수입 루트를 선점한 반면, 기내와 세토내해의 제 세력은 북부 규슈를 거쳐 철을 입수해야만 하였기에 점증하는 철기 수요를 항시적, 안정적으로 충족하기 위해 기존 교역체계에 일대 전환을 꾀할 필요가 있었다. 비슷한 시기에 후한의 정국 혼란으로 동아시아 전체의 정치상황이 긴박해지자 그 틈을 타서 기내와 세토내해 일원은 내부의 유력한 소국을 중심으로 세력을 결집하여 북부 규슈에 항전하고 점차 이를 제압해갔다. 그리고 이 왜국대란으로 인해 한반도 남부-북부 규슈-세토내해-기내를 잇는 철의 기존 유통경로가 무너진 후, 기내 중추지역의 수장층은 점차 대륙 교역의 주도권을 쟁취하여 북부 규슈를 경유하지 않고 한반도 남부로부터 직접 철을 수입하는 데 성공했다. 이러한 일련의 과정을 통해 기내 중추부는 결과적으로 각지의 공동체에 대한 철의 분배를 독점함으로써 광대한 지배권을 확립할 수 있었고, 이것이 전국적 규모의 철 분배기구로 확장되었을 때 기내를 중심으로 한 새로운 권력체 즉, 왕권이 태동했다고 보는 것이다.

---

30) 鈴木靖民, 앞의 논문 「文獻からみた加耶と倭の鐵」, 150-151쪽. 宣石悅도 같은 맥락에서 "세토내해·기내의 제 세력은 국면 타개를 위해 북부 규슈 연합세력과 대립하고 그 결과 일정한 성과를 거두었으니, 이것이 왜국대란의 제1단계일 것이다"라고 추정했다. 宣石悅, 「加耶の鐵と倭の南北市糴」, 『國立歷史民俗博物館研究報告』 110, 2004, 137쪽.

이렇게 기내지역이 철 유통을 둘러싼 헤게모니를 북부 규슈로부터 마침내 쟁취한 것이 왜국대란의 결과라고 한다면 그 배경으로는 어떠한 메커니즘을 생각할 수 있을까? 앞서 본 바와 같이 북부 규슈의 야요이 사회는 분업과 생산, 유통에 있어서 수장권이 강화된 수직적 시스템을 형성한데 반하여 기내지역은 수장권이 억제된 횡적인 연결시스템이 발달했다. 이 같은 야요이 중기 기내지역을 중심으로 형성된 유통, 교통 네트워크의 특질이 왜국대란의 과정과 결과에 미친 영향은 아직 명확하지 않다. 다만 횡적인 시스템이 하나의 세력집단으로 단일화할 만큼 철 자원 확보가 절실한 문제였다는 해석은 가능할 것이다. 그런데 위와 같은 스즈키설에 대해 현재로서는 기내, 세토내해 연합세력과 북부 규슈 간의 항쟁을 직접적으로 실증할만한 문헌 및 고고학적 자료가 거의 없다. 게다가 지금도 일본 고대사학계의 최대 쟁점으로 남아있는 야마타이국의 위치를 둘러싼 논쟁에 대해 위 주장이 명백하게 야마타이국은 기내에 소재하며 야마타이국-야마토 정권의 연속성이라는 입장을 취하는 점에서 금후 논쟁이 재연될 소지가 여전하다.[31] 또 근년에는 철의 효용가치를 지나치게 과대평가했다하여 위 설을 반박하고 야마토를 비롯한 기내지역의 주도권을 부정하는 설도 제기되었으나,[32] 현재로서는 소

---

31) 鈴木靖民는 "(魏志)倭人傳에 따르면 倭國亂은 諸國의 수장들에 의해 최고 수장인 卑彌呼를 倭王으로 '共立'하는 결과를 초래하였다. (따라서)왜왕은 畿內에 있었다고 사료되는 邪馬台國, 즉 大和國에 도읍한 것이다"라고 하여, 분명히 邪馬台國= 畿內라는 입장을 취했다. 鈴木靖民, 앞의 논문 「文獻からみた 加耶と倭の鐵」, 151쪽, 한편, 邪馬台國의 소재지를 둘러싼 논쟁은 江戸時代 이래 긴 역사가 있다. 그 자세한 내용에 관해서는 본서의 취지를 벗어나므로 상론하지 않겠다. 다만 최근 西本昌弘가 행한 연구사 정리에 의거하면, 『魏志』倭人傳의 해석을 둘러싼 1910년대 內藤湖南과 白鳥庫吉의 논쟁에 대해 方位・里程・日程 등을 정밀히 재검토하면 內藤의 야마토설이 자연스럽고 白鳥의 규슈설은 곳곳에 무리한 주장이 발견된다. 또 1989년 발굴되어 규슈설의 유력한 근거로 부상된 佐賀県 요시노가리(吉野ヶ里)유적에 대해서는 최대 인구 1,000~2,000명 정도로 彌生時代 중후기에 다수 존재한 소국의 하나로 보는 것이 타당하며, '七万余戸'의 인구를 보유한 邪馬台國의 유적으로는 볼 수 없다. 결론적으로 "현재 진행되고 있는 유적, 유물의 검토사례-예컨대 三角縁神獣鏡의 분포지역과 근년의 初期古墳 연구 등-에 의거하면 邪馬台國= 大和説의 기초는 착실히 굳혀지고 있다." 西本昌弘, 「邪馬台國論爭」, 『日本歷史』700, 2006.

32) 村上恭通, 「鐵と社會變革をめぐる諸問題」・「鐵器生産・流通と社會變革」, 『古墳時代像を見直す』, 青木書店, 2006.

수 견해에 머무르는 것으로 판단된다.

그 후 3세기 중엽 중국에서 진(晉)이 삼국을 통일한 후 동방정책을 포기함으로써 동이에 대한 정책도 소극적이 되었다. 280년대에는 삼한의 유력한 소국들이 진의 유주(幽州)에 두어진 동이교위부(東夷校尉府)와 교섭을 가졌다. 그 무렵 일본열도는 다시금 소국 간의 갈등과 대립이 격화하고 통합전쟁이 전개된다. 그리고 유력한 소국이 주변을 통합함으로써 몇 개의 세력권이 형성되었으며, 그에 따라 자연히 철 수요가 증대하고 교역이 활발하게 이루어졌다. 야마타이국= 야마토설을 따르는 선석열(宣石悅)은 야마타이국이 이들 세력권과 연합하면서 기존의 상하관계를 한층 강화하여 맹주로서의 지위를 확고히 구축할 수 있었고, 철을 비롯한 선진문물에 대한 열도 내의 점증하는 요구를 해소하기 위해 한반도 제국과의 교섭에 가일층 힘을 기울이니 쓰시마, 이키의 중개활동도 더욱 활기를 띠었다고 주장한다.[33]

고고학 발굴성과에 의거하면 열도로 수입된 철 소재 및 제품은 당초에는 수장층이 다른 물자와 교환하기 위한 실물화폐로 기능하였으며, 수입된 철기는 그대로 농기구와 무기로 사용됨으로써 재가공을 위한 제련기술은 쉽게 입수하지 못했던 것으로 보인다. 이윽고 철은 생필품화하여 무기, 무구, 마구, 농구, 공구 등을 제작하기 위한 원재료로서의 중요성이 강화된다. 점차 열도 각지에서는 지역적인 편차는 있지만 제련로를 비롯한 제철시설과 기술자를 함께 획득한 것으로 보인다. 단, 이것들이 특화하여 분업화되고 기내 일대에 대규모 도래인 전업집단이 출현한 것은 고분시대 중기인 5세기 이후의 일이다.[34] 이 점에 관해서는 후술하기로 하자.

---

33) 宣石悅, 앞의 논문 「加耶の鐵と倭の南北市糴」.

34) 鈴木靖民, 앞의 논문 「文獻からみた加耶と倭の鐵」, 149쪽; 花田勝広, 「韓鍛冶と渡来公人集団」, 『国立歴史民俗博物館研究報告』 第110集, 2004.

5. 야요이시대 위신재와 필수재의 유통 변화

야요이시대에 유통한 물자는 위신재와 필수재로 대별할 수 있다. 전자는 청동기, 철기를 포함하여 요즘 표현으로 명품이라 칭할 수 있는 일부 석기 등 원산지가 한정되고 희소가치가 높은 것들을 가리킨다. 후자는 토기, 석기, 목기 등 원료를 쉽게 입수할 수 있으며 생활 속에 널리 사용된 반면에 상대적으로 희소가치가 낮은 것들이다. 이 가운데 위신재는 거점집락 내부의 사회적 분업과 전업을 기초로 하여 특정 물품을 전문적으로 생산하는 사람들로부터 공급받는 것이 보통이었다. 물론 조몬시대도 물자는 상당히 광범위하게 유통하고 분업과 전업도 일부 보이지만, 야요이시대에 들어서면 항시적으로 전업집단을 지향하는 경향과 함께 정치적인 재분배유통이 형태를 드러내면서 상대적으로 가치가 낮은 필수재로까지 분업이 침투한다.[35]

집단 내에서 특정 물자를 제작하는 경향은 청동기의 경우가 가장 뚜렷하게 나타난다. 규슈 사가현(佐賀縣) 간자키군(神埼郡)에 위치한 요시노가리 유적(吉野ヶ里遺跡)은 야요이시대 최대의 환호집락 유적이다. 이 유적에서 출토된 야요기 전기 말의 풀무, 도가니 흔적이나 분동(鉈) 주형 등으로 미루어 일본열도의 청동기는 이미 야요이시대 전기에 소형 제품이 제작되었음을 짐작할 수 있다. 그리고 야요이 중기의 같은 유적에서는 소수의 공인이 집락 가장자리에서 청동기 제작을 위해 원료를 조합한 흔적이 보인다. 기내 지역의 경우도 야요이 중기에는 셋츠(攝津), 가와치(河內), 이즈미(和泉) 등지의 생산유적을 중심으로 청동기 제작을 전문으로 하는 공인집단의 모습이 선명히 드러난다. 이 중 셋츠와 가와치산 동탁은 기내지역의 외부로까지 널리 유통하였다. 또한 북부 규슈 스구의 경우는 더한층 생산이 집중되어 야요이 중후기 무렵에는 철기공방과 청동기공방 등 복수의 공방을 내부에 포

---

35) 武末純一, 앞의 책 『日本史リブレット3 弥生の村』, 75쪽.

함하였으며 후기에는 저지대에 공방 유적이 대대적으로 펼쳐진다.[36]

야요이시대에 이르러 질적으로 크게 전환하는 물류시스템을 단적으로 보여주는 것이 위신재인 경옥제품의 유통 변화이다. 먼저 생산에 관해서 보면 현재의 도야마현, 니가타현 경계 지점의 유적과 같이 3,000년간이나 지속된 조몬시대의 대규모 옥·돌도끼 제작유적이 북부 규슈에 수전도작사회가 성립한 야요이 전기 무렵에는 극적으로 쇠퇴한다. 대신에 각 지역의 거점집락에 위치한 소규모 옥 제작유적이 증가하고 그곳에서는 석기와 목기 생산도 병행되는 것이 기본이었다. 조몬시대와 비교하면 표면적으로는 생산의 집약성이나 전업의 정도가 오히려 후퇴한 것으로도 볼 수 있는데, 이러한 질적인 전환은 각각의 지역권력에 의해 위로부터 공인을 편성하는 힘이 강화되고 원재료 공급 및 제품 수취에 대한 재분배유통구조가 강력해진 점에서 그 원인을 찾을 수 있다.

야요이시대의 전체적인 경옥 유통량은 조몬시대에 비해 감소한다. 한편으로, 조몬시대까지 혼슈의 여러 지역과 북부 규슈가 크고 작은 정점을 이루던 유통 중심지는 야요이시대에 들면 일거에 서쪽으로 이동하여 북부 규슈가 정점을 이루고 기내 남부지역이 그 다음을 점했다. 북부 규슈의 경우 야요이 중기에는 조몬시대에 비해 경옥 유통량이 무려 10배 정도까지 급증한다. 이러한 변화는 당시 열도 내의 정치적 중심이 어떤 지역에 형성되었는가를 시사해주는 것으로 이해할 수 있다.

나아가서 경옥은 위신재로서 갖는 이데올로기적 성격에 대해서도 주목할 필요가 있다. 경옥제품은 조몬시대에는 그 종류가 대주(大珠), 곡옥(曲玉), 관옥(管玉), 환옥(丸玉), 소옥(小玉) 등으로 다양하지만 야요이시대가 되면 거의 곡옥만으로 한정된다. 또 석재 선택에도 큰 변화가 보이는데 현대의 비취는 푸른빛이어야만 가치를 인정받지만 조몬시대는 대형 제품에 흰색이

---

36) 武末純一, 앞의 책 『日本史リブレット3 弥生の村』, 80-84쪽.

많고 소형 제품에 푸른빛이 두드러져서 중국 신석기시대의 연옥(軟玉) 장신구문화와 상통하는 면이 강하다. 그러나 야요이시대 서쪽으로 중심을 옮긴 경옥은 푸른빛을 그 첫째 조건으로 삼음으로써 중국 요령식(遼寧式) 청동기문화의 계보를 이어받은 한반도의 초기 금속기문화에 보이는 천하석제(天河石製, amazonite) 곡옥과 벽옥제 관옥을 조합한 장신구 이데올로기의 영향을 받았음이 분명하다. 하지만 이런 야요이시대 북부 규슈 등지의 경옥문화에 대해 같은 시기 혼슈 동부지역에서는 붉은 빛을 띤 철석영제(鐵石英製) 옥을 사용하였고, 홋카이도에서는 호박을 소재로 한 옥이 성행하는 등 열도 내부의 지역차가 현저해졌다. 이밖에도 앞서 본 야요이시대 남도산 조개 팔찌를 조몬시대의 것과 비교하면 옥과 유사한 지역화 현상이 엿보인다. 즉, 조몬시대는 동일한 성격의 물자가 지역 간 상호중복적으로 유통되었다고 한다면 야요이시대는 이전과는 달리 각기 배타적이며 개성적인 지역 간 경계를 형성하게 된 것이다.

필수재인 흑요석, 사누카이트의 유통도 야요이시대에 들어서면 크게 변화한다. 사누카이트의 경우 야요이 전기에는 조몬시대와 마찬가지로 산지를 달리하는 제품의 유통권이 서로 겹치는 경향이 보이는 반면, 중기 이후는 지역에 따라 배타적으로 유통되어 명확한 지역권을 형성하는 경향이 분명하게 드러나는 것이다. 이런 현상은 지역 수장층의 성립과 함께 이전 시대보다 지역 내부적으로 정비된 유통구조에 입각하여 나타난 것으로 보인다. 그 가장 높은 수준을 보여주는 것이 원산지 주변에서 집약적인 제품화과정을 거쳐 명품 석기로 유통된 북부 규슈의 이마야마산(今山産) 현무암제 돌도끼와 다테이와산(立岩産) 응회암제 돌칼 같은 필수재의 집중생산방식이다.

이렇게 야요이시대 중기 이후의 석기 및 석재 유통은 일정한 지역을 중심으로 서로 계층화된 거점집락과 그것들의 연결망을 통해 이루어졌음이 분명하다. 그러면 유통의 구체적인 이미지는 어떻게 그려볼 수 있을까? 현 오사카부 이즈미시(和泉市)의 이케가미소네유적(池上曾根遺跡)에서는 환호집락 중앙부의 대형 건물과 우물 앞쪽에 자리한 광장에 사누카이트 석재와 어구(漁具)가 매납된 사실이 확인되었다. 이는 권력의 통제 하에 이루어진 야요이시대 필수재 교역의 구체상을 살피기 위한 좋은 단서가 된다. 다른 유사 사례들로부터 유추되는 바이지만 광장에는 근방의 생산자들이 모여 각종 정치적, 종교적 의례를 행했을 것이다. 또한 그 의례는 지배세력의 입장에서 보면 관리와 공납의 장이자 모여든 생산자들로서는 각자의 집단 내 지위와 공납 후 잉여물자에 대한 이권을 획득하는 기회로서의 의미를 지녔을 것이다. 그리고 의식이 종료된 후에는 교역을 위한 장시(場市)가 같은 광장에서 개최되었으며 아마도 그러한 과정을 통해 근처의 공인, 어민이 정치권력에 포섭되면서 필수재를 둘러싼 상업적 교역이 싹튼 것으로 추측된다.[37]

『위지』 왜인전에 따르면, 야요이 말기인 238년(경초2)경 야마타이국의 여왕 히미코가 남녀 노예를 포함한 조공품을 위나라에 보내고 그 답례로서 고급 직물과 정교한 청동 거울 100매, 진주 등을 하사 받았다. 이처럼 당시 원격지 간의 상품교역은 권력자 사이의 증여 형태를 취했으며 민간상인이 개재될 여지는 아직 전혀 없었다고 생각된다. 이에 반해 왜 내부에서는 "나라마다 장시가 열려서 서로의 유무를 교역하며 대왜(大倭)가 이를 관장했다"라고 하여 시장교역이 존재하였음을 알 수 있다. 이 기사를 어떻게 이해할 것인가라는 점은 야요이시대의 유통을 고찰하기 위한 근본적인 문제라고 할 수 있다. 아마도 지금까지 발견된 환호집락의 중앙부 광장이 시장의 최유력 후보이며, 환호집락이 해체된 후로는 지배자의 거관을 중심으로 한 교통 요충지에 정기시가 개최된 것으로 보인다.

야요이시대와 그 이전 조몬시대의 사회구조에는 결정적인 차이가 있다.

---

37) 이상, 경옥 유통과 그 이데올로기적 성격, 흑요석 및 사누카이트의 유통에 대한 본문의 이해는 宇野隆夫, 앞의 논문「原始·古代の流通」, 173-178쪽에 주로 의거함.

즉, 조몬의 소규모 혈연집단에서 야요이시대는 복수의 혈연집단을 기초 단위로 한 농업공동체로서의 지역적인 지연집단이 생성되고, 그것을 토대로 하여 공동체의 수장 계층이 편성되기 시작한 것이다. 이러한 현상은 위신재와 필수재의 생산, 유통에도 큰 변화를 초래했다. 앞서 본 바와 같이 야요이시대는 위신재와 필수재의 일반적인 유통 분화와 함께 위신재에 관해서는 막 성립한 수장층을 중심으로 한 외교적·정치적인 재분배유통구조의 성립을, 필수재에 관해서는 상업적 교역의 맹아를 상정해볼 수 있을 것이다. 따라서 유통사 측면에서 본 선사시대 일본열도의 역사는 위신재와 필수재 유통이 양극 분화한 야요이시대를 그 최대의 질적인 전환점으로 평가할 수 있다.[38]

6. 야요이도시론과 화폐에 관하여

위와 같은 야요이시대 유통의 질적인 변화를 학계에서는 소위 야요이도시론을 중심으로 파악하려는 시도도 나타나고 있다. 결론을 먼저 소개하면 야요이도시론을 둘러싼 제설의 논점은 비교적 명쾌하다. 하지만 그 해결의 열쇠가 될 농공분리(農工分離)와 수공업 전업의 척도가 불명확한 점이 다양한 견해를 잉태하는 요인이 되고 있는 것으로 보인다.

근년 들어 관심을 모으는 야요이도시론 즉, 야요이시대의 거대 환호집락을 도시로 간주하는 주장은 일반적으로 요시노가리유적, 이케가미소네유적 등의 발굴성과에 의거하고 있다. 그 근거는 이케가미소네유적의 경우 첫째, 1,000명 정도의 사람들이 집주한 것으로 보이는 점, 둘째, 수공업과 물

---

38) 宇野隆夫, 앞의 논문 「原始·古代の流通」, 178-179쪽; 櫻井永治·中西聰, 『新體系日本史 12 流通經濟史』, 山川出版社, 2002, 81쪽.

류의 센터로서 기능하였다는 점, 셋째, 수장의 지배를 받으며 정치적·종교적 중심으로서 역할을 수행했다는 점, 넷째, 근방의 중소 집락과 일종의 수탈관계를 형성했다는 점 등으로 요약할 수 있다.[39] 이런 주장을 선도한 히로세 카즈오(廣瀬和雄)는 다채롭고 상호 이질적인 직장(職掌)에 종사하는 사람들이 다수 거주한 거대 환호집락이 후일 율령시대의 후지와라경(藤原京, 694~710년)이나 헤이조경(平城京, 710~784년)과 같은 고대도시와 공통점이 많다는 점을 특별히 강조한다.[40] 그러나 히로세의 주장은 본인이 인정하는 대로 농공분리에 관한 검토를 금후의 주요 과제로 돌림으로써 수공업 공인의 전업 정도를 불문에 붙인 점이 큰 한계일 것이다. 이밖에도 정치권력이 도시 건설의 매개체가 되는 점을 중시하여 야요이시대의 거대 환호집락을 수장권력 하에 형성된 도시로 간주하는 견해도 있다.[41]

그런데 도시란 고금을 막론하고 개념적으로는 농촌이나 어촌, 산촌에 대한 상대적 의미를 내포한 용어이며 따라서 그것들과의 비교를 통해 개념이 정의되어야 함은 지극히 당연한 일이다. 다시 말해 농촌, 어촌, 산촌이 1차 산업에 종사하는 사람들을 절대 다수로 하는 집락이라면 동서고금의 도시는 2차, 3차 산업에 종사하는 사람들이 주체가 된 대규모 집락이라고 할 수 있다. 도시는 성격 면에서 정치도시, 종교도시, 경제도시 등으로 나뉜다. 하지만 어떤 경우든 아무리 인구가 많다 하더라도 1차 산업이 중심을 이루는 집락을 도시로 간주할 수는 없다. 물론 야요이시대의 촌락은 당초부터 외부에서 다양한 물자를 공급받았고 결코 자급자족의 폐쇄적인 소세계가 아니었다. 그러므로 도시의 여러 요소와 조건을 포함하는 것은 당연하지만 그것들은 어디까지나 도시화의 맹아에 불과하다. 게다가 환호집락의 출현을 야

---

39) 武末純一, 앞의 책『日本史リブレット3 弥生の村』, 91-94쪽의 정리에 의거함.

40) 廣瀬和雄, 「彌生都市の成立」, 『考古學研究』 45-3, 1998.

41) 藤田弘夫, 『都市の論理』, 中央公論社, 1993.

요이시대 농촌의 시작으로 보는 한, 환호집락 자체의 변질 및 해체가 열도형 도시의 출발점이 되는 것은 재언할 필요도 없을 것이다.

쓰데 히로시(都出比呂志)는 도시의 주요 요소를 중심기능, 집단거주, 상공업 발달, 외부 의존의 네 가지로 규정했다. 그리고 인구의 9할 이상이 농어민으로 구성된 대다수 거대 환호집락은 자급성에 기초하므로 도시라기보다 성새집락(城塞集落)으로 파악하는 쪽이 옳다고 주장했다.[42] 위와 같은 관점에서 본다면 야요이시대 말기 북부 규슈의 스구처럼 이전까지의 환호집락을 해체하고 수장층의 거관을 중심으로 재편된 대집락이 야요이 도시의 가장 유력한 후보라 할 수 있다. 스구는 노국왕의 거관을 중심으로 일대에 청동기, 유리를 제작하는 공방이 편재되었고 규모는 중심부만으로도 30만㎡를 넘는다. 후배지인 구릉부의 일반 거주지까지 더하면 족히 100만㎡를 상회하므로 수장층과 전업공인집단을 주체로 한 정치 및 공업도시였을 가능성이 높다. 반면에 이케가미소네유적의 경우는 수장권력이 그다지 성숙한 상태가 아니었다. 예컨대 청동기공방에서 발견된 주형은 단 한, 두 점에 불과하여 전업상태에 도달했다고는 평가하기 어렵고, 돌칼을 제작하는 전업공인집단의 흔적도 없다. 따라서 제작된 수공업품의 주변 촌락에 대한 분배를 상정하기 힘들며 대다수 주민들이 농업과 어로에 종사했던 것으로 추측된다.[43]

다음으로 야요이시대 대륙으로부터 유입된 화폐에 관해 살펴보자. 동아시아에서도 변경에 위치한 일본열도에는 야요이 중기 이후 다른 대륙계 문물과 연동하여 서일본에 변칙적으로 중국 동전이 유입되었다. 예를 들어 한반도와 인접한 나가사키현 이키의 하라노츠지유적(原辻遺跡)은 환호집락의 서북쪽에서 발견된 일본 최고의 선착장 유구로 미루어 대외 무역이 활발했

---

42) 都出比呂志, 「彌生環濠集落は都市にあらず」, 『日本古代史 都市と神殿の誕生』, 新人物往來社, 1998.

43) 森岡秀人, 앞의 논고 「七. 分業と流通 -繩文・古墳時代との比較」, 204-205쪽; 武末純一, 앞의 책 『日本史リブレット3 弥生の村』, 91-94쪽.

던 지역으로 추측된다. 유적 내부에서는 한반도 계열의 무문토기, 낙랑토기와 함께 오수전(五銖錢), 화천(貨泉), 대천오십(大泉五十) 등의 중국 동전이 출토되었다.[44] 그밖에도 같은 이키의 가라카미유적(唐神遺跡), 현계탄에 면한 후쿠오카현 고쇼마츠바라유적(御床松原遺跡), 세토내해에 면한 오카야마현(岡山縣) 죠토유적(上東遺跡)과 다카츠카유적(高塚遺跡) 그리고 동해 연안인 돗토리현(鳥取縣) 아오야카미지치유적(靑谷上寺地遺跡) 등지에서도 화천과 반량전(半兩錢) 등이 출토되었다.[45] 그러나 각각의 동전은 반입량이 극히 적어서 가격표준 및 지불수단으로서 기능을 갖지는 못했다.

위와 같이 서일본 각지에 도래한 중국 동전은 주로 의례용으로 쓰였을 것으로 생각된다. 중국 한대(漢代)의 경우 동전은 일반적인 유통 이외에도 묘중전(墓中錢)이란 형태로 사자의 영혼이 가진 힘을 기대한 염승전(厭勝錢)이나 축제용으로 제작된 경축전 등 다양한 존재의의가 인정된다. 그러한 관념이 열도의 야요이시대와 뒤이은 고분시대의 지배계층에 영향을 미쳤을 것이다. 하지만 고분시대까지도 동전 주조를 위한 고도한 기술적 기반은 일본열도에 전혀 전래되지 않았다. 그러므로 훗날 고대 율령국가의 지배기구를 통해 독자적인 화폐 발행이 시작되기까지는 중국으로부터 유입된 동전이 시중 유통이 아닌 다양한 성격과 목적을 띠고 각지의 유적에 남겨졌다고 볼 수 있다.

야요이시대의 유통은 수전도작을 배경으로 한 사회적 분업의 진전과 전업집단의 확산에 의해 활성화되었다. 통상적인 교환의 매개체로서는 넓은 지역에서 상용된 필수재 가운데 교환가치가 일정한, 예를 들어 기내지역의 마제 돌칼과 같은 현물화폐가 후일의 금속화폐 역할을 대신했던 것으로 보인다.[46]

---

44) 武末純一, 앞의 책『日本史リブレット3 弥生の村』, 37쪽.

45) 武末純一, 앞의 책『日本史リブレット3 弥生の村』, 104-106쪽.

46) 이상, 본문의 야요이시대 화폐에 관한 논리 전개는 森岡秀人, 「貨幣」, 『東アジアと日本の考古學Ⅲ』, 同成社, 2003을 주로 참조함.

3장
고분시대의 왕권 성립과 재분배유통구조

1. 고분질서의 성립 및 전개

고분시대(古墳時代)는 3세기 후반 혹은, 4세기 초반부터 7세기까지를 가리킨다. 이 시대는 거대한 규모의 전방후원분(前方後圓墳)을 정점으로 하여 같은 시기에 조성된 전방후원분, 전방후방분, 원분, 방분 등 기본적으로 네 가지 형태를 취하는 대소 고분이 특정 지역에서 일체화된 정치적·계층적인 군집을 형성하고 군집 상호 간에 중층적인 상하관계를 유지하는 고분의 질서가 형성, 유지된 시기이기도 하다. 고분시대는 후대에 비해 아직 문헌사료가 희소하므로 피장자의 생전 정치적 신분을 표상하는 상징물이자 당시의 정치실태를 드러내주는 위와 같은 고분의 축조 상황을 중심으로 하여 전기, 중기, 후기로 구분하는 것이 일반적이다.[1] 가장 오래 된 전방후원분인 나라현(奈良縣) 미와산(三輪山) 기슭의 하시하카고분(箸墓古墳) 출현은 고

---

1) 전기는 3세기 말~4세기 중엽, 중기는 4세기 후엽~5세기 중엽, 후기는 5세기 후엽~6세기 말 혹은, 7세기 초. 연구자에 따라서는 특히 중기에서 후기로 이행하는 과정에 문화적으로 큰 변화가 보인다고 하여 이 시기를 중심으로 古墳時代를 크게 양분해서 이해하는 경우도 있다. 和田晴吾, 「古墳時代の生業と社會 -古墳の秩序と生産·流通システム-」, 『考古學硏究』 50-3, 2003; 동, 앞의 논고 「古墳文化論」.

분질서 형성의 효시를 장식한 사건이라고 할 수 있다.[2]

고분의 형태와 규모를 통해 본 이 시대의 일반적인 계층 구성은 대왕(大王)을 구심점으로 한 대소 수장과 그 지배를 받는 상층, 하층, 최하층의 공동체 성원으로 나뉜다. 각각의 분형(墳型)을 보면 대왕묘는 하시하카고분을 필두로 하여 대개가 전장 200m 이상에 달하는 각 시기별 최대 규모의 전방후원분이며, 대소 수장묘는 전방후원분·전방후방분 등의 형태를 취하는 길이 20~100m 정도의 중대형 고분, 공동체 상층의 묘는 소형의 방형이나 원형 분구묘, 하층의 묘는 분구가 없는 목관과 상자식 석관 등을 이용한 직장(直葬), 최하층의 묘는 밀집형 토갱묘군 등으로 나타난다. 참고로 야요이시대부터 고분시대에 걸쳐 축조된 고분으로서 현재까지 확인된 것은 전방후원분 약 4,700기, 전방후방분 약 500기에, 원분과 방분을 합한 총수가 10만기를 상회한다. 이 가운데 전방후원분은 북으로는 혼슈 동북지역의 이와테현 남부에서 남으로는 규슈 가고시마현(鹿兒島縣) 남부에 이르기까지 넓은 지역에 분포한다.[3]

고분시대 전기인 4세기 전반 서일본의 유력한 수장들은 그 전까지 각 지역별 특색을 강하게 띠던 다양한 형태의 각종 분구묘 대신 규모가 훨씬 크고 극히 획일적인 형태를 취하는 전방후원분, 전방후방분을 기내와 세토내해

---

2) 箸墓古墳은 전장 276m의 좌우대칭형 전방후원분이다. 매장시설로서는 장대한 板石을 쌓은 수혈식 석곽의 존재가 추정된다. 이 형식은 彌生時代 후기의 前方後圓型 周溝墓群에서 파생된 墳丘墓의 요소를 일부 취하면서도 야요이 후기에서 말기에 걸쳐 일본열도로 유입된 한반도와 중국의 영향을 직간접적으로 받아들여 새로이 창출된 것으로 보인다. 근간에는 箸墓古墳을 大和政權의 시작을 알리는 기념비적 건조물 혹은, 邪馬臺國의 야마토설에 입각하여 여왕 卑彌呼의 묘로 간주하는 설이 강력히 대두되고 있다. 하지만 『魏志』 倭人傳의 기록에 따르면 대방군에서 파견된 張政의 불과 1, 2년 정도로 추정되는 왜 체재기간 중에 히미코 사망과 분묘 조성, 男王 옹립 실패, 전란 등의 사건이 연속적으로 발생한다. 이런 기본사료의 내용으로 보아 남왕 옹립에 실패했기에 首長權이 정상적으로 계승되지 않았으며 축조기간도 극히 짧았던 히미코의 묘로 보기에는 해당 고분의 규모가 너무 커서 무리가 있다는 설도 한편에서 제기되고 있다. 이상은 寺澤薰, 『日本の歷史 2. 王權誕生』, 講談社, 2000, 305쪽.

3) 和田晴吾, 앞의 논문 「古墳時代の生業と社會 -古墳の秩序と生産·流通システム-」; 동, 앞의 논고 「古墳文化論」.

의 기비(吉備) 일원에 집중적으로 조성했다. 특히 전방후원분의 분형과 규모를 기준으로 볼 때 기내의 야마토와 야마시로(山城)를 본거지로 한 세력이 중심이 되어 당시로서는 열도 최대의 정치적 연합체를 결성한 것으로 추정된다.[4] 즉, 야요이시대 이래의 기내 수장연합(首長聯合)을 중심으로 한 세력이 지역적인 연합의 수준을 넘어서서 대왕을 정점으로 한 정치질서 속에 각지의 수장층을 단계적으로 포용하며 서서히 광역을 통치하는 왕권으로서 일정한 정치시스템을 작동하기 시작한 것이다. 이 단계가 바로 야마토 정권의 생성기에 해당하며, 기내연합을 중심으로 세토내해를 거쳐 북부 규슈에 이르는 지대가 그 주요 범위였을 것으로 추정된다.[5]

고분시대 수장 간의 상하관계는 이처럼 고분의 형태와 규모의 차이라는 이중적 원리에 대한 상호승인관계로 표출된다.[6] 특정지역 수장 간의 정치적 결합이 공통의 분형으로 표출되는 배경에는 혈연원리가 지배하는 사회에서 혼인을 매개로 한 수장 간의 동족적 결합과 조령세계(祖靈世界)의 공유 등이 작용했을 것이며, 그 규모의 차이는 수장 간 세력의 우열을 나타낸 것으로 생각된다. 그리고 결과적으로 전방후원분을 최상위에 두고 서로의 출신과 실력을 인정하여 상호공존을 도모함으로써 수장연합의 분열을 피하고자 한, 고분시대에 성립한 열도 중앙부의 신분질서를 학계에서는 전방후원분체제라고 명명하기도 한다.[7] 이 체제 하에서는 대왕묘와 유사한 형태의 전방후원

---

4) 白石太一郎, 앞의 논문 「古墳にみる王權」, 22쪽; 松原弘宣, 「總論 畿內王權の成立と瀬戸內海支配」, 『古代王權と交流6 瀬戸內海地域における交流の展開』, 名著出版, 1995, 14쪽.

5) 和田晴吾, 앞의 논문 「古墳時代の生業と社會 -古墳の秩序と生産 · 流通システム-」; 동, 앞의 논고 「古墳文化論」.

6) 분구의 규모로써 피장자의 신분을 표현하는 관행과 제도는 한반도와 중국에서도 보인다. 그러나 대륙의 경우는 方墳 또는 圓墳과 같은 단일 형식이 규모에 따라 서열화되었으며, 동일시대에 복수의 분형은 일본열도 고유의 현상이라고 할 수 있다. 이는 열도 내부적으로 야요이시대의 다양한 분구묘 형식이 표상하는 각 지역별 수장지배체제를 계승하고 재편성하는 위에 고분시대의 질서가 성립했음을 의미한다. 和田晴吾, 앞의 주 논문들.

7) 都出比呂志, 앞의 논문 「國家形成の諸段階」, 14쪽.

분을 축조하는 행위 그 자체가 왕권에 의해 지위를 승인받았다는 신분의 표시이며 대왕과 지역 수장의 관계를 규정짓는 가장 중요한 지표였다.[8]

고분질서를 중심으로 본 이상과 같은 4세기 전반 야마토 정권의 생성과정은 전항에서 논한 철, 철기 수입을 둘러싼 왜국대란 이후 기내·세토내해 중심의 왕권태동설과 잘 조응하며 충분히 설득력이 있는 것으로 판단된다. 그러나 전방후원분의 분포 범위에 관심이 집중된 나머지 고분시대 전체를 상당한 수준까지 정치체계가 정비된 사회로 보는 경향에 대해서는, 실제로 고분사회가 전체적으로 왕권의 정치력과 무관한 움직임을 보였으며 또 열도 내에는 전방후원분이 전혀 조성되지 않은 지역도 있다는 학계 일각의 반론에 충분히 귀 기울일 필요가 있다.[9]

4세기 중엽에 이르면 대왕묘의 묘역은 이전까지의 나라분지 남동부 오오야마토(大倭) 고분군에서 그 북부인 사키타다나미(佐紀盾並) 고분군으로 옮겨가며, 분형·하니와(埴輪)·관 등 대왕묘의 양식에도 변화가 초래된다. 당시 기내지역에 조성된 수장묘의 수가 급증하고 또 분형의 기본 4형식이 완전히 정형화되는 현상 등을 아울러 감안하면, 이 같은 새로운 묘역의 설정은 왕권의 지배체제가 과거보다 정비되어 근린지역 내 복수의 수장을 개별적으로 장악한 결과라고 이해할 수 있다. 기내를 중심으로 한 왕권의 영역확대 조짐은 동일본에서도 나타난다. 예컨대 그 전까지 대략 전장 30~40m 크기의 전방후방분이 중심이던 동일본지역에 100m 전후의 중대형 전방후원분이 증가했다. 또한 이 무렵 대왕묘를 제외한 각 지역별 최대 규모의 전방후원분 상호 간에 그다지 크기의 차가 없는 점으로 미루어 왕권은 재지(在地) 수장권의 강약과는 상관없이 전 지역에 대해 비교적 등질적인 지배를 펼

---

8) 岸本直文,「三角緣神獸鏡の配布」,『季刊考古學·別冊14 畿內の巨大古墳とその時代』, 雄山閣, 2004, 58쪽.

9) 高木恭二,「古墳時代の交易と交通」,『考古學による日本歷史9 交易と交通』, 雄山閣, 1997, 59쪽.

친 것으로 보인다.[10]

고분시대 중기인 5세기에 들어서면 이번에는 거대한 규모의 대왕묘가 기내 가와치평야(河内平野)의 모즈(百舌鳥)·후루이치(古市) 고분군에 새로이 조성되며,[11] 그와 때를 같이 하여 전방후원분을 포함하는 고분군은 숫자가 크게 줄어든다. 각지의 고분군은 대왕묘 및 그 크기에 준하는 대규모 전방후원분을 정점으로 중소형 고분들을 포진한 기내연합의 대형 고분군과 각 지역별로 조성된 기타 지역연합의 중소형 고분군으로 확연히 나누어진다. 고분의 규모와 형태에 비추어 볼 때 양자 모두 단순하고 강력한 계층적 구성을 취하며, 기내연합을 중핵으로 다수의 지역연합이 중층적으로 결합한 구조임을 짐작할 수 있다. 그 결과 5세기 중엽에는 대왕을 정점으로 하여 기내의 유력 수장층을 포괄한 소수의 대수장층이 각지에 산재한 다수의 중소 수장층을 정치적 영향 하에 둔 광역적인 지배질서가 완성된다. 이는 야요이 말기부터 모습을 드러내기 시작한 수장연합체제의 도달점이며 그 성숙기로 평가된다. 왕권의 중추를 점한 것은 말할 필요도 없이 기내 수장연합이며 그 최고 권력자가 바로 문헌사료에 등장하는 '대왕'이었다.

다만 이때도 각 지역에서 수장의 지배를 받는 공동체 내 유력 계층의 묘제는 야요이시대 이래 이어온 방형 주구묘나 대상묘를 중심으로 때로는 원분까지도 포함한 다양한 형태를 취했다. 이는 왕권이 직접적으로 미치는 범주가 아직은 지역별 단위공동체를 대표하는 수장 단계에 머물렀고, 지역 내부

---

10) 和田晴吾, 앞의 논문 「古墳時代の生業と社會 -古墳の秩序と生産·流通システム-」; 동, 앞의 논고 「古墳文化論」.

11) 5세기를 통하여 倭政權이 거대 고분을 河内平野에 축조한 사실을 감안하면 『宋書』에 기록된 413년(義熙9년)~502(天監1) 南朝(宋)에 조공했다는 '倭 五王'의 대왕묘는 분명히 이 百舌鳥·古市古墳群에 있어야 한다는 지적도 있다(今尾文昭, 「天皇陵古墳の實像」, 『季刊考古學·別冊14 畿内の巨大古墳とその時代』, 2004, 27쪽). 이 가운데 古市古墳群은 오사카 남동부에 위치한 거대한 전방후원분이 집중된 고분군이다. 전방후원분 31기(전장 200m를 넘는 거대 고분 6기 포함), 원분 30기, 방분 48기, 분형 불명 14기의 합계 123기로 구성되어 있다. 전장 400m를 넘는 초대형 전방후원분부터 한 변이 10m도 채 되지 않는 소형 방분에 이르기까지 대단히 다양한 구성을 취하는 점이 특징적이다.

에 대한 수장의 독자적인 지배권은 종전과 같이 유지된 때문으로 보인다. 왕권이 말단에까지 미치는 것은 전국적으로 공동체 내의 묘제까지도 일제히 원분화(圓墳化)하는 고분시대 후기부터일 것이다.[12]

2. 전기, 중기의 수장 간 분업생산체제

고분시대 전기, 중기에는 제방과 대소 저수시설의 축조를 위한 관개 및 토목기술이 상당한 수준으로 발달하면서 농업생산력이 급속히 신장되었다. 그런데 이러한 고분시대 대개발론의 배경에는 거대 고분을 축조할 정도의 기술력과 노동력 결집이 있다면 경지의 대개발도 불가능한 일이 아닐 것이며, 그것들을 야마토 정권의 대왕을 필두로 한 휘하 수장들이 독점함으로써 권력의 전제성을 급속히 강화했다고 보는 연구자들의 인식이 존재한다. 분명히 고분 축조에는 당시로서 고도의 토목·측량기술과 시공관리능력, 대량의 인력동원과 그 관리운영능력 등이 요구된다. 하지만 대규모 토목공사인 동시에 본질적으로는 정치적 이데올로기의 산물이라 할 수 있는 고분축조기술이 과연 그대로 경지개발에 전용 가능한 것인지, 양자의 기술적 동질성에 관해서는 아직 전혀 증명된 바가 없다.[13]

고분시대 전기에 막 성립한 야마토 정권은 420년대 이후 중국 남조의 송에 조공하고 그 책봉체제에 듦으로써 열도를 대표하는 왕권으로 승인받음과 동시에 위신재를 비롯한 다량의 문물을 하사 받았다. 또한 한반도 제국과도 때로 우호와 교역, 망명, 교전 등 다양한 형태의 교류를 통해 많은 것을

---

12) 和田晴吾, 앞의 논문 「古墳時代の生業と社會 -古墳の秩序と生産·流通システム-」; 동, 앞의 논고 「古墳文化論」.

13) 廣瀬和雄, 「古代の開發」, 『考古學研究』 30-2, 1983(『展望日本歷史4 大和王權』, 東京堂出版, 2000에 재수록)을 참조함.

획득했다. 이러한 배경 하에서 열도 내부적으로 왕권은 각지의 수장층에 대해 종속을 전제로 한 재지지배권을 승인함으로써 정치적 신분을 부여하는 동시에 대륙으로부터 입수한 각종 위신재와 물품을 재분배했다. 이에 대해 수장층은 휘하의 공동체를 통솔하여 왕권에 대해 쌀·특산물 등의 공납이나 각종 직장을 분담하고, 고분 축조와 같은 요역노동이나 군무에 종사하는 등 구체적인 봉사를 행한다. 재지의 대수장과 산하 중소 수장 그리고 중소 수장과 공동체 성원 사이에도 마찬가지로 지배의 승인 및 안정된 생활의 보장과 상부에 대한 봉사라는 상호관계가 수반되었을 것이다.

위와 같이 정치적 상하관계를 기반으로 위신재를 비롯한 주요물자와 지식 정보가 생산 혹은, 수입 유통되는 이러한 재분배시스템은 수장연합체제 특유의 것이라고 할 수 있다. 현재의 관점에서 본다면 극히 불합리한 거대 전방후원분의 축조와 대량의 부장품 매납도 이 시스템을 유지하기 위한 주요 수단이었을 것이다. 왕권은 권력의 요체이자 구심력인 이 시스템을 통괄하기 위해 노력하였으며, 각지의 수장들도 이 시스템에 소속함으로써 자신들의 지위와 공동체의 안녕을 보장받을 수 있었다.

야마토 정권의 지배에 필수 불가결한 존재였던 위신재는 일단 왕권에 집중된 후 수장층에게 순차적으로 재분배된 것으로 보인다. 고분 부장품을 통해 드러나는 위신재 유통의 시기적 변화는 우선 고분시대 전기의 전반에는 주로 중국제 청동 거울과 도검류 또는 대륙 남부루트를 통해 수입된 유리구슬 등이 중심을 점한다. 그러나 중국과의 교류가 약화되고 조공이 중단된 전기 후반에서 중기 전반에 이르면 부장품에는 현저한 변화가 나타난다. 그 전까지의 수입물품에 대신하여 기내의 특정 공방에서 생산된 중국 것을 모방한 방제경(倣製鏡)과 갑주(甲冑), 열도 내 각지에서 생산된 벽옥제 팔찌 등의 비중이 급증함으로써 위신재의 주류가 해외의존형에서 내부생산형으로 선회한 것이다. 물론 이 무렵에도 한반도 남부에서 생산된 철 소재는 계속적으로 수입되었지만 한반도산 철 제품은 별로 명료하게 드러나지 않으며 그 수도 많지 않다.

이 같은 과정을 거쳐 성립한 고분시대 중기 유통사의 가장 큰 특징으로는 기내 중심의 수장 간 분업생산체제를 들 수 있다. 무기·무구·마구 등 주요 철기와 옥·석관·스에키(須惠器) 등과 같이 왕권 지배에 전략적으로 큰 의미를 지닌 위신재를 비롯한 주요 물품은 원재료와 내외 공인을 왕권이 소재한 기내지역에 집결시켜 독점적으로 생산했다. 하지만 각종 공방을 일정한 장소로 집결시키지는 않고 예컨대 철기 공방은 한반도로부터 철 소재를 입수하는데 편리한 인근 항만이나 연료 조달이 편리한 지역에 두는 등 제품별로 적합한 입지조건에 따라 기내 일원에 분산적으로 배치되었다.

하나의 공방에서는 단일 종류의 제품이나, 같은 소재를 사용하는 몇 가지 제품만을 한정해서 제작했던 것으로 보인다. 전자의 경우 옥·석관·스에키 등의 생산이 특정한 유적에 집중된 사실이나, 또 후술하는 직업 '베(部)'의 호칭으로서 특정 제품명을 그대로 사용한 시작베(矢作部)·순봉베(楯縫部)·채편(靫編)·갑작(甲作)·안작(鞍作) 등이 1공방 1제품 생산방식의 존재를 입증해준다. 특히 무기와 무구 생산에 같은 경향이 두드러지는 점은 아마도 군사적 이유 때문일 것이다. 후자의 경우는 특정 소재의 가공에 관련된 단야베(鍛冶部)·목베(木部)·석작베(石作部)·도베(陶部) 등을 들 수 있다.[14] 이러한 생산체제는 기내 각지의 수장들이 왕권에 의해 보장된 재지지 배권에 대한 보답의 일환으로 자신의 지역에서 공인들을 조직하여 특정 제품을 배타적으로 생산, 공납한 때문으로 이해된다. 이것이 이른바 기내 수장 연합체제에 부응한 수장 간 분업생산체제이며, 결과적으로 기내연합의 일체성과 그 우위성을 지탱해 주었다.

---

14) 고분시대 職業部의 종류에 대해서는 武光誠, 『部民制』, 吉川弘文館, 1982, 54쪽 「表1 職業部一覽」 참조.

그러나 특정 수장이 특정 제품을 생산, 공납하는 형태가 지속되는 한 주요 물품 생산은 해당 수장과 그 집단의 배타적인 기득권으로 고착되어버리고 만다. 일례로서 가마를 이용한 고열처리는 철, 청동기 외에도 유리·스에키·하니와·제염토기 등의 생산에 공통적으로 극히 유용한 기술임에도 불구하고 고분시대의 기내에서는 단일 공방에서 이것들을 복합적으로 생산한 사례가 거의 보이지 않는다. 아마도 고열처리와 같은 고도의 기술을 다른 수장의 공방에 제공하는 일은 개별 수장권을 넘어선 왕권 차원에서만 가능한 사안이었을 것이다.

수장 간 분업생산체제는 행정, 제사, 군사 등의 측면에도 똑같이 적용되어 주요 업무의 대부분을 기내연합을 구성하는 유력한 수장층이 분담함으로써 각각의 기능이 기내 일원에 분산되었던 것으로 보인다. 그 밖의 지역은 주로 원재료와 노동력을 제공하는 역할에 머물렀을 것이다. 따라서 위와 같은 체제 하에서는 훗날 7세기 후반 경에 비로소 모습을 드러내는 집중적, 복합적, 효율적인 생산조직이 아직 실현될 수 없었다. 고분시대 도시의 발달이 미미했던 기본적인 이유로는 대왕과 수장 거관의 빈번한 이동과 아울러 위와 같은 수장 간 분업생산체제의 고립분산적인 한계성을 지적할 수 있을 것이다.[15]

3. 왕권의 정비와 고분질서 변화

5세기 후엽부터의 고분시대 후기로 들어서면 기내의 대형 고분군이나 그

---

15) 이상, 고분시대 전기·중기의 생산과 유통에 관한 본문의 추론은 和田晴吾, 앞의 논문「古墳時代の生業と社會 -古墳の秩序と生産·流通システム-」; 동, 앞의 논고「古墳文化論」에 주로 의거함.

지배를 받던 각지의 중소형 고분군이 함께 쇠퇴, 소멸하는 동시에 보다 넓은 지역에서 방형 주구묘와 대상묘 등 다양한 형태의 소형 분구묘가 일제히 원분으로 변화함으로써 그전까지의 고분질서가 급속히 붕괴한다. 이리하여 고분시대 후기는 일부 지역을 제외하면 기본적으로 전방후원분과 원분만이 축조되었다.

위와 같은 현상은 중기 이후 심화된 지역 간, 수장 간 세력격차에 기인한 사회불안 속에서 대왕을 중심으로 한 왕권이 기존 수장층을 배제하고 직접적으로 민중을 지배하는 강력한 중앙집권적인 지배체제의 정비를 도모한 결과로 판단된다. 이 무렵 왕권은 도래인을 포함한 광범위한 신흥세력과 결탁함으로써 기존의 대수장 및 휘하 수장층의 재지지배권 해체를 꾀했다. 당시 한반도는 고구려 남하와 신라의 세력 확장 등으로 야마토 정권과 친밀한 관계에 있던 백제, 가야 제국이 존망의 위기를 맞는다. 그에 따른 정치적, 군사적 긴박감이 야마토 정권의 위기의식을 고조시키면서 보다 강력한 국가건설을 추동한 것으로 추측된다. 왕권의 지배가 유력한 가장층에까지 미친 것은 이때가 처음이며 그 결과 나타난 현상이 소형 분구묘들의 원분화일 것이다.

그런데 이러한 왕권강화책에 대한 대수장층의 저항으로 고분시대 후기에는 일시적이나마 큰 사회적 혼란이 야기된 것으로 보인다. 즉, 대왕묘로 간주되는 거대한 규모의 전방후원분이 같은 시기에 급속히 소멸하거나 전장 120m 정도로 소형화하는데, 이는 재지에 기반을 둔 대수장 세력의 강력한 저항을 받아 왕권이 일시 약화되고 그 연속성이 크게 동요한 때문으로 풀이된다. 혼란기를 틈타 일부 지역에서는 독자적인 움직임이 나타나기도 했다. 특히 규슈지역에 연원을 둔 횡혈식(橫穴式) 석실과 수혈식(竪穴式) 횡구(橫□) 석실 등이 열도 동방으로 빠르게 확산되는 현상은 기내 왕권의 동요기에 한반도에 인접한 원격지의 일부 수장연합이 세력을 강화하여 적극적인 확장정책을 펼친 결과로 보인다. 그러나 이 경우 독자적인 고분양식을 창출하는 수준까지는 미치지 못하고 기내형 고분을 일부 변용하는 정도에 머물렀다. 또한 같은 5세기 후엽을 중심으로 한반도 서남부의 영산강 유역에서는 일본열도의 것과 유사한 형태의 전방후원분이 축조되었다. 판명된 매장시설이 대부분 규슈 계통의 횡혈식 석실인 점으로 미루어 이것들은 야마토 정권의 의지와는 무관하게 정치적 확장을 시도한 규슈 세력이 한반도 서남부의 세력과 독자적인 관계를 맺은 결과물로 추정된다. 영산강 유역의 전방후원분에 대해서는 뒤에 다른 관점에서 재론하겠다.

야마토 정권이 체제 정비에 적극적으로 나선 것은 6세기 중엽부터이다. 이 점을 상징적으로 보여주는 것이 학계에서 게이타이천황(繼體, 재위 507~531)의 진릉으로 유력시되는 오사카부 다카츠키시(高槻市)의 이마시로즈카고분(今城塚古墳)이다. 해당 고분은 강변의 평지에 조성된 전장 약 190m의 전방후원분인데 다른 고분군을 수반하지 않고 대왕묘가 단독으로 축조된 첫 사례이다. 따라서 이는 왕권의 강대화와 여타 세력에 대한 초월성을 의미하는 것으로 평가된다. 고분의 분구와 외부 시설에는 중기의 것을 답습한 면도 일부 보인다. 그러나 새로운 토지에 묘역을 정한 점이나 매장시설, 석관 등이 중기와는 전혀 이질적인 점 등을 앞서 논한 왕권동요 현상과 연관지우면 대왕 계보의 교체까지도 상정해볼 수 있다.[16]

왕권을 핵으로 한 중앙집권체제가 본격적으로 정비된 것은 6세기 말경으

---

16) 이상, 본문의 정리는 和田晴吾, 앞의 논고 「古墳文化論」, 193-194쪽을 주로 참조함. 和田의 설은 전후 문맥으로 보아 대왕 계보가 백제계로 교체되었다고 이해할 만한 직접적인 언급은 피하고 있다. 그러나 和田에 앞서 今尾文昭는 今城塚古墳= 繼體天皇陵說에 입각하여 고고학적인 검토를 행한 결론으로서, "이 고분이 출현한 후 그 전까지 (야마토) 정권 중추부가 관장하던 '畿內 五大古墳群'의 묘역은 소멸한다. 게다가 『古事記』・『日本書紀』에 보이는 繼體天皇에 관한 기사가 새로운 왕통의 성립을 표명한 것이라면 그 王墓 또한 종전 대왕묘의 전통을 혁신하는 고분으로서 축조된 것이며, 고고학적 의미로 보아 이는 새로운 왕통의 존재가 유추되는 부분"이라고 지적했다(今尾文昭, 앞의 논문 「天皇陵古墳の實像」, 33-36쪽). 한편, 金鉉球는 "현 일본 천황가의 開祖인 繼體天皇은 백제 東城王(재위 479~500)이나 武寧王(501~22)의 동생일 가능성을 배제할 수 없다"라고 하여, 당시 백제・일본 왕실 간의 혈연관계를 추론하고 있다. 金鉉球, 『백제는 일본의 기원인가』, 창작과비평사, 2002, 26쪽.

로 생각된다. 왕권은 이 시기 대왕묘는 전방후원분, 그 외는 원분이란 방침을 지향한 것으로 보인다. 하지만 그러한 시도가 완전히 실현되기 전에 나라현 가시하라시(橿原市)의 미세마루산고분(見瀨丸山古墳), 아스카무라(明日香村)의 히라타우-메야마고분(平田梅山古墳)을 마지막으로 대왕묘로서의 전방후원분 축조는 끝나며 뒤이어 각지의 전방후원분도 종말을 맞는다. 변화를 추동한 배경은 대륙으로부터 불교를 위시한 신문화 유입과 새로운 묘제의 전래일 것이다. 보다 직접적으로는 동아시아적인 예법제도를 기반으로 삼아 왕조를 일신하고자 한 야마토 정권의 정책 전환이 열도 고유의 전통적인 고분양식인 전방후원분을 포기하게 만든 것으로 보인다. 이런 과정을 거쳐 대왕묘는 동아시아 공통의 방분으로, 후에는 열도 나름의 고유성을 새삼 강조하는 팔각분(八角墳)으로 변모해가는 동시에 각지의 수장묘는 완전히 원분화한다.

매장시설 면에서는 대왕묘로부터 산간벽지, 도서지방에 위치한 가장층의 소형묘에 이르기까지 고려척(高麗尺, 1尺= 35~36cm)을 기준으로 척(尺) 단위의 통일적인 질서가 부여된 백제계 기내형의 횡혈식 석실을 중심으로 한 극히 균질적인 고분군이 폭발적으로 증가한다. 이러한 과정을 거치면서 왕권은 한층 초절하게 된 반면에, 수장세력 상호 간의 중층적 결합은 느슨해지고 그 재지지배력이 약화됨과 동시에 관인(官人)으로서 성격이 강화된다. 또 개별 수장의 '사민(私民)'으로 간주되던 공동체의 일반 구성원들도 이 단계에 들어서면 왕권의 지배를 받는 '왕민(王民)'으로 성격이 변모한다. 이리하여 고분시대 후기에는 동으로는 관동지역부터 서로는 규슈 구마모토(熊本)에 이르기까지 열도의 절반 이상을 통치하는 기내왕권이 성립되었다고 할 수 있다.[17]

---

17) 松原弘宣, 앞의 논문「總論 畿內王權の成立と瀨戶內海支配」, 14쪽.

4. 후기의 전국적인 생산공납체제 성립

물자의 생산과 유통 면에서는 고분시대 중기 중엽 이후 남조의 송에 조공을 재개하는 등 동아시아 제국과의 교류가 다시 활발해진다. 특히 다양한 선진문물이 주로 한반도 남부로부터 지속적으로 대량 유입되면서 고분시대 후기의 문화는 큰 변혁기를 맞았고 기내의 우위성도 더 한층 강화되었다.

고분시대 중기에서 후기에 걸쳐 대륙으로부터 전래된 중요한 문물로는 첫째, 새로운 단철(鍛鐵) 기술과 도금 · 조금(彫金) · 상감(象嵌) 기술 등이 전래되어 철과 비철 금속기의 가공 수준을 혁신한 점, 둘째, 말 사육과 승마술이 수입됨으로써 전투의 형태가 보병에서 기병 위주로 전환하는 동시에 말을 농업에 활용하는 본격적인 축경이 시작된 점, 셋째, 농경과 토목에 새로운 기술이 도입되고 작물의 품종개량이 이루어졌을 것으로 추측되는 점, 넷째, 1,000도 이상의 고열처리가 가능한 가마와 함께 경질(硬質)의 스에키 제작기법이 전래되면서 식기 생산을 혁신하고 가마가 하니와와 제염토기 등의 제작에도 활용된 점, 다섯째, 특히 한자 전래로 인해 지식수입의 토대가 마련된 점 등을 들 수 있다. 출토된 이 시기의 고고학 자료들은 종전과 비교해서 변화를 겪지 않은 것이 거의 없을 정도이며, 일본열도는 이때 일종의 문명개화적 상황을 맞이했다고 해도 과언이 아니다.

중기에 비해 중앙집권적이자 제도적인 지배가 광역적으로 성립한 고분시대 후기 생산, 유통의 가장 큰 특징으로는 기내가 독점하던 기술의 지방 확산과 전국적인 생산공납체제 형성을 들 수 있다. 대중적인 생필품으로 성격이 변모한 스에키는 점차 기내 생산은 기내 소비, 지방 생산은 지방 소비가 기본을 이루었다. 또 철기는 새로운 단철기술이 각지로 확산되고 후기 말엽에는 열도 내의 철 생산도 본격적으로 추진된다. 기내가 독점하던 많은 선진기술이 지방으로 확산되어 현지에 정착하기에 이른 것이다. 이는 그 전까지

권력 유지의 핵심 수단이던 위신재를 비롯한 주요 물자에 대한 왕권의 직접적인 현물 재분배기능이 해당 물품을 제작하는 기술 배포로 전환된 결과라고 평가할 수 있다.

중앙이 독점하던 기술이 지방으로 확산되면서 기내의 특정 공방은 주로 장식용 대도(大刀)와 금동제 마구 등 위신재와 주요 철기·무구류 또는 고급품 생산으로 특화하고, 특별한 입지조건을 필요로 하는 철 소재나 일부 철기·옥·소금·해산물 등의 생산은 적절한 조건을 갖춘 지방으로 위임되었다. 즉, 왕권의 기반을 이루는 수장층에 대한 주요 물자 공급이 기내의 독점적인 수장 간 분업생산체제의 틀을 벗어나 전국적인 생산공납체제로 재편된 것이다. 위와 같은 광역적인 생산공납체제의 성립은 앞서 본 후기적 고분질서 하에서 다방면에 걸쳐 단계적으로 중앙집권적인 제도정비가 추진된 결과, 그 전까지 기내지역 수장층을 중심으로 수행해온 왕권에 대한 봉사가 급속히 물납세인 '과(課)'와 노동세인 '역(役)'으로 과역화한 때문으로 추측된다.

이러한 과정을 통해 농업·제염·어로활동 등이 왕권에 의해 전국적인 규모로 분업화하고 각종 생업의 전문화, 전업화가 진행되었다. 그러므로 이 시대의 생업은 식량 획득을 위한 제반 활동에 더하여 수공업생산을 비롯한 다양한 전업집단의 활동까지 함의하게 됨으로써 '직업'이라는 의미에 보다 근접하게 된다. 각지에 군집한 고분에서 제염토기·어구(漁具)·철기 잔재 등 생산도구와 생산과정의 제 산물이 보편적으로 출토되는 현상은 그 결과일 것이다.

하지만 고분시대 후기에 성립한 전국적 생산공납체제는 지역별로 유력 수장과 그 일족이 특정한 직장을 배타적으로 독점한다는 점에서 이전과 별로 다름이 없었다. 그러므로 7세기 후반의 나라현 아스카이케유적(飛鳥池遺跡)이나 시가현(滋賀縣) 기즈메바라유적(木瓜原遺跡)과 같이 각종 직장을 종합하여 보다 효율적이며 생산성이 높은 공정의 일관성, 다각성을 실현한 복합적 공방군은 거의 나타나지 않으며 오히려 그 출현을 저해하게 된다.[18] 복합적 공방군이 출현하기 위해서는 고분시대적인 수장 간 분업의 틀이 해체되어야만 했던 것이다.

다만 기내에서는 고분시대 후기 말엽부터 아스카시대(飛鳥時代, 592~710) 전반에 걸쳐 한반도, 중국의 영향을 받아 기와와 스에키 제작을 겸업하는 가마가 출현하고 마구 공인이 불상을 제작하는 등 새로운 현상이 나타난다. 또 새로 전래된 화강암 처리기술을 보유한 석공집단이 사원·궁궐의 초석, 정원용 석조물과 함께 횡혈식 석실도 축조하는 등 지금까지 없던 복합생산방식이 엿보인다. 이처럼 대륙으로부터 새로운 선진 기법이 전래된 점이 훗날의 복합적 공방군 출현에 기여했을 것이다. 게다가 기내지역을 보다 세부적으로 살펴보면 야마토 일원에는 옥·유리·목공품이나 칠·석제·녹각 제품 등을 복합적으로 생산하는 공방이 거점집락 내부에 존재한데 비해, 가와치평야에서는 스에키를 대량 생산하는 스에무라(陶邑), 각종 철기를 전문적으로 생산하는 전업집락의 예와 같이 대규모의 전업적인 수공업 생산시설이 존재했다. 이런 현상을 통해 야마토 정권이 본거지인 야마토에는 고도의 기술을 보유한 도래인을 중심으로 복합적인 생산공방을 두고 이를 직접 장악한 한편, 가와치에는 정권유지에 필요한 각종 생산부문을 대규모로 편성하여 전국적인 생필품 소비에 대응한 것이 아닐까 유추되기도 한다.[19]

---

18) 飛鳥池遺跡에 대해서는 花谷浩, 「飛鳥池遺跡と銅·ガラス製品の生産」, 『考古學研究會 例會シンポジウム紀錄3 三世紀のクニグニ·古代の生産と工房』, 2002; 花田勝廣, 「韓鍛冶と渡來工人集團」, 『國立歷史民俗博物館研究報告』 110, 2004 등, 木瓜原遺跡에 대해서는 橫田洋三 편, 『木瓜原遺跡』, 滋賀縣教育委員會·滋賀縣文化財保護協會, 1996을 참조 바람. 飛鳥池遺跡은 철·동·금·은·수정·마노·호박 등 여러 가지 소재를 사용하여 다양한 제품을 생산한 7세기 후반의 복합공방유적으로, 일본 최고의 화폐로 일컬어지는 본문 중에 후술할 富本錢 출토로 유명하다. 또한 木瓜原遺跡은 고열처리기술을 매개로 하여 제철부터 철기·청동 범종·스에키 등을 다각적으로 생산한 7세기 말~8세기 초두의 유적이다.

19) 이상, 고분시대 후기의 생산공납체제에 관한 본문의 정리는 和田晴吾, 앞의 논문 「古墳時代の生業と社會 -古墳の秩序と生産·流通システム-」; 동, 앞의 논고 「古墳文化論」; 花田勝廣, 앞의 논문 「韓鍛冶と渡來工人集團」에 주로 의거함.

이리하여 고분시대는 왕권과 기내를 중심으로 한 각지의 유력한 수장층을 중심으로 열도 안팎의 갖가지 기술·지식·정보가 집적되고, 주로 대륙의 영향을 받아들여서 수공업이 상당히 빠른 속도로 발전한 시대였다. 상위계층이 독점적으로 사용한 위신재와 특정 물자에 대한 정치적, 전략적인 분업생산이 발달하면서 정권 중추부에 전업집단의 계획적인 공방군이 출현하고 필수재에 대해서도 생산공납체계 및 재분배유통구조가 성립하는 등 야요이시대와는 질적으로 상이한 생산조직과 유통기구가 나타났다.[20]

5. 고분시대 생산, 유통의 제 사례와 운송수단

여기서는 고분시대 각종 물자의 생산과 유통을 몇 가지 구체적인 사례를 통해 재검토하고 아울러 수상 및 육상교통에 대해서도 살펴보기로 하자.

1) 철·철기

3세기 말 이래 기내지역의 단철공방은 거점집락 내부에 있었던 것으로 보인다. 하지만 철기 생산의 출발점에 해당하는 극히 중요한 시기이며, 이미 그 이전에 발생한 소위 왜국대란이 철의 수입주도권 쟁탈전이라고 보는 학계의 견해가 있음에도 불구하고 3세기 이후 철·철기의 생산과 유통에 대해서는 아직 자세한 내용이 밝혀지지 않았다.

그 후 성립한 야마토 정권에게도 철기 확보는 중차대한 명제였다. 대형 전방후원분을 축조한 기내연합의 정치력은 철 소재 확보와 전문 공인을 장악함으로써 달성되었다고 해도 과언이 아닐 것이다. 하지만 4세기 후반에서 5세기 초두까지도 철기 생산을 증명해주는 철 잔재물이 출토된 유적은 현재

---

20) 森岡秀人, 앞의 논고「七. 分業と流通 -縄文·古墳時代との比較」, 201-203쪽.

까지 밝혀진 바로는 효고현(兵庫縣)의 오베유적(小戶遺跡)뿐이다. 따라서 이 시기는 갑주를 비롯한 무구류의 기술혁신이 학계에 운위되고 있으나 구체적인 생산유적에 의거한 상세한 내용 검토는 아직 어려운 상황이라고 할 수 있다.

5세기 전반 이후로는 철 소재가 자체 생산되지 않는 기내 중심부에서 다수의 단철유적이 확인된다. 소재를 다른 곳에서 확보하여 철기를 생산한 것으로 판단되는 기내의 단철유적은 오사카부 사카이시(堺市)의 모즈에 4개소, 가시와라시(柏原市)의 오아가타(大縣)에 5개소, 히라오카(枚岡)에 3개소 등으로 현재의 오사카 일원에 집중적으로 분포한다. 이밖에 나라현 텐리시(天理市)의 후루(布留)와 와키타(脇田), 효고현의 나코지(若王寺), 교토부의 조요(城陽) 등 기내의 약 31개 지점에서도 철을 가공한 흔적이 나타났다.[21] 이것들은 대개가 한반도 계통의 연질토기(軟質土器),[22] 도질토기(陶質土器)를 다량으로 포함하는 경우가 많아서 도래인이 생산의 주축이었던 것으로 판단된다.

---

21) 花田勝廣, 「倭政權と鍛冶工房 -畿內の鍛冶專業集落を中心に-」, 『考古學硏究』 36-4(『展望 日本歷史4 大和王權』, 東京堂出版, 2000년에 재수록), 1989. 花田에 따르면 畿內의 鍛鐵遺跡은 세 유형으로 분류할 수 있다. 첫째는 조업이 장기간에 걸쳐 이루어진 까닭에 철의 가공 잔재물인 鐵滓를 비롯하여 풀무, 숫돌 등이 다량으로 출토되는 鍛鐵專業集落遺跡이다. 대표적인 大縣遺跡群은 5세기 전반~7세기 전반, 脇田遺跡은 5세기 후반 혹은, 6세기 후반~8세기기, 布留遺跡은 5세기 전반~8세기 각기 단철 흔적이 확인된다. 둘째는 대왕묘와 호족묘를 포함한 대형 고분군 내의 집락으로서 공방을 보유한 유적인데 百舌鳥古墳群의 일부 유적이 이에 속한다. 시기적으로는 5세기 후반~6세기 초두의 비교적 단기간에 걸쳐 존속한 것으로 보이며 고분축조집단에 단철공방이 포함된 형태이다. 셋째는 집락 내에 소형 단철공방을 보유하고 단기 조업을 행한 유적으로 若王寺遺跡 등이 이에 해당한다. 철 잔재물이나 풀무 등의 출토량은 적은 편이며, 5세기 후반~말엽에 집중적으로 조업이 이루어지고 그 후 정지된 것으로 보인다. 한편, 이 시기 단철유적의 분포가 주로 畿內의 河內平野와 石津川 유역에 전개되는 점 때문에 평야지대에 대한 왕권의 치수사업에 수반된 것으로 이해되기도 한다. 廣瀨和雄, 「河內 古市大溝の年代とその意義」, 『考古學硏究』 29-4, 1983.

22) 軟質土器는 陶質土器에 비해 낮은 온도에서 구운 것으로 한반도의 3세기 원삼국시대에 주로 나타난다. 古墳時代 중기에는 전기와는 달리 한반도계 연질 토기가 열도 각지에서 출토되는데, 이는 반도와 열도 간 수장층의 교류가 비약적으로 증가하였음을 의미한다. 연질토기는 열도 내에서도 기내지역과 오사카만 연안에서 다량으로 출토되며 그 중에는 가야계통이 많다. 武末純一, 「加耶と倭の交流 -古墳時代前・中期の土器と集落-」, 『國立歷史民俗博物館硏究報告』 110, 2004, 326쪽

이 가운데 오사카 일원의 경우는 5세기 전반 도래인 계통의 공인을 중심으로 한 단철공방 재편에 의해 이전까지 분산적으로 존재하던 소규모 공방들이 특정 지역으로 집중되고 대규모 단철공방과 그 전업집단이 성립했다. 이에 따라 종래의 '왜단야(倭鍛冶)'는 '한단야(韓鍛冶)'의 철기가공기술을 도입함으로써 무기, 무구뿐만 아니라 신형 철제 농기구까지 생산할 수 있었다. 단, 갑주는 출토된 유물의 형태로 보아 종전 기술의 바탕 위에 새로운 기술이 가미되었으며 아마도 한 · 왜 단철집단의 협업이 이루어졌던 것으로 보인다. 또한 철기가공과 생산을 주도한 도래공인집단은 가야지역 출신자로 보는 설이 유력하다. 이렇게 단철공방의 갑주 · 농구 · 도검류 제작은 5세기 전반 이후 도래공인집단을 통한 기술혁신과 공방 규모의 대형화로 일대 전환기를 겪었다.[23] 그 과정에서 철 · 철기를 생산하는 단철전업집락은 야마토 정권 및 일부 지방 수장층의 독점적인 지배를 받으며 정치권력을 지탱하는 핵심 역할을 담당했던 것으로 보인다.[24]

한편, 고분시대 중기까지 열도의 철 소재는 그 대부분을 한반도 남부에 의존했다. 가야에서 생산된 철 소재를 얇은 판자 형태로 가공하여 화폐 용도로 사용한 철정(鐵鋌)은 5세기 일본의 고분에서도 다량으로 출토된다.[25] 예를 들어 신라의 경주 · 대구 · 안변에서 출토된 단조(鍛造) 철정은 기내지역에서, 주조 부두형(斧頭形)은 규슈지역에서 각기 발견된다고 한다.[26] 일본열도 내의 철 생산은 중국에 비해 1,000년 이상, 한반도에 비해서도 500년 이상 뒤진 것으로 보인다. 기원전부터 크게 발달한 중국의 제철로는 원통 모양

---

23) 도래공인집단을 중심으로 한 철 제품의 기술혁신은 和田晴吾, 「金屬器の生産と流通」, 『日本考古學』 3, 岩波書店, 1986 참조.

24) 花田勝廣, 앞의 논문 「韓鍛冶と渡來工人集團」.

25) 白石太一郎, 앞의 논문 「古墳にみる王權」, 22쪽; 동, 「總論-交通 · 交易システムの變遷とその背景」, 8-9쪽.

26) 平野邦雄, 앞의 논문 「第1章 古代の商品流通」, 17-18쪽.

에 키가 크고 밟는 풀무를 갖춘 대형 수형로(竪形爐)로서 소재는 철광석 원석이었다. 또 한반도에서는 4세기 후반으로 추정되는 공주 석장리유적이나 6세기 중엽 밀양 사촌유적의 수형로가 모두 중국과 거의 동일한 제련기술을 이용했다. 열도 내에서 철 제련이 시작된 것은 대개 고분시대 후기인 6세기 전반으로 보이는데, 야요이로부터 고분시대 중기까지 축적된 단철기술을 바탕으로 이 무렵부터 대륙과는 달리 상자 모양의 저(低)수형로를 활용한 괴연철법(塊鍊鐵法)이 등장한다. 도입기에는 중국, 한반도와 같이 철광석을 소재로 사용했으나 얼마 지나지 않아 화산지대 특유의 사철(砂鐵) 원료로 전환함으로써 기술적으로 어느 정도 특색 있는 발전을 보게 되었다.[27]

고분시대 후기인 5세기 말 이후는 앞서 본대로 기내지역이 독점하던 선진기술의 지방 확산과 전국적인 생산공납체제 성립에 따라 각종 수공업 공방에 대한 대대적인 재편이 이루어졌다. 철기 생산의 경우도 폭발적으로 증가하던 기내 각지의 단철전업집락들이 오아가타유적, 후루유적, 와키타유적 등을 제외하고는 6세기 전반에 들어 거의 대부분 종식되었다. 철기와 마찬가지로 옥·소금·하니와 등의 생산도 그 규모가 대폭적으로 축소 내지는 종식되며, 스에키 생산은 5세기 말 이후 각 지역으로 확산된다. 이렇게 기내 일원의 다종다양한 생산부문이 거의 같은 시기에 큰 변화를 겪은 것은 야마토 정권이 대왕을 축으로 한 직접적이고 광역적인 지배방식으로 전환한 데 따른 현상일 것이다.[28]

하지만 중앙집권적인 지배체제로의 이행에도 불구하고 정권유지의 핵심인 철기 생산을 실질적으로 관장한 것은 왕권을 구성하는 최유력 수장이었

---

27) 穴澤義功,「日本古代の鐵生産」,『國立歷史民俗博物館研究報告』110, 2004. 이 논문에 의하면 열도 재래의 箱形爐 기술에 8세기 전반 한반도로부터 새로 도입된 것으로 추측되는 竪形爐 기술이 더해짐으로써 이후 箱形爐와 竪形爐라는 전혀 계보를 달리하는 두 종류의 제철기술이 奈良·平安時代 철 생산의 기반을 이루게 된다.

28) 花田勝廣, 앞의 논문「倭政權と鍛冶工房 -畿內の鍛冶專業集落を中心に-」를 참조함.

던 것으로 보인다. 단철전업집락인 오아가타유적군과 무기 공방이 존재했던 것으로 추정되는 후루유적 등은 강력한 중앙 호족이자 주로 병장기를 관장한 모노노베씨(物部氏)가 도래공인집단과 휘하의 공인들을 장악하여 구성한 유적군으로 생각된다. 6세기 후엽 불교 수용을 명분으로 한 정권다툼에서 모노노베씨가 멸망하고 대왕과 소가씨(蘇我氏)가 주도하는 초기 율령체제가 추진되면서 이전까지 모노노베씨가 지배하던 철을 포함한 각종 수공업 부문의 공인집단도 왕권의 직접적인 지휘를 받게 되었을 것이다. 따라서 이 무렵 기내 철기공방의 동향은 모노노베씨의 성쇠와 깊이 연동된 것으로 볼 수 있다.[29]

2) 위신재, 권력재로서의 무기 · 무구

전근대사회에서 군사력이란 말할 필요도 없이 권력의 형성과 유지를 위한 필수조건이다. 그러므로 고분시대의 경우 고분에 부장된 무기 · 무구에 주목하는 것은 해당 고분의 피장자 및 그 권력체가 다른 지역에 비해 어느 정도의 군비와 무력을 보유했느냐는 문제와 직결된다. 고분시대 전기까지는 주로 기내의 대형 전방후원분과 중소형 고분에, 중기 이후로는 기내 이외에도 각지의 고분에 다량의 무기와 무구류가 부장된 사실이 확인된다. 이러한 출토상황은 기내 중심부를 거점으로 한 야마토 정권의 형성 및 전개과정과 표리일체의 관계를 이룬다.[30] 여기서는 위신재로서 뿐만 아니라 권력재

---

29) 花田勝廣, 앞의 논문 「倭政權と鍛冶工房 -畿內の鍛冶專業集落を中心に-」. 物部氏의 유래에 대해서는 橫田健一, 「物部氏祖先傳承の一考察」, 『日本書紀研究』 2, 1966을 참조 바람. 이 밖에도 중앙 호족이 철기 생산을 장악한 예로는 奈良縣의 5세기 南鄕遺跡群을 들 수 있다. 이 유적은 한반도 계열의 호족인 葛城氏 산하의 도래공인집단을 중심으로 하여 철기 이외에도 구리 · 은 · 유리와 무구 · 무기 · 농구 등을 생산한 공인들이 각기 보유한 기술에 따라 그룹을 이룬, 당시로선 예외적인 복합 공방으로 보인다. 花田勝廣, 앞의 논문 「韓鍛冶と渡來工人集團」; 武末純一, 앞의 논문 「加耶と倭の交流 -古墳時代前 · 中期の土器と集落-」, 328쪽에도 관련 내용 있음.

30) 花田勝廣, 앞의 논문 「韓鍛冶と渡來工人集團」, 56쪽.

(權力財)로서 성격을 강하게 내포하는 철제 갑주를 중심으로 살펴보겠다.[31]

기내의 고분시대 전기 고분에서 갑주는 일반적으로 대형 전방후원분이나 전방후방분에서 출토된다. 하지만 정권 소재지인 야마토에서는 20~30m급의 중소형 원분과 방분에서도 갑주가 출토되고 있다. 이것은 야마토의 경우 이미 고분시대 전기에 갑주를 소유한 계층이 중소형 고분의 피장자로까지 확대되었음을 의미하며, 여타 지역에 대한 군사적 우월성을 엿볼 수 있는 현상이다. 기내 이외의 지역으로는 대륙과의 창구 역할을 담당한 북부 규슈의 중소형 고분에서 예외적으로 상반신 보호용 갑옷인 단갑(短甲)이 출토되었다. 이는 중국 계통인데 당시 정세로 보아 백제를 통해 열도에 수입된 것으로 보인다.

고분시대 중기 이후로는 한반도 계열의 도래인들이 갑주 제작기술을 크게 향상시켰다. 이들 도래인 중심의 생산조직은 야마토 정권의 직접 지배를 받은 것으로 보이며, 이러한 타의 추종을 불허하는 새로운 군사기술의 도입과 혁신이 정권 확대를 위한 가장 중요한 배경으로 작용했을 것이다. 각지의 갑주 출토상황으로 미루어보면 이 시기 야마토 정권은 전국적으로 대소 수장의 정치적 지위나 정권에 대한 공헌도 등을 기준으로 삼아 최신 투구·경갑(頸甲)·단갑 세트, 투구와 단갑, 단갑만이란 식으로 일정한 격차를 설정하여 이를 배포했던 것으로 추정된다.

기내 중심지인 가와치의 후루이치고분군에 속하는 노나카고분(野中古墳)은 거대 전방후원분인 하카야마고분(墓山古墳)을 주총으로 한 배총(陪冢)이며 한 변이 28m 정도의 방분이다. 피장자는 대왕 직속의 무기고를 관리한 문관인데, 부장된 목곽에는 총 10벌의 갑주와 함께 각종 무기·무구를 비롯

---

31) 이하, 무기·무구에 대한 본문의 기술은 藤田和尊,「武器·武具と鐵器生産」,『季刊考古學·別冊14 畿內の巨大古墳とその時代』, 雄山閣, 2004에 주로 의거함.

하여 철정 등이 대량으로 매납되어 있다[32]. 그러나 정권 중심에서 벗어난 5세기 중엽 교토부의 구츠카와구루마즈카고분(久津川車塚古墳, 전장 183m), 효고현의 구모베구루마즈카고분(雲部車塚古墳, 전장 140m), 후쿠오카현의 쯔키노오카고분(月岡古墳, 전장 95m) 등은 대량의 갑주와 무기·무구류를 부장하고 있음에도 불구하고 앞서 언급한 갑주의 보유형태는 기내 중심부의 중소규모 고분과 거의 일치한다. 이 시기 야마토 정권은 북부 규슈와 같은 특별한 변경지역을 제외하면 탁월한 군사력으로 각지의 수장층을 거의 완전히 장악했던 것이다.[33]

고분시대는 전체적으로 군사력에 대단히 높은 비중을 둔 시대임이 분명하다. 따라서 후기에 들어서도 최하층 이외의 고분에는 반드시 무기·무구류가 부장되었다. 하지만 6세기 말경에는 이 같은 상황에 변화가 나타난다. 나라현의 요라쿠(與樂) 고분군, 효고현의 야소즈카(八十塚) 고분군과 같이 일정 규모 이상의 횡혈식 석실이 있음에도 무기·무구류는 일체 부장하지 않은 군집분이 기내지역에서만 제한적으로 등장하는 것이다. 이들 군집분의 가장 큰 특징은 한반도의 영향이 두드러진다는 점이다. 그러므로 위와 같은 현상은 도래인을 중심으로 한, 군사력과는 전혀 무관한 인재들이 정치적 능력을 통해 새로이 군집분의 피장자로 성장한 때문이 아닐까 해석된다. 이리하여 군사력을 보유한 자만이 정치적인 동류로 인정되던 고분시대 군사 왕권의 단계가 서서히 역사의 이면으로 물러서고 율령시대의 여명이 시작되었을 것이다.

---

32) 피장자는 甲冑를 착용하고 鐵刀를 지녔으며 373개나 되는 화살로 신체 위를 장식한 점으로 보아 武人으로서 측면도 아울러 지니고 있다. 군사력을 중시한 고분시대는 아직 文·武의 직업적인 분화가 이루어지지 않았기에 피장자가 무기·무구를 관장한 우수한 문관이었음에도 불구하고 무인의 격식을 갖춘 것으로 보인다. 軍事王權 하에서 태동한 관료의 원초적인 형태라고 할 수 있겠다. 藤田和尊, 앞의 논문「武器·武具と鐵器生產」, 85쪽.

33)『日本書紀』에 의하면 527년경 규슈 북부에서는 新羅가 제공한 무기·무구로 무장하여 倭政權에 저항한 磐井의 亂이 발생했다.

3) 위신재 하니와

하니와(埴輪)란 점토를 빚어 사물의 형상을 만들고 건조 후에 불로 소성하여 고분의 정상 주변에 진설한 장구(葬具)를 의미한다. 피장자의 영혼이 잠든 구역을 속계로부터 차단하는 종교적 의도와 함께, 한편으로는 사자와 후계자의 위용을 과시하려는 세속적 의도로 활용된 것으로 보인다. 하니와에는 초기의 원통형에서부터 시기별로 가옥과 각종 기물, 인물, 동물 등 다양한 형상을 취한 것들이 있어서 해당 시대상을 추측하는 데 큰 도움이 된다. 주로 전방후원분의 출현부터 종말에 이르기까지 장기간에 걸쳐 대량으로 소요된 하니와의 생산과 유통에 관한 문제는 고분시대 수공업의 주요 연구과제이지만 현재로서 아직 그 전모가 상세히 파악되지 않았다.

후술하는 바와 같이 고분시대는 왕권 내부에 전문적인 수공업에 종사하는 '베(部)'라는 집단이 존재했다. 하니와 생산조직의 경우도 하지베(土師部), 하지씨(土師氏)라는 명칭으로 문헌상에 등장한다. 다만 초기의 문헌사학은 이런 기록을 의식하여 하니와 생산자= 하지베로 단순히 등식화하는 경향이 강했다. 그러나 하니와를 비롯한 특수 수공업에 관한 고고학적 연구의 토양이 구비되면서 위의 설은 점차 불식된다. 제작기술 발달, 공인의 전업화, 생산조직에 대한 왕권 내부의 편성방식 변화 등을 통해 시대와 지역에 따른 생산과정의 변천을 추적하는 쪽으로 관심이 기울게 된 것이다. 그 결과 드러난 하니와 생산과정의 시기별 변화는 대개 다음과 같이 정리할 수 있다.

하니와는 야요이시대가 끝나갈 무렵 공동체의 수장묘에 매납하는 장구로부터 기원했다. 기술적으로는 토기제작기술을 기반으로 하여, 지면에 수직으로 한 변이 4m 정도에 공기 통로를 갖춘 사각형 구덩이를 파서 점토로 빚은 하니와를 바닥에 안치하고 그 주위에 다량의 장작을 때서 소성하는 방법을 썼다. 그 후 고분시대에 들면서 기내의 야마토 북부지역에서는 같은 기술로 일정한 규격의 원통형을 비롯하여 어느 정도 정형화된 하니와가 제작되고 그것들이 고분에 사용됨으로써 하니와는 최초의 변혁기를 맞는다.[34] 야마토에서 시작된 하니와의 본격적인 사용은 5세기 전반 무렵 같은 기내의 가와치지역에 새로이 형성된 대왕권으로 계승된다. 그 후 고분에 정형화된 하니와를 진설하는 행위가 왕권과의 직접적인 유대를 상징한다는 인식이 전국의 수장층으로까지 확산되었다. 기내 왕권도 하니와 공인을 각지로 파견함으로써 널리 수장층을 자기 세력권에 흡수하려고 한 흔적이 보인다.[35]

5세기 중엽 한반도로부터 도질토기 즉, 스에키 제작기법이 전래된 이후로는 가마를 활용하여 고온에서 대량의 양질 하니와를 한꺼번에 구워낼 수 있게 되었다. 일본역사에서 '아나가마(窯窯·穴窯)'라고 부르는 초기의 가마 유적은 현재까지 기내 일대와 관동지역을 중심으로 약 100개소 정도가 발견되었다.[36] 특히 오사카의 대왕묘 밀집지역에 위치한 신이케유적(新池遺跡)에서는 가마 18기를 비롯하여 대형 공방 3동, 공인 주거지 14채 등이 발굴되었다. 위와 같이 규모 면에서 타 지역을 압도할 정도의 거점적인 하니와 제작용 가마가 성립한 점을 고려하면 한반도로부터 도입된 가마기술이 하니와 공인들의 전업화를 촉진하고 공인조직을 재편성하는 큰 전환점이 된 것으로 보인다. 단, 전문가들 사이에서는 기내의 하니와 제작전업집단이 성립

---

34) 奈良盆地의 구 平城宮 북방에 동서로 펼쳐진 佐紀盾列古墳群은 전장 200m 이상의 거대한 전방후원분이 7기, 중소형 전방후원분·원분과 횡혈식 고분 등을 포함하면 전부 50기 정도로 이루어진 대규모 고분군이다. 특히 그 중 서부지역의 것들은 축조 시기가 4세기 후반~5세기 전반으로 이 무렵 야마토 정권의 연구에 극히 중요한 유적으로 평가된다. 본문에서 언급한 새로운 埴輪의 유형을 가장 이른 시기에 채용한 것이 위 고분군에 속하는 佐紀陵山古墳(전장 207m)이다. 高橋克壽는 정형화된 埴輪의 창작이 바로 여기서 비롯되었다는 점에서 이 고분은 분명히 기념비적인 성격을 갖는다고 평가한다. 高橋克壽,「埴輪生産の展開」,『考古學研究』 41-2, 1994(이 논문은『展望日本歴史4 大和王權』, 東京堂出版, 2000년에 재수록됨).

35) 高橋克壽, 앞의 논문「埴輪生産の展開」.

36) 아나가마는 고온에서 도질토기와 기와 등을 굽기 위한 가마이다. 주로 경사 지면에 상하로 좁고 길게 구덩이를 파고 짚·마 등 섬유질을 섞은 점토로 표면을 덮어서 측면 벽과 아치형 천정을 만든다. 구조는 아궁이와 연소부, 소성부, 煙道로 나눠진다. 스에키의 경우는 제품을 소성부에 들이고 아궁이로 장작을 때서 일정한 온도까지 올린 후 마지막에 대량의 장작을 태움으로써 산소 유입을 막고 내부의 상승기류를 이용해 가마 내 온도를 1,100도까지 올려서 硬度가 센 담회색의 도질토기를 완성했다고 한다.

한 시기를 대형 고분이 다수 축조된 4세기 후반부터라고 보는 견해와 5세기 중엽 가마기술이 도입된 이후라는 견해가 서로 대립하고 있다.

그 후 정권적인 차원에서 기내 선진기술의 지방 보급이 점차 확대되면서 기내의 독점적인 하니와 생산은 쇠퇴할 수밖에 없었다. 5세기 후반 무렵 하니와의 대량 수요기가 도래하자 기내의 기술을 수용한 여타 지역에서는 지역 실태에 따라 독자적인 전개양상이 나타난다. 특히 6세기 중엽 이후 기내와 다른 지역들의 하니와 생산이 쇠퇴해간 때 관동지역에서는 상품으로서 성격이 강화된 하니와를 생산하여 원거리까지 공급하기도 했다. 관동지역에서는 이 무렵의 하니와 생산유적 27개소가 확인되었는데 그 가운데 이바라키현(茨城縣) 마와타리(馬渡)에서는 가마 19기, 공방 12동, 점토 채굴지 26개소, 공인 주거지 2채 등이 발견되었다. 또한 북부 관동의 군마현(群馬縣) 후지오카시(藤岡市) 나나코시야마고분(七興山古墳)에서 출토된 상·하를 별도로 제작해서 이은 특이한 형태의 하니와는 도쿄 혼고(本鄕)의 가마로부터 공급되었음이 분명하다. 심지어 기내의 유능한 하니와 기술자가 단절된 이후로는 관동지역의 하니와 제작전업집단이 기내로 진출한 정황도 보인다. 이런 식으로 지역 수장의 독점적 지배에서 상대적으로 자립한 하니와 공인들이 복수 지역 수장들의 요구에 부응하여 제품을 공급하는 형태는 다음 시기의 와당(瓦當) 생산방식과 흡사하다.

이상과 같이 하니와는 시대와 지역에 따라 생산체계가 변화한다. 이는 작게는 하나의 특수 수공업이 발전해가는 과정이지만 크게는 고분시대 정치권력의 변화과정과 연동된 부분도 적지 않다. 기내 왕권이 정치적으로 미성숙한 단계로부터 중앙집권화를 통해 각지의 수장권에 깊숙이 개입하고 그들의 재지지배권을 잠식해가는 단계로 이행하는 과정이 위와 같은 하니와 생산체계의 변화에 그대로 투영된 듯이 보이는 것이다.[37]

---

37) 이상, 본문의 埴輪 생산과 유통에 관해서는 高橋克壽, 앞의 논문 「埴輪生産の展開」; 山

4) 그 밖의 위신재: 경옥·청동 거울·석관

고분시대의 경옥은 위신재 중에서 비중이 그다지 높은 편은 아니지만 생산지가 분명한 까닭에 물자의 유통을 고려할 때 중요한 의미를 지닌다. 앞에서 본 대로 조몬시대까지 혼슈의 여러 지역과 북부 규슈가 크고 작은 정점을 이루던 경옥 유통은 야요이시대에 들면 전체적인 유통량이 감소하는 한편으로 북부 규슈가 일대 정점을 이루고 기내 남부지역이 그 다음을 점했다. 같은 시기 일본열도의 다른 지역에서는 철석영이나 호박 소재의 옥이 성행하였으며, 이러한 지역적 분절화현상은 야요이시대 유통사의 주요 특징으로 지적된다.

고분시대는 주로 곡옥·관옥 등이 장신구나 제의용으로 제작되었으며 고분문화의 확장과 더불어 열도 각지의 고분과 제사유적에서도 옥이 출토됨으로써 경옥 유통에 새로운 변화가 야기된다.[38] 고분시대 전기의 경옥제품 출토량은 기내가 최대이고 북부 규슈와 관동지역이 그 뒤를 잇는다. 이는 기내를 거점으로 성장한 야마토 정권이 각지의 생산지로부터 경옥을 공납받아서 집적하고 이것들을 다시 영역 지배의 상징물로 각지에 재분배함으로써 그 유통과정을 완전히 장악한 결과라고 생각할 수 있다. 그런데 중기 이후로는 기내의 경옥제품 출토량이 감소하고 북부 규슈와 관동지역이 더욱 증가하는 경향을 띤다. 이러한 현상은 한반도로부터 유입된 금·은 등 진귀한 귀금속 장신구가 우선 정권소재지인 기내지역에 집중한 결과로 이해된다. 또한 이 무렵부터 한반도 남부의 왕묘급 고분에서는 도야마현, 니가타현의 경계지점이 원산지로 추정되는 대량의 열도산 곡옥이 출토되기도 한다.[39]

崎武,「埴輪の地域性と時代性 生産と流通」,『考古資料大觀 4彌生·古墳時代 埴輪』, 小學館, 2004의 내용을 상호 비교하여 일부를 수정한 후 정리하였음.

38) 高木恭二, 앞의 논문「古墳時代の交易と交通」, 59쪽.

39) 고분시대의 경옥 유통은 宇野隆夫, 앞의 논문「原始·古代の流通」, 179-180쪽과 圖10, 한반도와의 교류에 대해서는 旱乙女雅博·早川泰弘,「日韓硬玉製勾玉の自然科學的分析」,『朝鮮學報』162, 1997을 각기 참조함.

고분시대 중기에는 경옥을 위시한 각종 위신재의 생산방식도 크게 변한
다. 기내 일원의 20개소 이상에 달하는 옥 제작유적 중에서 나라현 가시하
라시의 소가유적(曾我遺跡)은 초대형 생산유적이다. 여기에는 니가타현 이
토이강 부근을 원산지로 한 경옥, 북륙(北陸)의 녹색 응회암, 와카야마현(和
歌山縣)의 활석, 이와테현(岩手縣)과 치바현(千葉縣)의 호박 등 당시 열도
의 대표적인 석재들이 두루 반입됨으로써 이곳이 정권 중심부에 설치된 대
규모 생산시설이었음이 판명되었다.[40] 그런데 흥미로운 것은 경옥의 찰절법
(擦切法)과 같이 각각의 석재마다 방법을 달리하는 원산지 특유의 가공기술
이 소가유적에서도 그대로 유지되었다는 점이다. 따라서 이 유적은 각지로
부터 다양한 석재를 반입할 뿐만 아니라 수장층이 지배한 각각의 현지 생산
조직에서 해당 석재를 가공하는 전문공인까지 차출하여 양자를 결합시키는
형태로 성립한 시설이 분명하다. 위와 같은 현상은 그 후 율령시대에 이르러
중앙에서 조직한 기술자들을 각지로 파견하고 그 생산물을 공납제도를 통
해 다시 중앙으로 수취한 것과는 대조적이다. 이런 과정을 거쳐 경옥은 고분
시대 후기가 되면 생산이 특정 지역으로 집약된다.[41]

다음으로 청동제 거울의 경우, 전한이 낙랑군을 설치한 이래 한반도를 거
쳐 다량의 중국산 거울이 열도의 야요이사회로 전래되었다. 또한 3세기 전반
의 히미코와 마찬가지로 고분시대의 대왕들도 중국으로부터 하사받은 갖가
지 위신재를 지역 수장들에게 배포했는데, 그 중에서도 청동 거울은 야마토
정권이 지역의 수장권을 승인하는 대단히 상징성이 큰 하사품이었다.[42] 따라
서 정권으로서는 중국산 거울의 안정적인 입수와 함께 그것을 모방한 열도

---

40) 高木恭二, 앞의 논문 「古墳時代の交易と交通」, 59-60쪽.

41) 宇野隆夫, 앞의 논문 「原始・古代の流通」.

42) 이 무렵의 유적지에서 출토되는 중국산 청동경은 주로 도교적인 불로장생사상을 배경으
로 한 畵文帶神獸鏡과 三角緣神獸鏡 등인데 이것들은 魏, 晉 등이 倭에 대한 하사품으로 특별
제작한 것으로 추정된다.

내의 방제경 생산체제를 확립하는 일이 중앙권력으로서 지위를 확고히 다지기 위한 주요 수단이자 과제였다고 할 수 있다. 이 같은 배경에서 고분시대는 방제경 생산과 유통도 활발히 전개된다. 야요이와 고분시대 유적에서 출토된 중국산 거울과 방제경은 1998년 말까지 총 5천여 면에 달한다.[43]

한편, 고분시대 전기부터 등장하는 석관은 상당한 중량에도 불구하고 원격지 수송을 통해 각지 수장층의 고분이나 그 배총의 매장시설로 활용된 사례가 다수 보인다. 그 중 대표적인 것은 규슈산 석재를 이용한 경우로, 1990년대 후반까지 세토내해에서 기내에 걸쳐 총 22건의 출토 사례가 확인되었다. 이것들은 석재 재질 및 석관의 형태상 특징을 비교 검토한 결과 서부 규슈의 아소(阿蘇) 일대 3개 지역에서 집중적으로 산출, 제작된 사실이 거의 판명되었다. 당시로서 최대 중량의 유통 물자라고 할 수 있는 석관이 많은 난관을 무릅쓰고 원격지까지 수송된 배경으로는 석관에 안장된 고분 피장자와 생산지 수장 사이의 직접적인 혈연관계 내지는 혈연의식 공유를 기반으로 한 친족 간 호혜적 증여, 또는 중앙으로 강제 공납된 후의 재분배 등을 상정할 수 있을 것이다.[44]

5) 필수재 스에키

고분시대의 스에키 생산에 관해서는 문헌사학의 경우 후술하는 부민제(部民制) 연구의 일환으로 일찍부터 논의가 있었으며 스에키 제작자를 반농반공(半農半工)으로 보는 견해가 통설이었다.[45] 그러나 스에키 생산을 직접적으로 기술한 사료가 거의 전무한 상태이므로 그 실태에 대해서는 고고학적으로 접근할 필요가 있다.

---

43) 岸本直文, 앞의 논문「三角緣神獸鏡の配布」.

44) 高木恭二, 앞의 논문「古墳時代の交易と交通」, 61-62쪽을 참조하여 작성함.

45) 石母田正,「古墳時代の社會組織 -『部』の組織について-」,『日本考古學講座』 5, 河出書房, 1955.

스에키 생산유적으로 널리 알려진 오사카 남부의 스에무라(陶邑) 유적군은 야마토 정권이 직할한 생산시설인데 동서 약 11km, 남북 약 9km 범위의 구릉지대에 위치한다. 확인된 가마는 총 800기 정도로 규모 면에서 열도 최대이며, 5세기 전반부터 6세기에 걸쳐 스에키가 대량 생산되었다.[46]

일본열도에서 가장 오래된 스에키 가마터가 발견된 곳은 스에무라 유적군의 일부인 5세기 전반의 오니와데라유적(大庭寺遺跡)이다. 여기서는 한반도의 가야지역 특히, 경남 남해안 도질토기의 계보를 짙게 반영하는 스에키가 다량 출토되었다. 도공들의 집락은 가마터에 근접한 수혈식 주거와 제품 선별 업무에 관련된 시설로 보이는 구덩이에 큰 나무기둥을 박고 그 위에 집을 세운 굴립주(掘立柱) 건물로 구성되며, 집락에 가까운 하천을 통해 생산품이 외부로 반출된 것으로 추정된다. 그 다음 시기에 해당하는 고사카유적(小阪遺跡)에서는 수혈식 주거와 창고를 포함한 굴립주 건물 외에 도랑, 토갱(土坑) 등이 발견되었다. 이 유적에서는 한반도계 생활 집기인 평저(平底) 주발・시루(甑)・노구솥(鍋)・몸통이 긴 옹기 등의 연질토기와 함께, 초기 스에키를 비롯하여 소성과정에서 형태가 뒤틀린 토기, 토기 정형용 도구 등 스에키 생산에 관련된 유물들이 다수 출토되었다. 또한 열도 고유의 야요이토기에 연원을 둔 하지키(土師器)이면서 스에키의 형태를 본뜬 것과 거꾸로 하지키의 형태를 수용한 스에키가 출토됨으로써 스에키와 하지키 두 생산집단 사이의 기술교류도 짐작할 수 있다. 다음 시기에 해당하는 후세오유적(伏尾遺跡)에서도 마찬가지로 수혈식 주거와 약 30동에 달하는 굴립주 건물이 확인된다. 그런데 이 유적에서는 한반도계 토기의 출토량이 격감함으로써 집락의 성격에 이전과는 분명한 차이점이 드러난다.

이상을 정리하면 한식(韓式) 토기가 다수 출토된 오니와데라유적은 도래

---

46) 이하, 본문의 陶邑에 관한 내용은 白石耕治, 「陶邑と須惠器生産」, 『季刊考古學・別冊14 畿內の巨大古墳とその時代』, 雄山閣, 2004에 주로 의거하였음.

인 중심의 집단, 스에키 이외에도 하지키 출토 비율이 증가하는 고사카유적은 도래인과 왜인의 혼성집단, 한식 토기가 격감하는 후세오유적은 새로운 왜인 집단이 각기 생산을 주도한 단계로 볼 수 있다.[47] 스에무라 유적군에서 나타나는 위와 같은 스에키 생산의 3단계 변화과정을 통해 5세기 중엽 이후 한반도계 선진기술의 열도 토착화라는 문제도 상정해볼 수 있을 것이다.

그런데 같은 5세기 중엽 무렵에는 후쿠오카현 아사쿠라(朝倉), 에히메현 (愛媛縣) 이치바미나미구미(市場南組), 가가와현(香川縣) 미타니사부로이케(三谷三郎池), 오카야마현(岡山縣) 오쿠가야(奧谷) 등지의 가마 유적군을 포함하여 열도 각지에 초기 스에키 제작용 가마가 존재한 사실이 속속 판명되고 있다. 더욱이 이것들은 가마의 모양과 계통이 지역마다 다른 점으로 미루어 각 지역별 수장층이 주도하여 독자적으로 개설한 가마터인 것 같다. 따라서 열도 내 스에키 생산을 단일 계통의 기술이 확산된 것으로 간주하기에는 어려움이 있다. 단, 이처럼 각지의 가마에서 생산된 초기 스에키의 유통 범위는 기본적으로 해당 지역 내부에만 국한되었다. 이에 대해 스에무라산 스에키는 열도 전 지역으로 반출된 점에 큰 차이가 보이는 것이다.[48]

5세기 후반이 되면 광범위한 지역에서 폭 2m 전후에 20도 내외의 완만한 경사구조를 띤 스에키용 가마터가 공통적으로 발견됨으로써 각지의 수장층이 스에무라의 기술을 적극 도입한 것으로 보인다. 6세기 중엽에는 스에무라 중심의 생산체제가 일시적으로 강화되어 기술의 지방 확산도 잠시 둔화되시만 그 후 각지의 가마는 다시 빠른 속도로 확산되었다. 6세기 후반~7세기 초두에는 스에키용 가마가 전면적으로 확산되고 스에키 사용이 일상화한다. 일본 고고학계에서는 이미 오래 전부터 이 무렵 각지의 스에키 생산이 수장층에 대한 단순 공납물 생산단계를 탈피하여 비록 일부이긴 하지만

---

47) 陶邑 스에키 생산의 3단계 변천은 岡戶哲紀, 「搖籃期の陶邑」, 文化財學論集刊行會 『文化財學論集』, 1994.

48) 武末純一, 앞의 논문 「加耶と倭の交流 -古墳時代前·中期の土器と集落-」, 325쪽.

교역을 위한 상품을 내포하는 단계로 진전했다는 견해가 있다.[49]

또한 최근에는 후쿠오카현 무나카타시(宗像市)의 스에스가우라유적(須惠須賀浦遺跡)을 정밀 조사한 보고서가 발표됨으로써 스에키 가마 1기당 보통 2~3가족이 조업에 종사했으며, 이러한 가마당 조업단위는 후일 율령시대 호적제도의 향호(鄕戶)와 규모가 거의 일치한다는 사실이 밝혀졌다. 위와 같이 복수의 가족으로 구성된 조업단위 내에서 세습적인 기술 전승이 이루어졌다고 하면 그들은 반농반공이긴 하지만 이미 스에키 생산에 전문적으로 종사하는 집단이었을 것이다.[50] 스에무라는 8세기 중엽에 쇠퇴기를 맞고, 9세기 이후는 가마군 자체가 소멸한다.

6) 수륙의 교통

고분시대는 사회적, 정치적인 요인으로 사람이 활동하는 공간이 대폭 확대됨으로써 중량이 무거운 물자의 원활한 운송과 수송거리 연장을 위해 바다와 내수면을 이용한 수상교통이 많이 행해졌다. 고분시대의 선박에 관한 자료는 단편적이긴 하지만 출토된 실물의 일부나 선박 모양의 하니와 고분에 그려진 회화자료 등을 통해 어느 정도 그 형태를 짐작할 수 있다.

사람 힘만으로 배를 움직이려면 통나무배와 같이 세장형이 효과적이다. 그러나 원거리 대량수송을 위해서는 돛대를 세워 자연의 바람을 활용하는 범선형이 필수적이고 따라서 선폭을 넓혀 안정성을 도모할 필요가 있다. 오사카의 나가하라다카마와리유적(長原高廻遺跡)은 300~500기 가량의 소형 분묘로 구성된 고분군인데 대형 고분군에 필적할 정도로 많은 부장품이 출토되었다. 그 중 직경 약 21m의 원분인 다카마와리 2호분의 주호(周壕)에서

---

49) 대표적인 연구는 都出比呂志, 「考古學からみた分業の問題」, 『考古學研究』 15-2, 1968.

50) 岡田裕之・原俊一, 「古墳時代の須惠器製作者集團 -福岡縣宗像市須惠須賀浦遺跡の研究-」, 『日本考古學』 17, 2004.

는 형태가 극히 사실적이며 복잡한 구조를 그대로 재현한, 현재까지 알려진 최대 규모의 선박형 하니와가 나왔다. 크기는 길이 128.5㎝, 폭 26.5㎝, 높이 36㎝이다. 이 수치를 함께 출토된 다른 하니와들의 실물대비율로 환산하면 실제 선체는 전장 약 15m, 폭 3m 내외로 적재량 20~30톤 정도의 크기가 되며, 수십 명이 승선하여 외양 항해가 충분히 가능한 규모로 추측된다.[51] 선체 구조는 조몬 이래의 통나무배 상부에 뱃전(舷), 선수(船首), 선미(船尾)의 목재를 덧댄 소위 준구조선(準構造船)이라 불리는 형태이다. 이는 돛의 발달에 따라 선체의 안정성 확보를 위한 구조개량이 이루어진 때문일 것이다. 돛이 일본열도에서 언제부터 사용되었는지 시기적으로 명확하지는 않지만 고분시대 후기에 널리 보급되었을 가능성이 크다. 고분시대는 이처럼 통나무배에서 초기 범선형인 준구조선으로 선체 구조가 진일보했음이 분명하다.

이 선박형 하니와의 추정 제작연대는 5세기 전반이다. 당시는 『송서』에 의하면 일본열도가 한반도 및 중국과의 교류를 활발히 펼쳤던 '왜 5왕'의 시대에 해당한다. 고분시대 규슈의 현계탄 연안이나 후술하는 아리아케해(有明海) 연안 그리고 세토내해 각지를 터전으로 삼은 사람들은 이런 단순한 이중구조의 준구조선을 타고 한반도와 중국을 내왕했을 가능성이 있다. 그러나 준구조선으로는 선체 규모가 바닥의 통나무배 크기에 따라 제한될 수밖에 없으므로 그다지 큰 배를 만들 수는 없다. 고분의 횡혈식 석실이나 횡혈묘에서 확인되는 선각(線刻)으로 그려진 범선의 대부분은 7세기 이후의 것들이다. 왜인이 다량의 판재(板材)를 연결하여 본격적인 구조선을 건조하게 된 것은 바로 이 무렵부터이다. 7세기 중엽 이후 견당사(遣唐使)가 이용한 배는 많은 인원이 승선한 상당한 규모의 구조선이었다. 선박구조의 시기적 변화

---

51) 이 견해의 최대 약점은 같은 고분에서 출토된 다른 埴輪들의 실물대비율을 일률적으로 적용하여 실제 선체의 크기를 추정한 점에 있다. 유물의 종류 및 성격에 따라 실물대비율이 다를 수 있다는 점이 밝혀지면 이 주장은 토대를 잃게 된다.

에 관해서는 본서의 고대 편에서 보다 자세히 다루기로 하자.

이러한 수상교통과 함께 육상교통의 핵심인 도로도 어느 정도 정비되었다. 도로 정비가 본격적으로 추진된 것은 율령시대부터의 일이나 고분시대에도 사람의 내왕과 물자수송, 지역 간 정보전달 등을 위해 도로는 필요했으며 점진적인 사회의 발달과 생활공간 확대에 따라서 이동범위는 원거리까지 연장되었다. 특히 5세기 이후가 되면 승마 풍습이 급속히 확산되면서 마필 생산을 위한 대규모 목장이 동일본 일원에 다수 설치된다.

고분시대의 도로 유구로서 예전에는 집락으로부터 고분군에 진입하기 위한 묘도(墓道)의 존재가 알려진 정도였으나 근년 발굴조사를 통해 도로 유구가 몇 군데 더 밝혀짐으로써 서서히 그 실태가 드러나고 있다. 도로는 일상에 밀착된 생활도로와 인근한 타 지역을 잇는 간선도로로 대별된다. 고분의 묘도 및 장송의례에 사용된 도로는 이것들과는 성격을 달리하므로 장례도(葬禮道)라 불러야 할 것이다. 생활도로란 개별 주거지를 연결하는 집락 내 도로에 집락과 수로 및 하천, 전답 사이를 연결하는 공동도로가 포함되는데 화산 분화로 인해 일거에 매몰된 집락유구 발굴을 통해 그 실상이 어느 정도 밝혀졌다. 또 야마토지역에서는 폭 2.5~3.3m, 길이 130m에 달하는 간선도로 유구가 발견되면서, 노면에다 모래와 자갈을 깔고 가장자리를 절삭하는 등 지반 상태나 주변 지형에 따라 도로를 정비한 모습이 확인되기도 했다.

사람, 물자, 정보의 교류를 위한 수륙교통은 유통사의 발달 정도와도 불가분의 관계에 있다. 위에서 본 선박과 도로는 수륙의 교통수단으로써 각기 사람·물자의 이동범위 확장 및 정보전달 기능을 발휘하는 동시에, 결과적으로는 원격지에 위치한 집단과 집단 사이의 교역을 촉진했다고 할 수 있다.[52]

---

52) 고분시대의 수륙 교통에 대해서는 高木恭二, 앞의 논문「古墳時代の交易と交通」, 66-72쪽; 白石太一郎, 앞의 논문「總論-交通·交易システムの變遷とその背景」, 14-16쪽을 참조하여 작성함.

6. 고분시대의 한 · 왜 교류

1) 한 · 왜 교역통로의 변화

재론할 필요도 없이 야요이시대 이래 고분시대에 걸쳐 일본열도의 문명화와 초기적인 국가 형성에 한반도 남부로부터 북부 규슈로 연결되는 통로가 담당한 역할은 결정적이었다. 수전도작에 기초를 둔 생산경제와 농경문화가 열도에 전래된 것은 직접적으로는 이 경로를 통해서였다. 또한 2, 3세기경 왜의 국가 형성을 촉진한 일차적인 계기도 앞서 논한 바와 같이 철과 그밖에 선진문물의 수입루트였던 이 경로의 주도권 장악을 위한 왜인 간의 대립에서 비롯된 것으로 보인다.

이러한 야요이시대 이래의 한 · 왜 교류에서 대동맥의 역할을 수행한 것이 낙동강 하구의 구사국 즉, 훗날의 금관가야국(金官伽倻國)을 중심으로 한 변한 제 지역과 북부 규슈의 이도국, 노국을 중심으로 한 현계탄 연안지역 사이의 쓰시마와 이키를 경유한 교통로였다. 이 점은 『위지』 왜인전에 보이는 대방군에서 야마타이국까지의 경로에 관한 기록으로도 잘 알 수 있다. 그리고 이 교통로에서 실제로 교섭과 교역을 담당한 것이 선진문물을 갈구한 이도국과 노국 사람들이었음도 거의 분명한 사실이다. 4세기 후반 이후 열도의 문화는 위 경로를 통한 한반도의 직접적인 영향을 받아서 급속히 동아시아화한다. 그것은 고구려 남하에 따른 한반도 내 긴장의 여파가 열도에까지 미친 결과이기도 했다. 왜를 아군으로 끌어들여 고구려의 강성한 군사력에 대항하고자 한 가야 및 백제 제국의 의지가 현실화되면서 일본열도는 마필문화(馬匹文化)를 비롯한 각종의 선진문물을 받아들였으며, 결과적으로 5~6세기를 통해 급격한 문명화를 이룩할 수 있었다.[53]

---

53) 馬匹文化란 목장 설치를 통한 마필 생산이나 마구 제작기술의 일환으로 전래된 금속가공, 목공, 피혁 등의 선진문화를 총칭한 의미이다. 이 밖에도 스에키 · 토목 · 건축에서부터 문

그런데 5세기 중엽 무렵이 되면 낙동강 하구와 현계탄 연안을 연결하던 기존의 한 · 왜 교류 통로에 큰 변화가 초래된다. 그 일차적인 배경은 신라가 낙동강 하구까지 진출함으로써 금관가야를 중심으로 한 세력이 더 이상 대 왜 창구 역할을 수행할 수 없게 되고 대신해서 경북 고령의 대가야(大伽倻)를 중심으로 한 낙동강 중류지역과 그 남쪽의 안라(安羅) 등이 새로운 창구로 부상된 점에서 찾을 수 있다. 게다가 가야 제국을 제치고 백제가 당시 왜의 주요 교섭상대로 급부상한 점도 무시할 수 없는 변화요인으로 작용했다.

한반도 서남부에는 5세기 후반~6세기 전반이라는 극히 한정된 시기에 일본열도의 전방후원분과 거의 동일한 형태의 분구를 가진 고분이 축조되었다. 현재까지 한반도 내에서 전방후원분이라고 확실하게 판정된 고분은 영산강 유역을 중심으로 한 전남 서부에 12기, 전북에 1기가 존재한다.[54] 고분

자 · 역법 · 의학에 이르는 다양한 문화와 통치기술 등이 한반도계 도래인에 의해 전수되면서 일본열도는 그 전과는 질적으로 완전히 구분되는 문명화의 길을 걷게 된다. 白石太一郎, 「彌生 · 古墳文化論」, 『岩波講座日本通史2 古代1』, 岩波書店, 1993.

54) 한반도 내 전방후원분의 존재가 최초로 밝혀진 것은 姜仁求가 발견한 전남 해남군 북일면 방산리의 海南 長鼓峰古墳부터이다(姜仁求, 『한국정신문화연구원 조사연구보고서 87-1 한국의 전방후원분 -舞妓山과 長鼓山古墳 측량조사보고서-』, 1987). 이를 계기로 영산강 유역 전방후원분의 존재가 속속 확인된 후 한 · 일 고고학계는 이들 고분의 성격 규정을 둘러싸고 큰 혼란을 겪었다. 일본 고고학계의 통설로는 전방후원분의 출현과 전개가 일본열도의 고대국가 형성과정과 밀접히 연관되는 것으로 인정되어 왔기 때문이다. 따라서 일본 측 고고학자들은 이 전방후원분들의 피장자를 왜인 혹은, 왜와의 관계가 깊은 인물로 간주했다. 그러나 소위 任那日本府說을 부정하는 한국 측 고고학자들은 피장자 왜인설을 그대로 수용할 수 없었으며, 피장자를 현지의 수장층으로 보거나 이 고분들이 일본열도 내 전방후원분의 祖形일 가능성에 대한 주장 등이 제기되었다. 그 후 1999년 충남대학교 백제연구소가 개최한 국제 심포지엄 「한국의 전방후원분」을 계기로, 한국에서도 피장자가 왜 계통일 가능성을 포함해서 이 문제를 한일관계사의 일부로 해석하여 적극적으로 토론하게 되었다. 또 이와 관련하여 일본 고고학계에서는 2~6세기에 걸쳐 영산강 유역의 토기가 경남 남해안뿐만 아니라 북부 규슈와 기내를 중심으로 한 열도 각지에서 발견되는 점에 대해서도 적극적인 평가가 이루어지고 있다. 영산강 유역 전방후원분의 존재가 기존 한 · 일 고고학계의 주류이던 '자민족의 역사를 위한 고고학'이란 얼개만으로는 수습할 수 없는 새로운 문제를 제기하고 있는 셈이다(吉井秀夫, 「栄山江流域の「前方後円墳」を視る目」, 『歴博』 129, 2005, 6-9쪽). 피장자의 성격에 대해서는 중복을 피해 후술할 예정이다. 한편, 고고학자 李盛周는 다음과 같은 주장을 펼친다. 한반도 내 분묘의 기본형태는 먼저 매장시설을 설치한 다음 그 위에 봉분을 쌓아올린 封土墳과 사전에 돌 · 흙을 쌓아 분구를 조성한 후 그 속을 파서 매장시설을 축조하는 墳丘墓로 크게 구분된다. 중국 中原式 매장형태인 봉토분은 樂浪을 통해 먼저 영남지역으로 확산되고 한반도의 여타 지역에서도 분구묘적인 전통을 대체해갔다. 이에 비해 분구묘는 청동기시대의 積石 분구묘가 濊貊의 적석총으로 계승되고 특히 전남지역에서는 6세기까지 그 전통이 이어졌다. 이런 전남

을 구성하는 요소에는 한성(漢城) 함락 이후 남방으로 세력을 넓히던 백제와의 관계를 보여주는 것이 적지 않으며, 심지어 가야와 신라계통의 유물도 발견되었다. 그러나 열도 고유의 원통형 하니와를 부장하거나 북부 규슈의 아리아케해 연안 계통의 횡혈식 석실을 갖춘 고분들이 존재하는 점으로 보아 이들 고분이 일본열도 내 전방후원분의 영향을 받은 사실은 거의 확실시된다. 단, 같은 형태의 고분이 그 전까지 왜와 밀접한 관계에 있던 낙동강 하구의 가야지역에 전혀 나타나지 않는 점은 5세기 후반이라는 특정 시점에 이르러 영산강 유역의 정치세력이 왜와 극히 친밀한 관계를 가졌음을 말해준다. 이 같은 현상은 열도 내에서 출토된 한식 도질토기가 5세기 초까지 가야 계통을 주류로 하는 데 반해 그 후로는 전남지역의 것으로 크게 변화하는 점과도 상응한다. 즉, 5세기 중엽을 경계로 하여 한·왜 교섭의 한반도 측 주역이 낙동강 하구의 가야로부터 백제의 영향권 하에 있던 전남의 영산강 유역으로 변화했음을 시사해 주는 것이다.

같은 시기 일본열도에서도 대한(對韓) 교류의 중심이 그 전까지의 현계탄 연안에서 같은 규슈의 아리아케해 연안지역으로 변화한 것으로 보인다. 5세기 전반부터 현계탄 연안에는 이전까지의 중대형 전방후원분이 축조되지 않았고 대신해서 아리아케해 연안에 대형 전방후원분이 출현한다. 그리고 같은 시기 한반도의 영향이 짙은 본격적인 채색 벽화고분이 열도 최초로 아리아케해 연안에 나타나는 사실과 아리아케해로 흘러드는 기쿠치강(菊池川) 중류의 에다후나야마고분(江田船山古墳)에서 화려한 백제계 금동 장신구가 출토된 사례 등은 이 지역 사람들의 대한 교류가 활발했음을 웅변으로 말해준다. 또 문헌사료로서는 『일본서기』 583년(민달12)조에 당시 백제

지역의 분구묘적 전통이 같은 지역에 일본식 전방후원형 분구묘의 도입을 용이하게 한 기반으로 작용한 것이다. 李盛周, 「분구묘의 인식」, 『한국상고사학보』 32호, 2000(이 논문은 같은 제목으로 九州古文化硏究會, 『古文化談叢』 54집, 2005년에 일문으로 번역 게재됨).

의 달솔(達率) 지위에 있던 니치라(日羅)를 아리아케해 연안지역의 수장 아리시토(阿利斯登)의 아들이라고 한 기록도 이 지역 수장층이 백제와 밀접한 관계에 있었음을 시사해준다.[55] 게다가 같은 사료를 통해 니치라에게 백제와의 교섭을 지시한 자가 야마토 정권의 대호족인 오토모노 가나무라(大伴金村, 생몰 미상)로 특정되는 점은 위와 같은 아리아케해 연안지역 수장층의 대한 교류활동이 실은 야마토 정권의 외교정책과 긴밀히 연동되었음을 의미하는 것이라 하겠다.

이상과 같이 대체로 5세기 중엽 이후는 한·왜 교류의 중심지가 한반도에서는 가야로부터 백제세력권인 영산강 유역으로, 일본열도의 경우는 현계탄 연안에서 아리아케해 연안으로 교체된 것이 분명하다. 이는 신라의 가야 진출, 백제와 야마토 정권의 접근이라는 당시의 정세변화와 깊숙이 연계되어 나타난 현상일 것이다. 한·왜를 잇는 교통 요충지 이키에서는 그 후 7세기 초에 대규모 고분이 축조되는데 이때 거석을 이용한 횡혈식 석실의 축조양식은 아리아케해 연안의 것과 흡사하다. 즉, 이 시기까지도 아리아케해 연안지역의 수장층이 한반도와의 교류에 중요한 역할을 담당했던 것이다.[56]

과거 일본 역사학계는 열도 내에서 출토되는 고분시대 한반도 계열의 문물을 "야마토 정권의 조선 지배→ 획득한 물품 및 기술자 독점→ 열도 내 각지에 대한 배포"라는 식으로 도식화시켜 이해해왔다.[57] 즉, 소위 임나일본부

---

55) 이 점에 대해 金鉉球는 葦北國의 수장 阿利斯登는 원래 任那를 다스리던 백제의 수장으로 금관가야가 신라에 멸망당한 532년 이후 일족을 거느리고 일본열도로 집단 이주했으며, 따라서 그의 아들로서 백제의 達率에 오른 日羅 또한 왜로 건너간 백제 호족의 자손이 후에 백제 관료로 등용된 소위 倭系 百濟官僚라고 보았다. 金鉉球, 앞의 책『백제는 일본의 기원인가』, 91-95쪽. 왜계 백제관료에 대해서는 후술함.

56) 이상, 고분시대 韓·倭 교역통로 변화는 白石太一郎, 「もう一つの倭·韓交易ルート」,『国立歷史民俗博物館研究報告』110, 2004에 주로 의거함.

57) 대표적인 연구는 末松保和,『任那興亡史』, 大八洲出版, 1949; 小林行雄,『古墳の話』, 岩波書店, 1959; 동, 「古墳文化の生成」,『岩座日本歷史1 原始および古代1』, 岩波書店, 1962; 石母田正, 「古代史概説」,『岩座日本歷史1 原始および古代1』, 岩波書店, 1962 등.

설을 완전한 사실로 인정하고 연구의 대전제로 삼아온 것이다. 그러나 이러한 1970년대까지의 학계 상황은 1980년대에 들어 『광개토대왕비문』, 『일본서기』, 그밖에 고고학적 유물 등에 대한 한·일 양국의 고대사학계, 고고학계의 철저한 비판에 의해 그 허구성이 낱낱이 논증되었다. 그 후 현재까지는 고대 한일관계사를 다양한 교섭과 상호 작용이라는 측면에서 재구축하는 작업이 진행 중이라고 할 수 있다.[58]

2) 한반도의 왜계 유물

야요이에서 고분시대에 걸쳐 한반도로부터 일본열도에 대량의 문물이 전래된 것은 주지의 사실이다. 특히 고분시대 한반도에서 건너 간 도래인들은 일본열도의 수공업 생산기술과 문화 전반의 발전, 나아가서 고대국가 형성을 위한 정치조직의 토대 마련에 결정적인 영향을 미쳤다.

도래인 집단은 크게 기술, 토목, 지식 계통이라는 세 가지 직능집단으로 분류할 수 있다. 이 가운데 토목과 지식 계통은 주로 야마토 정권의 중추부로 편입된 반면, 각종 기술 계통은 5세기 이후 야마토 정권에 의해 다수 설치된 수공업 생산공방에 분산 배치되었다. 바로 이들을 통해 열도에 도입된 각 분야의 신기술이 고분시대 수공업 생산조직의 재편과 전업공방의 대형화를 촉진하게 된다. 일례로써 도래인의 신기술에 바탕을 둔 철제 농기구의 대량 생산과 그 보급은 치수시설 정비와 더불어 농업생산력을 비약적으로 향상시켰으며, 결과적으로 군사력 증강에 기여함으로써 야마토 정권의 통치기구 정비를 가속화시켰다.[59]

그런데 한편에서는 상대적으로 그 영향력이 미미하긴 하지만 같은 시기

---

58) 이상, 任那日本府說에 대한 연구사적 이해는 高田貫太, 「古墳時代の日朝関係史と国家形成論をめぐる考古学史的整理」, 『国立歴史民俗博物館研究報告』 170, 2012를 참조함.

59) 花田勝廣, 앞의 논문 「韓鍛冶と渡來工人集團」.

열도로부터 한반도로의 물자 흐름도 보인다. 이것들 한반도에서 출토된 왜계 유물은 소량에 지나지 않으나 두 지역 간 상호작용의 실태를 암시해 주는 중요한 자료라고 할 수 있다. 여기서는 주로 가야지역에서 출토된 왜계 유물을 시기별로 나누어 검토해보자.[60]

3세기 후반에 들어 한반도 남부 일대에서는 중국식 청동 거울을 모방한 북부 규슈산의 소형 방제경이나 무기형 제기를 중심으로 한 야요이시대의 청동기가 자취를 감추는 대신 고분시대와 관련된 새로운 왜계 유물이 등장한다. 먼저 2~6세기에 조성된 경남 김해의 대성동 고분군에 주목할 필요가 있다. 이 고분군은 나지막한 구릉 위에 위치한 금관가야 계통의 분묘 유적으로, 1990~1992년에 경성대학교 박물관에 의해 3차에 걸친 발굴조사가 진행되었다. 이를 통해 목관묘 37기, 목곽묘 44기, 석실묘 35기, 옹관묘 14기, 그 외 10기 등 합계 140기의 분묘가 확인되었다. 그 가운데 4세기부터 5세기 전반에 걸쳐 축조된 목곽묘들로부터 풍부한 철기와 함께 기마군단을 보유한 가야문화의 실체에 접근할 수 있는 다양한 유물들이 출토되었다. 특히 묘광(墓壙)의 길이 6m가 넘는 대형 목곽묘에서는 소용돌이형(巴形) 청동기를 시작으로 녹색 응회암제 화살촉, 벽옥제 관옥, 경옥제 곡옥 등 왜계 유물이 집중적으로 부장된 사실이 밝혀졌다.[61] 이밖에도 부산 동래패총, 김해 부원동 유적, 진해 용원유적, 마산 현동유적 등 주로 부산과 경남 일대의 3~4세기 집락이나 고분에서는 야요이계 토기인 하지키와 그것을 모방한 토기들이 소량씩 출토되었다. 이것들은 가야의 철을 입수하기 위해 도래한 소수의 왜

---

60) 이하, 본문의 서술은 高久健二, 「韓國の倭系遺物」, 『國立歷史民俗博物館研究報告』 110, 2004에 주로 의거함. 이 논문의 말미에는 한반도 내 왜계 유물을 총체적으로 정리하여 유적명, 출토 유물, 시기 등 상세한 내용을 표로 정리한 〈附表 韓國の倭關係遺物(3世紀~6世紀)〉가 첨부되어 있으므로 금후의 연구에 좋은 참고자료가 될 것이다.

61) 신경철·김재우, 『김해 대성동 고분군 Ⅰ』·『김해 대성동 고분군 Ⅱ』, 경성대학교박물관 연구총서 4집·7집, 2000. 이 보고서의 요지는 高久健二, 앞의 논문 「韓國の倭系遺物」의 내용을 요약하여 재인용하였음.

인들이 재지 한인들과 짧은 기간 함께 생활한 흔적으로 보인다. 또한 이처럼 왜계 유물의 분포가 동남해안 일대로 한정되는 이유는 앞서 논한 대로 당시 한반도 내 대왜 교섭의 창구가 낙동강 하구 지역으로 한정되었던 때문일 것이다.

5세기 중엽 이후의 왜계 유물로는 스에키·갑주·방제경 등과 마구 장식품 원료로 사용된 남도(오키나와)산 조개껍질을 들 수 있으며, 시기 면에서는 5세기 후반에 집중된다. 이 시기는 남해안 일대뿐만 아니라 고령, 합천, 창녕 등 가야의 내륙지역과 심지어 전남, 충북에 이르기까지 앞 시기에 비해 왜계 유물의 분포범위가 크게 확장되었다. 특히 대가야의 중심인 고령의 지산동 고분군에서 비교적 많은 량의 유물이 출토되었다. 다카히사 겐지(高久健二)는 5세기 후반 대가야를 비롯한 내륙지역으로의 왜계 유물 확대가 왜인의 직접적인 행동반경 확대를 의미하는 것은 아니라고 보았다. 그에 따르면 당시 가야와 왜의 교섭은 남부 해안지역에 집중되었을 가능성이 크며, 내륙까지 왜계 유물이 확산된 것은 대가야와 남부 해안지역 사이에 확립된 유통망을 배경으로 해안으로부터 내륙부에 물자가 재분배된 결과일 것이라고 한다. 5세기 후반을 경계로 가야 제국 내부에서 일본열도와의 교섭창구가 금관가야에서 대가야로 교체되었다고 보는 기존 학설에 대해[62] 유통사적인 측면에서 남부 해안지역 중심의 재분배 유통망 확립이라는 반론을 제기한 다카히사의 위 주장은 필자에게는 아직 충분한 논거를 갖춘 것으로 보이지는 않는다.

한편, 5세기 후반 전남지역에서 왜계 유물의 출토 사례가 증가하는 점에 대해서도 주목할 필요가 있다. 영산강 유역에 10여 기의 전방후원분이 분포

---

62) 대표적인 기존 학설은 朴天秀, 「四, 五世紀における韓日交渉の考古學的再檢討 考古學からみた古代の韓·日交渉」, 『靑丘學術論集』 12, 1998; 동, 「考古資料를 통해 본 古代 韓半島와 日本列島의 相互作用」, 『韓國古代史研究』 27, 2002.

하는 점을 감안하면 이 지역은 분명히 가야와는 다른 교섭형태가 예상된다. 이것들 전방후원분의 피장자에 대해 한반도 남부에 정착한 왜인의 후예와 한인 사이의 혼혈인이 후에 백제의 관료가 되어 대왜 외교에 활약하다가 사망 후 피장되었다고 보는 왜계 백제관료설이나,[63] 당시 규슈의 횡혈식 석실에는 보이지 않는 목관이 사용되거나 전남 현지에서 제작된 도질토기가 부장된 점 등을 배경으로 한 재지수장설 등으로 견해가 나뉘어져 있다.[64] 어느쪽을 따르든 이 같은 전방후원분의 존재 자체가 당시의 한·왜 교류를 증명하는 표상이며, 그 피장자들이 근방에서 출토되는 왜계 유물과 깊은 관계를 맺고 있음은 말할 필요도 없다.

6세기 이후가 되면 백제에서도 왜계 유물이 나타난다. 그 중 무령왕릉(武寧王陵)이나 부여 능산리 고분군 등의 백제 왕릉에서 출토된 와카야마현 고야산(高野産)의 전나무 목관은 백제와 왜의 정치적 관계를 배경으로 야마토 정권으로부터 백제 왕실에 기증된 것으로 보인다. 이렇듯 한·왜 교류라는 측면에서 본 영산강 유역 및 백제권의 양상은 가야와는 크게 다르므로 금후 양 지역의 비교 검토가 필요하다.

---

63) 朴天秀,「榮山江流域における前方後圓墳の被葬者の出自と性格」,『考古學研究』49-2, 2002; 朝鮮學會,『前方後圓墳と古代日朝關係』, 同成社, 2002 등. 金鉉球는 왜계 백제관료의 성격에 대해 한반도 정벌을 위해 원정 온 倭人들의 자손이 후일 백제에 귀화한 것이라는 일본 고대사학계의 통설을 부정하고, 애초에 백제에서 왜로 건너가 야마토 정권의 호족이 된 자들의 자손이 후에 다시 백제 관료로 등용되어 왜가 갈구한 백제의 선진문물과 백제가 필요로 한 군사원조를 상호 지원하는 '特殊 傭兵關係'의 가교 역할을 수행한 것이라고 주장한다. 金鉉球, 앞의 책 『백제는 일본의 기원인가』, 95쪽.

64) 최근 연민수는 "영산강 유역이 백제로부터 압박받기 시작하는 웅진천도기 이후 이 지역사회의 수장들은 지역사회의 결속, 자립적 자세를 모색하기 시작하였다. 이를 상징하는 것이 전방후원분이고 크기를 극대화시키는 모델로서 왜계 고분의 외형적 양식을 도입하였다"라고 하여 재지수장설을 옹호하는 주장을 펼쳤다. 연민수,「영산강 유역의 前方後圓墳 피장자와 그 성격」, 동국대학교 일본학연구소『日本學』32집, 2011. 한편, 근년까지 밝혀진 영산강 유역 전방후원분의 전반적인 실태에 관해서는 林永珍,『영산강유역권 장고분 조사연구보고서』, 백제문화개발연구원, 2009를 참고하는 것이 좋다.

7. 부민제와 고대국가형성론

1) 부민제에 관하여

앞서 본 고분시대 후기의 생산공납체제는 근년 들어 야마토 정권의 전국 지배조직으로 새로운 평가를 얻고 있는 부민제의 성립, 발전, 쇠퇴과정과 깊숙이 연관된 것으로 보인다. 부민제의 성격은 극히 복잡하여 간단히 정의하기 어렵다. 여기서는 우선 사전적인 정의를 빌려 기본 의미를 이해해두기로 하자.[65]

부민제란 고분시대 후기인 5세기 말~6세기 전반에 백제 부제(部制)의 영향을 받아 성립한 것으로 추측되는 '도모(伴)'와 '베(部)'를 중심으로 한 정치사회적 제도를 의미한다. 도모는 대왕, 왕족의 궁이나 중앙 호족의 거관에 출사하여 각종 직무를 담당한 집단이다. 그리고 이들 도모를 제공하고 나아가서 왕족, 중앙 호족, 중앙정부의 유지에 필요한 각종 공납물을 재지에서 부담한 집단이 베이다. 베는 통설적으로는 대왕, 왕족에게 직속된 '나시로(名代)'·'고시로(子代)' 등과 야마토 정권의 유지에 필요한 제반 사회적 분업을 담당한 '시나베(品部= 職業部)', 그밖에 소가베(蘇我部)·나카토미베(中臣部) 등 중앙 호족이 소유한 '가키베(部曲)'의 세 종류로 구분된다. 도모와 베는 둘 다 정권을 구성하는 핵심 호족인 도모노미야츠코(伴造)에 의해 지배, 관리되었다. 부민제는 645년(대화1)의 대화개신(大化改新)으로 기본 골격이 해체되며 그후 율령체제 하에서는 식봉(食封)과 같은 봉록제로 대체되었다.

일찍이 이시모다 쇼(石母田正)는 베의 성립에 대해, 수공업과 농업이 아직 완전히 분리되지 않은 경제단계에서 공납물을 확보하기 위해서는 전문 공인들을 강제적으로 편성하여 기술을 세습시킬 필요가 있었으며, 그러한 과정을 통해 농업으로부터 분리된 수공업자를 도모노미야츠코 하에 예속시

---

65) 朝尾直弘·宇野俊一·田中琢 編, 『新版日本史辞典』, 角川書店, 1996.

킨 것이 베 조직이라고 보았다.[66] 이에 대해 히라노 구니오(平野邦雄)는 베란 한반도에서 건너온 도래계 기술자 집단의 편성방식을 채용한 것으로 원래는 호족의 사유민(私有民)을 가키베로 편성하여 도모노미야츠코를 통해 특정 물품을 공납하게 했던 것이라고 주장함으로써,[67] 이시모다의 견해를 한 걸음 더 진전시켜 가키베를 베 조직의 원류이자 핵심으로 간주했다.

그로부터 꽤 많은 시간이 흐른 후 가마타 겐이치(鎌田元一)는 그간의 연구성과를 총괄하여 "야마토 정권 치하의 가키베란 인간집단인 베에 대한 제 호족의 영유와 지배를 표현한 용어이며, 시나베(= 직업베)란 이 가키베를 왕권에 대한 종속 및 봉사의 측면에서 표현한 말"이라고 정리하고, 특히 중앙의 호족들은 각자가 영유한 가키베를 기반으로 조정의 직무분장조직을 형성함으로써 왕권에 대한 일정한 봉사의무를 수행했다고 지적한다. 또한 그는 이러한 고분시대 야마토 정권의 베를 기반으로 한 인민지배가 중앙, 지방을 망라한 유력 호족들의 중층적인 가키베 소유를 통해 실현될 수밖에 없었던 점에 그 한계가 있으며, 7세기의 왕권에 부여된 역사적 과제는 부민제가 지닌 위와 같은 한계를 극복함으로써 왕민사상(王民思想)에 입각한 일원적인 공민(公民) 지배를 실현하는 데 있었다고 결론지었다.[68]

요컨대 가마타는 주요 호족층의 직접적인 지배를 받는 가키베와 왕권을 지탱하는 시나베(= 직업베)를 가키베에 근원을 둔 동일한 생산집단의 양면성으로 간주하고, 그 제도화의 결과인 부민제를 후일 율령체제 하에서 실현될 왕권의 중앙집권적인 인민지배를 위한 과도기적 과정이며 역사적 청산 대상이라고 본 것이다. 고분시대 유통사에 대한 이해를 보다 심화하기 위해서는 후기에 성립한 전국적인 생산공납체제와 가마다에 의해 일단은 그간

---

66) 石母田正, 앞의 논문「古墳時代の社會組織 -『部』の組織について-」.

67) 平野邦雄,「日本における古代鑛業と手工業」,『古代史講座』9, 學生社, 1963.

68) 鎌田元一,「『部』についての基礎的考察」, 岸俊男教授退官紀念會『日本政治社會史研究』上卷, 1984(이 논문은 동,『律令公民制の研究』, 塙書房, 2001에 재수록됨).

의 성과가 정리된 부민제 연구를 통합하는 작업이 반드시 필요할 것이다. 그러나 이 시기의 개별적인 물자 유통과 공납과정이 부민제와 구체적으로 어떻게 결부되는지, 그 통일적인 이해는 현재로서 미해결 과제로 남아있다.

2) 고분시대의 고대국가형성론

쓰데 히로시(都出比呂志)는 고대국가 형성의 기나긴 여정에 대해 정착적 농경목축민을 대상으로 이론적 모색을 시도한 결과 그 과정을 수장제,[69] 초기국가, 성숙국가의 3단계로 구분했다. 그리고 일본사의 경우는 야요이시대를 수장제, 고분시대를 초기국가, 율령제사회를 성숙국가에 해당하는 것으로 자리매김했다. 그는 본고의 서두에 소개한 서양 고고학자 차일드의 물자유통이 단계별 사회편성을 좌우하는 주요 가늠자라는 주장에 적극 호응하여 공동체 안팎의 물자유통과 자신의 국가형성단계론과의 관계를 다음과 같이 전개했다.[70]

수장제사회인 야요이시대의 물자유통은 공동체 외부에 대해서는 평등한 호혜적 교역을 기본으로 하지만 공동체 내부적으로는 재분배유통에 기초하여 수장이 물자의 흐름을 관리했다. 이윽고 수장은 공동체 내부에서 서서히

---

69) 都出에 따르면 首長制란 원래 문화인류학에서 인류 보편적인 사회진화의 제 단계를 band 사회, 부족사회, 수장제사회, 원초국가라는 4단계로 설정하여 그 가운데 계급관계가 아직 충분히 성숙하지 못한 사회를 수장제사회로 규정한데서 비롯된 개념이다. 그러나 일본 고대사 학계에서는 石母田正의 설에 의거하여(石母田正, 『日本の古代國家』, 岩波書店, 1971) 원시공동체에서 전제군주에 이르는 여러 차원의 수장과 다수 농민 사이의 지배예속관계를 표현하기 위해 창출된 '총체적 노예제'와 동일한 의미로 수장제가 사용됨으로써 기본개념 자체가 혼동되었다고 지적한다. 都出比呂志, 「日本古代の國家形成論序說 -前方後圓墳體制の提唱」, 『日本史研究』 343, 1991; 동, 앞의 논문 「國家形成の諸段階」.

70) 이하, 물자유통과 고대국가 형성의 상호관계 그리고 민족의 형성에 관해서는 都出比呂志, 앞의 논문 「日本古代の國家形成論序說 -前方後圓墳體制の提唱」과 「國家形成の諸段階」를 참조하고 필자의 사견을 덧붙였다. 한편, 都出는 이와 같은 단계별 이행과 전환의 계기로서 개별 공동체 내부적으로는 계급분화의 진행, 잉여 축적, 사회적 분업의 진전 등과 함께 공동체 외부와의 관계에 대해서는 자원 및 생업의 차이에 기인한 공동체 간 불평등과 교역관계의 형성, 나아가서 민족 이동과 전쟁을 통한 사회재편 등이 중요하다고 하며 각각의 사항에 대한 세부적 고찰이 필요하다는 점을 제기했다. 본문의 논리 전개도 위와 같은 인식에 기반을 두고 있다.

자신의 몫을 증대시켜 가며, 그 결과로서 성원이 수장에게 바치는 각종 수확물 등은 점차 조세의 성격을 띠고 수탈관계로 전환되는데 이것이 바로 초기국가 단계에 해당하는 고분시대이다. 이때 공동체 외부와의 관계는 수장제 단계의 평등한 교역에서 지배와 예속을 내포한 불평등한 관계 즉, 공동체 간의 공납관계로 변화한다.

성숙국가 단계인 율령제사회로 접어들면 제도화된 조세수탈기구를 통해 각종 물자가 지방과 중앙의 정부로 흡수되고, 이것들의 일부는 조세 외 잉여물자와 함께 시장을 매개로 하여 사회 전반에 걸쳐 유통된다. 그러므로 이는 기본적으로 조세 수취에 기반을 둔 국가에 의해 조직된 물류라 할 수 있다. 물론 유통사적 측면에서는 이러한 국가적 물류와는 별도로 민간이 참여한 상업적 유통이 지역에 따라 각기 상이한 형태로 서서히 대두되는 점도 간과할 수 없다. 하지만 그것은 아직 상당히 미약한 수준에 불과하다. 특히 개중에도 금속자원과 같이 개별 공동체가 단독으로 입수하기 어려운 원격지산 필수 물자의 경우는 초기국가, 성숙국가를 막론하고 권력기구가 독점적으로 장악한 수입 및 공급루트를 통해 확보되는 경우가 많았다. 결과적으로 개별 공동체는 권력기구에 대한 의존도를 점차 심화시켜 가는 반면, 자립성의 약화를 피할 수 없게 되는 것이다. 초기국가에 대비하여 성숙국가 단계를 특징짓는 주요 지표로서는 계급의 신분화, 조세 수탈과 요역노동의 법제화, 수탈에 대한 저항을 막기 위한 국가적 장치로써 관료기구·상비군·성문법 등이 있으며, 이것들은 모두가 초기국가 단계에 생기한 것들이 그 후 제도화의 과정을 거친 결과라고 볼 수 있다.

나아가서 쓰데는 이러한 국가형성 문제가 민족의 형성과도 밀접히 연관되는 것으로 파악했다. 즉, 국가의 영역지배가 강화되면 역내 물자유통 및 인적 교류가 활발해지면서 언어와 생활습속 등의 공통성이 촉진되지만 거꾸로 외부와의 교류는 규제되며, 그것이 결국 하나의 민족으로서 통합성을 고착시키는 힘으로 작용한다는 것이다. 예컨대 고분시대 전방후원분체제를 기반으로 혼슈, 시코쿠, 규슈 등지를 망라하여 전개된 일원적인 국가형성은 한편으로 혼슈 중앙부의 '왜인'을 중핵으로 한 민족의 형성을 촉진하는 계기가 되었다. 거의 같은 시기에 열도 북부의 홋카이도, 혼슈 북단과 남부의 오키나와에서도 독자적인 언어 및 생활습속의 공통성이 확대되고 민족형성이 시작된다. 하지만 그런 현상이 장기간 지속되어 완전히 정착되기 전에 근대 초기 명치국가의 영역지배에 강제 편입됨으로써 민족적인 독자성이 약화 혹은, 변질되었다고 보는 것이다.

위와 같은 쓰데 히로시의 이론적 주장에 대해 와다 세이고(和田晴吾)는 수장제, 초기국가, 성숙국가라는 쓰데의 3단계설을 일부 수용하면서도 고분시대에 관해 대개 다음과 같은 반론을 제기했다.[71] 쓰데의 고분시대= 초기국가론은 극히 매력적이긴 하지만 고분시대 전체를 초기국가로 규정지음으로써 수장제에 보다 가까운 고분시대 전기·중기와 보다 성숙국가에 가까운 후기사회를 구분하지 않은 점은 너무 성급했다. 재지에 대한 지배권을 독점하는 수장연합체제가 확립된 고분시대 중기를 수장제의 최종 단계 그리고 수장층의 지배력이 약화되어 관인화(官人化)하며 왕권이 유력한 가장층까지 직접적으로 포괄한 고분시대 후기를 본격적인 국가질서의 시작이라고 보는 편이 실상에 부합할 것이다.

위와 같은 와다의 반론은 결국 고분시대를 시기적으로 양분하여 수장제가 고도로 발전한 전기와 중기를 초기국가 단계로 설정하고 성숙국가의 출발점을 고분시대 후기로 앞당겨 보아야 한다는 것이다. 일본 고고학계를 이끌어온 두 학자의 고분시대를 둘러싼 위와 같은 시각차가 장차 어떠한 결론을 도출할 수 있을지 주목된다.

끝으로 사족에 불과하지만 고분시대를 특징짓는 거대 전방후원분의 천황

---

71) 和田晴吾, 앞의 논고 「古墳文化論」, 198-199쪽.

룽설(天皇陵説)에 관해 최근의 연구결과를 소개해두자.[72]

한반도와는 달리 일본열도의 고분에서는 묘비, 묘지(墓誌) 등 피장자의 행적을 기록한 일차 사료가 전혀 발견되지 않는다. 따라서 소위 천황릉에 대한 본격적인 발굴조사가 실현되지 않는 한 현재로서 피장자에 대한 규명은 거의 전적으로 후대의 문헌사료에 의존할 수밖에 없다. 이런 사료 중 양로율령(養老律令)에 대한 제 해석을 집대성한 사제(私製) 주석서 『영집해(令集解)』의 「고기소인별기(古記所引別記)」를 정밀히 검토하면, 이미 7세기 말경 율령국가가 기존의 고분시대 전방후원분 가운데서 천황릉을 임의로 특정하고 그 관리를 제도화한 사실이 드러난다. 여기에는 율령국가가 스스로 야마토 정권의 정식 후계자임을 강조하기 위한 시각장치로서 단일 계통의 천황릉을 창출하고자 한 정치적 의도가 분명히 내포되어 있다.

그 후 에도시대 말기인 1860년대에 행해진 능묘 수축에서부터 명치 초기 「산릉회도(山陵繪圖)」가 제작된 1880년대 전후까지 역대 천황릉과 황족릉의 대부분이 당시 정치권력에 의해 공인되었다. 그러나 선정과정에 오류가 많다는 사실도 일찍부터 간파되었다. 그 대부분에 대해 아예 결정적인 근거가 없거나 매우 빈약하다는 사실이 학계에 널리 인식된 것은 1960년대 후반부터이다. 현재로서는 일본 정부의 궁내청(宮內廳)이 공인한 소위 천황릉 고분 중 피장자를 둘러싸고 학계의 강한 의혹이 제기되지 않는 고분은 불과 3기에 불과하다.[73] 그럼에도 불구하고 거대 전방후원분의 상당수가 여전히 천황릉으로 공인되고 있는 현실은 천황제와 왕실제도를 끊임없이 정치적으로 이용해 온 패전 후 일본 정부의 국가경영전략과 불가분의 관계가 있을 것이다.

---

72) 이하, 본문의 정리는 今尾文昭, 앞의 논문 「天皇陵古墳の實像」에 의거함.

73) 일본 고고역사학계가 天皇陵으로 인정한 3기의 전방후원분은 舒明天皇(재위 629-641)의 段之塚古墳, 天武(672-686)・持統(690-697)의 합장묘인 野口王墓古墳, 天智天皇(668-671)의 御廟野古墳이다. 앞서 본문에서 언급한 繼體天皇陵의 今城塚古墳說은 현재로서 학계의 통설일 뿐, 宮內庁은 18세기 전반 繼體天皇陵이 太田茶臼山古墳으로 비정된 후 현재까지도 그렇게 인정하고 있다.

2부
고대 일본의 유통경제와 국가재정

701년(대보1)의 대보율령(大寶律令) 시행에서 시작하여 나라시대(奈良, 710~784)와 헤이안시대 중기(平安, 헤이안 중기는 10세기~11세기 중엽)까지 이어진 일본의 고대국가는 율령법 체계를 지배원리로 하는 까닭에 보통 율령국가로 일컬어진다.

율령국가의 재정은 지방에서 중앙으로 현물 조세를 납부하고 중앙에서는 그 현물을 각 관사(官司)의 운영비와 관인, 귀족의 봉록으로 재분배하는 실물공납경제가 기본이다. 이는 고분시대 후기에 성립한 왕권에 대한 생산공납체제가 율령에 의거한 국가적인 조세제도로 정비된 형태라고 할 수 있다. 초기의 율령국가는 필요한 모든 물자를 조세를 통해 스스로 조달하고 분배하고자 했다. 예를 들어 당시로서 가장 중요한 물자인 철·구리 등 금속에 관해서는 국가가 앞장서서 자원의 탐색과 확보를 위해 노력했고, 고도의 기술력을 요하는 물자는 중앙정부 또는 지방의 국부(國府)가 직영하는 공방을 통해 생산했다. 게다가 그것들의 운반에 필요한 교통체계도 국가가 정비했다.[1]

이렇게 국가적 물류가 유통의 근간을 장악한 상황에서 농업경영으로부터 완전히 분리된 자립적인 수공업자나 상인이 존립할 여지는 거의 없었다. 따라서 물자가 상인에 의해 대량으로 집산되고 그 매개물로써 화폐가 널리 유

---

1) 白石太一郎, 「總論-交通·交易システムの變遷とその背景」, 『考古學による日本歷史9 交易と交通』, 雄山閣, 1997, 11-12쪽.

통되는 현상도 기대하기 어려웠다. 이 시기 최대의 소비도시인 헤이조경(平城京), 헤이안경(平安京) 등 수도로 집적된 물자는 초기에는 거의 대부분 농민으로부터 조세로 징수되어 그들이 몸소 역역(力役)을 통해 중앙으로 운반한 것들이며, 수도 및 궁궐 건축과 같은 국가적 건설사업도 기본적으로는 농민의 역역에 의존했다. 그러므로 고대 일본의 경제를 이해하기 위해서는 율령국가의 재정구조와 그것을 기반으로 한 국가적 물류를 우선적으로 파악하지 않으면 안 된다.

하지만 수많은 관사와 관인과 귀족층이 일상적으로 소비하는 극히 다양하고 방대한 품목의 모든 물자를 국가가 전부 조세로 충당하여 필요한 양만큼 이를 적절히 배분하는 것은 애당초 불가능한 일이다. 그러므로 율령국가의 재정을 유지하기 위해서는 실물공납경제를 기조로 하면서도 그 보완책으로써 유통경제에 대한 의존이 필수적이었다.[2] 경제사적 관점에서 율령국가에 접근할 때 가장 크고 중요한 과제가 바로 이 재분배 실물공납경제와 유통경제의 접점을 확인하고 전자에서 후자로 변화의 흐름을 포착하는 작업이다.

이를 위해 본고에서는 일차적으로 율령국가의 재정구조를 중앙재정과 지방재정의 상관관계를 중심으로 검토한다. 그리고 서로 원리를 달리하는 실물공납경제와 유통경제가 어떻게 통합될 수 있었는지 양자의 연결고리로써 중앙과 지방의 시장에 관해 살펴보고, 나아가서 국가경제의 중심이 유통경제로 이동하는 과정을 고대 상인의 성립과 화폐, 교통 문제 등을 통해 확인해보고자 한다.

---

2) 鬼頭清明,「八, 九世紀における出挙銭の存在形態 -官営高利貸と下級官人層をめぐって-」,『日本古代都市論序説』, 法政大学出版局, 1977.

1장

율령국가의 정치와 재정구조

1. 율령국가의 지배체제와 재정의 기본구조

1) 중앙과 지방의 행정기구

율령제 하에서는 중앙에 2관(太政官・神祇官), 8성(中務省・式部省・治部省・民部省・兵部省・刑部省・大蔵省・宮内省), 1대(弾正臺)와 같은 중앙행정기구와 정부의 군사력을 담당한 5위부(衛門府・左右衛士府・左右兵衛府)가 설치되어 각기 757년(천평보자1)부터 시행된 양로율령(養老律令)의 「직원령(職員令)」에 기초한 직무를 수행했다.[1] 또한 인민 파악과 동원, 수취체계의 제도화를 위해 지방에까지 중앙과 동질적인 관료제를 도입함으로써 지방행정구역을 66개(초기에는 58개)의 '구니(國)'로 나누고 각 구니에는 중앙에서 국사(國司)를 파견하여 국부(國府)를 중심으로 통치하게 했다. 또 구니 산하의 각 군에는 군사(郡司)를 두어 실제 행정을 맡기고 군가(郡家=郡衙),[2] 역 등의 관사가 설치되었다.

---

1) 養老律令은 律이 10권 12편, 令이 10권 30편으로 구성된 고대 일본의 기본법으로 大寶律令을 개수하여 757년(천평보자1)부터 시행되었다. 10세기 이후는 거의 유명무실하게 되었으나 형식상으로는 국가의 기본법으로서 명치유신에 이르기까지 명맥을 유지했다.

2) 郡家는 이미 7세기 이전부터 재지의 호족들이 근거지로 정비해 왔으며, 그 당시에도 군가 상호 간에 독자적인 연결망이 존재했던 것으로 보인다. 山中敏史, 『古代地方官衙遺跡の研究』, 塙書房, 1994.

율령체제 하 지방 지배의 근간인 이 국군제(國郡制)는 원래 당의 주현제(州縣制)를 모방한 것이다. 7세기 후반경 주로 한반도를 중심으로 벌어진 동아시아 제국의 항쟁과 긴장에 대처하여 율령국가가 전국적인 공민지배(公民支配) 확립을 서두르며 시행한 것이 바로 이 제도이다.[3] 국군제는 호적제도, 후술하는 반전제(班田制)와 각종 세제, 그밖에 여러 요소를 통해 성립했다. 그러나 이런 제도가 실효를 거두기 위해서는 중앙에서 파견된 국사가 현지의 전통적인 지배세력인 군사를 위시한 재지 호족층의 권위와 힘을 끌어들일 수 있어야만 했다.[4]

위와 같은 고대 초기의 국사, 군사를 축으로 한 지방지배방식은 9세기 초엽 큰 변화를 겪게 된다. 먼저 810년대 초두에는 중앙정부가 군사를 임명하는 대신, 국사가 추천한 인물로 군사를 임명하도록 임용규정이 개정되었다. 또 822년(홍인13)에는 국사가 선정한 인물을 3년간 '의임군사(擬任郡司)'로 근무하게 하여 그 자질을 확인한 후에 정식 군사로 임명하는 제도가 성립했다. 이러한 과정을 거치면서 국사가 군사의 자질 판정에 대한 모든 권한과 책임을 위임받음으로써 점차 군사에게는 하료(下僚)로서 필요한 실무능력만이 요구되게 되었다. 지방행정의 책임이 국사에게로 일원화된 것이다.[5]

2) 율령국가의 재정

율령국가의 재정적 토대는 당의 균전제(均田制)를 모방한 국가적 토지소

---

3) 國郡制가 도입되기 전 6, 7세기의 지방제도에 대해서는 지방행정조직의 수장인 구니노미야츠코(國造)를 중심으로 한 國造制가 중시되었다. 그러나 근년에는 『日本書紀』 등 관련 사료의 비판을 통해 국조제의 존재 자체를 부정하는 견해도 제기되고 있다. 北村文治, 「古代国郡制創始小考」, 『国士舘大学人文学会紀要』 22, 1989; 山尾幸久, 『日本古代国家と土地所有』, 吉川弘文館, 2003 등.

4) 山口英男, 「4. 地域社会と国郡制」, 歴史学研究会・日本史研究会 『日本史講座2 律令国家の展開』, 東京大学出版会, 2004. 이상, 본문의 서술은 毛利憲一, 「六・七世紀の地方支配 ―「國」の歴史的位置―」, 『日本史研究』 523, 2006.3을 참조함.

5) 山口英男, 「郡領の銓擬とその変遷」, 笹山晴生先生還暦記念会 編 『日本律令制論集』 下, 吉川弘文館, 1993.

유제도인 반전제(정식으로는 班田收受制)이다. 이것을 간략히 정의하면 농경지의 대부분을 6년에 한 번 작성하는 호적에 등록된 6세 이상 남녀에게 성별과 신분에 따라 예컨대 공민 남성에게는 2단(段·反, 1단= 약 360평), 여성에게는 그 3분의 2 등 일정한 면적을 구분전(口分田)으로 지급하여 종신에 걸친 경작권을 인정하고, 그 대가로 주로 21~60세의 성인 남성에게 1단에 2속(束, 1束= 10把= 백미 2되) 2파(把)의 전조(田租)를 부과한 제도라고 할 수 있다. 따라서 재정의 안정을 위해서는 국가 스스로 생산기반인 경지 정비와 그 지속적인 확충을 통해 구분전을 계속적으로 지급하고 공민의 재생산을 보장해야만 했다. 바로 이 점이 율령국가 재정의 기반인 반전제의 근원적인 한계로 작용한다.

반전제 하에서 세제의 기본적인 부분은 물납인 조용조(租庸調)와 노동지대라고 할 수 있는 역역이 담당했다.

물납에는 수도로 운송하여 중앙정부의 재원으로 사용되는 조(調)와 용(庸, 부역인 歲役의 대납물), 지방의 정창(正倉)에 저장하여 국부의 유지비 충당을 기본으로 하는 조(租), 그밖에 출거이도(出擧利稻) 등이 있다. 조용조도 원래는 당의 제도를 수입했다. 그러나 율령제 초기에는 그 부과 품목 및 수량 등의 면에서 과거 고분시대 야마토 정권에 대한 구니노미야츠코(國造)의 공납제를 계승한 측면도 보이며, 후일의 전개과정에도 일본 나름의 성격이 짙게 배어난다. 아마 중국식 모델을 수용하면서도 열도 내의 독자적인 행정 경험을 조화시키고자 노력한 결과일 것이다. 이 가운데 조(調)는 비단·시(絁)·사(絲)·면·포·철·소금·해조·생선 가공품 등 주로 지역 특산물이었다. 기내의 경우 일찍부터 '조포(調布)'로 통일되었는데, 710년(화동3)을 전후하여 '조전(調錢)' 부과로 바뀌었고 같은 시기에는 고급 견직물로 부과하는 경우도 증가했다. 이것은 사회적 분업과 유통경제의 진전이란 면에서 기내와 기외 지역이 현저한 차이가 있었기 때문에 빚어진 현상이다. 용에는 쌀도 포함되지만 포 · 사 · 면 · 종이 · 염료 · 궤(櫃) 등 수송에 편리한 것들이 대부분이었다. 단, 위와 같은 조용물(調庸物) 수취는 이전부터의 자연적인 생산체계에 의존한 수동적인 것이 아니라 국부 공방에서의 고급 견직물 직조, 조염(調鹽) 장려 등과 같이 국가권력이 생산과정에 직접 개입하고 양산을 강요한 적극적인 수탈이었다.[6]

원래 율령의 조용물 규정에 따르면 국가가 정한 규격과 품질의 물품을 공민이 스스로 취득하여 수도까지 운반해서 납부해야만 했다. 하지만 국가가 부과한 조용물 중에는 일반 공민이 자가생산만으로 부담할 수 없는 것들도 많았다. 그런 때는 현지의 호족층이나 유력자가 일반 공민들로부터 대체 물품 또는 노동력을 제공받는 대신 특정한 현물을 국가에 납부했던 것으로 추측된다. 또한 율령 규정이 금하는 바이긴 하나 때로는 지방행정기관인 국부가 공민에게서 대체물을 수납하여 교역을 통해 실물을 입수한 후 납부하는 일도 있었던 것으로 보인다. 단, 이 경우 구니 내부의 수공업 생산과 유통경제가 일정 수준 이상으로 진전된 지역에서는 국부 근방에서의 교역만으로 현물 입수가 가능했으나 상대적으로 낙후된 지역은 대체물을 수도까지 운반하여 소위 '경하교관(京下交關)'을 통해 국가가 지정한 물품을 납부해야만 했다. 경하교관에 관해서는 뒤에 한 번 더 논하기로 하자.

한편, 역역의 가장 중요한 부분을 차지한 것은 잡요(雜徭)로, 이는 21~60세의 남성 공민을 일컫는 '정정(正丁)'에게 년 60일 이내의 요역노동을 부과한 것이다. 아직 정정에 달하지 않은 17~20세의 남성을 '중남(中男)' 또는 '소정(少丁)'이라 한다. 이들에게는 원래 정정의 4분의 1에 해당하는 조(調)와 잡요가 부과되고 용은 면제되었다. 717년(양로1) 이후는 중남에게 조에 대신하여 종이 · 염료 · 수산 가공품 등 향토 특산물을 잡요로 공납하게 하

<hr />

6) 狩野久, 「律令制収奪と人民」, 『日本史研究』 97, 1968(후에 동, 『日本古代の国家と都城』, 東京大学出版会, 1990에 재수록).

는 '중남작물(中男作物)'이란 제도가 시행되어 조용물과 함께 물납 조세의 주요 품목이 되었다. 잡요에는 지방의 도로 및 관개시설과 함께 중앙정부가 필요로 한 병역·사정역(仕丁役),[7] 국사의 호송, 조용물 운송, 도망자 및 도적 추포, 장례에 관련된 봉사 등등 다양한 노역이 포함되었다. 실제로 노동력을 동원하는 것이 기본이지만 때로는 물자로 대납하기도 했다.

다음으로 재정지출에 관해 살펴보자. 율령국가의 재정지출에서 가장 큰 비중을 점한 것은 당연히 지배체제 유지를 위한 부분이다. 수도로 운반된 조(調)는 대장성, 용은 민부성으로 납입되는데 용 가운데서도 포와 같은 경물(輕物)은 후일 대장성으로 관할이 이전되었다. 율령국가의 중앙관사는 모두가 대장성, 민부성을 중심으로 한 복수의 재무 관사를 통해 배분받은 국가의 공납물로 운영비용을 충당했다. 그러므로 국가재정의 기본구조는 "통치기구 운영과 경제적 질서 유지를 위한 잉여 생산물의 정치권력에 의한 재분배"[8]를 이념으로 한 실물공납경제였다고 할 수 있다.

제왕(諸王)과 3~5위 이상의 귀족을 의미하는 '왕신(王臣)'이나 고급 관료에게는 관위에 상응하는 전답과 봉록이 주어졌다.[9] 이들 지배층은 그밖에도 사적인 토지와 동산 소유에 따른 수입을 얻었다. 하지만 율령제 초기까지는 "왕족, 귀족, 지방 호족의 생활기반이 전면적으로 국가재정에 의존했으며 사적 소유를 전제로 한 생산활동은 크게 제한"되었다.[10] 그 외 국가의 재정지출에는 군사·경찰 관계, 국가적 종교행사와 대규모 사경(寫經) 사업, 수도

---

7) 仕丁은 조정, 관사의 노역에 종사하는 立丁과 입정의 식사 등을 뒷바라지하는 廝丁의 2인 1조로 구성된다. 공민 50호당 1조가 징발되었는데 노역기간은 3년이고 그 사이의 생활비는 자체 부담했다. 혹독한 노동조건으로 도망자가 속출했다고 한다.

8) 石上英一,「律令財政史研究の課題」,『日本歷史』334, 1976.

9) 전답은 位田·職田·功田, 봉록은 食封·位祿·季祿·時服·馬料·月料·要劇料 등의 물품이나 그것들을 생산하는 戶로 구성되었다. 중하급 관인에게는 이 가운데 季祿 이하와 番上粮 등이 지급되었다. 각각의 용어에 대한 설명은 생략한다.

10) 原秀三郎,「律令制經濟の變容と國家的対応」,『日本経済史を学ぶ 上 古代·中世』, 有斐閣, 1982.

및 사찰 조영에 소요된 소위 국가장엄비(國家莊嚴費) 등이 주요 항목을 차지했다.

반전제에 토대를 둔 이러한 율령국가의 재정은 조세 수입의 증가를 크게 기대할 수 없었던 반면에 경비지출은 지속적으로 늘어나 애초부터 수입과 지출의 균형을 기할 수 없는 구조적인 문제점을 안고 있었다. 그리고 국가가 점차 지배층의 생활을 충족시켜 주지 못하면서 필연적으로 사적 소유와 사적 생산이 전개될 수밖에 없었다. 최초로 큰 전환점이 된 것은 새로 개간한 토지에 한해 부분적이나마 사적인 토지소유를 인정한 743년(천평15)의 간전영년사재법(墾田永年私財法)이다.[11] 이후 간전 증대와 대토지소유가 진전되면서 점차 공전(公田)이 황폐화되어 갔다. 또한 국가에 납부해야 하는 조세 부담을 피해 강한 세력을 가진 귀족, 호족 등 대토지소유자에게 불법적으로 '도망(逃亡)'하는 공민이 증가함으로써 조세제도 전반에 서서히 동요가 일어났다. 반면에 소수의 지배층에게는 곡물을 비롯한 각종 재화가 축적되고 이것들을 사적인 금융행위인 사출거(私出擧)와 교역 등에 활용하여 사부(私富)를 증식하는 일도 성행했다. 지배층의 생활기반이 국가재정으로부터 독립하기 시작한 것이다.

특히 8세기에 들면 헤이조궁과 같은 궁성 건설과 동대사(東大寺) 등 대규모 사찰 조영이 급증했다. 게다가 중앙정부 내의 권력투쟁이 차츰 격화되고 동 세기 후엽에는 신라, 북방 에미시(蝦夷)와의 관계도 불안해짐으로써 과도한 군사비 부담으로 인해 국가재정은 악화일로를 걸었다. '에미시'란 기내 왕권의 영향권 밖에 존재하여 정벌의 대상이 된 고대 동북지역의 주민에 대한 율령국가의 호칭이다. 이런 재정난을 극복하기 위해 율령국가는 중무성,

---

11) 墾田永年私財法은 귀족, 관료 등 개인이 새로 개간한 토지에 대해서는 국가에 귀속시키지 않고 私財로 인정하는 법령을 말한다. 765년(천평신호1) 신규 개간에 대한 금지령이 반포되었으나 772년(보귀3) 원래의 사재법으로 환원되었으며, 이때 애초 법령에서 위계에 따라 개간 면적을 규제하던 조문도 폐지되었다.

궁내성의 재편 등 관사 통폐합과 관인 정리를 통해 중앙의 재정지출을 감축하는 동시에 한편으로는 천황제 권력의 강화를 도모한다.[12] 또한 화폐를 발행하고 국가재정에 민간 사부를 도입하는 등 대책 마련에 부심했으며, 아래에서 보는 것처럼 각 지방에 적극적으로 재정 부담을 전가하기도 했다.[13]

2. 중앙재정과 지방재정

1) 공출거에 관하여

지방재정의 유지를 위해서는 조(租= 田租)와 공출거(公出擧)의 이도(利稻)가 수취되었으며, 양자는 국부의 정창에 납입되었기에 모두 '정세(正稅)'로 불리었다.

이 가운데 지세인 전조는 대체로 토지 수확물의 3%라는 낮은 세율이 계속 유지된다. 율령 규정에 따르면 전조의 용도에는 지방재정을 위한 지출뿐만 아니라 수취한 전조로 구매해서 중앙의 내장료(內藏寮)로 납부하는 제국공납물(諸國貢納物)도 포함되었다. 내장료란 중무성의 하급 기관으로 궁중의 제 소비를 담당한 관사이다. 또한 대보율령을 개수하여 8세기 중엽부터 시행된 양로율령에 의하면, 전조의 일부는 농민이 자기 부담으로 정미(精米)한 후 각 구니가 2~8월의 지정된 시기에 수도로 운반해서 궁중의 식료를 담당하는 궁내성의 대취료(大炊寮)로 납부되기도 했다. 이것을 연료용미(年料舂米)라 하는데 그 중 일부는 민부성, 내장료 등을 거쳐 왕족과 관인의 식료

12) 山本明, 「律令政治の進展における貴族と官人」, 東京教育大学昭史会 編 『日本歴史論究』, 二宮書店, 1963.

13) 이상은 栄原永遠男, 『奈良時代流通経済史の研究』, 塙書房, 1992의 제7장 「律令国家の経済構造」; 平野邦雄, 「第1章 古代の商品流通」, 豊田武・兒玉幸多 編 『体系日本史叢書13 流通史 I』, 山川出版社, 1969, 19-24쪽을 주로 참조함.

로 지급된 경우도 있다. 후에 흉작 등에 대비하여 전조를 현미의 형태로 현지에 장기간 비축하는 제도가 시행되자 전조에 대신해서 출거이도의 일부가 연료용미로 충당되기도 했다.[14]

출거는 동아시아권에서 널리 행해진 국가재정 운용방식의 일본적 형태로 출거의 '출(出)'은 대부, '거(擧)'는 그 회수를 의미한다. 원래는 농업공동체 내부에서 구성원의 재생산을 유지하기 위한 자연스러운 영농자금 대부 관행인 종도분여(種稻分與)에서 유래했다. 후에는 점차 지역 수장이 행하는 대차활동을 지칭하게 되었으며 야마토 정권부터는 일반 세제와 동일시되어 애초의 농민구제보다도 재정정책으로서 성격이 강화되었다. 고대 일본의 출거에 대해서는 이미 방대한 선행연구가 존재한다. 그 대부분은 출거의 기원 및 국가재정에서 차지하는 비중 등에 관한 연구이며, 근년에는 각지에서 출토된 목간(木簡) 등 문자자료를 바탕으로 국가와 지역사회와 민중의 상호관계를 고찰한 연구도 나오고 있다. 그러면 먼저 국가를 주체로 한 공출거에 대해 정리해보자.

율령제가 시행되기 직전인 7세기 후반의 목간을 통해 당시 출거의 특징을 살펴보면, 이미 이 무렵에 후일 율령제 하의 지방 관아인 군가에 해당하는 지역사회의 거점을 중심으로 지배층과 구성원 사이에 종도분여가 널리 행해졌다. 그리고 대출을 받은 농민이 나중에 이를 변제할 때 원금은 벼로, 이자에 해당하는 이도는 그 일부가 농경의례의 재원으로 사용되었으므로 백미로 변제해도 무방했던 점을 확인할 수 있다. 포가 주요 생업의 하나였던 동일본에서는 이도를 포로 대납하기도 했다. 이것은 출거가 벼를 중심으로 하면서도 실제로는 각 지역의 생업과 깊숙이 연관되었음을 의미한다.[15]

---

14) 8세기 전반에는 이 제도가 확립된 것으로 보이며, 10세기 중엽의 『延喜式』에 따르면 수도에 가깝거나 수송이 편리한 연해 지역을 중심으로 22개 구니에서 年料春米의 공납이 이루어졌다.

15) 三上喜孝, 「出擧 · 農業経営と地域社会」, 『歴史学研究』 781, 2003.

율령제가 막 시행된 8세기 초에는 군사와 같은 지역 수장이 관이 보유한 관도(官稻)를 공민에게 대출했다. 그리고 볍씨를 파종하는 2~3월과 모심기를 하는 5월 등의 농번기에 지역의 수장층이 노동력을 징발하는 반대급부로 식료나 어주(魚酒)를 민간에 제공하는 것이 지역사회의 오랜 농업관행이었다. 하지만 천평연간(729~749)에 들어서자 국가는 공출거를 지방재정의 유력한 재원으로 주목하고 국사를 책임자로 하는 본격적인 제도 정비에 착수했다. 이때부터는 국사가 봄과 가을 2회에 걸쳐 구니 내부를 순행하여 관도 출거를 행했으며, 식료와 어주 제공도 점차 국사를 중심으로 한 춘하출거(春夏出擧)로 변모했다. 이런 과정을 거쳐 정비된 8세기 전반의 공출거제도는 봄 파종 때 국사가 관도를 공민에게 대부하고 가을철 수확 때 대개 3~5할의 이도를 덧붙여 회수하는 방식이었다.[16] 즉, 이전까지 지역 수장을 중심으로 하던 공동체적인 농업관행을 율령에 기반을 둔 국군제의 얼개 속으로 흡수함으로써, 율령국가가 국사를 통해 민중을 직접 지배하는 이데올로기적인 성격이 짙게 반영된 것이다. 위와 같은 제도 정비과정을 거치며 국부 운영을 위한 구니의 재정지출은 공출거의 이도를 교역을 통해 필요한 물자로 바꿔서 충당하게 되었고, 따라서 점차 이도의 규모가 전조와 거의 대등할 정도로 커져서 재정상 극히 중요한 비중을 점했다.

한편, 국사 우대책의 일환으로 국사가 무이자로 빌린 관도에 이자를 붙여 공민에게 대여하도록 허용한 제도를 '국사차대(國司借貸)'라고 한다. 이는 국사의 사적인 수입원이었지만 공민의 입장에서는 공출거와 거의 유사한 성격으로 이해되었다. 국사차대는 734년(천평6) 대국, 상국, 중국, 하국 등

---

16) 養老律令「雜令」에 따르면 이자율은 공출거가 년 5할, 사출거가 년 10할이었다. 그 후 공출거의 이자율은 720년(양로4) 3할로 내렸지만 천평연간의 「正稅帳」에서는 다시 5할로 환원되었고, 본문 중에 후술하는 国司借貸도 759년(보자3)의 예로 보아 이자율이 5할이었다. 후일 다시 3할로 내린 적도 있으나 일반적으로 상한은 5할을 넘지 않았고 5~10할의 사출거에 비해 낮은 이자율을 유지했다. 한편, 國司가 매년 관할하는 구니의 재정을 조정에 상세하게 보고한 「正稅帳」은 현재도 正倉院文書에 잔존하는데 이를 통해 공출거 운용의 일단을 엿볼 수 있다.

구니의 등급에 따라 14~18만 속(束)을 한도로 허용되다가 738년(천평10) 일단 폐지되었다.

위와 같은 공출거와 국사차대를 통합적으로 재편한 것이 745년(천평17) 시작된 공해도(公廨稻) 출거제도이다. '공해'란 원래 관사를 뜻하는데 나중에는 관사의 잡용, 관인의 급여를 총칭하는 의미로 사용되었다. 새 제도는 전술한 구니의 등급에 따라 정세로부터 각기 10~40만 속을 떼서 국사의 권한으로 출거하고, 가을에 거둔 이도의 4분의 1을 관물(官物) 결손분 보전, 3분의 1을 국사의 봉록으로 활용하며, 전체의 3분의 1에 대해서는 국사가 임의로 운용할 수 있도록 인정했다. 이 제도를 시행함으로써 공출거가 비로소 정식 세제로서 확립되었다. 그리고 출거에 관한 권한을 한 손에 장악한 국사는 이도 수익에서 국고납부금과 국부의 기본경비를 공제한 잔액을 사적 수입으로 취할 수 있는 특권을 공인받았다. 이후로는 시간의 경과와 함께 중앙정부가 국사에게 봉록을 지급하는 것이 아니라 실제로는 국사가 자신의 수익 중 일정 부분을 국가에 양보하는 듯한 주객이 전도된 현상까지 나타났다. 공해도 출거제도의 시행 목적에 관해서는 차대를 계승한 국사 우대책이라는 설과 정세의 감소에 대응한 세제 강화책으로 보는 설이 대립하고 있다.[17] 아마도 중앙정부로서는 보다 원활한 재정운영을 위해 출거에 대한 일체의 책임과 권한을 국사에게 일임하고, 그에 따른 반대급부로써 국사에게 부여하는 특혜도 함께 보장할 필요가 있었을 것이다.

단, 국사의 권한이 강화되었음에도 불구하고 8세기 후반에 이르기까지 출거에 관련된 대부와 수납업무를 현지에서 실질적으로 담당한 것은 군사, 세장(稅長) 등 지역사회의 전통적인 수장세력이었다. 국사의 입장에서는 이들을 거쳐야만 민간에 대한 순조로운 출거 업무가 가능했다. 역으로 지역 수장

---

17) 宮原武夫,「公廨稻出擧制の成立」,『日本古代の国家と農民』, 法政大学出版局, 1973; 早川 庄八,「公廨稻制度の成立」,『日本古代の財政制度』, 名著刊行会, 2000 등.

충이 출거 업무를 계속해서 담당한 이유는 그 일이 지역사회 내부의 지배관계를 유지하는 데 중요한 수단이었을 뿐만 아니라, 나아가서 공출거에 편승한 사출거를 통해 공공연히 사리를 도모할 수 있었던 때문으로 보인다.

공해도 출거제도는 8세기 중엽 이후 중앙정부의 재정지출이 급격히 늘어나면서 덩달아 가속적으로 추진되었고, 결과적으로 날로 심각함을 더해 가는 국가재정에 상당한 변화를 초래했다. 8세기 말 이래 국가재정은 농민이 공납하는 조용물이 아니라 국사가 출거이도로 교역하거나 자체 생산하여 중앙에 바치는 교역잡물(交易雜物)과 연료용미에 더 큰 비중을 두게 되었다. 특히 교역잡물에는 조용물과 동일한 품목이 다수 포함되었으므로 중앙재정을 유지하는 데 어느 정도 효과가 있었다.[18] 그러나 인두세인 조용물이 정별(丁別) 부과를 원칙으로 한 데 비해 출거이도에 기초한 교역잡물제는 규정된 품목, 품질, 수량만 충족하면 교역 대상자가 누구든 상관하지 않았다는 점에서 양자는 애초부터 큰 차이점을 내포하고 있었다.[19]

8세기 후엽부터는 국사의 이권과 깊이 결부된 공해도 출거제도의 강제성이 많은 폐단을 야기하여 공민층 분해 및 몰락 현상이 심화되었다. 연력연간(782~806)에는 국사 가운데 지역 수장들과 결탁하여 소위 '부호층(富豪層)'을 보호하는 대신,[20] 빈민에게 불리한 출거를 강요하는 자가 늘어났다. 또한

---

18) 10세기 중엽경의 『延喜式』 단계에서는 交易雜物制가 한층 확대되어 전국의 52개 구니와 大宰府에까지 年料交易雜物이 부과된 결과 품목 면에서 調庸物과 거의 같아졌다.

19) 早川庄八, 「律令財政の構造とその変質」, 弥永貞三 編 『日本経済史大系 1古代』, 東京大學出版会, 1965.

20) 富豪層은 근년 학계에서 회자되는 고대에서 중세로의 전환을 설명하는 역사개념이다. 이 개념을 처음 제기한 戸田芳実는 부호층을 나라시대 말부터 헤이안시대 초기에 걸쳐 지방에서 토지가 아닌 미곡과 대량의 동산을 소유하고 이를 私営田과 私出擧에 투자함으로써 대경영을 이룩한, 당시 사료에서 '富豪之輩'라 일컬어진 유력한 豪民으로 정의했다. 戸田는 이들이 정부의 調, 庸과 正税出擧의 부과를 거부하면서 한편으로는 일반 백성이 미납한 조용을 사재로 대납하고 후에 그 배를 취하는 등 율령제에 반하는 활동을 전개함으로써 고대국가를 중세적인 公領莊園支配로 전환시키는 추진력이 되었다고 평가했다(戸田芳実, 「平安初期の国衙と富豪層」・「中世成立期の所有と経営について」, 『日本領主制成立史の研究』, 岩波書店, 1967; 동, 「富戸層」, 『國史大辭典』 12, 吉川弘文館, 1991). 그 후 부호층이 전환기의 역사개념으로 연

일반 공민도 많은 대부를 받고는 수납기가 되면 이미 당사자가 사망했다고 강변하여 변제의무를 면하려는 행위가 급증했고 실제로 회수불능 사례도 상당수에 달했다. 중앙정부는 799년(연력18) 공해도 출거제도를 폐지할 뜻을 비쳤다. 그러나 공민으로부터 수취하는 조용물의 질 저하와 기한 내 미납 등의 사태가 빈번히 발생하여 율령국가의 조세제도가 현저히 동요하는 상황에서 이미 국가재정의 주요 부분을 점유해버린 이 제도의 완전한 정지는 불가능했다.[21]

2) 공출거, 사출거와 재정문제

다음으로 사사(寺社)와 귀족, 지방의 승려, 호족 등이 행한 사출거에 관해 간단히 살펴보자.

구자들에게 다용되면서 그 실체와 활약 시기를 둘러싸고 논자에 따라 미묘한 차이가 발생했다. 현재까지의 논의를 종합하면 중앙 귀족을 포함하여 일반적인 부의 축적을 나타내는 8세기 나라시대의 '殷富', '豪富'와 지방에서의 부의 축적에 주안을 둔 9세기 헤이안시대 초기의 '富豪'는 연속성을 찾기 힘들고 양자는 구분되어야 할 것이다. 또한 9세기의 富豪도 완전히 재지에 기반을 둔 경우와 원래 기반은 도성이지만 활동무대를 지방에 둔 경우 등 다양한 계층을 포함하고 있다. 9세기 초두의 율령국가가 '富豪', '富豪之輩'라는 용어를 통해 파악하고자 한 것은 이러한 다양한 계층의 총체였을 것이다(市大樹, 「九世紀畿内地域の富豪層と院宮王臣家・諸司」, 『ヒストリア』163, 1999; 大町健, 「富豪「層」論」, 『日本歴史』700, 2006).

21) 이상, 公廨稲 出擧制度에 관해서는 주로 早川庄八, 앞의 논고 「公廨稲制度の成立」에 의거하면서 일부 앞의 주에 열거한 문헌들을 참조하여 서술함. 한편, 公出擧의 일환으로 금전을 직접 대부하는 동전 출거도 행해졌다. 그러나 공해도 출거제도가 種稲와 식료 보급 등 영농자금 지원을 명목으로 하여 원리적으로는 농업재생산과 깊이 연관되었음에 반해, 동전 출거는 농업과는 전혀 무관하고 畿内의 동선유통권에만 서의 竧안되있다. 동선 출거가 인세, 어떤 연유로 시작되었는지는 분명치 않으나 아마 8세기 중엽 연이은 건설공사로 재정수지가 악화된 중앙정부가 각 관사별로 청사 건설 및 운영에 필요한 비용의 부족분을 보전하고자 시행한 조치로 생각된다. 예컨대 正倉院文書를 통해 일본 고대사학계에 널리 알려진 東大寺 寫經所의 寫經生 月借錢도 상부로부터 할당받은 현금을 민간에 대부한 행위로, 위와 같은 관사별 동전 출거와 유사한 성격이었을 것이다. 이 경우 월차전은 대개 연리 18할로 당시로서도 엄청난 고리였으니, 명분은 공출거라 해도 실제로는 하급 관인의 생계를 지원하기 위한 사출거의 성격이 짙은 완전한 영리행위였다. 반면에 동전을 대부받은 빈궁한 공민이 저당물로 내놓는 것은 주로 택지를 비롯한 부동산이었으므로 고리의 동전 출거는 필연적으로 주거와 생업을 잃은 유랑민을 양산할 수밖에 없었다. 동전 출거에 관한 주요 선행연구로는 鬼頭淸明, 「8, 9世紀における出擧錢の存在形態」, 『日本古代都市論序説』, 法政大學出版局, 1977; 中村順昭, 「奉寫一切經所の月借錢解について」, 『日本歴史』526, 1992; 三上喜孝, 「日本古代の錢貨出擧についての覺書」, 『國立歴史民俗博物館研究報告』113집, 2004 등이 있다.

양로율령 「잡령(雜令)」에 따르면 사출거는 '양정화동(兩情和同)'이라 하여 당사자 간의 합의와 사적 증서인 사계(私契)에 의거하며, 국가는 이에 관여치 않는 것이 기본원칙이었다. 다만, 금전 또는 물품을 대부하는 재물 출거의 경우 연리 7할 5푼을 넘어서는 안 되고, 게다가 '이배법(利倍法)'이라 하여 모든 사출거는 대출 시점으로부터 16개월이 지난 후 그간 수취한 이자가 원금의 배에 달하면 원금 변제가 미뤄져도 더 이상 이자를 취하는 행위 등이 금지되었다. 벼와 잡곡을 대부하는 도율(稻栗) 출거는 연리 10할까지 허용되었다. 또한 출거의 종류를 불문하고 복리 수취는 금지되었으며 이를 위반하여 고리를 탐한 때는 부정한 이익을 몰수하여 고발자에게 주는 것으로 규정되었다.

그러나 주로 지배세력의 사부 증식을 위한 수단으로 활용된 사출거가 정부 규제의 틀 안에만 온전히 머무를 리는 없다. 점차 폐해가 커지자 정부는 종종 미납금을 면제하는 덕정령(德政令)을 반포했으며 737년(천평9)에는 도율 출거를 일시 금하기도 했다. 불간섭의 원칙에도 불구하고 이런 중앙정부의 사출거에 대한 억압은 고리대에 신음하는 민생을 지지함으로써 율령국가의 근간을 보호하려는 의도도 있었겠지만 그 보다는 같은 시기에 강행된 공출거제도의 정비와 연계된 측면이 강하다. 중앙정부로서는 사출거가 성행하여 공출거의 이도 수입이 줄어드는 불상사를 방지하는 것이 급선무였던 것이다.[22]

하지만 시간이 갈수록 사출거는 광범위하게 행해지고 마침내 율령국가의 근간을 위협하는 지경에까지 이른다. 8세기 말경에는 백성들이 앞 다투어 이윤을 추구함으로써 혹은 소전(少錢)으로 많은 이익을 탐하는 일들이 속출한다. 또 이자를 포함한 미상환 금액을 신규 채권으로 설정하는 등 규정에

---

22) 吉田晶, 「八, 九世紀における私出擧について」, 大阪歴史学会 編 『律令國家の基礎構造』, 吉川弘文館, 1960; 三上喜孝, 앞의 논문 「出擧・農業経営と地域社会」.

반하는 혹독한 고리대가 끊이지 않았다. 심지어 9세기 초에는 사출거로 인하여 '부강한 무리(富强之輩)'가 더욱더 번창하고 '빈한한 자(貧弊之家)'가 거주지를 이탈하여 도망하는 현상이 폭증했다.

그러면 중앙, 지방의 재정문제와 공출거 및 사출거가 어떻게 결부될까? 수입과 지출을 둘러싼 국가재정의 유기적인 대응관계가 무너지면서 율령국가는 우선 손쉬운 방법으로 중앙정부의 재정 부담을 지방에 전가하고자 했다. 9세기 초엽에는 그간 중앙재정이 담당하여 조용물로 지급하던 관인의 봉록과 군사비의 일부를 지방재정에 부담시켰다. 그 후 조용제 쇠퇴로 중앙재정이 심한 궁핍을 겪게 되면서 지방에 대한 재정부담 요구는 점점 과격해져 종내는 지방재정의 최우선적인 기능이 중앙재정을 유지하는 일이 되어버렸다. 율령국가의 중앙재정과 지방재정이 불가분의 관계를 맺기에 이른 것이다. 이에 따라 9세기 이후 국사는 공출거의 이도를 과도하게 늘릴 수밖에 없었으며, 늘어난 출거이도의 상당 부분은 교역잡물과 연료용미 등의 형태로 중앙재정에 흡수되었다. 그 결과 원리적으로는 공민을 위한다는 명분에 기초하던 공출거가 오히려 공민의 생계와 재생산을 파괴해버리는 악순환이 거듭된다. "공출거제도에 내재한 지배 이데올로기 중에 '수탈의 논리'가 우선되면서 공출거가 변질하여 공동화"하고만 것이다.[23] 결국 국가의 기대와는 달리 시간이 갈수록 사출거는 더욱 횡행하여 국가재정의 근간을 뒤흔들면서 그 후 중세사회까지 강고한 생명력을 지속한 반면에, 이미 지방 조세제도의 근간을 이루던 공출거는 율령체제와 운명을 같이하며 급속히 쇠퇴해 갔다.[24]

---

23) 三上喜孝, 앞의 논문 「出擧・農業経営と地域社会」.

24) 이상, 공출거와 사출거, 율령국가의 중앙재정과 지방재정에 대한 본문의 논조는 전체적으로 栄原永遠男, 앞의 책 『奈良時代流通経済史の研究』의 제3장, 제7장; 平野邦雄, 앞의 논고 「第1章 古代の商品流通」, 19-24쪽, 39-45쪽을 주로 참고하였음.

3. 예산과 결산

예산 문제는 비단 예산 자체의 편성뿐만이 아니라 그 집행, 결산, 감사까지의 전 과정을 포괄한다. 그러므로 동서고금을 막론하고 국가재정에서 조세수입과 경비지출 이 양자를 총체적으로 파악할 수 있는 것이 예산이라고 할 수 있다.

율령국가의 예산에서 가장 두드러지는 특징은 근현대와 같이 화폐를 중심으로 한 예산이 아니라 실물공납경제에 기반을 둔 현물 수지를 원칙으로 한다는 점이다. 예산 편성은 중앙정부의 최고위 관직인 태정관(太政官)과 민부성의 하급 관청으로서 전국적인 조용물 수납 및 국고 지출을 담당한 주계료(主計寮)의 연계를 통해 이루어진 것으로 추정된다.

조용물 수입에 대응한 예산 편성은 대체로 다음과 같은 순서로 행해졌다. 먼저 각급 관청은 이듬해 소속 관인의 봉록과 부서별 직무수행에 필요한 품목 등을 종합한 예산안을 각각의 상급 관사를 경유하여 주계료로 제출한다. 또한 중앙정부의 노동력 징발이나 제 관사 건축, 각종 행사에 대해서는 필요한 물품과 노동력의 양을 기재한 문서가 태정관을 경유하여 주계료로 제출되었다. 주계료는 전체 관사가 필요로 하는 이것들 물품과 노동력을 품목별로 집계하는 한편, 조용물의 수입 예정액도 구니별로 파악한다. 다음으로 주계료는 예상 수입과 지출의 총 집계를 비교 대조하는 동시에 필요한 물품을 공납할 구니를 책정한다. 그리고 이 과정에서 제기된 문제점이나 품목의 과부족 등은 민부성을 거쳐 태정관에게 보고함으로써 해결을 도모한다. 주계료는 이리하여 국가적 규모의 예산과 지출을 담당하는 재무 핵심부서로서 기능했다. 앞서 본 8세기 중엽 이후 중앙재정의 지방재정에 대한 부담 전가 때도 주계료가 각 구니별 재정부담력 및 생산조달력을 감안하여 부담 품목과 수량을 결정지었다.

한편으로 율령국가의 예산 편성은 주 수입원인 조용물만이 아니라 동전 발행에 따른 재정수입, 매위(賣位)를 중심으로 한 민간 사부의 도입 등과 같은 조세 외 수입까지도 포괄해서 입안된다.

우선 동전 발행에 대해서 보면, 뒤에 상론하겠지만 율령국가는 708년(화동1)의 화동개진(和同開珎)부터 본격적으로 대량의 동전을 주조하기 시작한다. 국가가 동전 발행을 통해 기대한 것은 첫째가 중앙재정을 원활하게 운영하기 위한 윤활유로써의 기능이다. 동전은 수도와 그 주변지역에 주로 유통하여 국가의 실물공납경제를 보완하기 위한 지불 및 교환수단으로서 교역과 노동력 동원에 큰 역할을 담당했다. 둘째는 재정수입 확대인데, 민간상업이 아직 성숙하지 못한 단계에서 동전 발행은 국가의 재정적 요구에 기인한 측면이 크다. 율령국가는 원재료인 구리의 금속가치보다 훨씬 높은 공정가치를 부여한 동전을 독점적으로 발행하고 이를 각종 공적인 지불수단으로 삼음으로써 거대한 이윤을 얻었다. 하지만 재정지출에 대한 압력이 가중될수록 국가는 수요·공급의 법칙을 도외시하고 동전 발행량을 무제한적으로 늘렸다. 그 결과 실제 유통가치가 급락하면서 이전의 열 배나 되는 공정가치를 강제로 부여한 신전(新錢)을 거듭 발행했으므로 시장은 당연히 이를 배척했다.[25]

동전 발행으로 얻는 재정수입에 한계가 노정된 후로는 민간 사부의 도입이 율령국가의 예산 편성에서 보다 중요한 의미를 띠게 되었다. 가장 전형적인 형태는 국사나 지방호족층이 주로 수도권과의 교역을 통해 축적했을 것으로 추측되는 사부의 일부분을 국가에 헌납하고 그 대가로 위계를 하사받은 매위이다. 당시의 매위는 구체적으로는 711년(화동4) 반포된 축전서위령(蓄錢敍位令)에 의거하여 동전을 축적한 자가 일정량을 헌납함으로써 위계를 얻는 헌전서위(獻錢敍位)와 군량미나 공적 시설의 건축 및 유지를 위한

---

25) 栄原永遠男,「律令中央財政と銭貨に関する試論」,『社会科學研究』2, 1981.

자금 제공, 빈민 구제, 조용물 대리 수송 등에 대한 헌물서위(獻物敍位)와 같이 여러 형태로 나타났다. 하지만 중앙정부는 민간의 동전 축적을 억제하기 위해 800년(연력19) 2월 헌전서위제를 중단시켰고, 867년(정관9) 5월에는 동전 축적을 전면적으로 금지했다. 이러한 정책 전환의 이유로는 기내 이외 지역의 관리와 백성, 부호층 등이 기내로부터 대량의 동전을 모아들여 재지에 비축한 탓에 경기 일원의 동전 유통이 어려워졌다는 점을 들 수 있다. 그러면 지방호족층은 왜 동전을 축적했을까? 당시 동전은 아직 수도권의 특정 지역을 제외하고는 교환 및 지불수단으로서 정착되지 않았다. 따라서 이들의 축전행위 또한 헌전서위정책과의 관련성 속에서 볼 필요가 있을 것이다.

그런데 헌전, 헌물에 대한 반대급부는 위계를 하사하는 것만으로는 완결되지 않으며 위계에 상응하는 봉록 지급이 당연히 뒤따라야 한다. 그런 까닭에 국가재정에 민간 사부를 도입하는 일은 애초에 헌납 받은 금액과 물품을 봉록이란 형태로 매년 분할 변제하는 일종의 국가적 재정차입제도라고 할 수 있다. 이 점에 대해 사부를 제공하는 입장에서 보면 시간이 경과함에 따라 봉록 총액이 애초의 헌납액을 초과함으로써 결과적으로 이익을 얻을 수 있었다는 등으로 경제적 요인을 강조하는 견해도 있다.[26] 그러나 사부 제공자가 봉록이란 형태의 반대급부를 목적으로 했다고 보기 힘들다는 반대 주장도 있으며, 필자는 이쪽이 오히려 당시 사정을 비교적 정확히 파악한 것으로 이해하고 있다. 호족들의 대부분은 이미 상당한 부를 누리고 있었고 위계에 부수된 소액의 봉록이 그들에게 경제적으로 큰 의미를 가지지 못했을 것이라는 견해에 공감하기 때문이다. 호족들에게 중앙정부의 위계란 재지 지배력을 이데올로기적으로 보강하는 중요한 아이템이며 무형의 위신재였다. 그러므로 지방호족들이 교역을 통해 동전을 축적한 것은 순경제적인 의미에서의 사부 추구가 아니라, 헌전서위정책이 동전과 위계의 호환성을 보증

---

26) 栄原永遠男, 앞의 책『奈良時代流通経済史の研究』의 제7장, 261-262쪽.

한 결과 나타난 헌전에 의한 위계 획득 그 자체를 목적으로 했을 가능성이 높다.[27]

헌전서위가 중단된 후에도 사부 헌납은 지속적으로 확대되어 9세기 이후는 각종 건축뿐만 아니라 천황의 천거(遷居), 순행(巡幸), 유렵(遊獵) 등에 소요되는 비용까지도 왕신 귀족, 중앙관사, 심지어는 국부와 국사가 사부로 부담하는 '봉납(奉納)'이 급증했다. 게다가 종내는 사부 제공자 본인이 원하는 관직과 위계를 그대로 인정한 '성공(成功)'이나 그보다 상위 위계에 해당하는 종 5위 하를 하사하는 '영작(榮爵)'까지 성행했다.[28]

논지를 원래로 되돌리면 율령국가의 예산 편성에서 동전을 어느 정도로 발행하며, 사부의 도입 총액을 어디까지 허용할 것인가라는 점은 최고위층의 극히 정책적인 판단을 요하는 문제였다. 따라서 이는 둘 다 주계료가 제출한 자료를 토대로 하여 최종적으로는 태정관의 책임 하에 결정된 것으로 보인다. 그리고 편성된 예산의 세입 차질, 지출 초과 등에 따른 보정도 아마 태정관의 고유 권한이었을 것이다. 그러나 태정관과 주계료가 연계된 예산 편성제도는 그리 원활하게 작동하지 못했다. 지출 증가를 효과적으로 억제하지 못해 지방재정에 부담을 가중시킨 결과 중앙, 지방에서 동시에 재정 파탄이 초래된 점이 그 단적인 예이다. 나아가서 한정 없는 지출 증가에 대응하기 위해 남발된 동전 발행과 사부의 무제한적인 도입은 결과적으로 국가의 재정시스템을 파멸로 몰아갔다.

한편, 예산 집행이 완료된 후에는 예산의 결손분을 보전하기 위한 결산과 함께, 차년도 예산 편성을 통제하기 위한 감사가 주계료의 주도로 행해졌다.

---

27) 中村太一, 「日本古代の交易者 -目的とその類型-」, 『國立歷史民俗博物館研究報告』 113, 2004.

28) 이상은 栄原永遠男, 앞의 책 『奈良時代流通経済史の研究』의 제7장; 櫛木謙周, 「商人と商業の発生」, 櫻井英治・中西聰 編 『新體系日本史12 流通經濟史』, 山川出版社, 2002, 99-101쪽을 주로 참조함.

결산과 감사에 관해 비교적 그 내용을 소상히 파악할 수 있는 것은 지방재정이다. 이는 정세장(正稅帳), 대장(大帳), 조용장(調庸帳), 전조장(田租帳) 등으로 구성된 4대 장부와 방대한 부속 장부의 작성 그리고 문서행정을 보완하기 위해 주로 지방의 재정관련 공문서를 감사한 민부성의 '감회(勘会)' 등을 통해 이루어졌다.[29]

이상과 같이 율령국가의 예결산은 중앙재정과 지방재정의 긴밀한 연계, 수입·지출의 불균형에 대응한 조세 외 수입의 확대 등의 면에서 상당한 모순을 내포하면서도 일단은 하나의 유기적인 결합체로서 운용되었다고 할 수 있다. 그러면 이러한 예결산시스템에 기반을 둔 율령국가의 재정제도는 언제쯤 성립한 것일까? 중앙재정의 운영을 위한 재원을 확보하고 각각의 구니를 단위로 한 재정조직의 정비와 회계연도가 시작된 7세기 후반은 국가재정 성립의 한 전환점이었다. 그 후 예산, 결산, 감사제도의 정비를 전제로 하는 감회제가 확립된 것은 나라시대 초두인 710년대이다. 같은 시기에는 재무를 전담하는 관사기구가 정비되고, 수입·지출의 불균형을 보전하기 위한 화동개진 동전도 보급되었다. 따라서 이 710년대야말로 유기적 결합체로서 율령국가의 재정이 확립된 시기라고 볼 수 있다.

하지만 재정지출이 일방적으로 늘어나고 각종 조세수입이 감소하면서 국가재정의 유기적인 결합성은 동요할 수밖에 없었다. 9세기 이후로도 재정은 계속 악화되었으며, 이에 따라 율령국가는 앞서 논한 대로 여러 가지 대응책을 마련했다. 우선 조세수입의 근간을 이루던 지방으로부터의 조용물 공납을 교역잡물제로 대체했다. 그리고 9세기 초엽에는 종전까지 중앙의 재무관사가 전담하던 관인에 대한 급여 지급을 각 구니에서 곡물로 지급하도록

---

29) 勘会에 대해서는 梅村喬, 「勘会制の変質と解由制の成立」, 『日本史研究』142·143, 1974; 동, 「民部省勘会の成立」, 弥永貞三先生還暦記念会 編 『日本古代の社会と経済 上』, 吉川弘文館, 1978을 참조. 두 논문 모두 동, 『日本古代財政組織の研究』, 吉川弘文館, 1989에 재수록됨.

변경했다. 실물공납경제에 입각한 물자의 중앙집권적 통제체제에 와해의 조짐이 나타난 것이다. 또한 881년(원경5) 이후는 국가의 관전(官田)을 관사의 사전(司田)으로 설정함으로써 각 관사가 독자적인 재원을 보유하기 시작했다. 이는 그간 국가재정 안에서 한 덩어리로 결합되었던 관사 재정이 개별적으로 분산되었음을 의미한다.

이러한 일련의 정책들은 결국 중앙재정이 지방재정을 더욱 심하게 잠식하는 결과를 가져왔으며, 이윽고 지방재정의 재원 고갈을 야기하는 동시에 중앙재정까지도 심각한 파탄에 빠뜨리고 만다. 국가재정의 격심한 동요는 관인급여제에서 가장 첨예하게 드러났다. 주요 생활기반을 국가재정에 의존하던 귀족과 관인들은 봉록의 유지를 강력히 요구했고, 국가는 불가피한 대응책으로 그들에게 별도의 수입원으로서 장원(莊園)이라는 사적 토지소유를 용인해야만 했다. 이리하여 율령국가의 재정적 토대를 이루던 반전제는 10세기 초두에 마침내 폐지되고 만다.[30]

4. 국가경제의 공적 영역과 사적 영역

율령국가의 경제를 논할 때 지금까지는 국가재정론이 큰 비중을 점해왔다. 하지만 고대 일본의 생산과 유통 전반을 구조적으로 이해하기 위해서는 국가재정과 같은 공적 영역 외에도 당시 사료에 주로 '산업(産業)'이란 용어로 등장하는 각급 경영체의 일상적인 경제활동 즉, 사적 영역에 관해서도 충분히 유의할 필요가 있다. 국가적인 지배가 성립하기 위한 중요한 기반이었던 경제의

---

30) 原秀三郎, 앞의 논문「律令制経済の変容と国家的対応」. 이상, 율령국가의 예산과 결산에 대해서는 栄原永遠男, 앞의 책『奈良時代流通経済史の研究』의 제7장을 주로 참조함. 이용된 사료는『養老律令』,「職員令」22主計寮條의 集解諸說, 동「賦役令」5計帳條와 22雇役丁條, 동「営繕令」6在京営造條 등.

사적 영역을 국가는 어떻게 편성했을까. 7, 8세기를 중심으로 살펴보자.[31]

당시 문헌에 따르면 일반 공민 이외에 천황가, 귀족, 관인, 사사(寺社)와 같은 지배계급의 가산제(家産制) 조직도 주요 경영주체였다. 예컨대 궁중에서 소비되는 각종 식료와 의복·도구·가구·무구(武具) 등 수공예품을 소속 공인을 부려 직접 생산하는 중앙관사의 '공어(供御)' 업무는 천황가의 생업으로 간주되었다. 이런 중앙관사의 생산기능은 율령제 이전 야마토 정권 때부터 각 관사가 도래인 기술자를 실무 담당자로 하는 공방을 보유하고 대왕가(大王家)의 가산기구로서 성격을 띠었던 점을 계승한 것이다.[32]

또한 율령에는 3위 이상의 귀족에게 가정기관(家政機關) 설치가 허용되었다. 그들은 나가야왕가(長屋王家)의 사례에서 보는 바와 같이 저택 내부에 설치된 각종 작업 부서나 외부의 '미타(御田)', '미소노(御薗)' 등 영지를 생활 터전으로 삼았다.[33] 중앙과 지방의 사찰들도 국가에 대한 종교적인 봉사와

---

31) 이하, 본 항의 서술은 櫛木謙周,「5 生産·流通と古代の社会編成」, 歷史学研究会·日本史研究会『日本史講座 2 律令国家の展開』, 東京大学出版会, 2004에 주로 의거함.

32) 唐의 율령제 하 중앙 3省(= 中書省·門下省·尚書省)이 황제를 보좌하고 고도의 정치적 판단을 내리는 기관이었음에 비해, 일본 율령국가의 8省은 사람과 물자를 관리하는 卽物的인 직무를 특징으로 한다(吉川聡,「律令官司制の構造とその成立」,『日本史研究』444, 1999). 그 요인의 하나로 본문과 같이 야마토 정권기에 이미 중앙관사가 대왕가의 가산관리를 기초로 성립한 점을 들 수 있을 것이다. 앞의 주 櫛木謙周의 논고에서 인용함.

33) 長屋王(684~729)은 일본 고대 최대의 내란인 672년 壬申의 亂을 평정한 高市皇子의 장자이며, 正妃는 나라시대 초대 천황인 元明天皇의 딸 吉備内親王이다. 나라시대 초기의 황친세력을 대표하는 인물로서, 귀족의 대표격인 藤原氏를 견제하는 역할을 수행했다. 右大臣, 左大臣 등을 역임하며 율령국가의 수반으로서 권력을 장악했으나 결국 藤原氏의 음해로 자결했다. 왕의 전기는 寺崎保廣, 日本歷史學會編『人物叢書 長屋王』, 吉川弘文館, 1999. 1988년 平城宮 左京에서 나가야왕가의 저택 유적이 발견된 이래, 현지에서 출토된 나라시대 초두의 목간 약 3만 5천 점은 왕가의 家政機關, 御田와 御薗 등 영지, 가족 구성, 종자 및 기술자의 활동 등 왕가 내부의 양상을 상세히 전함으로써 목간 연구사상 획기적인 사료로 평가되었다. 발굴보고서는 奈良國立文化財研究所,『平城京左京二條二坊·三條二坊發掘調査報告』; 동,『平城京木簡 -長屋王家木簡-』. 그 후 유통경제의 관점에서도 상당히 자세한 검토가 이루어졌다. 櫛木謙周,「長屋王家の經濟基盤と荷札木簡」,『木簡研究』21, 1999; 동,「長屋王家の消費と流通經濟 -勞働力編成と貨幣·物価を中心に-」,『國立歷史民俗博物館研究報告』92, 2002; 福原榮太郎,「長屋王家の消費活動」,『神戸山手大學紀要』3, 2001; 仁藤敦史,「「長屋王家」の家産と家政機關について」,『國立歷史民俗博物館研究報告』113집, 2004(이 논문은 동,『女帝の世紀-皇位繼承と政爭』, 角川學藝出版(角川選書), 2006에 재수록) 등.

더불어 봉호(封戶)와 사전(寺田) 등 자체적인 경제기반을 보유하고 그것을 재원으로 삼아 부속 사찰을 설치, 운영하는 경영체였다. 봉호란 율령제 하 상급귀족의 봉록인 식봉(食封)으로 지정된 호(戶)를 의미한다.

이러한 지배계급의 경영체들은 인적, 물적으로 상호 유기적인 관계를 맺었다. 예를 들어 나가야왕가의 경영 책임자가 지방의 국부로 근무처를 옮기기도 하고, 동대사 사경소(寫經所)의 하급 관인인 도네리(舎人)가 지방으로 전출하여 장원경영을 통괄하다가 다시 귀경하여 사찰 건축과 사경 등의 업무를 주도하기도 했다. 이밖에도 중앙관사에는 기술노동력을 재생산하는 조직이 있어 그곳에서 양성된 기능인이 귀족들의 가정기관으로 파견된 사례도 보인다. 즉, 공적 영역과 사적 영역이 명확한 구분 없이 서로 활발히 교류한 것이다. 율령국가의 중앙집권적인 사회체제가 성립하기 위해서는 이러한 경영체 상호 간의 유기적인 관계를 국가권력이 규율할 수 있어야 했다.

그러면 사원 건축을 중심으로 사적 영역의 국가적인 편성원리에 대해 검토해보자. 고대의 불교는 사찰 조영과 그 운영을 통해 수공업을 비롯한 비농업분야를 국가적인 규모로 조직하는 데 핵심적인 기능을 수행했다. 사찰 건립을 총체적으로 담당한 임시 관영기구인 조사사(造寺司)는 원래 왕권을 구성하는 가산제 조직이던 황후 및 황태자 산하 가정기관의 건설부문에서 출발했다. 하지만 차츰 왕권과 밀착된 사찰을 조영하게 되면서 각종 공적 봉사를 조직화하는 역할이 부여되었다. 특히 8세기 중엽 동대사 조영을 위해 설치된 조동대사사(造東大寺司)에 관해서는 기존의 많은 연구가 있어 그 대강을 파악할 수 있다.

조동대사사의 실무 부서인 각 소(所)는 작업에 필요한 노동량 즉, '단공수(單功數)'를 세부적으로 기록한 문서를 매달 조사사를 경유하여 천황에게 주상했다.[34] 단공의 '공(功)'은 '인공(人功)'과 같은 의미로서 인간의 노동 외에

---

34) 관련 사료는 『大日本古文書』 5권의 「造東大寺司告朔解案」.

도 공훈, 공적과 같은 공적 봉사를 아우르는 개념이다. 1공이란 1인 1일분의 공임(功賃)을 가리키는 것으로 보인다. 율령국가는 1공에 대해 포(布) 2척 6촌이나 도(稻) 1속을 등가관계로 설정하고 이를 국가가 수취하는 역(役)의 기초로 삼았다.[35] 여성 노동에 대해서도 독자적인 단공 계산이 이루어졌으며,[36] 심지어 부채나 속죄(贖罪)를 노동량으로 환산하는 공적인 기준으로 '공'이 활용되기도 했다. 율령국가는 이 '공' 개념을 통해 다양한 명목의 노동력 징발을 왕권에 대한 봉사라는 공적 영역으로 끌어들여 동일한 기준으로 수량화하고 그것을 조세제도와 결부시켰다. 다시 말해 '공' 개념은 개별 경영체가 보유한 노동력을 국가의 노동력으로 재편하는 하나의 원리로 작용한 것이다.

각급 경영체의 사적 영역을 국가적으로 재편성하는 또 하나의 중요한 장치로 화폐 발행과 그 유통을 들 수 있다. 인민의 공적인 봉사를 기초로 하여 국가가 노동력을 정량화하기 위해서는 통일적인 화폐제도가 반드시 필요했다. 게다가 실물공납경제 하에서 각 관사는 국가로부터 배분받은 조용물을 필요한 다른 물자로 수시로 교환해야만 했다. 동전이 주조되기 전까지는 주로 포와 벼가 물자와 물자, 물자와 노동력의 교환을 매개하는 현물화폐로 활용되었다. 그러나 이것들은 가치가 일정하지 않아 교환수단으로서 한계가 있었기에 그 대체물로써 가치를 일률적으로 설정할 수 있는 동전이 발행된 것이다. 7세기 말 주조된 부본전(富本錢)은 가치나 실제 통용 여부가 현재로서 불분명하다. 하지만 8세기 초 발행된 화동개진은 애초부터 발행 목적에

---

35) 楠木謙周,『日本古代勞動力編成の硏究』제5장 제2절, 塙書房, 1996.

36) 율령제 실시와 동시에 남성 노동의 공적 봉사를 기준으로 한 가치체계가 도입되고 가부장제 이데올로기가 사회를 편성하는 현실적인 힘으로 작용한 것은 부정할 수 없는 사실이다. 調庸物과 그 외 공납물의 부과 대상, 수납 주체는 거의 대부분 성인 남성 즉, 正丁이었다. 그러나 공납물의 실제 생산과정에는 여성 노동도 당연히 중요한 위치를 차지한다(服藤早苗,『家成立史の硏究』, 校倉書房, 1991). 게다가 왕권에 대한 봉사에서는 여성이 궁중의 土師器 생산에 주체적인 역할을 맡고 남성이 보조 노동에 종사하는 사례도 보이며, 단공 계산에서는 여성 노동도 독자적인 지불대상이었다.

국가가 동원하는 노동력에 대한 지불이 포함되었으며, 1공= 1문(文)의 가치가 설정된 것으로 보인다.[37] 화폐가 '공' 개념과 연동하여 인민의 노동을 국가적으로 편성하는 또 하나의 원리로 채용된 것은 바로 이 무렵부터일 것이다.

그 후 율령국가의 재정이 파탄상태에 빠져들면서 국가 주도의 건설사업은 더 이상 시행되지 못했고, 따라서 국가가 직접 노동력을 편성하는 공적 봉사체계도 해체되었다. 앞서 논한 대로 이미 9세기 말부터 독자적인 재원을 보유하기 시작한 개별 관사와 사원, 귀족들은 10세기 이후 보다 독립성이 강한 경영주체로서 두각을 드러내며, 점차 이 사적 경영체가 국가를 대신하여 경제의 중심축으로 발돋움한다. 중앙집권적인 율령체제가 본서에서 후술하는 중세적인 권문체제(權門體制)로 이행하는 과정도 유통경제사적으로는 이러한 사적 영역을 중심으로 한 국가경제로의 전환이란 측면에서 재검토할 필요가 있을 것이다.

---

37) 栄原永遠男, 앞의 논문「律令中央財政と銭貨に関する試論」.

2장
시장과 유통경제

율령제 하의 국가경제는 실물 공납에 바탕을 둔 재분배경제가 기본이며
유통경제가 그것을 보완하는 관계로 보는 시각이 일반적이다. 하지만 율령
국가 후기에는 보완재에 지나지 않던 유통경제의 비중이 서서히 증가해간
다. 그러면 서로 원리를 달리하는 실물공납경제와 유통경제가 어떻게 통합
될 수 있을까? 이 문제에 접근하기 위해서는 시장, 화폐, 교통, 도시의 발전,
대외 교역 등을 종합적으로 검토할 필요가 있다. 여기서는 우선 여러 가지
사항을 가장 포괄적으로 내포하는 것으로 보이는 중앙과 지방의 시장에 관
해 살펴보기로 하자.

1. 동서시와 중앙교역권

고대의 수도는 기본적으로 정치도시이므로 그 내부를 구성한 것도 궁궐,
관아, 사원과 귀족·관인의 주택 등이 중심이고 관인의 말직을 일컫는 '잡색
인(雜色人)'이나 종복들의 주거지가 외곽에 부수적으로 포진했다. 이밖에도
수도 내에는 전답, 공지, 소택(沼澤) 등이 상당한 면적을 차지했으며 경제면

에서 도시적인 요소는 아직 빈약했다.[1] 따라서 실물공납경제의 수급불균형을 조정하여 관사와 관인들의 수요를 충족하기 위한 메커니즘으로서 율령국가는 수도 내에 동시(東市), 서시(西市)와 같은 관영시장을 개설하고 유통기구를 정치적으로 정비하지 않을 수 없었다.

1) 헤이조경, 헤이안경의 동서시

동서시는 703년(대보3) 후지와라경(藤原京, 694~710)에 최초로 설치되었다. 자연발생적인 교역의 장인 시(市)와는 별도로 국가가 관리하고 화폐를 매개로 교역한 관영시장은 이것이 처음일 것이다.[2] 그 후 동서시는 헤이조경(平城京, 710~784), 나가오카경(長岡京, 784~794)을 거쳐 헤이안경(平安京, 794~1192)에 이르기까지 장기간에 걸쳐 계속 유지되었다.

헤이조경의 동서시는 궁궐의 전면 남방에 자리잡았는데 이러한 궁궐과 관영시장의 위치관계는 그 후의 수도에서도 그대로 답습된다.[3] 동서시는 국가적으로도 주요 시설이었으므로 각기 중앙관사인 동시사(東市司), 서시사(西市司)에 의해 엄중히 관리되었다. 8세기의 시장에 대해 규정한 양로율령 「관시령(關市令)」에 의하면 양 시사는 수도의 사법, 행정, 경찰을 관장한 경직(京職)에게 소속하며 휘하에 거느린 다수의 직원을 통해 상품의 품질, 가격, 도량형 등을 감독하고 질서유지를 위한 경찰권도 보유했다.

동서시에는 일정한 품목의 상품을 진열한 '사(肆)'라는 전포가 늘어서고 각기 시적(市籍)에 등재하여 매매의 권리를 인정받은 '시인(市人= 市籍人)'에 의해 운영되었다. 시인은 시사의 명령에 복종하는 대신 지대를 면제받았

---

1) 平野邦雄, 앞의 논고 「第1章 古代の商品流通」, 29쪽.

2) 篠原豊一, 「コラム平城京の東市」, 大塚初重 외 編 『考古学による日本歴史 9交易と交通』, 雄山閣, 1997.

3) 栄原永遠男, 앞의 책 『奈良時代流通経済史の研究』의 제3장.

으며,[4] 후에 동시의 시인은 시장 안의 '시정(市町)'에 거주했다. 단, 헤이조경의 동서시에 어떤 종류의 전포가 존재했는지는 관련 사료가 전혀 남아있지 않다.[5] 그러면 「관시령」을 중심으로 나라시대 헤이조경 내 동서시의 운영방법에 관해 검토해보자.[6] 「관시령」은 관소(關所)와 시장에 대해 규정한 전부 20개조로 구성되어 있는데 그 중 전반부 제1~10조는 관소에 관한 사항이므로 여기서는 후반부 10개조만을 검토대상으로 삼았다.

제11조. 시항조(市恒条): 시는 항상 정오부터 개장해서 일몰 전에 북을 3회 쳐서 해산한다.

제12조. 매사립표조(每肆立標条): 전포마다 견사(絹肆), 포사(布肆) 등 취급 품목을 적은 표(標)를 세운다. 동시사, 서시사는 시장의 고가(估價, 거래 시가)를 상·중·하 3등급으로 구분하여 매 10일마다 실제 매매가를 기록한 부(簿)를 작성하고, 이것을 계절마다 본사(本司)인 좌·우 경직에게 보고한다.

제13조. 관사교관조(官私交関条): 관이 민과 교역할 때 동전이 아닌 물품을 대가(對價)로 삼는다면 3등급의 고가 가운데 중등의 고가를 기준으로 한다.

제14조. 관사권형조(官私権衡条): 매매에 사용되는 저울(秤), 자(度), 되(斛) 등의 계량 기구는 매년 2월 대장성에서 정밀검사를 받은 후에 사용을 허가한다. 수도 이외의 지역에서는 거주지 국사에게 지참하여 정밀검사를 받아야 한다.

제16조. 매노비조(売奴婢条): 노비를 팔 때는 거주지 관사에 보고하여 매도증에 해당 관사가 판서(判署)한 정식 증서를 작성하고 금액을 기입해야 한다.

제17조. 출매조(出売条): 품질이 조악한 물품을 팔아서는 안 된다. 횡도(横

---

4) 市籍에 등록되지 않은 자들에게는 지대 납부가 의무화되어 그것을 시장관리를 위한 재원으로 사용했던 것으로 보인다. 山中章,「古代都市と商業」, 後藤直·茂木雅博 編『東アジアと日本の考古学 Ⅴ』, 同成社, 2003.

5) 平野邦雄, 앞의 논고「第1章 古代の商品流通」, 30쪽 상단에「平城京 東市 地域圖」가 첨부되어 있음.

6) 養老律令「27. 關市令」은 井上光貞 외 역주, 『日本思想大系 3律令』, 岩波書店, 1976을 참조함.

刀)·창·안장·칠기 등의 제품에는 제조자의 이름을 기명한다.

제18조. 재시조(在市条): 시장 내에서 매매할 때 남녀는 자리를 따로 한다.

제19조. 행람조(行濫条): 조악한 물건을 판매하면 관이 몰수한다. 또한 공정규격에 맞지 않은 물품은 본래 주인에게 반환한다.

제20조. 제관시매조(除官市買条): 관청이 구입할 경우 이외에는 모두 시장에서 거래해야만 한다. 가만히 앉아서 물주를 자기 쪽으로 불러들이거나 관, 민을 막론하고 시가와 동떨어진 가격을 요구해서는 안 된다.

이 중에서 제12, 13조의 거래 시가에 대한 감독이 시사의 가장 중요한 직무였으며, 제20조에서 보는 바와 같이 시가를 크게 벗어난 거래는 금지되었다. 제12조의 '부'는 9세기에는 '고가장(沽價帳)'이란 명칭으로 일컬어진다. 단, 8세기 단계에 현실적으로 중앙관사가 동서시에서 물품을 구매할 때 사전의 가격 조사를 위해 고가장을 이용한 흔적은 찾아볼 수 없다. 실제로 고가장이 당시 얼마나 정확히 작성되었는지, 그 작성과 보고의무가 어느 정도 실효를 거뒀는지 분명치 않은 것이다.

조금 시간이 흐른 871년(정관13)의 태정관부(太政官符)는 이 무렵 고가장에 거래 시가보다 미가(米價)를 높이거나 포의 가격을 낮추는 등 허위기재 사실이 적발되었음을 공시하고 있다. 후일 10세기 중엽부터 시행된 율령의 시행세칙인 『연희식(延喜式)』에 따르면,[7] 동시사와 서시사는 매달 고가장 세 통씩을 작성해서 되 ○우 경직에게 제출하고 경직의 서명 날인을 거친 후 태정관, 경직, 시사가 각기 한 통씩을 보관하도록 규정되었다. 즉, 이 무렵 위에서 본 제12조의 규정이 실제로 적용되고 있었던 것이다.[8]

---

7) 式은 율령의 시행세칙을 의미한다. 「延喜式」은 헤이안시대 중기인 927년(연장5) 완성되어 967년(강보4)부터 시행되었는데, 3大格式의 하나로서 규정이 상세하여 고대사의 주요 문헌으로 평가된다.

8) '簿'와 沽價帳에 대한 이해는 栄原永遠男, 앞의 책 『奈良時代流通経済史の研究』의 제3장.

그런데 동서시의 모든 거래는 동전을 매개로 이루어졌다고 보는 것이 기존 통설이지만 제13조의 규정으로 보아 헤이조경 단계까지는 동전 유통을 중심으로 하면서도 관과 민 사이에 물물거래도 행해졌음을 짐작할 수 있다. 또한 제17, 19조는 시장에서 거래되는 상품의 품질과 규격을 유지하기 위한 규정인데 제조자의 이름까지 명시하도록 강제하고 있는 점이 이채롭다. 일본문화의 주요 특징으로 회자되는 장인정신의 원류라고 적극적으로 평가할 수도 있겠으나 무구류 등 특정 품목에만 한정된 사항이므로 과도한 평가는 삼가는 편이 바람직할 것이다.

그 후 도시 구조가 보다 정비된 헤이안경의 경우는 좌경(左京)에 동시, 우경(右京)에 서시가 좌우 대칭으로 개설되었다. 앞의 『연희식』은 헤이안경 단계의 동서시에 관해 가장 포괄적인 정보를 제공해준다.

각 전포는 특정한 한 종류의 상품만을 판매했는데 동시에 51종, 서시에 33종의 전포가 개설되었으며 매월 전반은 동시, 후반에는 서시가 열렸다. 이는 사람이 잘 모이지 않는 서시의 쇠퇴를 막기 위해 매월 보름씩 서시만의 독점적인 개시(開市)를 보증한 것이라고 한다. 서시의 쇠퇴 원인은 섭관가(摂関家)인 후지와라(藤原) 북가(北家)가 좌경에 거소를 정한 것과 관련되는데 이 점은 중복을 피해 후술할 예정이다. 동시에는 시(絁)·라(羅)·사(絲)·금(錦)·포 등 섬유제품, 빗·바늘·토기·목기·칠기·숯 등 일용품, 붓·먹·종이 등 문구류, 곡물·소금·간장·과일·야채·색병(索餅)·기름·해조류·과자·건어·생선 등 식료품, 대도(大刀)·활·화살·창 등의 무구류, 그밖에도 약재·금속·염료·기름 등등의 전포가 있었다. 이 가운데 식료를 비롯한 생필품을 취급하는 17종의 전포는 동시와 서시 양쪽에 다 있어서 상시적으로 개설되었다. 단, 서시의 경우 일용품과 무구류 등은 판매되지 않았다. 동서시에서 매매되는 물품 중에 금·라·옥·향·백단(白檀)·자단(紫檀) 등의 사치품과 무구류·마구류 등은 인민의 생활과는 거의 무관하다. 주로 중앙의 제 관사나 관인, 귀족들이 천황가 및 왕신가의 경조사 같은 공식행사에 소용되는 이런 물품들을 동서시를 통해 구매한 것으로 보인다.

『연희식』에는 「관시령」에 없던 몇 가지 새로운 규정이 보이기도 한다. 그 중에서도 주목할 만한 것은 무장한 채 시장에 진입하는 행위를 금하는 등, 시장 내 치안유지에 관한 사항이 첨가된 점이다. 나라시대 중기 이후로는 도시 유민이 증가함으로써 수도 내의 치안이 악화되었다. 이런 상황은 헤이안경에서도 개선되지 않고 수도 내에 도적이 횡행했으며 특히 재화가 집중된 시장의 치안이 어지러웠다. 예컨대 834년(승화1)에는 하급 경비직 관인이나 근위(近衛), 병위(兵衛)의 직위를 가진 자들이 소속 관사의 위광을 배경으로 폭력을 휘두르며 시사의 관인에게 폭언하거나 물품을 강매하는 등 갖은 행악을 저지른 탓에 시전이 황폐해졌다. 이런 치안 악화가 위 규정이 잉태된 배경으로 작용했을 것이다.[9]

2) 동서시의 기능과 동전 유통

동서시에서 대량으로 물자를 사고파는 것은 대개 관용이었다. 율령국가가 각지에서 공납된 조용물과 연료교역잡물 등을 사전에 편성된 예산안에 따라 각 관사에 배분하면 각각의 관사는 배분된 현물 조세를 활용하여 직무를 수행한다. 그러나 대부분의 관사는 아주 다채로운 내용의 직무를 포괄적으로 수행했기에 필요한 물품의 종류와 규격도 다양할 수밖에 없었고, 따라서 배분받은 현물의 상당 부분을 시장교역을 통해 필요한 물품으로 교환해야만 원활한 직무수행이 가능했다. 즉, 동서시를 포함한 수도권의 시장들은 일차적으로 중앙관사의 운영과 유지를 위해 필수 불가결한 존재였던 것이다.

그런데 동서시를 중심으로 한 소위 중앙교역권에서의 교역은 대부분 동

---

9) 이상은 栄原永遠男, 앞의 책『奈良時代流通経済史の研究』의 제3장을 주로 참조하고 필자의 생각을 약간 덧붙였음.

전을 매개로 이루어졌다. 따라서 각 관사는 이를 위한 '교역전(交易錢)'을 꼭 확보할 필요가 있었다. 중앙관사들이 교역전을 확보한 방법으로는 첫째, 국가로부터 지급받은 현물을 동서시에 매각하여 동전을 취득하거나, 둘째, 중앙정부로부터 아예 현물 대신 동전으로 지급받는 경우, 셋째, 앞서 논한 대로 각각의 관사가 이미 취득한 동전을 고리대로 운용하여 그 증식을 꾀한 동전 출거 등을 들 수 있다. 여러 단편적인 잔존 사료의 내용으로 미루어 중앙관사는 갖은 방법을 경주해서 확보한 동전을 지불수단으로 삼아 주로 동서시를 통해 필요한 물자를 직접 구매했고, 때로는 좌·우 경직과 동·서 시사에게 의뢰하여 구입하기도 했다. 또 필요한 물품을 동시와 서시 어디서든 구입할 수 있을 때는 한정된 동전의 활용도를 높이기 위해 시사를 통해 사전에 두 시장의 물가를 조사, 비교함으로써 싼 쪽을 택한 것으로 보인다.[10]

한편으로 동서시는 5위 이상 왕신 계층과 중앙관사에 근무하는 6위 이하 중하급 관인들의 일상생활 영위를 위한 사적 영역의 경제에도 절대적으로 필요한 존재였다.

우선 왕신 계층의 경우 주 수입원은 고급 관료로서 받는 거액의 급여였으며 그 내용은 쌀·곡물, 각종 섬유제품, 철·동전 등이 중심이었다. 또한 그들은 각지에 보유한 장(莊)으로부터도 식료와 간단한 수공업제품 등을 공납받았다. 하지만 의식주가 대단히 호사스러워 실로 다양한 물자를 소비했으므로 동서시를 비롯한 중앙교역권은 귀족들로서는 급여나 공납물만으로 취득하기 어려운 비단·향료·옥 등 고급품과 사치품을 입수할 수 있는 장이었다. 단, 후술하는 「잡령」 황친조의 규정에 따라 왕신 귀족들은 동서시에 직접 전포를 낼 수는 없었다. 그러나 '장내(帳內)' 또는 '자인(資人)'이라 일컬어진 종자를 대리인으로 하여 일정한 전포를 정해 놓고 거래하는 행위는 규

---

10) 중앙관사의 동전 확보와 동서시를 통한 유통에 대해서는 榮原永遠男, 앞의 책『奈良時代流通経済史の研究』의 제3장을 참조함.

제받지 않았다.

중하급 관인들의 주 수입원은 관인으로서 받는 각종 급여와 반전제 하의 구분전으로부터 거둬들인 수확물이었다. 그런데 출토된 식부성(式部省) 관계의 목간에 의하면 이들 관인들의 상당수는 수도 근방과 기내를 중심으로 한 지방 출신이었으며,[11] 그 대부분은 거리적으로 본관지의 전답을 직접 경작할 수 없는 형편이었다. 따라서 식솔들과의 수도 생활이 오래 지속될수록 소박하나마 도시민으로서 성격이 강해지고 인근한 시장에 소비생활을 의존할 수밖에 없었다.

왕신 귀족이든 중하급 관인이든 시장 교역에 참여하기 위해서는 당연히 동전이 필요했다. 게다가 관위를 가진 '유위자(有位者)'와 일부 면세 대상자를 제외하면 중하급 관인을 포함한 수도의 일반 주민에게는 조(調), 잡요 등 조세가 부과되었으며 이것들도 동전으로 대납해야 하는 예가 많았다.[12]

이들이 동전을 취득한 첫 번째 방법은 율령국가가 급여의 일부로 동전을 지급한 경우를 들 수 있다.[13] 그밖에 비정기적으로 하사되는 동전도 있었다. 그러나 이러한 급여전, 사전(賜錢)만으로 화폐 수요를 충족하기는 태부족이었다. 두 번째 방법은 잉여 물자의 매각이다. 귀족들은 국가의 급여와 장으로부터의 공납 물자 중에서, 중하급 관인들은 급여 중에서, 각기 자가 소비분을 제외한 나머지를 축적하거나 동서시 등에 매각하여 동전으로 교환하는 일이 성행했다. 관사, 귀족, 관인들을 통해 시장에 방출된 현물은 일차적으로 다른 관사와 관인들이 구입함으로써 상호 간에 필요한 물자를 수급하는데 활용되었다. 그 외에도 후술하는 바와 같이 각지의 국부가 중앙정부에

---

11) 鬼頭淸明,「昭和四十一年度平城宮出土の木簡」,『奈良国立文化財研究所年報』, 1967; 동,「平城宮出土木簡と下級官人」, 앞의 책『日本古代都市論序説』, 1977.

12) 青木和夫,「計帳と徭錢」,『続日本紀研究』9-3, 1962.

13) 관인에 대한 급여 중에서 말 사육료 명목의 馬料와 격무를 담당하는 자에게 대개 1일 쌀 2 되 계산으로 지급되는 특별수당인 要劇料 등이 동전으로 지급되었다.

바칠 공납물 중 일부 물자를 중앙교역권에서 구입하기도 했다. 세 번째는 동전 출거를 통한 방법이다. 귀족들은 동전을 직접 출거하고 중하급 관인들은 중앙관사나 귀족들로부터 차용한 동전을 출거에 활용함으로써 동전 수입을 늘렸다. 또한 시장을 직접 감독하는 시사의 관인들이 가격관리라는 고유업무를 활용하여 스스로 물자를 매매하고 동전 수익을 얻는 일도 잦았던 것으로 보이며,[14] 중하급 관인의 식솔들이 관급 공사에 고용됨으로써 '공전(功錢)'을 입수했을 가능성도 있다. 이렇게 갖은 방법을 통해 얻은 동전이 시장 교역에 사용됨으로써 결과적으로 실물공납경제와 유통경제가 시장과 화폐를 매개로 연결될 수 있었던 것이다.

동서시는 원래부터 민과 관의 자유로운 교역을 목적으로 한 것이 아니라 기본적으로는 관사의 재정과 공무수행, 관인 및 귀족들의 사적 경제를 유지하고 보호하기 위한 관영시장 즉, 관시(官市)였음이 분명하다. 율령국가는 동서시를 수도권 교역의 핵심으로 자리매김하여 수요·공급을 조절하고 상품 가격을 관리하는 등 각종 유통정책을 실시했다. 동서시의 물가조절기능에 관해서는 8세기 중엽 물가가 급등할 조짐을 보이자 곡가 안정을 위해 좌·우 평준서(平準署)를 설치하고 759년(천평보자3) 상평창(常平倉)이 보유한 쌀을 동서시에 내다판 사례가 있다. 또 후지와라노 나카마로(藤原仲麻呂, 706~764)의 난 직후 미가가 급등한 765년(천평신호1)에는 좌·우 경직이 보유한 쌀을 여러 차례 동서시에 방출하였으며, 위계 수여를 명분으로 개인이 축적한 미곡을 동서시에 매각하도록 장려하기도 했다.[15] 동서시는 율령국가에 의해 엄중히 관리되어 독점 금지, 가격 안정, 수요·공급 밸런스 등의 기능을 수행하면서 당시의 화폐경제에 중요한 지위를 차지했던 것으

---

14) 石井寬治,『日本流通史』, 有斐閣, 2003, 17쪽.

15) 平野邦雄, 앞의 논고「第1章 古代の商品流通」, 31쪽; 栄原永遠男, 앞의 책『奈良時代流通経済史の研究』의 제3장.

로 보인다.[16]

동서시의 또 다른 기능은 치안유지였다. 시장에는 귀족, 관인, 호족, 토호들 외에도 인근에 거주하는 일반 농민들이 곡물이나 야채를 내다팔고 멀리 해변으로부터 상인들이 소금·어패류·해조 등을 운반하여 판매했다.[17] 또한 이들에게 빌붙는 '아인(餓人)'이나 '걸개자(乞丐者)' 등 도시 유민층과 심지어 도둑에 이르기까지 실로 다양한 계층의 사람들이 귀천을 불문하고 운집했다. 율령국가는 이런 많은 사람들 앞에서 형벌을 공개 집행함으로써 동서시를 범죄예방과 민간교화의 장으로 활용했다. 이 같은 경찰적 기능을 통해서도 동서시가 자연발생적인 교역의 장이 아니라 정치적 색채를 강하게 띤 관시라는 점을 쉽게 이해할 수 있다.[18] 이밖에도 모여든 인파를 대상으로 한 설법도 성행하여 일본 정토교(淨土敎)의 시조로 알려진 공야(空也. 903~972)가 헤이안경의 동서시에서 '시성(市聖)'으로 일컬어지기도 했다. 고대인들은 국가가 정치적인 목적으로 설치한 시장을 자신들의 목적에 맞춰 왕성하게 활용한 것이다.[19]

3) 그밖에 수도권의 시장들

중앙관사와 귀족, 사사, 관인들이 거래한 물자의 종류와 수량은 방대했다. 그러므로 동서시가 제법 번창했다 해도 필요한 품목이 늘 구비된 것은 아니며, 동서시에서 구하지 못한 물품은 다른 방법으로 수요를 충족할 수밖에 없었다. 이때 세토내해(瀬戸内海)의 동쪽 끝에 위치하여 공납물을 비롯한 대

---

16) 篠原豊一, 앞의 논고「コラム平城京の東市」.

17) 石井寛治, 앞의 책『日本流通史』, 17쪽.

18) 동서시의 경찰적 기능은 이미 많은 선행연구에서 지적되었다. 石井寛治, 앞의 책『日本流通史』; 篠原豊一, 앞의 논고「コラム平城京の東市」; 大塚初重 외 編,『考古学による日本歴史 9交易と交通』, 雄山閣, 1997 등.

19) 栄原永遠男, 앞의 책『奈良時代流通経済史の研究』의 제1장과 제3장.

량의 물자가 집산한 나니와(難波)는 수도권에서 동서시 다음 가는 물자의 주요 입수처였다. 645년(대화1)부터 나라시대가 끝나는 8세기 말까지 현 오사카시의 일부 지역에는 수도권의 가장 중요한 항만인 나니와진(難波津)을 이용한 부(副)수도로 나니와경이 설치되었다. 그 중에서도 나니와시(難波市)와 나니와진으로 통하는 인공수로인 호리에(堀江) 주변은 나니와의 2대 경제 중심지로서 중요한 위치를 점했다.

나니와시는 나니와경의 건설과 동시에 율령국가에 의해 위로부터 설치된 관시였다. 그러나 시사가 두어진 흔적은 없고 율령제 하의 특별행정기관으로서 나니와경을 지배한 셋츠직(摂津職)이 시장까지 직접 관할했던 것으로 보인다. 이곳은 기본적으로 나니와경에 속한 관사, 관인들의 직무수행과 생활에 필요한 물자를 공급하기 위한 시설이었다. 하지만 일단 시장이 개설되자 오사카평야를 아우르는 교역의 중심지로 각광받기에 이른다. 시인(市人)들은 점차 야마시로(山背, 헤이안 천도 후는 山城)와 야마토를 비롯하여 세토내해 연안으로까지 활동범위를 넓혔고, 각지로부터 수많은 사람들이 이 시장을 활용하기 위해 내왕했다.

나니와시보다 교역이 더욱 왕성했던 곳은 수상교통이 편리한 호리에 주변이었다. 당시 세토내해를 오가는 수송용 선박은 대체로 적재량이 현재의 쌀 20~32석 정도였고, 아직도 속을 도려낸 통나무 바닥에 뱃전 등을 판자로 접합한 준구조선의 형태였던 것으로 보인다.[20] 이에 대해 호리에를 포함하여 요도천(淀川) 수계에서 사용된 배는 대개 적재량이 현재의 8석 정도에 불과했던 것으로 추정되며 선저(船底)가 편평한 구조를 취했다. 그러므로 하적된 물자를 소형 선박으로 옮겨 싣는 요지인 호리에 일대는 교역과 운송 등 물류의 집산지로서 번창할 수 있었다.

---

20) 松木哲, 「船と航海を推定復元する」, 大林太郎 編 『日本の古代 3海をこえての交流』, 中央公論社, 1986.

수상운송이 활발해지면서 서일본 각지로부터 중앙정부나 귀족, 대사찰 앞으로 보내지는 대량의 공납물이 세토내해를 통해 일단 나니와진으로 집하되었고, 수로를 따라 호리에로 공선(貢船)이 모여들었다. 이러한 공적 물자의 대부분은 수도인 헤이조경으로 운송되었지만 환금화가 용이한 조면(調綿) 등 일부 물자는 나니와의 창고에 보관 후 매매되기도 했다. 예를 들어 나라시대의 동대사는 전국적으로 약 5,000호 정도의 봉호와 많은 수의 장을 보유했다. 그 설립기인 750년을 전후한 시기에 나니와의 호리에 주변에 두 개의 장을 설치했는데, 중심이 된 것은 전체 6개 동과 다수의 창고로 구성된 시라기에장(新羅江莊)이었다.[21] 서일본 일대에서 수운을 통해 동대사로 공납되는 물자는 일단 여기에 저장했다가 호리에 수로를 통해 본사로 보내지거나 현지에서 교역되었다.

동대사 외에도 대안사(大安寺), 법륭사(法隆寺), 서대사(西大寺) 등 다른 관립 대사찰과 많은 귀족 및 유력 호족들이 나니와에 장 또는 택(宅)을 마련한 배경에는 신라와의 교역이란 점도 작용한 것으로 생각된다. 단, 수도권의 유통경제에서 나니와가 차지하는 비중을 고려하면 신라와의 교역은 예외적인 사례에 불과하며, 중요한 것은 역시 중앙관사, 귀족, 사사, 관인들의 일상적인 수요라는 점을 주의하지 않으면 안 될 것이다.

이와 같은 공적인 물자유통에 비해 나니와를 중심으로 한 사적인 물자유통을 살필 수 있는 사료는 의외로 적다. 다만 11세기에 편찬된 『유취삼대격(類聚三代格)』에 수록된 783년(연력2) 3월의 태정관부에 따르면, 당시 대재

---

21) 그런데 어째서 莊의 명칭이 新羅江莊일까? 『續日本紀』에 의하면 신라 왕자 金泰廉과 700여 명의 대규모 사절단이 東大寺의 大佛 開眼式에 맞춰 752년(천평승보4) 윤 3월 일본에 도착했다. 사절단의 본대는 이전의 新羅使들과 마찬가지로 客館인 難波館에 체류했는데, 그 바로 앞쪽에 호리에(堀江)가 흘렀기에 언제부터인가 이 수로를 '시라기에(新羅江)'라 불렀다고 한다. 新羅江莊은 단순히 창고로서 기능만이 아니라 신라사절단이 지참한 물품을 東大寺가 구매하기 위해 설치한 시설로 보인다. 栄原永遠男, 앞의 책 『奈良時代流通経済史の研究』의 제4장.

부(大宰府)에서 나니와로 파견한 조면 수송선의 책임을 맡은 관리와 관계자들이 같은 배에 사물(私物)을 혼재했으며 그 결과 조면·미곡과 같은 관물이 소홀히 다뤄져 유실되는 사태가 발생했다고 한다. 나니와에 집하된 사적 물자의 대부분도 교역을 거쳐 동서시를 비롯한 수도권으로 유입되었다.[22]

한편, 수도권에 물자를 공급한 것은 동서시와 나니와만이 아니었다. 동대사의 『정창원문서(正倉院文書)』 가운데는 734년(천평6) 5월 홍복사(興福寺)의 서금당(西金堂) 조영과 조불(造佛)을 위해 현재의 교토부 기즈가와시(木津川市) 강변에 위치한 센츠(泉津)에서 물자를 구매하여 수레로 공사현장까지 운반했다는 기사가 보인다.[23] 법화사(法華寺)나 조동대사사 사경소 등도 인근 각지에서 필요한 물자를 구매했다. 즉, 유력한 사사는 동서시와 나니와에만 의존하지 않고 품목에 따라 수도 인근에 위치한 여타 시장들을 활용한 것이다. 중앙관사나 귀족, 관인들의 경우도 이와 유사했을 것이다.

고대 기내 일원의 교통로에 관한 연구를 일별하면 수도가 위치한 야마토에는 남북 방향으로 상도, 중도, 하도 세 개의 도로와 상도의 동녘에 산변도(山辺道)가 있었다. 또 동서 방향으로는 횡대로(橫大路), 고도(古道)가 있어 타지로 연결된다. 이밖에 대소 하천도 교통로로 활용되었다.[24] 이러한 도로들의 교차 지점, 수륙교통의 연결 지점 등 교통 요지는 유통경제의 측면에서도 중요한 의미를 가진다. 그 가운데 일부 지역에는 수도가 형성되기 전부터 교역의 장으로 기능한 야마토의 쓰바키시(海石榴市)·가루시(輕市)·아토쿠와시(阿斗桑市)와 가와치(河内)의 에카시(餌香市) 등 전통적인 시장들이 이미

---

22) 難波의 시장에 관해서는 栄原永遠男, 앞의 책 『奈良時代流通経済史の研究』의 제4장을 주로 참조함.

23) 고대 일본의 육상운송에서는 험한 도로 사정 때문에 사람이 직접 물건을 지고 운반하는 '人担'이 보편적인 운송수단이었으며, 본문의 사례와 같이 수레를 이용하는 경우는 東西市를 비롯한 수도권으로 한정된다는 것이 과거 학계의 통념이었다. 그러나 현재는 동일본 각지의 고대 도로유구에서 수레바퀴 자국(= 轍痕)이 발견되는 등 기존 통설을 재고해야 할 필요성이 거론되고 있다. 이 점에 관해서는 본서의 중세 편에서 재론할 예정이다.

24) 岸俊男, 『日本古代宮都の研究』, 岩波書店, 1988.

존재했다.

다시 말해 나라시대는 수도의 동서시를 중심으로 나니와를 비롯한 인근 지역의 교통 요지에 형성된 다수의 유통거점들이 육로, 수로를 통해 서로 연결되고 이것들이 중앙교역권이라 칭할만한 하나의 경제권역을 형성한 것이다. 그 중 동서시를 포함한 일부 시장은 교역의 매개물로 동전을 사용하는 단계까지 도달한 예도 있다. 수도의 중앙관사, 사사, 귀족, 관인 등은 동서시뿐만 아니라 위와 같은 기내 주변 다수의 유통거점에 장을 설치하거나 각지에 교역사(交易使)를 파견함으로써 수요를 충족할 수 있었다.[25]

그러나 9세기 헤이안시대에 들어서면 동서시를 비롯한 중앙교역권 전체가 차츰 쇠퇴해간다. 이 점에 대해서는 뒤에 재론할 생각이다. 여기서는 수도를 중심으로 한 동·서의 진(津)에 관한 사항만 간단히 정리해두자. 헤이조경에서 나가오카경, 헤이안경으로의 천도는 비와호(琵琶湖) 및 요도천(淀川) 수계로 직결되는 지역으로 수도가 이전했다는 점에 큰 의미가 있는데, 새 수도의 물류 창구가 동·서의 진이었다.

동일본과 북륙(北陸) 일원의 각종 물자는 비와호 호상(湖上)을 이용하여 오츠(大津)에 집하되고 그곳으로부터 육상을 통해 수도까지 운반되었다. 서일본의 각종 물자는 세토내해를 거쳐 요도천을 거슬러 올랐는데, 그 중 공납물이 주로 요도진(淀津)에 집하된 반면 야마사키(山崎)는 시장교역의 장으로서 9세기 중엽 무렵 인가가 상당히 밀집했다. 헤이안경의 유통기능은 수류교통의 일대 요충지이자 상업교역의 중심지인 동쪽의 오츠, 서쪽의 야마사키를 외연으로 가짐으로써 비로소 완결될 수 있었다. 다시 말해서 나라시대까지는 수도 헤이조경의 동서시를 보완하는 나니와라는 부(副)수도의 기능이 필요했지만 헤이안시대 이후로는 동서진을 활용함으로써 본래 나니와

---

25) 이상, 중앙교역권에 관련된 본문의 기술은 주로 栄原永遠男, 앞의 책『奈良時代流通経済史の研究』의 제3장에 의거함.

가 하던 기능을 수도로 통합한 것이다.[26] 고대의 육상 및 해상교통에 관해서
는 뒤에 재론하기로 하자.

2. 지방 시장과 원격지 교역

1) 지방의 시장

고대사회는 문헌사료에도 지방의 시장들이 나타난다. 『일본서기(日本書
紀)』에는 앞서 든 기내의 야마토, 가와치 지역 외에도 주로 수륙교통의 거점
인 진(津)에 형성된 시장으로서 미노(美濃)의 오가와시(小川市), 스루가(駿
河)의 아베시(阿倍市), 빙고(備後)의 후카츠시(深津市), 이즈모(出雲)의 아
사쿠마 세토와타리시(朝酌促戸渡市), 히타치(常陸)의 다카하마시(高濱市)
등 여러 곳이 확인된다.[27] 또한 '시(市)'라는 글자를 포함하는 군, 향, 리, 역,
신사 등의 명칭이 많은 점으로 미루어 지역 민간경제의 축으로 기능한 자연
발생적인 시장이 다수 존재했음을 알 수 있다.[28]

일본 고대는 이런 지방 시장이 도처에 성립하여 공적, 사적인 경제활동에
활용된 것으로 보인다. 이것들 각각의 연원은 아직 불분명하며 교역의 실태
도 명확하지 않다. 다만 7세기 이후는 그 중 일부에 시사가 두어져 일상적인
관리와 함께 시장세가 부과되었을 개연성이 인정된다.[29] 이 점과 관련하여
양로율령의 관찬 주석서인 『영의해(令義解)』(833년)는 시사의 '본사(本司)'는

---

26) 櫛木謙周, 앞의 논고「商人と商業の発生」, 102-103쪽. 103쪽에「古代 山崎津 주변의 상상
도」있음.

27) 平野邦雄, 앞의 논고「第1章 古代の商品流通」, 17쪽; 松原弘宣,「勢多荘と材木運漕」, 『日
本古代水上交通史の研究』, 吉川弘文館, 1985.

28) 栄原永遠男, 앞의 책『奈良時代流通経済史の研究』의 제1장 23쪽〈表2〉참조.

29) 櫛木謙周, 앞의 논고「商人と商業の発生」, 81쪽. 사료적 근거는『日本書紀』645년(대화2)
3월22일조.

경직(京職) 및 국사(國司)'라고 기술함으로써 시사 가운데 지방의 국사를 본사로 하는 경우가 있었음을 시사해준다. 즉, 국사-시사 라인을 통해 계통적으로 관리되는 지방 시장이 존재했던 것이다. 실제로 오미(近江)의 국부로 연결되는 간선도로 주변에 시사가 관할한 시장이 있었던 사실이 확인되며, 이밖에도 국부가 위치했던 것으로 추정되는 지점 인근에는 현재까지도 시장에 관련된 지명이 다수 남아있다.[30]

국부 주변에는 지방행정을 위한 기관들이 자리하고 그곳에 근무하는 관인들이 거주했다. 수도의 동서시가 중앙관사의 재정과 공무수행, 관인들의 사경제를 영위하는 데 필수적이었던 것과 마찬가지로 국부의 재정과 공무수행, 국부 관인들의 사경제를 지탱하기 위한 역내 시장도 반드시 필요했다. 또한 국부는 공민으로부터 수취한 미곡과 특산물의 일부를 활용하여 중앙정부가 요구하는 섬유 · 피혁 · 도기 등을 구입해서 수도로 보내야 했다. 심지어 앞서 논한 대로 중앙정부의 지방에 대한 부담 전가가 심해질수록 중앙이 요구하는 물자를 조달하기 위한 구니 내부의 교역 필요성은 한층 고조될 수밖에 없었다.

나라시대 유통사연구의 대가이며 본고에서도 그 연구는 다수 참조해온 사카에하라 도와오(栄原永遠男)는 국사의 정치적 통제를 받는 동시에 중앙재정과도 긴밀히 연계된 국부 인근의 지방 관시를 '국부시(国府市)'라 명명하고, 이에 대해 일반 지역민의 생활과 밀착된 자연발생적인 시장을 '지방시'라 칭했다. 국부시의 존재를 직접적으로 증명하는 사료는 현재까지 밝혀지지 않았다. 하지만 국부를 중심으로 대규모 교역이 행해진 사실은 잔존하는 정세장(正税帳), 군도장(郡稲帳)과 같은 국부의 재정보고서와 하물의 물표로 사용된 목간에 '교역', '매(買)', '매(賣)', '가도(價稲)', '직도(直稲)' 등의 기재가 산견하는 점을 통해 짐작할 수 있다. 사카에하라는 이런 주변적인 사료

---

30) 栄原永遠男, 앞의 책『奈良時代流通経済史の研究』의 제1장 30-31쪽 〈表3〉 참조.

검토를 통해 앞서 열거한 가루시, 아베시, 후카츠시 등도 국부시로 판단된다고 추론했다.[31] 필자도 달리 실증적인 연구결과가 제시되지 않는 한, 그의 추론을 기본적으로 수용하는 입장이다. 다만 국부시와 지방시의 기능상 차이점, 공통점에 관해서는 후속 연구가 반드시 필요할 것이다.

국부시를 중심으로 한 구니의 유통경제는 진, 역 등의 수륙교통을 통해 각지의 지방시와 결합함으로써 전체적으로 하나의 국부교역권을 형성했다. 8세기경에는 기내와 그 외 지역, 동일본과 서일본의 구분 없이 다수의 구니에서 상당한 규모로 국부 중심의 교역이 행해졌을 것으로 추측된다. 이러한 국부시의 교역물 중에는 중앙에 바칠 진상물뿐만 아니라 구니 내부에서 소비되는 물품도 다수 포함되었을 것이다.[32] 단, 국부시의 개시일은 아직 극히 제한적이고 전업 상인은 거의 존재하지 않았다.[33]

한 가지 주의할 것은 국부가 직접 국부시를 통해 물자를 조달한 것은 아니라는 점이다. 시모츠케국(下野國)의 국부 유적에서 출토된 목간에는 국부가 산하의 특정 군(郡)에다 갑옷용 가죽 즉, 갑료피(甲料皮) 등의 구입을 명한 내용이 있다. 이는 국부의 물자 조달이 국부시가 소재한 군을 경유하여 이루어졌음을 보여주는 사례이다. 또한 양로율령「부역령(賦役令)」에 따르면 중앙으로 보내는 진상물의 구입 재원은 군도(郡稻)로 충당하도록 규정되었다. 군이 국부 교역의 표면에 나선 것은 이러한 재원조달방식과도 무관하지 않을 것이다.[34]

31) 栄原永遠男, 앞의 책『奈良時代流通経済史の研究』의 제1장 참조.

32) 이상은 栄原永遠男, 앞의 책『奈良時代流通経済史の研究』의 제1장.

33) 石井寛治, 앞의 책『日本流通史』, 16쪽.

34) 櫛木謙周, 앞의 논고「商人と商業の発生」, 92-93쪽.

2) 지방-중앙 간 교역과 상업적 교역의 출현

말할 필요도 없이 율령국가의 중앙재정은 기본적으로 국부가 공민으로부터 수취한 각종 조세를 재원으로 하여 운영된다. 따라서 당시의 원거리 수송물자는 그 대부분을 지방에서 중앙으로 보내는 공납물이 점유했으며, 이것이 원거리 교역이 발흥하는 중요한 기반으로 작용했다.

양로율령의 「부역령」 집해(集解)에 따르면 기내를 제외한 수도권이나 운송이 편리한 연해 지역의 구니는 연료용미의 '운경국(運京國)'으로 지정되었으며, 그밖에 '원국(遠國)'들은 중량이 무거운 미곡의 운송 부담을 줄이기 위해 각종 경화(輕貨)로 자체 교역해서 납부하도록 규정되었다. 이 경우 원국들은 교역물의 진상을 위해 어떤 방법을 취했을까? 일부 고급직물처럼 국부 공방에서 자체적으로 제작하는 경우도 있었으나 비단·조포(調布)·철·가래(鍬)·염료 등은 따로 교역을 통해 조달해야만 했다. 물론 내부의 국부교역권이 어느 정도 발달한 상태라면 국사는 중앙이 요구한 특정 물품을 지정된 수량, 품질에 맞춰 자체적으로 조달할 수 있었을 것이다. 그러나 유통경제의 발달이 아직 저조하고 국부교역권이 미성숙한 대부분의 지역에서는 내부 조달이 불가능한 물자에 대해 필수 소비재인 쌀·상포(商布)[35]등을 대가로 활용해서 중앙교역권을 통해 각종 공납물자를 입수했으니 이것을 '경하교관(京下交關)'이라 한다.

예를 들어 사가미국(相模國)의 경우 수도의 동시 서쪽에 '조저(調邸)'를 설치했다. 조저란 수도로 운반한 조용물의 보관창고 겸 수송을 담당한 '운각부(運脚夫)'들의 숙소로 활용하기 위해 각 구니가 수도 내외에 마련한 시설로 보인다. 사가미국은 수도까지 운송한 물자를 조저에 보관하고 이곳을 거쳐 동서시 등 중앙교역권에서 애초에 정부가 지시한 특정 물자와 교역하여 경

---

35) 商布는 의류에 사용되는 일이 거의 없고 주로 포장재나 잡용으로 활용된 점으로 미루어 庸布보다 품질이 낮았으며, 그 명칭만으로도 유통경제와 관계가 깊었던 것으로 사료된다.

고(京庫)로 납부했던 것으로 보인다.[36] 각 구니는 수도권에 이런 식으로 경하교관을 위한 시설을 갖추고 있었다. 또한 759년(천평보자3)에는 조동대사사의 명령을 받은 에치젠국(越前国)의 동대사령 장원이 공납미를 국부교역을 통해 시(絁)·생사 등의 경화로 교환하고 그 부족분을 동서시에서의 경하교관을 통해 교역, 입수하여 공납한 사례도 있다.

다시 말해서 중앙관사, 귀족, 사사, 관인만이 아니라 전국의 구니들도 국가적 조세제도의 틀 안에서 중앙교역권과 긴밀히 연계된 것이다. 그러므로 율령국가의 재정은 중앙교역권과 국부교역권 양자의 상호보완을 기반으로 한 유통경제의 지원을 받아 운영되었다고 할 수 있다. 양자의 관계를 규정한 것은 율령국가가 어떤 물자를 조세로 요구했느냐는 점이다. 그리고 이런 국가적 요구의 기저에는 중앙관사의 운영과 귀족, 관인들의 사적 경제가 존재한다. 결국 율령국가, 수도의 각종 관사 및 귀족과 관인들, 전국의 구니 이 삼자가 중앙교역권과 국부교역권의 상보적 관계를 매개로 서로 연결되는 구조가 일본 고대에 나타난 국가적 유통체계라 할 수 있다.[37] 이리하여 8세기 중엽 이후 지방은 국부교역, 중앙에서는 경하교관의 비중이 차츰 확대된다.

그러면 이런 국가적 유통체계가 민간의 상업적 교역과 어떤 식으로 결부되었을까? 8세기 말 이래 재지의 수공업 생산이 조금씩 활발해지고 중앙과 지방에서 제품의 판로가 확장되는 등 민간 차원의 유통경제가 전개되기 시작하자 그간 국가의 조세제도를 지탱해온 사회적, 경제적 기반에 동요가 일어난다. 앞서 본대로 783년(연력2)에는 대재부에서 나니와로 공납한 조면에 사물이 혼입되었다. 이밖에도 나니와에는 애초부터 사물 운송을 목적으로

---

36) 高柳光寿,「東大寺薬師院文書の研究 -平城京相模国調邸·東西市荘·東西堀川のこと-」,『高柳光寿史学論文集』上, 吉川弘文館, 1970(원래는『日本歴史』101·102, 1956에 수록됨). 이 논문에 따르면 相模国의 調邸는 756년(천평승보8) 동전 60관으로 造東大寺司로 매도되어 그 후 東市荘이라 칭해졌으며, 주로 동시의 가격 조사와 물자 구입을 담당했다.

37) 栄原永遠男, 앞의 책『奈良時代流通経済史の研究』의 제1장.

한 관인, 백성, '상려(商旅)'의 배가 모여들었다.[38] 또 845년(승화12) 1월에는 지방에서 진상한 공물에 무수한 '사하(私荷)'가 혼입되어 폐단이 크다 하여 동북지역의 무츠국(陸奥国), 데와국(出羽国) 등에 이를 통제하는 명령이 하달되었다.

이런 식으로 공물 운송에 편승하거나 그 경로를 이용하여 사적인 물자를 유통시키는 일은 당시로는 아주 보편적인 현상이었다. 국사, 군사 등 지방 관료와 호족들은 조세 수송에 사적인 상품을 편승시킴으로써 그 매매를 통해 다대한 사부를 축적했다. 각지의 호족들이 막대한 양의 동전을 비축하고 축전서위령을 이용해서 관위를 취득한 일은 이와 같은 중앙과의 사적, 상업적인 원거리 교역을 빼놓고는 이해하기 힘들다.[39] 그들의 활동은 나라시대까지는 아직 국가재정에 기생적이었다. 그러나 실물공납경제의 동요를 이용하고 또 스스로 그런 현상을 가속화시키면서 이윽고 그들은 기생적인 성격을 불식하고 원거리 상인으로서 새로운 면모를 드러낸다.[40]

한편, 앞서도 언급한 대로 조세 수송에 필요한 노역은 원칙적으로 공민이 부담했다. 8세기 전반 일본열도의 인구는 약 560만 명 정도로 추산되며,[41] 그 중 매년 10만 명 정도가 조세 수송에 동원된 것으로 보인다. 그런데 중앙정부는 9세기 말 이래 육상은 말, 해상은 선박에 의한 새로운 조세수송정책을 시행했다. 이에 따라 전문적인 수송업자가 등장하고 그들에 의한 상업적 교역도 점차 성행하게 되었다.[42]

---

38) 栄原永遠男, 앞의 책『奈良時代流通経済史の研究』의 제4장.

39) 石井寛治, 앞의 책『日本流通史』, 16쪽.

40) 栄原永遠男, 앞의 책『奈良時代流通経済史の研究』의 제1장.

41) 鐘江宏之, 『全集日本の歴史 3律令国家と万葉びと』, 小学館, 2008, 60쪽「コラム1」에서는『延喜式』등의 사료를 활용하여 나라시대의 인구를 600만 명 전후로 추산하고 있다. 당시 수도 平城京의 인구는 5~10만 정도로 추정된다.

42) 石井寛治, 앞의 책『日本流通史』, 16쪽.

3. 재분배경제에서 유통경제로의 전환

중앙, 지방을 불문하고 다양한 레벨에서 사적인 재화 축적이 활발해지자 국가재정도 필요에 따라 민간 사부까지 포괄적으로 운용할 수 있는 새로운 체제로의 이행을 피할 수 없게 되었다. 학계의 통설에 따르면 율령국가의 재정이 크게 전환하는 시점은 10세기 초 반전제가 폐지된 후로도 제법 시간이 흘러 율령제의 붕괴가 보다 분명해진 동 세기 후반부터라고 한다.[43]

이때부터 국가는 궁궐이나 대규모 사사의 조영, 각종 궁중행사의 비용 등을 조달하기 위해 공령인 국아령(國衙領)은 물론이고 장원까지도 포함하여 구니 단위로 일률적으로 부과하는 임시 세제인 일국평균역(一国平均役)을 창출하였으니, 이 새 조세제도는 그 후 중세사회까지 계승된다. 또한 고대 말기인 11세기 중엽에는 공전관물율법(公田官物率法)이라 하여 구니 단위로 면적을 기준삼아 공납물을 통일적으로 부과하는 조세제도가 시행되었다. 이는 그 전까지 국사가 자의적으로 세율을 변동하고 풍흉에 맞춰 수탈을 극대화한 탓에 인민의 저항이 격렬해진 당면 사태를 해결하기 위한 방편이었다.

그런데 새로 시행된 공전관물율법은 지역의 주요 생산품을 공납 대상인 관물로 설정함으로써 처음부터 지역적인 분업관계를 중시한 측면이 있다. 그 결과 지역 특산물에 상품으로서 성격이 강화되면서 국가의 의도와는 무관하게 유통경제가 상당히 촉진된 것으로 보인다. 일례로써 생활필수품인 토기의 유통을 들 수 있다.[44] 율령제 하의 토기 유통은 구니, 군과 같은 행정단위를 중심으로 비교적 좁은 범위의 생산유통권이 정치적으로 설정된 점

---

43) 이에 대한 대표적인 논고로는 大津透, 『律令國家支配構造の研究』, 岩波書店, 1993의 제2부 제2장; 寺內浩, 「攝關期の受領と私富蓄積」, 『日本歷史』 551호, 1994; 中込律子, 「中世成立期の國家財政構造」, 『歷史學研究』 677호, 1995; 佐藤泰弘, 『日本中世の黎明』, 京都大學出版會, 2001의 제IV장 등이 있다.

44) 토기 유통은 吉岡康暢, 「新しい交易體系の成立」, 『考古學による日本歷史9 交易と交通』, 雄山閣, 1997 참조.

이 특징이다. 그러한 교역질서를 처음 규정한 것은 다름 아닌 관인에 대한 급식제도였다. 먼저 중앙정부가 관인들의 급식을 위해 식기의 기종(器種) 및 법량(法量)을 획일적으로 정했는데 그 제도가 이윽고 각지의 행정단위까지 파급된 것이다. 그러나 공전관물율법 시행을 전환점으로 한 토기의 광역적 유통은 그 전과는 본질적으로 달랐다. 지역에 따라 저장기(貯藏器) 또는 조리기(調理器) 등의 특산지가 형성되었으며, 도농(都農)을 막론하고 지방 호족층을 중심으로 한 민간수요가 소비를 주도하면서 광범위한 지역에 걸쳐 상품으로 공급, 유통된 것이다. 그 대표적인 경우가 녹유(綠釉), 회유(灰釉) 같은 도기류의 광역유통이다.[45]

유통경제 발전의 또 다른 조짐으로 공납물의 납부기준에 관해서도 주목할 필요가 있다. 공전관물율법으로 전환한 후 각종 공납물의 납부기준은 예로부터 통용되던 현물화폐인 '영도(穎稻. 벼의 낟알)' 외에도 쌀, 비단 등과 같은 새로운 현물화폐를 채용한 경우가 많다. 영도나 동전은 율령제적인 재분배 실물공납경제의 가치체계를 대표하는 측면이 강하다. 하지만 당시 수도권을 중심으로 유통되던 쌀, 비단 등은 민간의 상품유통에 바탕을 둔 현실적인 가치체계의 표상이다. 이것들이 새 납부기준으로 정착되는 현상은 서서히 정비된 지방의 생산체계와 수도권 상류층의 소비가 상호 연결되면서 광역적인 물류가 형성된 점과 무관하지 않다. 즉, 재분배 실물공납경제에서 유통경제로 경제의 중심축이 이행해 가는 과정이 표면적으로는 영도, 동전으로부터 쌀, 비단으로의 납부기준 전환이란 양상을 띠고 구현된 것이다. 또한 통일적인 기준에 입각해서 본래의 과세 품목과는 다른 물품을 대납하는

---

45) 綠釉陶器, 灰釉陶器는 그 전부터 구니를 넘어선 유통이 허용되었다. 특히 녹유도기의 유통에 관해서는 尾野善裕, 「平安時代における綠釉陶器の生産・流通と消費 一尾張産を中心に一」, 『國立歷史民俗博物館研究報告』 92, 2002.2; 동, 「嵯峨朝の尾張における綠釉陶器生産とその背景 -平安時代初期の喫茶文化との關わりを通して-」, 『古代文化』 54-11, 2002.11 등이 있다.

'색대(色代)'라는 관행도 보편화되었다. 심지어는 쌀과 비단 사이에 제도적으로 설정된 교환비율과 현물시세의 가격차로 인해 그 차액을 누가 취득할 것인가를 둘러싼 대립도 자주 발생했다. 요컨대 조세제도의 전환이 유통경제 발전을 자극한 한편으로, 민간의 상품유통이 조세 납부기준의 변화를 초래했다고 할 수 있다. 이러한 국가경제와 민간경제의 상호작용을 통해 결과적으로 유통경제는 진일보할 수 있었다.

그 상징적인 현상이 신용경제의 맹아이다. 상품유통이 극히 저조한 단계에서는 중앙의 재무 관사가 주로 조세를 수납하고 중앙집권적인 관료제도를 통해 방대한 현물을 재분배했다. 하지만 수도권에 제반 물자가 집적되고 민간 사부의 축적이 진행된 한편으로 쌀, 비단 등 일반적인 등가물을 매개로 한 상품교역이 어느 정도 발달하게 되자 관-관, 관-민, 민-민 등 다원화된 재화의 축적 주체를 이어주는 연결망과 그 매개 수단이 필요하게 되었다. 이에 따라 10세기 후반 이후는 국가적인 급부와 지불이 현물 배분이 아니라 그것을 명한 문서인 '하문(下文)'이나 영수증인 '반초(返抄)'로 대체되는 경우가 늘어난다.[46]

하문이란 예컨대 국사가 자신이 관장하는 창고인 '납소(納所)'에다 물자 지불을 명한 문서를 말한다. 또 11세기 중엽에는 국사 등에게 관아와 사찰에 일정한 양의 물품을 납입할 의무가 부여되었는데, 반초란 이때 납입의무가 완수되었음을 증명하기 위해 관아와 사찰이 발급한 영수증이다. 실제로는 일단 소량의 납입을 증명하는 '청문(請文)'이나 '가납반초(假納返抄)'가 임시 영수증으로 발급되고, 납입 물량이 일정량에 도달했을 때 전에 발행한 청문 또는 가납반초를 회수한 후 정식으로 반초가 발급되는 것이 보통이었다.[47] 그리고 국사의 임기가 만료되면 반초를 비롯한 각종 문서들을 종합적

---

46) 大石直正,「平安時代後期の徵稅機構と莊園制」,『東北學院大學論集』歷史學·地理學 1호, 1970; 佐藤泰弘, 앞의 책『日本中世の黎明』의 제IV장.

47) 井上正夫,「一一世紀の日本における送金爲替手形の問題について」, 東京大學『東洋文化研究所紀要』155, 2009.

으로 감사하는 '공문감회(公文勘會)'가 행해진다.[48]

중앙정부뿐만 아니라 동대사와 같은 관립 대사찰도 유가증권의 성격을 띤 가납반초로 대가를 선불하고 필요한 물자를 수시로 원활히 조달했다. 이 경우 동대사와 거래하며 반초를 취급한 자는 상인으로서 역할을 수행했다고 할 수 있다. 또한 각지의 구니와 장원으로부터 중앙정부나 '봉주(封主)'에게 납부하는 공납물도 현물은 점차 줄어들고 그 대신 현물 보관처에 지불을 명령한 문서가 송부되었다. 이 문서는 제삼자에 대한 증여, 변제의 수단으로 사용되기도 했다. 이러한 극히 초기적인 형태의 신용경제는 지불 주체인 정부 및 사사의 권위와 불가분의 관계를 가지므로 후대의 상업적 신용과는 분명히 구별된다. 그러나 문서를 매개로 하여 지불이 예정된 재화를 당사자뿐만 아니라 제삼자에게도 이전할 수 있다는 인식이 확산된 점은 중요한 의미를 가질 것이다.

토지의 상품화도 이 무렵의 유통경제를 이해하는 데 빼놓을 수 없는 현상이다. 11세기에 들어서면 수도 헤이안경의 지가가 급등하는데, 이는 토지 자체가 자산으로서 활발히 매매되었음을 의미한다. 보통은 채무관계에 기인한 토지 거래가 성행했으며 택지를 담보로 한 상공업에의 투자도 조금씩 나타난다. 특히 헤이안경 좌경(左京)의 3, 4조(條) 사이에 위치한 고가의 택지가 자주 거래된 것은 이 지역을 중심으로 상공업이 발달한 사실과 무관하지 않다.[49] 또한 건축에 필요한 목재를 대량으로 소유한 국사가 그것을 수도 내의 택지와 교환하는 등 지방관들이 자신의 부를 토지에 투자하는 경우도 있었다. 이들은 상인은 아니지만 상업이윤에 관련된 여러 가지 활동을 수도권에서 행하였으며, 국가는 이 같은 사부를 앞서 언급한 축전서위령의 유제인 성공, 영작 등을 통해 흡수하고자 했다.

유통경제로의 전환은 이밖에도 다양한 측면에서 확인할 수 있다. 심한 경우

---

48) 本鄕惠子,「中世の経済構造」,『全集日本の歴史 6京・鎌倉ふたつの王権』, 小学館, 2008, 193쪽.

49) 櫛木謙周,「平安京の宅地賣買とその價格」,『洛北史學』1호, 1999.

는 관인의 봉록과 위계까지 민간 차원의 매매 대상이 되었다. 일찍이 8세기 말에도 천황의 친인척이 봉록을 담보로 부호층에게서 금전을 차용하고 제대로 변제하지 않은 사태가 빈발했다. 『유취삼대격』 등에 의하면 사료상은 그 대차관계가 '매매(賣買)'로 기록되었다. 관인의 봉록은 원래 대장성을 통해 지급되었지만 10세기에는 지방의 국부가 대행했고 이때 봉록과 위계가 매매되는 일도 흔했다.[50] 이런 식으로 채무관계에 기인하여 봉록과 위계에까지 가격이 부여되고 마치 상품처럼 매매된 현상은 유통경제 전개의 중요한 한 국면이다.[51]

4. 고대의 도시와 시장

이상에서는 고대 국가재정의 기본구조를 중앙재정과 지방재정의 상호관계를 중심으로 조감하고, 국가의 실물공납경제와 민간이 주도하는 유통경제의 연결고리로써 중앙·지방의 시장과 원거리 상인의 등장에 관해 논했으며, 후기 이후 경제의 중심축이 유통경제로 이동하는 과정을 서술했다. 여기서는 본 장의 마지막으로 유통경제 발전의 한 표상이라 할 수 있는 고대도시의 성립과 전개과정을 수도의 변천을 중심으로 살펴보기로 하자.

일본의 고대도시 연구는 유럽 중심의 도시 개념에 주로 의거해 왔으며,[52]

---

50) 時野谷滋,「位階の賣買」,『飛鳥奈良時代の基礎的研究』, 國書刊行會, 1990.

51) 이상, 유통경제의 맹아에 대해서는 櫛木謙周, 앞의 논고「商人と商業の発生」, 101-107쪽에 주로 의존하여 사견을 덧붙이고, 부분적으로 주에 언급한 다른 문헌들을 참조함.

52) 유럽의 사회학에서 도시란 극히 정의하기 어려운 존재였다. 예를 들어 마르크스와 앵겔스는 "물질적 노동과 정신적 노동의 분화 중에서 가장 극적인 것은 도시와 농촌의 분리이다. 도시와 농촌 사이의 대립은 미개에서 문명으로, 종족제도에서 국가로, 지방 할거에서 민족으로 변화하는 과정과 동시에 시작되고, 그 후 오늘날까지 모든 문명의 역사를 관통하고 있다"라고 대단히 복합적으로 규정했다. 山中章, 앞의 논문「古代都市と商業」에서 재인용함. 山中가 의거한 일문 번역 원전은 マルクス・エンゲルス,『ドイツ・イデオロギー』, 岩波書店(文庫), 2002.

오랜 기간 왕권의 소재지이자 '고대 천황의 상징으로서 궁도(宮都)'를[53] 도시로 인정하지 않았다. 그 후 연구가 진전되면서 헤이조경이 당의 장안(長安)과 형태상 유사하다는 점에 착안하여 고대 일본의 수도를 장안을 모델로 한 도시로 간주하는 견해가 대두했다. 하지만 헤이조경 천도 직전의 수도인 후지와라경(694~710)에 대한 발굴조사 결과 그 형태가 남북조시대 북위(北魏, 386~534)의 낙양성(洛陽城)과 흡사하다는 점이 밝혀진 후로는 일본 고대 수도의 규범이 장안보다 시기가 앞서는 낙양에서 유래했다는 주장도 제기되었다.[54] 그리고 발굴 사례가 증가함에 따라서 1990년대는 후지와라경 이후의 수도를 일본의 고대도시로 보는 시각이 일반화되었다.[55]

그러나 위와 같이 고대도시의 원형을 중국에서 찾고자 한 연구사조에 대해 사회학자 후지타 히로오(藤田弘夫)는 이론적인 재검토를 바탕으로 도시의 기본개념을 ① 권력 집중, ② 농업생산에서 유리된 인민들의 존재, ③ 일정 규모 이상의 인구 집주로 규정했다.[56] 야마나카 아키라(山中章)는 이런 후지타의 개념 규정에 입각하여 후지와라경보다 더욱 앞선 7세기 전반의 아스카(飛鳥)를 고대도시의 출발점으로 보았다.[57]

당대 최고의 권력자로서 백제와 관계가 깊던 소가씨(蘇我氏)의 본거지 아스카에는 야마토 정권의 모든 기능이 집중되고 한반도 삼국의 도시구조를 모방한 간선도로와 시장 등이 설치되었다.[58] 또한 7세기 후반에는 중국과 한

---

53) 岸俊男,「都城と律令国家」,『岩波講座世界歴史2』, 1975.

54) 岸俊男, 앞의 논문; 동, 앞의 책『日本古代宮都の研究』.

55) 小沢毅,「古代都市「藤原京」の成立」,『考古学研究』43-4, 1997; 都出比呂志,「都市形成史と国家論」, 吉田晶 編『日本古代の国家と村落』, 塙書房, 1998.

56) 藤田弘夫,『都市の論理 -権力はなぜ都市を必要とするか-』, 中央公論社(中公新書1151), 1993.

57) 山中章, 앞의 논문「古代都市と商業」. 그러나 藤田弘夫의 개념 정의에 입각하면 平城京에서조차 주민의 태반은 농업에 의존했다는 지적도 있다. 北村優季,「京戸について -都市としての平城京-」,『史学雑誌』93-6, 1984.

58) 田中俊明,「朝鮮三国の都城制と東アジア」,『古代の日本と東アジア』, 小学館, 1991.

170   전근대 일본유통사와 정치권력

반도의 도성을 모방한 조방제(條坊制)가 아스카에 처음으로 도입되었으며, 이때부터 고대 수도는 대체로 동일한 도시구조를 채용했다. 즉, 일본의 조방제 도성은 대개 북면 중앙에 배치된 궁성에서 남으로 곧게 뻗은 주작대로(朱雀大路)를 경계로 양측을 좌경·우경으로 구분하고, 남북의 단위인 조(條)와 동서의 단위인 방(坊)을 바둑판 모양으로 조합한 좌우 대칭의 방형을 취했다. 그리고 토지 관리를 위한 기본단위로서 사방 1정(町, 약 109m)을 1평(坪)으로 하는 조리제(條里制)가 시행되었다. 다만 대륙의 도성이 외부로부터 침략에 대비하여 흔히 성곽도시의 형태를 취한 반면 일본의 수도는 외곽에 성벽을 조성하지는 않았다.

이렇게 일본의 고대도시 성립에 대해서는 아스카 이후 혹은, 후지와라경 이후로 학계의 견해가 나뉘어져 있다. 필자 개인으로서는 도시의 외적 구조뿐만 아니라 그 기능과 주민 구성에까지 천착한 후지타 등의 견해에 관심이 기울기는 하지만 아직 어느 일방의 설을 단정적으로 수용하기는 어렵다.

그 후 8세기 말 환무천황(桓武, 재위 781~806) 때는 고분시대 이래 왕권의 본거지이던 야마토를 벗어나 현 교토부의 일각에 당의 장안을 그대로 모방한 새 수도 나가오카경(784~794)이 건설되었다. 천도 이유로는 주로 정치적 이유가 거론된다.[59] 그러나 요도천(淀川) 수계를 활용할 수 있는 수륙교통의 요지라는 경제적 고려도 작용했을 것이다. 나가오카경은 궁성 주변에 별궁, 관아, 귀족의 저택 등 지배계급의 공간이 배치되었다. 중앙관사가 요구하는 각종 물자를 생산한 관영 공방들도 이곳에 포진했다. 나가오카경의 공간배치에서 가장 큰 특징은 새로운 도시민인 하급 관인층이나 농민 출신의 사정(仕丁), 병사 등 피지배계급의 거주지를 궁성에서 제법 떨어진 외

---

59) 長岡京 천도에 대해서는 백제 25대 武寧王(재위 501~523)의 후손을 생모로 하는 桓武天皇이 기존의 불교 세력, 귀족 세력으로부터 거리를 두고 도래인 세력과 관계를 강화함으로써 인심을 일신하기 위해 도래인들의 터전으로 수도를 옮겼다는 설이 유력하다. 山中章, 『長岡京研究序説』, 塙書房, 2001.

곽에 집단적으로 설정하여 제도화했다는 점이다. 특히 동서시 주변에는 다수의 사정과 병사들이 거주했으며 각 구니의 조저 근무자나 물자 생산에 종사한 자들도 이곳을 삶의 터전으로 삼았다. 그 전까지 고급 귀족과 관인들이 주로 거주하던 도시에서 하층민을 다수 내포하는 도시로 수도의 성격이 크게 변모한 것이다.[60]

하지만 천도를 주도한 후지와라노 다네츠구(藤原種継, 737~785)가 그 때문에 정적에게 암살당하는 등 불상사가 끊이지 않은 연유로 나가오카경은 수도로서 완성을 보지 못하고 794년(연력13) 인접한 헤이안경으로 다시 천도했다. 나가오카경, 헤이안경에서는 내륙 하천을 활용한 수상교통이 수도권의 물류를 촉진함으로써 대량의 물자가 일거에 수도로 반입될 수 있었다. 게다가 이 무렵 새 왕권의 위용을 과시하기 위해 시도된 북방 에미시(蝦夷) 정벌정책은 대량의 인적, 물적 자원을 동일본을 거쳐 동북지역으로 수송했다. 즉, 전국에서 수도로 집적된 공납물자가 국가의 군사정책을 계기로 동북의 변경지역에까지 광범위하게 유통되게 된 것이다.[61]

9세기 이후는 율령국가의 관료체제에 균열이 발생하면서 헤이안경의 도시 기능도 여러 면에서 마비되기 시작한다. 특히 정권 중추부를 장악한 섭관가(摂関家) 후지와라씨의 북가(北家)가 좌경에 거소를 둔 까닭에 권력에 편승하려는 자들이 우경의 터전을 버리고 좌경으로 옮겨감으로써 헤이안경은 좌경에 편중된 도시구조로 변모했다. 그 때문에 우경의 서시는 842년(승화9) 서시사(西市司)가 백성들이 모두 동시에서만 교역하니 서시의 전포들은 텅텅 비어 공사(公事)를 도모할 수 없다고 중앙정부에 호소할 정도로 시장으로서 기능을 거의 상실했다. 반면에 동시는 비교적 번성하여 '시정(市町)'

---

60) 山中章,「初期平安京の造営と構造」,『古代文化』46-1, 1994; 동,『日本古代都城の研究』, 柏書房, 1998; 동,「古代都市の構造と機能」,『考古学研究』45-2, 1998.

61) 山中章, 앞의 논문「古代都市と商業」.

이 형성되고 이것들이 후일 칠조(七条)로 발전하여 그 주변이 상설점포로 면모를 일신해 갔다.

10세기 후반 이후 헤이안경은 좌경의 사조대로(四條大路) 이북 궁성 가까운 쪽에 시가지가 집중적으로 형성된다. 또 주물사, 금은 세공사, 경사(經師), 불사(佛師) 등이 집단으로 거주한 칠조가 상공업지로 변모하면서 점차 동서시에 대신하여 주민들의 소비생활을 지탱하게 되었다.[62] 즉, 율령국가가 의도한 헤이안경의 도시구상과 유통경제정책이 바로 이 무렵 도시민의 자립적 발전에 의해 점차 와해되어 간 것이다.[63] 그 후 율령체제가 크게 변질함에 따라 수도의 동서시와 중앙교역권은 쇠퇴 일로를 걷는다. 그러나 교역의 중심지로서 의미가 퇴색했음에도 불구하고 왕권과 권력의 상징으로서 헤이안경은 여전히 중요한 의미를 가졌다.[64]

이러한 동서시를 비롯한 중앙교역권의 쇠퇴에는 왕신가의 경제적 성숙도 주요 요인으로 작용했다. 귀족들의 영리 행위는 일찍이 787년(연력6) 일부 왕신가가 무츠국(陸奧国)에서 에미시와 직접 교역하고, 또 『연희식』에 귀족들이 교역사를 쓰시마(対馬)로 보내 진주를 사들였다고 한 것처럼 열도의 동과 서에 걸쳐 광범위하게 행해졌다. 840년대에는 견당사 일행이 지참한 대륙의 진귀한 사치품을 수도의 '궁시(宮市)'에서 귀족들이 구매한 사례도 보인다.[65] 신라사가 지참한 물품도 귀족들은 앞 다투어 사들였다. 심지어 864년(정관6)에는 동시의 시인 가운데 왕신가에 소속하여 스스로 '고가(高

---

62) 瀧谷寿,「都市と民衆」, 笹山晴生 編『古代を考える平安の都』, 吉川弘文館, 1991.

63) 市川理惠,「日本古代における「都市民」の成立 -坊令・保刀禰を中心に-」,『ヒストリア』 183, 2003. 일본 고대사에서 '도시민', '시민'이란 용어는 주로 10세기 후반 이후 平安京의 주민을 가리킨다고 한다.

64) 平野邦雄, 앞의 논고「第1章 古代の商品流通」, 33-34쪽; 山中章, 앞의 논문「古代都市と商業」.

65) 宮市는 원래 唐의 궁정에서 민간과 교역한 제도로 환관이 실무를 담당했다고 한다. 이를 모방하여 일본의 궁정에서도 平安宮의 建來門 앞에 幄舍를 세우고 일반에게 唐物을 불하했다. 平野邦雄, 앞의 논고「第1章 古代の商品流通」, 49쪽. 단, 일반인이라고는 해도 주고객은 왕신가였다.

家)의 종자'임을 자처하며 시사의 통제를 받지 않고 시장 이익을 독점하는
자도 나타났다. 이는 시인들이 율령국가의 관료제적 지배를 벗어나 유력한
권문의 보호 하에 들어갔음을 의미한다.[66]

일본 고대도시의 유통경제는 기본적으로는 동서시와 같이 국가가 설치
한 관영시장을 중심으로 영위되었다. 시장에 공급된 물자도 일차적으로는
각지에서 납부한 공납물과 수도 내 관영 공방에서 생산된 제품이 주를 이루
었다. 그러나 왕신가의 경제적 성숙, 도시 민간경제의 활성화 등으로 사적
인 물자유통이 증가할수록 상업과 운송업 등에 참가하는 새로운 계층이 늘
어나고, 관의 규제가 이완된 틈을 타서 그들의 활동이 일거에 확대되는 것은
필연적인 귀결이었다.

헤이안시대 후기가 되면 『신원락기(新猿樂記)』, 『금석물어집(今昔物語
集)』 등 문학서에 묘사된 도시민의 양상도 크게 변모하여 상공업을 생업삼
아 부를 축적한 인물들이 늘어난다. 또한 관의 규제가 약해지면서 관영 공방
에 소속된 공인들이 기술력을 살려 독자적으로 물자생산에 종사하기도 했
다. 11세기 이후 헤이안경의 삼조, 사조에 상공업자들의 집단 거주지가 형
성되고 앞서 언급한 대로 지가가 등귀한 것도 이런 배경에 기인한다. 하지만
그들의 활동은 고대도시에서는 아직 충분히 전개될 수 없었고 중세에 들어
와 비로소 꽃을 피우게 된다. 즉, 고대도시의 해체와 상공업의 숙성이 거의
같은 시기에 병행된 것이다.[67]

한편으로 헤이안시대는 규슈의 하카타(博多), 동북의 히라이즈미(平泉)
등 열도의 동, 서 변경에 위치하여 외부와의 교역을 담당한 지방도시가 전국
적 혹은, 지역적 유통경제의 핵으로 부상한다.

대재부에 인접한 하카타에는 대륙으로부터의 외교사절, 도래인 등을 영

---

66) 平野邦雄, 앞의 논고 「第1章 古代の商品流通」, 33-34쪽.
67) 山中章, 앞의 논문 「古代都市と商業」.

접하는 홍려관(鴻臚館)이 설치되어 대외적인 교류 창구를 담당했다.[68] 하지만 외교시설로서 홍려관의 기능은 사절단에 대한 영접 기회가 감소하고 외교가 두절되는 9세기 이후는 점차 그 의미를 잃게 된다. 이때부터 대재부의 홍려관은 해상무역에 종사하는 신라, 당, 후에는 오월(吳越), 송의 해상(海商)들이 이용하는 시설로 성격이 바뀐다. 그리고 홍려관을 무대로 하여 중앙 귀족 및 유력 사사들이 파견한 교역사, 대재부 관내의 부호층과 외국인 해상들 사이에 수입품을 둘러싼 교역이 전개됨으로써 하카타의 도시 형성과 발전이 촉진되었다. 열도의 동북지역에서는 7세기 후반 무츠국의 남단에 수장인 아베씨(安倍氏)의 본거지가 형성되면서 그 일대가 접경지역의 상업지구로서 성격을 띠게 된다. 그 후 오슈(奧州) 후지와라씨의 거관과 사사 등이 히라이즈미에 형성되자 에미시와의 교역을 중심으로 이곳에 본격적인 도시로서 기반이 형성되었다.

또한 전국의 국부는 시기와 배경, 공간구성 등에 차이는 있지만 대개 10세기 이후부터 지역사회에 뿌리내린 도시로의 전환이 시작된다. 예컨대 에미시 정벌을 위한 군사거점이던 현재의 미야기현(宮城県) 다가성(多賀城)의 국부 정청(政廳)은 10세기 후반 황폐화되었다가 12세기에는 인근에 수륙교통의 요지와 관인의 거관, 시장 등이 자리하면서 일대가 중세도시로 발전해 갔다.[69]

---

68) 鴻臚館은 원래 율령제 하에서는 단순히 '館舍', '客館'으로 불리었으며, 平安京 이외에도 각지에 설치되어 외국 사절에게 식료와 의복을 지급하는 '安置供給'과 응접 등을 행함으로써 그들을 일반으로부터 분리하여 관리하는 시설이었다. 9세기 전반 제 관사의 호칭을 당풍으로 바꿀 때 당이 외국사절에 대한 접대 관서를 '鴻臚寺', 그 빈관을 '鴻臚客館'이라 칭한 것을 모방하여 홍려관으로 개칭했다. 石見淸裕, 「鴻臚寺と迎賓館」, 『唐の北方問題と国際秩序』, 汲古書院, 1998.
69) 이상, 지방도시에 대해서는 櫛木謙周, 앞의 논고 「商人と商業の発生」, 106-107쪽을 참조함.

3장
교역 주체와 고대의 상인

상인은 상품거래의 중간과정에 개입하여 상업적인 이윤추구를 생업의 주된 수단으로 삼는 자를 의미하며, 인류사의 어느 시점에 일정한 조건을 갖춘 지역에서부터 출현한다. 증여와 호혜적 물물교환이 중심이던 선사시대는 상인이 등장하지 않는다. 기원전 3,000년을 전후하여 이집트, 메소포타미아, 중국 양자강 유역에 인류 최초의 국가형태인 고대 전제국가가 성립했을 때도 주로 전제군주의 관료와 신관(神官)들에 의해 물물교환과 잉여물의 재분배가 이루어졌을 뿐 상인은 아직 나타나지 않았다.

인류사상 가장 오래된 상인은 전제군주의 권력이 상대적으로 약체이고, 덕분에 지역 간 경제교류가 빈번하여 민간의 힘이 비교적 빨리 성장할 수 있었던 기원전 2,000년경 메소포타미아 도시문명 속에서 출현했다. 같은 시기 인더스의 도시문명에도 민간상인이 존재했을 가능성이 크다. 중국사의 경우 상인의 등장은 이보다 한참 늦은 기원전 6~5세기 춘추시대 중기 이후이며, 그 후 전국시대부터 상인을 중심으로 한 시장과 도시가 발달하기 시작한다. 특히 기원전 3세기~기원후 3세기의 진한시대는 상인의 교역활동이 활발히 전개되었다.[1]

---

1) 石井寬治, 앞의 책『日本流通史』, 4-7쪽.

유통경제라는 측면에서 본 일본 고대의 시대적 특징으로는 최대의 물자 공급자이자 수요자가 중앙정부 및 귀족, 사사, 관인이란 점을 들 수 있다. 율령국가가 반드시 필요로 한 시장경제도 동시대의 중국과 같이 민간상인이 주도한 것이 아니라 중앙, 지방의 재정을 맡은 관인들이 담당하는 경우가 많았다. 따라서 일본열도에서 상업과 상인의 발생은 원리적으로 국가적 물류와 밀접히 연관될 수밖에 없었으며, 고대 중국만큼 상인계층이 명확한 형태로 성립하지는 못했다.[2]

하지만 상업 및 상인 발생의 전체적 윤곽을 국가적 물류와 그 변천만으로 온전히 파악할 수는 없다. 귀족층에서 서민에 이르는 사적 물류의 대두와 함께 그 과정에서 활약한 초기적인 상인의 존재도 간과해서는 안 될 것이다. 특히 방대한 사경제를 영위한 귀족층의 경우 어떤 형태로든 국가를 경유하지 않은 독자적인 상행위에 가담했을 가능성이 크다. 또한 앞서 본 바와 같이 9세기 이후 국사와 지방호족층이 중앙과의 교역을 통해 원거리 교역자로서 면모를 드러내며, 다른 한편에서는 조세 수송을 위한 전문적인 수송업자도 등장하여 민간에서도 서서히 상업이 성행하기 시작한다. 서민 차원에서 보면 8세기 이후 수도 건설을 위해 전국 각지로부터 대거 동원된 역부(役夫), 운각부(運脚夫) 등에 대한 생필품 보급은 자연발생적인 사적 수요는 아니라 해도 미곡을 위시한 제 소비물자의 상업적 유통을 촉진시키는 데 중요한 역할을 했을 것이다.[3]

여기서는 왕신가, 하급 관인, 시인(市人) 등 일본 고대의 교역 주체를 차례로 검토하고 이것들과의 관계 속에서 민간의 상업 및 상인이 성립하는 과정을 도출해보기로 하자.

---

2) 石井寬治, 앞의 책 『日本流通史』, 17쪽을 참조하여 작성함.
3) 櫛木謙周, 앞의 논고 「商人と商業の発生」, 108-109쪽을 참조하여 작성함.

1. 왕신가의 교역

1) 율령 규정의 검토

율령제 초기까지 왕신 귀족들의 생활은 거의 전면적으로 국가재정에 의존했다. 그러나 743년(천평15) 간전영년사재법이 시행된 이후는 사적 생산과 소유가 급속히 전개되면서 지배층의 생활이 국가재정으로부터 상대적으로 독립하기 시작한다. 또한 앞서 논한 대로 9세기 말 이래 독자적인 재원을 보유하기 시작한 개별 관사와 사원, 귀족들은 10세기 이후 보다 독립적인 경영주체로서 두각을 드러낸다. 왕신가의 교역활동도 이러한 배경 하에서 나타난 현상일 것이다.

먼저 귀족 및 관인의 교역활동에 관한 당과 일본의 율령 규정을 비교해보자. 당의 『당령습유보(唐令拾遺補)』 737년(개원25)령 중에는 "모든 왕과 공주와 관인들이 친사(親事), 장내(帳內), 읍사(邑司) 또는 노객(奴客), 부곡(部曲) 등을 파견하여 시사(市肆)에서 흥판(興販)하거나 저(邸)·점(店)에서 매매, 출거(出擧)하는 일을 금한다. 다만 사람을 보내 외처에서 매매하거나 가옥을 사들이는 일은 상리(商利)를 도모하지 않는 한 예외로 한다"는 조문이 있다. '흥판'이란 일정 기간 계속적으로 이윤추구를 위한 매매행위에 종사하는 것을 말한다. 또 '저·점'이란 전포를 의미하는 사포(肆舖)와는 달리 숙박업·음식업·창고업 등을 영위하는 곳으로 '저'는 비교적 규모가 큰 것을, '점'은 규모가 작은 것을 가리킨다. 즉, 당령의 취지는 모든 왕족과 관인이 아래 사람을 시켜 '시장의 전포에서(在市肆)' 계속적으로 영리행위에 종사하는 일을 일체 금지하고, '저·점'에서의 매매와 대부행위도 불허하며, 다만 시장 바깥의 매매행위는 '상리를 도모하지 않는' 경우에만 예외적으로 허용한다는 것이다.

그런데 당령의 위 조문을 모델로 삼은 일본의 양로율령 「잡령」 황친조는

"무릇 황친 및 5위 이상은 장내, 자인(資人) 또는 가인(家人), 노비 등을 파견하여 시사를 정하고 흥판하는 일을 금한다. 단지 시(市)에서 매매, 출거하거나 혹은 사람을 보내 외처에서 무역하며 내왕하는 일은 예외로 한다"라고 규정했다. 필자로서는 당시 수도의 일반적인 상황을 고려하면 이때의 '시'는 동서시를, '외처'는 동서시를 벗어난 지역을 가리키는 것이 아닐까 생각된다. 그러므로 이 조문의 취지는 왕족 및 5위 이상의 왕신가가 아래 사람을 부려 '동서시에 점포를 정하고(定市肆)' 계속적인 영리행위에 종사하는 일은 금하면서도, 같은 동서시에서의 간헐적인 매매 및 대부행위와 동서시 바깥의 매매행위에 대해서는 이를 용인한 것으로 이해된다.

즉, 실제와는 상당한 괴리가 예상되지만 고대 중국이 지배층의 상업을 통한 이윤추구를 원칙적으로 불허한 반면에, 그 조문을 모방한 일본 율령국가는 일정한 전포를 보유하고 항상적으로 영리를 추구하는 것이 아니라면 지배층의 상행위를 비교적 폭넓게 인정한 것이다. 이는 율령제 이전부터 왕족의 가산제적 경영체가 상행위와 밀접히 연관되었던 일본적 전통을 계승하여 당령에 일정한 변용을 가한 결과로 보인다. 게다가 제한 범위를 5위 이상으로만 한정함으로써 일반 관인의 상행위에 대해서는 아무런 금기가 없는 점에도 특별히 유의할 필요가 있다.

2) 왕신가의 경영과 교역활동

왕신가의 교역활동은 기본적으로는 위와 같은 율령 규정에 기반을 두고 행해졌다. 그 중에서 현재까지 어느 정도 실태가 밝혀진 대표적인 사례는 8세기 초 나가야왕가(長屋王家)의 경우이다. 이 왕가는 헤이조경 좌경의 저택 유적에서 출토된 나라시대 초두의 목간 약 3만 5,000여 점을 통해 경영규모와 교역활동의 내용을 비교적 소상히 살필 수 있다.[4]

---

4) 그런데 長屋王家는 율령에 규정된 왕의 위계와 관직에 상응하는 토지, 인민의 경영한도액

나가야왕가의 목간은 크게 식미(食米) 등의 청구와 지급을 둘러싼 전표(傳票) 목간, 물품 수납을 기록한 물표(荷札)와 물품 진상장, 그밖에 문서용 목간으로 나누어진다. 미타(御田)로부터 진상장을 첨부하여 보내온 미곡은 주로 왕가에서 자체적으로 소비했다. 또 소채류도 왕가에서 소비하는 물량은 주로 직영지인 미소노(御薗)로부터 공급받았음을 확인할 수 있다.[5] 수공업품은 일부를 구입하기도 했으나 저택 내에서도 식기류를 포함하여 봉전(縫殿), 염사(染司), 공사(工司), 어안소(御鞍所, 안장 제작), 누반소(鏤盤所, 쇠가공), 동조소(銅造所) 등 다양한 물자를 생산, 가공한 가내 시설의 존재를 짐작하게 해 주는 목간이 출토되었다. 이런 식으로 상층 귀족이 자체 공인을 활용하여 다종다양한 물자를 자급하는 일은 당시 헤이조경에서 보편적인 현상이었던 것으로 보인다.[6] 즉, 국가의 현물지급체제 바깥에 존재한 나가야왕가 등 상층 귀족들은 직영지의 농업생산물과 자체 수공업품 생산 등을 통해 자가의 소비물자를 내부적으로 자급하려는 지향이 강했다고 할 수 있다.

그런데 극소량이긴 하나 나가야왕가의 목간 중에는 '점(店)' 또는 '서점(西店)'이란 용어가 기재된 것들이 있다. 이것들의 구조와 기능, 소재지 등을 밝

을 대폭 초과하는 거대한 家産經濟體를 형성한 사실이 이미 드러났다. 본 왕가의 경영과 교역을 살피기 위해서는 먼저 이 점부터 이해해야만 한다. 仁藤敦史는 문헌 및 목간 사료에 입각하여 이를 다음과 같이 명쾌하게 정리했다. 율령은 3위 이상 고급 귀족에게 家政機關 설치를 허용했는데 長屋王家에는 두 개의 가정기관이 존재했다. 그 하나는 중앙정부의 고위 관직자에게 부여된 位田 및 職田을 관할하는 공식 기관이며, 다른 하나는 수도 밖 香具山宮을 경영거점으로 삼았다. 후자에 대해서는 율령국가의 고관이 권력을 이용하여 비합법적인 가산을 공공연히 경영한 게 아닌가라는 의문이 제기될 수도 있다. 그러나 이는 672년 壬申의 亂을 평정한 최대 공신인 부친 高市皇子에게 주어진 功封 5,000호를 장자인 長屋王이 일족을 대표해서 정상적으로 계승, 관리한 것이다. 따라서 畿內 일원에 광범위하게 조성된 長屋王家의 御田은 부친 전래의 대규모 功田에 長屋王 부부의 위전 등을 더한 것으로 양쪽 다 합법적인 가정기관에 의해 경영되었다고 할 수 있다. 단, 729년(천평1) 소위 '長屋王의 變'으로 왕이 자결한 후 왕가가 보유한 御田 대부분은 국가에 몰수당했다(仁藤敦史, 앞의 논문 「「長屋王家」の家産と家政機關について」). 이러한 仁藤의 연구결과에 따르면 長屋王家의 교역활동도 후자의 가정기관에서 관장했을 것으로 추측된다.

5) 櫛木謙周, 앞의 논문 「長屋王家の消費と流通經濟 -勞働力編成と貨幣·物価を中心に-」.

6) 山中章, 앞의 논문 「古代都市と商業」.

혀낼 수 있는 관련 사료는 전혀 확인되지 않는다. 다만 소재지에 대해서는 전술한 율령 규정에 비추어 동서시일 가능성은 낮고 아마도 그 주변에 두어진 것으로 추측될 뿐이다.

다테노 가즈미(舘野和己)는 목간 그 자체의 기재 내용에 주목하여 '점'의 기능과 성격에 대해 첫째, 대량의 쌀을 '점'에서 왕가로 진상한 것으로 미루어 물자저장기능을 보유했다. 둘째, 전어 500마리를 구입하여 진상한 점으로 보아 왕가가 필요로 하는 물자를 구입하는 곳이었다. 셋째, 반(飯)·주(酒)를 '점물(店物)'이라 표기하여 이것들의 수량, 단가, 가격을 적은 목간을 거의 매일처럼 왕가에 제출한 점으로 미루어 자체 소비한 미곡의 잉여분을 주식(酒食)으로 가공하여 수도 내에 판매한 것으로 보인다고 지적했다. 이밖에도 특히 교역에 대해서는 나가야왕가가 직영지에서의 수확물을 이용한 교역으로 수익을 꾀했으며 판매를 전제로 한 생산도 행했을 것이라는 가설을 덧붙였다.[7]

그 후 구시키 요시노리(櫛木謙周)는 다테노의 연구를 보다 심화시켜 '점'을 포함한 나가야왕가의 교역활동과 소비, 노동력 편성 및 그 대가 등에 관해 다양한 각도에서 분석을 시도했다. 그 가운데 교역에 관련된 주요 논점은 다음과 같다. 첫째, 가타오카(片岡)에 소재한 미소노에서 소채류를 구입하여 왕가로 진상했는데 구입 대가로는 동전이 이용되었고 자체 소비 후의 잉여분을 매각했을 가능성이 있다. 둘째, 미소노의 교역 사례, 진(津)에 설치한 집하 거점, 각지에서의 교역을 통한 입수품 등으로 미루어 왕가의 유통 및 교역 거점이 수도 밖에도 광범위하게 존재했을 가능성이 크다. 셋째, 나가야왕가의 경영은 교환경제에 의존하는 국면이 의외로 크며, 따라서 기존의 왕

---

7) 舘野和己, 「長屋王家の交易活動 -木簡に見える「店」をめぐって-」, 『奈良古代史論集』 3, 1997.

신가에 대한 자급자족적인 가산경제의 이미지는 수정되어야 한다.[8]

그러나 나가야왕가의 교역에 대한 위와 같은 구시키의 적극적인 평가에 대해 나카무라 다이이치(中村太一)는 미소노의 소채류 구입에 관련된 목간은 수량이 극히 적어서 일상적인 매매가 이루어졌다고 간주하기 어려우며 잉여분 매각 가능성에 대해서도 명확한 증거가 없다고 지적한다. 다만 '점'에서 주식을 판매하고 그 대가로 동전을 취득한 것은 분명한 사실이며, 게다가 왕가 내에서 양조한 술을 내다판 것으로 이해되는 기재 기일이 근접한 복수의 목간이 존재하는 점으로 미루어 이 경우는 계속적인 상행위로 이해할 수 있다고 간주했다. 하지만 나가야왕가의 거대한 가산경제 규모에 비추어 극히 미미한 수준의 이윤을 얻는 데 그쳤을 주식 판매를 과연 왕가의 영리추구를 위한 상행위라고 인정할 수 있을까? 이 점에 대해 나카무라는 국가가 발행권을 독점한 동전이 도입된 이후 일상적인 물자 구입이나 고용노동의 대가로 상포 외에 동전을 지불하는 관행이 일반화함으로써 왕신가라 해도 잉여물자의 판매를 통해 외부로부터 동전을 조달하지 않으면 가정기관의 원활한 운영이 어려웠을 것이라고 추측한다. 그러므로 '점'에서의 주식 판매는 이윤 축적을 노린 교역활동이 아니라 수도권의 유통경제와 교접함으로써 가산경제체 운영에 필요한 동전 조달을 목적으로 한 것이며, '점'은 각종 물자 및 동전을 교역을 통해 조달하기 위한 가정기관의 한 부서에 지나지 않는다고 결론지었다.[9]

이상과 같이 앞의 다테노, 구시키 양자는 나가야왕가의 교역활동을 강하게 부각시켰으며, 특히 구시키는 왕신가 일반의 가산경제가 상당 부분을 교환경제에 의존했을 것이라고 적극적으로 해석했다. 그러나 나카무라는 부

---

8) 櫃木謙周, 앞의 논문「長屋王家の消費と流通經濟 -勞働力編成と貨幣 · 物價を中心に-」.

9) 中村太一,「日本古代の交易者 -目的とその類型-」,『國立歷史民俗博物館研究報告』113, 2004.

분적으로 '점'의 교역활동을 인정하면서도 그 목적은 가산경제체 운영을 위한 동전 및 물자 조달에 있었다고 의미를 한정함으로써 이윤추구를 위한 상행위로는 인정하지 않았다. 위 삼자의 견해는 어느 쪽을 취하든 '점'의 소재지를 동서시 외부라고 전제하면 율령 규정과 배치되지 않는다.

웅장한 궁궐과 관사와 가람들 그리고 동서시가 들어서면서 정치적, 종교적, 경제적인 면에 헤이조경의 도시로서 성격은 비약적으로 확대되었다. 특히 궁성 주변을 점유한 상층 귀족들은 각기 자가의 가정기관을 통해 전국에 산재한 봉호와 영지의 막대한 자산을 관리할 뿐만 아니라 저택 내부에서도 각종 물자를 생산했다. 그러므로 왕신가는 대체로 동서시와 같은 관시에 크게 의존하지 않고도 그들의 가산경제를 어느 정도 유지할 수 있었던 것으로 보인다.[10] 하지만 나가야왕가의 사례를 통해 짐작할 수 있는 당시 상층 귀족들의 가산경제는 완전히 자급자족적인 것은 아니었으며, 어느 정도의 교역활동이 불가피했던 것으로 사료된다. 나가야왕가의 가산경제에서 교역이 차지하는 비중과 그 성격을 둘러싼 위와 같은 연구사상의 대립점이 향후 어떤 결론을 도출할까? 또한 나가야왕가와 같은 최상급 귀족의 가산경제체가 다른 귀족들의 그것과 질적으로 어떤 상이점이 있는지, 그들에게도 과연 유사한 교역활동이 나타나는지 등에 대해서는 후속 연구가 필요할 것이다.

끝으로 왕신가의 가산경제는 당시 수도권의 도시경제와 어떤 관계에 있었을까? 이 점에 대한 역사적 평가로는 수도권의 수공업, 상업이 왕신가의 가산경제가 발휘한 강력한 영향력에 포섭됨으로써 도시경제가 아직 독자적인 기반을 확보하지 못했다고 보는 견해와,[11] 대부분의 가산경제체가 8세기 후반 이후 해체되면서 비로소 관사와 도시민을 중심으로 한 본격적인 도시

---

10) 山中章, 앞의 논문 「古代都市と商業」; 櫛木謙周, 앞의 논고 「商人と商業の発生」, 88쪽 등을 참조함.

11) 鬼頭淸明, 『古代木簡と都城の硏究』, 塙書房, 2000의 「序章」.

경제가 전개되었다고 보는 견해가 있다.[12] 가산경제와 도시경제의 상호관계는 11세기 이후 중세적인 토지제도 및 수취체계의 골격을 이루는 이른바 장원공령제(莊園公領制) 하의 도시를 이해하는 데도 중요한 과제라고 할 수 있다. 그러나 고대 나라, 헤이안시대로부터의 전개과정을 구체적으로 해명하는 작업은 아직 그다지 진전되지 못했다.

2. 하급 관인, 시인의 교역

동서시에 관한 항에서 이미 논한 바와 같이 실물공납경제의 재정 원칙에 따라 국가로부터 현물 조세를 배분받은 중앙의 각 관사는 그 상당 부분을 동서시와 중앙교역권의 여러 시장을 통해 매각하여 동전을 취득하고 다른 관사와 귀족들에 의해 시장으로 방출된 현물 중에서 필요한 각종 물자를 두루 구매해야만 직무를 원활히 수행할 수 있었다. 그리고 각지의 국부도 중앙정부에 바칠 공납물의 일부를 시장을 통해 구매했다. 다시 말해 수도권에서 이루어진 대량의 교역은 일차적으로 관용 목적이었던 것이다.

중앙관사 중에서 유독 사찰 조영을 담당한 조사사(造寺司)의 경우는 동서시에 대한 의존도가 별로 높지 않았다는 설도 있다.[13] 그러나 조사사는 750년대에 동서시와 수도권의 여러 교역거점에 출장소인 장(莊)을 설치했고, 그밖에도 소속 관인의 저택이나 교역사 등을 활용하여 지역적, 계절적인 물가 차이를 이용한 시장교역 활동을 전개했다. 762년(천평보자6)에는 산하의 조동대사사가 종이·시(絁)·미곡 등을 그리고 조동대사사의 사경소도 같

---

12) 山中章,「古代都市の構造と機能」,『考古學研究』45-2, 1998.

13) 吉田孝,「律令時代の交易」, 弥永貞三 編『日本經濟史大系 I 古代』, 東京大學出版会, 1965(동,『律令國家と古代の社會』, 岩波書店, 1983에 재수록).

은 해 다량의 식료·땔감·지필묵 등을 조사사의 관인을 거쳐 구입하는 등 각종 물품을 동서시를 통해 조달했음이 분명하다.[14]

이러한 중앙관사의 교역활동을 실제로 담당한 것은 하급 관인이었다. 나라시대까지 하급 관인들은 정부의 급여 외에도 궁궐 및 사찰 조영이나 사경 등 국가적 사업에 부수되는 교역활동에 참여함으로써 자가의 사경제를 영위할 수 있었다. 하급 관인이 등장하는 관사의 교역에 대해서는 다음과 같은 구체적인 사례가 있다.[15]

762년 12월 대반야경소(大般若經所)가 대반야경 2부 1,200권을 사경하는데 필요한 경비를 정부에 각종 실물로 요구했다. 이에 대해 절부성(節部省, 大蔵省에서 명칭 변경)은 어떠한 이유에서인지 조면(調綿) 1만 6,040둔(屯. 1둔= 4량)과 조포(租布) 80단(段) 등을 대체물로 지급한다. 당시 조면은 화폐체계의 일부이긴 하지만 실제로는 보편적 화폐로서 원만히 기능하지 않았던 것 같다. 그래서 사경소는 소속 관인들에게 조면을 할당하여 이를 매각하게 함으로써 물자구입에 필요한 동전을 조달할 방침을 세웠다. 이때 이세(伊勢) 출신으로서 중앙의 하급 관인으로 근무하던 한다카(飯高息足)는 320 둔의 조면을 1둔당 동전 65문에 할당받아 그 즉시 20둔 분의 대금 1관 300문을 납입했다. 하지만 다른 관인들이 거의 매각을 끝내고 대금 납부를 완료한 시점에도 그는 판매에 난항을 겪었다. 이듬해 2월 한다카는 아래와 같은 내용의 청원서를 사경소에 제출한다. 첫째, 사람을 '외국(外國)'에까지 보내 물건을 매각하게 했지만 이 인물이 무능하여 예정보다 싼값에 처분해버렸으니 남은 300둔에 대해서는 둔당 단가를 65문에서 60문으로 인하해주시오. 둘째, 우선 14관을 납부할 테니 잔금은 추후 간전(墾田)에서 거둬들인 수입

---

14) 平野邦雄, 앞의 논고 「第1章 古代の商品流通」, 31-33쪽.

15) 본문의 사례는 榮原永遠男, 「日本古代の遠距離交易について」, 大阪歷史學會 編 『古代國家の形成と展開』, 吉川弘文館, 1976(앞의 책 『奈良時代流通経済史の研究』에 재수록)에 소개된 사례를 中村太一, 앞의 논문 「日本古代の交易者 -目的とその類型-」을 참조하여 재정리함.

으로 후납하게 해주시오. 이 청원은 단가를 63문으로 조정하는 선에서 허락된 것 같다. 한다카는 바로 다음날 14관문을 납부하고 한 달 후에 다시 4관 900문을 추가 납입하여 정산을 완료했다.

이 사례에 대해 사카에하라 도와오(榮原永遠男)는 한다카가 향리에서 축적한 사부를 기반으로 중앙에 진출하여 하부 관료기구에 편입되었으며, 결국 이익을 올리는 데는 실패했으나 때로는 가인(家人)이나 노비를 활용하여 '외국' 즉, 다른 구니를 내왕하는 원거리 교역에 종사했고, 이런 그의 행위는 중앙관사의 재정에 종속된 교역활동이었다고 규정했다.[16] 이에 대해 나카무라 다이이치는 한다카가 가령 1둔당 5문의 이익을 올릴 수 있었다 해도 전체 이익은 1관 500문에 불과하므로 일족의 경제 규모에 비추어 이윤을 목적으로 교역에 종사했다는 위 주장에는 찬동할 수 없다고 반론했다. 그리고 결론적으로 한다카가 단순히 사경소 관인에게 부여된 업무의 일환으로써 조면 매각을 수행한 것이라고 보았다.[17]

동일한 사례에 대해 전자는 단정적으로 표명하지는 않았지만 한다카에 대해 하급 관인 겸 원거리 상인으로서 성격을 부여한 데 반해, 후자는 업무상 명령에 따라 일회적으로 교역을 수행한 평범한 하급 관인으로 간주한 것이다. 이 같은 양자의 견해차는 관인과 상인의 미분리 상태에 대한 이해, 나아가서는 고대 일본의 상인과 상업을 어떻게 볼 것인가라는 보다 본질적인 문제를 내포하고 있는 것으로 생각된다. 나카무라의 후속 주장에 관해서는 뒤에 다시 상론하기로 하자.

관사가 소속 관인을 동원하여 각종 관물을 교역함으로써 이익을 얻은 사례는 많다. 이러한 관사가 주도한 교역활동들은 관부(官府)의 권위라는 경제외적 강제를 통해 그 실무를 담당한 하급 관인들에게도 이윤 획득의 확실

---

16) 榮原永遠男, 앞의 책『奈良時代流通経濟史の研究』, 215-216쪽.
17) 中村太一, 앞의 논문「日本古代の交易者 -目的とその類型-」.

한 기회로 이용되었음을 관련 사료를 통해 확인할 수 있다. 그 한 사례로써 이시야마사(石山寺) 조영사업이 완료된 후에 남은 여분의 목재에다 자기 소유의 것을 더하여 관물인 양 매각함으로써 사리를 챙긴 관인도 있다.[18] 일회적이긴 하지만 소속 관사의 교역에 편승하여 하급 관인의 교역행위가 이루어진 것이다. 물론 관물에 손해를 끼치는 관인의 교역활동은 금지 대상이었으므로, 소속 관사에도 이익을 안겨주는 형태가 아니면 관인들은 자신의 사리추구를 정당화할 수 없었을지도 모른다. 또한 관인이 교역을 통해 사적 이윤을 추구하는 행위 자체가 그다지 장려되는 일은 아니었다.[19]

한편, 시인은 수도의 동서시를 비롯한 관시에서 교역을 매개한 핵심 주체이다. 그런데 시사(市肆)의 종류나 시장에 대한 법적 규제 등은 법제사 사료를 통해 어느 정도 판명되었지만 생업으로서 시인의 실태에 관해서는 아직 불분명한 점이 많다. 현 시점에서 시인의 존재를 구체적으로 확인할 수 있는 근거는 헤이조궁 궁터에서 출토된 나라시대 시인의 이름이 기록된 단 한 점의 목간뿐이다.[20]

주변적인 사료를 통해 지금까지 밝혀진 바에 의하면 시인의 상당수도 하급 관직을 가졌던 것으로 보인다. 전술한 「잡령」의 황친조는 5위 이상 왕신가가 동서시에 일정한 점포를 개설하고 계속적인 상행위에 종사하는 일을 금했다. 이는 바꿔 말하면 그 아래 관직에 속하는 하급 관인들의 상업적 시장교역이 용인되었음을 의미한다. 또 728년(신귀5) 3월의 태정관주(太政官奏)에 따르면 같은 5위라도 중앙의 비성(卑姓) 씨족이나 지방 호족에게 부여되는 위계인 외(外) 5위에 해당하는 자들은 자신의 가인이나 노비를 앞세운 시전에서 영업이 허용되었다. 이는 하급 관인 및 지방호족층의 시장교역에

---

18) 吉田孝, 앞의 논문 「律令時代の交易」.

19) 中村太一, 앞의 논문 「日本古代の交易者 -目的とその類型-」.

20) 목간의 기재사항은 '東口(市?)交易錢計 純麿人 服部/眞吉'. 奈良国立文化財研究所, 『平城宮發掘調査出土木簡概報』 17, 1984, 16쪽.

대한 욕구가 그만큼 컸으며 교역활동도 상당히 왕성했음을 짐작하게 한다.

헤이안시대에 접어든 9세기 이후는 국가의 재정난으로 대규모 관급공사가 급감하면서 공사에 연관된 부수입에 가계의 상당 부분을 의존하던 하급 관인들이 앞 시대와는 달리 큰 어려움을 겪게 된다. 한편으로 제 관사와 귀족들은 국가 종속적인 재정구조로부터의 자립을 가속화했다. 그런 와중에 하급 관직에 적을 둔 시인 가운데는 차츰 상호의 요구가 합치되어 제 관사나 귀족 집안에 고용되는 자들이 나타나기 시작했다.

834년(승화1)과 864년(정관6)에는 시인이 궁성 근위대인 좌우 근위(近衛)나 병위(兵衛)와 같이 천황, 왕족의 신변을 호위하는 위부(衛府)의 도네리(舍人)를 겸하거나 제 관사, 귀족 집안에 봉사하는 일을 금하는 태정관부가 발령되었다. 이는 하급 관인의 시인 겸직과 시인의 제사(諸司), 제가(諸家) 봉사가 시장질서를 어지럽힌다는 중앙정부의 판단 때문일 것이다. 그러나 정부의 노력은 별 효과를 거두지 못한 것으로 보인다. 시인과 제사, 제가의 상호의존적 관계는 더욱 돈독해졌으며, 고대 말 이후는 소위 원궁왕신가(院宮王臣家)의 권문화(權門化) 현상에 연동하여 그러한 결합이 보다 강고해졌다.[21]

3. 상업, 상인의 발생

1) 나라시대의 원거리 상인

고대의 상인이란 일반적으로 원거리 상업에 종사하는 자를 가리킨다. 율령제가 시행되기 훨씬 전인 6세기 중반의 하타노 오츠치(秦大津父)는 문헌사료에 등장하는 일본 최초의 원거리 상인이라고 할 수 있다.

---

21) 이상, 市人과 하급 관인의 관계에 관해서는 櫛木謙周, 앞의 논고 「商人と商業の発生」, 90-91쪽에 주로 의거함.

하타씨(秦氏)는 통설로는 백제계 씨족이며 직조, 광산, 제염, 토목, 건축 등 제 산업분야에서 활약했다고 한다. 『일본서기』에 의하면 흠명천황(欽明, 재위 539~571)이 즉위 전 황자 시절에 기내의 야마시로국 후카쿠사(深草)에서 오츠치를 만나 측근에 두었는데 그는 기대에 부응하여 이세와의 교역을 통해 큰 부를 이루었기에 흠명이 즉위 직후 대장성의 재무관료에 임명했다. 오츠치의 본관인 후카쿠사는 야마토 정권의 직할지로서 농업경영의 거점인 둔창(屯倉)이 위치한 교통의 요지였다. 또 오츠치가 교역 대상지로 삼은 이세는 후대까지 동일본 교역의 중심지로 번창했던 곳이다. 따라서 오츠치는 국가의 관인이면서 동시에 기내와 동일본 사이의 상품유통에 깊이 관여한 원거리 상인으로서 양면성을 지녔던 것으로 보인다.

이밖에도 당시 기내의 호족이 천황가와 연결되어 교역활동에 종사한 예로는 성덕태자(聖德, 574~622)의 비호를 받은 하타노 가와카츠(秦河勝)가 있다. 또 용명천황(用明, 재위 585~587)의 황후가 당시 대표적인 전통시장 중 하나인 쓰바키시 근처에서 '별업(別業)'을 영위했다는 점도 흥미롭다. 이처럼 왕권을 구성하는 황자궁(皇子宮), 비궁(妃宮) 등 가산경제체가 실물공납경제를 보완하는 자체 재정운영을 위해 하수인을 시켜 교역활동에 가담한 사실은 주목할 만하다.[22]

그 후 나라시대에 들어선 8세기까지도 구니의 경계를 넘나드는 지역과 지역 사이의 교역은 아직 대단히 미숙한 단계에 머물렀다. 하지만 중앙—지방을 연결하는 원거리 교역은 괄목할만한 전개를 보였으니 그 교역자들을 사료상 흔히 '상려지도(商旅之徒)'라고 칭한다. 다만 상려의 실태를 밝힐 만한 사료는 극히 적어서 고작 몇 가지 단편적인 사례를 통해 당시의 원거리 교역을 간접적으로 살필 수 있을 뿐이다.

---

22) 秦大津父 등 기내 호족과 천황가의 상업적 관계는 楢木謙周, 앞의 논고 「商人と商業の発生」, 86-87쪽.

『속일본기』714년(화동7) 2월 기사에 따르면 중앙정부는 상포(商布)의 규격 개정에 즈음하여 예전 규격의 포를 다량 축적하여 생업으로 삼는 자들에게 당년 12월 이내로 매각을 완료하거나 전량을 처분하기 힘든 경우는 적절한 가격으로 관사에 매납(賣納)하도록 지시했다. 그리고 이행을 위한 조치로 당시 기내 방어를 위해 특별히 중시된 소위 '삼관(三關)'을 지배지 내에 보유한 국사로 하여금 관소(關所)를 통과하는 '상려'들을 감독하여 보고서를 제출하도록 명했다. 삼관에 대해서는 고대의 교통에 대한 장에서 후술할 예정이다.

이 명령은 당시 광범위하게 유통되던 상포의 화폐 기능을 부정하고 708년(화동1) 발행되기 시작한 화동개진 동전의 유통을 원활히 하는 데 목적이 있었던 것으로 보인다. 상포는 주로 동일본에서 많이 생산되었다. 사료에 등장하는 상려들의 실체는 대개 동일본의 군사를 비롯한 지방 호족 출신으로서, 그들이 상포와 기타 물자를 현지에서 대량으로 집적하여 삼관을 넘어 기내와의 교역에 종사했던 것 같다. 또 역으로 기내에 집적된 다양한 물산이 동일본으로 유통하는 데도 그들이 중요한 역할을 수행했을 것이다. 그러므로 이는 나라시대 초두 원거리 상인의 왕성한 활동을 보여주는 귀중한 사례라고 할 수 있다.[23]

동일본 출신의 호족들이 상포를 주된 품목으로 삼아 중앙과의 원거리 교역에 종사하는 일은 그 후에도 지속된 것으로 보인다. 사가미국(相模國)의 유력한 호족으로 추측되는 우루시베 이나미(漆部伊波)는 748년(천평20) 동대사에 상포 2만근을 헌납하고 그 보상으로 이전의 종 7위 하에서 새로 외(外) 종 5위 하의 위계를 획득한 헌물서위자(獻物敘位者)의 한 사람이다. 외종 5위 하라면 동서시에 출점하여 흥판할 수 있는 관위이긴 하지만 실제로

---

23) 商布 유통과 商旅의 활약에 관해서는 櫛木謙周, 앞의 논고 「商人と商業の発生」, 82-83쪽; 榮原永遠男, 앞의 책 『奈良時代流通経済史の研究』의 제6장.

그가 어느 정도 유통경제에 관여했는지는 알 수 없다. 그러나 2만근에 이르는 대량의 상포를 헌납했을 뿐 아니라 수도와 나니와 사이의 교통 요지에 토지를 확보한 점 등으로 미루어 앞의 714년 법령이 대상으로 삼은 대량의 상포를 축적하여 중앙과 동일본 사이를 원거리 교역한 상려의 보다 발전된 형태일 가능성이 크다. 단, 우루시베가 교역의 주체이긴 하나 실제 교역은 휘하 인물에 의해 수행되었을 것이다.[24] 원격지의 헌물서위자 가운데는 우루시베와 유사한 행동을 취한 자들이 제법 있었다. 그들이 행한 교역은 앞서 소개한 동 시대의 한다카 등에 비해 대규모였고, 해당 관사에 대한 종속도도 희박했던 것으로 보인다.[25]

동일본의 상려들이 주로 육상교통에 의존했음에 반해 기내와 규슈를 포함한 서일본의 상려들은 수도권과의 연결에 수상교통을 이용하는 예가 많았다. 746년(천평18) 중앙정부는 지방의 산물을 수도권으로 운송하는 행위에 대해 일부 예외를 제외하고는 이를 금지했다. 그러나 시간이 흘러 금령의 효력이 다한 탓인지 796년(연역15)에도 규슈의 부젠국(豊前國) 구사노츠(草野津), 붕고국(豊後國) 구니사키(國埼)와 사카토(坂門) 등지의 항구로부터 임의로 선박을 이용하여 지역 물산을 세토내해를 거쳐 나니와까지 운송하는 관인, 백성, 상려가 존재했다.[26] 교역물자와 운송을 위한 선박, 선원 등을 확보할 수 있었던 점을 감안하면 이 경우도 교역주체는 지역에서 실권을 행사한 한정된 수의 지방호족층으로 보이며, 아마도 백성과 상려는 그 휘하에서 실제 교역에 종사한 자들일 것이다.[27] 이렇게 열도의 동, 서를 막론하고 중앙으로 모여든 상려들 가운데는 가인, 노비 등을 이용하여 동서시에 점

---

24) 교역주체와 실제 교역종사자의 분리는 中村太一, 앞의 논문「日本古代の交易者 -目的とその類型-」에서 榮原永遠男의 기존 견해를 반박한 부분을 참조함.

25) 榮原永遠男, 앞의 논문「日本古代の遠距離交易について」.

26) 櫛木謙周, 앞의 논고「商人と商業の発生」, 83쪽.

27) 中村太一, 앞의 논문「日本古代の交易者 -目的とその類型-」.

포를 열고 이윤추구를 위한 상행위에 가담했을 가능성도 있다.[28]

8세기 무렵 수도권과 동일본, 서일본을 연결하여 원거리 교역을 행한 자들의 전형은 율령제 이전부터의 전통적인 지방호족층 그리고 일반 백성의 상층부를 점한 일부 신흥 부호층이었을 것으로 생각된다.

그러면 이들이 중앙과의 교역에 진출할 수 있었던 시대적 배경은 무엇일까? 먼저 외부적인 요인으로는 수도권 유통경제의 일정한 발달을 고려할 필요가 있다. 실물공납을 중심으로 한 통일적인 수취체계가 완성되면서 수도로 집중된 각종 물자가 국가의 관인급여제와 관사재정 등을 통해 동서시 등지에서 상품화됨으로써 수도권의 유통경제가 발달하기 시작한다. 그 후 지방재정의 중앙재정에 대한 종속이 심화되는 과정에서 전국 각지로부터 수도권을 향한 물류가 활발히 전개되었다. 따라서 거시적인 측면에서는 중앙집권적인 율령제의 전개 그 자체가 중앙-지방 간 원거리 유통경제의 발전에 큰 외적 계기로 작용했다고 할 수 있다.

다음으로 지방호족층의 입장에서 수도권과의 원거리 교역은 사부 축적의 주요 수단인 동시에 동요하는 자신들의 지역사회에 대한 지배권을 경제력과 정치력 양 측면에서 보강해주는 역할을 했을 것으로 생각된다. 다만 그들의 원거리 교역은 아직 우연성, 일회성이 강해서 일단 취득한 이윤을 다음번 교역자금에 재투입함으로써 연속적인 교역을 통해 이윤증대를 노린다는 의식은 희박했다. 따라서 이러한 교역자들을 일괄해서 '상인'이라 칭하기에는 여전히 무리가 있다.[29]

이상은 지방을 본거지로 하여 중앙과 교역한 상려들의 예이다. 중앙에 터전을 둔 상려에 관한 구체적인 사례로는 나라노 이와시마(楢磐嶋)가 자주 거론된다. 나라씨(楢氏)는 원래 도래인계 씨족이다. 『일본영위기(日本靈異

---

28) 栄原永遠男, 앞의 책 『奈良時代流通経済史の硏究』의 제6장.
29) 栄原永遠男, 앞의 책 『奈良時代流通経済史の硏究』의 제6장.

記)』에 의하면 이와시마는 나라 대안사(大安寺) 서리(西里)의 주민으로, 성무천황(聖武, 재위 724~749) 때 대안사의 동전 출거로 상전(商錢) 30관문을 대출받아 비와호 수운을 이용해서 에치젠(越前)의 쓰루가(敦賀)로부터 물건을 사들여 수도에서 장사하려 했다. 하지만 쓰루가로부터 하물을 선적하여 향리로 돌아오는 길에 병이 들고 후에 귀신까지 만나 자칫하면 염라대왕에게 끌려갈 뻔했지만 사찰의 돈으로 장사했다는 이유로 화를 면했다고 한다. 설화이므로 신빙성에 문제가 있긴 하나 이는 중앙에 근거를 둔 자가 원거리 교역에 종사한 몇 안 되는 사례 중 하나이다. 쓰루가는 동해(일본해) 연안의 북륙과 기내를 잇는 주요 항구이자 북일본의 물자가 집산하는 교역중심지였다. 이와시마가 실존 인물이라면 아마 쓰루가의 이런 지리적 이점에 착안했을 것이다.

같은 설화집에는 이와시마와 한 마을에 거주한 신심 깊은 어느 여인이 마찬가지로 대안사의 상전을 출거하여 그것을 밑천으로 재산을 이뤘다는 이야기도 실려 있다. 두 사례 모두 사원의 승가조직이 관리하는 금전을 교역을 위한 자금으로 활용했다는 점이 흥미롭다. 대안사는 747년(천평19) 당시 6,473관이라는 거액의 동전을 비축하고 있었다고 한다. 따라서 이와시마 등과 같이 교역 능력을 갖춘 인물에게 자금을 융자함으로써 방대한 사원경제와 각종 불사를 경영하는 데 필요한 재정을 보전할 필요가 있었다. 그러므로 이와시마 등의 교역은 해당 사찰에 대해 상당히 종속적 성격을 띠었을 것으로 보인다.

이처럼 당시의 수도에는 스스로 많은 자금을 소유하지 않더라도 상업에 투신할 수 있는 환경이 어느 정도 조성되어 있었다. 그리고 이와시마가 사찰의 상전으로 장사한 까닭에 죽음을 면했다고 하는 부분은 부처의 깊은 은덕을 넌지시 암시함으로써 동전 출거를 장려하기 위한 서사적 장치일 것이다. 사찰이 연관된 교역에 관해서는 여타 상인의 활동을 보조한 측면과 함께 사

찰의 직접적인 교역활동에 관해서도 금후 추가적인 사례 발굴이 필요하다.[30]

2) 헤이안시대의 상인 군상

헤이안시대는 율령체제의 이완이 심화되면서 점차 제 관사와 왕신 귀족들의 경제가 국가재정으로부터 독립하고 이에 따라 도시의 민간경제도 제법 활성화되었다. 11세기 이후는 헤이안경을 중심으로 상공업을 통해 부를 축적한 자가 늘어났고, 관의 규제가 느슨해진 틈을 이용하여 관영 공방의 공인들이 독자적으로 물자생산에 종사하기도 했다.

11세기 후반의 『신원락기(新猿樂記)』에는 당시 대상인의 예로서 "하치로마히토(八郎眞人)는 상인의 주령(主領, 수령)이다. 이(利)를 중히 여겨 처자를 돌보지 않고, 자신만을 염려하여 타인을 돌아보지 않는다. 하나를 가지고 만 가지를 이루며 흙으로 황금을 만들어낸다. 말로써 타인의 마음을 호리며 계책을 써서 남의 이목을 속인다. 동으로는 부수(俘囚= 蝦夷, 동북지역)의 땅에 이르고 서로는 기카이(貴海= 鬼海, 열도의 서쪽 경계, 규슈 남쪽 현재의 薩南諸島 일대의 해역으로 추정됨)의 섬에까지 건너간다. 교역 물품이나 매매의 종류는 이루 헤아릴 수가 없을 지경이다. 당물(唐物, 대륙 수입물품)로는 침향·사향·용뇌(龍腦)·우두(牛頭)·백단(白檀)·적목(赤木)·자단(紫檀)···(전체 51종)이 있다. 본조(本朝)의 산물로는 금·은·수정·호박·수은·유황···(전체 23종)이 있다. 혹은 포구에서 세월을 보내어 정한 숙소가 없고 혹은 마을에서 날밤을 보내니 사는 곳이 일정하지 않다. 재보(財寶)를 파도 위에 비축하고 부침(浮沈)은 바람에 맡긴다. 운명은 늘 갈림길 사이에서 헤매고 생사를 길거리에 맡겼다. 빈객과의 정담은 심히 잦으나 처자와

---

30) 본문의 『日本靈異記』에 관한 검토는 櫛木謙周, 앞의 논고 「商人と商業の発生」, 83-84쪽; 米原永遠男, 앞의 책 『奈良時代流通経濟史の研究』의 제6장; 三上喜孝, 앞의 논문 「日本古代の錢貨出擧についての覺書」을 참조함. 위 연구에서 활용된 大安寺의 동전 비축에 관한 일차 사료는 『大安寺伽藍緣起幷流記資財帳』이다.

대면하는 일은 드물다"라고 하여, 대륙으로부터 수입품과 열도산 사치품을 다수 취급하며 기만적인 상술을 통해 거만의 부를 축적한 원거리 상인의 모습이 생생하게 그려져 있다.

그리고 같은 시기에는 기내의 운송업자와 함께 중간유통을 담당하는 상인들도 성장하기 시작한다. 대표적인 사례는 역시 『신원락기』에 등장하는 쓰가미 모치유키(津守持行)를 들 수 있다. 그는 북륙지역의 물산이 주로 하역되는 오츠(大津) 등지와 서일본의 물산이 주로 하역되는 야마사키(山崎) 등지를 연결하는 화물운송을 생업으로 삼았고, '늘 운임의 많고 적음을 따져서' 이윤을 추구했다. 하지만 동시에 스스로 우마를 이끌고 원로(遠路)를 왕복하는 영세업자이기도 했다. 주목할 것은 나라시대 이래 동·서의 교역자가 수도 및 나니와의 포구에서 만나 서로 거래하던 교역구조가 그대로 계승되어 헤이안시대에도 수도권을 중심으로 열도의 동과 서를 연결하는 양방향적인 운송업이 출현했다는 점이다. 이밖에 12세기 초두에 편찬된 『금석물어집』에도 헤이안경의 부유한 상인이 매년 연말이 되면 100여 필의 대상(隊商)을 꾸려서 수은(水銀)·비단·마포(麻布)·생사·면·미곡 등을 싣고 수도와 이세 사이를 내왕했다고 하며, 동북의 무츠(陸奧)로부터 수도로 사금을 운반한 사람에 관한 기록도 보인다.[31]

헤이안시대는 여성과 승려들도 교역에 참여했다. 먼저 여성의 경우는 헤이안 중기의 문학작품인 「우진보물어(宇津保物語)」에 헤이안경 7조 근방에 거주하며 행상한 '시녀(市女)'의 이야기가 나오며, 일본 고대문학의 백미로 일컬어지는 「원씨물어(源氏物語)」도 9조 근처의 '시녀' 이야기를 전해준다. 그 외에도 「금석물어집」에 의하면 세력가의 저택 외부나 시장에서 '판부(販婦)'가 절인 은어(鮨鮎)를 나무 들통에 넣어서 판매했고, 「대덕사문서(大德

---

31) 石井寬治, 앞의 책 『日本流通史』, 16쪽; 中村太一, 앞의 논문 「日本古代の交易者 -目的と その類型-」.

寺文書)」에서는 섭관가 후지와라(藤原) 가문의 여인이 조상 전래의 토지와 거기에 딸린 전포를 다른 여인에게 양도했다고 한다. 이러한 사례들을 통해 수도 내 여성들의 상행위가 대체로 극히 영세한 행상 수준에 머물렀으며 부호층이 주로 담당한 원거리 교역과는 현저한 대비를 이루어 소위 천민교역의 범주를 벗어나지 못했다는 점을 짐작할 수 있다.[32]

승려의 경우, 원래 양로율령의 「승니령(僧尼令)」은 승려들의 영리행위를 금지했다. 그러나 헤이안시대 후기에는 봉토나 장원의 경영을 청부받아서 상인의 성격을 띤 승려도 나타난다. 천희연간(1053~58)의 승려 넨케이(念慶)는 와카사국(若狭國), 오미국(近江国)의 동대사 봉호물(封戶物)에 대한 징수와 납입을 담당했는데 그밖에도 동대사가 필요로 하는 물품을 구매, 상납하곤 했다. 그의 행위는 단독으로 이루어진 것이 아니라 봉호물에 대한 최종 징수권을 가진 동대사 별당(別當)을 핵심으로 한 징수청부인 그룹의 일원으로서 활동이었다.

장원의 현지 경영자 가운데도 승려가 많았다. 동대사의 라이큐(賴久)는 장원 경영에 종사하는 동시에, 미마사카국(美作國)에서 납부할 봉미(封米)의 선불 영수중 겸 유가증권인 전술한 가납반초(假納返抄)를 받아 유통시킴으로써 필요한 물자를 조달했다. 또한 1111년(천영2) 5월 규슈 관세음사(觀世音寺)의 별당 센엔(暹宴)은 사찰을 수리한 공으로 제3위의 승위(僧位)인 법교(法橋)에 임명되었는데, '교역물로 업(業)을 삼고' '천금(千金)의 부를 이루었다'는 평가를 받았다. 이러한 사찰과 승려를 둘러싼 징세의 청부화, 공공사업의 이권화는 당시 상업 발생의 한 유형을 암시해준다.[33]

---

32) 平野邦雄, 앞의 논고 「第1章 古代の商品流通」, 48쪽.

33) 櫛木謙周, 앞의 논고 「商人と商業の発生」, 95-98쪽.

3) 고대 상업과 상인의 성격

이상에서 나라, 헤이안시대의 교역자에 관한 몇 가지 단편적인 사례를 제시했다. 그러나 고대 일본의 제 계층 중에서도 이미지를 구체화하기가 제일 힘든 것이 실은 상인이다. 이는 일본이 율령을 받아들이기 훨씬 전부터 사농공상(士農工商)의 신분 간 분업에 바탕을 둔 상인신분이 확립되었던 중국과는 크게 다르다.

당과 일본의 율령을 비교하면 사농공상의 신분제에 관련된 규정이 일본 율령에서는 삭제되었다. 또 당의 선거령(選擧令)은 공, 상 신분을 가진 자가 관리로서 출사하는 일을 금지했는데,[34] 일본 율령에서는 신분집단으로서 공, 상에 대한 언급이 아예 빠져 있다. 하지만 이런 현상만을 가지고 고대 일본의 수공업과 상업이 농업으로부터 완전한 미분리 단계였다고 쉽게 단정할 수 있을까?

고대 일본에서 상공인이 독자적인 신분집단으로서 역사의 전면에 등장하기 어려웠던 것은 무엇보다도 고대인의 생업에 관한 현존 사료가 대개 농업 분야로만 한정되어 있다는 사료상 한계에 기인하는 바가 클 것이다. 실제 상공업에 종사하는 자들은 관사, 왕신가 등에 다양한 형태로 의존하며 생업을 유지했고, 국가적인 사업이 있을 때 비로소 조직화되었다. 수공업을 예로 들면 율령국가는 대규모 조영사업에 징발한 기술직 노동자인 '장정(匠丁)'을 일반 정정(正丁)과는 구분하여 정세(正税)에서 급량했고 그 가운데서도 스스로 도구를 구비한 '공장(工匠)'에게는 특별한 지위를 부여했다.[35] 또한 무위무관(無位無官)의 정정을 지칭하는 '백정(白丁)'도 널리 모집하여 관 주도하에 기술직을 양성하기 위한 독특한 시스템을 형성했다.[36] 즉, 농업에서 분

---

34) 渡辺信一郎,『中国古代国家の思想構造』, 校倉書房, 1994. 이것은 唐의 경우 工人, 商人이 관리로 출사하는 현상이 실제로는 만연했다는 반증이기도 하다.

35) 堀部猛,「匠丁考」,『延喜式研究』9, 1994.

36) 栄原永遠男, 앞의 논문「律令中央財政と銭貨に関する試論」.

리된 초기적인 기술노동력이 실제로 존재했던 것이다.

상업의 경우는 앞서 본대로 714년 2월 상포의 규격 개정에 즈음하여 '상포를 축적하여 산업(= 생업)으로 삼은 자'와 같은 기록이 존재하는 점으로 보아 율령국가는 인민의 상행위를 하나의 생업으로 간주했을 가능성이 크다. 게다가 이미 여러 차례 인용한대로 양로율령 「잡령」의 황친조가 왕신가의 시장 내 영리행위를 금하면서도 외 5위 이하를 대상에서 제외하여 상업을 암묵적으로 허용한 점도 주목할 필요가 있다. 상인신분 자체는 아직 확립되지 않았으나 상업적 유통은 귀천을 막론하고 엄연히 존재했으며, 이에 대해 국가가 일정한 규율을 부여하려 했음이 분명하다.[37]

한편으로 수, 당 율령에서는 사(士)와 상(商)을 명확히 구분하고 상업을 말업(末業)으로 천시하는 유교적 천상관(賤商觀)에 입각하여 관료의 상행위가 금지되었다.[38] 이런 신분제적인 이데올로기는 일단 일본에도 수입된 듯이 보인다. 하지만 상업 및 상인에 대한 전 사회적인 차별의 실존 여부에 대해서는 아직 학계의 견해가 통일되지 못했다. 요시다 다카시(吉田孝)는 고대 일본의 경우 중앙, 지방의 재정을 운영한 관리가 상행위와 밀접한 관계를 가짐으로써 관인의 상행위에 관대했으며, 상인적인 승려의 존재도 다수 확인되는 점으로 미루어 천상관은 거의 정착되지 않은 것으로 간주했다.[39] 그러나 바로 아래에서 논하는 바와 같이 칼 포라니(Karl Polany)의 이론에 입각하여 일본의 고대 상업을 재조명한 나카무라 다이이치는 관인, 승려 등이

---

37) 櫛木謙周, 앞의 논고 「5 生産・流通と古代の社会編成」.

38) 세계사적 측면에서는 고대 그리스에서도 철학자 아리스토텔레스가 상업을 타인의 희생 위에서 이윤을 얻는 邪道라고 공격한 것처럼 상업을 멸시했고, 중세 기독교의 教父들도 상업은 타인을 속이는 행위이며 영혼 구제에 위험한 일로 간주했다. 이에 대해 메소포타미아문명 이래 상업이 활발했던 지역적 특성 덕분인지 이슬람의 성전 코란은 상업을 전혀 비난하지 않았고, 무슬렘들의 행동규범인 Sunna는 "신용 있는 상인은 최후 심판의 날 신의 옥좌 밑에 앉게 될 것이다"라고 오히려 상인의 신용을 칭송했다. 또한 불교 문헌이나 힌두교의 바라몬 문헌도 부, 상업을 천시하거나 이자를 취하는 금융활동을 악으로 보지 않았다. 石井寛治, 앞의 책 『日本流通史』, 8쪽.

39) 吉田孝, 앞의 논문 「律令時代の交易」.

행한 교역활동은 이윤추구를 목적으로 한 엄밀한 의미의 상행위가 아니며, 게다가 당시의 직업적 상인에 대해서는 사회적 멸시가 분명히 존재했다고 주장한다.

교역이란 크든 작든 그 속에 반드시 이윤추구라는 목적을 내포하며 교역자는 이윤추구를 통한 사적인 부의 축적을 궁극적인 목적으로 한다는 현대인의 상식은 과연 부동의 진실일까? 빈 출신의 경제인류학자 칼 포라니는 시장경제 이전의 역사단계에 교역이 지닌 본래적 의의와 목적에 대해, 교역이란 이윤추구가 본래의 목적이 아니고 자신이 속한 국가, 사회, 공동체의 내부에서는 생산 혹은, 입수할 수 없는 물자를 외부와의 평화적 교류에 의해 획득하기 위한 방법이라고 폭넓게 정의했다. 이에 따라 그는 교역자의 기본적인 교역 동기를 크게 두 유형으로 나누었다. 첫째는 소속 집단 속의 신분에 따라 자신에게 부여된 의무 및 공공적 봉사를 수행하기 위한 '신분동기'의 교역으로, 이 경우 교역자는 원칙적으로 이윤을 획득할 수 없고 주어진 업무를 완수함으로써 주인 또는 군주로부터 명예나 부를 얻게 된다. 둘째는 거래를 통해 발생하는 이익을 추구하는 그야말로 '이윤동기'의 교역이다. 하지만 고대사회에서 후자의 유형에 속하는 교역자들은 대개 빈궁한 생활에서 벗어나지 못했고 사회적으로도 비천한 대접을 받았다.[40]

나카무라 다이이치는 사카에하라 도와오로 대표되는 기존의 일본 고대 유통사연구에 대해 포라니의 이론을 바탕으로 전면적인 반론을 제기했다, 조금 길긴 하지만 연구사적인 의미가 크므로 나카무라의 설을 보다 소상히 정리해보기로 하자.[41] 그는 일본 고대에도 사치품, 필수품의 구분 없이 외부로부터 재화를 획득하기 위한 다양한 형태의 교역이 존재했으며, 따라서 교

---

40) 원전은 Karl Polany, *The Livelihood of Man*, Academic Press, 1977. 한글 번역본은 박현수 역, 『人間의 經濟』Ⅰ, 도서출판 풀빛, 1983. 일본어 번역본은 玉野井芳郎 외 역, 『人間の経済』Ⅰ, 岩波書店, 1980.

41) 이하, 본문의 전개는 中村太一, 앞의 논문 「日本古代の交易者 -目的とその類型-」에 의거함.

역= 이윤추구 행위라는 등식은 성립하지 않는다고 보았다. 예컨대 중앙관사, 사사, 귀족 등이 파견한 교역사는 직접적인 교역종사자이긴 하지만 소속기관에 대한 봉사를 직무로 하는 자들이며 교역에 수반되는 이윤으로 생계를 영위한 것은 아니다. 또한 관사의 물자조달을 위한 관인들의 교역활동도 비록 이윤이 개재된다고 해도 기본적으로는 관사를 교역주체로, 관인을 교역종사자로 하는 신분동기 교역의 한 유형으로 이해할 수 있다고 했다.

다만, 나카무라는 신분동기의 교역자 중 일부는 후세에 원거리 교역자로 발전할 만한 고도의 전문성을 가지고 있었다고 보았다. 일반적으로 당시의 교역은 원격지일수록 진귀한 명품을 획득할 기회가 많았지만 그에 반비례하여 재해, 수해(獸害)와 같은 자연적인 위험성과 산적, 해적 등 인위적 위험성도 증가함으로써 일종의 도박과 같은 성격을 띠었다. 그러므로 교역자에게는 일차적으로 원거리 교역을 무사히 수행할 만한 인원과 운송수단의 확보 등을 둘러싼 능력과 경험이 반드시 필요했다. 또한 획득하고자 하는 물자를 언제, 어디서, 누구로부터 무엇을 원자(原資)로 하여 입수할 건지, 계절과 장소에 따른 물가 차이와 변동을 감안하여 등가교환의 합의를 어떻게 이끌어 낼 것인지, 그밖에도 교섭을 위한 연고(connection)와 언어가 다른 경우의 어학력 등등 구체적인 교역의 실천을 위해서는 더 한층 전문성이 요구되었다. 그런 까닭에 신분동기, 이윤동기를 막론하고 이러한 고도의 전문성이야말로 후일 본격적인 원거리 상인이 등장하는 하나의 중요한 촉매제였다.

한편, 교역을 생업으로 삼은 이윤동기 교역자 다시 말해서 상인의 원형으로는 근거리형 행상, 원거리형 행상, 시인(市人)의 세 가지 유형을 제시했다. 먼저 나라시대의 근거리형 행상은 산지에서 물품을 구매하여 소비자에게 판매하고 얻은 이윤의 일부를 다음번 영업자금으로 삼았을 가능성이 크며, 따라서 자영상인으로 성립해가는 중간과정이라고 볼 수 있다. 하지만 그 경영규모는 극히 영세하여 『일본영이기』에서는 말을 혹사시키거나 말고기를 먹고 천벌을 받은 '참외 행상', 훔친 불경을 시장에서 팔아먹은 '천한 자' 등등 태반이 부정적 이미지로 묘사되었다. 이런 근거리형 행상이 헤이안시대의 문학작품에서는 '판부(販夫ㆍ販婦)'라는 용어로 자주 등장한다. 이들 역시 사회적 신분이 낮은 영세업자로 일회성 교역에 머물렀다.

그리고 원거리형 행상으로는 앞서 소개한 나라시대의 나라노 이와시마를 사례로 들었다. 이와시마의 교역규모는 근거리형 행상에 비해 훨씬 컸다. 하지만 자금을 사찰의 대부금에 의존한 점으로 보아 자립성은 아직 낮고, 또 이윤을 다음번 교역을 위한 자금으로 회전시키는 상업적 단계에까지 도달했는지도 의문이다. 나카무라는 이렇듯 나라시대의 원거리형 행상은 비교적 교역규모가 크다고는 해도 상업으로서 미숙한 요소를 내재하고 있으며, 그 후 헤이안시대 후기에 성장하기 시작한 원거리 상인의 원형으로 파악함이 타당할 것이라고 보았다.

또한 동서시 등지에서 교역을 행한 시인에게는 관인들로부터 각종 물품을 사들여 전매하는 유통업자로서 측면이 분명히 내재한다고 했다. 그러나 나라시대 헤이조경 동서시의 시인들은 아직 자본축적이 미약하여 대량의 면을 한꺼번에 사들일 수 없었고 다른 지역에까지 전매할만한 교역망도 미숙한 상태였다. 게다가 시인의 본래 출신이 하급 관인 또는 지방호족층이고 교역을 통한 이윤추구가 부차적인 생업에 불과하다면 그러한 시인을 오직 상업을 생업으로 삼는 순수한 상인으로 간주하기는 곤란하다고 간주했다. 단, 나라시대의 시인 가운데는 비록 소수이지만 상인의 원형에 근접한 인간 유형이 존재했고 그들이 헤이안시대 이후 시장교역을 통해 부를 축적한 것으로 보았다.

이상과 같은 논지전개를 바탕으로 나카무라 다이이치는 나라시대의 이윤동기 교역자는 아직 그 실상을 파악하기 어려운 수도의 시인까지를 고려하더라도 소수가 수도권의 일부 지역에 편재했을 뿐이며, 당시의 유통경제 전체에서 점하는 지위와 역할은 결코 크지 않았고 오히려 신분동기형 교역이 압도적 다수를 차지했을 것이라고 주장했다.

나카무라의 설에서 특기할 만한 것은 원거리 교역자와 운송업자의 활약이 문학작품에 자주 등장하는 헤이안시대 후기 즉, 11세기 후반을 일본역사상 상인의 성립기로 인정한 점이다. 그는 앞서도 소개한 『신원락기』의 하치로 마히토를 광역적인 상행위를 통해 얻은 이윤을 다음 거래의 운영자금으로 활용하면서 지속적으로 이윤을 추구한, 명실상부한 상인의 단계에 도달한 인물이라고 평가한다. 그러나 명확한 한계점도 지적하고 있다. 예를 들어 '상인의 주령'이란 말처럼 복수의 교역자를 통솔하는 집단의 우두머리임에도 불구하고 몸소 원격지에 대한 교역활동에 나서야 할 만큼 경영규모가 영세했다. 게다가 "이를 중히 여겨…이목을 속인다"라는 부분은 이익을 탐하는 상행위의 이미지가 아직 극히 부정적이며 따라서 교역종사자의 사회적 지위도 여전히 낮았음을 의미한다.[42] 또한 원격지로부터 수도로 들여온 사치품 중심의 취급 물품과 "빈객과의 정담은 심히 잦으나"라는 표현으로 보아 고객은 주로 수도의 귀족들이었던 것으로 추측된다. 나카무라는 『금석물어집』에서 수도와 이세를 내왕한 부유한 상인의 예도 하치로 마히토와 마찬가지로 대규모 교역활동을 행했으며 귀족 대상의 사치품을 취급한 것으로 이해하고 있다.

결론적으로 나카무라는 11세기 후반이 되면 비교적 대규모 교역을 전개하는 원거리 상인들이 모습을 드러낸다고 보았다. 그리고 동 세기 중엽부터 중세적 특색이 나타난다고 한 이시이 스스무(石井進)의 설을 원용하여,[43] 앞

---

42) 최근 鍛代敏雄의 경우도 하치로 마히토(八郎真人)에 관해 상인의 '主領'이란 賊黨魁首와 같은 의미로서 무장하여 隊商을 이룬 교역을 상징하며, '타인의 마음을 호리고(誑他心)' '남의 이목을 속인다(拔人目)' 등의 표현으로 보아 부정직한 상행위, 배금주의, high risk-high return 식 상업관을 엿볼 수 있다고 하여 당대 賤商觀의 존재를 인정하고 있다. 鍛代敏雄, 「日本中世における商人身分の形成とその特質 -物流の観点を中心に-」, 『国学院雑誌』 109-11, 2008.

43) 石井進, 『日本の中世1 中世のかたち』, 中央公論新社, 2002.

에서 본 당시의 원거리 상인들도 마찬가지로 고대에서 중세로 이행하는 큰 사회적 변동기에 등장한 인간유형일 것이라고 파악했다. 하지만 대규모 교역이 행해지고 전문적인 교역자가 대두했다고 해서 그것을 바로 상업의 발전이라고 이해하는 것은 단락적인 사고에 지나지 않는다고 경계한다. 즉, 이 시기 원거리 상인들의 교역활동은 귀족경제를 보완하는 측면이 강해서 인민을 포함하여 보다 넓은 계층을 대상으로 한 본격적인 상업까지는 아직 전혀 미치지 못했고, 후대의 대(大)상인들과 비교하여 경제력과 지위도 상당히 낮았으며, 중세로의 사회적 변화에 부응하여 이제 막 발돋움을 시작한 존재였을 뿐이라고 간주한 것이다.

이상, 포라니 이론을 수용한 나카무라 다이이치의 견해는 다음과 같이 요약할 수 있다. 첫째, 일본 고대는 업무상 외부로부터 재화를 획득하는 데 주안을 둔 신분동기의 교역이 다양한 형태로 존재하여 교역종사자의 압도적 다수를 차지했으며, 이들은 엄밀한 의미에서 상인이라고 인정하기 어렵다. 그러나 관인, 상인의 미분리 상태에서 관사의 교역활동에 종사한 특정 관인의 경우와 같이 교역종사자가 보유한 고도의 전문성이 후일 원거리 상인이 등장하는 중요한 계기로 작용했다. 둘째, 교역을 생업으로 삼은 이윤동기 교역자가 수도권을 중심으로 일부 존재하기 했지만 비중은 아직 미미했고 경제력도 대체로 빈약해서 극히 원초적인 상업을 행할 수밖에 없었다. 그러므로 고대 일본은 나카무라의 표현을 그대로 옮기면 "상업이 구조적으로 미성숙한 단계였기 때문에 사회적인 세력으로서 부유한 상인계층이 형성되지 못했고, 따라서 천상관을 체계적으로 규정할 필요성조차 없었"다. 셋째, 헤이안시대 후기인 11세기 후반이 되면 귀족경제를 보완하는 비교적 교역규모가 큰 원거리 상인이 본격적으로 대두한다. 하지만 그들은 후대의 상인들과 비교하여 아직 경제력과 사회적 지위가 낮았으며 고대에서 중세로의 이행기에 등장한 상인들이라고 할 수 있다.

나카무라 다이이치의 위와 같은 주장들은 그 하나하나가 기존의 학설을 뒤엎는 파격적인 내용을 담고 있으며, 일본 고대 유통사와 상업 및 상인의 성립을 둘러싼 고대사학계의 현재적 도달점으로서 충분히 참고할 만하다.

화폐는 상품유통의 가장 중요한 교환매체로써 지불 기능을 내재하는 동시에, 그 자체로서 가치를 압축적으로 저장하는 축재 수단이다. 세계사적으로 화폐는 비(非)금속화폐→현물화폐→금속화폐→신용화폐로의 단계별 형태를 취한다. 이 가운데 일본을 비롯한 동아시아권의 전근대 화폐사에서 가장 중요한 의미를 가지는 것은 동전을 중심으로 한 금속화폐이다. 금속화폐의 가치는 기본적으로 그 자체의 희귀성에 따른 금속가치, 정치권력에 의해 공인된 공정가치, 실제 시장에서 거래되는 유통가치로 나눌 수 있다. 이 삼자는 상호 밀접히 연동되므로 정치권력이 아무리 높은 공정가치를 부여하려 해도 원래의 금속가치가 열악하면 시장의 유통가치는 낮아질 수밖에 없다. 금속화폐를 둘러싼 극히 복잡다기한 역사적 전개과정은 대체로 이러한 기본 성격으로부터 기인하는 면이 크다.

지역적, 집단적으로 공인된 모든 화폐가 당대의 권력체계와 불가분의 관계에 있음은 재언할 필요도 없다. 예컨대 왕권을 어떤 일정한 영역, 집단, 국가에 대해 통치권, 재판권과 종교적 권위를 가진 존재로 정의하고 화폐를 해당 지역, 집단, 국가의 경제적 교환을 매개하는 일반적인 등가물이라고 이해한다면, 말할 필요도 없이 이런 왕권과 화폐는 밀접한 상관관계를 가진다.

양자의 관계를 구조적으로 살피기 위해서는 조폐권(造幣權)의 형태와 운영, 화폐 발행의 의도, 화폐에 반영된 왕권의 성격 등에 관한 종합적인 검토가 필요하다.

실제로 화폐는 공동체, 영주제, 전제국가 등 여러 형태를 취하는 정치권력의 재정적 물류에서 시대를 거슬러 오를수록 중요한 비중을 점하며, 또 재정적 물류에 대항적으로 형성되는 시장적 물류와 어떤 관계를 맺느냐에 따라서 시대적으로 기능이 변해 간다. 그러므로 전근대의 화폐사에 천착하기 위해서는 일차적으로 그 화폐를 잉태한 권력체계 및 정치권력과 화폐의 상관관계를 숙고할 필요가 있다.[1]

화폐사는 출토된 화폐 실물을 소재로 한 고고학적 연구와 과거의 기록물을 통해 시대별 전체상을 구성하는 문헌사학의 방법론이 교차하는 학문분야이다. 과거에는 문헌사학이 주류를 점했고 출토 동전을 조직적으로 검토한 연구는 드물었다. 그러나 근년 들어 활발한 발굴조사에 힘입어 대량의 고대 동전이 확보된 까닭에 이전에 비해 고고학적 연구의 중요성이 매우 커졌다.[2] 여기서는 고고학과 문헌사학의 연구성과를 아우르면서 중국, 한반도, 일본열도의 고대국가를 중심으로 한 왕권과 화폐의 상호관계, 일본 고대 동전의 변천과정에 관해 살펴보기로 하자.

---

1) 足立啓二, 「東アジアにおける錢貨の流通」, 『アジアのなかの日本史Ⅲ 海上の道』, 東京大学出版会, 1992를 참조하여 작성함.

2) 일본에서는 1993년 出土錢貨硏究會의 발족을 계기로 고고학뿐만 아니라 고대부터 근세까지를 망라한 시대별 문헌사학자와 화폐사, 사회경제사, 야금학 등 각 분야의 연구자가 결집하고 기관지 『出土錢貨』를 발간하기 시작했다. 이 연구회의 활동을 통해 출토 동전에 대한 편년, 집계 등 기초작업이 이루어짐으로써 이후 확실한 사실에 기초하여 각 시대별 화폐사를 다면적으로 고찰할 수 있는 기반이 제공되었다. 鈴木公雄, 「出土錢貨硏究の展望」, 『季刊考古學』 78, 2002. 2, 雄山閣.

1. 왕권과 화폐

1) 중국 고대 전제국가의 동전 발행

일정한 형태, 무게, 품위를 갖춘 인류 최초의 금속화폐는 기원전 7세기경 현 터키의 일부로 고대 그리스의 식민지였던 리디아왕국에서 주조된 것으로 알려진다. 금·은의 자연합금인 일렉트론(electron)을 이용한 이 화폐는 국가적인 지불을 위해 공적으로 발행된 것으로 추측된다. 표면의 사자 도상은 왕조의 상징이며 이때부터 비로소 화폐에 왕권의 존재가 명시되었다. 이후 페르시아, 그리스, 로마 등지에서 속속 귀금속이 화폐로 주조되어 원격지 무역에 사용된다.[3]

이렇게 서아시아 및 유럽의 화폐가 금·은을 주소재로 한 귀금속화폐로 소재와 무게가 지닌 고유한 금속가치가 바로 화폐의 가치를 나타냈음에 반해, 구리를 주소재로 아연 등을 첨가해 만든 동전은 중국을 비롯한 동아시아 특유의 비(卑)금속화폐이자 국가적 지불수단이었다.[4] 또한 기술적인 면에서도 동

---

3) 石井寬治, 앞의 책『日本流通史』, 13-14쪽.

4) 유럽과 서아시아의 금화, 은화와는 달리 중국이 국가적 지불수단으로써 동전을 택한 이유에 대해 足立啓二는 중국 전제왕정의 정치 및 재정구조상 특질에 기초하여 아래와 같이 대단히 흥미로운 가설을 제기했다. 첫째, 중국의 전제국가는 기원전 이른 시기부터 중앙집권적인 군사, 관료기구를 구비했다. 게다가 가부장제 가족이나 촌락공동체와 같은 중간단체의 성립이 미미하고(吉田法一,「中国家父長制論批判序説」, 中国史研究会 編『中国専制国家と社会統合 -中国史像の再構成Ⅱ』, 文理閣, 1990), 그것들을 수탈하는 중간권력체인 領主制도 부재한 까닭에 전제국가의 힘이 아주 강대했다. 그래서 단일성이 높은 극히 거대하고 광범위한 재정적 물류를 형성하고 그 국가적 지불수단으로 卑金屬인 동전을 선택할 수 있었다. 이에 비해 유럽 및 일본의 봉건사회에서는 각종 중간단체와 영주권력이 지역적, 중층적으로 존재하여 각기 공적인 재정을 유지했다. 이런 봉건사회의 재정은 전제국가에 비해 보다 조밀하지만 영향력의 범위와 재정규모 면에서는 극히 제한적일 수밖에 없었다. 둘째, 중국의 전제국가는 거대하고 단일한 재정적 물류를 형성함으로써 역대 황제가 '地大物博'을 자랑할 정도로 대외적인 자기완결성이 높았으며, 심지어 거의 19세기 말까지 동아시아에서 달리 대항할만한 세력이 없는 孤高한 경제권이었다. 그러므로 우세한 재정지불능력을 기반으로 세계사상 유래 없는 규모의 내부화폐제도를 창출할 수 있었고, 따라서 금속가치가 높은 귀금속보다 비금속인 동전을 쉽게 선택할 수 있었다. 한편으로 유럽 및 일본의 봉건사회에서는 도시국가 내지 영주지배권역 내부의 물류가 자립 불능이며 따라서 대외교역에 많은 부분을 의존해야만 했다. 그런 까닭에 국제적으로 그 가치를 신임받을 수 있는 금·은이 가장 적합한 화폐 소재일 수밖에 없었다. 이상은 足立啓二, 앞의 논고「東アジアにおける銭貨の流通」.

아시아권의 금속화폐는 애초부터 고열로 녹인 액상의 금속을 거푸집에 부어 넣어서 제작하는 주조법이 기본이었다. 그러나 인도, 서아시아, 유럽 등지에서는 리디아왕국 이후 현대까지도 미리 제작된 일정한 틀로써 지금(地金)의 표면을 눌러 도상과 문자를 찍어내는 압인법(壓印法)이 주로 사용되고 있다.

중국대륙에서 화폐의 기원으로는 보패(寶貝), 귀갑(龜甲) 등 비(非)금속화폐를 들 수 있다. 또 기원전 8세기 이후의 춘추시대에는 포(布), 도(刀)와 같은 독자적인 형태의 화폐가 제작되었지만 아직 왕권과의 관계는 해명되지 않았다. 기원전 524년 주나라에서 대전(大錢)이 주조되었다는 설화가 있으나 아직 자세한 내용은 알 수 없다. 전국시대에 들어서면 여러 국가에서 왕권 통제 하에 화폐를 발행하거나 혹은, 왕권의 규제를 받은 도시가 화폐발행의 주체가 되었던 것으로 보인다.

현재로서 가장 명료한 형태로 왕권과 화폐의 관계를 고찰할 수 있는 금속화폐가 중국사에 처음 등장한 것은 최초의 통일국가이자 전제왕조인 진(秦, ?~기원전 207)부터이다. 시황제(始皇帝, 재위 기원전 247~210)는 전국시대의 다양한 대소 동전을 통합하여 국가재정을 위한 단일한 지불수단으로 구리 소재의 화폐를 발행하고 그 도주(盜鑄)를 금지함으로써 왕권에 의한 배타적, 독점적인 조폐를 시작했다. 이때 발행된 것이 '반량(半兩, 약 8g)'이란 전문(錢文)의, 작은 원판 한가운데 사각형 구멍이 있는 방공원전(方孔圓錢)이다.[5] 방공원전은 이후 20세기 초두에 서양의 코인을 모델로 한 동전이 발행되기까지 실로 2천 년 이상에 걸쳐 중국뿐만 아니라 동아시아 각지에서 발행된 동전의 기본형태로써 명맥을 유지했다.[6] 단, 서아시아 및 유럽과는 달리 중국의 초기 화폐에 왕권을 상징하는 전문, 문양이 새겨진 경우는 적

5) 方孔圓錢에 관해서는 중국적 우주관인 天圓地方說에 따라 天神, 地神과의 연관성도 고려할 수 있다. 그러나 기본적으로 중국의 동전에는 서아시아, 유럽과 같은 神의 모습은 등장하지 않는다.
6) 三宅俊彦, 「第二章生産と流通3 生産・流通の諸相③ 第九節東アジアの銭貨流通」, 天野哲也 외 편 『中世東アジアの周縁世界』, 同成社, 2009.

다. 그러나 무게만을 명시한 화폐라 해도 도량형제도 그 자체가 역법과 함께 제왕(帝王)의 천하통치를 상징하는 것이었으므로 무게 통일은 왕권이 화폐를 지배하는 중국적 표현이라고 할 수 있다.

진에서 기본 골격이 형성된 중국의 화폐제도는 그 후 여러 단계의 변화과정을 거친다. 역대 왕조는 동전 주조에 진력함으로써 민간경제를 뒷받침했으며, 때로 주조 경비가 액면가를 상회하기도 했다.[7] 전한 무제(武帝, 재위 기원전 141~87) 때는 중량이 그다지 일정하지 않은 반량전 대신 '오수(五銖, 약 3.25g)'라는 무게 전문을 새긴 오수전이 발행되었다. 『한서(漢書)』에 따르면 오수전은 전한 후반기 100년 사이에 280억 매 정도가 발행되었으며, 이 같은 대량의 동전 유통이 화폐경제를 장기간에 걸쳐 안정시켰다고 한다. 그 결과 중앙집권적 조폐체제가 구축되는 동시에 재정사적으로도 전제국가의 재정이 확립되었다. 그런데 『사기(史記)』 평준서(平準書)의 무제 당시 기사와 그 후의 전개를 보면 이때 동전의 대량 발행은 민간에 유통수단을 제공하기 위해서라기보다 국가재정의 지불수단으로써 막대한 양을 비축하는데 목적이 두어졌음을 확인할 수 있다.[8] 또 무제 때는 재정수입을 늘리기 위해 납 함량이 높은 저품위의 은화도 대량으로 발행한 까닭에 도주를 극형에 처하도록 규정했음에도 불구하고 큰 차익을 노린 민간의 사주(私鑄) 은화가 성행하기도 했다.

한나라 말기의 짧은 기간 왕권을 찬탈한 왕망(王莽, 재위 8~23) 때는 '소천직일(小泉直一)'과 같이 가치를 표기한 전문이 처음으로 등장하며, 특히 '대포황천(大布黃千)'이라 하여 물경 1,000전의 명목가치를 가진 동전도 발행되었다. 이 시기에는 동전 소재인 구리의 민간 소유를 금하는 동금령(銅禁令)이 중국역사상 처음으로 공포된 점도 주의를 요한다.

---

7) 石井寬治, 앞의 책 『日本流通史』, 14쪽.

8) 이상 秦, 漢의 재정과 동전의 관계는 足立啓二, 「専制国家と財政・貨幣」, 中国史研究会編 『中国専制国家と社会統合 -中国史像の再構成 II』, 文理閣, 1990을 참조함.

후한(25~220) 이후는 양전과 악전의 이중구조가 심화되면서 오히려 왕권의 통제가 미치기 어려운 포백(布帛)의 화폐 기능이 강화되기도 했다. 위진남북조기(220~589)에는 많은 국가가 병립함으로써 양전인 오수전을 기준으로 한 타국의 화폐유통도 기본적으로 허용되었다. 그러나 한편으로는 미곡과 같은 현물화폐의 사용과 함께 조폐권이 민간에까지 개방됨으로써 왕권의 규제력이 더욱 약해지고 '박삭전(薄削錢)'을 비롯한 각종 악전이 유통의 주력이 되었다. 수 문제(文帝, 재위 581~604) 때는 삼국시대 이래의 분열과 항쟁에 종지부를 찍은 강력한 정치력을 배경삼아 조폐권 집중과 유통통제 등 오수전 사용을 법적으로 강제함으로써 동전 유통의 이중구조가 상당 부분 해소되었다. 수가 단기간에 멸망하자 그 성과는 당에 그대로 계승되었으며, 이미 시대도 민간경제와 재정의 원활한 운용을 위해 간편한 금속화폐의 대량 유통을 절실히 요구했다.

당(618~907)은 그 전까지의 오수전에 대신하여 621년(무덕4) 개원통보(開元通寶)를 발행했다.[9] '개원'이란 국기(國基)를 연다는 의미인데, 이후로는 통보나 원보(元寶)가 동전의 전문으로 널리 채용되고 중량 전문은 자취를 감추었다. 하지만 8세기 전반까지는 당 내부에서도 포백의 화폐 기능이 강해서 척촌(尺寸) 단위로 재단한 것이 실제 교역에 일상적으로 사용된 까닭에 양질의 동전이 그다지 원활히 유통되지는 않았다. 또한 구리 공급이 동전의 유통 증대를 위한 결정적 변수였으므로 동금령이 엄격히 시행되었으나 원료부족현상은 쉬 해소되지 않았다. 오히려 개원통보는 당의 힘과 권위를 배경으로 외부에 광범위하게 유포되어 아시아 각국 동전의 표준으로서 위치를 점했다. 그 후로도 당은 몇 종의 동전을 단속적으로 주조했으나 일관

---

9) 이 동전은 錢文을 상하좌우로 읽어 '開元通寶'로 보는 설과 시계방향으로 읽어서 '開通元寶'로 보는 설이 있다. 또 발행 당시는 후자, 그 후에 전자로 읽었다는 설도 있다. 栄原永遠男, 「錢貨の多義性 -日本古代錢貨の場合-」, 『アジアのなかの日本史Ⅲ 海上の道』, 東京大学出版会, 1992. 본고에서는 통설에 따라 '개원통보'로 칭한다.

해서 발행된 것은 개원통보뿐이다. 당나라 때 주변에서 동전을 발행한 것은 서역의 몇 나라와 일본 정도였다. 서역에는 사산왕조 페르시아의 은전과 동로마제국의 금전이 있었는데, 현지 발굴조사에 의하면 그것들과 더불어 당의 개원통보도 다량 출토된다고 한다.[10]

10세기 이후는 구리 공급량이 늘어서 송대에는 화폐 주조량이 다시 급증했다. 이에 따라 포백류의 화폐 기능이 저하되었고, 은도 점차 유통량이 늘긴 했으나 아직 충분치 않았기에 기축통화로서 동전의 역할이 중시되었다. 동전은 연호 전문이라는 중국 전제왕권 특유의 표현방식을 수반하면서 송의 영역을 넘어서서 중원문화의 영향을 받은 넓은 지역에 교역수단으로 유포되었다. 북송(北宋, 960~1127) 때 연간 500만 관으로 정점에 달한 동전의 발행량이야말로 국가적 지불수단으로써 동전의 기능이 가장 전형적으로 발달한 시대상을 잘 나타내준다.

북송대에 동전 발행이 왕성했던 이유를 한이 멸망한 이후 쇠퇴하던 상품경제가 당 중기부터 다시 활발해지고 동전 유통이 확대된 결과 송대는 국가재정이 동전을 중심으로 운영된 때문이라고 보는 견해도 있다. 그러나 상품경제의 일반적인 발달 이외에도 당송교체는 중국 전제국가의 재정 면에서 일대 전환점이었다. 원래 성립기의 전제국가는 병농일치(兵農一致)를 인민 편성의 원리로 삼았다. 하지만 그 후 점진적인 생산력 향상과 노동집약적인 농법의 진전으로 소농경영이 병·농 겸영의 현실을 더 이상 감내할 수 없게 되었고, 사회적 모순의 누적은 결국 당송교체기의 병농분리(兵農分離)로 귀결되었다. 후대 일본의 에도시대와 같은 봉건국가의 병농분리는 지배계급인 무사가 군사력을 독점하는 형태였지만, 중국 고대 전제국가의 병농분리는 용병(傭兵)이 군사력을 담당하고 농민이 조세부담을 통해 이를 지탱하는 형태로 실현되었다. 그런데 북송대는 북방 민족의 성장으로 군사적 긴장이

10) 栄原永遠男, 앞의 논문 「銭貨の多義性 -日本古代銭貨の場合-」.

상시화하고 그에 따라 전국적으로 급격한 재정팽창현상이 빚어졌다. 결과적으로 당시의 대규모 물류는 용병부대에 군수물자를 보급하기 위한 국가적 물류가 중심이었으며, 동전의 대량 발행도 상품경제 발전의 자연스러운 결과라기보다 일차적으로는 이러한 배경에서 나타난 현상이었다.[11]

2) 한반도 제국의 금속화폐

중국의 역대 왕조에서 발행된 동전은 중원문화의 세례를 받은 고대 한반도와 일본열도를 포함한 동아시아 각지의 화폐로도 사용되었다. 일본은 후술하는 바와 같이 중국 주변의 국가 중 가장 이른 시기에 자체적으로 금속화폐를 발행했다. 그러나 한반도의 제 국가들은 당과 적대관계에 있던 고구려와 백제는 물론이고, 당과 밀접히 교류하며 관료제나 도성제 등 그 문화와 제도를 적극적으로 수용한 발해와 심지어 6세기 이후 금·은 수출국으로 국제적 명성을 떨쳤던 신라까지도 금속화폐를 만든 일이 없었다.[12] 고려 초기까지도 한반도에서 독자적인 금속화폐를 발행하려는 시도는 거의 보이지 않는다.

신라가 금속화폐를 만들지 않은 첫 번째 이유로는 청동기시대부터 중국 동전이 한반도로 깊숙이 침투한 점을 들 수 있을 것이다. 한반도의 서북지역은 고구려 초기까지 명도전(明刀錢)과 같은 중국의 금속화폐가 지배계층의 위신재로 사용되었다. 그 후 대동강 하구에 있었던 것으로 추정되는 낙랑을 중심으로 하여 한반도와 일본열도를 아우르는 광역적인 교역망이 형성되자 오수전을 위시한 한의 동전은 한반도 최남단까지 퍼졌다. 『삼국지』 위지 동이전에 의하면 낙랑이 쇠퇴한 3세기 초반 이후로는 중국 동전에 대신하여 가야와 신라에서 판상철부(板狀鐵斧)나 철정(鐵鋌) 등을 현물 금속화폐로 사용했다. 그

---

11) 이상은 山田勝芳,「貨幣と王権-中国と日本」,『岩波講座 天皇と王権を考える 3生産と流通』, 岩波書店, 2002; 足立啓二, 앞의 논고「東アジアにおける銭貨の流通」에 주로 의거함. 당송교체기의 재정구조 변화는 宮沢知之,「北宋の財政と貨幣経済」, 中国史研究会 編『中国専制国家と社会統合 -中国史像の再構成 II』, 文理閣, 1990.

12) 栄原永遠男, 앞의 논문「銭貨の多義性 -日本古代銭貨の場合-」.

후 6세기부터는 철 화폐가 종적을 감춘 반면 신라 내에서 자체 생산된 금·은 과 고급 비단이 귀족들 사이에 지불수단으로 사용된 것으로 보인다.

또 한 가지 신라가 자체적인 금속화폐를 갖지 않은 구조적 이유로는 세금 을 각종 곡물과 직물 등 현물로 수취하고 국가적 사업에 필요한 노동력도 임 금지불 없이 무보수로 대거 동원했다는 점을 들 수 있다. 심지어 고급 기술인 력도 왕실 내부에 수많은 생산부서를 설치하여 각종 수공업 제품을 자체 생 산했고, 내부 조달이 어려운 물품은 민간 공방에서 만들어 세금 대신 공납하 게 했다. 즉, 국가와 인민 사이에 화폐가 개재될 소지가 아예 없었던 것이다. 부언하자면 신라에서는 민간경제가 본격적으로 형성되기 전에 중앙집권적 인 국가권력이 전국의 자원을 거의 독점하여 각종 세금 명목으로 흡수해버 림으로써 국가적 지불을 위한 금속화폐가 필요하지 않았고, 나아가서 화폐를 토대로 한 민간경제가 정착할 여지까지 사전에 잠식해버렸다고 할 수 있다.

한반도에서는 고려가 996년(성종15) 당과 동일한 전문을 가진 철전 건원 중보(乾元重寶)를 발행했고, 또 시기는 불확실하지만 개원통보도 주조된 것 같다. 고려의 독사적인 전문을 새긴 동전으로는 1097년(숙종2) 이후 해동원 보(海東元寶), 해동통보(海東通寶), 동국통보(東國通寶), 동국중보(東國重 寶), 삼한통보(三韓通寶), 삼한중보(三韓重寶) 등이 차례로 발행되었다. 그 러나 고려의 경우도 국가 및 귀족들의 인민에 대한 인신지배가 여전히 사회 질서의 근간을 이루었기에 금속화폐가 그다지 활발하게 유통되지는 못했 다. 국가적 동원체제에 기반을 둔 전근대 한국사에서 현물이 아닌 금속화폐 가 대량으로 유통될 정도의 전국적인 시장발전은 18세기에 접어들어 비로 소 나타난다.[13]

---

13) 신라의 금속화폐에 관해서는 김기흥, 『삼국 및 통일신라 세제의 연구』, 역사비평사, 1991; 김창석, 『삼국과 통일신라의 유통체계 연구』, 일조각, 2004 등이 있다. 단, 이러한 선행연구는 박노자, 「신라엔 왜 금속화폐가 없었을까」, 『한겨레21』 707, 2008. 4. 29에서 존재를 인지했으 며 또한 그의 견해를 본문 서술에 참조하였음.

2. 일본 고대의 동전

일본열도에서도 야마토 정권까지는 벼나 마포(麻布) 등 현물화폐가 주된 유통수단이었다. 율령국가에 들어서자 정부는 재정수입 확보를 위해 이른 시기부터 화폐 주조에 착수한다. 그 후 일본열도에서 동전의 역사는 상호 독립적인 세 개의 시기로 나눌 수 있다.

제1기는 7세기 후반의 초기 화폐를 거쳐 8세기 초두 화동개진이 본격적으로 발행되면서 시작된 소위 황조십이전(皇朝十二錢)의 시대로, 이는 10세기에 주조와 유통이 정지되면서 끝을 맺는다. 11세기 초~12세기 중엽은 동전 유통이 장기간 두절되었다. 제2기는 12세기 후반부터 시작된 중세의 중국 동전 대량 유통기로 '전병(錢病)'이란 말이 유행했으며 16세기 후반까지 지속되었다. 제3기는 1636년(관영13) 관영통보(寬永通寶) 발행에서부터 이윽고 동전 발행이 본격적으로 이루어진 근세 에도시대이다.[14] 세 시기 사이에는 유통된 동전의 종류와 기능 면에서 현저한 차이가 있다. 여기서는 제1기의 고대 동전을 중심으로 검토해보자.

1) 무문은전과 부본전

일본열도에서 제일 먼저 주조된 동전은 무문은전(無紋銀錢)이다. 이는 현재까지 17개 유적에서 31매가 출토되었으며,[15] 유적의 연대는 대체로 고분시대 밀기 아스카시대에 해당하는 친지친황(天智, 재위 668·671) 때부터 나라, 헤이안시대에 걸친다.

이 중 아스카시대의 유적에서 출토된 것들의 무게는 대개 8.3~10g 정도

---

14) 일본사에서 동전의 시기구분은 足立啓二, 앞의 논고「東アジアにおける銭貨の流通」을 참조했다. 단, 이 논문이 발표될 때까지 아직 분명히 밝혀지지 않았던 초기 화폐에 관한 사항을 필자의 판단으로 제1기에 포함시켰다.

15) 松村恵司,「出土銭貨」,『日本の美術』512, 至文堂, 2008, 18쪽.

다. 고고학자 가운데는 무문은전의 형태가 원반형을 의식해서 정형하되 복판에 구멍을 뚫은 유공원형(有孔圓形)이며 아마도 무게를 중국식 단위인 1량의 4분의 1로 조정하기 위해 은편(銀片)을 덧붙인 점 등을 중시하여 이것을 일본 최고의 화폐로 인정하는 사람이 많다. 그러나 문헌사학자나 화폐연구자 중에는 아직 중국에도 출현하지 않은 은전이 화폐 후진국인 일본에서 자생적으로 주조되었을 리는 없다고 하여 화폐로서 성격을 부정하고 그 주술적인 힘을 빌리기 위한 염승전(厭勝錢)으로 보는 견해가 많다.[16]

문제는 무문은전을 중앙정부가 주체가 되어 화폐로서 발행한 것으로 볼 수 있느냐는 점이다. 원래 6세기까지 일본열도에서 금·은은 한반도를 중심으로 한 국제환경에 규정되는 측면이 강했고 열도 내의 왕권이 일원적으로 통제할 수 있는 성격이 아니었다. 심지어 7세기를 전후한 시기에 금·은이 불사(佛事)에 다용된 것도 한반도의 여러 왕권이 야마토 정권의 사찰 건립을 지원한 덕분이며, 이 점이 7세기 열도 내의 은 지금(地金) 유통을 촉진했던 것으로 보인다.[17] 최근 후지와라궁에서 출토된 701년(대보1) 무렵의 목간 기록에 의거하면 당시 가치척도의 표시로 은 지금과 무문은전, 포(布)·사(絲) 등 복수의 현물화폐가 통용되었음을 짐작할 수 있다. 그러나 『일본서기』에는 지통천황(持統. 재위 690~697) 때 은을 백제와 당의 도래인들에게 일종의 위신재로서 하사한 사례가 있고, 특히 무문은전이 사찰 유적에서 많이 출토되어 토지의 신에게 제사하는 '지진(地鎭)' 목적으로 사용된 사실도 확인되었다. 이러한 점을 종합하면 당시의 은은 극히 희소성이 높은 귀금

---

16) 今村啓爾, 「無文銀錢と和同開珎銀錢」, 『季刊考古學』 78, 2002. 2, 雄山閣의 정리를 참조함. 無文銀錢을 염승전으로 보는 대표적 견해는 東野治之, 『貨幣の日本史』, 朝日新聞社, 1997; 三上喜孝, 「古代錢貨の再檢討」, 『出土錢貨』 9, 1998. 5가 있다. 厭勝이란 주술로써 적을 억눌러 이기는 것을 의미한다. 염승전은 재난을 회피하고 吉祥을 불러들이기 위해 특수한 문양을 넣어 주조한 일종의 호신부로, 주술적 성격의 동전일 뿐 화폐로서는 인정되지 않는다. 중국에서는 前漢부터 나타나는데 吉祥句나 呪句, 신령스러운 동물, 신선, 북두칠성 등 특수한 자구나 문양을 더한 경우가 많다. 松村惠司, 「富本錢をめぐる諸問題」, 위의 잡지 『季刊考古學』 78.

17) 田中史生, 「筑前国の銀の流通と國際交易 -銀流通の前提を再考する-」, 松村惠司·栄原永遠男 編 『古代の銀と銀錢をめぐる史的檢討』, 科學研究費報告書, 2004.

속으로 신성시되었을 가능성이 크며, 미곡·포 등 일반적인 현물화폐와 같은 차원에서 이해하기는 어렵다.[18] 한편, 무문은전에 관해 요시다 다카시(吉田孝)는 당시 한반도 삼국, 토번(土蕃), 남조(南詔) 등 지역의 유력 국가들이 화폐를 주조하고 있지 않은 상황에서 동해(東海)의 제국(帝國)을 형성하려는 왜국에게 화폐주조는 중요한 문제였다고 주장함으로써 과거 이시모타 쇼(石母田正)의 「동이(東夷)의 소제국론」[19]을 계승하는 입장을 보였다.[20]

1999년 1월 나라국립문화재연구소는 나라분지의 아스카이케유적(飛鳥池遺跡)에서 7세기 후반에 주조된 '부본(富本)'이란 전문의 동전 33매를 발굴했다. 그리고 동년 7월 같은 유적으로부터 소위 부본전(富本錢) 제조에 쓰인 주형 파편도 218점이 출토되었다. 여기서 나온 동적(銅滴)의 총량 5kg을 부본전의 평균 규격인 직경 2.4cm, 중량 4.2g 전후에 대비하면 약 1만 매 정도가 주조된 것으로 추정된다. 같은 유적에서는 절단된 무문은전도 출토되었다.[21]

이 조사결과는 그간 문헌사학에서 제기된 일본 고대화폐사의 몇 가지 난제를 해결하는 획기적인 의미를 가지는 것으로 평가된다. 그 첫째로, 『일본서기』의 화폐 관련 기사 중 후세의 작위임이 밝혀진 경우를 제외한 가장 오래된 기사인 683년(천무12) 4월 15일조의 "금후로는 반드시 동전을 사용하

---

18) 三上喜孝, 「錢貨と古代国家」, 『歷史評論』 655, 2004. 11.

19) 石母田正, 「日本古代における国際意識」, 『思想』 454, 1962(후에 동, 『日本古代国家論』 제1부, 1973과 『石母田正著作集』 4 「古代国家論」, 岩波書店, 1989에 재수록); 동, 「天皇と「諸番」」, 『法学志林』 60-3·4, 1963(우에 앞의 논문과 같은 책에 재수록). 소위 「東夷의 소제국론」은 4~10세기에 걸친 倭·日本의 외교관계를 통해 '동이의 소제국'이라는 국가관이 형성되었다는 주장이다. 그 핵심 내용은 天皇은 중국의 황제와 동등한 존재이며, 唐과 마찬가지로 당시 일본을 中華로 간주하는 제국의 구조를 취했다. 국가의 통치권이 미치는 범위는 '化內'이며 그 바깥은 '化外'로 구별되었다. 화외는 보다 세분화되어 당은 '隣國', 신라와 발해는 '諸番', 열도 내의 蝦夷·隼人·南道人 등은 '夷狄'으로 규정되었다는 것이다. 이상, 「동이의 소제국론」에 대해서는 中野高行, 「天智朝の帝国性」, 『日本歷史』 747, 2010을 참조함.

20) 吉田孝, 『日本の誕生』, 岩波書店(岩波新書), 1997, 126쪽.

21) 三上喜孝, 앞의 논문 「錢貨と古代国家」. 飛鳥池遺跡은 飛鳥寺 건립을 위한 寺院工房으로 조업을 시작했는데, 寺工·瓦博士와 함께 대형 청동기 공인으로 짐작되는 鑪盤博士 등 한반도로부터 건너간 도래계 기술자를 주체로 한 공인 편성이 있었던 것으로 추측된다. 杉山洋, 「古代都城の金屬器生産」, 『國立歷史民俗博物館研究報告』 113, 2004.

라. 은전을 사용하지 말라"는 명령은 생략이 많고 내용이 함축적이어서 예전부터 해석이 분분했다. 그런데 위와 같이 부본전이 출토되고 대략의 연대가 결정됨으로써 기사 속의 동전을 부본전으로, 그 발행 시기를 천무천황(天武, 재위 672~686) 때로 간주하는 것이 학계 공통의 이해로 자리잡았다. 기사 속의 은전은 앞서 논한 무문은전으로 해석되고 있다.[22] 둘째로, 『속일본기』 699년(문무3) 12월조에는 동전 주조를 위한 주전사(鑄錢司)가 처음 설치되었다는 기록이 있는데, 이것도 현재는 부본전 주조를 위해 설치된 기관으로 이해된다.

부본전의 평균 규격은 『구당서(舊唐書)』 식화지(食貨志)에 기재된 개원통보와 거의 일치한다. 게다가 당나라 초기 개원통보의 실물과도 전체 규격, 테두리의 형상과 두께 등이 흡사하여 부본전이 개원통보를 모방한 사실은 거의 의심할 여지가 없는 것으로 보인다. 예전부터 일본 학계에서는 후술하는 화동개진과 개원통보의 유사성이 지적되었지만 부본전의 경우도 개원통보를 모방하면서 전문만을 독자적으로 부여했다고 보는 편이 타당할 것이다.[23]

부본전에 대해서도 염승전인가 화폐인가를 둘러싸고 학계의 견해가 엇갈린다. 옛 동전을 수집 연구하는 고전가(古錢家)들은 상하로 배열된 '부본'이란 전문의 의미를 '부의 근원'이란 길상구로 해석하고 좌우에 배치된 칠요(七曜)의 문양을 북두칠성문으로 이해하여 이를 한결같이 염승전으로 간주했다. 그러나 부본이란 단순한 '부의 근원'이 아니라 원래 『서경(書經)』에서 유래한 것으로, "음식이 충분하고 화폐로써 물자를 잘 유통시키면 국가와 백성이 함께 풍요로워져 교화를 이룰 수 있다"는 부국안민의 정치철학에 기인한 말이다. 또한 후한 광무제(光武帝, 재위 25~57)가 오수전을 다시 주조할 당시의 일

---

22) 대표적인 연구는 今村啓爾, 『富本錢と謎の銀錢 ―貨幣誕生の眞相―』, 小学館, 2001; 동, 앞의 논문 「無文銀錢と和同開珎銀錢」.

23) 松村惠司, 앞의 논문 「富本錢をめぐる諸問題」, 34쪽 〈圖1〉에 開元通寶와 富本錢을 비교한 그림 있음.

을 기록한 『진서(晉書)』 식화지와 또 당의 『동관한기(東觀漢記)』에도 "부국의 근본은 식화에 있다"라는 문구가 보인다.[24] 한편, 칠요문이란 천지간 조화를 도상으로 나타낸 것으로, 양(陽)인 해(天)와 음(陰)인 달(地) 사이에 목 · 화 · 토 · 금 · 수의 오행이 질서 있게 순환하는 음양오행사상을 표현한 것이지 북두칠성이 함의하는 도교적인 주술과는 성격이 다르다.[25]

근년에도 도노 하루유키(東野治之)는 위 『일본서기』의 기록을 분묘 부장품에 대한 명령으로 간주하고 부본전을 염승물로 이해했다.[26] 또 미카미 요시타카(三上喜孝)는 후술하는 화동개진에서 보이는 중앙정부의 유통정책과 동일한 성격의 기사가 부본전 단계에는 전혀 나타나지 않는 점 등을 들어서 마찬가지로 염승전으로 파악하고 이를 아스카사(飛鳥寺)에 헌납할 진보(珍寶)로 주조된 것이라고 보았다.[27] 미카미는 이후 무문은전, 부본전 등 초기 화폐를 염승전으로 보는 종래의 주장을 견지하면서도, "전근대의 동전을 둘러싼 유통화폐냐 염승전이냐의 이항대립적 논쟁이 이미 한계에 달했으며, 전근대는 기능이 미분화단계가 아닐까라는 회의를 가진다"라고 종래의 자설에서 약간 후퇴하며 절충적 입장을 보였다.[28] 물론 위와 같은 미카미의 견

24) 松村惠司, 앞의 논문 「富本錢をめぐる諸問題」.

25) 松村惠司, 「富本七曜錢の再檢討」, 『出土錢貨』 11, 1999; 동, 「『富本錢』は通貨かまじない錢か」, 『歷史讀本』 44-8, 1999.

26) 東野治之, 앞의 책 『貨幣の日本史』; 동, 「東アジアの中の富本錢」, 『市民の古代ニュース』 196 · 197 부록, 1999.10 · 11 등.

27) 三上喜孝, 「富本錢の史的意義」, 『山形県立米沢女子短期大学紀要』 35, 2000.12; 이런 三上의 견해에 동조하는 주장도 제기되었다. 杉山洋, 「飛鳥池遺跡の性格をめぐって」, 奈良文化財研究所 『文化財論叢III』, 2002. , 『歷史評論』 655, 2004.11.

28) 三上喜孝, 앞의 논문 「錢貨と古代国家」. 三上은 이 논문에서 고대 동전의 기능 미분화를 상징적으로 보여주는 사례로서 6세기 백제 武寧王陵(재위 501~523)의 출토물을 들었다(金元龍, 『武寧王陵』, 近藤出版社, 1979를 인용함). 무령왕릉에서는 왕비의 墓誌 이면에 토지신으로부터 왕릉의 토지를 '錢 一萬文'에 구입한다는 買地券과 함께 중국 남북조시대 梁代의 五銖錢 한 궤미(繝) 약 90매가 부장품으로 발견되었다. 三上은 이것을 동전이 현실적인 경제활동뿐만 아니라 토지신과의 매매계약에도 사용 가능한 주술적인 존재로 인식된 사례라고 본 것이다.

해에 대해서도 강한 비판이 제기되었다.[29] 이밖에 부본전의 사용방식보다 발행 의도에 주목함으로써 율령국가 성립기에 주조된 부본전을 국가 또는 왕권의 상징으로서 지배 이데올로기와 연관시킨 견해도 있다.[30]

부본전은 주형편(鑄型片)이 다수 출토된 점과 통화로써 사용을 시사해 주는 목간이 존재하는 점 등으로 미루어 단순한 주술용이 아니라 일본 최초의 유통화폐일 가능성이 높다. 그런데 부본전을 화폐로 인정하는 연구자라 해도 출토량이 너무 적다는 점 때문에 통화로서 실효성에는 회의적인 의견이 많다. 하지만 부본전은 아스카지역에서 출토된 것만도 현재 560여 점에 이르며, 그 분포지역이 대체로 율령국가의 중심부이고 그 외 군마현(群馬縣) 후지오카시(藤岡市)의 가미쿠리스유적(上栗須遺跡)과 같이 원격지에서도 발굴됨으로써 금후 전국적으로 출토될 가능성이 높아졌다. 그러므로 부본전은 시기적으로 무문은전과 화동개진 사이에 존재한 일본 최초의 공식 주조화폐임이 분명한 것 같다.[31] 다만 앞서 소개한 미카미 요시타카의 절충론과 같이 염승전으로서 성격도 일부 혼재된 상태였을 것으로 추측된다.

화폐로서 부본전이 사용된 지역은 주로 수도권 일원이고 사용자도 귀족, 관인, 관사의 범위를 넘지 않았을 것이다. 따라서 민간의 유통경제 발전에 대응한 화폐라고 보기는 아직 이르다. 아마 새로운 국가체제 형성의 일환으로 중국과 유사한 금속화폐를 발행하고자 한 체면상 이유와 함께, 후지와라

---

29) 三上說에 대한 전면적인 비판은 今村啓爾,「三上喜孝氏による拙著『富本錢と謎の銀錢』の書評に対して」,『歷史学研究』767, 2002.10. 또한 본중에 후술할 和同開珎이 애초부터 平城京 건설을 위해 발행된 것과 마찬가지로 富本錢도 藤原京 건설을 비롯하여 국가적 프로젝트에 대한 지불수단으로 발행된 까닭에 일반에 대한 유통정책이 시행되지 않았다고 보는 견해도 있다. 榮原永遠男,「和同開珎の流通」,『新版古代の日本6 近畿Ⅱ』, 角川書店, 1991(후에『日本古代錢貨流通史の研究』, 塙書房, 1993에 재수록); 同,「日本古代國家の錢貨發行」, 池享編『錢貨-前近代日本の貨幣と國家-』, 青木書店, 2001.

30) 江草宣友,「古代日本における錢貨の成立 -富本錢の檢討-」,『国学院雑誌』102-4, 2001; 金沢悦男,「富本錢に関する一考察」,『古代史研究』19, 2002.

31) 松村惠司, 앞의 논문「富本錢をめぐる諸問題」.

궁을 비롯한 도성과 사원 조영이 활발했던 천무조의 국가적 프로젝트에 대한 지불수단으로서 국가재정적인 필요에 따라 발행된 게 아닐까? 이러한 추론이 가능하다면 서아시아에서 민간상인이 왕성하게 활동한 결과 금속화폐가 출현하고 중국의 경우도 민간상인과 금속화폐가 거의 동시기에 대두하는데 비해, 일본은 민간상인의 사회적 성립에 선행하여 국가적 목적에 의해 금속화폐가 나타난 것으로 이해할 수 있다.[32] 부본전의 주조, 발행은 단기간에 종료된 것으로 보인다.

2) 화동개진의 발행과 단계별 유통

『속일본기』에 따르면 708년(화동1) 정월 무사시국(武蔵国) 치치부군(秩父郡)에서 산출된 구리가 헌상된 것을 기념하여 연호를 일본산 구리 즉, '화동(和銅)'으로 개칭하고 그 다음 달에 최주전사(催鑄錢司)가 설치되었다. 그리고 동년 4월 오우미국(近江国)에 동전 주조를 명하고 5월에는 '화동(和同)'이란 전문의 은전이, 8월에는 같은 전문의 동전이 연이어 발행되었다. 화동이란 『예기(禮記)』의 "천지가 화합하고 만물이 싹터 움직인다"에서 유래한 말로, 부본전의 칠요문과 마찬가지로 천지가 조화를 이룬 상태를 의미한다.[33]

이때 발행된 것이 일본 최초의 본격적인 유통화폐인 화동개진(和同開珍)이다. 화동개진에는 신, 구 두 가지 형태가 존재한다. 소위 고화동(古和同)에는 은전과 동전이 있으나 잔존하는 절대 수량이 적고 게다가 동전은 은전에 비해서도 희소하여 출토량이 단 5점에 불과하다. 신화동(新和同)은 앞서 논한 대로 개원통보와 글자체나 형태가 흡사하며 동전만이 존재하는데, 지금까지 각지에서 4,800점 가까이 출토되었다.[34]

32) 石井寛治, 앞의 책 『日本流通史』, 14쪽.
33) 松村惠司, 앞의 논문 「富本七曜錢の再檢討」; 동, 「『富本錢』は通貨かまじない錢か」.
34) 松村惠司, 앞의 논문 「富本錢をめぐる諸問題」.

사카에하라 도와오는 화동개진의 발행과 유통을 4단계로 구분했다. 여기서는 우선 그의 주장을 중심으로 화동개진의 유통을 단계별로 정리해 보자.[35]

제1단계는 708년 2월~710년(화동3) 9월로, 은전과 동전의 발행을 준비한 시점부터 공식적으로 은전 사용이 금지되기까지 양자가 병용된 시기이다. 그 중간의 709년(화동2) 8월 정부는 은전을 폐지하고 동전으로 일원화할 것을 지시했고, 동전 증산과정을 거쳐 화동 동전이 어느 정도 필요량에 도달한 710년 9월 시점에 재차 은전금지령이 공포되면서 이후 공식적으로는 동전 일원체제가 확립되고 사료상의 표현도 '전(錢)'으로 통일되었다.

그러면 왜 부본전을 화동개진으로 교체할 필요가 있었을까? 표면상 두드러지는 큰 차이는 부본전은 동전뿐인데 비해 화동개진은 은전, 동전 두 종류가 발행된 점이다. 앞서 인용한 기사대로 683년 4월 15일 정부는 무문은전을 금하는 대신 부본전을 사용하도록 명했다. 그런데 같은 사료의 4월 18일 조에서는 '은 사용을 막아서는 안 된다.'라고 하여 은의 화폐로서 사용을 계속 용인했다. 얼핏 보기에 전후가 모순적으로 이해되기 쉽겠지만 후자의 은은 학계의 다수 의견에 의하면 무문은전이 아닌 은 지금을 의미한다. 아마도 율령국가는 이미 사회적으로 정착된 은 지금의 화폐로서 사용을 완전히 근절할 수는 없었을 것이다. 그러므로 부본전은 동전만을 발행해야 했고 은 지금과 현실적으로 병용되었다. 하지만 국가적 견지에서는 중앙정부의 통제가 충분히 미치지 못하는 은 지금과 같은 금속 현물화폐의 존재는 바람직하지 않았고, 또 화폐발행을 통한 재정수입을 확보하기 위해서도 독점적인 발행이 용이한 동전으로 일원화하는 일이 시급했다. 그래서 화동 동전이 발행

---

35) 이하, 和同開珎의 단계별 유통에 관해 별도의 각주가 없는 경우는 榮原永遠男, 앞의 논고 「和同開珎の流通」; 동, 앞의 논고 「日本古代國家の錢貨發行」; 동, 「貨幣の発生」, 櫻井英治・中西聰編 앞의 책 『新體系日本史12 流通經濟史』, 5-41쪽을 주로 참조함.

된 반면, 화동 은전은 은 지금의 화폐적 유통을 일시적이나마 수용하면서 비교적 무난하게 화동 동전으로 이어주는 역할을 기대했을 것이다.

화동 은전과 동전이 같은 시기에 화폐로 유통된 이상 양자 사이는 일정한 교환비율이 정해졌을 터인데 그것을 직접 명시한 기록은 현재까지 발견되지 않는다. 학계에서는 연구자에 따라 은전과 동전 사이에 1:4, 1:10, 1:25로, 심지어는 무문은전, 부본전, 화동 은전, 화동 동전이 애초에 모두 등가로 공정되었을 것이라는 가설까지 다양한 설이 등장했다.[36] 단, 화동 은전은 은 함유량이 무문은전의 3분의 2, 2분의 1 정도이며 중량도 무문은전이 4분의 1량인데 비해 화동 은전은 6분의 1량에 불과했기에 상대적으로 금속가치에 비해 공정가치가 높은 편이어서 시중의 환영을 받기 어려웠다. 화동 동전의 경우도 공정가치와 금속가치의 차이가 커서 실제 유통가치가 보증되지 않은 까닭에 만약 정부가 그대로 방치하면 시중에서의 유통이 기피될 수밖에 없었다. 따라서 이후의 화폐정책은 동전 사용을 장려 내지 강제하는 쪽에 중점을 두었으며, 그 결과 화동 동전은 은전 사용이 금지된 후 몇 단계의 가치 인하를 거치며 그로부터 50년 이상 전사회적으로 유통되었다.[37]

유통화폐로서 성격이 명확한 화동개진도 발행 초기에는 부장품이나 지진(地鎭) 목적으로 사용된 예가 확인된다.[38] 그러나 화동개진 발행의 일차적 목적은 헤이조궁 조영에 동원된 대규모 노동력의 임금과 건축자재 구입 대금, 또한 그 후 여러 궁도(宮都)와 동대사 등 관영 대사찰을 조영하기 위한

---

36) 교환비율을 둘러싼 제설의 참고문헌은 생략함. 단, 等價說의 대표적 연구는 今村啓爾,「和同開珎銀錢と銅錢の發行當初の交換比率」,『史學雜誌』110-7, 2001이 있음.

37) 중앙정부는 일관해서 동전 사용을 강요하고 은전 사용을 억압했다. 하지만 역설적이게도 721년(양로5) 정부는 다시 은전 사용을 인정하기에 이른다. 이는 고대사회의 은전이 상당히 강한 유통력을 지속했음을 의미한다. 이 점에 대해 今村啓爾는 종래의 화폐사가 상식적인 이해에 얽매어 명확하게 드러난 사실 자체를 무시하고 있다고 비판하며, 고고학적 발굴조사와 문헌기록 그 어느 쪽을 보더라도 고대 일본에서는 동전이 아니라 은전이야말로 기축화폐였다고 주장한다. 今村啓爾, 앞의 논문「無文銀錢と和同開珎銀錢」. 그러나 이는 일본 고대사학계 전체로서는 소수 견해로 판단된다.

38) 三上喜孝, 앞의 논문「錢貨と古代国家」.

국가적 지불수단이었다. 따라서 일반적인 시중 유통수단으로서 기능은 부차적이었다고 보는 것이 통설이다. 헤이조궁 조영 등에는 기내 각지로부터 대량의 노동력이 동원되고 그들에게 하루에 화동 동전 한 닢씩이 급여로 지불되었다. 또한 기내지역의 세금을 현물이 아닌 동전으로 징수함으로써 납세를 위한 노동을 강요하여 노동력을 조달하고자 했다.[39]

제2단계는 710년 9월~720년(양로4) 12월이다. 이때는 동전이 일반적인 유통수단으로 기능할 수 있도록 율령국가에 의해 여러 방면으로 유통확대정책이 시행되었다. 711년(화동4) 곡물과 동전의 교환비율을 정해 일정 이상의 동전을 축적한 자에게 관위를 하사하는 이른바 축전서위령이 반포되었고, 712년에는 여행자도 동전을 휴대하여 식료 등을 구입할 수 있게 했다. 또 714년(화동7)에는 능력과 여타의 조건을 갖추더라도 6관 이상의 축전(蓄錢)이 없으면 군사 등에 임명되지 못하게 하고, 전답 매매는 반드시 동전을 사용하도록 명하는 등등 새로운 유통정책을 속속 반포했다.[40]

하지만 그 효과에는 일정한 한계가 있었다. 벼와 마포에 대한 납세 시 동전환산율을 원래 금속가치보다 상당히 높게 설정했기 때문에 극형을 가했음에도 불구하고 화동 동전은 초기부터 사주전(私鑄錢) 제작이 성행했다.[41]

39) 栄原永遠男, 「律令国家と銭貨-功直銭給をめぐって-」, 『日本史研究』 123, 1972.

40) 위와 같은 화폐유통정책의 결과 지방에서 동전을 축적한 자가 급격히 늘어났다. 『類聚三大格』에는 798년(연력17) 지방의 '市民'이 蓄錢을 많이 해서 오히려 '京畿 士庶의 資用'이 모자라게 되었다는 기사가 등장하며, 결국 800년(연력19)에는 부유한 백성이 많은 동전을 축적하여 점차 부패가 심하고 경기 일원은 동전이 부족한 탓에 민간에 널리 퍼지지 않는다는 이유로 蓄錢敍位法 자체를 폐지해야만 했다. 동전 유통확대정책이 거꾸로 수도권의 원활한 동전 유통을 가로막는 이러한 모순적인 현실은 유통경제 자체가 아직 동전을 절실히 필요로 하는 단계까지 도달하지 않았음을 역설적으로 말해준다. 중앙관사와 기내지역은 동전, 國衙와 지방은 稲米라는 식으로 두 가지 교환매체가 병용된 것이 이 무렵 유통경제의 실상이었을 것이다. 平野邦雄, 앞의 논고 「第1章 古代の商品流通」, 34-36쪽.

41) 石井寬治, 앞의 책 『日本流通史』, 14-15쪽. 私鑄錢이란 정규 발행된 公鑄錢(=「本錢」)에 대해 민간에서 임의로 주조한 동전을 의미하며, 국가의 통일적인 화폐제도로 보면 분명히 위법행위이다. 일본사의 경우 중세부터 寬永通寶가 발행되기 시작한 근세 초기까지 아예 공주전이 발행되지 않았다. 사주전은 이 시기에 중국산 동전을 복제하여 사용한 模鑄錢과는 구별된다. 永井久美男, 앞의 논고 「出土銭貨調査の課題」.

또한 이미 사회적으로 정착된 은 지금의 화폐적 유통도 차츰 퇴조하기는 했지만 쉽사리 없어지지 않았다. 즉, 갖은 유통확대정책에도 불구하고 이 단계에도 동전은 민간의 상품유통에 대응했다기보다 국가재정상 필요에 따른 명목화폐로서 성격이 농후했고, 왕권은 주전사의 조폐 독점과 도주금지, 가격통제 등을 통해 동전 유통에 전면적으로 개입했다.[42]

제3단계는 721년(양로5) 정월~760년(천평보자4) 3월의 제법 긴 시간으로 이때는 화동 동전이 본격적으로 유통되었다. 『속일본기』를 보면 정부는 721년 정월 "천하의 백성으로 하여금 은전 1을 동전 25, 은 한 량을 동전 100문과 같이 사용토록 하라"는 명령을 그리고 이듬해 2월에는 "새삼 용전(用錢)의 편의를 꾀하여 백성의 윤리(潤利)를 도모코자 하니 동전 200문을 은 한 량과 같이 사용토록 하라"는 개선책을 연이어 발령했다. 위 사료의 핵심은 첫째로 721년 명령에 보이는 대로 화동 은전의 공식적인 부활이다. 이는 은 지금의 화폐적 유통이 저조하나마 계속되는 상황에서 은 지금을 은전으로 대체하기 위해 시행된 한시적 정책이었다. 이때를 마지막으로 화동 은전의 공식적인 유통은 최종적으로 종료된다. 둘째는 화동 동전의 공정가치 인하다. 721년 은 한 량에 대해 화동 동전 100문으로 공정했던 것을 불과 1년 후에 200문으로 개정했다. 이것은 당시 화동 동전의 시중 유통가치가 은 지금에 비해 하락 경향을 띄었으며 상대적으로 높은 공정가치가 동전의 유통확대에 큰 장해물이 되고 있음을 정부 스스로 인식한 결과일 것이다. 화동 동전은 율령국가가 동전발행으로 얻는 재정수입의 일시적 감소를 각오하면서 단행한 위와 같은 공정가치의 평가절하를 통해 비로소 현실의 유통가치에 근접했고 그 결과 유통이 크게 확대될 수 있었다. 필자의 사견으로는 이 무렵 율령국가가 동전의 공정가치를 현실화함으로써 대량 유통을 통한 재정수입의 안정적 확보로 화폐정책을 수정한 것으로 생각된다.

---

42) 山田勝芳, 앞의 논고 「貨幣と王權-中国と日本」.

그 후 율령국가는 재정수입 증대를 위해 동전발행량을 지속적으로 늘려가야만 했으며, 한편으로 동전 유통지역의 확대를 제도적으로 도모할 수밖에 없었다. 조전제(調錢制)란 원래는 현물로 바칠 조를 그 가치에 상응하는 동전으로 대납하는 제도이다. 722년(양로6) 9월부터는 화동 동전의 유통확대를 위해 조전제를 시행하는 지역이 기존의 기내 이외에도 이가(伊賀), 이세(伊勢), 오와리(尾張), 오미(近江), 에치젠(越前), 단바(丹波), 하리마(播磨), 기이(紀伊) 등 주변지역으로까지 크게 확장되었다. 정부는 화동 동전을 증산하기 위한 구리확보에도 적극적인 노력을 기울였다. 730년(천평2) 스오(周防)지역에 유망한 구리광산이 연이어 발견되자 채굴과 정련을 위한 조직을 정비했고, 생산된 구리는 나가토(長門)의 주전사로 보내져 주전 원료로 사용되었다.

제2단계까지 화동 동전의 유통범위는 지역적으로 기내 중심부나 지방의 교역거점지로 한정되었고 계층적으로도 서민의 일상생활까지 포괄한 것은 아니었다. 하지만 제3단계에 들어서서 공정가치 인하를 비롯한 제도적 뒷받침과 동광 개발 등 율령국가의 적극적인 노력에 힘입어 유통범위가 급격히 확대되었다. 아직 지역적, 계층적인 한계는 있으나 일반적인 교환수단으로서 화동 동전의 기능이 이 시기에 비로소 확립되었다고 할 수 있다.

3) 황조십이전의 시대

화동 동전 유통의 제4단계는 760년(천평보자4) 3월 만년통보(萬年通寶)가 발행된 때부터 8세기 말 화동 동전의 유통이 종료되기까지 공식적으로 복수의 동전이 병용된 시기이다.

『속일본기』에 의하면 760년 3월 "근래 사주전이 늘어나 이미 가짜가 절반에 달했다. 자주 금단령을 내리려 해도 소요가 일어날까 두렵다. 그래서 새 것을 만들어 옛 것과 병행코자 하니 백성에게 손해가 없고 나라에 이익을 있기를 바라노라. 새 동전은 만년통보라 칭한다. 그 하나를 구전(舊錢) 열과 같이 사용토록 하라(후략)"라는 칙령이 반포되었다. 요컨대 구전 즉, 화동 동전의 10배 공정가치를 갖는 신전을 새로 발행함으로써 사주전 범람으로 인한 동전의 유통가치 하락을 막고자 한 것이다. 하지만 그 이면에는 동대사 조영 등이 초래한 재정난을 고가의 신전 발행을 통해 얻을 재정수입으로 타개하고자 하는 율령국가의 저의가 도사리고 있었다. 다른 한편으로는 관명을 당풍(唐風)으로 바꾼 당대의 집권자 후지와라노 나카마로(藤原仲麻呂, 706~764)가 마찬가지로 당이 건원중보 발행 때 채용한 '신일당구십(新一當舊十)'의 원리를 그대로 모방한 측면도 있는 것 같다.[43]

그런데 이때 만년통보와 동시에 은전인 대평원보(大平元寶), 금전인 개기승보(開基勝寶)도 함께 발행되었다. 상기한 칙령에 따르면 만년, 대평, 개기의 공정가치 비율은 100대 10대 1이었다. 그러나 대평과 개기는 실제 통화로 유통된 흔적이 전혀 없으며 금·은이란 귀금속을 소재로 한 보물이나 염승물 혹은, 기념 메달의 성격이 아니었을까 추론된다.

만년통보가 발행된 후로도 시중의 상품유통은 여전히 구전인 화동 동전을 기본 통화로 하여 이루어졌다. 단, 이전까지 완만한 하락 추세를 보이던 물가는 구전의 10배 공정가치가 부여된 신전이 시중에 대량으로 투입되자 갑작스레 통화의 공급과잉상태로 돌아서서 상승경향을 띠게 된다. 그러나 만년통보도 발행 후 얼마 지나지 않아 가치가 하락함으로써 공정가치와 유통가치 사이에 현저한 차이가 발생했다. 그 결과 불과 5년 후인 765년(천평신호1) 9월에는 신공개보(神功開寶)가 새로 발행되고 이후 화동, 만년, 신공이 병용되었다. 이때 반포된 칙령에는 구전과 신전의 공정가치 비율에 관한 언급이 전혀 보이지 않는다. 그러나 전후 사정을 감안하면 이전과 마찬가지로 10대 1 의 비율로 공정되지 않았을까 생각된다.

---

43) 平野邦雄, 앞의 논고 「第1章 古代の商品流通」, 38쪽.

이상, 나라시대에 발행된 화동, 만년, 신공 세 가지 동전의 상호관계에 대해 『속일본기』 779년(보귀10) 8월 사료는 "772년(보귀3) 8월 12일자 태정관주(太政官奏)에 의해 구전을 폐지하고 모두 신전을 사용토록 했다. 그 후 백성들이 고전(古錢)을 축적했다가 사용할 수 없음을 근심한다고 들었다. 이에 신전과 구전을 동가로 병용할 것을 허락한다"라는 칙령의 존재를 전하고 있다. 여기서 구전 또는 고전은 화동 동전을, 신전은 만년통보와 신공개보를 가리킨다. 그러므로 이 칙령에 따르면 772년 8월을 기점으로 화동 동전은 사용이 일단 금지되었으나 이에 대한 백성들의 원성이 자자했던 탓에 779년 8월부터 만년, 신공의 공정가치를 대폭 절하하여 신전과 구전의 동가 사용이 허용되었음을 알 수 있다. 즉, 동전 발행에 부수되는 수입을 노린 율령국가의 재정정책이 이 무렵 분명한 한계점에 도달한 것이다.

같은 사료집의 782년(연력1) 4월조는 "전가(錢價)가 하락하였기에 조궁성(造宮省), 칙지성(勅旨省)의 2성과 조법화사사(造法華寺司), 주전사의 양사를 폐지한다"라는 기사를 전한다. 기사 중의 '전가'란 주전사가 수년 전에 주조한 신전 즉, 신공개보의 공정가치를 의미한다. 신규 동전의 지속적인 가치 하락으로 율령국가는 결국 기대하는 만큼의 수입을 거두지 못했다. 그 결과 초래된 재정악화로 궁성과 사찰 조영을 담당하던 중앙관사뿐만 아니라 이미 존재의미가 희박해진 주전사까지 폐지하기에 이른 것이다. 784년(연력3) 나가오카경 조영이 시작되고 그로 인해 막대한 재원이 필요하게 되자 율령국가는 790년(연력9) 10월 주전사를 부활시켰다. 이때 주조된 동전은 신공개보였을 것이다. 그러나 앞의 779년 8월 칙령에 의해 신공개보는 이미 화동, 만년과 공정가치의 차이가 없어지고 3종의 동전이 공히 실제 유통가치가 소재 자체가 가진 금속가치에 근접할 정도로 하락했으므로 율령국가의 목적은 성공할 가망이 거의 없었다. 다만 발굴조사에서 위의 3종 동전이 뒤섞여 출토되는 사례가 많은 점으로 미루어 이후로도 시중에서 삼자가 병용

되는 현상은 당분간 이어진 것으로 보인다.[44]

헤이안시대에 들어선 후로도 신전은 계속적으로 발행되었다. 이리하여 나라시대부터 헤이안시대 중기에 걸쳐 일본 내에서 주조, 유통된 12종의 동전을 일반적으로 황조십이전(皇朝十二錢)이라 총칭한다. 아래에 황조십이전의 발행 시기와 무게 등을 일람표로 제시했다.

〈표〉 황조십이전의 발행시기와 형태

발행순서	전 명	발행연도	무 게(g)	직 경(mm)
1	화동개진(和同開珎)	708년	2.28	24.53
2	만년통보(萬年通寶)	760년	3.94	26.10
3	신공개보(神功開寶)	765년	3.14	25.15
4	융평영보(隆平永寶)	796년	3.18	24.91
5	부수신보(富壽神寶)	818년	2.52	23.18
6	승화창보(承和昌寶)	835년	1.51	20.75
7	장년대보(長年大寶)	848년	1.39	19.66
8	요익신보(鐃益神寶)	858년	1.51	19.85
9	정관영보(貞觀永寶)	870년	1.73	19.53
10	관평대보(寬平大寶)	890년	2.11	19.13
11	연희통보(延喜通寶)	907년	2.00	19.50
12	건원대보(乾元大寶)	958년	—	—

소위 황조십이전은 모두가 중국식 방공원전의 형태를 취했으며 전문 넉 자를 시계방향으로 배열했다. 문헌 및 고고학적 발굴 결과로 보아 야마시로(山城), 나가토(長門), 스오(周防)를 비롯하여 오미(近江), 가와치(河內), 하리마(播磨), 빙고(備後), 대재부(大宰府)에서도 주조된 듯하다.[45] 주로 구전

---

44) 榮原永遠男, 앞의 논고「貨幣の発生」, 28-29쪽.

45) 平野邦雄, 앞의 논고「第1章 古代の商品流通」, 34쪽.

을 원료로 활용한 개주(改鑄)였으며 이전 동전의 가치보다 열 배로 공정됨으로써 애초의 공식적인 신구 교환비율은 1대 10이었다. 하지만 높은 공정가치에도 불구하고 나중으로 갈수록 원료 고갈과 생산조직의 약체화가 두드러져 표에서 보는 것처럼 소형화와 더불어 품위도 낮아졌다.[46]

특히 정관연간(859~877)을 전후하여 크기가 훨씬 작고 품질도 조악한 악전이 거듭 발행되자 민간에서 악전을 기피하고 양전을 선호하는 찬전현상(撰錢現象)도 나타났다. 게다가 연희연간(901~923)부터는 민간의 사적인 구리 채굴과 교역을 목적으로 한 동기(銅器) 주조로 인해 주전을 위한 구리 공급량이 급감하고 그 대신 납을 주성분으로 한 품위가 극히 낮은 동전이 발행됨으로써 찬전현상은 더욱 심화되었다.[47] 결국 9세기 말에는 기내의 야마토, 10세기 말에 이르면 야마시로에서까지 토지매권(土地賣券)의 가격표시가 동전에서 쌀·비단 등의 현물화폐로 이행한다. 따라서 이 무렵은 정부로서 신전, 구전을 구별할 만한 현실적 의미가 사라졌고 동전발행을 통한 재정 수입 확보도 사실상 단념할 수밖에 없는 지경에 이르렀다.

3. 율령국가의 동전 발행 의도

고대 일본의 율령국가는 708년 화동개진부터 958년의 건원대보에 이르기까지 250년간에 걸쳐 동전 12종, 은전 2종, 금전 1종의 금속화폐를 발행했다. 이러한 사실은 당의 주변 국가들 가운데 대단히 이례적인 일이라 할 수

---

46) 杉山洋, 「コラム皇朝十二錢の鑄造」, 大塚初重 外 編 『考古学による日本歷史 9交易と交通』, 雄山閣, 1997.

47) 당초 和同開珎에서 90% 가까운 함량을 차지하던 銅이 延喜通寶, 乾元大寶 단계에는 3.16 ~9%로까지 감소하여 실제는 동전이 아니라 납을 주소재로 한 鉛錢이었다.

있다. 그러면 율령국가는 어떤 의도로 동전을 발행했을까.[48]

먼저 국제무역에 관해 살펴보자. 『정창원문서』 중의 「매신라물해(買新羅物解)」는 752년(천평승보4) 동대사의 대불 개안식에 참례한 신라사절단이 행한 무역의 실태를 담은 사료이다. 이때 일본 측이 구입대금으로 사용한 것은 주로 견직물 제품인 견·시와 그 원재료인 면·사 등이었다. 다른 사료들을 참고하면 당시 일본은 신라, 고구려와의 무역에서 면·사를 많이 사용했고 특히 가공도가 낮은 면의 비중이 높았다. 열도산 면·사는 신라에서 직물 생산을 위한 원재료나 군수물자로 사용되었는데, 그 중 일부는 신라상인이 당이나 서아시아산 고급품을 구입하는 지불수단으로도 활용된 듯하다. 이러한 8세기경 신라와 일본의 무역관계로 보아 동전이 동아시아 국제무역에서 통화로 사용되었을 가능성은 아주 낮다. 당의 개원통보라 해도 한 매당 가치가 미미하여 고급품이 많이 거래된 국제무역의 통화로서는 적합하지 않았을 것이다. 하물며 동이의 소국 일본이 발행한 화동 은전과 동전이 동아시아 국제무역의 통화로 이용되기는 어려웠다. 따라서 일본의 율령국가가 국제무역의 대가로 활용하기 위해 동전을 발행했을 가능성은 거의 없다.

율령국가가 동전의 발행과 유통을 통해 기대한 것은 일차적으로 현실적인 재정보전을 위해서일 것이다. 율령국가는 금속가치에 주조 비용을 합친 것보다 훨씬 높은 공정가치를 스스로 발행한 동전에 부여했다. 또 그것을 국가적 지불수단으로 강제함으로써 민간의 유통만 원활히 유지되면 지속적으로 막대한 재정이익을 도모할 수 있는 제도적 시스템을 구축하고자 했다. 그러나 높은 공정가치란 국가가 일방적으로 정한 것일 뿐 그에 합당한 경제적인 배경이 존재한 것은 물론 아니었다. 따라서 시중 유통가치는 끝없이 하락

---

48) 율령국가의 동전 발행 의도에 관해서는 별도의 주로 명시하지 않은 한 栄原永遠男, 앞의 논문 「錢貨の多義性 -日本古代錢貨の場合-」에 많은 부분을 의거하고, 필자가 내용의 일부를 보완하였음.

할 수밖에 없었으며, 국가는 공정가치의 유지를 통한 재정위기 극복을 위해 물가 불안과 사주전 횡행 등 여러 사회적 모순에도 불구하고 신전 발행을 거듭거듭 강행해야만 했다.

단, 율령국가의 동전 발행 의도를 재정적 측면만으로 한정지을 수는 없다. 유통 현장에서의 거듭된 실패에도 불구하고 나라, 헤이안시대에 걸쳐 율령국가가 반복적으로 동전 발행을 강행한 이유는 단지 재정보전이라는 현실적인 측면에서만이 아닐 것이다. 거기에는 동전의 주조·발행·유통을 국가적인 지배와 권위의 실현, 왕권 강화, 나아가서 고대국가로서의 성숙도를 자랑하는 중요한 지표로 간주한 율령국가의 화폐관이 작용했던 게 아닐까?[49] 특히 "헤이안시대에 (전부 9종이)집중된 동전 발행은 도성 내부의 안정적인 권력 확립과 헤이안경 중심의 관념적 공간인식 강화를 배경으로 한 왕권 이데올로기 발로의 결과"이며, 게다가 동전 발행이 연호를 바꾸는 개원(改元), 기타 법제도 등과 연동됨으로써 왕권을 지탱하는 공통기반으로서 상호 내적인 연관성을 띤 측면도 분명히 있었던 것으로 보인다.[50] 또 사주전 문제에 대해 율령국가가 엄벌주의를 채택하고 이를 은사(恩赦)에서도 제외한 것은 동전의 주조 및 발행을 정부가 얼마나 중시했는지를 여실히 보여준다.

이렇게 율령국가의 화폐관에는 재정보전이라는 현실적인 측면과 함께 지배와 권위의 상징이라는 추상적인 측면이 병존한다. 단, 전자의 경우 일본의 동전이 당시 동아시아 국제무역에서 결재수단으로 활용된 사례는 전혀 나

---

49) 江草宣友, 「古代日本における銭貨の成立 -富本銭の検討-」, 『国学院雑誌』 102-4, 2001; 同, 「藤原仲麻呂政権下の銭貨発行と新羅征討計画」, 『国史学』 182, 2004.

50) 金沢悦男, 「日本古代における銭貨の特質」, 『歴史学研究』 755, 2001. 그 한 예로써 796년 (연역15)의 隆平永寶 발행은 같은 시기의 平安京 조영 및 천도나 『續日本紀』 편찬 등과 연동하는 것으로 보인다. 그 배경에는 天武天皇系에서 天智天皇系로의 왕통 이동에 의해 성립한 신왕조의 기반 정비와 그 확립을 위해 동전을 일원화하고 단일 유통을 실현시키려는 의도가 있었을 것이다. 江草宣友, 앞의 논문 「古代日本における銭貨の成立 -富本銭の検討-」; 동, 「藤原仲麻呂政権下の銭貨発行と新羅征討計画」.

2부 고대 일본의 유통경제와 국가재정　　233

타나지 않는다. 또 후자의 경우도 열도 외부의 8세기 유적에서 극소량의 당대 일본산 동전이 출토된 사례가 있긴 하지만 그 사정은 아직 모호하며 양적인 면에서 거의 의미를 갖기 어렵다. 결론적으로 일본의 율령국가는 스스로 주조 발행한 동전을 자국의 판도 내에서만 재정보전과 지배 및 권위의 상징을 위한 내부화폐로 사용한 것이라고 할 수 있다.

그런데 고대 일본의 호족층을 중심으로 한 민간사회에서 동전은 나라시대 중기 이후 강한 물신성을 띠며 갖가지 주술적 힘을 지닌 것으로 인식되는 동시에,[51] 점차 그것을 부의 상징으로 보는 관념도 확산된 것 같다. 『일본영이기』에 따르면 8세기 중반의 어떤 인물은 요시노산(吉野山)에서 수행하며 복을 기원할 때 백미, 여자와 함께 동전을 신에게 구하여 소원을 성취했다고 한다. 또 770년대는 사누키국(讚岐國)의 한 부귀한 여자가 말, 소, 노비, 벼, 전답과 함께 동전을 축재수단으로 삼았다. 시장경제 자체가 미성숙한 상태에서 율령국가가 아무리 동전 유통을 강압적으로 정착시키려 해도 위와 같이 민간에서 동전을 주술적 힘과 부의 상징으로 중시하는 관념이 존재하지 않았다면 고대의 동전은 그리 쉽게 유통되지 못했을 것이다. 역으로 동전에 대한 위와 같은 관념이 지방호족층을 중심으로 성립한 배경에는 앞서 언급한 헌전서위제를 비롯하여 율령국가의 각종 동전유통정책이 주요 요인으로 작용했을 가능성이 크다.

4. 고대 동전의 종언

일본 고대 동전의 유통은 10세기 말부터 쇠퇴하기 시작하여 11세기 초두

---

51) 榮原永遠男,「錢貨と呪力 -日本古代錢貨の出土事例を中心として-」,『大阪市立大学文学部人文研究』43-7, 1991.

에는 완전히 사용이 단절되고 이후 12세기 후반 중국산 동전이 수입, 유통되기까지 거의 자취를 감춘다. 그러므로 고대 동전의 종언은 대개 11세기 초두로 단정지을 수 있다.[52]

화폐의 본래 기능이 재화의 교환을 통한 경제활동의 매개체라는 점에서 고대 동전도 예외일 수는 없었다. 그러나 황조십이전으로 대표되는 일본의 고대 동전은 원료인 구리 확보에서부터 주조와 유통단계에 이르기까지 왕권의 관여도가 극히 높았다. 그것은 황조십이전이 율령국가 재정의 성립과 같은 시기에 등장해서 국가재정의 붕괴와 거의 동시에 유통이 종료된 점, 신전 1문을 구전 10문에 상당하는 것으로 공정가치를 강제로 설정한 점, 공공적 노임인 '공직전(功直錢)'과 '용조전(庸調錢)' 등 국가적 지불수단으로 기능한 점, 심지어 동전 1문의 가치를 1일 노동의 대가로 국가가 단순명쾌하게 설정한 점 등을 통해 잘 알 수 있다. 그러므로 황조십이전은 중국 고대의 동전에 비해 훨씬 더 재정적, 정치적, 국가적 화폐로서 성격이 농후한 일본판 전제국가의 화폐로 인정할 만하다.

물론 이러한 사실들이 고대 일본의 역사적 발전정도를 의미하는 것은 아니다. 오히려 대륙에 비해 소농경영의 성숙도가 대단히 미숙한 상황이었음에도 불구하고 율령제라는 정비된 고대국가의 시스템을 서둘러 수입, 모방한 까닭에 사회적 조건의 성숙과는 전혀 무관하게 국가가 일방적으로 화폐제도를 창출할 수밖에 없었다고 보는 것이 타당할 것이다.[53] 따라서 도입과정이 졸속했던 만큼 율령국가로서는 새로 발족시킨 화폐제도를 원활히 운용할 만한 정치적 역량이 아예 없었다. 왕권에 의해 반강제적으로 유통된 동전은 당연히 실물경제로부터 유리되었다. 수도 헤이조경과 그 후의 헤이안

---

52) 榮原永遠男, 앞의 논고「貨幣の発生」, 39쪽; 江草宣友,「平安期における銭貨流通と渡来銭」,『ヒストリア』193, 2005.
53) 足立啓二, 앞의 논고「東アジアにおける銭貨の流通」.

경에서조차 화폐유통이 감퇴하고 10세기 중엽 이후로는 그나마 가치표시기
능도 상실했다. 고고학적인 출토상황을 개관해 봐도 일본 고대에 동전이 양
적으로 충분히 유통되었다고 간주할 만한 곳은 기내지역에 불과하다. 또한
각종 동전의 출토량을 비교하면 나라시대의 화동개진부터 헤이안 초기의
부수신보까지가 주류를 이루는 데 그 중에서도 화동개진이 압도적으로 많
고, 승화창보 이후의 소위 악전들은 출토량이 큰 폭으로 감소한다. 이는 오
직 정치적 목적으로 발행된 고대의 동전이 적절한 유통정책이 뒷받침되지
않고 민간의 수용 여건도 성숙되지 않음으로써 사회적, 경제적으로 퇴출당
하는 일련의 과정을 여실히 보여준다.[54]

그러나 동전 유통이 쇠퇴, 단절된 직접적 요인은 동전에 함유된 금속가치
의 질적 저하에 따른 것이지 이미 사회적으로 뿌리내린 동전 고유의 편리성
까지 부정된 것은 아니었다. 동전이 가치표시기능을 상실한 10세기 중엽부
터 중국 동전이 수입되기 전인 11세기 후반까지 동전에 대신하여 유통의 매
개체로 활약한 것은 쌀·비단·사금 등 현물화폐였다. 일반적으로 금속화
폐에서 현물화폐로의 이행은 유통경제의 쇠퇴를 의미하는 것으로 이해되기
쉽다. 반면 근년에는 일본열도로부터 동전이 자취를 감춘 이 시기야말로 유
통경제가 실질적으로 발전했다고 보는 연구경향도 강하다.[55] 그런데 현물화
폐를 매개로 하는 유통은 반드시 각종 현물 사이의 복잡한 환산관계를 요구
한다. 따라서 이미 동전의 편리성을 경험한 민·관은 보다 휴대가 간편하고
안정적인 가치가 보장되어 환산이 용이한 새로운 동전을 희구할 수밖에 없
었다.

---

54) 鈴木公雄, 앞의 논문「出土錢貨硏究の展望」.

55) 保立道久,「中世前期の新制と沽價法 -都市王権の法, 市場·貨幣·財政-」,『歷史學硏究』
687, 1996; 桜井英治,「日本中世における貨幣と信用について」,『歷史學硏究』703, 1997; 中島
圭一,「日本の中世貨幣と国家」, 歷史學硏究会 編『シリーズ歷史學の現在1 越境する貨幣』,
青木書店, 1999 등.

동전 유통이 단절되고 현물화폐가 주로 유통된 11세기에는 앞서 논한 바와 같이 중앙정부, 관립 대사찰, 지방의 국사 등이 관할하는 창(倉)이나 소령(所領)의 출납기관에 대해 미곡 등의 지불을 명한 문서가 현물화폐보다 간편한 교환수단으로서 양도성을 띠고 유가증권으로 유통되었다. 이런 사례는 당시 일본사회 내부에 잠재적인 화폐 수요가 존재했고 동전 부활이 기대되었음을 의미한다.[56] 헤이안시대 말기인 12세기 중엽부터 중국에서 양질의 송전(宋錢)이 대량으로 유입되자 위 문서의 양도성, 유통성은 일거에 감퇴한다. 그와 동시에 동전 수요가 폭발하여 송전이 유통의 주역으로 대두한 현상도 동전에 대한 광범위한 기대감의 반증일 것이다.

5. 화폐의 유통실태와 물가변동

　고대 일본의 화폐는 크게 현물화폐와 금속화폐로 나눌 수 있다. 여기서는 이 양자의 유통실태를 종합적으로 검토하고 아울러 당시 수도권의 물가변동에 관해서도 대체적인 흐름을 추적해보기로 하자.

　대표적인 현물화폐는 역시 필수 생활물자인 미곡·포였다. 우선 미곡은 애초부터 화폐로 유통된 동전과는 달리 식량으로서 일차적인 상품가치가 현물화폐로 이용된 측면이 크다. 화폐적 성격을 띤 미곡이 벼의 낟알을 의미하는 '영도(穎稻)'에서 정미한 쌀로 바뀌는 것은 일반적으로 헤이안시대 중기 이후이며, 정부의 동전 발행 정지가 큰 요인으로 작용했다고 보는 것이 통설이다. 그러나 한편에서는 서일본의 경우 나라시대부터 이미 쌀이 화폐

---

56) 滝沢武雄, 『日本の貨幣の歴史』, 吉川弘文館, 1996; 桜井英治, 앞의 논문 「日本中世における貨幣と信用について」 등.

처럼 유통되었다는 견해도 있다.[57] 실제로 8세기 초두 나가야왕가의 목간 중에는 '질그릇 값 쌀 두 되', '장작 값 쌀 세 되' 등으로 물품 가격을 쌀로 표기한 것들이 있으므로 쌀의 화폐적 유통은 보다 일찍 시작되었음이 분명하다.

아마도 도성제의 성립이야말로 쌀 상품화의 중요한 계기로 작용했을 것이다. 수도 건설과 유지를 위해 막대한 노동력이 전국적으로 동원되었고, 또한 현물 공납을 위한 운송노동도 전국에 걸쳐 부과되었다. 따라서 부역을 위해 많은 사람들이 수도-지방을 항시적으로 내왕하게 되자 정부는 이들의 식료 충당에 부심할 수밖에 없었다. 일례로써 『속일본기』에 의하면 헤이조경 천도 직후인 713년(화동6) 3월 중앙정부는 부역민들의 귀향에 필요한 식료를 보급하기 위해 년 100석 이상의 쌀을 부역민이 소지한 동전과 교환한 부호층을 포상하겠다는 방침을 밝혔다. 이 정책은 부역민을 위한 식료 확보와 동시에 동전의 유통확대를 노린 것이겠으나, 결과적으로 동전과 쌀이 상호 유통하여 매매를 통해 식료를 구매하는 관계가 형성된 점이 주목할 만하다.

한편, 주로 마포(麻布)를 지칭하는 포는 양로율령 「영선령(營繕令)」의 1상(常, 1상은 1장 3척)= 5공(功) 규정과 동 「부역령」 등을 통해 공공노동에 대한 급부용 물자로서 의미가 강했음을 짐작할 수 있다. 1공은 1인 1일분의 부역에 대한 공임이다. 나가야왕가 목간에서도 포가 노동력에 대한 지불수단으로서 널리 유통된 실태가 드러난다. 이처럼 쌀과 포가 상품 또는 현물화폐로써 수도권을 중심으로 유통하게 된 데는 도성제 성립 초기에 각종 고용노동력에 대한 지불 재원으로서 성격이 결정적인 역할을 수행했다. 그리고 이런 점이 결국 도시민을 대상으로 한 미가정책이 수립되는 배경으로 작용한 것 같다.

다음으로 금속화폐의 경우, 앞서 본 바와 같이 동전의 끝 모를 가치추락은 정부의 공공노임체계에 큰 변화를 초래했다. 나가야왕가의 목간을 통해 보

---

57) 三上喜孝, 「庸制の特質を通じてみた古代現物貨幣論」, 『史學雜誌』 106-11, 1997.

면 화동 동전은 처음 발행된 후 10여 년간 헤이조궁 조영에 수반된 물품교역과 역부(役夫)에 대한 1공= 1문의 공공적 노임으로 활발히 사용되었다. 하지만 아래 표와 같이 시간이 경과함에 따라 단순노동의 노임은 상당히 큰 폭으로 상승한다. 또 같은 표를 통해 각 시기별 노임과 근접한 시점의 미가도 마찬가지로 높은 상승률을 확인할 수 있다. 이 표를 참고삼아 노임과 미가의 상관관계를 역부 한 사람이 하루 노임으로 구매할 수 있는 쌀의 양으로 환산하면 대개 710년대 3되, 730년대 2되, 750년대 2.4되, 760년대 1.8되, 770년대 2.3되로 나타난다. 극히 애매한 수치이긴 하지만 대략적으로 노임과 미가는 1일 노동으로 2~3되 구매라는 평형관계가 지속된 것이다. 이러한 노임과 미가의 시기별 상관관계를 통해 당시 수도를 중심으로 한 도시권에서는 양자 사이에 일종의 시장적 교환관계가 성립하였음을 추측할 수 있다.

〈표〉 8세기의 1일 노임과 미가[58]

연도	노 임(1일)	연도	미 가(1말)
734년	3~5문	711년	3.3문
		729년	20문
751년	12문	751년	50문
760년	평균 11문	760년	45문
		762년	60문
771년	15문	771년	65문

『일본후기(日本後紀)』에 의하면 이미 8세기 말경 수도권에는 다른 수입 없이 노임으로 받은 동전만을 소지한 '빈궁한 무리(貧乏之徒)'가 다수 존재했고, 그들의 도시생활은 동전과 미곡의 교환비율에 따라 크게 좌우될 수밖에 없었다. 따라서 정부가 공공노임 책정을 통해 하층민의 최저생계를 보장

---

58) 櫛木謙周, 앞의 논문 「長屋王家の消費と流通經濟 -勞働力編成と貨幣·物価を中心に-」을 참조하여 작성함.

해야 했기에 위와 같은 노임-미가의 평형관계가 성립했을 것이다. 나라시대 중기인 759년(천평보자3)에는 미가 안정과 빈민구제를 위한 상평창(常平倉)이 설치되었으며, 특히 후지와라노 나카마로의 난으로 정권이 바뀐 765년(천평신호1) 이후는 미가정책이 잇달아 시행되었다. 이는 소량의 쌀을 구매하여 생계를 도모하는 하층 도시민이 증가함으로써 미가 안정이 정부의 주요 정책과제로 부상되었음을 의미한다.[59]

단, 나라시대의 물가변동을 현대와 같이 수요·공급원칙에 따른 시장경제의 순환과정만으로 설명할 수는 없다. 왜냐하면 당시의 물가변동은 주로 정부의 신전 발행을 중심으로 한 화폐정책과 기근을 비롯한 자연재해로 인해 나타난 현상이며, 또 그 무렵은 시장의 보편적인 가격체계가 아직 성립되지 않았기에 지역에 따른 물가차도 컸기 때문이다.

그러므로 정확한 물가동향을 제시할 수는 없지만, 예컨대 나가야왕가의 목간 가운데는 'ㅁ포 2단(端), 단별(端別) 38문(文)'의 예와 같이 나라시대 초기 포의 가격과 함께 물가동향까지도 추측 가능한 것들이 있다. 길이의 단위인 1단은 당시 5장 2척이며 1상은 1장 3척이므로 1단= 4상이다. 이를 앞서 소개한 1상= 5공 규정에 맞춰 환산하면 1단= 20공이 된다. 이 수치에 정부의 초기 노임 지불원칙인 1공= 1문이라는 당시 화동 동전의 공정가치를 대입하면 1단= 20문이다. 따라서 앞의 목간에 나타난 1단= 38문은 포의 실거래에서 공정가치의 두 배 가까운 동전이 지불된 셈이다. 물론 포의 품질 차이를 고려할 필요가 있긴 하지만 화동 동전의 유통가치 하락이 큰 요인으로 작용했을 것이다. 이 점은 화동개진 유통의 제3단계에서 본 것처럼 721년(양로5) 정월 은 1량= 100문이던 것이 이듬해 2월 은 1량= 200문으로 공정가치가 대

59) 櫛木謙周, 「平安京の生活の轉換」, 『新版古代の日本6 近畿II』, 角川書店, 1991. 이상, 본문에서 논한 쌀·포의 화폐적 유통, 노임과 미가의 상관관계는 櫛木謙周, 앞의 논문 「長屋王家の消費と流通經濟 -勞働力編成と貨幣·物価を中心に-」를 참조함.

폭 하향 조정된 사실을 통해서도 확인할 수 있다.

단을 단위로 한 '단포(端布)'의 경우, 그 전까지의 1단= 5장 2척이 717년(양로1) 12월에는 1단= 4장 2척으로 규격이 축소된다. 하지만 가격동향은 738년(천평10) 1단= 200문, 758(천평보자2)~760년(동4) 1단= 240~260문, 762년(동6) 1단= 375문으로, 규격 축소까지를 감안하면 나가야왕가 목간의 1단 = 38문 단계에 비해 각각 6.5배, 8.3배, 14.7배로 급격히 가격이 인상되었음을 알 수 있다. 이밖에 같은 섬유제품인 견·시에서도 거의 유사한 가격상승률이 확인된다.[60] 대체적으로 나라시대 초기에 비해 740년경은 동전 기준으로 보아 적어도 6~7배, 760대는 거의 20배까지 물가가 인상된 것으로 추정된다.[61]

이 시기의 물가 급상승은 동전 개주(改鑄)에 의한 명목상 통화량의 급증과 이에 반비례하는 동전의 품위저화 등, 개주 차익을 노린 국가재정정책의 인플레이션 기조에 근본적 원인이 있다. 게다가 연년으로 발생한 자연재해도 상당한 악영향을 미쳤을 것이다. 그럼에도 불구하고 중앙정부는 신전에 대해 소위 '당구전십(當舊錢十)'의 원칙을 고수했다.

헤이안시대로 접어든 후에도 기내지역의 미가는 지속적으로 등귀한다. 특히 헤이안경 도시인구의 증가는 자연스럽게 쌀의 소비량 증대를 초래했고, 활발한 유통은 서서히 수도와 그 주변지역을 미가 형성의 장으로 부상시켰다. 수도권에 대한 중앙정부의 미가 결정에는 동서시는 물론이고 인근 주요 항구인 오츠, 야마사키 등 동서진의 시세가 중시되었다. 예컨대 866년(정관8) 2월 정부는 동서진의 미가를 기준으로 삼아 수도 내 백미 가격을 그

---

60) 이상은 櫛木謙周, 앞의 논문「長屋王家の消費と流通經濟 -勞働力編成と貨幣·物価を中心に-」.

61) 平野邦雄, 앞의 논고「第1章 古代の商品流通」, 36-37쪽. 여기에는 당시 주요 물품에 대한 자세한 가격과 함께 고대의 물가변동곡선도 제시되어 있다.

56%, 흑미는 68%까지 정책적으로 억제했다.[62] 하지만 정부가 이런 식으로 공정 미가까지 정해서 가격안정을 꾀했음에도 불구하고 같은 해 수도 내의 미가는 백미 1되= 26문에서 40문으로, 흑미는 1되= 18문에서 30문으로까지 등귀했다. 그 이듬해 정부는 부득이 나라시대의 상평창을 계승한 상평사(常平司)를 수도에 설치하여 정부 보유 미곡과 소금 등을 방출함으로써 빈민구제에 발 벗고 나서야만 했다.[63]

---

62) 櫛木謙周, 앞의 논고「商人と商業の発生」, 102쪽.
63) 平野邦雄, 앞의 논고「第1章 古代の商品流通」, 37-39쪽.

선사시대 이래 일본열도에서는 상호 인격적인 관계가 없는 외부 통행자가 영역 내부로 무단 진입하거나 통과하는 행위를 지역의 공동체 수장과 성원들이 실력을 동원하여 방해하고 때로는 통행자를 살해하는 일이 광범위하게 발생했다. 따라서 야마토 정권 이후의 왕권과 국가가 지배권역을 원활히 통치하기 위해서는 징세, 징발, 관료 및 군대의 파견 등을 주된 내용으로 하는 중앙으로부터의 각종 행정명령과 지방으로부터의 보고를 확실히 전달할 수 있는 원격지 교통로의 안전성 확보가 필수적이었다. 또한 지역의 안정적 지배를 위해 왕권의 도움을 원하는 지역공동체의 수장들도 동일한 과제를 안고 있었다.[1]

야마토 정권 하의 7세기 전반까지는 왕이 파견한 사자가 중간 경유지의 공동체 수장들로부터 체송(遞送)과 물자공급 등의 봉사를 받으며 목적지로 향하고, 임무를 마친 후에도 같은 방법으로 귀환하는 관행이 성립했을 것으로 추측된다. 이때 사자를 맞이하는 수장층의 봉사행위에는 왕의 대리인에 대한 환대 의례가 부수되고 이런 절차를 통해 왕과 수장층 사이에 인격적, 정치

---

1) 中村太一, 「古代国家形成期の都鄙間交通―駅伝制の成立を中心に―」, 『歴史学研究』 820, 2006.

적 관계가 형성되는 것이 일반적이었다. 하지만 이 같은 관행은 사자가 중간 경유지의 모든 수장과 일일이 번다한 의례를 교환해야 하므로 경제적으로도 시간적으로도 대단히 비효율적이었다. 그래서 어떤 형태로든 의례적인 절차를 간소화할 수 있는 왕권 직속의 효율적인 교통제도가 요구되었다.[2]

이미 6세기 말부터 7세기 초두에 걸쳐 정권 중심지인 야마토와 당시 대륙 교통의 요충지인 북규슈 사이에 주로 군사적인 연락을 위한 '조마(早馬)'와 급사(急使)의 빈번한 통행이 『일본서기』 같은 문헌사료에 나타난다. 이 무렵은 대륙에 수나라가 성립함으로써 동아시아 전역에 국제적 긴장이 고조된 한편으로, 일본열도의 경우 고대국가 성립과정에서 권력의 집중과 강화가 가속적으로 진전된 극히 중요한 시기이다. 이러한 때 긴급 연락을 위한 조마, 급사가 등장한 것은 쉽게 이해할 수 있는 일이다. 또한 7세기 초부터는 백제, 신라, 수로부터의 사신 영접을 직접적인 계기로 하여 야마토와 주변지역에 폭 4~5m 정도의 간선도로망도 정비되기 시작했다.[3]

율령국가에 들어서서도 전국을 연결하는 교통로 확보와 운송수단의 정비는 중앙집권적인 통치체제 구축을 위한 최우선 과제였다. 이것은 비단 지방에 대한 행정적 지배와 군사적인 목적만이 아니라 실물공납경제의 실현과 같은 국가재정적 측면에서도 대단히 시급한 문제였다. 나라시대의 물자 수송방법으로는 인력을 직접 동원하는 '인단(人担)'과 말을 이용한 '태마(駄馬)', 배를 활용한 주운(舟運) 등이 있다. 율령국가는 중앙재정의 주요 재원인 조용물을 운경(運京)할 때 수상이 아닌 육로를, 말이 아닌 인단을 기본방침으로 했다. 배의 적재량은 인력이나 말과는 비교가 되지 않을 정도로 크다. 하지만 고대 일본의 배는 내파성(耐波性)이 약하고 격벽(隔壁)이 없어서

2) 鐘江宏之, 「律令制形成期の往来と道制」, 『古代交通研究』 7, 1997.
3) 豊田武·兒玉幸多 編, 『体系日本史叢書24 交通史』 중 「古代の交通」, 山川出版社, 1970; 馬場基, 「駅制の基本的性格と成立について」, 『古代交通研究』 7, 1997.

사소한 침수에도 손실이 하물 전체로 미치는 약점이 있었다. 또한 대량의 말을 전국적으로 원활히 조달하기는 불가능했다. 중앙정부로서는 대량수송의 편의보다 안전성을 선택할 수밖에 없었던 것이다. 그러나 이런 방침에도 불구하고 현실적으로는 각 지역의 지리적 조건과 실정에 맞는 방법을 취해야만 했기에 후술하는 바와 같이 8세기 중엽에는 지역에 따라 중량이 가벼운 조용물은 육상을, 미곡 등은 수상을 주로 활용하는 관행이 정착되었다.[4]

그 후의 전국적인 물자수송을 간단히 개관하면 북륙 각지의 물자는 일단 동해(일본해) 연안의 해운을 통해 쓰루가(敦賀)까지 운반하고 그곳에서 육상으로 비와호 북쪽 기슭의 시오츠(塩津)로 수송했으며, 호상(湖上)을 배로 통과하여 남쪽의 오츠(大津)까지 옮긴 후 다시 육상을 남행하여 수도로 보내졌다. 또 서일본 각지의 물자는 대개 세토내해의 해수면을 통과하여 요도천 하구에 집하하고 강을 거슬러 올라 수도까지 운송되었다.[5] 즉, 수송의 효율성을 감안하여 육상교통과 수상교통을 적절히 결합시킨 혼합형이 고대 물류의 기본형태였던 것이다.

고대의 교통로는 각 지역의 지리적 상황에 따라 형태가 상당히 다양하게 나타나므로 그 전체상을 일원적으로 이해하기는 대단히 어렵다. 한 가지 분명한 사실은 민간의 상업적 유통이 미미하고 국가적 물류가 중심을 이룬 고대 일본의 유통사를 교통사적 측면에서 접근하기 위해서는 무엇보다 먼저 국가의 제도적인 교통체계를 집중적으로 검토할 필요가 있다는 점이다. 이런 관점에서 보면 율령국가의 교통체계는 육상교통의 경우 역전제(驛傳制)로 통칭되는 전마제(傳馬制)와 역제(驛制)로, 수상교통은 다시 내륙 하운과 연해를 이용한 해운으로 나눌 수 있다.

---

4) 豊田武·兒玉幸多 編, 앞의 논고「古代の交通」을 주로 하여, 栄原永遠男, 앞의 책『奈良時代流通経済史の研究』의「付章1 奈良時代の海運と航路」로 보완함.

5) 豊田武·兒玉幸多 編, 앞의 논고「古代の交通」. 이 두 개의 수송로는 근세 초기까지도 중요한 교통로로 기능한다.

1. 역전제를 중심으로 한 육상교통

1990년대 들어 고고학의 발굴조사와 역사지리학적 연구 등에 의해 고대 도로의 검출 사례가 비약적으로 늘어났다. 그래서 문헌사학에서도 복원된 고대의 도로망을 고대국가의 정치적 지배구조와 연관시켜 어떻게 이해할 것인가라는 점이 학계의 주요 관심사로 대두되었다.

율령국가의 중앙정부가 전국에 걸쳐 중층적으로 존재하는 지방행정기구를 총괄 운영하고 국가재정을 영위하기 위해서는 당연히 중앙-국부-군가(郡家= 郡衙)로 이어지는 각급 기구 사이에 일상적으로 행정문서를 주고받을 수 있는 교통로 정비와 교통체계 확립이 필수적이었다.[6] 아래에서 논할 율령국가의 역전제는 주로 국부-군가, 군가-군가 사이를 연결하고 군(郡) 고유의 기능이 중시됨으로써 중앙으로부터 상대적으로 독립한 전마제와 중앙-국부 사이를 연결하고 국사를 통해 중앙정부로 직결되는 역제라는 이중적 구조를 띤다.[7] 단, 중앙정부와 기내의 각 국부 사이는 항시 긴밀한 통신이 필요했던 까닭에 예외적으로 역제가 운용되지 않았다. 그러므로 역전제도란 기본적으로 기외(畿外) 지역만을 대상으로 한 것이다.

1) 전마제

전마제는 율령국가 이전 효덕천황(孝徳, 재위 645~654) 때 일차적으로 성립한다. 이 무렵 중앙에서 파견된 국사 등 지방관이 구니 내부의 도로를 이용하여 관할지역을 순회하는 지방지배가 시작되고, 각각의 지역 내에서도 도로를 중심으로 한 지역적 결합이 진전되었다.[8] 하지만 전마의 승용 자

---

6) 永田英明, 「七道制と驛馬·傳馬」, 『古代交通研究』 7, 1997. 永田는 이에 덧붙여 규슈의 경우는 중앙-대재부, 대재부-산하의 국부, 국부-군가라는 3중 구조가 존재했음을 지적하고 있다.

7) 馬場基, 「駅と伝と伝馬の構造」, 『史学雑誌』 105-3, 1996.

8) 鐘江宏之, 앞의 논문 「律令制形成期の往来と道制」.

격을 증명하는 '전부(傳符)' 관리 및 출납제도나 전국의 각 군에 일률적으로 전마 5필씩을 배치하는 등의 시행세칙은 후술하는 역제(驛制)와 함께 689년 (지통3) 반포된 정어원령(淨御原令)과 후일 『영의해』 「구목령(廐牧令)」의 제 도치역마조(諸道置驛馬條)를 통해 성문화된 것으로 보인다.[9]

전마제는 역제에 비해 잔존 사료가 적은 관계로 아직 그 실체에 관해 불명 확한 점이 많다. 종전까지 학계에서는 중앙-국부를 연결하는 메인루트이자 역마가 통행하는 '역로(驛路)'와는 전혀 별개로 전마는 군의 중핵시설을 포 괄하는 군가에 두어져 기본적으로는 인접한 군가-군가 사이를 연결하는 교 통로인 '전로(傳路)'를 통행했으며, 따라서 율령시대에는 역제와 전마제로 완전히 이원화된 국가적 교통체계가 존재했다고 보는 것이 통설이었다.[10] 그러나 근년의 연구결과 새롭게 밝혀진 바로는 군가 간 교통은 대개 기존의

---

9) 中村太一, 앞의 논문 「古代国家形成期の都鄙間交通－駅伝制の成立を中心に－」. 이런 中村의 견해에 대해 永田英明는 전국 모든 군에 일률적으로 전마 5필씩이 두어졌다고 인식하는 근거가 된 諸道置驛馬條의 기사 '其傳馬每郡各五'가 같은 조문 전반부의 역마 설치규정과 별개가 아니라 내용상으로 연결된 것이며, 어디까지나 驛制 하의 7도에 대한 전마 설치기준을 규정한 것으로 보아야 한다고 지적했다(永田英明, 앞의 논문 「七道制と驛馬・傳馬」). 또한 永田는 驛制의 '驛鈴'과는 달리 전마 이용중인 '傳符'는 大寶令, 養老令에서도 각 國府에 비치 한다는 규정이 없으며 천황의 중앙정부에만 두는 것이 원칙이었다. 따라서 傳馬制는 율령제 초기 중앙-국부 사이의 제도로 일시 구상되었던 것으로 이해된다, 라는 주장도 펼치고 있다 (永田英明, 「律令國家における傳馬制の機能」, 『交通史研究』 28, 1992). 전마제의 실체에 관해서는 본문 중에 후술하는 대로 애매한 부분이 있다. 하지만 과연 전마제가 중앙정부의 일 시적인 구상만으로 종결된 문제인지에 대해서는 의문점이 많고 후속 연구가 필요할 것으로 생각된다.

10) 대표적인 연구로는 靑木和夫, 「古代の交通」, 『體系日本史叢書24 交通史』, 山川出版社, 1970(후에 『日本律令國家論攷』, 岩波書店, 1992에 재수록); 大日方克己, 「律令国家の交通制 度の構造 -遞送・供給をめぐって-」, 『日本史研究』 269, 1985; 木下良, 「近年における古代道路 研究の成果と課題」, 『人文地理』 40-4, 1988 등이 있다. 한편, 平野卓治는 大日方克己의 연구 를 토대로 율령국가의 교통제도인 驛傳制는 國司-驛長이라는 관할형태를 취하는 驛制와 郡家 를 거점으로 國司-郡司라는 계통을 통해 운영되는 傳馬制라는 질적으로 상이한 두 개의 교통 제도로 구성된다고 전제한다. 그리고 이러한 율령국가 교통제도의 이중구조는 실은 영역구 분의 단위로서 공권력에 의해 인위적으로 획정되고 창출된 구니(國)와 기존의 공동체적 관계 를 매개로 하여 인간집단을 조직함으로써 영역개념보다 집단개념이 우선하는 郡의 경우에서 보는 것처럼, 성격이 서로 다른 두 개의 영역구획을 중층적으로 조합한 國郡制와 불가분의 병 행관계를 이룬다고 보았다(平野卓治, 「日本古代の驛家 -文献史学から-」, 『古代交通研究』 3, 1994). 대단히 흥미로운 주장이긴 하지만 본문에서 논하는 바와 같이 후속 연구를 통해 이원 적 교통체계론이 부정되고 있는 현시점에서 平野說이 금후 어떤 변용을 보일지 주목해보고 싶다.

역로를 이용한 최단 경로를 취했으며, 역로 이용이 불가능한 지역에서만 지역 내 간선도로나 그밖에 도로를 통행했다. 그러므로 전마제는 역제와는 행정상 관리계통을 달리하는 독립적인 교통체계이긴 하지만, '전로'라고 특별히 규정할만한 전용도로가 있었던 것이 아니라 역로를 포함한 모든 도로를 활용한 것으로 보아야 한다. 즉, 율령국가에 마치 역로와 전로라는 두 계통의 독립적인 교통로가 존재하고 기능했던 것처럼 간주해온 기존의 설은 실제에 부합되지 않는다는 것이다. 이에 따라 근년 학계에서는 종래의 전로 개념에 대신하여 군 단위의 교통에 사용된 도로를 '군도(郡道)'로 총칭하자는 주장도 제기되었다.[11]

결론적으로 고대 일본에서 국가 차원의 교통로로 인정할 수 있는 것은 역로뿐이다. 전마제는 율령국가가 역제만으로는 완전히 커버할 수 없는 중앙-지역과 지역-지역 간의 교통을 보완하기 위해 모든 군에 전마를 배치하고 기존의 모든 교통로를 이용할 수 있도록 함으로써 전국의 산간벽지까지 원활한 통치를 도모한 지역적인 교통제도로 정의할 수 있다.[12] 전마제는 8세기 중엽 이후 상하 관인들이 공무 외 목적으로 이용하는 사태가 다발함으로써 제도가 문란해져 792년(연력11) 폐지된다. 그 후 십여 년이 지나 헤이안시대 초기인 805년(연력24) 제도는 다시 부활하는데, 『일본후기』에 따르면 812년(홍인3) 이후는 국사 부임 때만 수도에서 임지의 국부까지 전마를 이용하도록 용도를 한정하되,[13] 기본적으로는 역로 연선에 전마 관련 시설을 설치하여 역로 상에서만 운용된 것으로 보인다. 그러므로 9세기 이후의 전마제는 나라시대와는 달리 역제를 보조하는 제도로 보아야 할 것이다.[14]

---

11) 市大樹, 「伊勢國計會帳からみた律令國家の交通体系」, 『三重縣史研究』 16, 2001.

12) 이상은 門井直哉, 「律令期の伝馬制と交通路体系について -「伝路」概念の再檢討を通じて-」, 『史林』 85-6, 2002를 중심으로 하여 永田英明, 앞의 논문 「七道制と驛馬 · 傳馬」로 보완함.

13) 永田英明, 앞의 논문 「七道制と驛馬 · 傳馬」.

14) 門井直哉, 앞의 논문 「律令期の伝馬制と交通路体系について -「伝路」概念の再檢討を通じて-」.

2) 율령 규정과 역제

고대사회에서 중앙집권적인 전제국가가 그 지배체제를 유지하기 위해서는 영토 전역을 망라한 도로망을 정비하고 교통과 통신시설을 확보할 필요가 있었다. 이때 세계사적으로 동일하게 등장하는 것이 중앙에서 사방의 변경으로 벋은 주요 도로마다 일정한 간격으로 관리 인력, 말, 수레 등을 상비한 역(驛)을 두어 릴레이식으로 연결하는 이른바 역전제도이다. 이는 원래 국가적 지배를 위한 시설이므로 원칙적으로 민간의 이용을 허용치 않는 것도 세계사에 공통되는 점이다.[15]

일본의 역제는 당면한 '급속대사(急速大事)'에 대한 신속한 정보전달에 주안을 두고 출발한 제도이다.[16] 663년(천지2) 백제 구원을 위한 백강전투(白江＝白村江)에서 패배한 후 나당연합군의 열도 내습이 예상됨으로써 열도의 왕권은 존립 그 자체를 위협당하는 초유의 사태에 직면했다. 그 직후 다수의 산성을 건설하고 수도를 이전하는 등 전방위적인 방어망을 급속히 구축하게 되는데, 바로 이때 정보전달이 더딘 기존 전마제의 결점이 백일하에 드러남으로써 새로운 긴급교통시스템으로 역제가 도입된 것으로 추측된다.

역제는 664년(천지3)부터 시행되어 670년(천지9)경에는 그 범위가 동일본에까지 미쳤다. 그리고 일본 고대 최대의 내란인 672년(천무1) 임신(壬申)의 난 때는 각지의 국사에게 '역령(驛鈴)'을 지급하는 등 구체적인 운용방법이 마련되기도 했다. 하지만 긴급사태에 대처하기 위해 단기간에 졸속으로 도입된 초기의 역제는 세부적인 제도까지는 아직 마련되지 않은 상태였고, 기

---

15) 동아시아에서도 기원전 3세기경 秦의 전국적인 교통체계가 정비되어 동으로는 燕·齊, 남으로는 吳·楚에 이르는 폭 50보 정도의 도로가 황제의 사자를 위해 건설되었다. 릴레이식으로 말을 이용하는 '驛'과 縣마다 숙사와 마차를 상비한 '傳'의 제도는 漢代로 계승 발전했다. 後漢 중기 이후 傳制는 쇠퇴하지만 驛制는 계속되어 훗날 대통일을 달성한 唐에 이르러 로마제국과 필적할만한 시설로 정비되었다고 한다. 이상은 豊田武·兒玉幸多編, 앞의 논고 「古代の交通」.

16) 森哲也, 「律令制下の情報伝達について」, 『日本歴史』 571, 1995; 永田英明, 「律令国家の駅制運用」, 『史学雑誌』 105-3, 1996.

능 면에서도 미숙한 요소를 다수 내포하고 있었다. 그 후 당의 율령을 참고 삼아 정어원령에서 일단 역제를 명문화하고, 그 관리 및 운용을 위한 시행세칙까지 법제화한 것은 701년(대보1) 대보율령과 757년(천평보자1)의 양로율령 단계가 아닐까 추측된다.[17]

율령국가가 역을 설치하고 역마를 활용하여 전국을 연결한 역로는 수도로부터 방사선상으로 각 지방의 국부를 잇는 일곱 개의 간선도로망과 그 지로(支路)로 구성되었다. 소위 '7도(七道)'란 수도를 기점으로 하여 동일본으로 향하는 동해도(東海道)·동산도(東山道)·북륙도(北陸道), 서일본으로 향하는 산음도(山陰道)·산양도(山陽道), 그 외 시코쿠(四国)로 향하는 남해도(南海道), 규슈로 향하는 서해도(西海道)를 가리킨다.[18] 그런데 최근의 연구성과에 따르면 이것들 외에도 고대의 관도(官道)가 8세기경 이미 다수 존재했으며, 그 대부분은 기존 역로와 역로를 이어주는 연락도로라는 사실이 새롭게 밝혀졌다. 즉, 8세기 무렵 일본열도에는 7개의 간선도로망과 그것들을 서로 연결하는 지방 간의 지선도로망이 존재한 것이다.[19]

7도는 앞서도 인용한 제도치역마조에 규정된 역간 평균거리 30리(당시의 1리= 1800尺, 30리는 16km 정도)와 총 역수 약 400개소를 산술적으로 환산하면 총연장이 대개 6,000km 이상에 달한다. 또 같은 사료를 통해 각 역로는 그 중요도와 교통량에 따라 대로, 중로, 소로로 구분되었음을 알 수 있다. 역마는 대로 즉, 수도에서 규슈 대재부까지를 연결한 당대 제일의 간선도로인 산양도 각역에 20필씩, 동해도·동산도 같은 중로의 역에 각 10필씩, 그 외 네 개의 소로에는 역마다 각 5필씩 두는 것을 원칙으로 했으나 이용자가 드문

---

17) 中村太一, 앞의 논문 「古代国家形成期の都鄙間交通ー駅伝制の成立を中心にー」.

18) 七道를 중심으로 한 고대 교통로의 복원은 일반적으로 10세기 중엽 성립한 『延喜式』의 「兵部省式諸國驛傳馬條」에 주로 의거한다. 선구적 연구로는 坂本太郎, 『上代驛制の研究』, 至文堂, 1928이 있다.

19) 高橋美久二, 「都と地方間の交通路政策」, 『國立歴史民俗博物館研究報告』 134, 2007.

곳은 국사가 재량껏 판단할 수 있었다.[20] 하지만 7도 중 유일한 대로인 산양도에는 실제로는 율령 규정의 절반에 불과한 약 15리 전후의 간격으로 모두 68개의 역이 설치되었으며, 역마도 규정보다 훨씬 많아서 총 1,700필 정도가 배치되었다. 그 후 807년(대동2) 산양도의 역마 수는 1,305필로 감소했고, 10세기 중엽의 『연희식』에서는 58개 역에 역마도 총 1,152필로 원래의 규정에 보다 근접하게 된다.[21]

한편, 『일본서기』 683년(천무12) 12월과 이듬해 10월조에는 당시 각 구니의 경계를 획정한 내용이 기재되어 있다. 이는 그전에 행해진 기내지역의 경계획정과 마찬가지로 도로를 중심으로 경계선이 그어진 것으로 보인다. 그런데 이때 중앙에서 파견된 관인 가운데는 도로 부설을 담당한 것으로 판단되는 공장(工匠)도 포함된 사실로 미루어 당시의 구니 간 경계획정이 7도의 부설과 밀접한 관계를 가진 것으로 짐작된다.[22] 학계에서는 율령국가의 광역행정구획인 5기 7도(五畿七道) 중 7도제에 관해서도 교통로 문제를 시야에 넣어 고려하지 않으면 안 된다는 지적이 이어지고 있다.[23]

3) 역제의 실태와 그 운영

고대의 수도와 동일본의 관동, 동북지역을 연결하는 동해도·동산도의 이용실태를 소상히 검토한 가와지리 아키오(川尻秋生)에 의하면, 중앙정부가 파견한 사자들은 대부분이 정규 경유지인 동해도의 이세와 동산도의 시

---

20) 豊田武・兒玉幸多 編, 앞의 논고「古代の交通」.

21) 高橋美久二, 앞의 논문「都と地方間の交通路政策」.

22) 舘野和己,「律令国家の交通政策」,『古代交通研究』 2, 1993.

23) 早川庄八, 『日本の歴史4 律令国家』, 小学館, 1974, 45-48쪽; 鐘江宏之,「「國」制の成立」, 笹山晴生先生還暦記念会 編『日本律令制論集』 上, 吉川弘文館, 1993, 67-75쪽; 鐘江宏之, 앞의 논문「律令制形成期の往来と道制」 등. 한편, 七道와 같은 국가 규모의 계획도로는 국내적인 배경뿐만 아니라 대외적인 영접의례와도 깊은 관계가 있었으니, 예를 들어 山陽道의 각 역은 외교사절을 의식하여 특별히 기와지붕으로 정비되었다고 한다. 高橋美久二,「山陽道の瓦葺駅家」,『古代交通の考古地理』, 大明堂, 1995.

나노(信濃)를 통과한 사실이 증명되지만 국사 등은 이·취임 때 이곳을 경유하지 않는다는 사실이 밝혀졌다. 게다가 수도로부터 동북의 데와(出羽)까지 실제로 이용된 도로는 기존 동해도·동산도의 경로와 차이가 난다고 한다. 즉, 율령 역제상 동해도와 동산도는 오랜 시간에 걸쳐 자연적으로 형성된 기존 도로의 노선을 인위적으로 조금씩 변경해서 성립한 까닭에 실제 이용 경로와는 약간의 차이가 발생한다는 것이다. 그 배경에 대해 가와지리는 사견임을 전제하면서 7도란 사람과 물자의 이동 및 수송을 우선한 길이 아니라 "왕권과 관료기구를 위한 정보의 길이자 율령제 하 문서행정을 위한 루트"였으며, 이러한 "정보의 장악이야말로 율령국가가 보유한 권력의 원천"이라는 결론을 도출했다.[24] 결론부가 조금 비약한 감도 있긴 하나 7도가 기본적으로 중앙-지방 간 신속한 정보전달을 최우선으로 하는 '정보의 길'이었음은 분명한 것 같다.

초기의 역로가 자연지형을 약간 거스르는 경우가 있더라도 가급적 직선에 가까운 형태를 취한 것도 위와 같은 본질 때문일 것이다.[25] 다만 역로의 말단 부분은 앞의 가와지리 연구를 통해 짐작할 수 있듯이 원래 민간의 생활도로를 율령국가가 역로에 편입한 경우가 많은 것으로 추측된다.[26] 또한 역로는 평균 노폭 12m 전후로 당시의 통상적인 교통량을 감안하면 지나치게 규모가 큰 도로였다. 이 점은 아마도 군대, 군수물자의 수송과 그 신속성을 고려한 군용도로로서의 정치적 성격 때문일 것이다.[27] 그 후 8세기 말~9세기 초두에 이르면 노선이 조금 변경되거나 노폭 또한 현실적으로 축소되었다.[28]

---

24) 川尻秋生,「古代東國における交通の特質」,『古代交通研究』11, 2001.

25) 木下良,「古代道路研究の近年の成果」, 木下良 編『古代を考える 古代道路』, 吉川弘文館, 1996.

26) 佐藤宗諄,「関と過所」,『古代交通研究』3, 1994.

27) 豊田武·兒玉幸多 編, 앞의 논고「古代の交通」; 石母田正,「國家機構と古代官僚制の成立」,『石母田正著作集 3 日本の古代國家』, 岩波書店, 1989(이 논고의 초출 연도는 1971년).

28) 木下良,「古代交通研究上の諸問題」,『古代交通研究』1, 1992.

역로의 각 역에는 역무 수행자 및 여행자의 숙식을 위한 역관원(驛館院), 마구나 역도(驛稻) 등을 보관하는 창고와 같은 업무 공간 그리고 한 쪽으로는 마구간으로 구성된 잡사(雜舍) 등의 건물이 존재했다.[29] 역무 수행을 위해서는 역마다 일정한 수의 '역호(驛戶)'가 지정되었다. 이들은 일반 공호(公戶)와는 별도로 편성된 집단인데, 역마의 사육 의무를 지는 대신 다른 과역을 면제받았다. 역호 중 역무에 직접 종사하는 자를 '역자(驛子)'라 칭하고, 또한 그들 가운데 업무능력과 경제력을 겸비한 자 한 명을 역의 관리책임자인 종신 임기의 '역장(驛長)'에 임명했다. 역의 일상적인 운영은 이들 역장, 역호에게 위임되었으며 따로 운영을 담당한 관인이 존재하지 않는다는 점에 주의할 필요가 있다. 또 여행자로부터 별도의 운임을 징수하지 않는 역의 재정을 위해 '역기전(驛起田)' 또는 '역전(驛田)'으로 설정된 전답의 수확물, '역기도(驛起稻)' 출거에 따른 이윤 등 독자적인 재원기반이 설정되었으나 740년(천평12)경 이런 제도가 폐지되고 역의 재정은 국사가 관리, 운영하는 정세의 재원으로 통합되었다.[30]

역제 자체가 원래부터 군사적 목적과 깊이 연관된 까닭에 양로율령의 「직원령」 병마사조(兵馬司條) 등에 의해 역제의 관장은 중앙에서는 병부성(兵部省) 산하의 병마사(兵馬司)가 담당했다. 지방 현지에서 역의 경영책임은 기본적으로 국사에게 부여된 것으로 판단된다. 특히 역을 설치하는 업무는 국사의 책임이었으며, 역 경영에 관련된 각종 장부류도 매년 국사가 중앙으로 제출해야 했다. 역로 보수 등 실무에 대한 책임은 군사에게 맡겨졌지만, 율령에는 역제 운영을 둘러싼 군사의 업무가 규정되지 않은 점으로 미루어

---

29) 高橋美久二, 「山崎駅と駅家の構造」, 『長岡京古文化論叢』, 1986. 이런 문헌사료의 분석을 통한 연구결과는 고고학적인 발굴성과와도 대개 일치한다.

30) 豊田武·兒玉幸多 編, 앞의 논고 「古代の交通」; 平野卓治, 앞의 논문 「日本古代の駅家 -文献史学から-」. 당시 '~稻'라 불린 각종 재원은 모두 出擧를 의미하는데, 本稻는 원래대로 보존하고 그 利稻를 소비하는 형태로 운영되었다.

역은 국사-군사-역장이라는 일반적 행정계통이 아니라 국사-역장의 독립적인 지휘계통을 취한 것으로 보인다.[31] 이런 점은 당의 주현제(州縣制)에서 일본의 군사에 해당하는 현령(縣令)에게 역의 경영책임이 부여된 것과 대조적이다. 단, 역호에 대한 인신지배라는 면에서는 국사-군사 라인의 행정계통이 그대로 관철되었다.[32] 또한 외교사절을 비롯하여 이세, 우사(宇佐) 등지의 천황릉과 신전에 공물을 봉헌하기 위한 봉폐사(奉幣使)가 내왕하는 등 국가 차원의 관리가 필요했기에 국사와 군사는 항시 역로의 노면, 교량, 역사(驛舍) 등을 수리하고 청결을 유지해야 했다.[33]

앞서 언급한 전마와 함께 역마를 이용할 수 있는 자도 공문서를 지참한 통상적인 '역사(驛使)'를 비롯한 공무수행자로 한정되었다. 역제의 본질을 가장 명확하게 드러내는 역마 이용자로는 군사, 외교, 내정 등 긴급사태에 관련된 급보를 신속히 전달하는 업무를 담당한 '비역사(飛驛使)'를 들 수 있다. 이들의 주행거리는 양로율령의 「공식령(公式令)」 42조에 의해 1일 10역(= 300리= 160㎞) 이상으로 규정되었다. 역제의 전성기이던 나라시대의 비역사는 규슈 대재부에서 수도까지 약 650㎞를 불과 3~4일 정도에 주파했다고 한다. 수도와 동북지역의 무츠 사이 약 810㎞도 7박 8일 정도에 당도할 수 있었다. 그러나 9세기 이후 헤이안시대가 되면 전자는 전달일수가 6~7일로 늘어난다. 심지어 후술하는 장보고 사후 준동한 '신라해적'의 발견을 중앙에 알린 비역사는 10일씩이나 소요되어 속도는 1일 65㎞에 불과했다. 이 무렵은 후자도 13일씩이나 걸렸다.[34]

---

31) 大日方克己, 앞의 논문 「律令国家の交通制度の構造 -逓送・供給をめぐって-」.

32) 平野卓治, 앞의 논문 「日本古代の駅家 -文献史学から-」.

33) 永田英明, 앞의 논문 「七道制と驛馬・傳馬」.

34) 豊田武・兒玉幸多 編, 앞의 논고 「古代の交通」; 網島謙, 「律令制下の通信スピードとその変遷 -移動形態に関連して-」, 『ヒストリア』 190, 2004. 특히 후자는 8~11세기를 대상으로 飛驛使의 실제 운용사례를 다수 검토하여 평균 속도를 산출한 극히 정치한 개별연구이다.

위 사례들을 종합하면 나라시대의 비역사가 상대적으로 속도가 빨랐으며, 특히 대재부로부터 수도까지는 율령 규정 이상의 속도였음을 알 수 있다. 그러나 헤이안시대 이후 비역사의 속도는 전반적으로 크게 둔화한다. 이것은 역제 자체에 중요한 변화가 있었음을 암시하는 게 아닐까? 원래 비역사는 역마를 이용한 긴급통신수단으로 매 역마다 말을 교환하는 것이 원칙이었다. 그러나 9세기 이후는 역제가 쇠퇴함에 따라 각 역마다 말을 갈아타기가 점차 어려워진다.[35] 그 결과 지친 말을 타고 장거리를 이동함으로써 자연히 속도는 떨어질 수밖에 없었다. 즉, 역제 쇠퇴가 비역사의 주행속도 저하에 큰 요인으로 작용한 것이다. 비역사, 역사 이외에 일반 관인들의 역로를 이용한 통상적인 이동속도는 대체로 1일 30~40km 정도였다. 이렇게 속도가 더딘 이유는 말을 이용하지 않고 도보에 의존한 때문으로 보이는데 이경우는 9세기 이후도 비역사와 같은 속도저하현상은 나타나지 않는다. 그러므로 긴급시의 통신수단이라는 역제의 본질은 원래 비역사에 의해서 구현되었다고 할 수 있다.[36]

4) 역령과 관소

당에서 역제 이용과 역마의 승용 자격을 증명하는 것은 기본적으로 '동용전부(銅龍傳符)'이고, 이것이 없는 경우는 '지권(紙券)' 또는 '역권(驛券)'으로 대용할 수 있었다. 이에 대해 일본의 율령에서 역제 이용을 허가하는 증명은 '역령(驛鈴)'뿐이다. 다른 무언가로 대용할 수 있다는 규정이 전혀 보이지 않는다. 이와 관련하여 일본 율령의 「도적률(盜賊律)」 신새조(神璽條)는 영적인 물건을 규정한 내용인데, 역령은 바로 이 신새조에 포함된 일종의 영기

---

35) 木下良, 「古代の交通体系」, 『岩波講座日本通史』 5, 岩波書店, 1995; 永田英明, 앞의 논문 「律令国家の駅制運用」.

36) 綱島謙, 앞의 논문 「律令制下の通信スピードとその変遷 -移動形態に関連して-」.

(靈器)이다. 그러므로 그 역할은 샤먼이 신과 인간을 연결하기 위해 흔히 사용하는 방울과 같이 지역 수장층에 대해 왕권의 영력(靈力)과 권위를 상징하는 도구였던 것으로 유추된다. 역제는 전국 각지를 중앙과 직결시켜 일률적으로 지배하기 위한 왕권 직할의 제도이자 기본적으로 속도를 극히 중시한 교통체계이다. 역령은 그런 역제의 기능을 실질적으로 뒷받침하여 천황의 영력을 전국에 미치게 하는 고대 일본 특유의 정치적 장치라고 할 수 있다.[37]

따라서 역령의 보관에는 극도의 엄중함이 요구되었다. 일례로 역령을 수급한 자에게는 신분과 위계에 따라 이용 가능한 역마 수에 차등이 두어졌으며, 사용이 끝난 후 2일 이내에 바로 반납해야만 했다. 또 천황의 외부 행차 때는 일부 비상용 역령을 제외한 나머지 전량을 행렬이 지참했다. 그런 까닭에 역령은 임신의 난, 후지와라노 나카마로의 난 등 내란 발생 때마다 자주 쟁탈의 대상이 되었다.[38]

한편, 역로상의 주요 지점 가운데도 특히 구니의 경계지에는 관인과 병사들이 상주하는 관소(關所)가 설치되었다. 그 중 기내 방비를 위해 국가적으로 중요한 시설이었던 '삼관(三關)'은 동해도 이세(伊勢)의 스즈카관(鈴鹿關), 동산도 미노(美濃)의 후와관(不破關), 북륙도 에치젠(越前)의 아라치관(愛發關)을 가리킨다.[39] 이것들은 중앙정부의 입장에서 보면 수도권에서 동일본으로 빠져나가는 관문으로, 외부로부터의 적에 대비하기보다 내부 반란자가 당시로서 변경인 동일본으로 탈출하여 강대한 세력을 이루는 것을 미연에 방지하기 위한 시설이었다고 할 수 있다. 삼관이 위치한 지역의 국사

---

37) 이상, 驛鈴의 성격과 기능에 관해서는 馬場基, 앞의 논문「駅制の基本的性格と成立について」를 참조하고 필자가 보완함. 馬場基는 이 논문에서 "驛使가 방울을 울리는 예는 중국에서도 있었던 것으로 보인다. 하지만 그것은 통행인을 미리 피하게 하거나 짐승을 물리치기 위한 목적이었던 것으로 이해된다. 일본 驛制의 驛鈴은 銅龍傳符를 단순한 이용중으로 규정한 唐制와는 성격이 확연히 다르며, 당제의 모방이 아닌 일본 고유의 것이다. (중략. 이러한)예는 일본 이외에는 동아시아에서 볼 수 없다"라고 강조하고 있다.

38) 豊田武・兒玉幸多 編, 앞의 논고「古代の交通」.

39) 810년(홍인1) 이후는 越前에 대신하여 近江가 三關國으로 지정되었다.

는 '관사(關司)'를 겸임하여 다른 지역의 국사보다 그 임무가 한층 무거웠다. 삼관 외에도 『이즈모국풍토기(出雲國風土記)』에 의하면 주요 도로의 경계 지점에 '잔(劑)'이라 칭하는 관소가 통행자의 내왕 빈도나 정치적 필요성에 따라 항시 혹은, 임시로 설치되었다.[40] 이밖에도 에미시의 내침에 대비하여 수도의 동쪽 지역에 설치된 동해도의 기쿠타관(菊田關), 동산도의 시라카와 관(白河關) 그리고 서로는 나니와진(難波津)과 나가토진(長門津)에 설치된 관소들이 교통규제에 중요한 역할을 담당했다.[41]

이러한 관소는 서민의 외지 이동을 통제함으로써 유통경제를 포함한 지역적 교역권의 확대와 전국적인 교통발전의 저해 요인으로 작용할 수밖에 없었다. 『속일본기』에 따르면 789년(연력8) 7월 정부는 "공사(公私)의 도로가 이미 통리(通利)의 편의를 상실하여 백성의 근심만 더하게 할 뿐 이익이 되는 바가 없다"라고 하여 삼관의 기능을 일시 정지시켰다. 국가적으로 가장 중시되던 삼관이 이런 지경이면 그 외의 관소들이 어떤 상황이었는지 미루어 짐작할 수 있다. 그러나 환무천황(桓武, 재위 781~806)이 붕어했을 때 위 삼관을 고수하라는 명령이 하달된 이후 오랜 기간에 걸쳐 삼관과 제 관소는 예전처럼 지속되었다.[42]

5) 역제의 변질과정

이상과 같이 율령국가의 역제는 ① 중앙-지방을 연결하는 통로로서의 역로, ② 운행과 관리를 위한 설비로서의 역, ③ 운반수단으로서 역마, ④ 노동력으로서 역호와 역자, ⑤ 재원으로서 역기도, ⑥ 이용증으로서 역령, ⑦ 이용자로서 역사의 일곱 가지를 기본요소로 구성되었다. 이러한 역제를 구성

---

40) 佐藤宗諄, 앞의 논문 「関と過所」.

41) 豊田武・兒玉幸多 編, 앞의 논고 「古代の交通」.

42) 佐藤宗諄, 앞의 논문 「関と過所」.

하는 각 요소는 당의 율령제도를 수입하여 같은 시기에 한꺼번에 성립된 것이 아니라, 당의 제도를 기본 모델로 하면서도 이전부터 열도 내에 존재하던 관행과 제도를 시차를 두고 순차적으로 정비한 것이다.[43]

역제 실시와 함께 새로 건설된 대형 역로는 지역 수장층의 통제를 받지 않고 왕권과 국가가 강권을 발동하여 직접 관리하는 공도(公道)였다. 여기에 일정한 거리를 두고 배치된 역을 릴레이식으로 이용함으로써 왕이 파견한 사자는 중간 경유지에서의 의례절차를 최소화하며 목적지까지 직행할 수 있었고, 게다가 지방으로 하달되는 공문서가 모두 역로를 통과함으로써 전국의 지방호족층과 인민들에게 왕권에 대한 복속을 각인시켰다.[44] 결과적으로 수도를 기점으로 한 계획적인 대형 도로망의 구축은 각 지역에 온존하던 폐쇄적인 공동체적 규제를 타파하고 전국이 균질한 공간으로서 중앙 즉, 왕권이 존재하는 수도로의 구심성을 생성 내지 강화시켰다.[45] 반면에 이전까지 강한 독자성을 유지하던 지역공동체들은 왕권의 지배를 받는 하나의 '지방'으로 고착되는 결과를 초래했다. 그러므로 수도를 중핵으로 한 역제의 정비는 중앙집권적 전제국가의 완성을 의미하는 핵심 지표의 하나라고 할 수 있다.[46]

다만 앞서 본 동해도, 동산도의 경우처럼 역로 개설 후에도 국사와 관인들은 사람·물자의 이동과 수송에 훨씬 적합한 그 전부터의 도로를 주로 활용했다. 백강전투 후 규슈 연안의 방비를 위해 파견된 다수의 '방인(防人)'들과 대량의 공조(貢調), 공마(貢馬) 수송이 이런 종래의 도로를 활용한 것은 상징적인 사례이다. 즉, 율령국가가 설정한 교통체계와 실태로서의 교통로가

---

43) 馬場基, 앞의 논문 「駅制の基本的性格と成立について」.

44) 市大樹, 「律令交通体系における驛路と伝路」, 『史學雜誌』 105-3, 1996.

45) 中村太一, 『日本古代国家と計画道路』, 吉川弘文館, 1996, 1-49쪽.

46) 豊田武·兒玉幸多 編, 앞의 논고 「古代の交通」.

괴리현상을 일으켰으며 국가도 그 점을 인정하고 현실을 묵인했다고 할 수 있다.[47]

역제는 다른 율령제도와 마찬가지로 대화개신(大化改新) 이후 8세기 나라시대에 가장 번성한다. 그러나 헤이안시대에 접어든 9세기 초에는 역의 재정 낭비를 막기 위해 율령국가의 교통정책에 대규모 개혁이 단행된다. 그 첫 번째 단계는 역마 수를 줄이는 일이었다. 두 번째 단계는 역을 부분적으로 폐지하고 역로를 변경함으로써 역의 수를 줄였다. 세 번째 단계에서는 역로 그 자체를 지방-지방을 연결하는 지로(支路)부터 시작하여 차례로 폐지했다. 이런 과정을 거치면서 7도는 훗날 『연희식』에 기재된 것과 같은 수도로부터 방사선상의 교통로로 정리된 것이다.

지방 간 도로망을 폐지하고 중앙-지방을 연결하는 것만으로 관도를 단순화시킨 이 같은 도로정리방식을 통해 헤이안시대 초기 교통정책의 의도를 비교적 명료하게 감지할 수 있다. 즉, 지방 간 도로망은 율령제 초기인 나라시대까지는 지방 현지의 지배를 위해 반드시 필요했다.[48] 하지만 헤이안시대가 되면 수도권의 구심력이 증대하고 법과 제도에 의한 지배가 어느 정도 확립됨으로써 공간적 장치의 필요성이 감퇴한 결과 지방 간 도로는 중앙정부로서 별달리 이용가치가 없는 무용지물로 화하고 만 것이다.[49] 그러나 이 것이 도로 자체의 망실을 의미하는 것은 아니므로 현지민의 입장에서 보면 거꾸로 국가의 간섭을 받지 않고 자유롭게 이용할 수 있는 자신들의 도로를 되찾은 측면도 있을 것으로 사료된다.

9세기 이후 역제는 계속적인 쇠퇴과정을 걷는다. 앞서 본 비역사의 속도 저하는 그것을 활용한 긴급통신시스템 운영이 역제 창시의 원래 목적이었

---

47) 川尻秋生, 앞의 논문「古代東國における交通の特質」.

48) 高橋美久二, 앞의 논문「都と地方間の交通路政策」.

49) 豊田武・兒玉幸多 編, 앞의 논고「古代の交通」.

던 점을 감안하면 그 자체로써 역제의 쇠퇴를 의미한다. 이밖에도 대폭적인 노선 변경과 함께 규모도 축소되었다. 10세기 후반이 되면 역제는 문헌사료에서 거의 자취를 감추고 대체할 새로운 제도도 나타나지 않는다. 그 원인을 한 마디로 간추리면 율령국가에 대신할 중앙집권적 전제국가가 그 후 오랫동안 일본역사에서 등장하지 않았기 때문이다. 그러므로 역제 붕괴는 중앙집권국가의 해체를 의미한다고 할 수 있다.[50]

율령국가의 역제가 변질하자 동해도와 동산도는 왕권이 파견한 일부 특정한 사자 이외에는 전혀 이용하지 않게 되고, 율령제 이전부터 존재하던 원래의 간선도로가 수도와 동일본을 연결하는 주요 루트로 부활한다. 가마쿠라막부(鎌倉幕府)를 개창한 미나모토 요리토모(源賴朝, 1147~1199)는 1185(문치1) 이 원래의 간선도로를 근간으로 한 '역로의 법'을 제정했으며 그밖에 많은 사례를 통해서도 원래의 간선도로가 중세 이후 교토-가마쿠라를 잇는 동해도로 발전해 갔음을 확인할 수 있다.[51] 그리고 이러한 일련의 과정을 거치면서 교통의 주역은 점차 농민 속에서 새로이 두각을 드러낸 공인, 상인 쪽으로 옮겨가게 된다.

6) 민간의 교통

고대 일본의 민간이 주로 어떤 교통로를 이용하여 어떠한 활동을 펼쳤는가에 관해서는 민간교통에 가해진 국가적 규제를 제외하면 잔존 사료에 거의 나타나지 않고 연구도 극히 소략한 편이다.

율령국가는 호적과 계장(計帳) 등을 통해 민간의 자유로운 활동범위를 본관지 군내(郡內)와 해당 구니 내부로 한정하는 본관지주의를 강제했다. 계

---

50) 豊田武 · 兒玉幸多 編, 앞의 논고 「古代の交通」; 馬場基, 앞의 논문 「駅制の基本的性格と成立について」.

51) 川尻秋生, 앞의 논문 「古代東國における交通の特質」.

장이란 반전제(班田制)에 의거한 구분전 지급과 조용물, 잡요 등 과역을 부과하기 위해 매년 작성한 장부를 가리킨다. 물론 당시 인민들이 사적인 용무로 타지까지 원행할 일이란 거의 없었고, 만약 허가 없이 구니 외부로 나가면 부랑(浮浪), 도망(逃亡)으로 간주되어 처벌이 가해졌다. 민간에 대한 교통통제는 대개 관소와 진(津)을 통해 이루어졌다. 관소를 통과하는 사람들은 본관지 관청이 발급한 통행허가증인 '과소(過所)'를 지참해야 했고, 이밖에도 도로교통의 요지와 도강(渡江) 지점에서는 병부성 소속 병사들이 통행인을 일일이 검열했다. 위와 같은 국가적인 교통통제 외에도 평소의 촌락생활에서는 5보제(五保制)와 이장(里長)이 불법 원행을 제어하는 장치로 활용되었다.[52]

율령국가의 인민이 타국으로 여행하는 일은 방인(防人), 위사(衛士) 등 넓은 의미의 군사적 요역노동이나 관물 운반을 위한 운각부 등 대부분이 공용이었으며, 극히 드물게 사적인 상용(商用) 여행이 보이기도 한다. 전국 각지와 수도를 연결하는 민간의 공용 여행은 대규모로 빈번히 이루어졌다. 그러나 앞에서 본 역전제는 국가의 교통체계일 뿐 민간교통과는 거의 상관이 없었다. 전국의 역과 전마 시설은 원칙적으로 서민에게는 아무런 편의도 제공하지 않았고, 심지어 운각부를 인솔하는 하급관인들조차 역마 또는 전마를 이용할 수 없었다. 인민들은 식량, 취사도구, 침구 등을 지참하여 여로에서

---

52) 五保制는 天智天皇이 당의 율령을 모방하여 도입한 제도로, 5戶로 1保를 편성하여 保長을 중심으로 방범·납세·상호감시 등에 대한 연대의무를 지운 율령제 하의 말단 행정조직이다. 양로율령의 「戶令」 五家條에 의하면 외부의 客이 보 내부에 묵거나 내부인이 보 밖으로 출타할 때는 반드시 保에 알려야만 했다. 또 같은 「호령」의 逃走條에는 浮浪, 逃亡 등이 발생하면 5보가 추포하도록 되어 있다. 즉, 5보제는 인민생활에 가장 밀착된 부랑·도망 억제장치였던 셈이다. 또 里長에 대해서는 里 내부의 사람이 25일 이상 부랑, 도망하면 그 책임을 물어 笞刑 30도에 처하도록 규정되었다. 이상, 민간에 대한 율령국가의 교통통제는 舘野和己, 「律令制下の交通と人民支配」, 『日本史研究』 211, 1980; 동, 「日本古代の交通政策」, 『日本政治社会史研究』, 塙書房, 1984(이 논문들은 동, 『日本古代の交通と社会』, 塙書房, 1998에 재수록됨). 舘野和己가 민간교통에 대해 제기한 本貫地主義는 松原弘宣, 「水上交通の検察システムについて」, 『続日本紀研究』 337, 2002에도 그대로 수용되었다.

만난 민가의 처마 밑이나 숲속에서 노숙해야 했다. 그 비참한 실정은 행려병사자가 속출하는 사태를 초래했으니, 정부로서는 운각부의 경우 그들이 수송하는 관물 보호를 위해서라도 도중의 구니와 군에 명하여 식사만은 제공하는 일도 있었다.

민간의 상용 여행이 극히 예외적으로밖에 표출되지 않는 이유는 공문서를 위주로 한 사료의 잔존방식에도 문제가 있을 것이다. 그러나 일차적으로는 민간경제가 아직 자급자족단계에 머물러 분업과 협업이 그다지 발달하지 않았고, 따라서 공인과 상인이 하나의 사회적인 계층으로 확립되지 않은 데 이유가 있을 것이다. 이미 나라시대부터 각종 청부를 맡은 공인들과 앞서 소개한 원격지 상인 나라노 이와시마 등의 사례와 같이 수도와 그 주변부에 상공인의 존재가 드러나고, 헤이안시대 중기 이후로는 그 활약이 두드러져 11세기 중엽부터 전문적인 교역자가 보이기도 한다. 하지만 그들의 교역활동은 귀족경제를 보완하는 측면이 강해서 서민층을 대상으로 한 본격적인 상업에는 전혀 미치지 못했다. 공인, 상인의 전사회적 성립은 역시 율령국가가 붕괴한 후의 일이다.[53]

그럼에도 불구하고 역로와 각종 지방도로의 신설 및 개축은 율령제 하의 민간사회에 큰 영향을 미쳤다. 첫째는 도로변을 따라 집락이 성립하거나 확대되었다. 둘째, 도로 연변이 개발되자 원격지를 왕래하는 행상인들의 교역활동이 촉진되고 그에 병행하여 수공업 발전이 가속화되었다. 셋째는 도로교통의 성행과 더불어 민간에까지 타 지역의 문물과 정보가 신속히 전파된 점을 들 수 있다.[54] 일반적으로 도로망의 확충은 부랑, 도망과 같은 사회의 유동성을 심화시킴으로써 율령국가의 지배를 뒤흔들 위험성을 내포한다. 실제로 9세기 이후 법의 테두리를 넘어선 민간교통이 활발히 전개되고 부

---

53) 豊田武・兒玉幸多 編, 앞의 논고「古代の交通」.
54) 이상은 舘野和己, 앞의 논문「律令国家の交通政策」.

랑, 도망이 만연하자 본관지주의는 거의 빈껍데기만 남고 율령국가의 민중지배가 크게 동요했다.[55] 그러나 도로망 확충은 장기적 안목에서 볼 때 분명히 민간교통 및 산업발전을 자극한다. 헤이안 말기 이후의 상업발전은 율령제 하에서의 도로망 확대라는 토대 위에서 가능한 일이었다.

2. 수상교통에 관하여

고대 교통사연구의 중심은 역전제로 대표되는 육상교통이었다. 하지만 대개 1970년대 후반부터 수상교통에 대한 연구의 필요성이 제기되었으며, 그 후 교통정책과 제도 등 정치적 영역만이 아니라 순수한 경제적 영역으로서 수상교통을 교역과 연관지어 검토한 연구성과도 속속 발표되고 있다.[56] 또한 아직 본격적인 교통사연구로 전개된 것은 아니지만 고고학, 자연지리학, 해양학 분야에서 진척된 선박 구조, 항해술, 조류 등에 대한 연구도 비교적 활발한 편이다.[57] 그러나 아직은 고대 수상교통의 전모를 드러낼 수 있을 정도로 각 분야별 연구가 충분한 것은 아니며, 특히 민간의 상용 여행에 수

---

55) 舘野和己, 앞의 논문 「律令制下の交通と人民支配」. 舘野和己의 주장은 전체적으로 본관지주의에 바탕을 둔 교통통제와 그것에 대응한 각종 교통발전의 관계가 율령국가의 정책을 규정하고 나아가서 국가 자체의 변화로 연결되었음을 강조하는 내용이다. 大日方克己는 이에 대해 "교통이 국가 혹은, 정치권력의 주요 기반인 점은 각 시대에 공통된 사실이다. 그렇다면 어떻게 교통이 제한되고 또 그것이 극복되었는가는 구도가 아니라 교통이 어떤 식으로 관리되었는가에 초점을 맞추어 그 역사적 특질을 규명해야 할 것이다"라고 지적했다. 大日方克己, 舘野和己 『日本古代の交通と社会』에 대한 서평, 『古代交通研究』 8, 1998.

56) 대표적인 성과로는 杉山宏, 『日本古代海運史の研究』, 法政大學出版局, 1978; 松原弘宣, 『日本古代水上交通史の研究』, 吉川弘文館, 1985; 永原末遠男, 앞의 논고 「付章1 奈良時代の海運と航路」 등을 들 수 있다.

57) 松原弘宣, 「水上交通研究の成果と課題」, 『古代交通研究』 4, 1995. 松原弘宣는 바로 전년에도 「古代水上交通研究の現状と課題 -瀬戸内海交通を中心に-」, 『古代交通研究』 3, 1994를 발표하여 瀬戸内海를 중심으로 한 수상교통의 연구사를 정리했다. 거기서는 수상교통의 정치적 영역과 경제적 영역 그 각각에 대해 세부적인 검토를 행하고 있으므로 연구사를 전체적으로 이해하기에 좋은 참고가 된다.

상교통이 구체적으로 어떻게 활용되었는지는 거의 밝혀지지 않았다.

1) 도선장을 중심으로 본 내륙 하운

하운이라고 하면 내륙 하천의 중, 상류 지점과 바다로 이어진 하구 사이를 배를 이용하여 여객, 하물을 운반하는 교통방식을 연상하기 쉬울 것이다. 하지만 고대사회는 하상(河床)의 고저를 일정 수준으로 정비하여 선박을 장거리 운행할만한 토목기술이 아직 발달하지 않았다. 그러므로 여기서 말하는 하운이란 육상교통의 연장선상에서 주로 배를 이용하여 가시거리 내에 있는 강 건너까지 도강하거나, 자연지형이 잘 구비된 지역에 한하여 배로 하천의 상하 지점을 연결하는 것을 의미한다.

일본열도의 중심이라고 할 수 있는 혼슈는 중앙부에 험준한 산맥이 잇달아 전개된다. 따라서 전근대의 주요 육상교통로는 고봉준령을 피해 대부분이 해안선의 저지대를 통과한 관계로 중앙부의 산맥에서 발원한 다수의 하천을 넘어야만 했다. 그런데 산간지역을 흘러내리는 하천은 대개 급류를 이루었고, 특히 온대 몬순기후의 영향으로 계절적인 수량차가 심하여 교량 건설이 대단히 어려웠다. 결국 육상교통의 상당 부분은 하구 쪽의 비교적 강폭이 넓고 유속이 완만한 지점을 배를 이용해 도강해야만 하는 악조건을 감수할 수밖에 없었다.[58]

고대의 주요 하천은 민간의 물류에도 이용되었지만 기본적으로는 '조세 공납을 위한 길'이었다. 따라서 율령국가는 7도와 같은 역로의 교통기능을 확충하기 위해서라도 교량 및 도선장(渡船場)의 정비와 유지에 힘을 쏟아야만 했다.[59] 그런데 지금까지 선행연구는 고대 수상교통사 연구의 가장 기본적인 부분이라고 할 수 있는 도선장에 대해 그다지 주목하지 않았다. 여기서

---

58) 佐佐木虔一, 「古代の渡し 一河川を中心に一」, 『古代交通研究』 3, 1994.

59) 宮滝交二, 앞의 논문 「古代東国における物流と河川交通」.

는 도선장을 중심으로 한 기존 수상교통의 연구성과를 간략히 정리해보기로 하자.[60]

도선장은 육상교통과 해상교통을 내륙 하운을 통해 결합시키는 연결고리이자 사람, 물자, 정보가 집결하는 교역의 장으로서 이를테면 교통과 교역이 일체를 이룬 곳이라고 할 수 있다. 일본의 고대 사료에서 도선장은 흔히 '제(濟)', '도(渡)'로 지칭되는데 그 중에서도 어촌으로서 요소가 강한 곳은 포(浦)·빈(濱), 배의 항로상 정박지점에 대해서는 진(津)·진(湊) 등의 명칭이 사용되었다. 다만 고대의 도선장은 조류와 하천 형태의 변화 등으로 인해 후대에 흔적도 남기지 않은 경우가 많아서 장기간 도선장으로 활용된 지점을 특정하기가 극히 어려우며 발굴사례도 아주 적다. 선행연구가 도선장에 크게 주목할 수 없었던 것도 바로 이런 점 때문일 것이다.

교량 및 도선장에 대한 율령국가의 기본 인식은 육상교통을 위한 보조수단에 지나지 않았다. 그러나 육상교통로의 정비를 위해서도 안전한 도강은 필수적이었으므로 배의 정박과 운행의 안전성을 확보하기 위해 진(津)·진(湊) 등에 대해서는 관리업무를 담당하는 관사와 선착장, 풍파를 막기 위한 암석 구조물 등을 설치했다. 특히 현 오사카항의 일부인 나니와진이나 규슈 하카타 인근의 나노진(那津)처럼 국가적으로 중요한 도선장에는 나니와관(難波館), 쓰쿠시관(筑紫館), 홍려관(鴻臚館) 등 정치적 시설과 함께, 중앙 귀족 및 사사의 대형 창고와 시장 등 경제적 시설, 신사와 같은 종교적 시설이 구비되었다. 보다 비중이 약한 쓰루가진(敦賀津) 주변에도 9세기경에는 군가와 역을 비롯한 창고, 시장, 신사 등이 설치되었다. 또한 각지의 국부와 군가는 그 성격상 육상교통로와 수상교통로가 교차하는 곳에 입지하는 경우가

---

60) 이하, 본문의 渡船場에 관한 일반적인 소개는 松原弘宣, 앞의 논문 「水上交通研究の成果と課題」를, 도선장 관리 및 도강업무의 실태 등에 관해서는 佐佐木虔一, 앞의 논문 「古代の渡し ー河川を中心にー」을 참조함.

많았으므로,[61] 이것들도 외부 교통로 확보를 위해 국진(國津) 또는 군진(郡津)을 설치하고 위와 유사한 성격의 각종 시설들을 유치해야만 했다.

교량과 도선장은 율령 규정으로는 민부성 관할이다. 하지만 각 지역의 하천 교통은 국가적 지배의 테두리 안에서 현지 국사가 핵심적인 관리업무를 담당하고, 보수를 위한 노동력 징발 등은 국사의 지휘를 받아 군사가 수행했던 것으로 보인다. 『이즈모국풍토기』의 권말 기록에는 구니 내부의 교량과 도선장이 군단, 봉수대 등과 함께 기재됨으로써 이것들이 교통뿐만 아니라 군사시설의 일부로 중시되었음을 짐작하게 한다.

한편, 율령국가에서 관청이 관장하는 도선장의 배는 정세로 구입하여 국사가 관리책임을 지는 관선(官船)이었고, 이용자는 공무 수행자 및 통행허가증인 과소를 소지한 자들이었다. 관선 운행은 병사들이 담당하는 것이 원칙이다. 그러나 율령제가 시행되기 훨씬 전인 『일본서기』 646년(대화2)의 교통상황과 그 법적 규제에 관한 사료에 따르면, 이 무렵 교통 요지의 도선장에서 도강업무에 종사한 자들은 상업이나 운수에 관련된 일을 생업으로 하는 비농업민들이었다. 이들은 당시도 해당 지역의 수장이나 왕권에 복속되어 있었던 것 같은데, 필자로서는 원래 도강업무에 종사하던 이런 민간인들이 율령국가가 성립된 후에도 관이 파견한 병사들의 지휘를 받으며 실제 업무를 수행한 것으로 생각된다. 또한 이들은 자신들 소유의 소형 선박으로 민간인의 도강을 돕고, 그밖에 소규모 교역과 어업 등으로 생업을 영위했을 것

---

61) 예를 들어 나라시대 동일본의 國府는 驛路 연변에의 입지를 우선으로 하면서도 최종적으로는 역로와 수상교통로가 만나는 하천 연안으로 결정되는 경우가 일반적이었다(中村太一, 「古代東国の水上交通 -その構造と特質-」, 『古代王権と交流2 古代東国の民衆と社会』, 名著出版, 1994). 또한 郡家는 각 지역의 지형조건에 따라 입지형태가 다양하게 나타나는데, 내륙 하운을 이용할 수 있는 지역에서는 상당수 군가 유적이 대하천으로 연결되는 중소 하천의 자연제방 위에 입지했음을 확인할 수 있다(平野吾郎, 「東海地方における郡衙推定遺跡とその立地について」, 斎藤忠先生頌壽記念論文集刊行会 編 『考古学論叢』, 吉川弘文館, 1988). 이상은 宮滝交二, 「古代東国における物流と河川交通」, 『古代交通研究』 6, 1997을 참조하고 관련 연구를 재인용함.

이다.

『유취삼대격』의 835년(승화2) 6월 태정관부에 따르면, 동해도와 동산도의 대형 도선장에서 공납물을 운경할 시기가 되면 "교량이 미비하고 도선 수가 모자라서 공조(貢調)를 운반하는 자들이 물가에서 시일을 지체하기 일쑤고, 일순(一旬, 열흘)이 지나도록 강을 건널 수 없자 서로 (순서를 다투어) 난투극을 벌임으로써 몸을 다치고 관물이 유실"되는 상황이 빈발했다고 한다. 성수기 도선장의 실태를 엿볼 수 있는 좋은 사례라고 할 수 있겠다. 9세기 말에 이르러 중앙의 권문들이 도선장과 항구 등지에서 수레, 말, 배 등을 임의로 강제 차출하는 일이 자주 발생하자 국사를 중핵으로 한 도선장 관리운영제도는 크게 동요한다. 그 후로는 소형 선박을 소유한 민간인들이 도강업무의 주체로서 점차 수상교통에 중요한 역할을 담당한 것으로 보인다.

2) 세토내해를 중심으로 한 해상운송

고분시대 야마토 정권 하에서 대규모 장거리 해운은 대왕 일행의 이동, 군대와 군수물자 수송, 외교사절 왕래 그리고 각 지방에서 중앙으로의 물자운송 등 정권 차원의 것들이 대부분이었다. 이런 국가권력 중심의 수상교통체계는 율령국가에 들어서서도 기본적으로 지속된다.[62] 율령제 하의 물자운송은 육상교통을 중심으로 행해졌다는 것이 통설이다. 그러나 율령에 체계적인 규정은 없지만 해운의 관리방법을 다룬 내용은 여기저기서 부분적으로 발견된다.[63]

원래 조용물은 중앙으로 운송되는 각종 공납물 중에서도 여타 잡물에 비해 극히 중요한 재정적 의의를 지녔기에 초기의 중앙정부는 위험성이 높은 해상운송을 강력히 규제했던 것으로 보인다. 그런데 섬유제품을 주로 한 조

---

62) 栄原永遠男, 앞의 논고 「付章1 奈良時代の海運と航路」.

63) 杉山宏, 「律令制下の海運政策について」, 『古代交通研究』 4, 1995.

(調)에 대해 용(庸)은 율령 규정상으로는 포가 중심이지만 실제로는 쌀과 소금 등 여러 품목으로 징수되었으며, 그 중에서도 중량이 무거운 미곡류는 해운이 지닌 이점을 외면하기 어려웠다. 『속일본기』 715년(영귀1) 5월조는 전반부에서 산양도와 남해도에 대해 조용물의 납부기한 엄수를 명하고, 후반부는 용(庸)의 해로 수송에 관한 해당 지역 국사의 책임을 추궁한 내용이다. 과거 1960년대 중반까지는 이 후반부에 의거하여 조용물 운송에 해로 이용이 원천적으로 금지되었다고 보는 설이 유력했다. 그러나 후반부는 실제로는 "해로로 용을 수송할 때 어리석은 백성에게 맡겨서 표실(漂失)되거나 혹은, 대개 물에 젖어 못 쓰게 만든다"라고 하여 민간에 운송을 맡김으로써 발생한 손실에 대해 국사의 책임을 엄중히 질책하고 변상 책임을 물은 내용이다. 뒤집어 해석하면 당시 이미 원격지인 산양도, 남해도와 같이 용미(庸米) 운경에 해운 방식을 취하는 구니가 존재했던 것이다. 이밖에도 대재부로부터 공납된 조면(調綿)은 엄격한 규제에도 불구하고 718년(양로2)경에는 세토내해를 통과하는 해운 방식이 취해졌다.[64]

세토내해를 이용한 한 관물의 해상운송은 8세기 내내 꽤 활발히 전개된 것으로 보인다. 그 이유로는 첫째로 자연지형이 크게 작용했다. 대소 약 3,000여 개의 섬이 산재하는 세토내해는 해로가 극히 복잡하지만 조류의 규칙적인 변화와 섬의 형태를 숙지하는 지역의 뱃사람들에게는 선박 운항에 아주 적합한 조건을 갖춘 해역이었다. 게다가 외양에 비해 파랑이 적었기에 당시의 조악한 선박으로도 충분히 항해가 가능했고, 복잡한 해안선과 섬들은 유사시 적절한 피난처를 제공해 주었다.

둘째는 대량 수송력과 싼 운임을 들 수 있다. 나라시대부터 헤이안 초기에 이르기까지 세토내해의 물자운송에 주로 활용된 배는 척당 평균 적재량이

64) 栄原永遠男, 앞의 논고 「付章1 奈良時代の海運と航路」; 杉山宏, 앞의 논문 「律令制下の海運政策について」.

50~80괴(魁= 石) 정도의 소형 선박이었다. 쌀 500석의 무게에 해당하는 조면(調綿) 10만 둔(屯, 1둔= 4량)을 이런 크기의 배로 운반하기 위해서는 대개 6~7척의 선단에 척당 세 명씩의 인력이 필요하므로 총 18~21명의 승무원이면 충분하다. 이에 대해 한 필당 300둔 정도를 실을 수 있는 말은 어림잡아 말 330여 필과 같은 수의 마부가 필요하다. 인단이라면 말의 3배인 약 1,000명의 운각부가 동원되어야 했다. 또 예컨대 대재부로부터 나니와까지의 통상적인 소요 일수는 육로가 27일인데 비해 해로 30일로 거의 차이가 나지 않는다. 그러므로 소형 선박이라 해도 말의 약 30~50배, 인력의 약 100~150배에 달하는 운송 효율성을 가졌던 것이다. 이는 바로 저가의 운임을 의미하며 원거리일수록 그 위력은 배가되었다. 후일 10세기 중엽부터 시행된 『연희식』의 제국운조잡물공임조(諸國運漕雜物功賃條)는 전국적으로 물자 운경에 필요한 공임(功賃)과 공정 운임을 규정하고 있다. 그 중 남해도, 북륙도는 파도가 거친 외양을 항해하므로 위험도가 높고 선원도 많이 필요한 까닭에 운임이 상대적으로 비싸고 노련한 항해기술을 갖춘 조타수의 공임도 높게 책정되었다. 이에 비해 세토내해를 항해하여 안전도가 높은 산양도로부터의 해상운송은 선원 수가 적고 운임도 싼 편이었다.

자연적 조건에 더하여 이와 같은 고대의 항해기술이나 선박의 크기와 성능, 운임 등을 종합적으로 고려하면 세토내해는 당대 일본열도의 다른 어떤 지역보다도 해운에 적합한 조건을 갖추고 있었고, 그 가운데서도 산양도 연안항로의 해운이 가장 발달했다. 따라서 육로와 인단 위주로 조용물을 운경하고자 한 율령국가의 기본방침은 세토내해 일원에서는 현실과의 괴리가 커서 거의 준수되지 않았다고 보는 편이 실태에 가까울 것이다.[65] 결과적으로 헤이안시대에 들어서서도 제법 시간이 경과한 894년(관평6) 중앙정부는 "조

---

65) 이상, 瀬戸内海의 해상운송은 栄原永遠男, 앞의 논고 「付章1 奈良時代の海運と航路」를 참조함.

물(調物) 진상은 말(駄)을, 관미(官米) 운송은 배를 근본으로 삼는다"라고 정함으로써 육상은 말, 해상은 선박에 의한 새로운 조세수송정책을 시행하기에 이르렀다.[66]

종래의 고대 수상교통사 연구는 타 지역에 비해 해운이 활발히 전개된 세토내해 일원을 중심으로 전개된 측면이 있다. 또한 여기에는 세토내해가 고대국가의 성립 및 전개에 중대한 의미를 갖는 대륙과의 교류에 핵심 통로이며, 따라서 그 교통·실태와 특질에 대한 규명이 고대국가의 성격 이해와 직결되는 문제라고 보는 학계의 인식도 일조했다. 그러나 세토내해를 중심으로 한 기존의 연구는 육상교통에 토대를 둔 율령국가의 교통체계가 불가피하게 야기한 사료상 제약으로 인해 공적인 물자수송에 연관된 부분에만 시종할 수밖에 없었다.[67]

세토내해 이외에 비교적 해운이 활황을 보인 것은 남해도 남단의 도사국(土佐国)에서 기내로 통하는 항로와 한반도와 가깝고 동해(일본해)에 면한 산음도의 항로 정도이다. 특히 후자는 한반도와의 교류 및 문화수입의 창구로서 그 중요성이 예전부터 지적되어 왔다.[68] 그렇지만 해운이 나라시대에 비해 상당히 활발했던 헤이안시대도 산음지역에 대규모 해운이 항시적으로 전개되었다고 인정할만한 사료는 보이지 않는다. 해안선이 세토내해에 비해 상대적으로 아주 단조로운 산음에는 아마도 천연의 항구가 될 만한 지점이 별로 없었고, 당시 선박에게 필수적이었던 해난시의 대피항을 구하기 힘들었던 때문일 것이다.

이상, 세토내해 해운을 중심으로 한 수상교통에 관해 간단히 개관해보았다. 그런데 이런 국가적 수상교통도 실제로는 민간의 사적인 해운에 크게 의

---

66) 平野邦雄, 앞의 논고「第1章 古代の商品流通」, 28-29쪽; 石井寬治, 앞의 책, 16쪽. 사료는 『類聚三代格』에서 인용됨.

67) 松原弘宣, 앞의 논문「古代水上交通研究の現状と課題 -瀬戸内海交通を中心に-」의 지적.

68) 三品彰英, 『三品彰英論文集 4增補日鮮神話伝説の研究』, 平凡社, 1972 등.

존했다. 원래 관물 운송은 민간업자에게 맡기지 않고 공적인 관리 하에 두는 것이 율령국가의 기본방침이었다. 그러나 해운의 경우 그 상당 부분을 민간인의 사선(私船)에 의존할 수밖에 없었다. 물론 사선이 늘어나는 현상 자체도 율령제 초기까지는 관인들의 수도 내 집단거주와 수도권에 대한 대규모 건축사업 등, 요컨대 중앙정부의 기구 정비라는 정치적 이유에 기인한 각종 물자의 운송수요 증대가 배경으로 작용한 경우가 많다.[69] 그 후 세토내해를 중심으로 하여 귀족, 사사, 지방호족층의 사적인 물자운송이 활발해지자 이에 연동하는 형태로 9세기 말 이래 전문적인 수송업자가 등장하고 그들에 의한 교역활동이 성행하게 되었다.[70] 앞서 본 『연희식』의 해상 운임에 대한 규정은 운임을 지불하고 사선을 용선(傭船)으로 차출하는 행위를 전제로 한 것이며, 당연히 그 배경에는 민간 선박의 상업적 운용이 보편화된 현실이 존재한다. 이런 고대 민간 주도의 수상교통에 대해서는 앞으로 많은 연구가 필요할 것이다.

끝으로 견당사, 견신라사, 견발해사 등 외교사절이 주로 이용하던 외양용 대형 선박을 통해 그 기술적 변화에 관해 살펴보자. 7세기 초엽 세 차례에 걸쳐 파견된 견수사선(遣隋使船)과 630년(서명2) 파견된 첫 번째 견당사선(遣唐使船)은 그 전부터 잘 알려진 한반도 서해 연안을 북상하는 항로를 취했으며, 선박 형태는 전통적인 준구조선이었던 것으로 보인다. 그러나 653년(백치4) 파견된 두 번째 견당사선의 경우, 항로는 전과 동일했으나 120인승 두 척으로 당시로서는 대단히 규모가 큰 배를 이용했다. 『일본서기』에 의하면 이 배들은 650년(백치1) 현재의 히로시마현 서부 지역에 해당하는 아키국(安芸國)에서 건조된 '백제선(百濟船)'으로 추정되며, 그 명칭이나 규모로 보

69) 栄原永遠男, 앞의 논고 「付章1 奈良時代の海運と航路」; 杉山宏, 앞의 논문 「律令制下の海運政策について」.

70) 石井寛治, 앞의 책 『日本流通史』, 16쪽.

아 백제 또는 백제와 외교적으로 가깝던 중국 남조의 신기술을 도입한 구조선 형식의 배이었을 가능성이 높다.

　이런 추측이 정확하다면 일본으로서는 이전까지의 준구조선과는 완전히 차원이 다른 조선기술의 일대 혁신을 7세기 중엽에 달성한 것으로 볼 수 있다. 이 같은 대륙 계통의 신기술을 채용한 이유로는 당시 신라와의 관계가 날로 긴박감을 더함으로써 한반도 서해 연안을 통과하던 기존 항로 즉, 북로를 버리고 동중국해를 횡단하는 남로를 취하려는 시도가 있었기에, 원양 항해가 가능하고 게다가 충분한 식료 · 땔감 · 물 등을 실을 수 있는 대형 선박을 필요로 한 때문일 것이다. 백제선을 처음 건조한 아키국은 그 후에도 견당사선 건조를 거의 독점했다.[71]

---

71) 이상, 조선기술의 변화에 대해서는 豊田武 · 兒玉幸多編, 앞의 논고 「古代の交通」 참조.

6장

고대 동아시아 해역과 일본의 대외교역

현재의 일본 고대사 연구는 동아시아사와의 연관성 속에서 일본사를 고찰하는 시각이 거의 상식화되었다고 한다.[1] 이는 비단 고대사에만 국한된 일이 아니라 근현대사까지를 망라하여 일본 역사학계 전체를 아우르는 큰 흐름이다. 다만, 필자로서는 그 배경에 일본사와 여타 아시아사의 이질성을 강조하며 유럽사와의 동질성에만 초점을 맞춰온 과거 일본 역사학계의 연구풍토에 대한 자성이 분명히 내재한다고 생각한다. 어쨌든 일본 역사학계의 동아시아사 중시 경향은 대단히 긍정적인 일임에 분명하다. 그런데 한국도 일본도 인문학 일반에서 지칭하는 '동아시아'가 구체적으로 어떤 지역 범주를 일컫는지는 명확하지 않다. 따라서 "그 지역명에 내포된 유동성, 다의성, 시대성에 대한 주의가 반드시 필요"한 것은 두 말할 나위 없지만,[2] 본서에서는 그간의 관례에 따라 편의적으로 한·중·일 삼국을 중심으로 한 동북아 지역을 동아시아로 칭하기로 한다.

일본의 동남아시아, 남아시아에 대한 고대 국제교류사 연구는 무역항인

---

1) 대표적인 연구는 山内晋次, 「10~13世紀の東アジアにおける海域交流」, 『唐代史研究』 7, 2004.

2) 皆川雅樹, 「平安期の「唐物」と「東アジア」」, 『歴史評論』 680, 2006.12.

항시(港市, port city)와 이를 기초로 성립한 항시국가(港市國家, port polity) 그리고 각지의 항시를 거점으로 한 광역적인 교역망에 관한 논의를 토대로 진척되어 왔다.[3] 지금까지 밝혀진 대강의 내용은 다음과 같다.

7세기경 남중국해, 벵골만, 아라비아해에는 상호 교류가 아주 미미한 각기 분절적인 교역망이 존재했다. 그 후 7세기 말~8세기 초두에 걸쳐 이슬람문화가 확대되면서 아랍계, 이란계를 중심으로 한 아라비아의 선박과 상인이 인도양까지 진출했고, 이들의 지속적인 활약을 통해 결과적으로 남중국해-인도양-아라비아해가 하나의 거대한 해양문화권을 형성하기에 이르렀다. 이 해역에서는 계절풍을 이용한 범선의 빈번한 내왕으로 다수의 항시가 상호 연결된 교역망이 형성된다. 그 중 남중국해의 북쪽은 동중국해 해역과 이어짐으로써 중국 남부의 항주(杭州), 양주(揚州), 온주(溫州), 천주(泉州), 광주(廣州) 등이 두 해역을 잇는 접점으로 기능했다. 아라비아 상인들은 이런 항시들을 통해 중국의 여러 특산품과 티베트산 사향, 동남아시아산 향신료·향목 등을 구입하고, 동아프리카와 인도산 상아·무소뿔(犀角)·피혁·귀갑(龜甲)과 남아프리카산 유향(乳香)·몰약, 서아시아산 도기·유리·철제 용기 등을 중국상인에게 판매했다.[4]

이어서 8~9세기에는 남중국해 북부로부터 동중국해, 황해, 동해, 오오츠크해를 포괄한 동아시아 해역에서도 신라-당, 신라-일본, 발해-일본, 당-일본 사이의 교역이 전개된다. 연구자 가운데는 남방 해로를 통해 내항한 다수의 아라비아 상인들이 중국 남부의 항시를 거점으로 행한 소위 남해무역에 대해, 이 동아시아권의 교역을 신라·발해·일본과 당나라를 연결한 북해무역으로 구분하기도 한다. 처음 남해무역과 북해무역을 연결시킨 것은 신라

---

3) 대표적인 연구로는 生田滋,「アジア史上の港市国家」, 大林太良 編『古代の日本3 海を越えての交流』, 中央公論社, 1986; 池端雪浦,「東南アジア史へのアプローチ」, 池端雪浦編『変わる東南アジア史像』, 山川出版社, 1994 등이 있다.

4) 栄原永遠男,「古代の難波をめぐる国際交易ネットワーク」,『都市文化研究』8, 2006.

인이었던 것으로 추측된다.[5] 그러나 전체적으로 당시 동아시아 해역은 신라인, 발해인, 중국인의 활동영역이 각기 별개로 존재하는 분절적인 구조였다. 각각의 영역은 때로 항시를 통해 연결되기도 했으나 아직 하나로 통합된 교역권이 형성되지는 않았다.[6] 위와 같은 전제 하에서 여기서는 고대 동아시아 해역에서 이루어진 지역 간 교류와 일본의 대외교역에 대해 살펴보기로 하자.

1. 신라상인의 활약

동아시아 해역의 교역을 엿볼 수 있는 초기의 대표적인 사례가 앞서 소개한 752년(천평승보4) 신라사절단의 일본 방문이다. 『정창원문서』의 「매신라물해」는 이때 사절단이 지참한 물품들에 대해 당시의 왕신 귀족들이 대장성이나 내장료에다 구입을 희망하는 물품의 종류, 가치를 보고한 문서이다.[7] 물품 내역은 신라의 물산과 동아프리카, 아라비아 남부, 페르시아, 인도 등 원방(遠邦)의 물산으로 대별된다. 신라사절단이 다량의 원방 물산을 지참할 수 있었던 것은 당대의 신라상인들이 중국 남부까지 진출한 아라비아 상인과 직접 무역을 행한 결과가 아니라, 그 사이에 중국 남부 연안지역의 항

---

5) 남해무역, 북해무역에 대한 지적은 Hugh R. Clark, 「한반도와 남중국 간의 무역과 국제관계」, 『장보고 해양경영사연구』, 도서출판 李鎭, 1993. 본문의 이 부분 서술은 윤재운, 「南北國時代의 네트워크」, 『九州大學韓國研究センター年報』 5, 2005를 참고하고 일부 가필하였음.

6) 栄原永遠男, 앞의 논문 「古代の難波をめぐる国際交易ネットワーク」.

7) 「買新羅物解」는 正倉院寶物 중 「鳥毛立女屛風」의 이면에 초배문서로 사용된 까닭에 기적적으로 잔존했으며, 그 후 같은 내용의 문서가 다른 곳에서도 발견되었다고 한다(東野治之, 「鳥毛立女屛風下張文書の研究 -買新羅物解の基礎的考察-」, 『正倉院文書と木簡の研究』, 塙書房, 1977; 杉本一樹, 「鳥毛立女屛風本紙裏面の調査」, 『正倉院年報』 12, 1990). 한편, 정창원보물에는 신라묵·화엄경논질 등등 확실한 신라산 물품 이외에도, 신라금·금동 가위 등 신라산으로 추정되는 것들이 포함되어 있다. 鈴木靖民, 「正倉院の新羅文物」, 『古代対外関係史の研究』, 吉川弘文館, 1985.

시를 거점으로 아라비아 상인과 직거래한 중국상인이 개재되었을 가능성이 크다.[8]

7세기 후반의 삼국통일 이래 신라는 통치기강의 문란과 토지 집중화, 거듭된 자연재해의 여파 등으로 대량의 유민이 발생했고, 이들 중 일부가 당과 일본열도로 집단 망명했다. 당의 신라인 집단은 '신라방(新羅坊)'이라 칭했는데 회하(淮河) 유역과 산동반도 일원에 많이 분포했고, 주로 거주지 인근의 연안무역에 종사했다. 일본열도의 신라인 집단 거주지역은 '신라군(新羅郡)' 또는 '도전군(度田郡)'이라 불리며 규슈 일원과 시모츠케(下野), 무사시(武蔵), 미노(美濃), 오우미(近江), 스루가(駿河) 등에 산재했고, 주로 일본의 왕권이 필요로 하는 통역관이나 선원 등을 공급했다.

이러한 배경 하에서 다나카 후미오(田中史生)는 8세기 중엽 북부 규슈의 신라인에 관련된 흥미로운 주장을 전개한다.[9] 대재부 관내 관세음사(觀世音寺)가 소장한 문서 속에는 나라시대 중기인 758년(천평보자2) 사찰의 벼를 관리하던 자가 급사하여 그 유가족들이 미납분 벼의 대가로 노비 5명을 관세음사에 진상한 세 통의 문서가 존재한다. 이 문서들에는 진상된 노비의 재산가치가 벼 몇 속(束)에 해당하며, 또은 은 지금으로 환산하여 몇 량의 가치에 준한다는 내용이 공통적으로 기재되어 있다.[10] 이러한 기재방법은 당시 대

---

8) 栄原永遠男, 앞의 논문「古代の難波をめぐる国際交易ネットワーク」.

9) 이하는 田中史生,「筑前國における銀の流通と国際交易」,『古代交通研究』6, 1997.

10) 사료는 早稲田大学蔵資料影印叢書『古文書集一』의『觀世音寺文書』중「觀世音寺早良奴婢例文」, 1985. 앞의 田中史生 논문은 원래 亀田隆之,「觀世音寺の奴婢」,『日本古代制度史論』2, 吉川弘文館, 1980에 수록된 사료를 재활용한 내용이다. 세 통의 문서 가운데 하나를 아래에 인용한다.
　合 伍人 奴三人 婢二人
　奴 賀比麻呂 年三十一 充直稲壹仟貳伯束 准銀三十兩
　奴 奄美　　年十五　充直稲玖伯束　准銀二十二兩
　(중략)
　婢 小黒賣　年六　充直稲陸伯束　准銀十五兩
　惣充價 稲肆仟陸伯束 准銀一百一十五兩

재부 관내에서 은 지금이 유통되고 일정한 가치기준으로 인식되었음을 전제로 한다.

다나카 논문은 바로 이 은 지금의 유통에 관해 집중적으로 검토하고 있다. 결론만을 요약하면, 위 문서가 작성된 8세기 중엽 무렵 일본열도의 은 지금 유통은 전국적인 경향이 아니라 한반도와의 관계를 토대로 한 북부 규슈의 지역적인 특색을 드러낸 것일 가능성이 크다. 왜냐하면 8세기 초 이후 기내지역에서 은의 화폐적 유통은 이미 쇠퇴했고,[11] 게다가 『삼국사기』 「신라본기」와 『일본서기』의 관련 기사에 의거하면 당시 열도 내에서 유통된 은 지금은 대개 한반도로부터 유입된 것으로 추정되기 때문이다. 아마도 당시의 은 지금은 북부 규슈의 상위 계층에 의한 한반도와의 원격지 대량 교역에 활용되었을 것이다. 『속일본기』 759년(천평보자3) 9월조의 대재부에 내린 명령에는 정식 '귀화'를 목적으로 하지 않는 신라인이 북부 규슈로 대거 유입되고 있다는 내용이 보인다.[12] 또한 9세기가 되면 '상고지배(商賈之輩)'라 하여 상업에 종사하는 신라계 도래인이 내왕하거나 혹은, 현지에 거주하며 활약한 양상도 확인할 수 있다. 일본 고대의 율령은 외국과의 교역을 국가관리 하에 두고 기본적으로 사교역(私交易)을 금지했지만, 정식 사절단 이외의 입국자에 대한 규정이 미비했다는 점에 주의할 필요가 있다. 아마도 대재부를 중심으로 한 북부 규슈 일대에 다수의 신라인이 거주하며 지역 상층부와의 교역에 종사한 것이 이 지역에 은 지금의 유통 환경이 조성된 가장 정합적인 요인일 것이다. 이처럼 중앙정부의 통제를 벗

---

11) 栄原永遠男,「和同開珎の誕生」,『日本古代銭貨流通史の研究』, 塙書房, 1993.

12) 『삼국사기』에 의하면 이 무렵 신라는 해마다 재해로 인한 기근, 역병 등이 창궐했는데 신라인의 대량 유입은 이런 배경에서 발생한 일일 것이다. 한편, 같은 759년 9월 일본 중앙정부는 본문 중에 후술하는 藤原仲麻呂의 '新羅征討' 계획과 관련하여 北陸道, 山陰道, 山陽道, 南海道에 선박 500척을 건조하게 했다. 大宰府에 발령된 본문의 勅은 신라 출병을 위한 거점인 대재부 근방에 거주하는 미귀화 신라인을 사전에 파악하여 귀환시키려는 조치였던 것으로 보인다. 田中史生, 앞의 논문「筑前國における銀の流通と国際交易」을 참조함.

어난 국제적 교역권은 이미 8세기 중엽에 정식 사절단이 아닌 신라인 민간 교역자들에 의해 북부 규슈에 국지적으로 형성되고 있었다. 당시의 중앙정부는 이런 현상을 충분히 통제할 수 없었으며, 그것이 9세기에 들어 열도 내 신라상인의 활동이 폭발적으로 증가하는 기반이 되었을 것이다. 이상이 다나카 논문의 요지이다.

한편으로, 당에서는 755년(천보14) 발발한 안사(安史)의 난을 계기로 그 진압을 맡은 절도사 등이 지방권력으로 대두하고 이후 중앙집권체제가 약화되어 간다. 빈번한 내란을 견디지 못한 당은 결국 발해에 원조를 구했다. 당, 발해 관계가 예전에 없이 친밀해지자 발해는 대외정책의 기본을 신라 정토(征討)에서 화평으로 전환했고 신라와 발해의 긴장관계도 급속히 완화되었다. 당의 국제적 영향력 저하는 주변 각국과 제 민족의 독자적인 활동을 조장함과 동시에, 중앙정부의 통치력이 이완되어 신라의 경우는 왕위계승을 둘러싼 갈등과 지방의 반란이 이어지는 하대의 동요 및 쇠퇴기를 맞이한다. 그런 속에서 국가를 배경으로 하지 않는 자립적인 해상(海商)의 활약도 나타났다. 그 대표적인 존재가 9세기 전반 광역적인 무역에 종사한 장보고(張保皐, 張寶高, ?~841, 846?)와 같은 신라인 해상세력이다.

9세기 초두에는 신라에서 기근과 소동이 끊이지 않아 이를 피해 많은 신라인이 당으로 이주했다. 그들은 신라 본국과 연락을 이어갔고, 당의 상인들은 그들과 협업관계를 맺음으로써 유통망을 해상으로 확대했다. 그런데 당시 산동반도에서는 오랜 기간 당 왕조에 반항하며 신라와의 교통에 저해요인으로 작용하던 절도사 이씨 일족의 이사도(李師道)의 난이 818~819년 발생했고, 또한 827~829년에도 신라, 발해와 당의 교통을 저해하는 이동첩(李同捷)의 난이 일어났다. 이러한 대규모 반란이 종식된 후로는 중국인 해상들의 일본열도 내항도 늘어난다. 이 당-신라-일본 사이의 교역망을 한 손에 장악한 것이 원래 이사도 토벌에 참가하여 힘을 기르고 후에 신라로 돌아

가 828년(흥덕왕3) 청해진(淸海鎭, 현 완도, 828~851) 대사에 부임한 장보고이다.[13]

그의 주도로 청해진이 설치된 23년간 신라상인들은 이곳을 본거지로 하여 재당(在唐), 재일(在日) 신라인 집단을 유기적으로 연결하는 네트워크를 결성함으로써 산동반도에서 회남(淮南)에 이르는 중국 동남해안, 한반도의 서남부 연안, 일본 규슈를 연결하는 광대한 동아시아 해상무역의 주도권을 장악했다.[14] 이런 청해진의 활약에는 그보다 앞서서 중국 동남해안의 해상교역권을 쥐고 있던 산동반도의 세력을 장보고가 계승한 점도 하나의 배경으로 작용한 것으로 보인다.[15] 이와 같은 9세기 전반 동아시아의 해상교역을 바탕으로 그 앞 시기를 유추해보면, 8세기 중엽의 신라상인들도 중국과의 중계무역을 통해 원방의 물산을 입수하고 그 중 일부를 752년 사절단의 일본 방문 때 지참할 수 있었던 것으로 사료된다. 다만 후대 10~14세기에 걸쳐 조선, 중국, 일본 측 사료에 거의 모습을 드러내지 않는 한반도 출신의 해상세력이 왜 유독 9세기에 큰 활약을 보이는지에 대해서는 그 이유와 배경이 아직 충분히 밝혀지지 않았다.[16]

청해진 계열의 상선이 자주 내항하면서 일본열도에서도 수용태세가 정비되어 간다. 그 대응을 현지에서 담당한 것이 대재부이며, 직접 관리한 곳이 대재부의 홍려관이었다. 하지만 그 후 장보고 세력과 당시 대재부를 관장하던 훈야노 미야타마로(文室宮田麻呂) 사이의 인적 결합이 강화되자 이를 우

---

13) 이상은 渡辺誠, 「鴻臚館の盛衰」, 荒野泰典 등 편 『日本の対外関係 3通交・通商圏の拡大』, 吉川弘文館, 2010, 280~281쪽을 주로 참조함.

14) 윤재운, 앞의 논문 「南北國時代의 네트워크」.

15) 蒲生京子, 「新羅末期の張寶皐の擡頭と反乱」, 『朝鮮史研究会論文集』 16, 1979; 李炳魯, 「九世紀初期における「環シナ海貿易圏」の考察 -張寶皐と対日交易を中心として-」, 『神戸大学史学年報』 8, 1993. 이상은 栄原永遠男, 앞의 논문 「古代の難波をめぐる国際交易ネットワーク」에서 재인용하였음.

16) 山内晋次, 「日本列島と海域世界」, 桃木至朗 編 『海域アジア史研究入門』, 岩波書店, 2008, 40쪽.

려한 일본 중앙정부는 843년(승화10) 미야타마로를 모반 혐의로 유배시켰다. 841년(문성왕3) 신라 왕실과의 권력항쟁으로 청해진 세력이 멸망하자 동아시아 해역의 기존 무역체계는 통제 불능의 상태에 빠졌다. 일본 정부는 그 혼란이 파급되는 것을 우려하여 대재부를 통한 신라인 입경을 금지하고, 신라에서 내항하는 해상에게는 숙박시설로써 홍려관을 제공하지 않기로 결정했다. 따라서 이때부터 일본의 교역상대는 재당 신라인을 포함하여 당을 거점으로 한 해상만으로 한정되어 간다. 10세기 후반 이후는 무역에서 배제된 한반도 연해지역의 상인집단 중 일부가 중앙의 통제에서 벗어나 해적화하여 일본 연해에까지 출몰했다.[17] 이런 해적의 활동은 신라 말기의 정치적 혼란을 배경으로 한 것으로, 고려에 의해 통일된 후 소위 신라해적은 고려 수군에 편입됨으로써 소멸한 것으로 보인다.[18] 그리고 신라인 해상들에 의해 개척된 동중국해의 무역 상권은 이후 중국계 해상에게 직간접적으로 계승되었다.[19]

2. 발해와 일본의 교역

727년(신귀4) 9월, 고구려의 후예를 자임하는 발해 국왕의 사자 고제덕(高齊德) 등이 승선한 선박이 에미시와의 경계지역인 동북의 데와국(出羽国)에 도착하여 일본 중앙에 통교를 요구했다. 이것이 일본열도를 방문한 최초의 발해 사절단이다. 발해가 일본과 통교를 원한 것은 북방 흑수말갈(黑水靺

17) 李炳魯, 「寬平期(890년대) 일본의 대외관계에 관한 일고찰」, 『日本學誌』 16, 1996; 山崎雅稔, 「貞観八年應天門事件と新羅賊兵」, 『人民の歴史学』 146, 2000.

18) 石井正敏, 「高麗との交流」, 荒野泰典 등 편 『日本の対外関係 3 通交・通商圏の拡大』, 吉川弘文館, 2010, 89쪽.

19) 渡辺誠, 앞의 논고 「鴻臚館の盛衰」, 281쪽.

鞨)에 대한 정복을 추진한 연유로 당, 신라와 대립하는 상황에서 신라에 대한 일본의 견제를 기대한 때문이었다. 당시는 일본도 신라와의 관계가 일시 악화되었기에 북방으로부터 압력을 가해줄 세력으로 발해 사절단의 방문을 환영했다.

거듭 파견된 사절단의 선박은 주로 북서 계절풍과 리만해류를 타고 일단 한반도 동해안을 따라 남하한 후 쓰시마해류를 이용해서 일본열도를 북상했다. 『신당서(新唐書)』 발해전은 당시 그 바닷길을 '일본도(日本道)'라 칭했다고 전한다. 고대 일본의 대륙 외교는 규슈의 대재부가 담당했다. 하지만 발해 사절단의 항해는 풍향과 조류에 좌우된 탓에 순조롭게 대재부의 외항인 하카타로 기항하기가 쉽지 않았다. 배는 그때그때 자연조건에 따라 데와를 비롯한 에미시 거주지역으로부터 남으로는 이즈모(出雲), 오키(隱岐)에 이르는 광범위한 지역에 도착했다. 9세기 중엽 이후는 대재부에 근접한 해안선 일대에 기항하는 경우가 많았으며, 일본은 사절단의 체류를 위해 마츠바라객관(松原客館), 노토객원(能登客院) 등을 설치하여 이들을 맞았다.

그 후 발해와의 교류는 919년(연희19)까지 이어진다. 이 사이 발해 사절단이 총 34회 도일했고, 일본으로부터도 13회에 걸쳐 사절이 파견되었다. 특히 750년대 후반 후지와라노 나카마로가 집권한 시기에는 앞서 논한 대로 신라 정복을 계획함으로써 발해와 일본 간에 군사적 협력관계가 강화되었다. 그러나 나카마로가 반란을 일으켜 거병했다가 패사하자 정복계획은 수포로 돌아갔다.[20] 신라와 당을 축으로 한 당시 동아시아 국제정세 속에서 그 전까지 정치적, 군사적 관계가 중심을 이루던 발해와 일본의 관계는 이 사건

---

20) 송완범은 이 8세기 중엽의 '新羅征討' 계획이 당대의 권력자 藤原仲麻呂가 개인적으로 추진한 것이 아니라 당시 정권 전체의 의지가 반영된 국가적 과제였다고 주장한다. 송완범, 「8세기 중엽 '新羅征討' 계획으로 본 古代 日本의 對外方針」, 『한일관계사연구』 25, 2006.

을 계기로 무역 위주의 경제적 관계로 중심축이 이동한다.

771년(보귀2) 6월 일만복(壹萬福)을 대표로 하는 발해 사절단 325명이 17척의 배에 분승하여 도일했다. 여기에는 외교사절 외에도 다수의 상인이 동행했던 것으로 추측된다. 그리고 8세기 말부터는 거의 2~3년에 한 번 정도로 사절단이 빈번이 열도를 방문했다. 8세기 중엽~9세기 초엽 발해는 당에 63회, 일본에 20회나 공무역을 위한 사절단을 집중 파견함으로써, 이 무렵 대중국 무역을 비롯하여 동해 양안의 국제교역을 독점했던 것으로 보인다.[21]

사절단이 열도에 지참한 물품 중 가장 인기를 모은 것은 송화강, 흑룡강 유역을 명산지로 한 양질의 모피였다. 이것들은 당대 일본에서 대단한 귀중품으로 권력과 부와 고귀함을 과시하기 위한 최상의 소재로 활용되었다. 예컨대 신분의 상징으로서 표피(豹皮)는 참의(参議)와 3위 이상, 흑담비 털옷은 참의 이상, 호피와 큰곰 가죽으로 만든 말다래는 5위 이상의 관위를 가진 자에게만 사용이 허가되었다. 모피의 주 공급자인 발해 사절단의 내항 자체가 귀한 일이었으므로 사절단의 선박이 도착하면 왕신 귀족, 국사 등이 기항지에 교역사를 보내 극상품의 모피를 경쟁적으로 구매했다. 또 당시 집정대신(執政大臣)의 지위에 있던 실력자 나가야왕(長屋王)의 저택을 사절단의 일부가 직접 방문하여 교역을 행한 사실이 택지 근처에서 출토된 목간을 근거로 지적되고 있다.[22] 모피 이외에도 인삼이 열도에 최초로 전래되기도 했다. 3색의 유약을 입혀 구운 도자기 발해삼채(渤海三彩)와 금동향로 등 수공예품, 그밖에 『불정존승다라니기(佛頂尊勝陀羅尼記)』와 같은 당의 경전도 사절단을 통해 열도로 전해졌다.

일본열도의 고대문화 형성과정에서 견당사가 수행한 역할은 지대하다.

---

21) 윤재운, 앞의 논문 「南北國時代의 네트워크」; 酒寄雅志, 「日本と渤海・靺鞨との交流 -日本海・オホーツク海域圈と船-」, 『境界の日本史』, 山川出版社, 1997(酒寄의 논문은 동, 『渤海と古代の日本』, 校倉書房, 2001에 재수록됨).

22) 佐藤信, 「古代の『大臣外交』についての一考察」, 『境界の日本史』, 山川出版社, 1997.

그러나 9세기는 일본으로부터 견당사가 불과 2회 파견된 반면 발해사의 내항은 상당히 빈번했다. 즉, 당시 일본은 동해의 발해, 동중국해와 황해의 신라상인을 통해 당과 대륙의 문물을 입수할 수 있었던 것이다. 발해가 전해준 당의 문물 중 대표적인 것이 『장경선명역경(長慶宣明易經)』이다. 이는 822년(장경2) 당에서 제작된 역서(曆書)로, 859년(정관1) 발해사에 의해 일본으로 전래된다. 그 후 17세기 말 조선의 「칠정산(七政算)」에 영향을 받은 것으로 알려지는 「정향력(貞享曆)」이 일본 내에서 제작될 때까지 이 역서는 열도 전역에 걸쳐 사용되었다.

발해가 일본에서 수입한 물품은 섬유를 비롯하여 금·수은 등 광물과 공예품이 주종이었다. 『신당서』 발해전에 따르면 777년(대흥41) 정월 발해는 당에 사신을 파견하면서 일본의 무녀(舞女) 11명을 헌상했다. 이런 점으로 미루어 발해는 일본과의 교류를 통해 얻은 사람과 물자를 당과의 외교에 이용했을 개연성이 크다.

발해 사절단의 내왕이 빈번해지자 차츰 부정적인 의견도 제기되어, 『유취국사(類聚国史)』에 의하면 824년(천장1) 3월 우대신 후지와라노 오츠구(藤原緒嗣, 774~843)는 "실로 이는 장사치(商旅)에 불과하니 인객(隣客)으로 삼기에 부족하다. 손님으로 접대함은 나라의 손실이다"라는 비난을 퍼부었다. 그리하여 같은 해 6월에는 '일기일공(一紀一貢)' 즉, 12년에 한 번 내항을 인정하는 것으로 제재가 가해졌으며, 정한 시기를 어기면 입경을 허락하지 않았다.[23] 이런 조치의 배경에는 수도의 왕신 귀족들뿐만 아니라 사절단

---

23) 이때의 一紀一貢制에 대해서는 발해사의 빈번한 내항에 따른 접대비와 무역액 증대가 초래한 재정부담 때문이라는 견해와(森克己, 『森克己著作集 1新訂日宋貿易の研究』, 國書刊行會, 1975(초판은 『日宋貿易の研究』, 国立書院, 1948), 상하관계에는 緣起와 신분에 상응하는 예의가 필요하며 무제한적이어서는 안 된다는 『類聚三代格』의 규정에 의거하여 일본 측의 華夷秩序觀을 중시하는 견해가 있다(石井正敏, 「一〇世紀の国際変動と日宋貿易」, 田村晃一·鈴木靖民 編 『新版古代の日本 2アジアからみた古代日本』, 角川書店, 1992.). 본문에 후술한 대로 필자는 전자의 재정적 부담이 보다 직접적인 요인으로 작용했을 것이라 생각한다.

이 도착한 지역의 부농들, 심지어는 단속해야 할 해당 지역의 국사까지도 앞다투어 박래품(舶來品)을 구매하는 현실에 대한 중앙정부의 우려가 크게 작용한 것으로 보인다. 사태는 급속히 악화되어 828년(천장5)에는 사절단과의 교역을 아예 금지했다. 게다가 860년대에 이르면 대재부 관내의 관인이 신라와 밀통하는 사건이 빈번히 발생하고, 신라해적이 하카타를 침략하기도 했다. 신라에 대해 고조된 적개심은 발해에까지 악영향을 미쳐 외부인 일반에 대한 차별적인 대외의식이 조성된 것으로 보인다.

926년 '해동성국(海東盛國)'의 명성이 자자하던 발해가 거란에게 멸망당함으로써 발해-일본 관계도 종말을 맞는다. 고대 일본에서 주로 '북해(北海)'로 일컬어지던 동해를 이용한 대륙과 일본열도의 교류가 왕성했던 것은 발해 사절단이 내왕한 불과 200년간이었다. 그 후 대륙의 요, 여진, 금 등은 일본에 전혀 관심을 표하지 않았다. 일본도 스스로 험난한 동해바다를 건너 대륙과 교류하려는 적극적인 노력을 기울이지 않았다.[24]

3. 중·일 간의 교역

1) 중일교역의 추이

9세기 후반~10세기에 걸친 일본의 대외관계에 관해서는 모리 카즈미(森克己)의 설이 패전 후 반세기 이상 부동의 지위를 점했다는 것이 일본 역사학계의 중론이다. 그 핵심 내용은 894년(관평6) 견당사가 완전히 두절된 때부터 일본의 지배층이 해외 통교를 기피하기 시작하여 고려(918~1392), 북

---

24) 이상, 발해와 일본의 외교 및 교역에 대한 본문의 서술은 酒寄雅志, 「古代日本海の交流」, 熊田亮介·坂井秀弥 編 『日本海域歴史大系 2古代篇Ⅱ』, 清文堂出版, 2006에 많은 부분을 의존함.

송(960~1127) 등 동아시아 신흥국들과의 정식 국교를 거절하고 상선의 내항을 제한하며, 심지어 일본인의 해외 도항까지 엄금하는 등 쇄국적인 정책을 취했다는 것이다.[25] 그러나 근년 들어 중요한 비판들이 속속 개진됨으로써 과거의 통설은 크게 흔들리고 있다. 이하, 모리 설의 주요 논점을 사료에 입각하여 전면적으로 비판하고 자설을 전개한 야마우치 신지(山内晋次)의 연구를 중심으로 하여[26] 10~13세기 중국상인의 활약 및 일본-중국 간 무역의 추이를 개괄적으로 정리해보자.

9세기 전반 발해와의 무역이 금지되고 얼마 후 장보고가 살해되며 동세기 말에 견당사까지 두절되자 그 공백을 이용하여 점차 당, 오월(吳越)의 상인들이 일본열도로 내항하기 시작한다. 특히 송대에 들어선 후로는 송상(宋商)들의 내항이 활발해져서 송일무역이 본격적으로 전개된다. 당시 일본으로 내항한 송상들은 주로 절강(浙江), 복건(福建)을 근거지로 했다. 그들이 이용한 무역선은 한국의 신안 해저 침몰선이나 기타 회화자료 등을 참고하면 전장 30m 전후에, 폭 9m 전후, 배수량 300톤 규모의 중국식 외양 항해용 정크선으로, 척당 60~70명 정도가 승선했을 것으로 추정된다.

25) 森克己, 앞의 책『森克己著作集 1新訂日宋貿易の研究』; 동,「轉換期十世紀の對外交涉」,『森克己著作集 2續日宋貿易の研究』, 國書刊行會, 1975(초출은 1969).

26) 森克己로부터 시작된 헤이안시대 중일무역사 특히, 무역에 대한 국가의 역할 및 성격을 둘러싼 통설적 견해에 대해 전면적인 비판을 제기한 대표적 연구는 山内晋次,「平安期日本の対外交流と中国海商」,『日本史研究』464, 2001; 동,「Ⅳ.日宋貿易の展開」, 加藤友康 編『日本の時代史 6攝關政治と王朝文化』, 吉川弘文館, 2002 등이 있다. 본문의 서술에서 특별히 각주를 달지 않은 부분은 주로 이 두 가지 논고에 의거했다. 이밖에도 山内晋次의 관련 선행연구에는 출입국 관리 수속에 초점을 맞춰 12세기 전반까지 국가의 무역관리체제가 철저했음을 주장한「10~11世紀の對外關係と國家 -中國商人の來航をめぐって-」,『ヒストリア』141, 1993; 동,「東アジア海域における海商と國家 -10~13世紀を中心とする覺書-」,『歷史學研究』681호, 1996 등이 있다. 한편, 한국의 이영은 중국상인과 고려의 관계에 대해 11세기 말~12세기 고려의 치안질서가 森의 주장처럼 무역선 왕래조차 위험시될 정도로 문란하지 않았으며, 고려의 서남 해안지역과 제주도는 여전히 송·일 간 교통경로로써 중시되었고, 같은 시기 고려로 내항한 宋商의 수도 그 이전과 비교해서 전혀 감소하지 않았다고 지적한다. 李嶺,『倭寇と日麗關係史』, 東京大學出版會, 1999.

일본 정부는 내항한 해상들의 교역활동을 국가의 관리 하에 두고, 원래는 외교사절이나 도래인을 위해 마련된 율령제 규정을 원용하여 무역관리제도를 구축했다.[27] 상선이 지정 무역항인 하카타에 입항하면 대재부는 관리를 파견해서 내항 사유 등을 조사한다. 이때 해상들은 정부에 바칠 헌상품 목록 「화물해문(貨物解文)」과 정부와의 교역을 위한 품목 목록 「화시물해문(和市物解文)」을 제출했다. 대재부의 보고를 접수하면 중앙정부는 천황의 재가를 얻어 교역의 가부를 정한다. 교역이 결정되면 863년(貞觀5)경~11세기 중엽에는 중앙으로부터 '교역당물사(交易唐物使)'라는 관리관이 대재부로 파견되었다. '당물(唐物)'이란 시대를 불문하고 중국, 한반도, 유구 등으로부터 수입된 박래품을 총칭하는 용어이다.[28] 중앙의 장입소(蔵入所)에 소속한 당물사의 주된 임무는 해상들이 제출한 품목 목록을 근거로 하여 내항한 선박의 적재 화물을 검사 및 선별하는 동시에, 왕권의 선매권(先買權)을 행사하여 주로 동북 및 관동에서 공납받은 사금을 대금으로 지불하고 공무역을 행하는 일이었다. 이밖에도 당물사는 귀족, 관인들의 교역을 매개하는 역할도 수행한 것으로 보인다. 교역을 허락받은 해상들은 대재부 산하의 숙박 겸 교역시설인 홍려관에 수용되어 '안치공급(安置供給)'을 받았고, 지참한 물품들은 대재부가 관리하는 창고에 수납되었다. 10세기 이후 해상들은 선박에 공무역 품목 이외의 '잡물(雜物)'을 싣고 도래하여 민간과도 교역했다. 이는 율령국가의 재정문제로 해상들에 대한 공급이 수시 지급에서 정시 지급으로 축소됨으로써 체재비를 스스로 부담할 필요가 생긴 때문일 것이다.[29]

해상의 내항을 천황에게 주상하고 '칙재(勅裁)'에 의거하여 객관인 홍려관

---

27) 森克己, 앞의 책 『森克己著作集 1新訂日宋貿易の研究』; 田島公, 「大宰府鴻臚館の終焉 -八世紀~十一世紀の對外交易システムの解明-」, 『日本史研究』389, 1995 등.

28) 関周一, 「唐物の流通と消費」, 『国立歴史民俗博物館研究報告』92, 2002.

29) 渡辺誠, 앞의 논고 「鴻臚館の盛衰」, 285-286쪽.

에서 안치공급하는 일련의 과정은 해상을 천황의 덕화(德化)에 귀의한 조공자로 간주하고 보호한다는 것을 의미한다.[30] 또한 폐쇄적 공간인 홍려관에 정부가 당물사를 파견한 것은 그곳이 천황, 중앙관사가 우선적으로 교역권을 집행하는 공무역의 장임을 시사해준다.[31] 이리하여 정부는 왜소화된 외교관계 속에서도 대재부와 연계한 국가적 무역관리체제를 통해 해상과의 무역을 일원적으로 관리함으로써 대외 교섭권이 여전히 천황을 정점으로 한 국가에 귀속한다는 점을 대내외적으로 과시할 수 있었다.[32]

9세기 후반부터는 중앙의 왕신 귀족들이 직접 교역사를 대재부로 파견하여 해상과 교역하는 일도 있었으나 903년(연희3) 8월 중앙의 원(院), 궁(宮), 귀족들이 파견한 교역사가 대재부 관내에서 사적으로 해상으로부터 물품을 구매하는 행위가 금지되었다. 동시에 관내의 '부호지배(富豪之輩)'가 박래품을 선호하는 까닭에 가격이 등귀한다고 하여 당물사의 철저한 선매를 독려하기도 했다. 이런 과정을 거쳐 수입 당물은 왕권이 독점적으로 선매하는 물자라는 인식이 정착되었다. 또한 909년(연희9)부터는 당물사 파견을 일시 중단하고 대재부로 관할권을 넘기는 한편, 당물을 천황이 친견하는 '당물어람(唐物御覽)'이 항시적으로 이루어지게 되었다. 학계에서는 이 무렵부터 천황의 무역대권이 본격적으로 시작된다고 평가하기도 한다.[33]

911년(연희11) 동일한 중국인 해상이 매년 하카타에 입항하는 것을 제한한 연기제(年紀制)가 시행되고 그와 동시에 당물사 파견이 재개되었다. 연기제 실시로 인해 해상들은 한 번 내항해서 안치공급을 받으면 그로부터

30) 山内晋次,「中国海商と王朝国家」,『奈良平安期の日本とアジア』, 吉川弘文館, 2003.

31) 田島公, 앞의 논문「大宰府鴻臚館の終焉 -八世紀~十一世紀の對外交易システムの解明-」.

32) 渡辺誠, 앞의 논고「鴻臚館の盛衰」, 282쪽을 참조함.

33) 保立道久,『黄金国家一東アジアと平安日本』, 青木書店, 2004, 246쪽.

10년 이내에 재차 내항할 경우 강제로 귀국당했다. 이런 일련의 조치는 대재부의 권한 강화와 더불어, 대재부 소속 관인과 해상의 사적 관계를 통해 당물이 유통되는 결과를 빚는다. 해상들은 때로 대재부 장관을 비롯한 현지 권력과 주종관계를 맺고 그 보호를 받기도 했다.[34] 또한 해상들이 대재부 관인을 통해 중앙의 천황 및 섭관가(摂関家)에 공작·앵무 등 '이조진수(異鳥眞獸)'를 헌상함으로써 상인과 관인의 사적 신뢰관계가 공고해지고, 다른 한편에서 해당 관인의 권한은 중앙의 비호를 받으며 더욱 강해지는 양상도 나타난다.

당물사는 11세기 전반 이후 사료상에서 자취를 감춘다. 당물사가 파견되지 않게 되자 대재부와 그 관인들이 대외교역에서 더 큰 비중을 차지한 것으로 보인다. 뒤에 자세히 논하겠지만 무역결제의 재원이 1020년대 말에는 중앙정부가 지출하던 사금에서 대재부가 관내로부터 공납받은 관물로 완전히 대체되고, 그와 함께 당물사가 수행해온 역할도 대재부로 위임된 것 같다.[35] 또한 당물사 파견의 중단은 동시에 홍려관의 역할을 저하시킨 것으로 보인다. 홍려관은 형식상 대재부 산하이긴 하지만 기본적으로 율령국가의 중앙집권적인 대외교역체제를 지탱하는 현지 시설로서, 앞서 언급한 대로 중앙정부가 당물사를 통해 행한 공무역의 장이었던 때문이다. 홍려관은 11세기 중엽 무렵 화재로 소실된 후 재건되지 않았다. 다지마 이사오(田島公)는 거의 동일한 시기에 발생한 당물사제도 폐지와 객관 홍려관의 종언을 연계시켜 율령국가의 대외교역체제가 바로 이 11세기 중엽에 종언을 고한 것이라고 보았다.[36] 그러나 대외교역에 대한 국가적인 관리제도 자체가 없어진 것은 아니다. 해상들에 대한 연기제는 12세기 전반까지 계속되었으며, 당물사

---

34) 渡辺誠, 「年紀制と中国海商 -平安時代貿易管理制度再考-」, 『歴史学研究』 856, 2009.

35) 渡辺誠, 「平安期の貿易決済をめぐる陸奥と大宰府」, 『九州史学』 140, 2005.

36) 田島公, 앞의 논문 「大宰府鴻臚館の終焉 -八世紀~十一世紀の對外交易システムの解明-」.

에 대신하여 대재부가 관사선매권을 행사하여 구매한 당물을 중앙정부에 공납했다.

홍려관이 소실된 후 해상들의 숙박 겸 교역시설은 동으로 수 ㎞ 떨어진 지금의 하카타역 북쪽으로 이동한다. 본서의 중세 편에서 보다 자세히 다루겠지만, 12세기의 문헌사료와 고고학적 연구에 따르면 그 일각에 현재의 차이나타운과 유사한 형태로 창고, 점포 등이 늘어서서 '당방(唐坊·唐房)'이라 불리는 새로운 무역거점이 형성된 것으로 보인다. 중국인 해상들은 원활한 교역을 위해 전과 마찬가지로 대재부 관인들과의 사적 유대관계를 발판으로 중앙의 귀족들과 접촉했다.[37] 심지어 해상들은 중앙의 유력한 사사와 기인(寄人), 신인(神人)의 관계를 맺음으로써 그 반대급부로 상업특권을 얻는 등 각종 경로를 통해 커넥션을 형성했다. 심지어 중국인 해상들의 공통적인 신앙인 정토교(浄土教)를 매개로 하여 중·일의 사원, 승려와 이들 해상 사이에 밀접한 관계가 맺어지기도 한다.[38]

한편, 사료가 비교적 풍부하게 남아있는 9세기 후반과 11세기 전반의 일본열도 내 해상 체류기간을 비교하면 9세기에는 1~2년, 길어도 3~4년 정도이던 것이 11세기가 되면 6~8년간에 걸쳐 장기 체류하는 해상도 나타난

---

37) 海商과 깊이 교류한 중앙 귀족의 한 예로써 平安時代 중기의 귀족으로 당대 일류 문화인이며 父子 삼대에 걸쳐 大宰府의 장관을 역임한 源経信(1016~1097) 일족을 들 수 있다. 이 가문은 한시 증답과 琵琶를 통해 唐坊의 중국상인들과 주종관계를 형성하고 지속적인 교류와 보호, 피보호 관계를 유지했다(渡辺誠, 앞의 논고「鴻臚館の盛衰」, 288쪽). 전근대 동아시아의 국제교류에서 한시가 특수한 역할을 담당한 사실은 기존 연구에서 이미 주목되고 있다(村井章介,『東アジア往還 漢詩と外交』, 朝日新聞社, 1995, 3-45쪽, 115-181쪽). 중국 해상들의 입장에서는 이런 여러 방법을 동원하여 중앙과의 관계를 돈독히 하는 일이 교역의 안정성, 편리성을 확보하는 유효한 수단이었을 것이다(山内晋次, 앞의 논문「平安期日本の対外交流と中国海商」).

38) 종래의 연구에서는 중국상인과 일본 정토교 사원 사이에 고객, 자본 대차, 경영 청부, 영업특권 등을 둘러싼 경제적인 관계가 주로 지적되었다(森克己, 앞의 저술『日宋貿易の研究』, 426-427쪽; 林文理,「博多綱首の歴史的位置 -博多における権門貿易-」, 大阪大学日本史研究室編『古代中世の社会と国家』, 清文堂出版, 1998, 580-583쪽 등). 그러나 해상들에게 정토교 사원은 상업정보를 포함한 각종 정보교환의 장으로도 기능했다(山内晋次, 앞의 논문「平安期日本の対外交流と中国海商」).

다. 이러한 현상은 각종 인맥관계를 배경으로 한 해상들의 무역이 당방을 거점으로 장기간에 걸쳐 안정적으로 이루어졌음을 의미한다. 이밖에도 해상들이 장기간 체류한 또 하나의 요인으로 연기제의 파급효과를 생각해볼 수 있다. 해상들은 '십년일항(十年一航)'이라는 엄격한 규제 속에서 한 번 내항하면 당방에 거점을 마련하고 최대한으로 장기간 거주하며 고객 획득, 일본산 물자의 집하 그리고 또 다른 인맥 형성에 노력했을 것이다. 그 후 한계 시점이 다가오면 1~2년 정도 귀국해서 본국의 무역품을 집하하고는 다시 일본으로 돌아와 장기 체류하는 패턴을 거듭했다.[39] 아마도 이런 점이 당방 형성의 주요 배경이 아니었을까?

위와 같은 배경 하에서 중세사회로 들어선 12세기 전반에는 중앙의 사사권문이 하카타의 해상들에게 자본을 출자하여 송에 무역선을 파견하고 귀국하면 이익을 배분받는 형태가 나타나기 시작한다. 이 무렵은 수입 당물의 국내 유통과 수출품 집하는 권문에 귀속하는 일본인 상인들에게 맡겨졌다. 그 결과 하카타는 수출입품의 집산지로서 성격을 더욱 강화하게 된다. 또 당물의 열도 내 유통이 비교적 원활해지자 중앙정부가 전처럼 관사선매권을 행사하여 직접 해상들과 교역할 필요성이 줄어들었다. 게다가 사사권문이 자본 출자를 통해 수입 당물의 상당 부분에 대한 기득권을 갖게 되면서, 관사선매권의 대상도 해상들이 자체 처분권을 가진 한정된 물품으로만 축소될 수밖에 없었다. 1133년(장승2) 다이라노 다다모리(平忠盛, 1096~1153)가 백하상황(白河上皇, 천황 재위 1072~1086 후 최초로 원정 시행)의 총애를 배경으로 무역선에 대한 직접 지배권을 주장하는 사건이 발생한다. 즉, 대재부의 무역관리권을 전면적으로 부정한 것이다. 아마 이 사건을 계기로 대재부를 앞세운 율령국가의 일원적인 무역관리제도는 종말을 고하고, 그 후 무역의 주도권이 사사 권문과 상인들의 손에 넘어간 것으

---

39) 이상은 渡辺誠, 앞의 논문 「年紀制と中国海商 -平安時代貿易管理制度再考-」을 참고함.

로 보인다.[40]

2) 주요 교역품들

해상들과의 교역을 통한 주요 수입 당물은 비단·목면·서적류·문방구·향약류(香藥類)·도자기·동전과 이조진수 등이 있었으며, 무역 대가로는 금·유황·수은·미곡·진주·목재·미술공예품 등이 수출되었다.

한대(漢代) 이래 중국산 비단은 중앙아시아를 거쳐 서역으로 전래되고 유라시아대륙의 동과 서를 잇는 실크로드를 형성했다. 하지만 고대 동아시아 각국에서는 상당히 이른 시기부터 양잠기술이 보급되었으므로 비단은 결코 핵심적인 유통물자가 아니었다. 중국의 중일관계사 연구자 왕용(王勇)은 고대 이래 한자를 매개로 한 중국 전적(典籍)이 인접 각국에 널리 유포됨으로써 동아시아에서는 일찍부터 비단의 길이 아닌 '서적의 길(Book Road)'이 형성되었다고 주장한다. 그에 따르면 일본이 중국에 파견한 견수사, 견당사의 주요 업무 중 하나는 전적 구입이었으며, 예컨대 875년(정관17) 일본에서 작성된 『일본국견재서목록(日本國見在書目錄)』에는 총 1,579부에 1만 7,345권의 전적명이 수록됨으로써 『수서(隋書)』 경적지(經籍志)의 약 절반, 『구당서』 경적지의 약 3분의 일 이상이란 수치를 보이고 있다. 왕용은 이렇게 파급된 중국 전적이 종자가 되어 인근 각국에 정신문화의 꽃을 피운 것으로 간주한다.[41]

열도로의 수입 당물에 대해서는 원산지를 포함하여 각 품목의 성격에도 주목할 필요가 있다. 예컨대 향약류 중에 일본으로 수입된 침향(枕香)·유

40) 渡辺誠, 「年紀制の消長と唐人来着定 -平安時代貿易管理制度再考-」, 『ヒストリア』 217, 2009.

41) 王勇, 「海を渡った文物」, 荒野泰典 등 편 『日本の対外関係 3通交·通商圏の拡大』, 吉川弘文館, 2010.

향(乳香) 등은 대개 원산지가 동남아시아이다.[42] 또 티베트산 사향은 아라비아반도에서도 왕조의 중답품으로 이용되어 광역적인 교역망이 형성되었다.[43] 이런 식으로 각종 물자의 원산지와 그 유통범위를 하나하나 특정해감으로써 앞으로는 동아시아 삼국만으로 한정되지 않는 광대한 해역의 다원화된 인적, 물적 관계를 역사적으로 해명해가야 할 것이다. 또한 중세 이후 일본열도에서 널리 재배된 대당미(大唐米)라는 벼 품종이 이 무렵 송에서 일본으로 유입된 점도 흥미롭다. 대당미는 조생종이며 한해(旱害)와 병충해에 강한 다수확 품종이다. 이것은 중세 일본의 농업발전이 국내적 요인만이 아니라 고대 이래 동아시아 해역의 문물 및 기술 교류와 밀접히 연관된 것임을 명확히 시사해주는 중요한 사례라고 할 수 있다.

한편, 일본이 무역 대가로 지불한 물자 가운데 금에 관해서는 아직도 학계의 논쟁이 진행 중이다. 이미 오래 전 연구에서 13세기 전반 일본열도로부터 송에 연간 수천 량에 달하는 대량의 금이 수출되었고, 이것이 후일 마르코 폴로(Marco Polo, 1254~1324)의 『동방견문록』을 통해 '황금의 나라 지팡구(Cipangu)'관으로 계승된 점이 지적된 바 있다.[44] 이러한 인식은 패전 후에도 줄곧 지속되어 송일무역에서 일본 측이 지불한 물자 중 가장 중요한 것이 금이며, 일본의 금이 대륙으로 대량 유출되었다는 이미지가 일반적으로

42) 皆川雅樹, 「九~十世紀の「唐物」と東アジア -香料を中心として-」, 『人民の歴史学』 166, 2005.

43) 家島彦一, 「チベット産麝香の流通ネットワーク」, 『海域から見た歴史』, 名古屋大学出版会, 2006.

44) 加藤繁, 『唐宋時代に於ける金銀の研究』 分冊二, 東洋文庫, 1926, 558-560쪽; 藤田豊八, 「宋代輸入の日本貨につきて」, 『東西交渉史の研究 南海篇』, 荻原星文館, 1943. 그러나 문제가 되는 『동방견문록』 제6장의 마르코 폴로가 南海를 경유하여 귀국한 항로 중 '지팡구'에 관련된 부분은 "이 섬은 대륙에서 아무도 가본 자가 없다. 상인들조차 방문하지 않으므로 풍부한 황금은 한 번도 국외로 반출되지 않았다."(『東洋文庫183 東方見聞録2』, 愛宕松男 역주, 平凡社, 1971, 130쪽)라는 기술로서, 이런 내용만으로 본문과 같은 통설적인 이미지를 설정하는 데는 무리가 있다. 山内晋次, 앞의 논문 「平安期日本の対外交流と中国海商」.

정착되었다.[45]

특히 다지마 이사오(田島公)는 8세기 중엽까지 일본의 대외 수출품은 섬유 원료와 그 제품이 주종이었으나 749년(천평21) 무츠(陸奥)와 뒤이어 시모츠케(下野)에서도 금이 산출된 후로는 8세기 후반 이래 수출품의 중심이 서서히 금으로 바뀌었으며, 9세기 중엽 이후 주요 교역 상대가 신라상인에서 중국상인으로 변화하고 또한 입당(入唐), 입송(入宋)하는 승려의 증가로 인해 비용 부담이 늘면서 금이 대외 지출에 중요한 비중을 점했다고 주장한다. 아래 표는 8~11세기 일본열도를 중심으로 본 금의 대외 수출입 건수에 대한 다지마의 연구를 재정리한 것이다.[46]

다지마가 참고한 사료에도 일일이 중량이 명시되지 않아 자세한 내용을 알기에는 한계가 있다. 그러나 표를 통해 특히 9세기 이후 중국에 대한 황금·사금의 수출 건수가 크게 증가했음을 알 수 있다. 앞서 본 대로 대체로 9세기 후반부터는 해상과의 교역도 중앙정부가 당물사를 파견하여 일원적으로 관리했고 무역 대가의 결제에는 중앙으로부터 운반이 용이한 사금이 이용되었다. 10세기 초두부터는 그 전까지 대재부의 조면을 이용하던 결제도 사금 결제로 완전히 이행한다.[47] 당시 중국인 해상들과의 교역에 주로 금이 지불된 것은 그들이 동남아산 물자를 수입하기 위해 대량의 금을 필요로 한 때문이다.[48]

45) 五味文彦, 「日宋貿易の社会構造」, 今井林太郎先生喜寿記念論文集刊行会 編 『今井林太郎先生喜寿記念 国史学論集』, 1988, 119-123쪽; 東野治之, 「日出処·日本·ワークワーク」, 『遣唐使と正倉院』, 岩波書店, 1992, 109-110쪽 등.

46) 田島公, 「日本, 中國·朝鮮對外交流史年表 -大宝元年~文治元年-」, 奈良縣立橿原考古學研究所付屬博物館 編 『貿易陶磁 -奈良·平安の中國陶磁-』, 臨川書店, 1993, 20쪽. 본문 중의 표는 田島 논문의 해당 부분을 집계한 皆川雅樹, 「9~10世紀における日本の金と對外關係 -大宰府鴻臚館を中心として-」, 『古代交通研究』 11, 2001(학부 졸업논문 가필)의 〈표1〉에 제시된 5개 표를 필자가 종합하여 재정리한 것이다.

47) 渡辺誠, 앞의 논문 「平安期の貿易決済をめぐる陸奥と大宰府」.

48) 加藤繁, 『唐宋時代に於ける金銀の研究』, 東洋文庫, 1926.

〈표〉 8~11세기 금의 수출입 건수

		황금·사금							금 장식품·가공품							합계
		당/송	오월	요	신라	발해	고려	기타	당/송	오월	요	신라	발해	고려	기타	
8세기	출	2			2	1		0	0			0	0		0	5
	입	0			3	0		0	1			2	0		1	7
9세기	출	18			2			0	0			0			0	20
	입	0			0			0	1			0			2	3
10세기	출	6	2	0		0	0		1	0		0		0	0	9
	입	1	1	0		0	0		0	0		1		2	1	6
11세기	출	9	0					1	0		0				0	10
	입	1		1				0	0		0				0	2
전체	출	35	2	0	4	1	0	1	1	0	0	0	0	0	0	44
	입	2	1	1	3	0	0	0	2	0	0	3	0	2	4	18

그러나 위와 같은 견해에 대해 근년 야마우치 신지(山內晋次)는 사료에 의거하는 한 중국에서 일본산 금이 특히 주목받은 것은 남송(1127~1279) 이후라는 한정된 시기뿐이며, 그 전의 당 말기에서 북송까지를 포함하여 통시대적으로 금이 다량 수출되었다거나 남송 때 연간 수천 량 규모로 수출되었다는 설 등은 지나친 과대평가에 불과하다고 역설한다.49) 즉, 송일무역에서 일본산 금이 차지한 비중에 대해 정면으로 이의를 제기한 것이다. 또 와타나베 마고토(渡邊誠)는 10세기 말 이후 무츠로부터 사금 공납이 줄면서 공무역의 거래는 일단은 중앙의 장입소에 의해 금본위로 가격이 결정되긴 했지만 그것은 총액 평가의 기준으로 기능했을 뿐이며, 실세 결세는 중앙성부가 대재부를 통해 미곡으로 환산해서 지불했다는 사실을 사료를 통해 논증했다.50) 일본산 금의 중국 수출 비중을 명확히 검증할만한 연구결과를 얻으려면 좀 더 시간이 필요할 듯 하다.

---

49) 山內晋次, 앞의 논문「平安期日本の対外交流と中国海商」및「IV.日宋貿易の展開」.

50) 渡邊誠, 「平安中期, 公貿易下の取引形態と唐物使」, 『史學研究』237호, 2002.

그런데 위 야마우치의 지적에 따르면, 일본이 해상들에게 지불한 무역 대가는 금 이외에도 다양한 형태를 취했으며 그 중 주목할 것은 유황이라고 한다. 일본열도에서는 나라시대 이후 유황도(硫黄島)를 비롯한 여러 곳에서 유황이 생산되었는데 용도는 주로 약용이고 일부가 등화용으로 사용되었다. 일본산 유황이 송으로 수출된 것은 대개 10세기 말, 11세기 초부터로 보인다. 유황은 송에서 횃불, 연료, 약용 등으로도 사용되었으나 주된 용도는 역시 화약 원료였을 것이다. 송대는 화약병기가 실전에 널리 사용되었다.[51] 특히 1081년(원풍4) 이후 서하(西夏)와의 관계가 악화되어 양국 사이에 대규모 전투가 벌어지자 화포전(火砲箭)이 대량 배치되었다. 1084년(원풍7) 송 정부가 일본으로부터 유황 50만 근을 사들이도록 지시한 직접적인 계기도 서하와의 전쟁에 필요한 화약병기 원료를 조달하기 위해서였을 가능성이 크다. 유황 무역의 이러한 사례는 대륙의 군사정세와 헤이안시대 일본의 광업이 부분적이나마 상호 밀접히 연동되었음을 보여준다.[52] 또한 11세기 이후로는 아마미(奄美), 오키나와 등지에서 획득한 야광조개 나두(螺頭)가 결제품으로 이용되기도 했다.[53]

3) 비교사적 관점에서 본 중일교역

10세기 초두의 당 멸망 이후 13세기경까지 중국상인들의 해외 교역은 동으로는 고려, 일본에서 서로는 동남아, 인도에 걸친 극히 넓은 해역에서 활발히 전개되었다. 그런데 야마우치 신지에 의하면 이들이 고려, 일본, 동남아 각지에서 행한 교역의 형태는 많은 공통점과 함께 약간의 지역별 차이점

---

51) 吉田光邦, 「宋元の軍事技術」, 薮内清 編 『宋元時代の科学技術史』, 京都大学人文科学研究所, 1967, 224-227쪽.

52) 이상은 山內晋次, 앞의 논문 「IV. 日宋貿易の展開」를 주로 참조함. 山內가 이용한 중국 측 사료는 『續資治通鑑長編』.

53) 和田浩爾 · 赤松蔚 · 奧谷喬司, 「正倉院宝物(螺鈿, 貝殻)材質調査報告」, 『正倉院年報』18, 1996.

도 드러난다. 이하는 본서의 구성상 고대 후기에서 중세 전기에 걸친 사항이긴 하지만, 야마우치의 연구에 입각하여 이 시기 중국상인의 교역 형태를 비교사적 측면에서 조감해보기로 하자.[54)]

첫째는 교역항과 객관의 지정이다. 고려의 경우 수도 개성의 외곽을 흐르는 예성강 하구에 왕권에 의해 지정 관리된 예성항이 존재했고, 수도의 궁성 남문 바로 바깥쪽에 중국상인들을 위한 몇 군데 전용 객관이 설치 운영되었다. 일본에서는 12세기 중엽까지 규슈 하카타가 정부에 의해 관리된 교역항이었으며, 인근에 전용 숙박 및 교역 시설로서 홍려관이 설치되거나 후에는 당방이 두어졌다. 동남아도 대개 비슷한 양상이었다. 즉, 세 지역에서 중국상인은 기본적으로 국가 혹은, 왕권이 관리하는 지정 무역항과 시설을 중심으로 교역을 영위했다는 공통점이 있다.

둘째는 공물(貢物)이다. 고려에서는 국왕이 궁중의례를 거쳐 중국상인들로부터 공물을 헌상 받았고 그 몇 배에 달하는 회사품을 하사했다. 또한 일본도 중국상인들이 천황에게 공물을 진상했으며, 동남아도 대개 마찬가지였다. 내항한 중국상인이 현지 왕권에게 공물을 바치는 관행이 공통적으로 나타나는 것이다. 다만 고려, 동남아의 경우는 공물 진상 때 국왕과 상인이 직접 대면했던 것으로 추측되는데 비해 일본은 그러지 않았던 것으로 보인다.

셋째는 정치외교적 활동이다. 고려의 경우 비정기적이긴 하지만 중국상인이 양국 정부 간 공문서를 전달하거나 때로 사절단이 상선에 동승했다. 일본도 중국상인들이 양국 정부 또는 지방 관아 사이의 공문서와 공적 물품을 전달한 사례가 있으며, 일찍이 9세기에는 당나라 상인이 대재부의 통사에 임명된 예도 보인다. 동남아에도 비슷한 사례가 있다. 즉, 중국상인들은 도

---

54) 이하, 중일교역의 비교사적 서술은 山內晉次, 앞의 논문 「Ⅳ.日宋貿易の展開」에 거의 전면적으로 의존함.

항한 각 지역에서 사적인 영리활동만 추구한 것이 아니라 공적인 활동도 공통적으로 수행한 것이다.

넷째는 국가의례에 대한 참여이다. 고려에서는 태조를 제사지내는 팔관회(八關會)나 국왕 탄생절 등 중요한 국가의례의 장에 중국상인들이 참렬하여 식순에 따라 국왕에게 하례하고 공물을 진상했다. 동남아에서도 국가적인 불교의례에 중국상인들이 참렬한 사례가 있다. 그러나 일본의 경우는 유사한 사례가 전혀 나타나지 않는다.

이상과 같이 각 지역의 왕권 및 국가는 중국상인들에 대해 교역항과 숙박시설 등을 지정 관리하고, 공물을 진상 받았으며, 정치외교적 관계를 중개하는 역할까지 부여함으로써 그들을 나름의 독자적인 화이질서와 덕화(德化)의 논리로 포용했다. 이 같은 다수의 공통항을 감안한다면 당시 이 해역에서 이루어진 해상교역을 단순히 사무역으로만 파악하는 것은 적절하지 않다.[55] 그것은 지배 권력의 수입품에 대한 독점적 지배, 화이질서의 구축, 대외 정책 등과 밀접히 연관된 그야말로 국가적 활동의 일환이었다. 그러므로 10세기 이후 중국인 해상들을 주체로 한 광역적인 해상교역의 역사적 의미를 이

---

[55] 이 시기 동아시아권의 대외 교역을 사무역으로 규정한 대표적인 학설은 西嶋定生의 册封體制論이다. 그의 주장을 요약하면 다음과 같다. 10세기 초두 당 멸망을 계기로 중국 중심의 책봉체제에 기반을 둔 동아시아 세계가 붕괴하고, 그 틈을 타서 각지에 민족문화가 성립하며, 경제적 관계를 중심으로 한 동아시아교역권이 형성되었다. 일본은 책봉을 받지 않은 까닭에 상대적으로 영향이 적었으나 그래도 '國風'과 같은 민족문화의 탄생이나 송일무역을 통한 동아시아교역권에의 참가 등, 다른 동아시아 국가들과 유사한 변화가 나타난다. 그러나 이 교역권은 질서를 안정적으로 유지할 수 있는 내부 기구를 갖추지 못했기에 교역이 대부분 사무역의 형태를 취할 수밖에 없었으며 위험이 항상 수반되었다. 그 후 정치질서와 경제를 통합하고 해상교역에 새로운 질서를 부여함으로써 동아시아 세계를 재편한 것이 명 왕조의 책봉체제와 勘合貿易이다. 이상은 西嶋定生, 『古代東アジア世界と日本』, 岩波書店, 2000(동, 『中国古代国家と東アジア世界』, 東大出版会, 1983과 『講座世界歴史』 25, 岩波書店의 月報, 1997.12를 底本으로 하여 李成市가 편집). 이 책은 송완범 역, 『일본의 고대사 인식: '동아시아세계론'과 일본』, 역사비평사, 2008로 국내에서 번역 출간되었다. 西嶋의 설은 전근대 동아시아사를 국제관계의 구조 변화를 중심으로 조망한 장대한 스케일로서 그 후 학계의 방향을 결정지었다. 그러나 연구가 진전됨에 따라 국풍문화와 동아시아교역권은 실제로는 당 멸망 이전인 9세기 중엽에 이미 형성되었다는 점과 당 왕조를 중심으로 한 동아시아 국제질서가 책봉체제만이 아니라 '羈縻州', '和蕃公主' 등 여러 형태의 관계를 통해 성립했다는 등의 반론이 제기되었다. 榎本淳一, 「コメント 「蕃国」から「異国」へ」, 『日本史研究』 464, 2001.

해하기 위해서는 정치 · 외교와 경제 양 측면에 대한 통합적인 고찰이 불가피하다. 이상이 야마우치 설의 요지이다.

단, 일본의 경우 공물 진상의 장에서 천황이 외국 상인을 직접 대면하지 않고 국가적인 의례에도 그들을 참렬시키지 않은 점은 당시 일본의 중앙정부가 구상한 화이질서 그리고 왕권 자체의 폐쇄성에 그 원인이 있는 게 아닐까? 게다가 이 점은 헤이안시대를 통해 심화, 확산된 부정관(不淨觀)과도 깊이 연관되는 것으로 보인다.

4. 열도 내 대외교역의 거점

고대 일본은 신라, 발해, 중국 등과 교역했지만 일본인의 교역 무대는 어디까지나 열도 내부로 한정되었을 뿐 신라의 장보고처럼 동아시아 해역에 직접 진출하여 적극적인 대외교역을 전개하지는 못했다. 율령체제 또한 열도 내에서 외부인과의 교역은 공인 또는 묵인했으나 열도를 벗어난 외지에서의 교역행위에 대해서는 견수사, 견당사 등 사절단의 활동을 제외하면 도해금제(渡海禁制)의 원칙에 따라 불허했다.[56]

고대 일본열도에서 율령국가의 지배 권역을 넘어선 원격지 교역이 가장 활발하게 이루어진 곳은 규슈의 대재부 관내와 동북의 무츠, 데와 등 주로 혼슈 양단에 위치한 외부와의 접점 지역이었다. 또한 대외교역과 열도 내 중앙교역권을 이어주는 연결망의 중심으로서 기내의 나니와가 있었다.

그 중에서도 대외 교역활동이 가장 왕성했던 곳은 지리적으로 대륙과 가까운 하카타와 대재부 인근 지역이다. 하카타는 동중국해 북부-황해-열도 근해에 걸쳐 국제교역에 종사한 신라상인, 중국상인이 다수 내항한 곳이자,

---

56) 皆川雅樹, 앞의 논문「9~10世紀における日本の金と對外關係」.

이들을 세토내해를 통해 열도 내부의 중앙교역권과 연결하는 중계항 즉, 항시로서의 성격이 농후했다.[57] 하카타를 포함한 대재부 관내에서는 공무역뿐만 아니라 사적인 교역행위도 꽤 활발했던 것으로 보인다. 예를 들어 9세기는 신라와 중국 상선들이 빈번히 내왕했는데, 이들이 입항하면 중앙의 귀족층 및 유력 사사가 파견한 교역사들과 관내의 부호들이 진기한 물자를 앞 다투어 구매함으로써 가격이 인상되는 폐해가 발생하기도 했다. 이때 벌써 국산품보다 박래품을 선호하는 풍조가 형성된 것이다.

또한 9세기 중엽에는 임기를 마친 대재부 관내의 국사가 귀경하지 않고 계속 현지에 머무르며 상행위에 종사함으로써 인민의 생업을 방해하는 일이 문제시되었다. 심지어 국사급 관인 중에는 직접 대외교역에 종사하는 자도 있었다. 앞서 본 대로 842년(승화9) 지쿠젠수(筑前守)의 지위에 있던 훈야노 미야타마로는 당시 해상교역권을 지배하던 장보고와 사적인 거래를 시도했으나 신라 내부의 정쟁으로 장보고가 횡사함으로써 계획이 실패로 돌아가기도 했다. 게다가 9세기에는 극히 일부이지만 도해금제를 어기고 직접 외부로 진출하여 교역을 행한 자도 있었던 것 같다. 일본 천태종의 좌주(座主)로 유명한 승려 엔닌(圓仁, 794~864)의 『입당구법순례행기(入唐求法巡禮行記)』에는 당에서 상인으로 활약한 몇몇 일본인의 실명이 등장한다. 또 『금석물어집』에는 규슈의 주민으로 '장사를 위해' 신라로 건너간 자에 대한 설화도 보인다. 894년(관평6)을 마지막으로 견당사 파견을 중단한 배경에는 공무역이 아니더라도 외국 상인과 소수의 일본인 상인 등 민간을 통해 대륙의 문물을 수입할 수 있었던 당시 상황이 일정한 영향을 미쳤을 것이다.[58] 10세기 이후의 대재부 관내를 중심으로 한 송일무역에 대해서는 앞서

---

57) 栄原永遠男, 앞의 논문「古代の難波をめぐる国際交易ネットワーク」.

58) 大宰府 관내의 교역에 대해서는 櫻井英治·中西聰編, 앞의 책『新體系日本史12 流通經濟史』, 84-86쪽을 참조함.

논한 바와 같다.

다음으로 무츠, 데와를 거점으로 한 북방교역의 시기적 변화에 관해 살펴보자. 율령국가는 8~9세기에 걸쳐 혼슈의 동북지역에 성책을 설치하고 북위 40도 부근까지 세력을 확대했다. 하지만 그 북녘의 소위 북일본은 11세기까지도 여전히 중앙정부의 힘이 미치지 못하는 군제(郡制) 미시행 지역으로 남았다. 『일본서기』 등에는 당시의 북일본이 '에미시(蝦夷)', '부수(俘囚)', '이부(夷俘)', '적부(狄俘)' 등의 명칭으로 등장한다. 율령국가의 입장에서 보면 이 지역은 무력을 앞세운 제압 즉, '정이(征夷)'의 대상이었던 것이다.

하지만 북일본의 고대사회도 율령국가와 관계를 맺으면서 수차례 큰 변화를 겪는다. 8세기 중엽까지 이 지역은 홋카이도와 유사한 형태의 토기를 사용했다. 그러나 774(보귀5)~811년(홍인2) 율령국가의 에미시 정벌 이후로는 혼슈의 영향을 강하게 받은 사츠몬문화(擦文文化, 8세기 말~13세기)가 북일본뿐만 아니라 홋카이도에까지 파급되며, 율령국가의 힘이 북일본 전역에 미쳤을 가능성이 크다. 교역 면에서도 이 무렵은 율령국가의 귀족, 국사 등이 에미시로부터 말과 노비를 사들이고, 면·철과 같은 주요 물자를 에미시에 판매하는 자가 나타나는 등 사적인 교역이 조금씩 행해졌던 것으로 보인다.

9세기 후반 이후 혼슈 북단 쓰가루(津軽) 일대는 율령국가에 의한 본격적인 개척이 이루어져 인구가 비약적으로 증가하고 수공업을 위시한 각종 산업이 발달하기 시작한다. 또한 이때부터 율령국가가 인정한 무츠국 6개 군의 수장 아베씨(安倍氏)와 데와국 3개 군의 수장 기요하라씨(淸原氏) 세력이 대두하여 꽤 적극적으로 북방 산물의 확보에 나선 것으로 보인다. 하지만 고고학적 발굴에 따르면 같은 시기 북일본의 집락들은 일제히 대규모 해자, 보루를 갖추거나 산간 고지대의 천연 요새로 집단 이주하는 등 방어형 집락이 다수 출현한다. 이런 상황을 정확히 이해하기 위해서는 당시의 중앙정부,

아베씨와 기요하라씨를 필두로 한 지역 권력, 에미시 이 삼자 간의 순탄치만은 않은 상호관계를 장차 종합적으로 검토할 필요가 있다.[59]

　율령국가의 직간접적인 지배를 받은 북일본의 수장층과 홋카이도 에미시 사이의 교역은 10세기 이후 거의 홋카이도 전역으로 확대되었고 대개 12세기까지 융성한다. 『일본서기』, 『연희식』 등 문헌사료에 따르면 당시 홋카이도로부터 혼슈로 유입된 물품은 율령국가의 관위 및 신분적 상징물로 활용된 각종 모피류와 제의용 취우(鷲羽)가 많았다. 이 점은 발해 멸망 후 양질의 모피를 확보하기 어려웠던 당시 수도권의 상황이 에미시와의 모피 교역을 활발하게 만든 하나의 원인이었을 것으로 필자는 생각한다. 10세기 이후 '정이'를 위해 동북지역에 파견된 군사력을 현지 지휘한 율령국가의 귀족들은 중앙과의 관계가 소원해지지 않도록 다량의 모피류, 취우를 수도의 유력 귀족들에게 헌상했다. 또 각지의 신흥 호족세력들이 교역을 통해 부와 세력을 확대하고자 한 점도 북방교역의 배경으로 작용했을 것이다. 고고학의 연구성과에 의하면 혼슈로부터 홋카이도로 수출된 물품은 소도(小刀)·철부(鐵斧) 등 철제품이 중심이며 스에키도 부수적으로 확인된다. 이러한 북방교역의 활성화와 교역권 확대는 홋카이도가 율령국가의 물류경제권에 점진적으로 포섭됨으로써 혼슈 중앙정부의 정치, 경제, 문화적 영향을 받아들이는 결과를 초래했고, 훗날 중세와 근세에 전개될 북방교역의 역사적 전제가 되기도 했다.[60]

　이상, 혼슈의 남과 북 양단을 거점으로 한 율령국가의 대외교역에 대해 간단히 검토해보았다. 남쪽 대재부 관내를 중심으로 한 교역이 주로 한반도와 중국의 선진 문물을 입수하는 통로로 활용된 반면, 북방 에미시와의 교역은

---

59) 북일본의 방어형 집락에 관해서는 三浦圭介, 「北奥·北海道地域における古代防御性集落の発生と展開」, 『国立歴史民俗博物館研究紀要』64, 1995. 이상, 본문의 정리는 櫻井英治·中西聰 編, 앞의 책 『新體系日本史12 流通經濟史』, 84-86쪽; 三浦圭介, 「北日本古代の集落·生産·流通」, 『日本海域歴史大系 2古代編』, 清文堂出版, 2006을 참조함.

60) 혼슈와 홋카이도의 교역은 鈴木琢也, 「北日本における古代末期の北方交易 一北方交易からみた平泉前史一」, 『歴史評論』678, 2006을 참조함.

모피를 비롯한 특산물 교역이 중심으로 양자 사이는 교역의 내용 면에서 질적으로 현저한 차이가 난다. 또한 양쪽 모두 공적, 국가적인 물류 외에도 왕신 귀족층, 국사와 관인들, 지방호족층 등 여러 계층의 사적인 수요에 바탕을 둔 사교역이 성행한 것을 알 수 있다. 물론 이 경우 대부분의 사례는 국가적 질서를 어지럽힌 금지 대상으로 사료상에 등재되므로 그 문면을 바로 당시의 실태로 간주하기 어렵다는 점은 충분히 주의하지 않으면 안 된다.

마지막으로 나니와를 중심으로 한 대외교역과 국내교역의 연계에 관해 보면, 세토내해의 동쪽 끝에 위치한 나니와진에는 앞서 본대로 나니와시와 인공 수로인 호리에 주변을 중심으로 열도 내 서일본의 물산이 집결했다. 게다가 나니와진은 그 지리적 위치로 인해 고대 일본의 중앙교역권을 세토내해와 북부 규슈를 통해 황해, 동중국해 등 외부로 이어주는 중요한 연결고리였다. 그 결과 나니와 주변에 포진한 많은 수의 창고에는 다량의 국내외 물산이 저장되었고, 이것들이 주로 나니와진에서 해양용 대형선박으로부터 하천용 소형선박에 옮겨 실어져 수도권으로 운송되었다. 따라서 일찍이 고분시대에 외교, 군사적인 거점으로 나니와진이 설치된 이래 율령국가에 이르기까지 열도 중앙의 정치권력들은 나니와-하카타 간의 연결루트를 장악함으로써 두 개의 핵심적인 교역권을 지배하고, 나아가서 대외교역과 그것에 수반된 고급문화, 정보의 독점 및 그 재분배를 통해 정치적 우위를 확보하는 데 사활을 걸었다.[61]

---

61) 榮原永遠男, 앞의 논문 「古代の難波をめぐる国際交易ネットワーク」.

3부
중세 일본의 유통경제

일본 중세는 보통 헤이안시대 말기 즉, 원정(院政)이 성립한 11세기 후엽부터 가마쿠라시대, 남북조내란기, 무로마치시대를 거쳐 전국시대가 종료되는 16세기 말을 의미한다. 일본의 중세사학계에서는 이를 다시 전기와 후기로 양분하여 가마쿠라막부까지를 중세 전기, 남북조내란기~전국시대를 중세 후기로 보는 것이 일반적이다. 이러한 전후시대구분은 남북조내란을 중세사 내부의 전환점으로 보는 학술사적 배경이 있긴 하지만, 그보다는 1970년대 이미 왕성했던 중세 전기에 관한 연구에 비해 무로마치막부 이후에 대해서는 1990년대부터 비로소 연구가 활발해졌다는 학계의 현황에 기인하는 바가 크다.[1]

동아시아의 역내 국가 가운데 한국과 중국은 주지하다시피 7세기경 확립된 율령체제의 기본 틀이 근대 유럽과 접촉하는 19세기까지 지속된다. 한국사의 경우 고려 이후는 유학 고전에 대한 지식과 이를 토대로 한 경세관을 묻는 과거제도에 바탕을 둔 중앙집권적 문신정권이 정치의 주축을 이루었다. 이에 대해 일본은 7세기 말 한반도와 중국으로부터 율령제도를 도입하지만 10세기경에는 형해화했고, 12세기 말 가마쿠라시대부터는 무사가 정치를 담당하는 막부(幕府)라는 독특한 제도를 창출하여 이후 에도막부가 붕괴하는 1867년까지 주종제 원리를 기반으로 한 분권적인 무사정권이 이어

---

1) 早島大祐, 「発展段階論と中世後期社会経済史研究」, 『史林』 88-1, 2005.

졌다.

전근대의 동아시아 국가들을 비교사적 관점에서 조감할 때 일본사의 개성이 가장 두드러지는 부분은 역시 약 700년이란 장기간에 걸친 무사정권의 존재일 것이다. 그 중에서도 일본 중세는 무사권력 외에도 교토의 천황을 핵으로 한 전통적인 귀족권력, 이 양자와 깊숙이 연관된 종교권력 등이 각기 독자적인 권문(權門)을 이루었으며, 그밖에 중앙의 권문과 밀착하거나 때로는 이반하면서 각 지역을 실제로 지배한 다양한 재지의 영주권력이 중층적으로 뒤엉킨 권력체계를 형성했다. 그러므로 아직 정치권력에 강하게 예속될 수밖에 없었던 중세의 유통경제는 복잡다단한 권력체계 하에서 실로 다양한 양상을 띠고 전개된다.

여기서는 각론에 들어가기 전에 먼저 중세유통사에 대한 전후 학계의 연구사조를 정리한다. 그리고 소위 권문체제와 분산적, 다원적인 사회로 대변되는 중세적 권력체계의 편성과정을 통해 일본 중세사회의 시대적 특질을 검토하고, 그것들에 의해 규정되는 장원제와 그 해체과정에서 나타나는 유통경제의 다이내믹한 실상을 방대한 기존 연구의 도움을 받아 가급적 구조적으로 이해해보고자 한다.

1장
중세유통사의 연구사적 이해

1. 1950~1980년대의 연구

유통사는 패전 전부터 중세사학계의 주요 관심분야였다. 그러나 패전 후 일본 역사학계를 견인한 마르크스주의 역사학에서는 학계 일반의 관심이 봉건제 형성과정과 소위 봉건유제(封建遺制)에 관한 문제로 집중하고 상대적으로 상업 및 유통의 역할이 부정적으로 자리매김되면서 유통사는 부진을 면치 못했다.[1] 그런 와중에도 도요타 다케시(豊田武)는 전쟁 전부터 단편적인 사료를 방대하게 수집 검토함으로써 패전 직후에는 중세 사회경제사의 전체상을 구축하는 데 최초로 성공했다. 하지만 그의 기본적인 관점은 농업생산력 발전에 따른 소농민의 형성과 독립 등 철저히 발전단계론에 입각한 것이었으며, 유통경제 그 자체에 대한 구조적인 이해에는 도달하지 못했다.[2]

도요타에 이어서 중세사회의 성립부터 해체까지 경제의 전체상에 대한

---

1) 脇田晴子, 『日本中世商業発達史の研究』, お茶の水書房, 1969, 3쪽.

2) 豊田武, 『中世日本商業史の研究 増訂版』, 岩波書店, 1952. 그의 업적들은 후에 『豊田武著作集』 전 8권, 吉川弘文館, 1982~1983으로 집대성되었다. 豊田說에 대해서는 후에 실제와의 괴리가 크다는 비판이 제기되기도 했다. 이 점은 본문 중에 후술할 예정이다.

독자적 이해를 시도한 것은 1960대 말 와키타 하루코(脇田晴子)이다. 그는 일본 중세의 유통구조가 이미 전기부터 교토 중심의 구심적 성격을 띠었으며, 후기가 되면 특산품 생산의 분업화, 농촌 수공업과 상품경제의 발전, 그에 따른 기내 농촌의 잉여 축적, 좌(座)의 광범위한 성립 등으로 인해 교토를 중핵으로 나라(奈良), 사카이(堺), 덴노지(天王寺) 등 근린 도시를 연결하는 수도시장권(首都市場圈)이 성립한다고 주장했다.[3] 와키타의 설에서 특히 주목할 부분은 중세 말기 전국시대의 유통경제에 대해 처음으로 총체적 파악을 시도하고, 뒤이은 근세 초기 기내지역 경제의 수월성이 전국시대의 수도시장권을 전제로 한다고 간파한 점일 것이다.

1970년대에 들어서서는 전국시대를 대상으로 지역 간, 원격지 간 유통 발전을 다룬 연구가 다수 제기되었다. 그 중에서도 사사키 긴야(佐々木銀弥)는 중세 상업이 각 지역별로 고립해서 영위된 것이 아니라 교토, 나라 등 도시 상업을 정점으로 상호 의존하고 보완하는 중층적인 구조를 취했으며, 후기가 되면 교토와 나라의 구심성이 현저해지고 전국시대의 영국(領國) 형성 과정에서 각지에 지역경제권이 성립한 후에도 그 구심성은 한층 강화된다고 보았다. 그는 이러한 중세 후기 유통경제의 역사적 특질을 중층성, 구심성, 특권성이라는 세 개의 키워드로 압축해서 표현했다.[4] 와키타, 사사키 두 연구자의 학설은 방법론과 세부 내용에서 차이점이 있다. 그러나 교토를 중핵으로 한 기내 구심적 유통구조를 제기하고 무로마치시대, 전국시대는 그런 구심성이 더욱 강화된다고 본 점에서 공통적이다. 대체로 1970년대까지는 위와 같이 문헌사료에 입각한 기내로의 구심적 유통구조론이 중세유통사의 대세를 이루었다.

---

3) 脇田晴子, 앞의 책『日本中世商業発達史の研究』; 동,「室町期の経済発展」,『講座日本歴史7 中世3』, 岩波書店, 1976.

4) 佐々木銀弥,『中世商品流通史の研究』, 法政大学出版会, 1972.

한편, 1970년대 중반부터는 패전 후 일본 역사학계를 풍미하던 마르크스주의 역사학의 영향력이 퇴조하기 시작한다. 특히 아미노 요시히코(網野善彦)의『무연(無縁)·공계(公界)·낙(楽)』이 공간된 이후,[5] 1980년대는 중세사를 중심으로 일본 역사학계 전반에 걸쳐 유럽 아날학파에 기원을 둔 사회사가 융성하고 연구주제의 다각화가 모색되었다.

이런 배경에서 중세유통사도 고고학의 토기·도자기 분포론에 의거한 연구성과를 수용하여 그간의 구심적 유통구조론이라는 통설에 대해 기내로 구심되지 않는 지역적 분업과 유통을 중시하는 논조가 나타나고 중앙경제와 지역경제를 둘러싼 논쟁이 전개되었다.[6] 처음 논쟁에 불을 지핀 스즈키 아츠코(鈴木敦子)는 중세 후기가 되면 각지에서 지역 유통경제의 핵인 시장이 성립하고 그와 더불어 주변 농촌을 후배지로 하는 지역경제권이 형성된다는 점을 실증을 통해 제시했다. 그리고 지역경제권 내부의 국지적 유통과 지역경제권 상호 간의 유통이라는 중층성에 입각하여 교토, 기내로 수렴되지 않는 지역 간 유통을 중시해야 한다고 주장함으로써 중앙을 중심으로 한 기존 연구사를 비판했다. 이런 스즈키의 연구시각은 때마침 각 지방자치체에서 성행한 지역사 편찬사업과 맞물려 그 후의 중세사 이해에 큰 영향을 미쳤다.[7] 하지만 전부터 지역적 유통과 기내 경제의 구심성을 기반으로 한 원격지 유통이 상호 보완하면서 중층적으로 존재한다고 지적해온 앞의 사사키 긴야는 스즈키가 주창한 지역경제권 개념이 생산, 분배, 유통, 소비 등 지역의 제반 경제순환운동을 중앙과 대립적이며 특정지역 내에서 극히 독립적이

---

5) 網野善彦,『無縁·公界·楽 -日本中世の自由と平和-』, 平凡社, 1978.

6) 鈴木敦子,「中世後期における地域経済圏の構造」,『日本中世社会の流通構造』, 校倉書房, 2000(원래의 논고는 1980년 歴史学研究会 대회에서 발표); 三浦圭一,『日本中世の地域と社会』, 思文閣出版, 1993(이 책은 1988년 급서한 저자의 유고집임).

7) 市村高男,「中世西日本における流通と海運」, 橋本久和·市村高男 編『中世西日本の流通と交通』, 高志書院, 2004, 10·13쪽.

자 자기완결적으로 이루어지는 것처럼 오도하고 있다는 비판을 가했다.[8]

스즈키, 사사키 이 두 사람의 견해는 중앙에 대한 구심성과 지역경제권의 자립 중 어느 쪽을 중시하는가라는 점에 큰 차이가 있다. 하지만 양쪽 모두 지역경제권의 형성과 중층적인 유통구조를 중시한다는 점에서는 유사한 것으로 보인다.[9] 단, 실제로 그 후 왕성해진 지역경제권에 관한 연구는 사사키가 우려한 대로 중앙경제, 인접 지역 또는 인접 시대와의 관계가 불분명한 채 고립분산적인 형태로 진행되는 경우가 많았고, 중세 유통경제의 전체상을 규명하려는 연구는 얼마 간 자취를 감추었다. 결과적으로 개별 연구주제가 다양해질수록 거꾸로 전체상이 불투명해지는 문제점을 안게 된 것이다.

여기에는 비단 연구사조의 변화만이 아니라 유통사에 관련된 사료가 워낙 단편적으로밖에 남아있지 않고 지방의 경우는 그 정도가 더욱 심하다는 점이 일차적인 요인으로 작용했다. 다만 그런 가운데도 1980년대 중·후반에는 응인(応仁)의 난을 겪은 다음의 부흥과정을 통해 수도권 유통경제를 담당하는 계층이 변화했다는 사실이 실증적으로 규명되었다.[10] 또한 와타누키 도모코(綿貫友子)는 14세기 말 무사시(武蔵)의 시나가와진(品川湊)에 입항한 선박의 승선 명부를 분석한 결과, 동일한 선주의 이름을 같은 시기 이세(伊勢)의 사료에서 찾아내는 데 성공했다.[11] 종래 상황증거에 의존하는 경우가 많았던 지역 간 유통의 실제 사례를 1급 사료로 증명함으로써 연구방법론적인 면에서 중세유통사에 특기할만한 성과를 제시한 것이다.

---

8) 佐々木銀弥,「中世後期地域経済の形成と流通」,『日本中世の流通と対外関係』, 吉川弘文館, 1994.

9) 市村高男, 앞의 논고「中世西日本における流通と海運」, 13쪽.

10) 瀬田勝哉,「荘園解体期の京の流通」,『武蔵大学人文学会雑誌』24-2·3, 1985(이 논문은 후에 동,『洛中洛外の群像 -失われた中世京都へ-』, 平凡社, 1994에 재수록됨); 今谷明,『京都·一五四七年』, 平凡社, 1988.

11) 綿貫友子,「「武蔵国品河湊船帳」をめぐって -中世関東における隔地間取引の一側面-」,『史林』30, 1989.

2. 1990∼2000년대의 연구

1990년대에 들어서면 사회사도 퇴조한다. 반면 유통사를 포함한 중세 사회경제사 연구는 이때부터 종전에 볼 수 없던 활황을 띠게 된다. 중세 전기는 장원제를 둘러싼 연구가 중심을 이루었다. 그러나 중세 후기는 남북조시대 들어 장원제가 해체된다는 나가하라 게이지(永原慶二)의 주장이 통설화함에 따라,[12] 개별적인 검토를 제외하면 장원제 연구는 별로 없고 그 대신 상업, 해운, 화폐 등을 포함한 유통사 분야가 새로운 학문영역으로 크게 발전했다. 나가하라의 설이 최근 큰 비판을 받고 있는 점에 관해서는 본문 중에 후술할 예정이다.

소위 거품경제의 붕괴 이후 현실 일본 경제의 구조적 불황이 명확해진 1990년대 중반 이후로는 종전과 상당히 다른 연구사조가 나타나게 된다. 즉, 일시적인 침체를 겪더라도 경제는 장기적으로 계속 발전한다는 마르크스주의 역사학에 입각한 종래 발전단계론의 패러다임에 대해 회의적인 논고가 다수 등장한 것이다. 특히 사쿠라이 에이지(桜井英治)는 생산력이 안정적으로 증대하더라도 정치나 사회관념 등 다른 인자들에 의해 경제구조가 크게 정체 혹은, 전환되는 일도 있고 반면에 생산력을 넘어서서 특수한 경제체제가 발전할 수도 있다고 지적하며, 따라서 생산력과 경제구조가 항상 지속적인 발전으로 연동된다고 오인해서는 안 된다는 주장을 펼쳤다.[13] 같은 시기에는 발전단계론의 이론적 출발점이라고 할 수 있는 농업생산력의 지속적인 상승이란 고정관념에 대해서도 기근론, 재해론, 전쟁론이란 형태로 비판이 제기되었다.[14] 물론 중세 일본을 단순히 기근·재해·전쟁의

---

12) 永原慶二, 『戦国期の政治経済構造』, 岩波書店, 1997; 동, 『荘園』, 吉川弘文館, 1998.

13) 桜井英治, 『日本中世の経済構造』, 岩波書店, 1996.

14) 각 분야별 대표적 연구로 기근론은 藤木久志, 『飢餓と戦争の戦国を行く』, 朝日選書, 2001, 재해론과 전쟁론은 峰岸純夫, 『中世災害·戦乱の社会史』, 吉川弘文館, 2001 등을 들 수 있다.

시대라고만 단정할 수는 없다. 수많은 기근, 재해 등을 내포한 자연과의 관계와 집단 간 전쟁, 그 혹독한 시련들 속에서도 부단히 전개된 당시 사람들의 생존을 위한 영위를 부정해서는 안 될 것이다.

2000년대 이후는 그간의 구심적 유통구조론, 수도시장권론, 지역경제권론 등을 비판적으로 계승한 새로운 학설들이 제기되었다. 우선 앞의 사쿠라이 에이지는 교토 경제가 15세기 후반의 팽창기를 거쳐 그 후 큰 폭으로 침체한다는 점을 실증적으로 규명했다. 또 후속 연구를 통해 응인의 난 이후 정치적인 지역분권화가 진행되는 가운데 전국시대에 들어서면 수도시장권의 수월성이 희박해져 각지에 형성된 영국경제와 거의 균질적으로 변화하며, 그럼에도 불구하고 교토는 전통적으로 이 지역이 보유한 고도의 산업기술과 사카이 같은 근처 항만도시의 발전 등으로 인해 원심적 유통의 중심지로서 어느 정도 번영을 계속한다는 견해를 표명했다.[15] 또한 하야시마 다이스케(早島大祐)는 정치사와 유통사를 종합한 복안적 시각에서 중세 후기의 교토를 재조명했다. 그는 남북조내란이 수습된 후 14세기 말~15세기 초에 무로마치막부와 수호를 중심으로 한 권력체계가 완성되고 특히 수호재경제(守護在京制) 확립을 토대로 한 수도권의 형성을 계기로 15세기 중엽의 교토가 비약적으로 발전한 점, 당시 무로마치막부의 재정은 수도권에 대한 도시의존형 재정이었던 점, 그러나 응인의 난을 겪은 후 교토가 부흥하고 시장도 재편되지만 정작 수호재경제의 형해화로 인해 수도권 자체가 해체됨으로써 시장 축소, 상인 경영의 소규모화와 더불어 교토는 경제적 구심성을 상실하여 이후 정체하게 된 점 등 다양한 논점을 제기했다.[16]

이러한 일련의 연구들을 통해, 응인의 난 이후 교토가 일시 부흥되었다고

---

15) 桜井英治,「中世の商品流通」, 桜井英治·中西聡 編『新体系日本史12 流通経済史』, 山川出版社, 2002; 동「早島報告コメント」,『日本史研究』487, 2003.

16) 早島大祐,「中世後期社会の展開と首都」,『日本史研究』487, 2003.

는 하지만 분업과 유통의 담당자가 변하고 시장이 축소되어 경제적으로 정체상황이 도래함으로써 예전의 구심성은 크게 후퇴했음이 분명해졌다. 그러나 한편으로 천황, 장군이 거주하는 정치적 중핵도시로서 위치를 계속 유지한 교토는 오랜 전통에 기반을 둔 새로운 산업도시로 변모했을 가능성이 크다. 이 점에서 사쿠라이 에이지가 전국시대 교토를 전통산업도시와 금융도시의 면모를 함께 가졌다고 간주한 것은 대단히 실태에 가까운 지적으로 보인다.[17] 아마 교토, 나라를 중심으로 그 주변의 사카모토(坂本), 오츠(大津), 야마자키(山崎), 요도(淀), 하치만(八幡), 덴노지(天王寺), 효고(兵庫), 사카이(堺) 등을 포괄하는 수도경제권은 각지에 성립한 지역경제권과 일면 균질화하면서도 다른 한편으로는 전대의 유산을 계승하여 특별한 위치를 점했을 것이다.[18]

이상, 일본 중세유통사의 연구사조에 관한 전체적 맥락은 하야시마 다이스케의 선행 연구를 중심으로,[19] 그밖에 관련 논고를 참고하여 작성하였다. 현재로서는 중세유통사를 둘러싼 다양한 연구가 속속 제기되는 한편으로, 마르크스주의 역사학이라는 거대 담론이 거의 종말을 고함으로써 기존의 분산적인 연구성과들을 종합하여 중세사회의 전체상을 재구축하는 작업이 큰 과제로 남아있다. 끝으로 중세유통사에 대해 그동안 학계에서 어떤 총체적 평가를 내려왔는지 몇 가지 중요한 견해를 소개해보기로 하자.

먼저 아미노 요시히코는 방대한 양의 중국 수입 동전과 쌀이 사회 전반에 걸쳐 화폐로서 기능하고 '위체(爲替, 환어음)'를 중심으로 한 신용경제가 발달했으며 전국적 유통망이 형성된 중세사회는 실질적인 화폐경제의 단계라

---

17) 桜井英治, 앞의 논고「早島報告コメント」.

18) 이상, 본문의 桜井英治, 早島大祐의 업적에 대한 연구사적 이해와 결론은 市村高男, 앞의 논고「中世西日本における流通と海運」, 10-12쪽을 참고하였음.

19) 早島大祐, 앞의 논문「発展段階論と中世後期社会経済史研究」.

고 하여 이를 높이 평가했다.[20] 나아가서 그는 중세 후기는 "신용경제를 지탱하는 소위 '시장원리'가 어느 정도 관철되었음이 분명하므로, '(일본)자본주의'의 원류는 늦어도 14세기로 거슬러 올라간다고 보아야 한다"라고까지 주장한다.[21] 그러나 나가하라 게이지는 중세 후기의 경제발전을 높이 평가하면서도 전국시대 교토, 나라 주변의 농산가공품 생산은 당시로서 가장 선진적인 경우에 불과할 뿐 사회 전체의 경제와 시장구조를 좌우할 정도까지는 도달하지 못한 것으로 간주하여 아미노설에 대한 비판적 입장을 분명히 했다.[22]

유력한 중세사가들의 위와 같은 평가에 대해 근년 이시이 간지(石井寬治)는 중세 후기의 상품경제가 종전에 이해해온 것보다 훨씬 높은 수준에 도달하였음을 인정하여 나가하라와 마찬가지로 아미노설을 일부 수용했다. 하지만 중세사회가 '화폐경제의 단계'였다고 인정할만한 실증적 근거는 극히 일부의 도시 상업에서만 확인될 뿐 당대 사회의 대부분을 차지한 농촌 소상품생산의 실태는 여전히 불명확한 상태라고 하여 나가하라의 비판에 동조한다. 이시이는 아미노설이 발전단계에 관한 인상적인 평가를 중시한 결과 사회구조적인 해명이 배제되었으며, 중세 후기의 상품경제가 도달한 전체적 수준에 대한 실증은 금후의 과제에 속한다고 결론지었다.[23] 유통경제의 '단계'를 논하기 위해서는 그 선행 과제로서 전체적 '구조'에 관한 실증적인 접근이 불가결하다고 본 이시이의 지적은 정곡을 찌른 견해로 생각된다.

한편, 1990년대 이후를 대표하는 사회경제사가인 사쿠라이 에이지는 전

---

20) 網野善彦,「日本列島とその周邊 -『日本論』の現在」,『岩波講座日本通史1 日本列島と人類社會』, 1993.

21) 網野善彦,『日本中世に何が起きたか -都市と宗教と「資本主義」』, 日本エディタースクール出版部, 1997.

22) 永原慶二,『戰國期の政治經濟構造』, 岩波書店 1997.

23) 石井寬治,『日本流通史』, 有斐閣, 2003. 이상, 중세 일본의 유통경제에 대한 역사들의 평가는 같은 책 34-35쪽을 주로 참조하였음.

술한 바와 같은 맥락에서 15세기 후반 중세 경제가 발전의 정점을 맞지만 이는 생산력과는 무관하게 경제규모만 비정상적으로 팽창한 때문이며, 그로 인해 16세기는 거품경제의 해체와 함께 경제구조가 붕괴한다고 보았다.[24] 또한 미네기시 스미오(峰岸純夫)는 재해론의 관점에서 고도성장 이후 자연에 대한 인간의 우위성이 부동의 확신으로 자리잡으면서 20세기 후반의 역사학에도 자연, 자연재해를 경시하는 경향이 있었음은 부인할 수 없다고 전제한다. 그는 15세기 전반에 나타나는 도시와 시장의 발전, 급속한 화폐경제의 진전 등이 아미노 요시히코로 하여금 일본 자본주의의 맹아로 오인하게 만들었지만, 그러나 중세 경제는 15세기 중엽 이후 자연조건의 악화를 전환점으로 하여 하향곡선을 그린다는 견해를 피력했다.[25] 연구주제와 전환기에 대한 이해는 서로 다르지만 중세사회의 경제적 동향이 말기로 갈수록 침체한다는 점에서 앞의 사쿠라이와 거의 유사한 결론에 도달한 것으로 볼 수 있다.

---

24) 桜井英治, 앞의 책『日本中世の経済構造』; 동, 「折紙銭と一五世紀の贈与経済」, 勝股鎮夫 編『中世人の生活世界』, 山川出版社, 1996.

25) 峰岸純夫, 앞의 책『中世災害・戦乱の社会史』.

2장
장원공령제의 전개와 권력, 재정의 변화

1. 중세 일본의 기본적 이해

1) 동국국가론과 권문체제론

왕권과 중앙정부가 독점하던 고대 율령국가의 전제적인 권력체계에 대해 가마쿠라시대 이후의 장군, 막부가 어떤 새로운 국가체제를 형성했는가는 일본 중세사학계의 큰 숙제이다.

중세국가론에 관해 일찍이 사토 신이치(佐藤進一)는 1183년(수영2) 10월 동해도(東海道), 동산도(東山道)의 공령과 장원에 대한 처분을 미나모토 요리토모에게 일임한다는 천황의 선지(宣旨)가 발급된 점을 중시하여, 요리토모가 교토 조정으로부터 동일본의 행정권을 위임받음으로써 해당 지역에 가마쿠라막부를 중심으로 한 별도의 국가가 성립된 것이라고 주장했다.[1] 이것을 학계에서는 동국국가론이라 부른다.

이에 대해 구로다 도시오(黑田俊雄)는 중세국가를 서로 다른 세 가지 성격의 권문이 각기 장원을 경제기반으로 하여 부분적으로 대립하는 동시에 전체로서는 상호의존적이자 보완적인 관계를 맺고 일종의 분업에 가까운

---

1) 佐藤進一, 「中世幕府論」, 동 『日本中世史論集』, 岩波書店, 1990(초출은 1949).

형태로 권력을 행사한 국가체제라고 주장했다.[2] 권문(權門)이란 정치적, 사회적으로 권세를 휘두른 세습적인 문벌세력을 의미한다. 세 권문은 율령국가로부터 이어져온 왕신 귀족층을 중심으로 한 공가(公家) 권문, 연력사(延曆寺)나 흥복사(興福寺) 등 사가(寺家)와 이와시미즈하치만궁(岩淸水八幡宮), 가모신사(賀茂神社) 등 사가(社家)를 포함한 종교 권문, 장군가를 중심으로 한 신흥 무가(武家) 권문을 가리킨다. 구로다는 사토의 동국국가론에 대해 위와 같은 성격의 중세국가를 권문체제라고 명명했다.

　권문체제 하에서 국가의 다양한 기능은 각 권문의 가산제적 지배체계에 위임된다. 그리고 이들 세 권문을 통합하는 조정자로서 천황이 중세 국가체제의 중심에 위치하였으므로 천황을 권문체제 하 봉건적인 토지소유체계의 정점에 위치한 '국왕'이라고 간주했다. 즉, 행정을 담당한 귀족, 국가적 제사를 담당한 승려와 신관(神官), 군사행동을 담당한 무사가 천황 아래 결속하여 국가를 운영하며 민중을 통치했다는 것이다. 소위 권문체제는 3단계로 구분된다. 제1기는 성립기로 천황에서 은퇴한 상황이 정치를 행한 원정기, 제2기는 막부와 조정이 병립한 가마쿠라시대, 제3기는 쇠퇴기로 공(公)과 무(武)의 유착 위에서 무로마치막부가 다른 권문들을 사실상 종속 지배한 시기이다. 그 후 응인의 난을 거치며 장원제 붕괴와 함께 권문체제가 해체된 후로는 오다(織田)·도요토미(豊臣) 정권에 의한 재통일에 이르기까지 국가권력은 소멸했다는 것이 구로다의 주장이다.

　일본 중세사회를 관통하는 국가모델로서 권문체제론은 극히 유력한 학설이긴 하지만 반드시 정설이라고는 인정하기 어려운 것이 현실이다. 이 설의 핵심은 독자적인 권능을 보유한 세 권문이 서로 협조, 보완한다고 하는 상호보완성이다. 이는 자칫하면 각 세력 사이의 복잡다단한 상호 대립적 측면을

---

2) 黒田俊雄, 「中世の国家と天皇」, 『岩波講座日本歴史 中世 2』, 岩波書店, 1963(동, 『日本中世の国家と宗教』, 岩波書店, 1976; 『黒田俊雄著作集』 1권, 法蔵館, 1994에 재수록).

과소평가하여 단조로운 역사인식에 빠질 우려가 크다.

중세 일본을 천황을 핵으로 한 단일국가로 보는 권문체제론에 대해, 사토 신이치 등의 동국국가론은 가마쿠라막부를 동일본에 대한 독자적인 행정권을 행사한 독립적인 중세국가로 인정한다. 동일본의 장군을 정점으로 한 가마쿠라막부와 서일본의 천황을 정점으로 한 왕조는 가마쿠라시대 초기에는 서로 의존하지만 이윽고 상호불간섭의 관계로 변화하여 동일본과 서일본 두 개의 국가로 병립했다고 한다.[3] 그러나 인접한 두 개의 권력체계가 서로 별다른 관계가 없었다는 것은 현실적으로 성립되기 어려운 주장이므로 이 학설의 핵심인 상호불간섭에도 큰 문제점이 내포되어 있다.

현재의 일본 중세사학계는 천황의 권위와 권력체계의 실태, 이것들이 갖는 국가적인 위치 등을 둘러싸고 동국국가론과 권문체제론이 크게 대립하는 양상을 띠고 있다. 사토 신이치와 그 계보를 잇는 일군의 학자들은 천황은 국가권력의 관념적인 부분이며 무로마치 장군이 점유한 왕권에 종속당한 공동경영자라고 하여 천황, 조정의 정무를 형식적인 것으로 파악하는 반면 무사정권이야말로 실질적인 중세의 지배권력이라고 평가한다.[4] 이에 대해 구로다 도시오와 일군의 학자들은 천황에 의한 국가적 통합성을 강조하며 천황, 조정의 정무가 무사들의 힘으로는 이루지 못한 지배집단의 편성에 기여함으로써 무사정권의 실질적 지배에 큰 영향을 미쳤다고 평가한다.[5] 최근에는 고미 후미히코(五味文彦)의 두 개의 왕권론과 같이 상호불간섭론과 단일국가론을 동시에 비판하면서 동, 서 왕권의 적극적인 상호관계를 중시

3) 佐藤進一, 『日本の中世国家』, 岩波書店(現代文庫), 2007(초출은 岩波書店, 1983).

4) 佐藤進一, 「室町幕府論」, 『講座日本歷史7 中世3』, 1963; 永原慶二, 「日本中世国家史の一問題」, 『思想』 475, 1964; 富田正弘, 「室町殿と天皇」, 『日本史研究』 319, 1989; 池享, 「戦国·織豊期の朝廷政治」, 『戦国·織豊期の武家と天皇』, 校倉書房, 2003(초출은 1992) 등.

5) 黒田俊雄, 앞의 논고 「中世の国家と天皇」; 伊藤喜良, 「室町期の国家と東国」, 『中世国家と東国·奧羽』, 校倉書房, 1999(초출은 1979); 今谷明, 『室町の王権』, 中公新書, 1990; 脇田晴子, 「戦国期における朝廷権威の浮上」, 『日本史研究』 341·342, 1991·1992 등.

하는 견해도 제기되고 있다.[6]

2) 이시이 스스무의 중세사회상

이시이 스스무(石井進)는 2002년 발간된 시리즈 『일본의 중세』 제1권 권두 논문에서 대부분의 중세사 연구자들이 그간 상식적으로 이해하고 있던 일본 중세사회의 특색을 다섯 가지로 요약해서 제시했다.[7] 대단히 적절하고 잘 함축된 요약이라고 판단되므로 중세 일본의 전체상에 대한 개략적 이해를 위해 그 내용을 간략히 소개해보기로 하자.

첫째는 정치권력의 분산이다. 교토의 조정, 가마쿠라막부와 무로마치막부, 대규모 사찰과 신사, 각지의 지두(地頭)로부터 수호다이묘(守護大名), 전국다이묘(戰国大名)에 이르기까지 여러 형태의 권력주체가 지배권과 독자적인 재판권을 행사했으며, 따라서 권력주체 간의 충돌이 끊이지 않았고 쟁란도 빈번하게 발생했다.

둘째는 군사전문가층의 우월적 지위이다. 쟁란과 충돌이 빈번한 상황에서는 다른 무엇보다도 무력, 군사력이 큰 힘을 발휘한다. '무사', '다이묘', '쇼묘(小名)' 등으로 일컬어진 군사전문가가 발언권을 강화하고 사회적으로 우월한 지위를 차지한 것은 당연한 일이었다.

셋째는 인간 사슬의 그물망이 사회 전체를 뒤덮은 점이다. 잦은 쟁란과 충돌의 시대로부터 살아남기 위해 유력자를 주인으로 섬기고 자신은 그 종자가 되어 봉사하는 주종제를 비롯한 여러 형태의 인간 사슬이 발달한다. 특히 무사들 사이에서는 주인으로부터 '어은(御恩)'으로 토지에 대한 권리나 미곡

---

6) 五味文彦 編, 『京·鎌倉の王権』, 吉川弘文館, 2003; 五味文彦, 「王の記憶 -王権と都市-」, 新人物往来社, 2007; 近藤成一, 「鎌倉幕府と公家政権」, 『新体系日本史 1国家史』, 山川出版社, 2006 등. 이상, 본문의 중세국가론에 대한 연구사적 이해는 水野智之, 「南北朝·室町期の公武関係論と国家像の展望」, 『歴史評論』 700, 2008의 연구사 정리를 일부 참고했다.

7) 石井進, 『日本の中世 1中世のかたち』, 中央公論社, 2002, 9-13쪽.

등을 하사받고 그 대신 '봉공(奉公)'으로서 전투를 담당하는 흔히 봉건제라고 칭하는 관계가 형성되었다.

넷째는 토지에 대한 권리가 중층적으로 존재한 점이다. 주종제 또는 봉건제와 표리의 관계를 이루며 발달한 것이 장원이다. 전국 각지에 산재한 촌락들의 대부분은 중앙의 유력한 지배자나 대사원 등의 소유지인 장원으로 편성되고, 하나의 장원에는 최상위의 '본가(本家)'·'영가(領家)'로부터 중간 지배층인 '장관(莊官)', 하위의 '묘슈(名主)'에 이르기까지 많은 관계자가 중층적으로 토지에 대한 권리를 분할 점유했다. 상위의 주인은 자기 토지에 대한 권리를 하위의 종자에게 '어은'으로 위임하는 것이 보통이었다. 사적 토지소유인 장원과는 구별되는 국주(國主), 국사(國司)가 지배한 공령(公領= 國衙領)도 내용적으로 장원과 유사했다.

다섯째는 불교를 중심으로 한 종교의 시대라는 점이다. 일본 중세는 거듭된 전란과 기근 등으로 수많은 목숨이 희생되면서 성자필쇠(盛者必衰), 제행무상(諸行無常)의 불교적 우주관을 설파한『평가물어(平家物語)』가 널리 수용되었다. 그러한 배경 하에서 다수의 장원을 보유한 대사원을 중심으로 지역의 유력자들이 결합하고, 이들이 주장을 관철하기 위해 무력을 행사한 '강소(强訴)'가 빈발했다.

이시이는 이 가운데 장원제의 전국적 성립을 11세기 후반부터라고 간주하고 그것과 표리관계에 있는 인간 사슬의 그물망 형성, 군사전문가층 및 불교 세력의 대두도 거의 같은 시기에 시작된 일이므로 일본 중세의 출발점은 11세기 후반부터로 보는 것이 타당하다고 주장한다. 그리고 거의 같은 시기에 성립한 원정(院政)의 출발,[8] 대사원이 중심이 된 강소의 연속적인 발생

---

8) 院政이란 白河上皇(천황 재위 1072~1086)이 권력을 장악한 1086년(응덕3)부터 源賴朝(1147~99)가 전국의 경찰권을 독점한 1185년(문치1)까지 1세기 간 지속된 정치형태이다. 원정 하에서는 천황에서 퇴위한 上皇이 자신의 의중에 있는 자손으로 후임 천황을 세우고 스스로 부계 친권자로서 국가대사를 결정하는 한편, 통상적인 정무는 현직 천황에게 맡겼다. 황제

등이 중세적 정치권력 분산의 시발점일 것이라고 보았다.

3) 무사단의 성립

이시이가 지적한 대로 중세 일본에는 다양한 권력주체가 존재했다. 하지만 그 가운데서도 가장 핵심적인 존재는 말할 필요도 없이 무사계급이다. 그러므로 중세유통사에 접근하기 위해서는 우선 무사, 무사단에 대한 이해가 필수적이라고 할 수 있다.

이루마다 노부오(入間田宣夫)는 아시아에서 유독 일본에만 약 700년이란 장기간에 걸쳐 무사정권이 존속한 요인으로서 일본열도가 전근대 아시아 문명의 변경에 위치한 점을 강조한다. 또한 사쿠라이 에이지도 일본이 중국과 거리가 멀어 군사적인 긴장감이 상대적으로 덜했던 까닭에 인적, 물적 자원을 총동원할 수 있는 중앙집권적인 전제국가나 전쟁 수행을 위한 거대한 국가재정이 불필요했고, 대신 무사와 같은 직업적인 전사가 발생할 수 있었다고 보았다.[9] 이것들은 아마 한반도를 의식하여 중국의 직접적인 위협으로부터 벗어날 수 있었던 일본열도의 지정학적 위치를 중시한 견해들일 것이다.

무사, 무사단의 발생을 둘러싸고 과거에는 본문에서 후술할 재지영주제의 관점에서 10세기 이후 지방정치가 문란해진 결과 호족층과 유력 농민들이 자신들이 개발한 사적 소유의 토지를 스스로 방어하기 위해 무장함으로써 무사가 발생했다는 것이 통설이었다. 그러나 이에 대해 다카하시 마사아키(高橋昌明)는, 초기의 무사는 율령제 하의 근위부(近衛府)를 중심으로 한 무관이나 궁궐 경비를 담당한 왕권 직속의 무력을 의미하며 10세기 후반 이

나 국왕이 퇴위와 동시에 거의 실권을 상실한 중국, 한국과는 대단히 이질적인 정치형태라고 할 수 있다.

9) 入間田宣夫,「比較領主制論の視角」, 荒野泰典 외 編『アジアのなかの日本』I, 東京大学出版会, 1992.; 桜井英治,「これからの中世史研究 -比較史および経済史の視点から-」, 大阪歴史科学協議会『歴史科学』194, 2008. 이상, 본문의 선행연구에 대한 요약은 木村茂光,「日本中世像の現在」,『日本史研究』526, 2006을 참조함.

후 이것들이 미나모토씨(源氏), 다이라씨(平氏) 두 개의 무사단 가문으로 교체되었다, 따라서 무사란 기본적으로 왕실 및 수도의 안전과 평화를 지키는 수호자이며 무사를 무사로서 최초로 인지한 것은 왕권이다라고 주장했다.[10] 왕권의 시점에서 무사의 성립을 명쾌하게 논한 다카하시의 설은 그 후 기존 통설과의 사이에 활발한 토론을 이어오고 있다.

근년 가와지리 아키오(川尻秋生)는 위와 같은 다카하시의 설이 기존의 무사 연구에 큰 획을 그은 것은 분명하지만, 공간된 활자본 및 영인본 사료에 주로 의거함으로써 그 사료적 한계로 인해 수도권에만 관심이 편중되고 농촌 현지의 동향에는 거의 무관심했다는 점을 지적한다. 그리고 농촌 사료를 면밀히 검토하면 초기의 무사는 대개 재지영주 출신이며, 수도권에서 활약한 무사들도 그 경제력과 무력의 기반은 농촌이었다고 반박했다. 가와지리의 설은 중세사회의 주역인 무사, 무사단의 성립에 관해 대단히 정교하고 풍부한 시사점을 내포하고 있으며, 일본 중세사학계의 현재적인 도달점을 보여준다고 생각되므로 비교적 장문이긴 하지만 아래에 그 연구를 요약하여 소개한다.[11]

'무사'라는 용어 자체는 나라시대 이후 많은 사료에 등장한다. 그러나 당시로서는 문관에 대한 무관을 지칭한 말에 불과했다. 10세기 이후 나타나는 신분을 가리키는 용어로서 무사의 조건은 무엇보다도 혈통과 가문(家)이 중시되었다. 무사의 가문은 귀족 가문으로부터 영향을 받은 것으로 추측된다.

고대 율령제 하의 9세기 말~10세기 초두 동일본에서는 거듭된 정벌정책으로 율령국가에 강제 복속된 에미시 집단이 내민화정책(內民化政策)에 반발하여 자주 반란을 일으켰다. 또한 세토내해(瀨戶內海) 연안에서도 9세기

---

10) 高橋昌明, 『武士の成立 武士像の創出』, 東京大學出版會, 1999.

11) 이하는 川尻秋生, 「II.武門の形成」, 加藤友康 編 『日本の時代史6 攝關政治と王朝文化』, 吉川弘文館, 2002.

이래 대규모 해적단이 창궐하여 해상교통이 거의 마비되기도 했다. 에미시의 소요를 진압하기 위해 동북지역에 설치된 진수부(鎭守府) 장관의 아들 다이라노 마사카도(平將門, 884·903?~940)는 939년(천경2) 관동지역에서 난을 일으키고 '신황(新皇)'을 참칭했다. 또한 세토내해의 해적 진압에 공을 세운 후 스스로 해적단의 우두머리가 된 후지와라노 스미토모(藤原純友, 893?~941)도 같은 해 반란을 일으켰다. 일본사에서는 이 두 가지 사건을 당시 연호를 따서 천경(天慶)의 난이라 총칭한다.

그런데 특히 마사카도의 난은 수도에 거주하는 귀족들의 뇌리에 깊숙이 각인되어 관동지역이 병란(兵亂)의 고장이라는 공통인식을 심어주었으며, 거꾸로 난의 진압자와 그 일족에 대해서는 특별한 관념을 잉태한 것 같다. 940년(천경3) 정월 중앙정부는 마사카도를 제거한 자에게 4위의 품계와 전답을, 그 수하를 제거한 자에게 관작(官爵)을 내릴 것을 약속하는 추포관부(追捕官符)를 발급했다. 추포관부란 쟁란을 일으킨 범인 추포를 명한 칙부(勅符), 관부(官符) 등의 총칭으로 이를 수령한 자에게는 천황의 군사대권을 대리하여 지역에서 병사 징발이 인정되었다. 이에 따라 난을 진압한 자들은 파격적인 은상과 함께 대발탁을 통해 귀족으로서 기틀을 다질 수 있었다. 그후 사회적으로 무사로서 인지된 자들은 천경의 난의 진압자를 선조로 한 가문으로 한정되었으니, 이것이 바로 무사단이 성립한 초기과정이다.

단, 난의 진압자로서 후일 이세(伊勢) 다이라씨(平氏)의 시조가 된 다이라노 사다모리(平貞盛, 생몰 미상)는 환무천황(桓武, 재위 781~806)의 증손인 다카모치왕(高望王, 생몰 미상)의 후손이며, 또 청화(淸和) 미나모토씨(源氏)의 시조가 된 미나모토 츠네모토(源経基, ?~961)는 청화천황(淸和, 재위 858~876)의 후예이다. 반면 같은 진압자이면서도 천황과 혈연관계가 없는 다치바나씨(橘氏), 오쿠라씨(大藏氏) 등이 유력한 무사 가문으로 성장할 수 없었던 점으로 미루어 천황가의 혈연 혹은, 인척이라는 점이 무사로서 인지되는 중요한 조건이었던 것으로 보인다. 또한 천경의 난 이후 진압자 가문에서 간혹 죄를 추궁당하는 인물이 나오면 상급 귀족들에게 적극적으로 동족의 방면을 요구하는 등 일족의 강한 결속도 무사단 형성에 영향을 끼쳤을 것이다. 무사단이 정식으로 성립한 시기는 앞의 다이라노 사다모리와 미나모토노 츠네모토의 아들 세대들이 천하에 이름을 날린 '무용인(武勇人)', '무사'로서 사료상에 등장하는 대개 10세기 말쯤으로 보인다.

이리하여 결과적으로는 아이러니하게도 반란을 일으킨 마사카도나 스미토모가 아니라 그 진압자 가문의 후손들을 중심으로 무사단이 형성되고, 그 중 청화 미나모토씨의 후예인 미나모토 요리토모(源賴朝, 1147~1199)에 의해 가마쿠라막부가 시작되었다. 그러므로 천경의 난 이후의 변혁은 일본역사에 후대까지 깊은 영향을 미쳤음이 분명하다. 이상, 가와지리 아키오의 설에 대해 장차 어떤 반론이 제기되고 새로운 학설이 전개될지 귀추가 주목되는 부분이다.

2. 장원공령제의 성립 및 전개

1) 율령국가 후기의 토지제도 변화

고대의 율령국가는 토지국유제와 실물공납경제에 기반을 둔 중앙집권적인 정치조직과 지방 행정기구에 의존한 개별적 인신지배를 인민에 대한 지배와 조세수취의 원칙으로 삼았다. 그러나 743년(천평15) 간전영년사재법(墾田永年私財法) 시행 이후로는 사적인 토지소유가 빠르게 확산되면서 9세기 이후가 되면 율령국가의 인민 지배와 조세제도에 서서히 한계점이 노정된다.

9세기 후반에는 스스로 토지를 개발하여 부를 축적한 '다토(田刀, 후에는

田堵)'라는 명칭의 전문적인 농업경영인이 기내 일원을 중심으로 광범위하게 성립했다. 다토에는 지방호족이나 임기를 마치고 퇴임한 관리 출신자가 많았고, 그 경영규모에 따라 '다이묘다토(大名田堵)', '쇼묘다토(小名田堵)' 등으로 일컬어졌다. 비교적 규모가 큰 황무지를 스스로 개발 비용과 노동력을 투여하여 개간하고 국부(國府)로부터 해당 토지와 농민에 대한 강력한 지배권을 인정받음으로써 반(反) 율령적 대토지소유라 할 수 있는 초기장원을 실현한 다이묘다토를 역사학에서는 개발영주라고도 부른다. 율령국가 후기에 정치적, 사회적 제반 모순을 표출시킴으로써 율령제 해체를 진전시킨 기층사회의 주체가 바로 이 개발영주층이었다.

다토는 국부로부터 전답의 사유권을 인정받긴 했으나 그 권리가 아직 대단히 불안정했다. 그래서 중앙정부에서 지방 현지로 밀려난 하급 귀족들과 주종관계를 맺음으로써 토지를 둘러싼 분쟁을 해결하거나 경우에 따라서는 스스로 무력을 갖추는 일도 적지 않았다. 또한 다이묘다토 중에는 국사(国司)에게 자신이 소유한 장원을 기진하는 경우가 많았다. '기진(寄進)'이란 원래 종교적인 용어로 사찰, 신사 등에 대한 기부 또는 시주행위를 의미한다. 국사는 자신에게 장원을 기진한 다이묘다토를 '장관(莊官)'에 임명하여 토지에 대한 실질적 관리권을 인정하는 대신 그들로부터 일정한 세수를 취했다. 이런 과정을 거쳐 장원을 보유하게 된 현지의 실력자들을 '영가(領家)'라고 칭한다. 그 후 장원의 지배권을 둘러싸고 장관, 관인들과 대립이 심해지자 영가는 기진 받은 장원을 중앙의 권문에 재기진하는 형식을 취함으로써 지배권을 보호받는 대신 일정한 세금을 부담했다. 이리하여 때로는 1군(郡) 규모로까지 확대된 대규모 장원을 집적한 중앙의 장원영주를 '본가(本家)', '본소(本所)'라고 한다.

원래 율령국가는 중앙의 왕신 귀족들이나 사사가 소유한 장원에 대해서도 한 평 단위로 면적을 파악한 위에 조세 면제를 인정함으로써 기본적으로 사령(私領)의 존재를 인정하지 않았다. 하지만 장원의 지속적인 증대는 섭관가(摂関家)를 비롯한 유력 귀족이나 그들의 보호를 받는 사사(寺社) 등에 막대한 수입을 안겨 준 한편으로, 공령의 급격한 감소를 초래함으로써 국가 재정에 심대한 타격을 가했다. 그 때문에 국가는 연희2년(890) 이후 장원정리령(莊園整理令)을 거듭 반포하여 장원의 신설을 규제하고 위법한 장원을 폐지하여 공령을 회복하고자 했다. 그러나 10세기 이후가 되면 율령제의 붕괴가 현저해지고 상층 귀족들이 정치에 대한 의욕을 완전히 상실한다. 이에 따라 조정은 지방 행정기구로 권한을 대폭 위임하여 각지의 국사에게 지방행정을 거의 일임하는 동시에, 과세원칙도 국가가 직접 개별 인신지배를 행하는 체제로부터 국사와 그 행정기구를 이용한 토지에 대한 과세로 대전환을 시도했다.[12] 이러한 배경 하에서 각지의 정치권력들은 점차 중앙의 간섭으로부터 이탈한 자의적인 권력체를 지향하게 된다. 인민의 입장에서 보면 수탈기구가 바로 신변 가까이까지 다가온 것이다.[13]

정부로부터 지방행정을 위임받은 전국의 국사들은 늘어나는 장원에 대해 공령을 보전하기 위해 다이묘다토를 휘하의 총사(惣司), 향사(郷司), 보사(保司) 등에 임명하고 현지 행정관으로 삼았다. 총사 등은 일정액을 국사와 중앙정부에 납부하는 조건으로 공령을 실질적으로 관리했다. 하지만 그 후로도 장원은 계속 증가하고 공령의 세수가 감소하자 결국은 상층 귀족들에게 급여조차 지불할 수 없는 상황이 도래한다. 그 결과 정부가 왕신 귀족들에게 한 구니(国)의 토지지배권, 국사임면권, 세금징수권 등을 포괄적으로 부여한 소위 '지행국주(知行國主)'가 탄생하기에 이르렀다.

---

12) 平田耿二, 『消された政治家 菅原道真』, 文芸新書115, 2000.

13) 水沢幸一, 「第3章 中世日本海域物流からみた地域性・境界性」, 『日本海域歴史大系3 中世篇』, 清文堂出版, 2005.

2) 장원공령제의 성립과 재지영주

장원공령제란 장원과 공령으로 양분되어 그 각각이 중층적 토지지배구조 및 수취체계를 띠는 중세 전기의 토지제도를 총칭하는 개념이다.

율령제적 토지제도가 최종 붕괴한 11세기 후반 이후의 원정기에는 중앙의 왕신 귀족들, 대사사(大寺社) 등이 경제적 기반을 확충하기 위해 각지에 광대한 영역을 가진 수많은 장원을 설립한다. 그 큰 흐름은 같은 시기 열도의 동북지역부터 시작되었다. 12세기 초두에는 혼슈 북방의 변경인 무츠(陸奧), 데와(出羽)에까지 장원이 다수 성립하여 전국적으로 대규모 장원이 큰 비중을 점했으며,[14] 가마쿠라시대에 접어들면 막부의 집권(執權) 호죠씨(北条氏) 소유의 장원이 폭발적으로 증가한다. 결과적으로 12세기에는 장원과 공령을 기초단위로 한 장원공령제가 성립하고 지역사회의 구조와 질서가 일대 변동을 겪기에 이른다.[15]

그런데 이 시기의 장원 설립에는 지방 유력자에 의한 황폐한 토지의 재개발과 앞서 논한 대로 중앙 권문에게 보호를 구하는 기진행위가 깊숙이 연관되어 있다. 토지를 매개로 한 기진행위의 확산은 토지소유권이 국가에 의해 일률적으로 보호받지 못한 중세 일본의 유동적 상황에 대응해서 나타난 현상이다. 오이시 나오마사(大石直正)는 기층사회에서부터 '자력구제(自力救濟)'를 명분으로 한 무력행사가 성행하고 다양한 분쟁이 발생한 중세 일본에서는 분쟁해결을 위한 방편으로 토지의 기진현상이 광범위하게 나타날 수밖에 없었음을 명확히 밝혔다.[16] 그 결과 실질적으로 우월한 힘을 가진 무사층에 토지가 서서히 집중되고 그것을 계기로 하위자와의 사이에 주종제가 성립하는 것도 일본 중세사회에서 일반적으로 볼 수 있는 현상이다. 토지 기

---

14) 石井進, 앞의 책『日本の中世1 中世のかたち』, 12쪽.

15) 川端新,『莊園制成立史の硏究』, 思文閣出版, 2000; 高橋一樹,『莊園制と鎌倉幕府』, 塙書房, 2004.

16) 大石直正,「莊園公領制の展開」,『講座日本歷史』3, 岩波書店, 1984.

진은 전국다이묘에 의해 토지소유가 일률적으로 관리, 보호되는 16세기 후반까지 지속된다.[17]

장원공령제 하의 장원은 본가-영가-장관, 공령은 지행국주-국사-장관(= 총사·향사·보사)으로 이어지는 중층적 지배구조를 띠었다. 현지의 장관에 의해 수취된 연공과 각종 공납물은 장원의 경우 중앙의 본가와 지역의 영가에게 납부되었으며, 공령의 경우는 국사의 대리인을 통해 교토 조정과 지행국주에게 보내졌다. 그런데 본가와 지행국주는 중앙 권문, 영가와 국사는 같은 국사층, 장관과 총사·향사·보사는 대개 다이묘다토 출신이라는 동일한 계층에서 각기 담당했다. 즉, 장원과 공령이라는 원초적인 차이점에도 불구하고 그 지배구조와 담당 계층이 거의 동일한 양상을 띤 것이다. 이러한 성격으로 인해 장원은 기본적으로 사적 토지소유이면서도 동시에 공적, 국가적인 인민지배의 조직으로 기능하기도 했다.[18]

한편으로, 원래 농민신분에서 입신한 개발영주인 다이묘다토는 장원공령제 하에서 농촌 현지에 거주공간과 직영지를 보유하고 재지를 직접 지배했다. 이들은 점차 장원 내의 촌락 지도층을 주종제적으로 편성하여 '피관(被官)'으로 삼고,[19] 촌락사회에 대해 무력과 경제력을 기반으로 강력한 사적 지배권을 행사했다. 장원 또는 공령의 장관으로서 지두(地頭)의 지위를 획득한 후에는 상위 권력으로부터 일정한 규제를 받으면서도 재지의 실질적 지배자로서 위치를 확고히 다졌다. 이렇게 촌락사회의 주종제적인 지배원리를 기반으로 하여 농촌 자력구제의 주체로서 자립성을 확보한 세력을 일본 중세사학계에서는 재지영주(在地領主)라고 부른다. 이것은 원래 수도권을

---

17) 湯浅治久, 「日本中世社会と寄進行為-贈与·神仏·共同体-」, 『歴史学研究』 833, 2007.

18) 佐藤泰広, 「荘園制と都鄙交通」, 『日本史講座3』, 東京大学出版会, 2004.

19) 被官은 사료상으로는 '郎等', '家人', '若黨' 등으로 일컬어진다. 有姓에 사무라이(侍) 신분으로 스스로 종자를 거느리고 동족단(=家)을 형성했으며, 재지영주의 영역지배를 근간에서 지탱하는 존재로서 가신 가운데 최상위에 위치했다. 田中大喜, 「鎌倉~南北朝期の在地領主組織における被官の位相」, 『鎌倉遺文研究』 24, 2009의 1쪽 본문과 주 1).

거점으로 전개된 사회 상층부의 영주제와 구별하기 위해 창안된 학술개념이다. 재지영주는 가마쿠라시대부터는 막부의 장군과 주종관계를 맺은 '어가인(御家人)'으로, 중세 후기에는 국인영주(国人領主) 등으로 발전한다.[20]

일찍이 이시모타 쇼(石母田正)는 『중세적 세계의 형성』을 통해 일본 중세사회를 잉태한 원동력으로 재지영주를 높이 평가했다.[21] 하지만 그 직후 스즈키 료이치(鈴木良一)는 이시모타가 재지영주의 역할을 과도하게 평가한 나머지 그 지배를 받은 인민 대중의 투쟁을 과소평가했다는 비판을 가했다. 중세 촌락의 피지배민에는 재지영주에게 완전히 예속된 하층민 외에도 상대적으로 자유로운 생활을 영위한 상층 농민들이 존재한다. 이들과 재지영주층의 관계를 어떻게 설명할 수 있을까라는 점이 스즈키가 제기한 문제의 핵심이다. 이 점에 대해서는 현재까지도 논쟁이 이어지고 있다. 가와네 요시야스(河音能平)는 재지영주의 가부장적 지배권 확대에 저항한 지역의 또 다른 상층 농민층이 자신들의 토지를 중앙 권문에 기진하고 그 비호를 받으며 촌락을 유지한 결과, 장원제적 영역지배가 일종의 분열지배 체제였다는 점을 분명히 했다. 또한 사토 가즈히코(佐藤和彦), 시마다 지로(島田次郎) 등은 그간 농민투쟁이 없던 것으로 간주되던 중세 전기 12세기 경에 촌락의 유력자들이 연대 서명한 상신문서를 중앙의 장원영주에게 제출하여 과역면제나 현지 관리자의 비리를 고발한 농민투쟁 즉, '잇키(一揆)'가 존재한다는 사실을 밝혔다. 이러한 기존 연구성과에 의하면 이시모다 설처럼 중세의 농민 일반을 단순히 재지영주의 지배 대상으로만 파악할 수 없음은 명백하다.[22]

---

20) 木村茂光,「日本中世史像の現在」,『日本史研究』526, 2006.

21) 石母田正,『中世的世界の形成』, 伊藤書店, 1946(후에『石母田正著作集』5, 岩波書店, 1988에 재수록).

22) 鈴木良一,「敗戦後の歴史学における一傾向 -藤間・石母田氏のしごとについて-」,『思想』295, 1948; 河音能平,「中世社会成立期の農民問題」,『中世封建制成立史論』, 東京大学出版会, 1971; 佐藤和彦,「百姓申状の成立について」,『南北朝内乱史論』, 東京大学出版会, 1979; 島田

가마쿠라시대 장군의 어가인으로 발탁된 유력한 재지영주층의 가장 큰 특징은 농촌의 본관지 외에도 교토, 가마쿠라 같은 도시부에 거점을 마련하고 원격지에 산재한 복수의 장원을 지배한 점이다. 당시의 어가인들은 교통, 물류, 금융 등을 이용하여 이것들에 대한 연결망을 구축하고 일족이 분업적으로 협력하면서 각지의 장원을 직접 경영했다. 그 중 큰 세력을 가진 자들은 분쟁해결과 장원 경영의 원활성을 위해 인근한 재지영주들과 혼인관계를 맺고 지역적인 족연(族緣)을 형성하는 경우가 많았다. 이런 식으로 장원에 대한 주종제적 지배와 근린 영주세력과의 지역적 결합에 성공한 재지영주들의 장원이 남북조내란 이후까지 존속할 수 있었다. 또한 교통, 유통의 요충지에는 근처에 장원을 가진 복수의 재지영주들이 '거관(居館)'을 세워 일상적인 연공결제나 채무처리 등 금융업무를 행했다. 이런 지역의 중심지들은 재지영주들이 서로 경합하는 장이자 역으로 상호공생과 지역적 결합을 위한 연결고리로도 기능했기에 자연히 인구가 밀집하여 도시적인 형태를 띠었다.[23]

3. 중세 후기의 장원공령제 재편

1) 장원공령제의 재편과정

장원공령제는 원정기를 통해 발전하고 무사정권이 성립한 가마쿠라시대에 전성기를 맞는다. 그러나 가마쿠라시대 말기부터 지두들이 장원의 지배권

次郎, 「日本中世共同体試論」・「百姓愁訴闘争の歴史的性格」, 『日本中世の領主制と村落』下, 吉川弘文館, 1986. 이상, 在地領主層의 지역 지배권에 대한 연구사적 이해는 木村茂光, 앞의 논문 「日本中世史像の現在」을 참조하여 서술함.

23) 이상, 在地領主의 장원 경영과 영주 간 관계에 대해서는 田中大喜, 「在地領主結合の複合的展開と公武権力」, 『歴史学研究』 833, 2007에 의거함.

을 침식하여 장원이 보유한 토지가 '영가방(領家方)', '지두방(地頭方)'으로 분할되고 전자는 장원영주 측이, 후자는 지두가 각기 지배권을 행사하면서 기존 체제가 변질되기 시작한다. 그 후 남북조내란기에는 천황가와 장군가의 양자 합의에 의해 전국의 공령과 장원들이 천황가의 '금리어료(禁裏御料)', 장군가의 '장군가어료소(将軍家御料所)', 섭관가의 '전하도령(殿下渡領)', 그밖에 공가 권문의 '제국본소령(諸國本所領)', 종교 권문의 '사사본소령(寺社本所領)' 등 각각의 권문에 소속되어 특별한 보호를 받는 장원으로 재편되었다.

또한 이때부터 연공이 일정액으로 고정되고, 가을에 수취할 연공 예정액을 담보로 장원영주인 본소가 봄에 '차미(借米)', '차전(借錢)' 등의 형태로 현지의 대관으로부터 연공을 선납받는 대관청부제(代官請負制)가 보편화했다.[24] 이에 따라 장원 본소는 연공감면권, 범죄재판권 등을 대관과 반분하는 대신, 대관에게서 선납받은 정액 연공을 이용하여 가산경제를 보다 안정적으로 운영할 수 있었다. 풍흉에 따른 수확량의 다과, 연공수납 등은 모두 청부인인 대관의 책임으로 전가된 것이다. 이것이 남북조내란기를 거쳐 변화된 무로마치시대 장원제의 모습이다.[25] 장원 본소와 대관 사이의 청부계약을 검토하면 대관이 선납하지 못할 경우에 대비하여 연대보증인을 세운 사례가 많다. 이들 연대보증인의 대부분은 후술하는 교토의 '토창(土倉)', '주옥(酒屋)' 등 금융업자와 '구니도이야(国問屋)' 등이었다.

이러한 과정을 거치며 무로마치시대 이후는 점차 막부의 직할령이나 불교세력의 핵심인 '산문(山門)',[26] '오산(五山)'과 유착된 일부 종교 권문에 장

24) 高橋敏子,「中世の莊園と村落」, 近藤成一編 『モンゴルの襲来』, 吉川弘文館, 2003.

25) 井原今朝男,「室町期東国本所領莊園の成立過程」, 『国立歴史民俗博物館研究報告』 104, 2003; 동,「東国莊園年貢の京上システムと国家的保障体制」, 『国立歴史民俗博物館研究報告』 108, 2003. 전자(104호)는 특집「室町期莊園制の研究」를 통해 무로마치시대의 장원제에 대한 근년의 새로운 연구들을 다수 소개하고 있다.

26) 山門은 天台宗 총본산인 比叡山 延暦寺의 별칭으로, 織田信長에게 패배하기까지 광대한 寺領과 무력을 보유한 권문 사원으로 존속했다.

원이 집중한다. 신불습합(神佛習合)이 깊이 뿌리내리면서 중세 일본의 불교는 국가, 민간을 막론하고 사회 전체를 농밀하게 뒤덮었다. 가사마츠 히로시(笠松宏至)에 의하면, 13세기 중엽부터는 한번 "불타에게 시주한 토지는 여하한 이유로도 되찾을 수 없다"는 법리를 담은 '불타법(佛陀法)'이 보편적인 사회규범으로 자리잡았다고 한다. 그 배경으로는 몽고 침략 이후 신불에 의존한 국토호지사상을 바탕으로 불교가 지역에 널리 파급되는 동시에 각지에서 사사 건설이 전개된 점을 들 수 있다. 사사는 막대한 건설비용을 충당하기 위해 '유덕인(有德人)'이라 불린 지역의 명망가들로부터 정재(淨財)를 모았으며, 토지 기진도 광범위하게 행해졌다. 그 결과 종교 권문이 기진받은 대규모 토지의 소유권을 확고히 하기 위해 위 불타법의 법리가 안출된 측면이 있다는 것이다.[27] 유덕인과 정재 기부에 관해서는 후술하겠다.

나가하라 게이지(永原慶二)를 필두로 한 과거 일본의 중세사학계에서는 전국적인 흉작 등으로 출거미(出擧米) 변제를 둘러싸고 대차관계의 분쟁이 격화된 가마쿠라시대 말기부터 남북조내란기에 걸쳐 장원 연공의 수납이 점진적으로 감소한 결과 중앙 권문을 영주로 한 장원제는 해체기에 접어든 것으로 간주되어 왔다.[28] 하지만 이런 통설적인 견해에 대해 실제로는 거의 중세 말까지 장원제가 유지된다는 반론도 제기되었다. 양자의 결정적인 차이는 전자가 장원영주의 연공수취권이 약화된 점에 주목하여 장원제 해체를 논한 데 대해, 후자는 장원에 소속한 인민들이 생업과 저항의 터전으로 삼은 질서 즉, 장원제적인 시스템을 중시한 점이다. 하지만 사회사가 융성한 1980년대 이후는 연구자들의 관심이 다양하게 분화하고 중세의 사회체제론이나 그에 입각한 시대구분론이 퇴조하면서 위와 같은 논의는 더 이상 진전

---

27) 笠松宏至, 『法と言葉の中世史』, 平凡社, 1984.

28) 대표적 연구는 永原慶二, 앞의 책 『戦国期の政治経済構造』; 동, 앞의 책 『荘園』.

을 보지 못했다.[29] 현재로서는 남북조시대 장원제가 종말을 고했다는 과거의 통설이 이미 지위를 상실하고, 중세 후기에도 장원제적인 시스템은 여전히 사회적 의미를 유지했다는 후자의 시각에 입각한 주장이 간헐적으로 제기되고 있는 실정이다.

나가하라 등의 통설은 무로마치시대에 들어 장원으로부터 연공수입이 대폭 감소했다는 사실인식에 기초하고 있는 것으로 보인다. 그러나 실제로는 위에서 논한 대로 같은 시기 대관청부제가 발달하면서 장원영주로서는 농민이 연공을 미납하더라도 청부인인 대관과 나아가서는 그 연대보증인들로부터 일정액의 연공을 안정적으로 선납받을 수 있었다는 점에 유의할 필요가 있다. 이런 과정을 거쳐 재편된 무로마치시대의 장원제 하에서 장군가, 천황가, 섭관가, 사사 본소 등 특권지배층은 이미 속빈 강정이 되기 시작한 장원영유권을 채권화하거나 대관청부제를 이용하여 부족한 재정을 보전할 수 있었다.[30]

2) 재지영주층의 동향과 권력체계 동요

위와 같은 장원공령제의 재편은 농촌사회를 실질적으로 지배한 재지영주층의 동향과 어떻게 연계될까? 장원을 둘러싼 지배권이 어지러울 정도로 변화하는 속에서 무로마치시대의 재지영주들은 군사행동을 통한 영주권의 보전을 기본 속성으로 했다.[31] 그들에게는 자신의 동족단을 기반으로 장원을 직접 경영하는 사회경제적 의미의 재지영주로서 측면과 함께, 무로마치막부의 간접적인 보호를 기대하여 막부, 수호에 대한 군역 및 제 부담을 지는 정치적 의미의 '국인(国人)'으로서 측면이 동시에 존재한다. 이런 양면성을

29) 榎原雅治,『日本中世地域社会の構造』, 校倉書房, 2000의 서장 제2절「中世後期の荘園公領制」.

30) 井原今朝男,『中世の借金事情』, 吉川弘文館, 2009.

31) 久留島典子,「領主の一揆と中世後期社会」,『講座日本通史9 中世3』, 岩波書店, 1994.

지닌 무로마치시대의 재지영주를 학계에서는 국인영주라 칭하기도 한다. 근년에는 상위 권력과의 관계를 기준으로 국인을 막부 직속 국인과 수호 통제 하의 국인으로 나누어 이해하는 견해가 주류이나 지역사회와의 관계라는 면에서 양자의 차이는 거의 없다.[32]

14세기 말~15세기 초 무로마치막부는 다발하는 토지소유권 분쟁에 대처한다는 명분으로 전국에 걸쳐 전답 면적과 경작상황 등을 조사해서 연공징수의 기준을 정하는 '검주장(檢注帳)'을 작성하고 공전(公田)의 수를 확정함으로써 막부-수호를 축으로 한 새로운 공조 및 군역수취체계를 구축하고자 했다.[33] 그 후 15세기 전반부터는 막부의 과중한 군역수취체계에 대응하고 동족단 내부의 구심력을 유지하기 위해 국인영주의 상당수가 새로운 토지를 확보할 목적으로 근린 영주의 장원에 대한 침략을 감행했다. 그 결과 재지영주 간 군사적 대립이 치열해져서 장원제가 내부적으로 큰 동요를 겪게 된다.[34]

이 무렵 국인영주들이 자신의 동족단과 장원을 보전하기 위해서는 상위 권력인 막부, 수호에 의한 소유권 인정과 분쟁조정 등 외부세력의 도움을 필요로 했다. 역으로 막부, 수호 쪽에서도 지역의 질서유지를 위해서는 국인영주층의 군사적 협력이 반드시 필요했다.[35] 즉, 당시의 국인영주는 막부를 정점으로 한 국가적 권력체계의 하부구조를 담당하는 중요한 구성원으로서 각각의 동족단 단위로 지역질서 유지와 막부, 수호에 대한 군사적, 경제적 지원을 담당하는 존재였던 것이다.

32) 菊池浩幸,「室町·戦国期在地領主のイエと地域社会·国家」,『歴史学研究』833, 2007.

33) 吉田賢司,「中期室町幕府の軍勢催促」,『ヒストリア』184, 2003; 岡野友彦,「『応永の検注帳』と中世後期莊園制」,『歴史学研究』807, 2005.

34) 田中大喜, 앞의 논문「在地領主結合の複合的展開と公武権力」.

35) 石田晴男,「室町幕府·守護·国人体制と『一揆』」,『歴史学研究』586, 1988; 外岡慎一郎,「鎌倉末~南北朝期の備後·安芸」,『年報中世史研究』15, 1990.

응인의 난(1467~1477)은 교토가 중심이었지만 수도권뿐만 아니라 지방에서도 수호다이묘, 국인영주층이 동군(東軍) 또는 서군(西軍)으로 나뉘어 대립한 결과 난이 수습된 후의 지역사회는 항시적인 전장으로 변모하고 시대는 바야흐로 전국시대로 돌입한다. 지역사회의 현황을 무시한 강권적인 군역 부과가 증가하자 소위 막부 직속 국인층의 세력이 전반적으로 피폐해졌다. 자력으로 자신의 장원과 동족단을 지켜낼 만한 힘을 갖지 못한 국인영주들은 인근 영주와 신불(神佛)의 이름을 걸고 맹약한 '기청문(起請文)'을 서로 교환하여 영지의 상호 승인, 영주 간 분쟁의 방지, 동족단의 보전을 약속하는 영주잇키(領主一揆)를 결성했다. 또한 유력한 국인영주에게 귀순하여 그 피관인이 되거나,[36] 심지어 영주 간 분쟁 및 동족단의 동요를 방지 내지 해결하기 위해 상위 권력의 조정과 개입을 구한 결과 그들에게 완전히 종속되기도 했다.[37] 유사한 현상은 수호 통제 하의 국인영주에게서도 보편적으로 발생한다.

15세기 말~16세기 초 지역질서가 혼란에 빠지고 막부-수호 권력이 지역사회에서 후퇴하자 국인영주 중에는 이런 위기적 상황을 역이용하여 휘하의 제 집단, 인근 국인영주 출신의 피관인까지 포괄하여 그들의 권익보장을 조건으로 지연적 결합을 강화해 가는 자도 나타난다. 개중에는 주변의 상위 권력체를 무너뜨림으로써 그 기반을 계승하여 스스로 다이묘로 성장한 경우도 있다. 이런 과정을 거쳐 성립한 16세기의 다이묘 권력은 휘하 국인영주와의 주종제적 관계를 통해 지역사회에 거점을 확보하는 동시에 중앙의 막부체제와는 일정한 거리를 두게 된다. 또한 그 중 일부는 막부의 통제에서 완전히 벗어나 직속 군단과 법률 제정 등을 통해 영국(領國)에 대한 독자적

---

36) 菊池浩幸,「戦国期領主層の歴史的位置」, 東国戦国史研究会『戦国史研究』別册「戦国大名再考」, 2001 등.

37) 吉田賢司,「室町幕府の軍事親裁制度」,『史学雑誌』115-4, 2006.

인 지배권을 행사한 전국다이묘(戰國大名)로까지 성장했다. 지역사회의 권력 재편으로 인해 국가적 권력체계가 완전히 동요하게 된 것이다.[38]

한편, 가마쿠라시대의 재지영주들이 각지에 산재한 장원을 일족을 앞세워 직접 경영한 것과는 달리 무로마치시대가 되면 재지영주의 장원에 대한 직접 경영이 사료상 전혀 확인되지 않는다. 그 배경으로는 원격지 간 금전결제에 위체(爲替)의 일종인 '할부(割符)' 유통으로 대표되는 도시-지방 간 금융시스템이 무로마치시대에 들어 발달하고 게다가 물류도 보다 정교하게 분화된 점을 들 수 있을 것이다. 위체, 할부에 관해서는 후술할 예정이다. 재지영주들은 이 같은 상황에 대응하여 연공 결제, 수송 등의 업무에 전문지식을 가진 지역의 유덕인을 피관으로 채용하고 그들에게 장원 경영을 위탁한 것으로 보인다.[39]

4. 국가, 영주의 재정

1) 조정과 막부의 재정

여기서는 중세 전기 교토 조정과 후기 무로마치막부의 재정에 관해 개관해보자. 고대 말기 이후 장원의 지속적인 증대는 공령의 급격한 감소를 초래함으로써 국가재정에 심대한 타격을 가했다. 세금 체납과 재정난은 갈수록 심각해졌고, 이에 따라 중세 초기에는 태정관(太政官)을 정점으로 한 율령국가의 일원적인 관료제가 해체되어 민부성(民部省)을 비롯한 몇 개의 중앙관사가 자연 도태되고 나머지 관사들도 각기 개별적으로 업무를 수행하는

---

38) 이상은 菊池浩幸, 앞의 논문「室町·戰国期在地領主のイエと地域社会·国家」에 주로 의거함.

39) 田中大喜,「在地領主結合の複合的展開と公武権力」,『歴史学研究』833, 2007.

형태로 전환했다.[40]

중앙관사의 개편과 함께 중세 전기 교토 조정의 재정도 과거와 같은 공납물의 집중적인 축적, 배분이 아니라 각 관사가 필요에 따라 여러 방법으로 경비를 조달하는 시스템으로 전면적인 재편성이 이루어졌다.[41] 우선 12세기 중엽에는 국사와의 교섭을 거쳐 일정한 토지를 개별 관사나 특정 직무자의 재정기반인 '소령(所領)'으로 지정하고 그 생산물을 해당 관사, 직무자에게 공납하게 하는 변보보제도(便補保制度)가 시행된다. 그 가장 현저한 사례로 조정 문서행정의 근간을 담당하던 오즈키씨(小槻氏)가 12세기 후반 태정관 상수사(上首史)의 지위를 세습하게 되면서 업무수행을 위한 재정기반으로 10개소에 달하는 독자적인 소령을 확보한 일을 들 수 있다.

소령 외에도 각각의 관사는 자체 수익원 확보에 나섰고, 13세기 전반에는 각 관사가 관장하는 업종과 연관된 상업과세도 시작되었다. 예컨대 술, 식초 등 양조업을 관장한 조주사(造酒司)의 관인은 1240년(인치1) 윤 10월 12개 구니(國)에 할당된 기존 공납물이 체납되고 있다는 이유로 교토 내 주류업자들로부터 한 집에 술 한 되의 세금징수를 허락해주도록 조정에 주청했다. 그런데 이 관인은 선행 사례로 내장요(內蔵寮)와 내선사(內膳司)가 생선 · 닭 매매, 장속사(装束司)가 모시 매매에 대해 과세하고, 좌 · 우 경직(京職)은 수도의 행정단위인 보(保)로부터 염색용 남(藍)과 인부를 세금으로 받고 있다고 주장한다. 이 청원에 대해 조정이 어떤 결정을 내렸는지는 알 수 없다. 하지만 같은 시기 수도권의 상업발전에 대응하여 각 업종별로 관련 관사가 보호 및 특권을 부여하는 대신 세금징수가 확대된 결과 상업과세가 어느 정도 일반화되었던 것으로 보인다. 이러한 과정을 거치며 관사의 독자적

---

40) 佐藤進一, 「公家法の特質とその背景」, 笠松宏至 외 校註 『中世政治社会思想 下』, 岩波書店, 1981.
41) 上島享, 「財政史よりみた中世国家の成立 -中世国家財政論序説-」, 『歴史評論』 525, 1994.

인 소령 설정과 상업과세는 조정 재정의 새로운 중심으로 정착되어 간다.[42]

그런데 중세 전기부터 국가, 영주재정을 실질적으로 지탱한 것은 유통을 겸업하는 금융업자들이었다. 일례로써 전기의 장원공령제 하에서 장원영주에게 수납되는 공납물의 실제 흐름을 추적해보면 수납, 운송, 매각의 모든 과정에 금융업자의 관여가 드러난다. 다시 말해 장원공령제는 민간의 경제활동을 매개로 하지 않으면 영위될 수 없었던 것이다.[43]

중세 전기의 금융업자들은 일반적으로 '차상(借上)'이라 불리었다. 이들은 헤이안시대 말기에 출현한 이래 왕성한 활동을 전개했다. 원래는 대개 사사에 소속한 신인(神人)의 신분으로 신불에게 바치는 물자를 운용하면서 그 반대급부로 관소(關所)의 자유통행과 통행세 면제 등의 상업특권을 얻는 한편으로, 국사 등이 필요로 하는 물자의 전납(前納)이나 징수를 대행했다. 심지어 교토 조정도 여러 행사에 필요한 경비와 중앙관사의 운영자금 등을 차상을 통해 융통했으며, 각지의 구니로부터 관사에 납부되는 공납물 수납도 차상의 손을 빌리는 경우가 많았다.[44] 이런 측면을 고려하면 당시의 금융업자들은 쇠퇴해가는 고대적 국가제도의 빈틈을 파고들어 그것에 기생하면서 동시에 제도의 와해를 저지하는 역할을 수행했다는 평가도 가능할 것이다.[45] 또한 차상은 민, 관의 일상에도 깊숙이 침투했다. 어느 정도 목돈 수입이 있으면 이들에게 관리와 운용을 맡기는 방식이 일반적으로 널리 수용된 것이다. 자산정리 혹은, 매각이 필요한 경우는 금융업자가 환금 방법과 매각처를 알선하고 자금 융통, 계약문서 작성 등에 관여했을 가능성이 크다. 또

---

42) 이상, 중세 전기 官司制度의 재편성과 그에 따른 조정의 재정시스템 변화에 대해서는 本郷恵子, 「中世の経済構造」, 『全集 日本の歴史 6京·鎌倉ふたつの王権』, 小学館, 2008, 194-196쪽을 참조함.

43) 桜井英治, 「日本中世の経済思想 -非近代社会における商業と流通-」, 『思想』834, 1993, 41쪽.

44) 本郷恵子, 「中世前期の朝廷財政について」, 『史学雑誌』101-4, 1992.

45) 桜井英治, 앞의 논문 「日本中世の経済思想 -非近代社会における商業と流通-」, 41쪽.

한 금전 및 물자출납을 관장하는 지위에 있는 조정 관인들은 현재의 거래 은행과 유사한 개념으로 특정 금융업자와 관계를 맺은 것으로 보인다.[46]

중세 후기의 무로마치막부는 애초부터 이러한 금융업자의 역할을 전제로 한 재정을 지향했다.[47] 원래 무로마치막부의 재정을 총괄한 정소(政所)에는 자체적으로 재정업무를 관리, 운영할 수 있는 하부기구가 없었다. 막부의 재정을 실질적으로 지탱한 것은 '산문'이라 통칭된 히에산(比叡山) 연력사(延曆寺)의 지배를 받은 토창, 주옥 등 금융업자들이었다.[48] 교토는 원래 자체 창고를 보유하고 전당업에 종사한 토창의 세력이 강하여 가마쿠라시대 말기에 이미 335개가 존재했다. 이 가운데 8할 가까운 250개 정도가 연력사의 말사(末社)인 기온사(祇園社)의 지배를 받았다고 한다.[49] 따라서 대부분의 토창들은 연력사에 금전을 납부하고 영업권을 보장받은 까닭에 승려의 복색으로 영업했다. 이들은 무로마치시대에 들어서자 주류 판매업과 금융업을 겸업하던 347개의 주옥과 함께 교토의 시중 경제와 재정을 좌지우지했다. 특히 막부 수입의 주요 부분은 이들 토창, 주옥이 맡아서 관리했고 출납업무도 '공방어창(公方御倉)'이라 불린 특정한 토창이 담당하였으니 막부재정이 이들에게 거의 장악당한 상태였다고 할 수 있다.

무로마치막부의 주요 재원으로는 전답 면적에 따라 부과하여 동전으로 납부하는 단전(段錢), 소유한 가옥의 동수별로 부과된 동별전(棟別錢), 교토와 나라 등 도시부의 도로에 면한 토지의 광협(廣狹)을 기준으로 부과된 지구전(地口錢), 토창과 주옥에 부과된 토창주옥역(土倉酒屋役), 막부 직할령에 대한 장군가어료소(将軍家御料所) 수취, 교토 오산으로부터의 오산헌물

---

46) 本郷恵子, 앞의 논고 「中世の経済構造」, 193・196쪽.

47) 桜井英治, 앞의 논문 「日本中世の経済思想 -非近代社会における商業と流通-」, 41쪽.

48) 三枝暁子, 「室町幕府の京都支配」, 『歴史学研究』 859, 2009.

49) 三枝暁子, 「南北朝期における山門・祇園社の本末関係と京都支配」, 『史学雑誌』 110-1, 2001.

(五山獻物) 등이 있었다. 이밖에도 막부는 궁궐, 대사찰 등의 조영을 위해 임시 단전이나 일국평균역(一國平均役) 같은 세금을 부과했다.[50] 이 가운데 토창주옥역은 1393년(명덕4) 막부가 토창, 주옥에 대한 과세권을 산문 연력사와 조정으로부터 박탈하여 독자적으로 부과한 것이다. 하지만 토창, 주옥에 대한 산문의 전통적인 지배권을 완전히 근절하지는 못했다. 토창, 주옥은 이자를 붙여 예치받은 막부의 공금에 자기 자금을 더하여 궁핍한 장원영주에게 이듬해 연공 수입을 담보로 대부하고, 연공 수취를 위해 각지에 하수인을 파견하기도 했다. 그러나 전국시대에 접어들어 무로마치막부의 통치권이 거의 유명무실해지자 토창, 주옥도 한꺼번에 몰락해간다.

한편, 중세 일본에서는 부유한 민간인을 흔히 '유덕인(有德人)'이라 칭했다. 그런데 일반 농민들 사이에는 부를 독점한 유덕인에게 희사와 덕행을 요구하는 행위를 당연시하는 의식이 있었던 것으로 보인다.[51] 게다가 유덕인 쪽에도 신불에게 제례의 비용으로 정재(淨財)인 '유덕전(有德錢)'을 바침으로써 자신의 재산 전체가 정화된다는 의식이 존재했다. 이러한 배경에서 유덕전은 원래 촌락공동체 내부의 사찰, 신사에서 거행되는 제례 비용을 지역의 유덕인들에게서 갹출하는 종교적 관행으로부터 자연스럽게 출발한 것으로 추측된다.[52]

유덕전에 내포된 부유한 자가 더 큰 부담을 져야 한다는 공동체적인 규제는 그 후 국가, 권력체의 세금 수탈을 위한 수단으로 성격이 변질했다. 대규모 기근이 발생한 13세기 전반 무렵 집권(執權)의 지위에 있던 호죠 야스토키(北条泰時, 1183~1242)는 '덕정(德政)'이란 명목으로 유덕인들에게 강제

50) 橋本雄, 「中世日本の銅錢 -永楽錢から「宋錢の世界」を考える-」, 井原弘 編 『宋錢の世界』, 勉誠出版, 2009.

51) 保立道久, 「中世民衆経済の展開」, 『講座日本歷史3 中世1』, 東京大学出版会, 1984.

52) 蘭部寿樹, 「中世村落における宮座頭役と身分 -官途, 有德, そして德政-」, 『日本史研究』 325, 1989. 이때 과세된 有德錢는 '馬上役'이란 명칭이었다.

적으로 유덕전을 부과하여 빈민구제정책에 사용했다. 또 1371년(응안4)에는 북조 후원융천황(後圓融, 재위 1371~1382)의 즉위 의례에 드는 비용을 당시 유덕인의 대표격인 토창, 주옥으로부터 차용하는 형식을 취하기도 했다. 무로마치시대가 되면 유덕전이란 명칭의 재산세가 부과된다. 또한 교환과 매매 등 모든 이윤추구 행위가 과세 대상으로 파악되고, 상업과세의 초기 형태라 할 수 있는 각종 거래세와 수수료 등이 성립한다. 무로마치막부에 다대한 수입을 안겨준 토창주옥역도 아마 유덕전이 발전한 형태로 보아야 할 것이다. 때로는 병량미, 전마(伝馬) 등에 대한 과세가 유덕전의 형태를 취한 사례도 있다.[53]

　　중세의 세금에는 유덕전, 관소 통행료와 같이 주로 종교적 성격을 띠고 전부터 재지에서 행해지던 경제활동을 흡수하여 성립한 것들이 적지 않다. 무로마치막부의 주요 세목 중 하나인 동별전도 실제로 그 징수를 담당한 것은 '산복(山伏, 산야에 기거하며 불도를 수행한 종교인)'이나 '권진성(勧進聖. 걸식승)'이었다.[54] 이는 본래 민간 종교인이 가가호호를 돌며 걸식하는 행위를 막부가 세제로 흡수했음을 말해준다. 중세국가는 인민에 대한 독자적인 과세 논리를 확립하지 못하고, 거의 모든 경우에 사회 일각에서 실제로 기능하고 있던 민간 관행과 그 행위자를 활용했던 것으로 보인다.[55]

　2) 전국다이묘의 재정정책

　　다음으로 전국다이묘의 재정에 대해 살펴보자. 가신단을 확대, 통합하고 영국의 규모를 늘리는 데 심혈을 기울인 전국다이묘들에게 재정의 안정은 지속적인 영국 경영을 위해 반드시 해결해야 할 문제였다. 막부의 간섭을 배

---

53) 이상, 有德錢에 관해서는 桜井英治, 앞의 논문 「日本中世の経済思想 -非近代社会における商業と流通-」, 45-47쪽을 참조함.

54) 榎原雅治, 「山伏が棟別銭を集めた話」, 『遥かなる中世』 7, 1986.

55) 桜井英治, 앞의 논문 「日本中世の経済思想 -非近代社会における商業と流通-」, 52쪽.

제하고 거의 독자적으로 영국을 지배한 전국다이묘들의 재정정책은 당연히 영국이 처한 상황과 자연조건에 따라 다양한 형태로 나타난다.[56]

나중에 우에스기(上杉)로 성씨를 개명한 에치고(越後)의 나가오가(長尾家)에는 1529년(영록2) 한 해 동안의 재정수지에 대한 기록이 남아있다. 그 개요를 보면 연공을 중심으로 한 총수입이 동전 환산으로 약 5,457관문에 경상지출, 임시지출 등 총지출이 약 7,296관문으로 수지결산은 약 1,839관문의 적자를 보였으며 이는 차용금으로 메워졌다. 그 후 일족을 계승하여 광대한 영국을 구축한 우에스기 겐신(上杉謙信, 1530~1578)은 주로 금 광산에서 얻은 수익으로 재정을 호전시켰고 사망했을 때 황금 1,588매라는 큰 유산을 남겼다. 금 광산은 다케다씨(武田氏), 이마카와씨(今川氏) 등 다른 전국다이묘의 영국에서도 이 시기 집중적으로 개발되었으며, 모리씨(毛利氏)가 지배한 후술하는 이와미은산(石見銀山) 등과 함께 전국다이묘 재정의 중요한 일부를 차지했다. 1581년(천정9)의 기록에 의하면 모리씨는 이와미은산으로부터 이 한 해에 동전 환산으로 3만 3,072관문의 세수를 얻었다.

이와 같이 영국 내에 금·은 광산을 보유한 다이묘들은 막대한 수익을 얻을 수 있었다. 그러나 채굴되는 금·은의 양은 어차피 한계가 있을 터이므로 지속적인 세수 확보와 공공사업을 위한 노동력 동원은 전국다이묘들에게 여전히 중대한 과제였다. 특히 무로마치막부 하에서도 부과되어온 단전과 동별전은 다이묘 직할령, 가신의 영지라는 구분 없이 영국 내에 일원적으로 부과할 수 있는 세목이었다. 전국다이묘들은 이 제도를 정비하여 안정적인 수입원으로 삼는데 일정한 성공을 거둔 것으로 보인다.

비교적 잔존 사료가 풍부한 무사시국(武蔵国)의 전국다이묘 고호죠씨(後北条氏)의 경우 단전 납세비율은 논 수확고의 8% 정도, 동별전은 대체로 가

---

56) 이하, 본문의 戦国大名 재정에 관해서는 山田邦明, 「大名領国の財源」, 『全集日本の歴史 8 戦国の活力』, 小学館, 2008, 178-210쪽에 주로 의거하였음.

옥 한 채당 동전 50문에 소형 가옥은 그 절반인 25문씩이 징수되었다. 1550년(천문19) 고호죠씨는 기근 등으로 피폐한 농촌을 구제한다는 명목으로 영국 전역에 걸쳐 세제개혁을 단행했다. 이때의 개혁은 주로 밭을 대상으로 했는데 종전까지의 잡다한 임시 과세를 전부 폐지하고 밭 수확고의 6%에 해당하는 세금을 6, 10월 2회에 걸쳐 납부하게 했다. 이는 후에 '현전(懸錢)'이라 칭하여 단전, 동별전과 함께 고호죠씨의 가장 중요한 재정기반이 되었다. 또한 현전 세제 창설과 동시에 동별전을 한 채당 50문에서 35문으로 낮춘 대신 밭에 부과하는 정목동별전(正木棟別錢)이란 세목을 따로 만들어 5, 6월의 여름보리 수확기에 매년 20문씩을 징수했다. 그러므로 농민의 입장에서는 지역을 지배하는 지두에게 바치는 연공 외에, 보리 수확을 마친 5, 6월에는 현전과 정목동별전을, 가을 수확 후 9, 10월에는 단전, 동별전, 현전을 납부해야 했다. 이리하여 고호죠씨는 종전의 잡다한 세목을 정리하고 세율, 납기를 명확히 정함으로써 영국 내 일원적인 징세제도를 구축한 것이다.

고호죠씨가 전답, 가옥을 포함한 비교적 다채로운 세제를 제정한 데 비해 논 면적이 협소한 가이(甲斐), 시나노(信濃)를 지배한 다케다씨의 경우는 단전이나 현전 대신 동별전을 엄격히 부과하는 것으로 영국 재정을 유지한 것으로 보인다. 때문에 1576년(천정4) 가이 구로사와향(黒沢郷)의 잔존 사료에 의하면 동별전 납부액은 본가 한 채당 200문, 분가 한 채당 100문으로 고호죠씨에 비해 대단히 높은 세율이 적용되었다. 그리고 농민의 도주, 사망 등 어떤 경우도 면세를 용납하지 않고 마을 단위로 변상하도록 엄격히 규제했다. 또 스루가(駿河)의 이마카와씨는 무로마치막부에 의해 외부 공권력의 출입이 금지된 '불입지(不入地)'까지 포함하여 단전, 동별전을 널리 징수했다. 동북지역의 다테씨(伊達氏)도 영국 일원에 단전, 동별전을 부과했다. 1535년(천문4) 다테씨가 징수한 동별전의 총액은 1,642관 500문이고 1538년(천문7)의 단전 총액은 약 6,505관문으로, 같은 시기 단전이 동별전의 거의 네 배에 달했다.

그런데 전국다이묘들이 단전, 동별전, 현전 등 영국 일원적인 광역세를 부과하기 위해서는 그 사전작업으로써 전답 수확고와 가옥 수를 먼저 확정할 필요가 있었다. 가옥 수에 대해서는 본가, 분가를 전수(全數) 조사한 다케다씨의 사례처럼 다른 다이묘들도 그다지 어렵잖게 조사가 가능했던 것으로 보인다. 그러나 전답의 수확고 조사는 간단한 일이 아니었다. 예전의 장원제 하에서도 전답에 대해 나름대로 수확고를 기재한 장부가 작성되었지만 실제 수확고는 기재 내용을 훨씬 상회하는 일이 다반사였다. 그러므로 전국다이묘들이 영국의 재정기반을 공고히 다지기 위해서는 전답의 실제 수확고를 조사하는 '검지(檢知)'를 정기적으로 실시하지 않으면 안 되었다.

고호죠씨의 경우는 1506년(영정3)을 시작으로 일족의 가독(家督= 惣領)이 바뀔 때마다 직할령, 가신 영지의 구분 없이 검지가 전면적으로 시행되었다. 이런 정기적인 검지 외에도 부역 증징을 위해 혹은, 장부에 기재되지 않은 '은전(隱田)' 적발을 위해 등등, 특정한 목적을 가지고 한정된 범위에서 시행된 임시 검지도 있었다. 검지 방법은 크게 현지에 파견된 관리가 면적을 실제로 '검분(檢分)'하는 경우와 향촌이 제출한 명세서를 그대로 인정하는 '차출검지(差出檢地)'로 나뉜다. 검지 결과 새로 파악된 전답에 대해서는 단전, 현전 등이 부과됨으로써 세수 증가로 이어졌다. 따라서 검지에는 많은 시간과 품이 들긴 했지만 철저히 시행할수록 재정에 큰 도움이 되므로 전국다이묘들로서는 피할 수 없는 매력적인 재정보전책이었다.

한편으로 어촌에 대해서도 일정한 세금이 부과되었다. 고호죠씨는 1560년(영록3)경 어촌의 선주들에게 매월 10일까지 동전 250문 가치에 상당하는 염장(鹽藏)한 현물 생선을 종류, 크기를 정해서 부과했다. 어업 및 교역에 종사한 선박에 대해서도 1548년(천문17)의 예를 보면 척당 대개 년 200문 정도의 세금을 합산한 금액을 지역민에게 집단적으로 부과했다. 또한 선주들에게는 이런 세금 외에도 다이묘의 명령에 따라 유사시에 선박을 동원할 의무가 부여되었다.

전국다이묘들은 영국 내 주요 거점의 성곽 건축과 수리 등 토목공사에 영민들의 노동력을 징발하기 위한 부역제도도 정비했다. 1585년(천정13) 고호죠씨는 향(鄕)을 단위로 전답 수확고를 동전으로 환산한 '관고(貫高)' 20관문당 한 사람의 비율로 영민을 징발했다. 관고제에 관해서는 후술할 예정이다. 이 항상적인 부역제도는 1회 10일 간이 기본이고, 1일 결근에 대해 5일 간의 가혹한 연장 노동이 강제되었다. 또한 긴급한 성곽 수축 등을 위해서는 각 촌별로 5년에 한 번씩 담당 구역을 정해 동원할 목재와 부자재의 치수, 수량 등을 세밀히 지정한 대단히 구체적인 내용의 임시 부역을 할당하기도 했다. 단, 임시 부역에 대해서는 영민들의 불만 해소를 위해 동원한 자재의 환산 금액에 따라 그 해 납부할 현전을 감액하거나 항상적인 부역을 면제하는 등의 합리화 조치를 취했다. 각종 공사에는 당연히 목공, 석공 등 기능인력도 동원되었다. 1555년(천문24) 고호죠씨는 선박공(船舶工)을 비롯한 영국 내 모든 목공들에게 년 30일 간의 공용 사역을 명했는데, 이에 대해서는 1일 17문, 30일을 넘어선 과외 사역에 대해서는 1일 50문의 급여가 따로 지불되었다. 전국 각지에서 성곽 수축이 활발했던 전국시대는 특히 석공들이 큰 각광을 받았다. 1557년(홍치3)의 사례를 보면 고호죠씨는 공사당 2관문씩이라는 꽤 높은 급여를 석공들에게 지불한 것으로 보인다.

이밖에도 전시의 군량과 설영(設營)장비 운송 등 잡역에 종사할 '진부(陣夫)'들도 관고 40관문당 한 명의 비율로 향촌에서 징발했으며, 성주의 출진(出陣) 기간 동안 빈 성역(城域)을 수비하기 위해 성하의 주민 즉, 정인(町人)들이 동원되기도 했다. 영국의 원활한 지배와 전투의 승리를 도모하기 위해서는 각종 정보, 물품 등을 신속 정확히 제공할 수 있는 가도 정비와 전마제(傳馬制) 운용 또한 필수적이었다. 미리 지정된 역참(= 宿場)들은 하루에 제공할 일정한 수의 전마를 상시적으로 준비해야만 했다. 다이묘의 명령에 따른 공무 여행은 무임으로 전마가 제공되었으며, 그 외에는 1리(약 4㎞)에 운임 1문이 보통이었다. 또한 전국다이묘들은 영국 내의 각종 직인들을 파악하여 일정한 수량의 특정 물품을 헌납하게 했다. 예컨대 고호죠씨는 1565년(영록8) 무사시 가시와바라(柏原)의 야장(冶匠)들에게 연간 합계 20자루의 창을 헌납하도록 한 대신 가옥 12채 분의 동별전을 면제해 주었다. 야장 본인이 성에 출장하여 년 30일 간 노역에 종사하는 경우도 있었다. 화살을 만드는 시사(矢師), 갑주류(甲冑類)를 만드는 피혁공인 등 군사전략상 중시된 직인들도 야장과 마찬가지로 다이묘에 의해 철저히 파악, 동원되었다.

심지어 오랜 전통을 자랑하는 사원들도 특별한 경우를 제외하고는 과역 부담을 면할 수 없었다. 고호죠씨는 이미 1500년(명응9)경 전시에 다이묘 측근에서 전승을 위한 기도 등을 담당하는 진승역(陣僧役), 탁발 승려의 건각(健脚)을 이용하여 연락 업무를 맡긴 비각역(飛脚役) 등을 부과했다. 특이한 사례로 다케다씨는 불교계의 전통 규범이 이완되고 대처승이 많아진 점을 이용하여 1561년(영록4) 영국 내 대처승들에게 처대역(妻帶役)을 부과하기도 했다.

3장
상업과 시장

1. 상인, 상인조직

1980년대 이후 일본 역사학계의 사회사 연구에서는 시대를 막론하고 이전까지 직접생산자인 농민에게만 일원적으로 적용되어온 사회적 분업의 발전단계론에 대한 내부 반성에서 '사회적 제(諸)집단론'이 적극적으로 개진되었다.[1] 즉, 다종다양한 형태의 사회적 분업에 의해 농민 이외에도 여러 신분집단들이 편성되고, 그것들이 각기 국가에 복속되거나 혹은, 자립적 동향을 띠며 개편되는 과정 속에서 사회 전체의 구조적 전환을 발견할 수 있다는 것이다. 이러한 관점에서 보면 일본 중세유통사는 고대에 비해 공납물의 상품화와 사회적 분업이 다양한 형태로 나타나고, 그 과정을 통해 상품교역을 주로 담당한 상인신분의 분화가 본격적으로 전개된 점이 큰 특징이라고 할 수 있다.

중세 일본에서 상업을 일상적인 생업의 축으로 삼은 상인은 원격지 교역형 상인인 '상려(商旅)', 촌락·정기시·도시 등지에서 물건을 지고 다니며 판매한 소규모 행상인인 '진매(振売)', 그 외 정기시와 도시의 상설전포형 상

---

1) 그 대표적인 연구는 朝尾直弘 외 편, 『日本の社会史6 社会的諸集団』, 岩波書店, 1988.

인인 '상고(商賈)'로 나눠진다.[2]

이미 본서의 고대 편에서 소개한 바와 같이 11세기 후반에는 『신원락기(新猿楽記)』의 하치로 마히토(八郎真人)처럼 광역적인 상행위를 통해 지속적으로 이윤을 추구한 원거리 상인이 등장하며, 연구자에 따라서는 이 시기를 일본역사상 상인의 성립기로 평가하는 경우도 있다.[3] 하지만 당시 이들의 교역활동은 귀족경제를 보완하는 측면이 강해서 인민 대중을 상대로 한 본격적인 상업에는 전혀 미치지 못했다. 중세에 들어서서도 관련 사료를 통해 1181년(치승5)의 '왕환(往還)' 상인, 1206년(건영1)부터는 '회선(廻船)', 1260년대는 원격지 행상을 하는 이세(伊勢), 오미(近江) 출신의 상인을 확인할 수 있다. 이들은 모두가 원거리를 내왕하는 상인들이었다.[4]

다만 중세의 경우도 원격지 교역형 상인에 관해서는 실태분석이 가능한 사료가 극히 제한적이고 선행연구도 적다. 따라서 여기서는 사료가 비교적 풍부한 후기의 소규모 행상인과 도시 상인을 중심으로 중세의 상인, 상인조직에 관해 검토해보기로 하자.

1) 행상인 '연작'에 관하여

중세 일본의 서민 차원에서 본 상품거래의 주무대는 월 3회 개시(開市)되는 '삼재시(三齋市)'와 월 6회 개시되는 '육재시(六齋市)' 같은 정기시이다. 그러므로 민간에서 16세기 이전까지 상인으로 인식한 존재는 갖가지 방물, 의류 등을 짊어지고 지역 내의 정기시를 순회하던 행상인들이었다. 이들 행상인은 대체로 농·상 미분리의 세계에 속한 자들로서, 도시에 정주하며 상

---

2) 鍛代敏雄, 「日本中世における商人身分の形成とその特質 -物流の観点を中心に-」, 『国学院雑誌』 109-11, 2008.

3) 中村太一, 「日本古代の交易者 -目的とその類型-」, 『國立歴史民俗博物館研究報告』 113, 2004.

4) 鍛代敏雄, 앞의 논문 「日本中世における商人身分の形成とその特質 -物流の観点を中心に-」. 관련 사료는 『平安遺文』과 『鎌倉遺文』.

설전포를 소유한 소수의 상인 즉, 정인(町人)과는 구분되었다.[5]

시장이 열리는 날이면 주로 '연작(連雀=連尺 · 連索 · 連釋)'이라고 불린 행상인을 비롯하여 종교인, 각종 예능인, 유녀(遊女) 등이 장터로 모여들고 근처 농민과 무사들도 상품거래뿐만 아니라 예능, 향락 등의 기회를 구하여 이곳으로 운집했다. 17세기 초 일본예수회가 편찬한 『일포사서(日葡辭書)』에 의하면, 연작이란 원래는 '천태궤(千駄櫃. 부피가 작은 다종의 상품을 종류별로 나눠 담은 많은 서랍이 달린 목제 함)'라는 함을 방물장수가 등에 동여매고 다니는데 사용한 폭이 넓은 끈을 의미한다. 이 연작이 방물장수의 징표처럼 인식되었기에 그 말 자체가 행상인을 가리키는 보통명사로 전용된 것이다.[6]

중세 후기 행상인들의 사정을 전하는 사료로는 『저울의 유래(秤の本地)』, 『상가고기(商家古記)』, 『연작 상인의 유래서(連雀商人ノ由来書)』와[7] 『연작지대사(連雀之大事)』 등이 있다.[8] 여기서는 이 가운데 가장 시기가 이른 『저울의 유래』를 중심으로 그 내용을 검토해보자.

우선 제1권 「저울의 유래」에서는 천축(天竺)의 왕이 매에게 쫓기는 비둘기를 구하는 대신 자신의 살점을 베어 매에게 던져주었다. 그러자 매가 마치 '베니스의 상인'처럼 비둘기와 똑같은 무게만큼의 살점을 달라고 억지를 부

---

5) 豊田武, 앞의 책 『中世日本商業史の研究 增訂版』.

6) 石井進, 「商人と市をめぐる伝説と実像」, 国立歴史民俗博物館 『第二十三回歴博フォーラム 中世商人の世界 -市をめぐる伝説と実像-』, 日本エディタースクール出版部, 1998, 10-11쪽; 동, 「商人の原像 -千駄櫃と連雀-」, 앞의 책 『日本の中世 1中世のかたち』, 225-226쪽.

7) 『秤の本地』, 『商家古記』, 『連雀商人ノ由来書』에 관한 사료 소개 및 분석은 久野俊彦, 「「連雀商人の巻物」の世界」, 地方史研究協議会 編 『宗教 · 民衆 · 伝統』, 雄山閣, 1995; 동, 「商人の巻物にみる民俗」, 国立歴史民俗博物館 『第二十三回歴博フォーラム 中世商人の世界 -市をめぐる伝説と実像-』 등 참조(같은 책 181-232쪽에 위 사료들의 영인본, 번각본이 게재됨).

8) 『連雀之大事』에 관한 최초의 사료 소개는 菊地利夫, 「会津盆地の修験山伏による定期市の市立とその歴史心理」, 『歴史地理学会会報』 103, 1979; 千葉徳爾, 「会津高田の市立方式についての修験の巻物」, 『日本民俗学』 131, 1980. 또한 앞 주의 『第二十三回歴博フォーラム 中世商人の世界 -市をめぐる伝説と実像-』, 233-244쪽에 영인본, 번각본이 게재됨.

려서 왕이 붓대 양쪽에 비둘기와 자신의 살점을 얹어 무게를 달아서 주었다. 이것이 저울의 기원이니, 저울과 저울눈에는 수미산(須彌山의 중심)과 동서남북, 천지일월이 표현되어 있으므로 '상인은 정직을 기본으로 삼고 자비로워야 한다', '상인은 틀린 저울을 사용해서는 안 된다'라고 했다. 전체적으로 불교적인 분위기를 짙게 풍기는 동시에 상인의 정직한 마음가짐과 공정한 거래를 위한 저울의 중요성을 강조한 것이다.

제2권 「연작의 유래」에서는 행상인의 연작은 원래 천축 제석천(帝釋天)의 단상에 나타난 뱀이 대일여래(大日如來)의 조화로 1장 8척 길이의 끈으로 변했다. 이것이 공자 시절 중국으로 전래되어 '반작(返雀)'이라 불리었고, 월왕(越王) 구천(句踐)의 구신(舊臣) 범여(范蠡)가 반작으로 만든 채찍의 힘을 이용하여 시장을 열고 매매를 자유로이 행함으로써 큰 부호가 되었다. 그 후 당에서 일본으로 대반야경이 전래될 때 반작으로 경전을 묶은 까닭에 일본 상인의 손으로 넘어왔다고 한다. 여기서 범여의 반작 채찍은 영업권, 상권의 상징으로서 의미를 가지는 것으로 이해된다. 불교적 유래와 중국 고사를 교묘하게 연결지음으로써 연작의 상업적 권능을 강조한 내용이라고 할 수 있다.

제3권 「상인의 유래」는 장대한 분량에 내용도 아주 복잡하다. 이를 간추리면, 천축의 마사타(摩詞陀) 국왕이 일본인들을 구제하기 위해 혼슈의 구마노(熊野)로 비래하여 '구마노곤겐(熊野権現)'이란 신이 되었다. 그 부하 중 네 사람(= 浅間・長明・浦戸・布川)이 서로 의논하여 야마토 미와리(三輪里)에 일본 최초로 시장을 열고 '상인두(商人頭, 후대의 商人司)'가 되었다. 그들이 구마노곤겐의 비래를 알리는 나무 작대기에 반작을 묶어서 사방을 향해 내려치니 많은 인파가 시장으로 모여들었다. 시장에서 최초로 매매된 상품은 빗(櫛)과 바늘(針)이다. 이러한 유래 때문에 후에 새로 시장을 열 때는 먼저 상인 대표가 그 지역의 지두에게 최초의 상품인 빗, 바늘 그리고 저울을 지참하게 되었다. 이때 지두는 투구·칼 등을, 상인들도 각자의 격에 따라 활·포(布)·동전 10관을 시장의 신 스미요시다이묘신(住吉大明神)에게 봉납한다. 이어서 상인 대표가 시장의 신에게 개시를 고하는 터다지기를 하고 축문을 올리며, 주위에 장막을 치고 대반야경을 읽는 등의 각종 의식을 치른다.[9]

『저울의 유래』는 이어서 연작 상인의 행장(行裝), 천태궤, 시장에서의 주의사항 등 각종 예법에 관해 열거하고 있다. 그 가운데 몇 가지만 소개하면, 먼저 복장은 소매가 없는 상의(肩衣)에 주름 잡힌 바지(袴)를 입고 굽 높은 나막신에 우산을 받쳐 쓴다. 늘 새 짚신을 가지고 다니고 새로 선 시장에서는 새 짚신을 신어야 한다. 그리고 새로 시장을 세울 때는 야마토 미와리의 신사 흙을 바닥에 깐다고 했는데, 이는 일본 최초의 시장으로 관념된 미와시(三輪市)를 계승한다는 의미일 것이다.

또한 생업의 상징인 연작은 절대로 지면에 그냥 두어서는 안 되며 천태궤를 바닥에 내리면 그 위에 걸쳐두도록 훈계한다.[10] 연작과 함께 중시된 물건으로는 천태궤 위에 비를 막기 위해 덮씌우는 유지류(油紙類) 즉, '유단(油単)'이 있다. 유단은 일본 최초로 미와시에서 시제(市祭)를 올릴 때 제례 후 주위에 친 장막을 거두어 만든 데서 기원했다고 한다. 구마노곤겐을 동행하여 일본에 온 네 상인두를 시조로 한 네 개의 유파가 각각의 법식에 따라 유단을

---

9) 神에게 開市를 고한 축문의 실제 사례로 중세 이래 에도시대까지 지금의 埼玉県 岩槻市 주변에서 新市를 열 때 낭독하던 「市場祭文」이 있다. 그 서두는 "市는 (인간이)사사로이 도모하는 것이 아니라 伊勢天照太神, 住吉大明神이 하시는 일이다. (神이)중생에게 주신 것으로 시장보다 더 큰 보물은 없다"라고 시작하며, 이어서 天竺과 唐에서부터 유래된 시장의 역사를 읊고 열도 내 각지의 유명한 시장을 열거한다. 그리고 "地頭 및 향리의 貴賤上下가 一味同心하여 이곳에 처음으로 전포를 열고 새로 시장을 세워 수호신 市姫를 모신다. (중략)이 시장의 번창은 天竺의 門前市와 같을 것이다.(후략)"라고 끝을 맺는다. 石井進, 앞의 논고「商人の原像 - 千駄櫃と連雀-」, 241-242쪽.

10) 『商家古記』에는 連雀에 많은 귀한 경전이 담겨있으므로 상인의 집안에 중병이나 귀신 들린 사람이 있을 때 연작에게 기도하면 금방 낫는다는 기술도 있다.

묶는 방식을 달리했다.[11] 그 외 시장에 노점을 벌릴 때는 다른 상인보다 먼저 유단을 풀고 장사를 시작해서는 안 된다, 또 형제의 물건이라 하더라도 다른 상인이 미리 가격을 흥정하여 상담(商談)을 시작한 물건을 가로채서는 안 된다 등등. 유단을 묶는 방식이 유파별로 달랐다는 점으로 미루어 해당 사료가 묘사한 연작 상인들은 각각의 상인두에게 소속되어 있었음을 알 수 있다.

한편, 『상가고기』에는 네 명의 상인두가 그 후손에 이르기까지 일본 전국을 돌며 각지의 상인들과 자유롭게 매매행위를 하고 하천이나 관소도 모두 세금 없이 통과할 수 있는 권한을 천황으로부터 부여받았으며, 네 가문의 가계도(家系図)가 있는데 이는 남들이 봐서는 안 되는 비전(秘傳)이라고 했다. 또 『연작지대사』에 따르면 구마노곤겐을 수행해서 일본에 온 '6명(다른 사료에서는 4명)'의 상인두에 의해 '3천 8종의 물품과 44종의 점물(店物)'을 행상하는 연작이 시작되었고, 7척의 나무 작대기나 생선 이외에는 모두 연작이 행상할 수 있는 '3천 8종'에 포함된다고 한다.[12]

2) 연작 조직과 영주권력

행상인을 중심으로 한 중세 일본의 상인은 농업과 수공업을 함께 영위하는 겸업 상인이 압도적 다수를 점했고, 근세와 같은 전업적인 상인신분은 아직 좀처럼 성립되지 않는다. 또 지역마다 많은 수의 대소 권력체가 병립하고 폭력이 횡행하던 당시의 일본열도에서 단독으로 각지를 행상하는 상인들은 도처에서 산적, 해적에게 습격당하기 일쑤였다. 이런 상황에 대처하기 위해 연작 상인들은 조직을 형성하고 집단행동을 취하는 경우가 많았다.

---

11) 『連雀之大事』에서는 '油単'을 '母袋'로 표기하고, 이는 태아가 태내에서 입던 胞衣라고 설명한다. 또한 그 주둥이를 묶는 끈은 탯줄이며, 묶는 방식에는 여러 가지 정해진 약속이 있으므로 口傳을 통해 잘 익혀야 한다고 했다. 특히 주목할 점은 母袋는 어머니의 자궁인 까닭에 그 안에 든 상품에는 일체 세금이 부과되지 않는다고 주장한 점이다.

12) 이상, 본문의 사료 이해는 石井進, 앞의 논고 「商人の原像 -千駄櫃と連雀-」를 주로 참조했음.

구마노곤겐을 수행했다는 넷 혹은, 여섯 명의 상인두는 연작 조직이 형성된 초기단계의 우두머리들일 것이다. 연작 상인들의 조직체는 중세의 다른 집단들과 마찬가지로 의제적인 부자관계가 몇 대에 걸쳐 지속되는 경우도 있었다.

그러면 연작 상인들의 조직은 영주층과 어떤 관계를 맺었을까. 전국시대 넓은 지역에 걸쳐 큰 세력을 행사한 다이묘 이마카와씨는 자신과 대립하는 가이(甲斐)의 다나카씨(田中氏)를 경계하여 지배 영국인 스루가(駿河), 도토미(遠江) 등지에서 산출된 소금을 다케다씨 영내에 판매하는 행위를 금했다. 그리고 1544년(천문13) 4월에는 같은 성격의 매도금지정책을 연작 상인이 판매하는 피혁제품에 대해 확대 실시한 주인장(朱印狀)이 지금도 남아있다. 전국시대의 피혁업이란 가장 중요한 군수산업이었으므로 전국다이묘들은 그 진흥과 통제에 진력했고 이마카와씨도 예외가 아니었다. 잔존하는 주인장의 대강은 "연작 상인들이 각종 피혁제품을 타국에 반출하여 판매한다고 한다. 그들이 내왕하는 곳에서는 우선 구두로 잘 심문하고, 만약 짐 속에 피혁을 감춘 경우는 이를 규명하여 신체를 구속하라. 단, 이 건을 이유로 다른 물품들을 차압하는 등 연작 상인의 상행위를 방해해서는 안 된다. 또 연작 상인이 자신은 유력한 귀족이나 사사에 봉사하는 몸이라 하여 세금을 납부하지 않는다면 이를 엄중히 징수하라"는 요지이다.

연작 상인에 대한 종래의 일반적인 이미지는 근거리를 내왕하고 앞서 논한 대로 농·상 미분리의 세계에 속하는 자들이다. 그러나 위 주인장에 나타난 연작 상인은 다른 전국다이묘의 영국까지 내왕할 정도로 행동반경이 넓다. 게다가 중앙의 권문에 봉사하는 신분임을 자처하여 세금 납부를 거부하는 자도 있었던 것 같다. 또 한 가지 주인장에서는 연작 상인이 지고 다니는 천태궤에 대하여 우선 구두로 심문하거나 피혁 이외의 상품에 대한 차압을 금하는 등 상당히 신중한 태도를 취하고 있는 점도 주의가 필요하다. 이

점에 대해 이시이 스스무(石井進)는 연작 상인의 유래를 둘러싼 자기주장에 이마카와씨가 어느 정도 배려를 한 게 아닐까라는 추측을 하고 있다.[13] 그러나 필자로서는 연작 상인들의 조직이 중앙 권문과 밀착하여 그 권위를 등에 업게 된 점이 보다 중요한 요인일 것으로 생각한다.

연작 조직 가운데는 시간이 흐름에 따라 교토의 조정이나 유력한 종교 권문 등에 집단적으로 소속하여 봉사와 영업특권의 관계로 맺어진 '좌(座)'를 형성하는 상인들이 다수 배출되었다. 앞서 논한 '사회적 제집단론'에 의거하면, 이러한 과정을 통해 분업과 신분관계가 서로 어우러진 새로운 집단이 성립하게 되는 것이다.[14]

그런데 전국시대의 성하정(城下町)에서 출발한 동일본의 여러 도시에는 현재까지도 시가지 중심에 '연작정(連雀町)'이란 지명이 많이 남아있다. 이것들은 대개가 원래의 성문 가까운 곳에 위치한다. 그 이유는 연작 상인들이 집결하는 시장이란 의미에 더하여, 그 조직에 대한 지배권을 영주로부터 특별히 공인받은 '연작두(連雀頭= 商人頭)' 혹은, 조직 그 자체인 '연작중(連雀衆)'이 관할하는 권력밀착형 시장이었기 때문이다. 연작두, 연작중은 다이묘에게 봉사하는 반대급부로 좌를 구성하여 조직에 속하지 않은 일반 연작 상인들에게 영업을 허가하는 '감찰(鑑札)'을 교부하고 영업세를 징수했다. 때로 시장의 평화를 유지하기 위한 경찰 업무도 수행했고, 그 권리가 성하정 전체에 미치는 경우도 있었다. 심지어 전국기라는 시대상황으로 인해 비상시에는 자연히 성하정 방위를 위한 군사조직으로 전환되었다.

---

13) 이상, 連雀商人과 영주층의 관계는 石井進, 앞의 논고 「商人の原像 -千駄櫃と連雀-」을 주로 참조함.

14) 鍛代敏雄, 앞의 논문 「日本中世における商人身分の形成とその特質 -物流の観点を中心に-」.

3) 기인, 신인과 공어인

중세의 상인조직으로서 최초로 두각을 드러내어 상품유통에 중요한 역할을 수행한 것은 중앙 권문에 소속한 '기인(寄人)', '신인(神人)'과 교토 조정에 소속한 '공어인(供御人)'이다.

기인은 시기에 따라 다양한 성격을 띠는데, 중세사회에서는 주로 특정 권문의 가정기관(家政機關)에 예속되어 교역의 안전을 보장받은 상공업자를 의미한다. 신인도 원래 기인의 일종으로 주로 종교 권문에 소속한 자들을 가리킨다. 이들은 애초에 행상으로부터 출발한 경우가 많아서 앞서 본 연작 상인과 성격적으로 중복되는 면이 있으며 개중에는 연작에서 출세한 자도 있다. 기인, 신인은 좌의 형성에 깊이 관여했고 상인으로서 성장한 후에는 정기시와 도시를 무대로 정착한다.

그 대표적인 존재로는 오야마사키(大山崎)의 등유신인(燈油神人)을 들 수 있다. 이들은 원정기에 '천하종묘(天下宗廟)'로 일컬어지며 권문 신사의 대표격이던 교토의 이와시미즈하치만궁(岩清水八幡宮, 이하 '이와시미즈궁'으로 약칭)에 소속한 신인 집단이다. 이와시미즈궁은 860년(정관2) 요도천(淀川) 강변에 창건되었는데, 그 무렵 강 건너 야마사키는 본서의 고대 편에서 언급한 것처럼 교토의 서진(西津)으로서 전포가 늘어서고 쌀을 비롯한 각종 상품의 시장가격을 결정한 교역 요충지였다. 야마사키를 거점으로 한 등유신인들은 이와시미즈궁과 중앙정부의 곡창원(穀倉院)에 등유를 헌납하고, 이와시미즈궁에서 거행되는 칙제(勅祭)인 '방생회(放生會)'와 매년 4월의 대제인 '일사두제(日使頭祭)' 등 특정한 제사의식을 봉행했으며, 심지어 무로마치막부-수호체제 하에서는 군역과 '예전(禮錢)' 등을 부담했다. 그리고 보상으로서 특권집단인 유좌(油座)를 결성하여 각지의 관소에 대한 자유통행권과 통행세 면제, 등유 원료인 들깨의 우선 매입권, 교토 시중에 대한 등유 전매권 등의 특혜를 얻었다. 또한 무로마치막부로부터는 도시 야마사키에 대해 공권력의 개입을 금한 수호불입권(守護不入權), 채무관계를 폐기하는 덕정령(德政令) 적용 제외, 과역 면제 등 후대의 낙시령(樂市令)에서 볼 수 있는 몇 가지 특권을 인정받았다.[15] '덕정'이란 원래 자연재해에 즈음한 농민 구제 같이 천황의 덕을 펼치는 사회정책을 의미하는데, 중세사회의 덕정령이란 채권, 채무의 파기를 정한 법령으로 인식되었다. 이 점에 관해서는 후술할 예정이다.

유좌에 소속한 등유신인들은 애초에는 부여받은 특권을 배경으로 각지를 행상할 뿐이었으나 13세기 이후는 차츰 교토 등지의 도시권에 정착하고, 지방 현지에는 휘하의 신인들을 두었다. 그리하여 야마사키 및 재경(在京) 등 유신인들은 원료 매입부터 등유 제조와 교토 시중에 대한 판매까지를 독점하는 동시에, 전국적으로 분포한 지방의 신인들과 교역망을 형성하여 그들에게 상품을 공급했다.[16] 규모가 큰 중앙의 신인집단이 각지에 여러 개의 하위 집단을 거느리는 중층적 조직을 형성한 것이다. 위와 같은 등유신인의 사례를 앞서 논한 중세 상인의 세 가지 유형이란 측면에서 보면 행상에서 출발하여 상려, 상고로의 발전적 전개라고 정리할 수 있을 것이다.

한편, 공어인은 원래 궁궐의 주방인 '어주(御廚)'에 소속되어 중앙관사의 통제를 받으며 정부에 필요한 물자를 진상한 자들을 가리킨다. 이들은 왕실재정이 쇠미해지자 재원 마련을 이유로 정부로부터 관소에 대한 자유통행권, 통행세와 시장세 면제, 형법상 특권 등을 부여받아 상행위에 종사했다.

그 대표적인 사례로는 주물사(鑄物師)가 있다. 이들은 10세기경 중앙정부, 동대사(東大寺) 등이 필요로 하는 등롱(燈籠)을 제작, 납입하기 위한 '등로공어인(燈炉供御人)'으로 조직화되었다. 원래는 그 보상으로 전답을 하사받아 농·공을 겸업하였으나 그것만으로는 생계가 곤란하였기에 부여받은

---

15) 脇田晴子, 『日本中世都市論』, 東京大学出版会, 1981.

16) 鍛代敏雄, 앞의 논문 「日本中世における商人身分の形成とその特質 -物流の観点を中心に-」.

특권을 이용하여 전국을 순회하며 사원의 범종이나 등롱, 일반인이 사용하는 주방용 주물과 농기구 등을 제작 판매하였다. 그 가운데는 독자적인 행상에 나서서 비단·포목·곡류 판매를 겸하거나 해운을 이용하여 각지를 편력하며 상행위에 종사하는 자도 많았다. 무로마치시대가 되면 조정의 공어인인 동시에 막부의 보호를 받으며 지방 주물업자와 경쟁하는 자도 나타난다.[17] 또한 천황의 행차에 필요한 물품 관리와 궁중 내 전각의 유지를 담당하는 주전료(主殿寮) 소속의 공어인도 있다. 이들은 원래 궁중에서 사용하는 횃불과 숯을 진상하는 것이 주 업무였으나, 후에는 봉사의 대가로 수도 내 횃불 판매 독점권을 인정받았다.[18]

4) 도이마루와 도이야

이와시미즈궁의 신인 집단에는 오야마사키의 등유신인 외에도 주로 방생회의 신역(神役)을 봉행하는 보상으로서 교토에 소금, 젓갈류 보급을 독점한 요도(淀) 지역의 어시좌(魚市座) 신인들도 존재했다. 복수의 하천이 합류하는 요도진은 11세기 이후 군사적 요충지인 동시에 교토에 물자를 공급하는 수도권 최대의 내륙 항만이었다. 요도진에는 '도이마루(問丸)'를 경영하여 부를 축적한 이와시미즈궁 소속의 신인들이 다수 거주했다고 한다.

도이마루는 헤이안시대 말기인 12세기경 기내의 소규모 선운업자로 등장하여 가마쿠라시대가 되면 장원 경영에 참여하는 일종의 장관으로서 공납물 수송을 담당한다. 가마쿠라시대 말기 내해를 항해하며 운송업에 종사하는 '회선(廻船)'이 증가하자 도이마루 가운데는 회선을 소유하여 일반 상품을 취급하는 자도 나타난다. 관련 사료에 따르면 교토의 동사령(東寺領)인

---

17) 이상, 鑄物師에 관해서는 앞의 책 櫻井英治·中西聰 編, 『新體系日本史12 流通經濟史』 112~114쪽을 부분적으로 참조하였음.

18) 本鄕惠子, 앞의 논고 「中世の經濟構造」, 195쪽.

이요국(伊予国) 유게도장(弓削島莊)이 동사에 공납할 소금에 대해 대다수가 이와시미즈궁의 신인으로 구성된 요도진의 도이마루와 청부계약을 맺었다. 이들 도이마루는 공납 소금을 요도진까지 운반하는 수송업무, 보관업무, 교토의 시중 소금 상인에 대한 판매업무 등을 담당했다.[19]

　무로마치시대에 들어서면 도시에 상설전포를 열고 정착하는 상인들이 증가하며 대규모 도매업자도 두각을 드러낸다. 특히 기내 각지의 항구, 포구에서는 전포를 소유하고 각종 상품을 위탁 매매하는 도이마루의 활동이 왕성했다. 이들은 대개 중앙의 종교 권문에 소속하여 특권적인 영업을 행했는데, 앞서 본 요도진의 도이마루들도 이와시미즈궁이 발급한 관소의 자유통행문서인 '과소(過所)'를 소유하고 있었다. 15세기 중엽 효고항의 관세기록인 「효고북관입선납장(兵庫北関入舩納帳)」에 의하면,[20] 당시 효고항에는 동대사가 관할한 북관(北關)에만도 연간 약 3,000여 척의 배가 출입하고 50여 명의 도이마루가 거주했다. 그 중에는 요도진의 도이마루들이 소유한 '과소선(過書船, 과소를 지참한 선박)' 11척이 보이는데 적재하물은 검열을 받지 않았고 관세도 면제되었다. 도이마루들은 각지에서 입항한 선박으로부터 공납미·들깨·소금·목재·포목·남(藍)·쇠·종이 등을 위탁 판매하고 규정에 따른 관세를 징수했다. 개중에 부를 축적한 도이마루는 유덕인으로서 해당 도시의 정치를 좌지우지하고 중국과의 무역에 종사하는 자도 있었다.

　전국시대가 되면 에치젠(越前) 쓰루가(敦賀), 이세 오미나토(大湊) 등 교통요지의 도이마루 가운데는 숙박 겸 창고업인 '상인숙(商人宿)', 육상운송업인 '마차(馬借)', 해상운송업인 회선, 중간상 및 도매상 등 관련 업종을 통괄하여

---

19) 鍛代敏雄, 앞의 논문 「日本中世における商人身分の形成とその特質 -物流の観点を中心に-」.
20) 「兵庫北関入舩納帳」은 1445년(문안2) 한 해 동안 東大寺領인 摂津国 兵庫의 北関을 통관한 선박에 대한 납세 장부이다. 일부 결락된 부분을 제외하고는 거의 연간을 통해 선박의 입항 상황, 선적지, 적재하물의 품목과 수량, 관세액, 세금납부 월일, 선장 및 선주명, 하물을 관리하는 問丸 명칭 등 풍부한 정보를 담고 있다. 종합적인 연구서는 林屋辰三郎 編, 『兵庫北関入舩納帳』, 中央公論美術出版, 1981.

하나의 동족집단이 항구, 포구의 유통업무를 완전히 독점하는 종합유통관리기구이자 복합적 대경영체로 발전하는 경우도 나타난다.[21] 단, 같은 시대 동일본의 사료에 등장하는 '도이야(問屋)'는 수륙교통의 교차 지점에 상인숙, 시장 등을 개설한 지역의 유덕인층이 각지에서 모여든 상인들과 수상 및 육상 운송업자를 결합시키는 유통의 핵으로 활약한 것을 의미한다.[22] 개별 경영의 집합체인 일부 도이마루와는 성격상 차이가 있지만 수륙교통의 요지를 무대로 복수의 유통 관련 상인들을 결합시킨 존재라는 기능적 측면은 동일하다.

나가하라 게이지(永原慶二)는 전국시대 다이묘 영국 내에서 활약한 상인 가운데 도이야, 도이마루 등을 상품 매매와 운송이 미분리된 상태에서 자신이 소유한 말, 선박 등을 이용하여 매매업과 운송업을 겸업한 존재라고 성격을 규정한다. 또한 이들이야말로 영내 경제의 연결망을 지탱하는 한편으로, 복수의 다이묘 영국과 관계를 맺음으로써 "불안정하고 유동적인 전국사회 특유의 경제순환구조"에 대응한 상인 유형이라고 평가했다.[23] 이것이 바로 지역사회에 다수의 영주권력이 중층적으로 존재한 전국시대 특유의 시대상황 속에서 복수의 영주와 다속(多屬)관계를 맺고 유통 특권을 보장받으며 광범위한 지역에 걸쳐 다양한 상업활동을 영위한 전국시대 상인의 모습일 것이다.[24]

---

21) 宇佐見隆之,「港津における問の展開」・「港津における問の終焉」, 동『日本中世の流通と商業』, 吉川弘文館, 1999.

22) 阿部浩一,「戦国期の有徳人と地域社会」,『歴史学研究』증간호, 2002.

23) 永原慶二,「戦国期の都市と物流」, 東京学芸大学『史海』42, 1995(이 논문은 후에 동,『戦国期政治経済構造』, 岩波書店, 1997에 수록됨).

24) 滝川恒昭,「戦国期房総における流通商人の存在形態」,『中世東国の地域権力と社会』, 岩田書店, 1996.

5) 관소와 좌

고대 율령국가의 민간에 대한 교통통제는 대개 관소와 진(津)을 통해 이루어졌다. 특히 '삼관(三關)'을 비롯하여 역로상의 주요 지점 및 구니의 경계 지점에 설치된 관소는 민간의 이동을 통제함으로써 유통경제 확대와 전국적인 교통발전의 저해요인으로 작용할 수밖에 없었다.

일본 중세사회에서도 관소는 분명히 유통경제의 큰 장애물이었다. 중세의 관소는 중앙 권문을 중심으로 한 장원영주층이 관할 영역 내에 설치하여 통행세인 '관전(關錢)'을 징수하기 위한 경제적 목적이 컸으며, 이는 고대와 근세의 군사적 목적을 중심으로 한 관소와는 전혀 성격이 달랐다. 특히 중앙집권체제가 거의 붕괴상태에 이른 무로마치시대 후기의 장원영주들은 점차 공납물 수취보다도 통행세, 시장세 등 상품유통에 대한 과세에 재정을 의존하는 경우가 많았다. 사찰, 신사는 건축비 마련을 위한 '조영관(造營關)'을 항만에 설치했고 조정, 막부는 경상비 보전을 위한 '율분관(率分關)'을 교토 입구에 설치했으며, 지방에서도 수호 등이 임의로 관소를 설치하여 통행세를 징수하곤 했다. 그러므로 관소는 다양한 영주층이 상인 및 생산자로부터 합법적인 형태로 이익의 일부를 갈취하는 장이었다고 할 수 있다.

가마쿠라, 무로마치 두 막부는 수차례에 걸쳐 신관금지령(新關禁止令)을 반포함으로써 경제적 목적의 관소 신설을 억제하고자 했지만 이미 관전 수입이 막부나 장원영주들에게 중요한 수입원이었으므로 실제 효과는 미미했다. 그 결과 1457년(장록9) 무렵 오사카 요도천 연변에는 400개 가까운 각종 관소가 난립하였으며, 이곳을 지나는 선박들은 연안의 도이마루와 거래하기 위해 항포구에 정박할 때마다 그곳 관소에 관전을 납부해야만 했다. 따라서 원격지로 수송하는 물자는 운임에 버금가는 높은 통행세를 지불할 수밖에 없었다.

관소를 제거하는 궁극적인 힘은 민간의 지속적인 노력에서부터 잉태되었다. 일례로써 1485년(문명17) 야마시로국 잇키(山城國一揆)를 들 수 있다. 이는 긴 전란의 피해를 견디다 못한 주민들이 지역의 국인영주층을 앞세우고 궐기하여 이후 8년간에 걸쳐 외부 세력의 침투를 배제하고 신관 금지와 자유통행을 관철한 큰 사건이다. 그러나 전국을 대상으로 한 최종적인 관소철폐는 훗날 전국시대 말기의 통일 정권에 의해 추진되었다. 오다 노부나가 (織田信長, 1534~1582)는 교토에 입경한 1568년(영록11) 바로 지배 지역 내의 관소를 부분적으로나마 폐지했다. 그 뒤를 이은 도요토미 히데요시(豊臣秀吉, 1537~1598)는 1582년(천정10) 전국적으로 관소통행세를 폐지하고, 1588년(천정16) 해적금지령 반포를 통해 이를 완성시켰다. 근세의 에도막부도 수도 방비를 위해 수 개소에 관소를 설치하였으나 이는 군사적 목적이었을 뿐 통행세는 징수하지 않았다.

그러면 여기서 관소와 관소통행세 문제를 비교사적 측면에서 간단히 살펴보자. 우선 중국사의 경우 통행세가 보편적으로 징수된 것은 당 이후 특히 송대부터로, 통관하는 물품가의 2%에 해당하는 통행세가 각 주(州)에서 최소한 1회씩 징수되었다. 이 방식은 명, 청에도 그대로 계승된다. 조선에서는 18세기부터 통행세 징수가 늘기 시작하여 19세기 말에 이르기까지 특히 한양 근방에 무수한 관소가 성립했다. 주로 생필품에 과세한 까닭에 민간의 자본축적이 현저히 저해되었다는 설이 있다.[25] 중세 유럽의 경우도 많은 세관이 존재했다. 특히 약 300여 개의 영방(領邦)으로 분열되어 있던 독일에서는 1790년경 약 1,800개 정도의 관세 장벽이 있었다. 하지만 당시의 상인들은 점차 통행세에 대한 면세특권을 봉건제후로부터 사들이거나 각 도시 간에 상호 면제를 인정했고, 1834년 관세동맹이 결성됨으로써 통행세가 비로소 폐지되었다. 이처럼 중세 유럽이 시민의 실력으로 면세특권을 획득하고 나아가서 통행세 그 자체를 전폐할 수 있었던데 비하여, 일본사의 경우는 아

---

25) 須川英德, 『李朝商業政策史研究』, 東京大學出版會, 1994.

래로부터 인민의 힘이 채 확장되기 전에 강대한 통일권력에 의해 극히 이른 시기에 위로부터 일거에 통행세가 폐지된 점이 특징적이다.[26] 그러므로 일본사에서 통일 정권에 의한 관소 철폐는 그 시기적인 조숙함에 대한 평가와 아울러, 당대 일본의 시민적 역동성이 지닌 한계성을 함께 엿볼 수 있는 사안임에 분명하다.

관소통행세의 폐지만으로 자유로운 상품유통이 보장되는 것은 아니었다. 관소를 통과하여 도착한 현지 시장에서의 거래에는 시장세가 부과되고, 게다가 대부분의 시장은 재지 상인들의 기존 조직체인 좌가 거래를 독점했다. 도이마루와 마찬가지로 좌도 그 기원은 헤이안시대 말기인 12세기경부터이다. 이 무렵 교토, 나라 등지의 신인을 비롯한 상공업자와 운수업자들이 왕실, 사사 등에 대한 봉사를 명분으로 통행세, 시장세 등의 면세특권을 얻어 집단적인 영리활동에 종사하는 각종 좌가 나타나기 시작했다.

그 후 무로마치시대가 되면 이전까지의 소위 봉사좌(奉仕座)와는 달리, 애초부터 영리를 목적으로 집결하여 특정 상품에 대한 지역적인 매매독점권과 주요 도로의 통행권 등을 중앙 권문으로부터 획득한 영업좌(營業座)가 폭발적으로 증가한다. 무로마치시대의 상공업자, 운수업자들은 권문의 보호를 받는 좌에 소속하여 취급품목별 전매특권을 행사하는 독점적인 상업에 종사하는 것이 일반적이었다. 가장 많은 좌를 거느린 것으로 알려진 나라 흥복사(興福寺)의 대승원(大乘院), 일승원(一乘院)에는 각기 90여 개, 30여 개의 좌가 있었다. 또한 당대의 대표적인 좌로는 교토 조정을 본소로 한 사부가여정좌(四府駕輿丁座),[27] 기온사(祇園社)의 재목좌와 면좌, 앞서도 언급한 이와시미즈궁의 오야마사키 유좌 등을 들 수 있다.

무로마치시대 이후는 상품경제의 발달에 따라 점차 기내 등지에서 좌 철

---

26) 梅原郁・諸田實,『平凡社大百科事典』9, 1985의「通行稅」.
27) 좌・우 近衛府, 兵衛府에 소속하여 천황의 의식용 가마인 봉련(鳳輦)을 메는 駕輿丁들의 座.

폐와 거래자유화를 요구하는 민간의 기운이 왕성해진다. 또 이러한 동향에 대응하여 전국다이묘 중에는 영국의 경제발전을 토대로 영주권을 강화할 목적으로 기존 좌를 철폐하고 신흥 상공업자 및 외부인의 시장 정착을 환영하는 낙시령을 펴는 경우가 빈번해진다. 이 점에 대해서는 후술할 예정이다.

2. 중세의 시장과 물가

1) 시장의 변화와 공간구성

가마쿠라시대는 유통경제가 활발히 전개되어 월 3회의 정기시인 삼재시가 사사 문전(門前)을 비롯하여 국부·지두관(地頭館)이나 장원의 사무를 관장한 정소(政所) 앞 그리고 역참과 항구, 포구 등지에 다수 개설되었다. 막부 소재지인 가마쿠라에는 1251년(건장3) 7개소의 시장이 지정되고 1265년(문영2)에는 9개소로 증설되었다. 15세기까지의 문헌사료를 종합하면 당시 혼슈의 최북단 무츠(陸奧)에서 규슈 최남단 사츠마(薩摩)에 이르는 전국 각지에 적어도 160개소에 달하는 시장이 확인된다고 하며, 그밖에 현재도 도처에 남아있는 '~시(市)', '~일시(日市)'란 지명의 많은 수가 중세까지 연원을 거슬러 오르는 점을 보면 전국적으로 시장은 상당한 수에 달했을 것으로 보인다.

가마쿠라시대의 시장은 대개 지역의 사찰 또는 신사 주변에 형성되는 경우가 많고 주로 종교세력이 지배력을 행사함으로써 근방의 세속권력으로부터 일단은 독립한 공간으로 존재할 수 있었다. 지역의 각급 영주들은 도로를 개보수하고 개시 날 무사를 파견하여 치안을 유지하는 등으로 종교세력과 협력하거나 때로는 긴장관계를 형성하기도 했다.

무로마치시대에 들어서면 상설전포가 조금씩 늘어나고 정기시도 육재시라 불리는 5일장이 증가한다. 그러나 아직은 상설전포보다 정기시가 상품거래의 주무대였으며, 시장 상인의 태반은 도처에서 모여든 대소 각양각색의 행상인들이었다. 이런 식으로 정기시와 행상인을 중심으로 한 상품유통은 중세 세계사의 보편적인 현상이라 할 수 있다. 또 무로마치시대는 점차 시장에 대한 세속권력의 개입이 강화되면서 이들에게 세금을 징수당하는 사례도 늘어난다.

그러면 무로마치시대 지역 시장의 공간구성에 관해 조금 구체적으로 살펴보자. 규슈 오이타현(大分県)의 우사하치만궁(宇佐八幡宮) 소장 문서에는 1413년(응영20)경 인근 해변인 와마하마(和間浜)에서 열린 시장의 모습을 담은 평면도가 남아 있다. 와마하마에서는 매년 음력 8월이 되면 해변에 가까운 바다에 신전을 세우고 같은 달 15일 방생회를 열었다. 이때 신전 앞 해변과 수직을 이루는 방향으로 설정된 좁고 긴 공간에서 8월 초하루부터 15일까지 보름간에 걸쳐 시장이 열렸다. 평면도로 확인하면 위 공간을 중앙 통로로 삼아 양쪽에 서로 마주보는 형태로 전부 27개의 점포가 배치되었다. 중앙통로 한 가운데에는 "이 시장은 동쪽을 머리로 한다"라고 묵서되어 있다. 신전이 공간의 동편 끝에 위치한 까닭에 동쪽 점포가 중시되었을 것이다. 또한 신전 앞에 세워진 도리이(鳥居) 측면 구석진 곳에는 제법 큰 독립 건물에 '경고옥(警固屋)'이라 하여 개시 기간 동안 질서를 유지하기 위한 시설이, 또 그 북쪽으로는 영주가 파견한 대관(代官)의 '시목대(市目代)'라는 작은 건물이 자리한다. 신전 반대편 시장의 서쪽 입구에 '이 안은 살생금단'이란 제찰(制札)이 세워진 점과 아울러 고려하면 전체적으로 시장의 평화를 대단히 중시하는 공간구성임을 짐작할 수 있다. 그리고 제찰 옆 넓은 공간은 '우마시(牛馬市)'로 여기에서 마·소가 거래되었을 것이다. 이처럼 일본 중세의 지역 시장은 사찰, 신사의 법회나 제례 때만 시장이 개설되다가 시간의

경과와 함께 이윽고 상설시장, 역참 등으로 발전해 간 곳이 많다.[28]

또한 앞서 언급한 『연작지대사』의 말미에도 중세 후기 시장의 일반적인 공간구성에 관한 도해(圖解)가 실려 있다. 그 기본구조를 보면 먼저 시장의 크기는 중앙부의 도로를 사이에 두고 양쪽으로 각기 360심(尋, 1심= 1.36~1.8m. 약 500~650m)씩이며 이것을 12심(16~21m)으로 나누어 규격화했는데, 이는 1년= 12개월= 360일에 맞춘 것이라고 한다. 따라서 도로 한 면은 360÷12= 30칸(間= 軒)으로 구성되고 양쪽을 합하면 60칸이다. 이 전체를 상정(上町) 48칸, 하정(下町) 12칸으로 나눈다. 전자는 아미타불의 사십팔원(四十八願), 후자는 약사여래의 십이대원(十二大願)에서 연유된 것이라고 한다. 도로 가운데 지점에 사당이 있는데 아마 아미타불과 약사여래, 시장의 신인 스미요시다이묘신을 모셨을 것이다. 상정과 하정의 입구 즉, 도로의 양 끝에는 각각 큰 문이 있고 문 위에 외부의 부정으로부터 신성한 공간을 지키기 위한 금줄과 같은 결계(結界) 기호가 보인다. 상정 48칸은 연작 상인의 우두머리인 '6명'의 상인두 밑에 26개의 주로 생필품을 취급하는 전포가 있다.[29] 하정 12칸에는 8종의 직종명이 보이는데 특히 예능 관계의 직종이 많아서 상정과는 공간적인 성격을 달리 하는 것으로 보인다.[30] 하정 출입문 바로 바깥쪽에는 목욕탕과 숙박소 건물이 마주보고 서있다. 필자로서는 위와 같은 공간구성이 당시의 어떤 특정 시장을 모델로 한 것이라기보다 당대 시장의 일반적인 형태를 제시한 것으로 이해된다.

위 도해에서는 상정의 가장자리 사당 가까운 지점에 빗, 바늘 전포가 배치

---

28) 石井進, 앞의 논고 「商人の原像 -千駄櫃と連雀-」, 251-254쪽, 264쪽.

29) 上町 26개의 전포명은 입구로부터 차례로 ① 견직물, ② 朱, ③ 쌀, ④ 대두, ⑤ 紙類, ⑥ 나무 그릇(=桧物), ⑦ 염색, ⑧ 弓矢, ⑨ 초(蠟燭), ⑩ 기름, ⑪ 대장간, ⑫ 목수, ⑬ 白器(?), ⑭ 식기, ⑮ 伊勢物(伊勢国의 특산물), ⑯ 토기, ⑰ 염장 해산물(=合物), ⑱ 과일, ⑲ 우산(=指笠), ⑳ 등롱, ㉑ 납비, ㉒ 솥, ㉓ 잿물(灰汁), ㉔ 숯, ㉕ 빗, ㉖ 바늘이다.

30) 下町의 7개 전포는 입구로부터 차례로 ① 걸식승(移他家. 供養을 위해 灌頂을 권유하며 물엿·강정·차를 전매함), ② 여자 소경(샤미센[三味線]을 타거나 노래하며 구걸), ③ 유녀, ④ 다다미, ⑤ 멍석, ⑥ 삿갓, ⑦ 도롱이, ⑧ 가무 유녀이다.

된 점에도 주목할 필요가 있다. 앞서 본 『저울의 유래』 제3권 「상인의 유래」에서는 열도 내 시장의 기원인 야마토 미와시(三輪市)에서 처음 거래된 상품이 빗과 바늘이며, 이런 유래에 따라 새로 시장을 열 때는 상인 대표가 지두에게 빗·바늘·저울을 지참한다고 했다. 빗은 여성의 혼이 담긴 주구(呪具)로 여겨져 고대 이래 부부, 친자 간의 인연을 끊을 때 빗을 던져 주는 풍습이 있었다. 바늘도 재봉도구로써 뿐만 아니라 금속이 지닌 주력(呪力)으로 마물을 물리치거나 귀신의 정체를 폭로하는 힘이 있다. 「상인의 유래」 후반부에는 개시 의례가 끝나면 바늘 100~200개씩을 담은 항아리를 말 두 필에 실어 마상에서 사방으로 뿌리고 이것을 하층민들이 줍는 것으로 드디어 시장 거래가 시작된다고 한다. 즉, 빗과 바늘에는 개시를 신에게 고하고 부정을 물리친다는 의미가 담겨 있는 것이다. 그러므로 『연작지대사』의 도해에서 신불을 모시는 사당 가까이에 이 두 상품을 파는 전포를 배치한 것은 비일상적이며 성스러운 공간으로서 중세 시장의 성격을 드러내주는 것이라고 할 수 있다.[31]

2) 물가동향과 소비자 의식

경제가 어느 정도 발전하면 수요, 공급의 원리에 입각하여 자연스럽게 물가변동이 발생하고 일반의 소비 패턴도 그에 대한 일정한 대응을 하게 된다. 사쿠라이 에이지(桜井英治)는 중세 일본의 물가동향과 소비자 의식의 복합적인 상관관계에 대한 대단히 정치하고 포괄적인 견해를 제시했다.[32] 이하, 장문이긴 하지만 주로 그의 연구성과에 의거하여 이 문제에 접근해보기로 하자.

---

31) 이상, 중세 후기 시장의 일반적인 공간구성과 그 성격에 관해서는 石井進, 앞의 논고 「商人の原像 -千駄櫃と連雀-」, 268.-276쪽을 주로 참조함.
32) 桜井英治, 「中世における物価の特性と消費者行動」, 『国立歴史民俗博物館研究報告』 113, 2004.

일본 고대에서 중세에 걸쳐 시장의 실제 상품 시세를 의미하는 가장 기본적인 용어는 '화시(和市)'이다. 중세 전기까지는 '고가(沽價)'라는 말도 사용되었으나 이는 공정가격이라는 한정된 의미였다. 당시 지배층의 통념은 화시란 비천한 것이어서 고귀한 신분이 이용해선 안 되는 것이었다. 그러나 때로는 외부적인 작위, 자의가 없는 적정가격이란 긍정적인 의미로 사용되기도 했다. 현대 일본어에서 시세를 의미하는 '상장(相場)'이라는 용어가 처음 등장한 것은 16세기 후반이며, 그 사용례가 확대되어 화시와 최종적으로 대체된 것은 에도시대부터이다.

「제예재매매대물사(諸芸才売買代物事)」는 무로마치시대 초기인 14세기 말~15세기 초 교토에서 매매된 41개 품목에 대해 그 제작비, 화시 등을 관련 직인과 상인을 통해 직접 확인하여 기재한 것으로 보이는 물가표이다. 여기에는 비단은 가가(加賀)와 미노(美濃), 면은 미노와 엣츄(越中), 술은 야나기(柳), 숯은 오노(小野) 등등, 지역적 특산물이 다수 보이며 그 브랜드화 경향을 엿볼 수 있다. 이 사료는 각 품목의 중단기적인 물가변동에 관해서도 귀중한 정보를 제공해준다. 예컨대 옻 6되들이 네 통의 가격이 근년 30~33관문까지 급등하여 해당 상인이 막부에 소환당하고 그 결과 24관문으로 인하되었다는 기사가 있다. 이 경우는 3대 장군 아시카가 요시미츠(足利義満, 재직 1368~1394)가 은퇴 직후 1397(응영4) 기타야마전(北山殿)을 조영한 데 따른 옻 수요증가가 상당한 영향을 미쳤을 것이다. 원재료인 옻 가격의 등귀는 이전까지 한 개 100문으로 안정적이던 옻칠한 '에보시(烏帽子)'의 제품가도 인상시켰다. 이밖에도 상품의 단기적인 가격변동에는 계절적 요인도 크게 작용하여 숯은 난방용 수요가 급증하는 동절기에 가격이 상승했다.

그러면 이 같은 물가변동에 대해 소비자는 어떤 반응을 보였을까? 임제종(臨濟宗)의 대본산 중 하나인 교도 대덕사(大德寺) 소속 진주암(眞珠庵)에서는 사원 경제가 심한 곤경에 처한 1565년(영록8) 8월 전부 25개 조에 달하는 경영규칙을 제정했다. 그 내용에는 계절적인 물가변동에 따른 제반 물자의 구매 시기를 비롯하여 지출 절감을 위한 구체적인 방안이 다수 포함되어 있다. 그 중 제20조는 등화용 기름을 원료인 깨, 들깨의 수확기를 감안하여 값이 저렴할 때 구입하도록 규정한 내용이다. 또 제13조는 음력 정월이나 2월에 땔감을 구입하라는 것이며, 제14조는 소금을 가격 하락기인 음력 7~8월에 구입하고 장유(醬油)는 11~12월에 담근다는 내용이다.

계절적인 물가변동에의 대응은 노동 임금의 지출에도 적용되었다. 제16조는 지붕이음에 관한 규정인데, 용재인 밤나무 판자는 7월 중순 이전의 가격이 쌀 때를 보아 구입하고 작업 자체는 8월이 가장 좋다고 했다. 그런데 고승 렌뇨(蓮如, 1415~1499)도 야마나시(山科) 본원사(本願寺)의 공사에서 작업 시기는 4, 5월~8월이 좋다고 했다. 왜 이 시기일까? 중세 일본에서 공인의 노동시간은 고대 이래의 관습에 따라 원칙적으로 일출부터 일몰까지였다. 그러나 고대사회가 낮의 장단에 따라 '장공(長功)', '중공(中功)', '단공(短功)'을 구분하고 지불 임금도 노동시간에 비례시켰음에 비해 중세는 시급(時給)으로서 성격이 약해지고 일급(日給)이 일반화되었다. 중세의 가장 표준적인 공인 임금은 계절에 관계없이 1일 100~110문이다.[33] 하지만 공인의 실제 1일 노동시간은 여름이 길고 겨울은 짧다. 따라서 여름철은 실질 임금이 하락하는 셈이므로 건축공사도 이 계절에 집중되고 자재 가격도 상승하는 것이다. 진주암 규정의 제16조가 여름철 가운데도 하필이면 8월을 작업의 적기로 지정한 것은 실질 임금이 하락하는 동시에 장마가 끝난 후 비교적 맑은 날씨가 이어지는 달이라는 판단 때문일 것이다.

위와 같은 현상의 배경에는 중세 일본 고유의 화폐를 기준으로 한 노동관

---

33) 공인의 노동시간과 임금에 대해서는 永井規男, 「実隆公記に現れた貴族住宅の作事」, 『日本建築学会論文報告集』 136, 1967; 동, 「歴史のなかの建築生産システム」, 新建築学大系編集委員会 編 『新建築学大系 建築生産システム』, 彰国社, 1982. 이는 桜井英治, 앞의 논문 「中世における物価の特性と消費者行動」에서 재인용함.

이 작용했을 가능성이 크다. 이미 고대 편에서 다룬 대로 8세기 공인 임금의 장기적 변동은 710년대 1일 1문이던 것이 770년대는 1일 15문까지 등귀한다. 하지만 같은 기간의 미가상승률을 고려하면 1일 노동으로 2~3되의 쌀을 구매하는 것은 같았다.[34] 다시 말해 고대의 임금은 미가 기준으로는 거의 일정했던 것이다. 그런데 중세의 공인 임금은 미가가 아닌 화폐를 기준으로 하여 1일 100~110문으로 일정한 추이를 보인다. 따라서 수령한 임금으로 구매 가능한 쌀은 미가 시세에 따라 차이가 날 수밖에 없었다. 그 후 에도 시대가 되면 공인의 표준 임금이 미가를 기준으로 1일 약 6되가 되어 고대의 기준이 부활하고 실질적으로 임금이 상승하는 양상을 띤다.[35] 그러면 중세의 임금은 왜 쌀과 결별하고 동전을 기준으로 삼았을까? 이는 중세의 동전이 쌀의 화폐 기능을 압도하고 거의 단일통화로서 지위를 확보했으며 공인들도 동전을 선호한 때문일 것이다. 동전 유통에 관해서는 뒤에 상세히 논할 예정이다.

한편으로 계절적 물가변동 외에 중세의 소비자는 지역 간 가격차에도 민감히 반응했다. 교토 동사(東寺)의 진수(鎮守) 하치만궁(八幡宮)에서는 1456(강정2)~1459년(장록3) 등유를 가까운 교토 시중이 아닌 야마사키(山崎)에서 구입했다. 원래 교토와 야마사키의 등유상인은 같은 오야마사키 유좌에 속한 신인들이지만 말할 필요도 없이 경영은 분리되어 서로 경쟁하는 존재였다. 그런데 당시 하치만궁의 구매 담당 승려 유신(祐深)이 작성한 산용장(算用状)은 구입처를 야마자키로 했을 때의 구입 단가와 운송비의 합이 교토에서 구입할 경우에 비해 금액 면에서 상당히 절감되는 것을 세밀한 계산을 통해 대비시키고 있다. 야마사키에서의 등유 구입은 그 결과일 것이

---

34) 櫛木謙周, 「長屋王家の消費と流通經濟 -勞働力編成と貨幣・物価を中心に-」, 『國立歴史民俗博物館研究報告』 92, 2002

35) 田辺泰・渡辺保忠, 「建築工匠の賃銀について」, 『日本建築学会研究報告』 1, 1949. 이는 桜井英治, 앞의 논문 「中世における物価の特性と消費者行動」에서 재인용함.

다. 이밖에도 유신은 계절적, 시기적으로 가격이 상승했을 때는 소량을, 하락했을 때는 대량의 등유를 구입하는 전략을 함께 구사했다.

위와 같이 중세의 대량 소비자들은 수확기가 명확한 농산물은 말할 나위 없고 각종 가공품과 심지어 노동력에도 계절적인 물가변동과 지역 간 차이가 있음을 숙지하였으며, 이런 사항을 종합적으로 판단하여 가급적 저렴한 가격에 물품을 구매하고자 했다. 또한 극히 일부이긴 하지만 대량 소비자층에는 물가변동의 메커니즘을 연구하여 구체적인 구매전략을 세우는 자도 있었다.

이상이 사쿠라이의 논문을 필자 나름대로 요약, 정리한 내용이다. 그의 연구가 중세 일본의 유통사를 소비자 의식까지 고려하여 세부적으로 논증한 점은 높이 평가할 만하다. 다만 사료상 제약이 큰 탓이겠으나 대량 소비자가 아닌 일반 서민의 물가변동에 대한 개별적 혹은, 집단적 대응을 거의 검토하지 못한 점은 금후의 과제로 남은 것 같다.

중세의 물가동향에 관해서는 1445년(문안2)의 「효고북관입선납장」에 기재된 관세액의 산정방법을 해명해서 그것을 역산하여 당시 물가를 복원하는 방법도 있다.[36] 이런 방법론에 기대어 최근 야마토야 이쿠미(大和谷郁美)는 효고 북관에서 통관된 주요 상품의 통관 물량과 가격의 계절적 변동을 분석했다. 그는 쌀의 경우 수확기 통관과 품귀상태인 단경기(端境期) 통관의 두 가지 패턴이 있음을 밝혀내고, 후자는 배후에 상인에 의한 출하조정이 있을 것으로 추정했다. 또한 건축용 통나무에 대해서도 같은 방법으로 분석하여 여름에 목재의 통관량이 분명히 증가한다고 지적함으로써 앞서 본 사쿠라이 에이지의 여름철 건축공사가 집중된다는 연구결과와 상통하는 결론을 내렸다. 그러나 물가를 유추해내기 위해 시도한 쌀, 목재에 부과된 관세 분

---

36) 처음 이 방법론을 제기한 것은 藤田裕嗣, 「兵庫北関入舩納帳にみえる関銭をめぐる考察 - 升米の再検討-」, 『国立歴史民俗博物館研究報告』 113, 2004.

석에서는 겨울철 약간의 하락 경향이 보이지만 전체적으로는 거의 변동이 없는 것으로 결론지었다.[37] 즉, 관세액을 통해 추정해 본 물가에는 사쿠라이의 주장과는 달리 계절적인 수요, 공급의 원칙이 작용하지 않는다는 것이다. 이 점에 관해서는 역시 방법론을 재검토하여 관세액의 산정기준이 된 공식 물품가격과 실제 시장가격 사이에 차이가 있는 게 아닌지를 먼저 고려할 필요가 있을 것이다.

3. 중세의 도시

일본역사상 도시의 기본형태에 대해서는 시대별로 고대는 도성, 근세는 성하정(城下町)이라는 하나의 통합된 지표가 존재한다. 그러나 재지영주가 지배한 도시, 중앙의 강대한 사찰·신사 등 권문을 배경으로 한 종교도시, 전국다이묘의 성하정, 그밖에 교통 발달에 따른 항만도시, 역참도시 등등 도시의 형태가 극히 다양하게 나타나는 중세사회에서는 그런 두드러진 지표를 찾기 어렵다. 이 때문에 고대, 근세의 도시사가 도시계획 및 도시의 내부 집단에 대한 검토로까지 연구가 심화되고 있는데 비해 중세도시에 대해서는 해당 시대에 존재한 모든 도시를 중세도시로 볼 것인지 혹은, 일정한 중세적 특질을 갖춘 도시만으로 한정지을 것인지 그 기본개념에서조차 현재까지 학계의 공통인식이 정착되지 못했다.[38]

---

37) 大和谷郁美, 「『兵庫北関入舩納帳』から見る物価の変動」, 『北大史学』 46, 2006.

38) 佐々木銀弥, 「日本中世都市の自由·自治研究をめぐって 一中世都市史研究の出発点一」, 『日本中世の都市と法』, 吉川弘文館, 1994(초출은 1972); 宇佐見隆之, 「コラム 中世都市研究の課題」, 佐藤信·吉田伸之 編 『新体系日本史6 都市社会史』, 山川出版社, 2001.

1) 도요타 다케시의 봉건도시론

물론 다양한 중세도시의 공통점을 추출하고 그것을 당대 사회구조와 결부시켜 이해하려는 시도가 전혀 없었던 것은 아니다. 대표적인 학설로는 마르크스주의 역사학이 주도하던 1950년대에 제기되어 학계의 폭넓은 지지를 얻은 도요타 다케시(豊田武)의 봉건도시론을 들 수 있다.[39] 이하, 조금 난해하긴 하지만 봉건도시론에 대한 과거 학계의 일반적 이해와 근년 제기된 신설에 관해 살펴보자.

도요타의 봉건도시론은 전국시대의 특권적, 문벌적인 유력 상인들이 과두 지배한 기내의 교토, 사카이 등을 이른바 '자유도시'로 규정하고, 이것들을 일본 중세도시의 전형으로 파악한 한정적 의미의 자치도시론으로 후학들에게 인식되는 경우가 많다. 그리고 도시의 '자유', '자치'는 군주의 전제성이 강한 아시아적인 특질로 인해 결국 전국시대 말기의 오다 노부나가, 도요토미 히데요시 등 강력한 통일권력의 무력 앞에 굴복하고, 그 후 에도막부에게 일원적으로 지배당하는 근세도시로 이행하게 된다는 부정적 측면이 강조되었다. 과연 도요타설에 대한 위와 같은 과거의 이해는 정확할까?

봉건도시론은 분명히 전국시대를 배경으로 전개된 학설이다. 그러면 중세 전기의 도시에 대해 도요타는 어떤 성격을 부여했을까? 그는 중세도시를 장원영주의 소비경제를 기반으로 성립된 가마쿠라시대까지의 고대적인 '장원제 하의 도시'와 후기의 중세적인 '봉건도시'로 구분하고, 전자에서 후자로 단계적 발전과정을 상정한다. 이러한 도요타의 기본 시각은 가마쿠라시대를 반(半)고대적인 장원제사회로, 남북조내란 이후를 봉건제 확립기로 보는 점에서 패전 후 일본 중세사학계의 주류와 거의 일치한다.

그런데 문제는 도요타의 봉건도시론에서 '자유도시'란 일반적 이해처럼

---

39) 『豊田武著作集4 封建都市』, 吉川弘文館, 1983(봉건도시 관계의 초출 연구는 1952년, 1957년 등); 豊田武·原田伴彦·矢守一彦 編, 『講座日本の封建都市』, 文一総合出版, 1982.

봉건도시의 전형이 아니라 그것이 성립해가는 하나의 단계에 지나지 않는 다는 점이다. 그의 논리에 입각하면, 중세 후기에 들어 봉건영주의 가신단 이 수적으로 중대하고 권력이 특정 지역으로 집중하면서 영주 거주지, 영내 교통 요지 등에 봉건도시의 원형들이 형성된다. 점차 상공업자들이 그곳으 로 이주하여 수공업동업자조합(Zunft), 상인동업자조합(Guild) 등을 결성하 며 세력을 형성하고, 영주에 대한 저항을 통해 점차적으로 자치권을 쟁취함 으로써 소위 '자유도시'를 형성하게 된다는 것이다. 이러한 핵심 논리가 유 럽 중세도시사로부터 큰 이론적 영향을 받았음은 말할 필요도 없다. 나아가 서 도요타는 사카이와 같은 '자유도시'가 전국시대 말기 통일권력의 탄압을 받아 자유를 제한당하는 '직할도시'로 변모하긴 하지만, 도시 상층부의 호상 (豪商)들은 오히려 새로운 권력을 적극적으로 지원한 것으로 간주했다. 그 는 봉건도시의 완성형을 도시에 대한 통일권력의 통제가 관철된 16세기 말 의 사사 문전정(門前町)과 항만도시 그리고 이것들의 기능을 복합적으로 수 렴한 근세의 성하정에서 구한 것으로 보인다.[40]

이상의 정리를 통해 도요다가 '자유도시'를 후학들이 이해하는 것처럼 일본 중세도시의 전형으로서가 아니라 봉건도시가 형성되는 하나의 단계로서 중 시했을 뿐이라는 점을 이해할 수 있을 것이다. 필자는 봉건도시론에 대한 이 러한 학계의 일반적 이해를 통해 패전 후 일본 마르크스주의 역사학자들의 전전(戰前) 체제에 대한 비판의식과 아울러, 그 반작용으로 유럽사 중심의 발 전단계론을 무비판적으로 수용한 이데올로기적 경향성을 강하게 느낀다.

1970년대 이후 마르크스주의 역사학이 급속히 퇴조하고 그와 동시에 봉 건제가 중세사학계의 주요 연구과제로부터 점차 소외되면서 '봉건도시', '자 유도시'라는 용어도 학계에서는 더 이상 사용하지 않게 되었다. 고대적인 장

---

40) 이상, 豊田武의 封建都市論에 관한 재검토는 高橋慎一郎, 「「封建都市論」から学ぶこと」, 『遥かなる中世』 20, 2003의 정리를 참조함.

원제 하의 도시에서 중세적인 봉건도시로 이행을 논한 도요타의 설은 현재로도 충분히 참고할 가치가 있는 동시에, 여러 측면에서 보완이 요구되는 것도 사실이다. 예컨대 1970년대 말 이후 아미노 요시히코(網野善彦)는 도요타의 봉건도시론 이래 영주와의 관계를 통해서만 이해되어온 그간의 중세도시사 연구에 대해 영주 지배만으로는 수렴되지 않는 '무연(無緣)'의 원리에 입각한 다양한 '도시적인 장(場)'의 존재를 제기함으로써 도시사 연구의 활성화에 이바지했다.[41] 단, 그의 연구가 자유로운 경제활동에만 주목함으로써 그 전까지 학계가 역점을 두던 도시와 권력의 관련성 및 정치구조에 대한 관심이 아미노 이후 퇴조해버렸다는 일각의 비판도 있다.[42]

2) 중앙의 도시

먼저 가마쿠라시대 동일본의 정치적, 경제적 수도 역할을 담당한 도시 가마쿠라(鎌倉)에 관해 살펴보자. 가마쿠라는 사가미만(相模湾)에 면하여 보소반도(房総半島) 방면과 무사시(武蔵) 국부 방면으로 연결되는 도로의 분기점에 위치하며, 그런 까닭에 일찍부터 남부 관동지역 무사들의 거관이 다수 위치했다. 미나모토 요리토모가 1180년(치승4) 여기에다 막부를 연 것은 교통 요지로서 가마쿠라가 지닌 지리적 가치 때문으로 생각된다.

가마쿠라에 대해서는 종래의 문헌사학에 더하여 근년 들어 활발한 발굴조사를 통해 상당한 양의 고고학적 성과가 축적되고 있다. 이것들을 종합해보면 막부 성립기의 가마쿠라에는 미나모토 요리토모의 어소(御所), 쓰루오카하치만궁(鶴岡八幡宮) 등 주요 시설이 면한 중앙의 간선도로가 존재했고, 어소 주변은 장군에 직속하는 어가인(御家人)들의 숙관(宿館)이 늘어서 있었다. 단, 어가인들은 평소 자신의 영지에 정주하며 가마쿠라에는 일시적으

41) 網野善彦, 앞의 책『無緣・公界・楽』; 동, 『日本中世都市の世界』, 筑摩書房, 1996,
42) 秋山哲雄, 「鎌倉と鎌倉幕府」, 『歴史学研究』859, 2009.

로 체류할 뿐이었다. 13세기 중엽에 이르면 가마쿠라는 두 차례에 걸친 어소 이전을 계기로 초기적인 도시계획에 입각해서 시가지가 정비된다. 어소 이전 및 도시계획의 배경에는 1221년(승구3) 승구(承久)의 난을 평정한 이후 장군 권력을 자신의 저택 내에 안치하고 이전한 어소 주변과 어소가 면한 와카미야대로(若宮大路)를 축으로 시가지를 정비하고자 한 당시의 집권(執権) 호죠 야스토키(北条泰時, 1183~1242)의 정치적 야심을 읽을 수 있다. 호죠씨의 주도 하에 막부의 거점도시로 면모를 일신한 후부터 가마쿠라는 교토와 어깨를 나란히 하는 열도 중앙의 도시로서 일반에게 인식되었으며, 가마쿠라막부 또한 교토 조정에 대한 의존에서 벗어나 독자성을 강화하게 된다.

이리하여 13세기 후반 이후 가마쿠라는 많은 인구가 밀집하여 도시로서 크게 번창한다. 그 이유로는 세 가지 구심성을 들 수 있다. 첫째는 재판을 둘러싼 구심성이다. 당시도 소송절차에는 긴 시간이 소요되었기에 양 당사자들은 가마쿠라에 장기체류가 불가피했으며 당연히 다수의 숙박시설이 필요했다. 둘째는 경제적 구심성이다. 이를 상징적으로 보여주는 것이 다수의 창고군이다. 가마쿠라 시중에는 어가인들에게 지급할 현물 급여 등을 보관하기 위한 수혈식(竪穴式) 창고 건물이 다수 들어섰고, 특히 관동지역 어가인의 급여는 이런 창고에 보관했다가 시중 각지로 풀려나가 환금되었다. 가마쿠라에 미곡을 위시한 각종 물자가 집결하자 동전 수요도 덩달아 증대했다. 후술하는 대로 일본 중세의 동전 유통은 주로 도시부에 편재했으며 이런 상황은 가마쿠라도 예외가 아니었다. 13세기경부터 연공 전대납(錢代納)이 시작된 것도 대량의 동전을 필요로 한 도시 가마쿠라의 존재와 무관하지 않을 것이다. 이리하여 가마쿠라는 동일본 경제의 최대 거점으로 성장한다. 셋째는 종교적 구심성이다. 송에서 건너온 승려들을 중심으로 가마쿠라 교외에 건장사(健長寺), 원각사(圓覺寺) 같은 대규모 선종 사원이 개창되고,

율종(律宗), 일연종(日蓮宗), 정토종(浄土宗) 등 다양한 불교 종파와 종교인들이 신자 획득과 교단 발전을 위해 가마쿠라에 거점을 형성했다. 이에 따라 수많은 신자들이 가마쿠라로 운집한 것은 말할 나위 없다. 사찰의 구심성이 높아지자 가마쿠라 시가지 전체의 구심성도 동시에 고조되었으며, 심지어 막부가 이들 다수의 불교세력을 행정과 치안에 이용한 결과 현지 사찰들도 전통적인 권위를 자랑하는 기내 사찰에 대해 점차 우위를 확보하게 되었다.

이렇게 도시로서 구심성이 다방면에 걸쳐 증대함에 따라 애당초 정치도시로 출발한 가마쿠라의 공간적인 양상도 변모해간다. 정치적 구심력의 핵으로 군림해온 장군 어소나 호죠씨 득종(得宗)의 저택이 차츰 뒤안으로 물러서고 불교 사찰을 비롯한 새로운 정치적 중심이 가마쿠라 내에 산재하는 다핵적인 상황이 연출된 것이다.[43]

다음으로 무로마치시대의 교토에 관해 살펴보자. 교토는 무로마치막부의 직할지인 동시에 장군 권력의 핵심 거점으로서, 교토에 대한 시정권 확립과 막부의 지배체제 확립이 상호 불가분의 관계로 밀접히 연계되었다.[44] 그 전까지 무사정권의 중심이던 가마쿠라가 아니라 교토가 새로운 막부의 소재지로 선택된 이유는 무엇일까? 이 점에 대해 선행 연구에서는 무로마치막부가 성립한 1330년대 당시 초대 장군 아시카가 다카우지(足利尊氏, 재직 1338~1358)의 무력 편성에서 기내지역 무사단이 중요한 지위를 점한 점, 열도 경제의 핵으로서 교토의 유통경제 발달, 교토 지배에 의욕적이던 후제호천황(後醍醐, 재위 1318~1339) 측의 움직임을 막부가 예의주시해야 할 필요성 등, 세 가지 이유가 지적되고 있다.[45] 이 중에서도 가장 중요한 요인은 교토가 가진 중앙시장으로서 탁월한 지위 때문일 것이다.

---

43) 이상, 도시 鎌倉에 관해서는 秋山哲雄, 앞의 논문 「鎌倉と鎌倉幕府」를 주로 참조함.

44) 佐藤進一, 앞의 논고 「室町幕府論」.

45) 村井章介, 『日本の中世 10 分裂する王権と社会』, 中央公論新社, 2003.

이 무렵 교토의 유통경제와 막부재정에 강대한 영향력을 행사한 것은 앞서 논한 산문 연력사를 필두로 한 종교 권문들이었다. 막부도 이들을 통하지 않고는 교토에 대한 유통 및 재정정책을 시행할 수 없었다. 3대 장군 아시카가 요시미츠는 교토 상인에 대한 연력사의 지배권에 일부라도 참여하기 위해 주조업에 대해서는 동경(東京)의 주옥들을 연력사 본사가, 서경(西京)의 누룩업자들을 연력사의 말사인 기타노사(北野社)가 각기 막부의 인가를 받아 세금을 납부하고 지배하게 했다. 이는 막부의 교토에 대한 도시민 지배가 종교 권문들의 상인지배를 전제로 했기 때문에 나타난 현상이다. 그러나 앞에서 본 대로 기존 권문들로서는 거의 불가능했던 토창, 주옥에 대한 일률적인 세금 부과를 1393년(명덕4) 막부권력이 독자적으로 강행한 것은 그 의미하는 바가 상당히 크다고 할 수 있다.[46]

그 후 응인의 난을 거치며 전국 각지의 영주들은 다수의 가신과 군세를 수도 교토에 주둔시켰다. 따라서 과외의 방대한 소비수요가 발생하여 각종 수공업 생산지가 교토 시가지를 중심으로 기내 각지에 성립한다. 15세기 후반 무렵 기내에는 교토, 나라와 같은 대규모 소비도시를 중핵으로 요도, 효고, 오츠, 사카모토 등 일련의 위성도시망이 형성되었다.

한편, 막부의 중앙집권적인 지배력이 미약했던 덕분에 사회 각 계층이 힘의 논리에 의거해서 온갖 욕구를 분출시킨 무로마치시대는 일본역사상 민간이 주도한 최초의 도시문화라고 할 수 있는 교토의 문화가 개화했다. 무로마치막부의 종교 권문에 의존한 조금은 치졸하다 할 수 있는 경제정책이 결과적으로 유복한 신흥상인들의 성장을 촉진했고, 그들이 교토의 정식 도시민인 '정중(町衆)'으로서 각종 제례뿐만 아니라 예능, 예술, 유흥 등의 보호자 역할을 자임하고 나선 것이다. 지방에서 힘을 축적한 일부 유력한 무사들도 강한 동경을 품고 상경하여 점차 교토의 문화를 자신의 영지로 이식해갔으

---

46) 三枝曉子, 앞의 논문 「室町幕府の京都支配」.

니 작은 교토가 각지에 출현했다. 심지어 정중의 비호를 받은 유랑예인들은
방방곡곡을 넘나들며 '교토'를 전파했다. 이리하여 수도 교토의 문화는 열도
전역에 걸쳐 강렬한 영향을 미치게 된다.

3) 지방의 도시

지방의 대표적인 중세도시로서는 규슈의 하카타(博多)와 동북의 히라이
즈미(平泉)를 들 수 있다.

하카타는 이미 고대부터 한반도와 중국으로 통하는 창구 역할을 담당했
고, 11세기 이후는 무역도시로 번창했다. 특히 무로마치시대의 하카타는 명
과의 감합무역(勘合貿易)을 비롯하여 조선, 유구, 동남아시아를 연결하는
중계무역항으로서 중요한 위치를 점했다. 이 시기 하카타의 상인들은 무역
을 통해 상당한 부를 축적했으며 개중에는 막부 장군 또는 규슈 일대에서 할
거한 다이묘의 사자로서 조선, 명으로 도항한 자들도 있다.

무로마치시대의 무역도시 하카타에 대해서는 보통 이러한 경제력을 배
경으로 상인들의 자치적 단결이 상당히 강했던 것처럼 평가되어 왔다. 하지
만 조선의 문관 송희경(宋希璟, 1376~1446)이 기해동정(己亥東征) 이듬해
인 1420년(세종2 · 응영27) 통신사로서 일본을 방문한 때의 기록물『노송당
일본행록(老松堂日本行録)』은 위와는 성격이 다른 정보를 전해주고 있다.
이 자료는 15세기 전반 일본사회의 각 방면에 관한 풍부한 정보가 담겨 있으
며, 조선인에 의한 가장 오래된 일본기행문으로 회자된다. 통신사 일행은 귀
로에 하카타에서 보름 정도 체류한 후 쓰시마를 경유하여 귀국한다. 그런데
당시의 하카타는 무역과 조선(造船)의 도시로 인근 각국에 이름이 알려졌지
만 현실은 그다지 잘 정비, 발전된 도시가 아니었던 같다. 일행이 처음 하카
타에 당도했을 때 접객을 담당한 일본 측 관리는 사절단의 통행을 위해 도로
청소와 웅덩이를 메우는 작업을 시중에 명했다. 실제로 근년의 발굴조사에

의하면 당시 하카타 시가지는 도로 요철이 심하고 도로 중앙에서 직경 1m 가 넘는 큰 구멍이 발견되기도 했다. 또한 그 관리는 밤마다 출몰하는 도적 떼로부터 사절단 일행을 보호하기 위해 도로의 분기점에 경비용 문을 가설 하고 야간에는 민간 출입을 통제했다고 한다. 아마 이때의 문은 교토, 나라 에서 십자로마다 설치하여 정인(町人)들이 직접 출입을 관리한 '기도(木戶)' 와 같은 성격으로 보인다. 즉, 송희경이 견문한 1420년경의 하카타는 도로 기반시설의 정비와 치안 등을 둘러싼 정인의 자치가 아직은 발전도상의 상 태였던 것이다.[47]

하카타에 대한 도시민의 자치권이 어느 정도 정비된 것은 그 후 전국시대 에 들어서서 상인의 대표격인 12명의 '행사(行司)'가 시정을 운영한 때쯤으 로 사료된다. 그러나 이러한 자치권도 앞서 논한 바대로 오다·도요토미 정 권기 이후 강력한 통일 정권이 수립되고 봉건제가 확립되면서 급속히 제동 이 걸리게 된다.

열도의 동북지역에 위치한 히라이즈미는 오슈(奧州) 후지와라씨(藤原氏) 의 거점으로서 11세기 말~12세기 중존사(中尊寺), 모월사(毛越寺) 등 대가 람을 중심으로 하여 도시가 번성했다. 불교를 기본이념으로 삼아 사찰 중심 의 도시를 건설하는 것은 당 이후 동아시아권에서 흔히 볼 수 있는 현상이 다. 중세 일본의 경우도 교토의 신시가지 시라카와(白河)와 무사의 도시 가 마쿠라가 그러한 예이며, 히라이즈미는 가마쿠라에 약간 선행하는 사례라 고 할 수 있다.[48] 변경 권력인 오슈 후지와라씨는 스스로 열도 북방의 지배 자를 자임하고 조정으로부터 사실상 독립정권임을 승인받았다.

히라이즈미는 종래의 국가적 교통체계와는 다른 독자적인 인적, 물적, 문

47) 이상, 『老松堂日本行録』에 관한 검토와 도시사적인 평가는 安田次郎, 「宋希璟のみた日 本」, 동 『全集日本の歴史 7 走る悪党, 蜂起する土民』, 小学館, 2008, 240·248쪽에 의거함.

48) 入間田宣夫, 「北の平泉」, 入間田宣夫·豊見山和行 編 『北の平泉·南の琉球』, 中央公論新 社, 2002; 동, 「平泉藤原氏による建寺·造仏の国際的意義」, 『アジア遊学』 102, 2007.

화적 연결망을 형성한 것으로 추측된다. 히라이즈미로부터 수도 교토에 이르는 주 교통로는 오우산맥(奧羽山脈)을 횡단한 후 내륙 하운을 이용하여 열도 서해안의 항구에 도달하고 연안 해운을 통해 수도에 이르는 경로였다. 또한 기타가미강(北上川) 하구를 현관으로 한 태평양 연안의 바다 길도 물류의 동맥으로 기능했다. 주목할 만한 일은 하카타의 송상(宋商)을 경유한 중국과의 직접 교역이다. 히라이즈미의 유적지에서는 복건산(福建産) 백자가 대량으로 출토된다. 또한 함께 출토되는 자단(紫檀)·심향(沈香)·무소(犀) 뿔·상아·물소 뿔 등 베트남산 물품도 교토를 거치지 않고 하카타의 송상을 통해 중국 명주(明州, 나중의 경원, 현재의 영파)로부터 직수입된 것들로 보인다. 히라이즈미와 송상을 연결해준 것은 하카타를 거점으로 한 사원 세력들이었다.[49]

히라이즈미의 도시적 기반으로는 또 한 가지 북방 에미시(蝦夷)와의 교역을 빼놓을 수 없다. 쓰가루해협(津軽海峽)에 면한 혼슈 북단의 소토가하마(外が浜)에는 일대가 아직 에미시의 땅이던 10세기 중엽 무렵 일본 중앙정부 산하 진수부(鎭守府)의 출장소 성격을 띤 기관이 설치되어 장기간에 걸쳐 주변 에미시와의 교역, 공납을 관할했다. 이러한 기관의 설치 및 운영이 에미시 집단을 조직화하는 데 기여한 것으로 보인다. 그 후 에미시는 해상을 이용한 교역집단으로 성장했고, 기존의 열도 서해안 루트에 더하여 태평양 연안 루트를 개발함으로써 그들의 교역권을 혼슈뿐만 아니라 홋카이도 북부, 오오츠크해 연안까지 확대시켰다. 당시 혼슈와의 교역에서 철은 에미시 집단에게 필수품이었으며, 그 대가로 수리(鷲) 깃털·바다표범(水豹) 가죽·말린 연어 등 북방의 특산물이 교역품 혹은, 공납품으로서 혼슈 북부와 교토 등지로 반출되었다. 11세기 말~12세기에는 히라이즈미 정권도 소토

---

49) 平泉에 관해서는 斎藤利男, 「奧州藤原氏の首都遺跡 -平泉と衣川-」, 荒野泰典 등 편 『日本の対外関係 3通交·通商圏の拡大』, 吉川弘文館, 2010을 참조함.

가하마에 출장소를 설치, 운영하며 홋카이도 각지의 에미시와 교역망을 정비한 것으로 추측된다.[50] 이에 따라 같은 시기 태평양 연안 루트가 기존의 서해안 루트와 길항할 정도로 성장함으로써 히라이즈미-에미시의 교역이 홋카이도 동부, 사할린에까지 확장되고, 한편으로는 보다 양질의 수리 깃털이나 흑담비(黑貂) 모피 등이 대량 히라이즈미를 거쳐 교토로 보내졌다.[51]

이러한 대내외적 교역의 결과 교토, 가마쿠라와 같은 중앙 도시에 필적할 정도의 도시경관을 갖추면서도 중앙과는 여러 모로 이질적인 도시 히라이즈미가 탄생할 수 있었을 것이다. 그러나 1189년(문치5) 오슈 후지와라씨를 정벌한 가마쿠라막부는 그 지배영역을 철저히 해체시켰으며 히라이즈미를 막부 직할령으로 편입했다.[52]

4. 중세적 상업질서의 성격과 변화

1) '하츠오'와 관소

일본어의 '하츠오(初穗・初尾, 현대어 발음으로는 하츠호)'란 본래 농경을 통해 얻은 최초의 수확물을 신에게 바치는 행위를 의미한다. 이 말은 고대 이래 점차 농경뿐만 아니라 어업, 수공업을 포함한 모든 생업에서 생산물 또는 각종 수입의 일부를 신과 나누는 행위로 확대 해석된다. 심지어 고대 율령국가가 화폐를 새로 주조하면 그 일부를 신사에 봉납하는 것이 관례였고,

---

50) 三浦圭介,「平安後期の北奥世界 -林ノ前遺跡・新田(1)遺跡の意義-」,『東アジアの古代文化』125, 2005; 斎藤利男,「北方世界のなかの平泉・衣川 -日本史における『北』の可能性-」,『歴史評論』678, 2006.

51) 鈴木琢也,「古代北海道における物流経済」, 氏家等 編『アイヌ文化と北海道の中世社会』, 北海道出版企画センター, 2006; 동,「北日本における古代末期の北方交易 -北方交易からみた平泉前史-」,『歴史評論』678. 2006.

52) 斎藤利男, 앞의 논고「奥州藤原氏の首都遺跡 -平泉と衣川-」.

견당사가 귀국 때 지참한 박래품의 일부를 신사나 능묘에 봉납하는 것도 같은 의미를 띠었다. 이런 하츠오를 둘러싼 구래의 관습이 일본 중세사회에서는 앞서 논한 바와 같이 지역의 유덕인이 신불에게 제례 비용을 바침으로써 자신의 전 재산을 정화시킨다는 정재관(淨財觀)으로 정착되었을 것이다.

전 국토가 온갖 종류의 결계(結界)로 구분되고 그 각각의 장을 지배하는 '지주신(地主神)', '도조신(道祖神)' 등이 신분의 상하를 막론하고 관념상 확고히 자리잡은 일본 중세사회에서는 하츠오를 매개로 한 크고 작은 무수한 경제관계가 성립했다. 특히 전답과의 연관성이 희박하여 장원제적 질서만으로 포섭되기 어려운 산민(山民), 해민(海民)과 각지를 편력하는 행상인, 주물사 등 소위 비농업민을 사회적, 정치적으로 편성하는데 하츠오를 매개로 한 지역 신사와 민간 사이의 경제관계는 큰 구심력으로 작용했다. 이런 점이 중세사회에서 신사가 비농업민을 결집시키는 핵으로 대두하게 된 배경일 것이다. 예컨대 산민, 해민의 세계에서는 자신들의 생활 터전인 근방의 산, 바다를 통과하는 외부인들은 당연히 지역의 산신, 해신에게 하츠오를 바쳐야 한다는 관습적 규범이 존재했다. 이 통행자들에게서 징수하는 하츠오는 지역 신사의 관할 영역에 대한 통행세나 영업세로서의 성격을 띠었다. 만약 통행자가 이를 거부하면 관례에 따라 무력으로 소지품을 강탈했다. 당하는 입장에서 보면 이것이 바로 산적이고 해적이다. 중세 사료에서 흔히 찾아볼 수 있는 '산적', '해적'은 극히 보통의 산민, 해민들이 가진 또 하나의 얼굴이었던 것이다.[53]

한편으로 산민, 해민의 하츠오 징수는 중세 관소의 중요한 출발점 중 하나일 가능성이 크다. 앞서도 언급했듯이 군사적, 치안적인 기능이 강한 고대,

---

53) 勝俣鎭夫, 「山賊と海賊」, 『週刊朝日百科 日本の歷史 8德政令 -中世の法と裁判-』, 朝日新聞社, 1986; 網野善彦, 「「惡」の諸相」, 『海と列島の中世』, 日本エディタースクール出版部, 1992.

근세의 관소와는 달리 중세의 관소는 순수하게 통행세 징수 그 자체를 노린 경제적 목적의 관소였다. 이런 성격의 관소라면 통상적으로는 중앙 권문을 영주로 한 교토 근교의 유서 있는 관소를 연상하기 쉽겠지만 중세 일본에는 산민, 해민 등이 관장하는 '신관(新關)' 또는 '아시가루관(足輕關)' 등 비합법적인 관소가 압도적으로 많았다. 심지어 중앙 권문을 영주로 한 관소라 해도 현지인을 대관(代官)에 임명하여 '합법적'으로 취한 통행료의 일부를 상납받는 경우가 적지 않았던 것 으로 보인다. 하츠오를 명분으로 한 산민, 해민의 약탈적 경제활동이 이러한 과정을 거치며 합법적인 통행세 징수로서 체제 내부로 수용되었을 것이다. 분산적, 다원적인 권력체계에 기반을 둔 중세사회에서 다수 집단의 합의에 입각한 공공연한 약탈행위는 이미 그 자체로서 일정한 정당성을 띤다. 나아가서 그 행위가 국가 혹은, 영주권력의 공인까지 획득했다면 보다 보편적인 세제로 발전할 수 있었을 것이다.

시장에서도 시신(市神)을 모시는 제일(祭日)이면 같은 장에서 상행위에 종사하는 모든 상인들이 공동으로 신에게 하츠오를 바치고 축하하는 의례를 올렸다. 이런 종교적인 행사는 결과적으로 제례를 주관하는 세력을 시장의 지배자로 인정하는 반면, 제례에 불참한 외부인에게는 해당 지역에서의 영업을 허가하지 않는 등의 관습법을 잉태했다.[54] 즉, 종교와 시장경제와 관습법을 둘러싼 여러 관념이 불가분의 관계로 상호 결합된 시장의 질서가 작게는 극히 국지적 규모로부터 크게는 하나의 구니(国) 또는 복수의 구니를 아우르는 광역적인 규모로까지 구조화되어 전국 각지에 산재한 것이다. 그 결과 특정 신사를 정점으로 수 개의 구니를 포괄하는 대단위 경제시스템이 전개되는 일도 있었다.[55]

---

54) 桜井英治, 「日本中世商業における慣習と秩序」, 『人民の歴史学』 94, 1987.

55) 이상, 初穂와 關所에 관해서는 특별히 각주를 달지 않은 한 桜井英治, 앞의 논문 「日本中世の経済思想 -非近代社会における商業と流通-」, 46-52쪽을 주로 참조함. 필자는 율령국가 이래 천황가의 가장 중요한 의례 중 하나인 新嘗祭도 初穂의 일종이 아닐까 생각한다.

2) 고실, 고법의 세계에서 공법질서의 수용으로

일본 중세의 농촌사회는 기본적으로 촌락이 질서유지를 위한 기능을 보유하고 촌락 내부 또는 촌락 간 분쟁을 자체 해결할 수 있었다.[56] 그러나 각지를 내왕하는 상인의 경우는 다른 지역의 상인들과 접촉할 기회가 많으므로 자연히 촌락의 능력으로는 해결하기 어려운 복잡한 분쟁이 발생할 소지가 컸다. 게다가 중세 일본의 상인들은 하나의 개체로서 독립적으로 존재하기보다 권문과 연계된 어떤 집단에 소속하여 그 보호를 받으며 특권적인 상업에 종사하는 경우가 압도적으로 많았다. 따라서 상인 간의 갈등, 마찰도 흔히 양 당사자가 소속한 집단 간의 상업적 특권을 둘러싼 대립이란 형태를 띠었다. 여기서는 상인의 집단 간 분쟁을 해결하기 위한 구래의 상업질서와 그 변화에 관해 살펴보자.

중세 전기까지 상업질서는 대개 관습법적으로 형성된다. 그러므로 애초부터 국가와 제반 공권력이 상업 분쟁에 개입하거나 상인의 경제활동을 간섭하는 일은 당시 통념상 있을 수 없었다. 따라서 현대의 상법에 비견할 만한 성문법은 물론 존재하지 않았고 공가법(公家法), 무가법(武家法)에 드물게 금융활동을 규제하는 규정이 보이긴 하지만 그 적용은 지배층의 이해에 저촉될 때만으로 한정되었다. 중세적 상업질서는 원래 과거의 축적된 경험을 전거로 삼는 '고실(故實)', '고법(古法)'이란 명칭의 불문법에 기반을 두었다. 그 중 극히 일부가 중세 후기에 '좌법(座法)'으로 성문화되긴 하지만 이것은 특정집단 내부의 규범이었을 뿐 집단 간 분쟁을 해결하기 위한 근거는 되지 못했다.[57]

유통사에 관한 사료가 상대적으로 극히 빈약한 일본 중세사에서 그간 학

---

56) 藤木久志, 『豊臣平和令と戦国社会』, 東京大学出版会, 1985; 동, 『戦国の作法 -村の紛争解決-』, 平凡社選書, 1987.

57) 桜井英治, 앞의 논문 「日本中世商業における慣習と秩序」, 1-2쪽; 동, 앞의 논문 「日本中世の経済思想 -非近代社会における商業と流通-」, 40쪽.

계에 널리 활용된 것은 연력사령(延暦寺領)인 오미(近江) 도쿠친노호(得珍保)의 히요시신사에 전래하는 「이마보리히요시신사문서(今堀日吉神社文書)」이다. 여기에 등장하는 지역의 신흥 상인집단인 호나이(保內= 野々川) 상인은 중세 후기에 극히 활발한 유통활동을 전개했다. 이 사료군은 영주 측이 아니라 상인 측에서 작성된 일차사료인 까닭에 중세 상인집단의 활동을 살피는 데 대단히 중요한 자료로 평가된다. 단, 중세의 상인집단이 보유한 기록물은 다수의 위문서(偽文書)를 포함하는 경우가 많다.[58] 위 사료군 중에도 14세기까지의 연기가 기재된 것들은 거의 전부가 위문서인 점으로 미루어 그 때까지 호나이상인은 문서를 거의 작성하지 않았던 것으로 보인다. 반면 대개 15세기 초두부터는 주로 소송에 관련된 문서가 다수 잔존한다. 이런 시기적 변화는 같은 시기 상인사회에 문자와 함께 공권력의 공법질서(公法秩序)가 침투한 점과 무관하지 않을 것이다.[59]

호나이상인은 1425(응영32)~1428년(동35) 인접한 지역의 오바타(小幡) 상인과 시장 상권(商圈)을 둘러싼 분쟁을 벌인다. 이때는 전부터 판결권을 행사하던 산문(= 연력사)과 더불어 당시 지역의 새로운 지배자로 대두한 전국다이묘 롯카쿠씨(六角氏)도 판결에 참여했다.

그로부터 약 1세기가 경과한 1528년(형록1)경 호나이상인은 이번에는 인접 지역의 오개소(五箇所)상인과 쟁의를 벌인다. 오개소상인이란 비와호(琵琶湖) 서안의 이마츠(今津)와 와카사(若狹) 오바마(小浜)를 잇는 구리한가도(九里半街道)의 상품유통을 예전부터 독점해온 것으로 추정되는 상인집단이다. 사건은 도로상에서 오개소 쪽의 한 상인이 호나이상인이 지참한 상품을 압류한 데서 발단했다. 오개소상인은 자신들의 상권이 미치는 범주 내에서 개설되는 시장에 호나이상인은 들어오지 못하며, 호나이상인이 구리

58) 網野善彦, 「偽文書の成立と効用」, 『日本中世の非農業民と天皇』, 岩波書店, 1984.

59) 桜井英治, 앞의 논문 「日本中世商業における慣習と秩序」, 2쪽.

한가도를 오가며 와카사에서 상행위를 하는 것은 예전에 없던 '신규' 행위라는 이유로 다이묘 롯카쿠씨 쪽에 소송을 제기했다. 하지만 이에 대해 롯카쿠씨는 호나이상인이 예전부터 해당 가도를 내왕하지 않았다는 오개소 측의 주장은 사실과 위배되므로 통행을 인정하라는 판결을 내림으로써 피고소인인 호나이상인의 전면 승소를 인정했다.

그 후로도 호나이상인은 오미 에다촌(枝村)상인과 수차례에 걸친 분쟁을 경험한다. 1558년(영록1)에는 호나이상인이 스스로 독점권을 주장하는 이세도(伊勢道)에서 에다촌상인들이 지참한 지류(紙類)을 압류했다. 이세도란 이세와 오미를 연결하는 가도의 총칭이다.[60]

위와 같은 분쟁 사례들을 종합하면, 당시 도로상에서 상품을 압류하는 행위는 기득권을 주장하는 상인집단의 자력구제를 위한 관습적인 해결수단으로서 사회적인 의미를 가졌음이 분명하다. 그리고 상품을 압류당한 쪽이 이를 수긍할 경우는 바로 상대방에게 사죄하고 상대가 받아들이면 압류된 상품을 반환받은 후에 '예물', '예전(禮錢)'을 지불하는 것이 관행이었다. 사죄로부터 예전 지불에 이르기까지 절차를 진행하는 데는 직접 당사자가 아니라 '중인(中人)'이라 불린 중개자가 나섰다. 상인의 집단 간 분쟁에서 중인은 대개 관소의 관인이나 제3의 유력한 상인이 담당했으며, 문서가 아닌 구두로 양쪽을 중재했다.

이러한 일련의 분쟁해결과정은 아직 문자가 침투하지 않은 14세기 무렵까지 상인사회 내부에서 자생적으로 축적된 고실, 고법의 질서가 15세기 이후에도 당사자 간 화해 때 전통적 규범으로 작용한 사례일 것이다. 바꿔 말하면 고실, 고법에 입각한 중세적 상업질서는 상품 압류라는 자력구제행위에

---

60) 宇佐見隆之,「中世末期地域流通と商業の変容」,『日本史研究』523, 2006. 이하, 본문의 保内商人과 타 상인집단의 분쟁에 대한 내용 검토는 별도의 각주로 명시한 桜井英治 등의 연구를 제외하고는 위 宇佐見隆之 논문의 57-62쪽을 참조하여 작성함.

대해 무력 보복을 배제하기 위한 관습적 중재기구인 중인제(中人制)에 의해 유지되었다고 할 수 있다. 이런 과정들이 단지 구두로만 이루어졌기 때문에 문헌사학의 입장에서는 그 전모가 오랜 기간 베일에 싸여있었던 셈이다.

그런데 압류를 당연시하는 배경에는 중세 사료에서 주로 '입정(立庭= 館場 · 賣場)'이란 용어로 등장하는 시장이 열리는 장소에 대한 관습적인 독점권(territory)의식이 고실, 고법의 질서로서 영향을 미친 것 같다. 입정은 전국시대에 들면 그 자체가 물권으로서 매매의 대상이 된다. 다만 중세사회의 입정은 복수의 상인집단이 공유하는 경우도 많았다. 일례로써 교토에는 조류(鳥類)를 매매하는 네 개의 좌가 있는데 이것들은 상호 배척하는 일 없이 동일한 장소에서 영업을 지속했다. 입정의 공유는 시장 제례에 대한 공동 참가, 입정 자체의 유지를 위한 비용의 공동 부담 등에 의해 보장된다. 그러므로 이러한 조건을 충족시키지 못한 상인집단은 국외자로서 배제의 대상이 된 것이다.

애당초 입정의 권한은 공권력에 의해 부여된 것이 아니다. 하지만 상업 분쟁이 점차 복잡성을 더한 대개 15세기 이후는 민간에서 자체적으로 해결하지 못한 각종 분쟁이 막부, 수호의 법정에 제소되었다. 이때 상인의 집단 간 분쟁을 판결할 법리를 아직 갖추지 못한 공권력으로서는 당장 의거할 수 있는 유일한 근거가 문자로 작성된 문서였다. 따라서 이 무렵 공권력이 주재하는 법정은 판결의 근거가 될 증거 문서에 완고히 집착했다. 그러나 상인집단의 상권을 의미하는 '나와바리(繩張り)'는 관습 혹은, 실력에 의해 형성된 것이므로 그 소유권을 증명할 권리문서란 처음부터 존재하지 않았다. 이리하여 공권력이 취한 문서주의는 결과적으로 고실, 고법에 입각한 상인사회의 자율적 질서를 해체하고 공법질서를 강제로 침투시키는 결과를 낳는다. 즉, 상인집단 사이에서 자연스럽게 통용되던 입정을 객관적인 권리로 공인받기 위해서는 공권력이 인정하는 문서주의의 수용이라는 중요한 계기가 필요했던 것이다.

앞에서 논한 위문서의 성행도 15세기 이후 공권력의 법정에서 승소하기 위해 입정이 언제, 어떻게 발생했느냐는 점을 문서로 증명할 필요가 있었기 때문이다. 대부분의 상인집단은 자신들의 유래와 과거에 있었던 분쟁의 전말에 대한 집단기억을 주로 고대 천황의 권위를 빌려서 꾸민 문서로 위작했다. 예컨대 호나이상인의 경우는 영업특권을 인정받았다는 1157년(보원2) 11월의 원선(院宣, 상황, 법황의 명령으로 하달된 공문서)이 각종 소송에서 특히 중요한 권리문서로서 역할을 수행했다. 그러나 바로 이 시기는 후백하 천황(後白河, 재위 1155~1158)이 친정(親政)한 기간이므로 원선이 존재할 수 없고 위작된 문서임이 명백하다. 즉, 대개 15세기 초부터 시작된 문서에 의거한 공법질서의 침투로부터 기존 권익을 지켜내기 위해서는 상인집단도 문서주의를 적극적으로 수용할 수밖에 없었다. 위작한 원선을 최대한 활용함으로써 자신들의 상권에 공법적인 후광을 쟁취한 호나이상인은 그 대표적인 사례일 것이다.[61]

논지를 앞으로 되돌리면, 1550년대 지류 유통의 지역 독점권을 둘러싼 에다촌과의 분쟁에서 호나이상인은 결국 상인사회의 전통적 관행인 고실, 고법의 질서를 스스로 깨고 위작된 원선에 각종 문서를 첨부하여 다이묘 롯카쿠씨에게 소송을 제기한다. 호나이상인의 주장은 자신들이 그간 이세도를 내왕하며 이세에서 오미로 유통되는 지류를 비롯한 몇 개 품목을 독점적으로 영업하고 세금을 납부해왔다는 것이었다. 그런데 롯카쿠씨는 이때 심리과정에서 호나이상인, 에다촌상인 양 당사자들의 증언을 직접 청취하고 나아가서 분쟁의 내막에 정통하며 중립적인 입장에 있는 중인을 증인으로 소환하는 등, 증언을 중시하는 입장을 취했다. 그 결과 종래 고실, 고법에 의거

---

61) 이상, 保内商人의 분쟁 사례와 文書主義에 관해서는 주로 桜井英治, 앞의 논문「日本中世商業における慣習と秩序」, 3-10쪽에 의존함.

한 관습적인 분쟁해결에서 핵심 역할을 수행하던 증인은 공권력의 법정에서도 가장 유력한 증인으로서 역할을 지속할 수 있었다. 심지어 롯카쿠씨는 호나이상인이 자신들의 영업특권을 증명할 가장 유력한 근거로 제출한 원선이 위문서임을 밝혀낸다. 1567년(영록10) 제정된 성문법 「롯카쿠씨식목(六角氏式目)」에 "모서(謀書)는 사죄(死罪), 유죄(流罪)에 처한다." "사문서(寫文書)를 실서(實書)와 대조하여 서로 다른 경우는 이를 증거로 채택하지 않는다"는 두 개 조항이 포함된 점을 감안하면, 이 시기 롯카쿠씨의 문서심리능력이 급속히 상승했음을 짐작할 수 있다.

15세기 이후 공권력의 법정은 상인사회의 전통적인 고실, 고법과 유리된 곳에 존재했다. 하지만 자신들이 표방해온 문서 중심의 공법질서를 당사자 및 중인의 증언을 통해 보완함으로써 구래의 상업질서와 융합을 도모하고 나아가서 문서 심리의 엄정성을 추구한 사실은 16세기 중엽에 나타난 공법질서의 획기적 변화일 것이다. 이로부터 위작이 의심되는 권리문서의 증거가치는 현저히 저하되고 대신해서 증언과 문서의 신뢰성이 중시되었다.[62]

한편으로, 위와 같은 문서주의에 입각한 공법질서의 침투로 인해 15세기 이후는 실로 다양한 분야에서 새로운 소유권이 성립한다. 대공직(大工職)·대공소(大工所) 등 직인의 영업권역에 대한 소유권, 단나직(丹那職)·도자직(道者職)·어사직(御師職) 등 종교인들의 지역 신도에 대한 소유권, 단나장(丹那場)과 같이 천민신분인 에타(穢多)의 폐(弊)우마에 대한 소유권 등등, 그 전까지 전혀 소유의 대상으로 인정되지 않던 특수한 직업적 영업권역이 문서화를 통해 속속 새로운 소유권으로 공인되었다. 게다가 그것들은 일반인, 금융업자에게까지 매매 또는 전당(典當)의 대상으로 상품화됨으로써

---

62) 桜井英治, 앞의 논문 「日本中世商業における慣習と秩序」, 11-12쪽. 한편, 六角氏에 대해서는 戦国大名 가운데 민간 관습에 대해 가장 진보적인 입장을 취했다는 평가도 있다. 山本幸俊, 「近世初期の論所と裁許 -会津藩を中心に-」, 北島正元 編 『近世の支配体制と社会構造』, 吉川弘文館, 1983.

상당한 수준의 보편적 소유권으로 정착한다. 이러한 중세 후기의 비대화된 소유관념은 그 후 에도시대에 들어 큰 변화를 겪게 된다.[63]

3) 신흥 상인집단과 정치권력

호나이상인을 둘러싼 16세기 전반과 중반의 위 두 가지 소송 사례를 통해 추가적으로 알 수 있는 점은 다음과 같다.

첫째는 전국시대 상업특권의 변화이다. 와키타 하루코(脇田晴子)는 전국시대의 상업특권이 시장의 좌라는 점(点)을 통한 독점에서 유통로라는 선(線)을 통한 독점으로 이행한다는 주장을 펼쳤다.[64] 그런데 위 사례들에서도 구리한가도, 이세도 등 도로를 이용한 원격지 교역의 독점권이 분쟁의 핵심인 점으로 미루어 와키타의 설이 그대로 적용 가능하다는 사실을 확인할 수 있다. 이러한 사례를 통해 본 중세 후기 오미지역의 상인은 종전처럼 시장을 거점으로 한 상인집단과 도로를 장악한 새로운 상인집단으로 유형화된다. 그리고 상권을 둘러싼 분쟁의 다발에 의한 전자에서 후자로의 전개가 전국시대 상업특권의 중요한 변화라고 할 수 있을 것이다.

둘째는 그 전까지 지배권역 내의 상업 분쟁에 대해 판결권을 행사하던 산문세력이 16세기 전반 이후 뒷전으로 물러서고 전국다이묘 롯카쿠씨가 새로운 판결 주체로 등장한 점이다. 아마도 호나이상인은 지역의 신흥 지배자 롯카쿠씨의 특별한 비호를 받음으로써 유통로를 장악한 신흥 상인집단으로 성장할 수 있었던 것 같다. 앞서 본 것처럼 에다촌과의 소송에 대한 심리과정에서 호나이상인이 제출한 원선이 위문서란 사실이 드러났다. 그럼에도 불구하고 1560년(영록3) 9월 내려진 판결은 에다촌의 지류 영업을 '신규'라 하여 배척하고 호나이상인이 이세도에서 타 상인들의 상품을 압류하는 행

---

63) 桜井英治, 앞의 논문「日本中世の経済思想 -非近代社会における商業と流通-」, 56-60쪽.
64) 脇田晴子, 앞의 책『日本中世商業発達史の研究』.

위를 합법적으로 승인하는 등, 이번에도 호나이상인의 주장이 그대로 관철되었다. 주의할 점은 이 판결 사료에 몇 군데 정정된 부분이 있으며, 관련 연구에 따르면 롯카쿠씨와 호나이상인이 사전에 모종의 협의를 거쳐 작성된 문건이 분명하다는 점이다.[65] 전국시대 후기에 널리 나타나는 신흥 상인집단의 상권 확대 욕구는 자체 역량만이 아니라 지배권역 내의 상인들을 조직적으로 통솔하려는 전국다이묘의 특별한 비호와 그 재가를 얻어야만 성취될 수 있었다.[66]

호나이상인은 그 후 롯카쿠씨에 의해 조성된 관음사(觀音寺) 성하정으로 이주하고 그곳에서만 상업을 영위하도록 상권이 제한되었다. 이밖에도 오미 각지의 상인집단이 전국다이묘에 의해 각각의 성하정으로 집단 이주한 사례는 많다. 아즈치(安土), 오미하치만(近江八幡) 등에 반포된 후술하는 낙시령이 새로 조성된 성하정의 번성을 유도하기 위해 상인의 집단 이주를 꾀한 것과 같은 맥락이라 하겠다. 이리하여 영주권력과 직결된 성하정의 상인들이 영국 내 상업의 중심으로 부상한다.

셋째는 상인집단과 정치권력의 본질적인 관계라는 점에서 '신규' 상인에 주목할 필요가 있다. 상업적 유통이란 본래 인간 생존에 필수 불가결한 제물자를 공급하는 행위이므로 정치권력은 상업세력을 체제 내부로 포섭하고 재편, 장악해야만 자신의 권력기반을 유지할 수 있다. 예컨대 성립기의 권력체는 대체로 신흥 상업세력의 재편을 토대로 하여 자신의 권력기반을 구성한다. 그러나 시간의 경과와 함께 민간에서는 새로운 상업세력이 계기적으로 출현한다. 권력은 이들을 각종 규제를 통해 억제하거나 혹은, 체제 내부로 끌어들이려 하지만 일반적으로 그러한 노력은 기득 권익을 주장하는 구세력의 저항을 받아 언제나 불철저하게 끝날 수밖에 없다. 이 같은 신, 구 상

65) 仲村研, 『中世惣村史の研究』, 法政大学出版局, 1984.
66) 宇佐見隆之, 앞의 논문 「中世末期地域流通と商業の変容」.

업세력의 치열한 경합 속에서 점차 규제를 벗어난 신흥 상인들이 널리 대두하고 이윽고 그들이 유통기구의 주도권을 장악한다. 또한 이 시점이 되면 새로운 유통기구는 기존 체제를 지탱하기보다 오히려 그 해체를 촉진하는 쪽으로 작용하게 된다. 호나이상인의 소송 사례에 보이는 '신규' 상인은 이상과 같은 정치권력의 성쇠와 상업세력 간의 반복적인 관계가 전국시대 후기에도 그대로 나타났음을 시사해준다.[67]

4) 천상관의 지속성

고대 일본사의 경우 상업, 상인을 둘러싼 사회적인 인식에 대해서는 아직 학계의 견해가 명확히 정리되지 않은 상태이다. 과거에는 재정을 담당한 관인이 상행위에 가담하거나 상인적인 승려가 존재하는 점 등으로 미루어 천상관(賤商觀)은 거의 정착되지 않았다는 설이 유력했다.[68] 하지만 최근에는 관인, 승려 등이 행한 상업활동이란 엄밀한 의미에서 이윤추구를 목적으로 한 상행위와는 다르며 당시에도 직업적인 상인에 대해서는 차별과 멸시가 분명히 존재했다는 설도 제기되었다.[69]

그러면 현존하는 극히 단편적인 사료들을 통해 엿볼 수 있는 중세 일본의 상업, 상인에 대한 사회적 인식은 어떠했을까? 먼저 중세 전기의 경우, 가마쿠라막부에서 집권을 보좌하는 연서(連署)의 중책을 맡은 호죠 시게도키(北条重時, 1198~1261)는 가훈 「극락사전어소식(極楽寺殿御消息)」에서 무사가 물건을 구매할 때 장사치처럼 흥정해서 싼 값에 사들이는 것은 천박한

---

67) '신규' 상인에 관한 논리적 접근은 斎藤善之, 「近世流通史の視点から」, 『日本史研究』 523, 2006(같은 잡지에 실린 宇佐見隆之, 앞의 논문 「中世末期地域流通と商業の変容」에 대한 코멘트), 77쪽.

68) 吉田孝, 「律令時代の交易」, 弥永貞三 編 『日本經濟史大系 I 古代』, 東京大學出版会, 1965(동, 『律令國家と古代の社會』, 岩波書店, 1983에 재수록).

69) 中村太一, 「日本古代の交易者 -目的とその類型-」, 『國立歷史民俗博物館研究報告』 113, 2004.

394   전근대 일본유통사와 정치권력

행위라고 후손들에게 경고했다. 최상위 무사신분의 입장에서 가격차에 따른 매매 이윤을 탐하는 상업의 비천함을 훈시한 것이다. 같은 시기 정토진종(浄土真宗) 개조(開祖) 신란(親鸞, 1173~1262)의 사상을 엮은 것으로 알려진 「악인정기설(惡人正機說)」은 살생을 업으로 삼는 엽사(獵)와 장사치(沽) 등 '하류(下類)'에 대한 구제를 논하고 있다. 그리고 신도들에게 요구한 금칙을 통해 거짓으로 이윤을 얻는 상행위를 경계하고, 그런 장사치는 악인이며 아미타불에게 구제받아야 할 자들이라고 단정했다.[70]

위 사료들에 등장하는 장사치는 중세 상인의 일반형인 연작 상인을 가리키는 것으로 보인다. 그들의 생업인 행상은 신분의 고하를 막론하고 천업, 악업으로 간주되어 사회적 평가가 낮았다. 이는 아마도 지역사회의 입장에서 볼 때 일정한 공동체에 소속해서 정주하지 않고 각지를 편력하는 행상인이란 언제나 신용할 수 없는 '이인(異人)'으로 인식된 때문일 것이다. 또한 교역이란 원래 등가교환이 원칙이므로 그것을 통해 이익을 얻는 행위는 도리에 어긋난다고 보는 관념도 상업, 상인에 대한 불신감의 배경으로 작용한 것으로 보인다.[71]

하지만 위와는 반대로 이와시미즈궁 소속 신인들은 1233년(천복1) 교토 조정과 가마쿠라막부에 제기한 소송에서 칙제(勅祭)를 봉행하는 신인은 '신여(神輿)', '신보(神寶)'와 함께 신불에 직속하는 '신기(神器)'라고 하여 자신들의 우월적 지위를 주장했다. 행상인을 주 대상으로 형성된 천상관이라는 사회의 일반적 통념 속에서 종교 권문에 소속한 좌 상인으로서 특권의식을 뚜렷이 드러낸 것이다. 또한 가마쿠라시대 말기인 1330년(원덕2) 무렵 승려 요시다 겐코(吉田兼好)는 유명한 수필집 『도연초(徒然草)』의 「어떤 대복장자(大福長者)」편에서 "인생의 목적은 '덕'을 쌓는 일이고 그것을 위해서는

---

70) 鍛代敏雄, 앞의 논문 「日本中世における商人身分の形成とその特質 -物流の観点を中心に-」.
71) 桜井英治, 앞의 논문 「日本中世の経済思想 -非近代社会における商業と流通-」.

(중략)돈을 신불처럼 존중해야 한다." "사람은 만사를 제쳐두고 오로지 '덕'을 쌓아야 한다. 가난해서는 사는 보람도 없다. 부유해야만 사람대접을 받는다"라고 설파했다. 중세 일본에서 '덕'은 부와 동일한 개념이며 때문에 부자는 '유덕인'이라 불리었다. 이것은 덕망 높은 자가 복을 받는다는 경험적인 복덕사상(福德思想)에 근거한 것으로 보인다. 겐코는 대복장자의 일화를 통해 덕(= 부)을 쌓기 위한 다섯 가지 신조를 들었는데 그 첫째는 현세주의에 투철할 것, 둘째는 금욕을 모토로 할 것, 셋째는 돈을 주군이나 신과 같이 존중할 것, 넷째는 이것들로 인해 겪는 수치를 참고 견딜 것, 다섯째는 정직하며 약속을 어기지 않을 것 등이다. 검약, 정직에 바탕을 둔 상인의 축재를 적극적으로 긍정한 것이다.[72]

앞서도 수차례 거명한 사쿠라이 에이지는 상업을 통한 부의 축적= 덕업이라는 이런 생활윤리에 대해 상인, 금융업자들의 사회적 약진이 결국 전통적인 천상관과는 대립적인 하나의 새로운 사조를 잉태한 것이라고 평가했다. 그리고 이런 현상은 중세 후기의 이상적인 인물상인 '마타우도(全人 · 正人)'의 계보로 연결된다고 보았다. 마타우도란 사전적으로는 '결점이 없는 완전한 사람'이란 뜻이다. 사쿠라이는 마타우도의 본질을 철저한 현세주의, 정직, 부와 덕의 겸비, 높은 신용 등으로 규정하고 중세 후기의 유덕자들이 바로 그 실재 모델이었다고 주장한다.[73]

그러나 중세 전기 사회의 일각에서 대두된 상업과 부의 축적에 대한 적극적 긍정이라는 파격적인 의식동향을 하나의 새로운 사조로까지 확대 해석할 수 있는 것일까? 다음은 중세 후기의 상업, 상인을 둘러싼 사회적 인식에 관해 살펴보자.

1970년대에 들어, 불교 사원이 피차별 부락민(部落民)에 대해 사후에 부

---

72) 鍛代敏雄, 앞의 논문「日本中世における商人身分の形成とその特質 -物流の観点を中心に-」.
73) 桜井英治, 앞의 논문「日本中世の経済思想 -非近代社会における商業と流通-」.

여하는 계명(戒名)에 특정한 차별용어를 사용하고 그것을 묘석이나 위패, '과거장(過去帳, 사찰에서 소속 신도 의 속명, 계명, 사망일자 등을 기록하여 보관한 장부)'의 형태로 명시함으로써 현대까지도 차별을 계속한다는 사실이 밝혀져 큰 물의를 빚은 적이 있다. 그 폐지를 위한 학술적인 탐사과정에서 역사적으로 천민에 대한 차별 계명의 빌미를 처음 제공한 것이 무로마치 시대인 15세기 초 교토의 승려가 저술한 것으로 추측되는 『정관정요격식목(貞觀政要格式目)』이며, 같은 서적은 에도시대에 들어서도 여러 차례 간행되었다는 점이 새로 규명되었다.

사료의 대강은 옛날 한(漢)에 불교가 최초로 전래된 당시 백마사(白馬寺)라는 사찰이 건립되었다, 그 문전에 거주한 자들이 '연적(連寂)'으로 묶은 함을 메고 각지를 행상했는데 백마사의 권위를 이용하여 관소통행세를 물지 않았다, 여기서 유래된 집단이 '연적중(連寂衆)'이고 이들의 사후 위패에는 계명 위에 '연적'이란 직업명을 덧붙였다, 연적중에 해당하는 짚신·붓·먹 등을 제조하는 직인, 뱃사공, 산지기, 유녀, 말 장수 등등 11개 직종을 일본에서는 '비인(非人)', '당사(唐士)'라고 부른다, 라는 내용이다. 사료에 적시된 직종들은 대개 중세 후기사회에서 천시당한 직업군이다. 특히 그 가운데 연작 상인과 동일한 의미인 '함진 자들(千馱櫃ノ輩)'이 포함된 점으로 미루어 사료가 작성된 15세기 초에도 일본열도에서 연작 상인이 사회적으로 천시되었음은 거의 분명한 사실이다.[74]

한편, 중세 후기의 금융업에 대해서는 전국시대의 연가사(演歌師) 소쵸(宗長, 1448~1532)가 오랜 병고 끝에 빚더미에 올라선 어떤 무사가 고리대 금업자의 독촉을 견디다 못해 자살한 사건을 기록으로 남긴 것이 있다. 이 무사는 할복자결을 하려 해도 칼까지 이미 팔아치운 탓에 하는 수 없이 '자재구(自在鈎, 물 끓이는 주전자를 매다는 갈고리)' 줄에 목을 매달아 죽었다

---

74) 이상의 사례는 石井進, 앞의 논고 「商人の原像 -千馱櫃と連雀-」, 279-302쪽에서 재인용함.

고 한다. 소쵸는 당대의 고리대금업자들을 신불도 믿지 않고 풍류도 인정도 모르며 오직 이윤만을 탐하는 냉혹한 현세주의자로 묘사했다. 또 다른 사례로 15세기 말 귀족 출신으로 나라 대승원(大乘院)의 주지를 역임한 승려 진손(尋尊, 1430~1508)은 고리대금업을 '부도(不道)의 첫째', '제일가는 악', '망국의 기본'이며 '계율을 어기는' 행위라고 통렬히 비난했다.[75]

반면에 전국시대는 금융업자의 영리주의를 긍정하는 사고도 나타나고, 효고(兵庫)에서는 상호를 '정직옥(正直屋)'이라고 내건 토창이 등장하기도 했다. 신인들의 경우는 중세 후기에도 특권적 신분의식을 계속 유지한 것 같다. 1522년(대영2) 오야마사키 등유신인들은 무로마치막부에 소송을 제기한다. 그 내용인즉, 자신들은 '일사두제(日使頭祭)'를 비롯한 신역(神役) 봉행의 비용을 헌납하기 위해 등유를 매매해왔다, 따라서 자신들의 상업활동은 신직(神職)이고 신사(神事) 융성과 천하태평의 기본이므로 교토 시중의 일반 등유상인으로부터 매매세인 '어정전(御庭銭)' 징수를 보장해달라는 것이었다.[76]

그러나 이러한 예외적인 사례에도 불구하고 1603년(경장8) 일본예수회 선교사들이 편찬한 『일포사서(日葡辞書)』의 「상인」 항은 "병풍과 상인은 똑바르지 않으면 몸을 세울 수 없다"라는 속담을 인용함으로써 거짓을 일삼는 부정적인 상인관이 에도시대 초두까지 지속되었음을 짐작할 수 있다. 상업, 상인을 부정직한 것으로 간주하는 천상관은 중세사회에서도 보편적인 통념이었던 것 같다. 다만 국가적인 제사, 기도의 재정을 담당한 종교 권문의 신인들은 신역에 봉사한다는 명분으로 조정과 막부로부터 신분보장과 함께 상업적 특권을 얻었다. 게다가 중세사회의 일각에서 정직한 상행위와 부귀의 윤리적 정당성을 긍정하는 사고가 모습을 드러내기 시작한 점도 무시해

---

75) 桜井英治, 앞의 논문 「日本中世の経済思想 -非近代社会における商業と流通-」, 38-39쪽.
76) 鍛代敏雄, 『中世後期の寺社と経済』, 思文閣出版, 1999.

서는 안 될 것이다.[77]

5. 중·근세 이행기의 시장정책

여기서는 오다·도요토미 정권기의 시장정책을 중심으로 전국시대 말기와 에도시대를 이어주는 중·근세 이행기 시장의 변화에 관해 살펴보자.

1) 낙시, 낙좌와 오다 정권의 낙시령

'낙(樂)'은 원래 불교적 용어로 세속의 규제로부터 해방된 자유로운 상태를 의미한다. 또한 '낙시(樂市)'는 시장세 면제와 자유로운 상행위를, '낙좌(樂座)'는 시장 상거래에서 좌의 독점권을 완화 내지 부정한다는 의미이다. 그러므로 낙시란 애초부터 낙좌를 포괄하는 용어라 할 수 있다. 전국시대 후기 16세기 중엽부터 전국다이묘, 오다·도요토미 정권에 의해 반포된 낙시령(樂市令)도 일반적으로 파좌(破座), 낙좌를 내포하고 있다.

유통경제가 발전함에 따라 15세기 이후 기내 등지에서는 시장 상거래의 자유화 즉, 낙시를 요구하는 민간의 기운이 왕성해진다. 현재까지 알려진 낙시령의 유형으로는 자연발생적으로 낙시가 형성되었다가 전란의 와중에 황폐해진 기존 낙시장에 대해 전국다이묘가 그 부흥과 지속성을 보장한 보증형 낙시령과 전국다이묘가 자신의 성하정 및 신설 시장의 번영을 목적으로 반포한 도시유통정책형 낙시령이 있다. 전자는 오다 노부나가가 1568년(영록11) 미노(美濃) 가노(加納)와 1572년(원귀3) 오미 가나모리(金森)에 반포한 낙시령, 고호죠씨(後北条氏)가 1585년(천정13) 사가미(相模) 오기노(荻

---

77) 鍛代敏雄, 앞의 논문「日本中世における商人身分の形成とその特質 -物流の観点を中心に-」을 참조하고 필자의 견해를 덧붙임.

野)에 반포한 낙시령 등이 해당된다. 후자는 도쿠가와 이에야스(德川家康, 1542~1616)에 의한 1570년(원귀1) 미카와(三河) 오야마(小山) 신시(新市)의 낙시령, 오다 노부나가에 의한 1577년(천정5) 아즈치(安土) 성하정의 낙시령, 고호죠씨의 1578년(천정6) 무사시(武蔵) 세타가야(世田谷) 신쥬쿠(新宿)의 낙시령 등이 이에 해당한다.[78)

낙시장의 원래 성격은 낙좌, 외부 권력의 시장 관여를 금하는 불입권(不入權), 과세 면제, 낙시장 소속 상인의 영국 내 자유통행권, 시장 외부에 대한 연공 및 채무관계 소멸, 연좌제와 같은 인격적 예속으로부터의 해방 등, 세속권력의 간섭과 통제를 받지 않는 독일어 'Asyl'와 같은 공간이라고 할 수 있다. 낙시령이란 위와 같은 성격을 지닌 낙시장의 존속 혹은, 신설을 지배자가 보장한 법령으로, 상거래의 자유와 시장의 평화가 보장됨으로써 이 시기 상업유통과 도시의 발전에 주요 동인으로 작용했다. 하지만 그 반면 기존 낙시장이 어느 정도 내포하던 자율적 성격을 완전히 상실하고 전체적으로는 보다 상위에 속하는 세속권력의 통제 하에 놓이게 된 것도 사실이다. 현재까지 밝혀진 낙시령은 1549년(천문18) 오미 이시데라(石寺) 신시(新市)로부터 1610년(경장15) 미노 구로노(黒野)에 이르기까지 약 20여 개가 확인되며, 그 중 오다 노부나가의 낙시령이 특히 유명하다.

오다씨는 노부나가의 부친 노부히데(織田信秀, 1508~1549) 때 전국다이묘로 성장했으나 애초부터 장원에 대한 지배력은 약하고 그 대신 도시와 유통지배에 치중한 면이 강했다. 노부나가는 16세기 중엽 최초의 영국인 오와리 기요스(清洲)를 낙시로 지정했고, 1567년(영록10) 본거지를 미노의 기후(岐阜)로 옮긴 이듬해는 성하의 가노(加納)에, 그 후 1572년(원구3) 오미 가나모리(金森), 1577년(천정5)에는 아즈치(安土)에도 낙시령을 반포했다. 그 사이 1568년(영록11) 10월에는 교토로 상경하여 아시카가 요시아키(足利義

---

78) 이상은 吉川弘文館, 『國史大辭典』, 1993의 「楽市楽座」(勝俣鎮夫 집필)를 참고함.

昭, 재직 1568~1573)를 무로마치막부의 15대 장군에 취임시킴으로써 통일 권력으로서 위상을 분명히 했다.

그러면 오다 정권의 낙시령 중 학계에 가장 널리 알려진 1577년 6월의 아즈치낙시령(安土楽市令)을 통해 기존 이해에 대한 근년의 문제제기와 특히 좌를 둘러싼 오다 정권의 정책에 관해 재검토해보자. 아즈치는 비파호(琵琶湖) 호반에 위치하여 당시 기후와 교토를 잇는 수륙교통의 요지였다. 오다 정권은 1576년(천정4) 이곳에 통일사업의 일대 거점으로서 아즈치성을 축성했다. 아래 사료는 바로 그 이듬해 아즈치성의 성하정인 야마시타정(山下町)을 대상으로 반포된 낙시령이다.[79] 따라서 이는 새 성하정의 번영을 목적으로 한 전형적인 도시유통정책형 낙시령에 해당한다.

제1조. 이곳을 낙시로 인정한 이상은 모든 좌, 모든 세금, 모든 재판은 이를 전부 '면허(免許)'한다.

제2조. 도로를 내왕하는 상인은 상해도(上海道= 東山道·中山道) 통행을 금지하고 교토를 왕복할 때는 반드시 이곳에 기숙해야 한다. 단, 하물 등의 운송은 하주의 임의대로 할 것.

제3조. 토목공사에 대한 부역을 면제한다. 단, (노부나가가)출진이나 재경(在京) 등으로 부득이한 때는 공사에 협력할 것.

제4조. 운송용 인마 동원을 '면허'한다.

제5조. 화재의 경우, 방화라면 그 집주인에게 죄를 물어서는 안 된다. 스스로 낸 불이라면 사실을 규명하여 본인을 추방해야 한다. 단, 사정에 따라 처벌에 경중을 둘 것.

제6조. 범죄자는 그 집의 세입자나 동거인이라 해도 주인이 그 내막을 알지 못하고 범죄를 주선하지 않은 한 주인에게 잘못을 물어서는 안 된다. 죄를 범

---

79) 児玉幸田·佐々木潤之介 編, 『新版 史料による日本の歩み 近世編』, 吉川弘文館, 1996; 歴史學研究會, 『日本史史料 [3]近世』, 岩波書店, 2006.

한 자는 사실을 밝혀 죄과를 처벌할 것.

제7조. 각종 구입 물품이 설령 장물이라 해도 구입자가 그 사실을 몰랐다면 죄를 물어서는 안 된다. 나중에 그 도적을 체포하면 고법(古法)에 따라 장물을 원래 주인에게 반납토록 할 것.[80]

제8조. 분국(分國＝領國) 내에 덕정령(德政令, 채무파기령)을 반포하더라도 이곳에는 적용을 면제한다.

제9조. 다른 전국다이묘의 영국 및 외지 사람으로 이 시장에 들어와 정착한 자에게도 예전부터 거주한 자와 동일한 권리를 인정한다. 누군가의 수하라 해도 마찬가지이므로 혹시라도 '급인(給人)'임을 칭하여 임시로 과세하는 일을 금지할 것.

제10조. 다툼과 언쟁, 국질(国質)과 소질(所質),[81] 강제 매매, 숙소의 강제 차용 등은 이를 일체 금지한다.

제11조. 시장 내에 견책사(譴責使, 연공 상납, 채무 이행 등을 독촉하는 사자)가 들어오거나 무력으로 난입하면 후쿠토미 헤자에몬(福富平左衛門尉), 기무라 지로자에몬(木村次郎左衛門尉) 양인에게 이를 보고하고, (양인이)사실을 규명한 후에 처분을 명하도록 한다.

제12조. 시장 내에 거주하는 자들은 '봉공인(奉公人)'이나 각종 직인이라 해도 호별 과세를 면제한다. 단, (노부나가에게)명령을 받아 미곡을 지급받고 거주하는 자나 고용된 직인들에 대한 과세는 별개로 할 것.

제13조. 말 거간꾼은 영국 내 말의 매매를 전부 이곳에서 행해야 한다.

만일 위 규정들을 어기는 자가 있으면 신속히 엄벌에 처한다.

---

80) 여기서 古法이란 鎌倉幕府法의 도난품을 원주인에게 반납하는 규정을 말한다. 戰國時代의 관습으로는 경찰권, 형사재판권을 행사하는 자가 이를 몰수하는 것이 일반적이었으나 織田信長은 이를 古法으로 되돌리고자 한 것이다.

81) 国質, 所質은 중세 후기 대차관행의 일종이다. 채무 불이행의 경우 채무자가 속한 지역 및 동업집단 내 제삼자의 신체나 채무액에 상당하는 재산을 차압하여 그 변제를 강제하는 행위를 말한다. 佐々木銀弥는 상인, 서민들의 国質, 所質에 대한 기피를 전제로 하여 시장에서 国質, 所質을 빙자한 채권징수를 금하는 市場法이 1560년대 이후 증가했다고 한다. 佐々木銀弥, 『日本中世の都市と法』, 吉川弘文館, 1994, 35쪽. 본 樂市令의 제10조도 그 한 사례일 것이다.

위 사료에 관한 안노 마사키(安野眞幸)의 최근 연구에 의하면,[82] 오다 정권의 아즈치성 축성에 앞서 이미 현지에는 인근 포구를 중심으로 한 집락이 있었고 포구 서쪽에는 신관(神官)으로서 이 지역을 지배한 국인영주 기무라지로자에몬(11조)의 소성(小城)이 존재했다. 기무라씨는 야마시타정 자치조직의 대표로서 아즈치성 축성 때는 성내 천수각(天守閣) 건축을 책임지는 후신봉행(普請奉行)의 지위에 있었다.

전체적인 내용을 감안하면 법령의 실질적인 수령자는 전부터 야마시타정을 지배해온 기무라씨가 분명한 것으로 보인다. 그러므로 제9조 '급인', 제12조 '봉공인'은 기무라씨의 가신과 그 하급 종자로 해석해야 할 것이다. 또한 제11조의 후쿠토미 헤좌에몬은 오다 노부나가의 측근 호위를 맡은 '우마마와리슈(馬廻衆)'의 한 사람으로 당시 아즈치의 도시 운영을 담당하는 정봉행격(町奉行格)이었다. 따라서 노부나가는 자신의 직속 가신과 현지의 국인영주에게 새로 설치한 낙시장으로서 야마시타정의 치안, 행정을 맡게 함으로써 세력균형과 동시에 국인영주에 대한 정권의 우월적 지위를 과시한 것으로 이해된다.

그런데 기존 통설로는 사료 제1조, 제4조의 '면허'를 면제(免除)로 해석하는 것이 보통이다. 하지만 제1조의 좌에 관한 내용을 모든 좌의 '면허'= 모든 좌의 면제= 모든 좌의 폐지로 보는 통설은 이후로도 오다 정권이 지배한 지역에 좌가 존속한 사실로 미루어 볼 때 대단히 무리한 해석이다. 이는 아마도 오다 정권이 강제한 야마시타정의 낙시화에 대해 기존 자치조직의 지배자 기무라씨가 그 전제조건으로 '모든 좌, 모든 세금, 모든 재판'에 대한 자치권을 요구하고 오다 정권이 그것을 말 그대로 전부 '면허(= 허락)'한 것으로 해석해야 할 것이다. 다시 말해 제1조는 그 동안 기존의 좌가 장악해온 상인

---

82) 이하, 사료에 대한 본문의 내용 검토는 安野眞幸, 「安土山下町宛信長朱印状」, 『弘前大学教育学部紀要』 93, 2005를 참조하여 작성함.

으로부터의 부역 및 시장세 징수권을 앞으로는 자치조직이 행사하고, 규정 위반자에 대한 판결과 형벌도 자치조직이 집행하는 것을 오다 정권이 허가한 내용이라고 할 수 있다. 좌의 해체나 금지가 아니라 그 실질적인 권한의 상당 부분을 지역의 자치조직에게 이양하도록 한다는 것이다.

그밖에도 사료는 상인의 기숙과 정착 촉진(2조, 9조), 토목공사(3조) 및 호별 과세(12조)의 면제, 연좌제 금지(5조, 6조, 7조), 덕정령 제외(8조), 폭력행위 금지(10조), 불입권 규정(11조), 말 매매 독점권(13조) 등을 인정함으로써 종합적인 특권 부여를 통해 새 정권의 심장부인 아즈치성의 성하정 번영을 도모했다.

위 낙시령은 과거에는 오다 정권의 전통적 권위 일소, 혁신적인 이미지 등과 결부되어 중세적인 좌의 특권을 부정한 오다 정권의 새로운 도시유통정책으로 이해되어 왔다. 그러나 현재의 중세 시장, 시장법 연구에 의거하면 몇 가지 의문점이 제기된다. 첫째 오다 정권은 바로 앞에서 검토한 것처럼 좌를 해체하거나 그 특권을 전면적으로 부정하지 않았으며, 좌를 지배하는 종교 권문과의 대결을 피하기 위해 기존 상공업 좌의 특권을 일반적으로 용인했다는 점이다. 즉, 오다 정권에 이르기까지 낙시령은 좌의 해체나 상거래의 완전한 자유를 의미하는 것이 아니었다. 둘째는 각각의 조항이 무로마치 막부 및 여타 전국다이묘의 도시유통정책과 깊숙이 연관된다는 점이다. 특히 시장 내 채무 징수, 무력행사의 금지(이상은 10조, 11조) 등은 막부의 금령을 비롯하여 중세 시장법에서 흔히 볼 수 있는 시장의 평화를 지키기 위한 각종 규정과 공통된다. 또 과세 면제(3조, 9조, 12조), 불입권(11조)은 고호죠씨의 경우도 찾아볼 수 있다.[83]

---

83) 특히 不入權은 시대적인 차이는 있겠지만, 본서의 고대 편에 소개한 平安京 東西市 관련 규정에도 무장한 채 시장에 진입하는 행위를 금하는 등 시장 내 치안유지에 관한 사항이 있다.

2) 도요토미 정권의 시장정책

오다 정권의 뒤를 이은 도요토미 히데요시도 초기에는 종교 권문과의 정면 대결을 피하여 모든 좌의 특권을 보장한다. 그러나 1585년(천정13) 천황을 보좌하는 관백(關白)의 지위에 오르자 바로 낙시령을 반포하여 좌의 전면적인 해산을 명하고 세금징수권도 부정했다. 중세 일본의 특권적 상업을 대표하던 좌의 최종적인 해체는 바로 이 도요토미 정권 하의 일이다.

특히 1587년(천정15) 규슈 하카타에 반포한 낙시령 제1조는 "모든 도이(問), 모든 좌를 일체 금한다"는 내용으로, 전국시대 일족을 중심으로 복합적인 대경영을 영위하여 종합유통관리기구로 번성하던 도이마루(問丸)도 도요토미 정권 하에서 일차 소멸했다. 이보다 시기적으로 조금 앞선 1582년(천정10) 도요토미 정권이 전국적으로 관소통행세를 폐지한 사실은 이미 앞에서 언급한 대로이다. 도이마루는 근세에 들어서면 각각의 주 업종과 능력에 따라 일족이 전문분야별로 분화된다. 그 결과 도이마루를 형성한 제 집단 가운데 상품 도매업과 중간매매업만으로 전업화한 것이 근세의 '도이야(問屋. 돈야)'이며, 운송업만으로 전업화한 것이 해운업의 '회선(廻船)'과 육운업의 '마차(馬借)'이다.[84]

이밖에도 중·근세 이행기 시장의 변화는 여러 측면에서 전개된다. 열도 중북부 서해안으로부터 교토로 통하는 항만도시 쓰루가(敦賀)와 오바마(小浜)는 통일정권이 수립되면서 그 중요성이 점점 커졌다. 원래 육상, 해상 운송업자와 어민, 상인 등으로 구성된 쓰루가의 천주좌(川舟座)는 지역의 전국다이묘 아사쿠라씨(朝倉氏)가 1573년(천정1) 오다 노부나가에게 멸망당한 후 얼마 동안은 종래의 특권을 그대로 유지했다. 그러나 1581년(천정9)부터 권익이 축소되기 시작하여 도요토미 히데요시의 조선침략 때는 초기호상(初期豪商)이라 불리는 신흥 상인을 중심으로 군선(軍船), 세금을 부담하

---

84) 宇佐美隆之, 앞의 논고 「港津における問の終焉」.

는 해운업만으로 특화하는 등 큰 변화를 겪는다. 오바마에서도 지역의 유통통제를 위임받은 일부 상인만이 살아남았다.[85] 또한 중세 후기 동북지역의 유통거점이던 항만도시 아부라가와(油川)가 에도시대에 들어서면 쓰가루번(津軽藩)에 의해 활동이 축소되는 한편으로 새 항구도시 아오모리(青森)가 번 주도로 건설되는 등, 이 시기는 각지의 교통 요지에서 상업유통세력이 교체되는 현상이 광범위하게 나타난다.[86]

오다·도요토미 정권기의 낙시령을 중심으로 한 시장정책은 기존의 상공업을 중앙 권문과 장원영주의 지배로부터 해방시키고 새로운 권력체에 의한 대대적인 재편성을 노린 것이라고 할 수 있다. 특히 관소통행세를 전면 폐지하고 강화된 낙시령에 의해 좌의 독점과 시장세를 없앰으로써 자유로운 상거래를 가능하게 한 도요토미 정권의 시장정책은 각종 특권으로 점철된 중세적인 상업관행을 최종적으로 붕괴시키고 에도시대 유통경제 발전의 초석을 다졌다고 평가할 수 있다. 낙시령의 자유거래 원칙은 에도시대 초기에도, 오사카, 교토 등 대도시권에서 거의 완전한 형태로 확립된다.

하지만 이러한 상업유통의 자유는 말할 필요도 없이 통일권력이 자신들의 필요에 따라 위로부터 일거에 부여한 것일 뿐, 아래로부터 인민이 쟁취한 자유는 아니었다. 그 이면에는 전국시대 일정한 자치권을 행사하던 하카타, 사카이 등이 오다·도요토미 정권 하에서 권력에 완전히 굴복한 예와 같이 시민적 자치의 허약함이 자리하고 있다.[87] 물론 통일권력이 무력만으로 도시의 자치를 압살했다고 보기는 어렵다. 도시민 쪽에서도 장기간 계속된 전란의 시대에 전국적으로 상업유통의 자유를 보증해주는 강력한 공권력의 존재를 희구했기 때문이다. 그 후 에도막부라는 강대한 통일정권이 17세기

---

85) 宇佐見隆之, 앞의 논문 「中世末期地域流通と商業の変容」, 65-69 · 73쪽.

86) 斎藤善之, 앞의 논고 「近世流通史の視点から」, 78쪽.

87) 朝尾直弘, 『大系日本の歴史 8天下統一』, 小學館, 1988, 94-100쪽; 角山榮, 『堺 -海の都市文明-』, PHP新書, 2000, 79-81쪽.

전반 쇄국령을 통해 대외 억상정책(抑商政策)을 강행했을 때 이에 정면으로 대적할만한 상인집단은 존재하지 않았다. 중세적인 도시자치의 전통은 에도시대에 들어 도시 내부의 정(町) 레벨에서만 명맥을 유지할 뿐이었다.

3) 상업질서의 전환과 상인사

위에서 본 것처럼 중·근세 이행기는 중세적인 상업질서의 기본 골격이 크게 변화한다. 여기에는 장원제의 최종적인 해체가 상당한 영향을 미쳤을 것이다. 하지만 여러 가지 현상이 한꺼번에 도래한 근저적인 요인은 중세 후기의 상업질서를 지탱하던 보편적인 원리가 무너져버린 점일 것이다. 하츠오와 같이 각종 세제의 관념적 기반을 이루던 신들의 권위가 실추하고, 15세기 이후 다종다양한 소유권과 사회적 신용의 원천으로 작용하던 문서주의도 에도시대에 들어서는 순간 퇴조하기 시작한다.

근세 에도시대는 신, 문서가 권위를 상실한 대신 인간 중심의 공공성 논리가 전면에 부상하여 상업과 시장을 규율하는 보편적 원리로 작용했다. 공공성의 논리란 어떤 특정한 개인, 집단의 독점적인 권리가 다수의 이익을 침해하거나 형평성을 현저히 결여한 경우 그 권리는 마땅히 폐지되어야 한다는 것이다. 예컨대 15세기 이후 재판 과정에서 문서에 기재된 권리에 입각하여 무조건적으로 인정되던 대공직이 대공(大工) 즉, 목수을 고용하는 고용주의 요구에 의해, 시장을 지배하던 좌는 다수 소비자의 요구에 의해, 경제적 관소는 통행자의 요구에 의해 각종 특권들이 철폐된 것이다.

이러한 전환으로 인해 에도시대 이후는 종전과 같이 공권력의 법정을 통해 신흥 유통세력을 배제하고 특권의 유지를 꾀하는 방법은 더 이상 쓸 수 없었다. 따라서 상공인들은 상재(商才)와 기량을 연마하여 상호 경쟁하는 외에 달리 가업(家業)을 지속할 방법을 찾지 못했다. 에도시대 중기부터 광범위하게 나타나는 상업적 경쟁이나 소위 장인정신은 바로 이런 배경에서

초래된 현상이라고 할 수 있다.[88]

이밖에도 중·근세 이행기 유통경제의 특징을 드러내는 현상으로 상인사(商人司)의 등장과 소멸을 들 수 있다. 이는 전국다이묘나 통일권력 그리고 에도시대 초기의 다이묘들이 물자의 원활한 조달과 영내 상인 지배를 위해 유력 상인 출신의 특정 인물에게 '상인두' 또는 '상인사'의 지위를 부여하고 지배권역 내 상인들에 대한 재판권, 형벌권, 전매 특권, 세금 면제 등 포괄적인 권한을 인정한 것이다.

일례로써 에도시대 초기 아이즈분지(会津盆地) 서남단에 위치한 다카다촌(高田村)에는 인근 지역의 상인들을 지배한 요시하라씨(吉原氏)라는 호족이 있었다. 이곳의 장광사(長光寺)라는 사찰이 1440년대 요시하라 가문의 선조에 의해 건립된 점으로 보아 이미 중세 후기부터 현지에 정착한 유서 깊은 가문임을 알 수 있다. 에도시대에 접어든 1623년(원화9) 근방 6개 촌의 상인 21명이 연명으로 요시하라씨에게 제출한 '나카마(仲間)'로서 준수해야 할 5개 조의 서약문 제1조는 "이 나카마에 가입하지 않고 연작(連雀, 행상)을 행하는 자는 발견 즉시 금지시킨다"는 내용이다. 그러므로 이때의 상인집단이 중세 후기부터 지속된 연작중(連雀衆)이며, 요시하라씨는 대대로 이들을 지배한 연작두(連雀頭) 집안이었음이 분명하다.

그런데 다카다촌으로부터 그리 멀지 않은 아이즈번(会津藩)의 성하정 와카마츠(若松)에는 번에 의해 상인사로 등용된 대(大)상인 야나다씨(簗田氏)가 있었다. 야나다씨는 중세 말기부터 지역의 역대 전국다이묘들과 직접 연결되어 영국 내에 세력을 펼친 상인 가문이다. 요시하라씨와 야나다씨는

---

88) 공공성 논리에 대해서는 桜井英治, 앞의 논문 「日本中世の経済思想 -非近代社会における商業と流通-」, 56-60쪽을 참조하여 작성함. 桜井는 이 논문의 결론부에서 중세 후기의 경제구조가 神들의 권위와 文書의 신용이라는 보편적 원리에 기초하여 고도로 시스템화했으며, 특수한 형태로 지나치게 성숙했기 때문에 오히려 그 원리에 약간의 동요가 생긴 순간 구조 전체가 붕괴했다고 평한다. 필자로서는 연구자가 자칫 빠져들기 쉬운 연구주제와 대상 시대에 대한 지나친 몰입, 과도한 평가가 아닐까 우려되는 측면이 있다.

1618년(원화4) 이래 영내 각지에서 대립과 항쟁을 거듭한다. 점점 궁지로 내몰린 요시하라씨는 결국 1675년(연보3) 본관지인 다카다촌의 시장을 주최할 권리만을 유지한 채 최종적으로 패퇴한다.[89] 신흥 다이묘 권력의 비호를 받은 상인사 세력이 오랜 유서와 전통에 기반한 연작두 세력을 압도한 것이다.

이러한 상인사의 존재는 중세적인 권력 분산에서 근세적인 권력 집중으로 이행하는 시기에 나타난 매우 독특한 현상이라고 할 수 있다. 그런 까닭에 중앙 권문의 세력이 전통적으로 강한 서일본보다 주로 아이즈, 시모츠케(下野), 스루가(駿河) 등 에도막부의 힘이 직접적인 위력을 발휘한 동일본 지역에 주로 분포했다. 하지만 상인사와 그 조직이 보유한 각종 특권 및 지배력은 성하정 내부에 근세적인 정(町)공동체가 형성되면서 조직에 소속하지 않은 여타 상인들과 자유 매매를 원하는 다수 소비자층의 불만을 야기하여 점차 쇠퇴해간다.[90] 게다가 에도시대 막번체제(幕藩体制)가 안정기에 접어든 17세기 후반 무렵에는 앞서도 간단히 언급한 바와 같이 육운업, 해운업, 창고업, 중간매매업 등이 중세적인 미분화상태에서 근세의 분화된 업종으로 변모하고, 따라서 권력의 지배도 각각의 업종별로 조직된 나카마를 통해 이루어진다. 영내 상업을 총괄적으로 지배하던 상인사가 그 존재의의를 상실하게 된 것이다. 이리하여 상업유통에 대한 전반적인 통제권은 막부, 번에 일원적으로 수렴된다.[91]

89) 石井進, 앞의 논고 「商人の原像 -千駄櫃と連雀-」, 228-230쪽.

90) 앞의 책 櫻井英治 · 中西聰 編, 『新體系日本史12 流通經濟史』, 140-143쪽.

91) 宇佐見隆之, 앞의 논문 「中世末期地域流通と商業の変容」, 74-75쪽.

일본 중세를 특징짓는 분산적, 다원적인 권력체계는 중세화폐사에도 그
대로 반영된다. 일본의 중세국가와 정치권력들은 고대와는 달리 독자적으
로 화폐를 주조하지 못했다. 송전(宋錢)을 중심으로 한 중국으로부터의 수
입 동전이 우선 민간에서부터 유통되기 시작하여 전 사회적으로 보급되었
고,[1] 12세기 후반의 송전 수입 초기와 15세기 후반의 찬전령(撰錢令) 등을
제외하면 중세사회를 통해서 화폐유통에 대해 권력이 일관된 통제권을 행
사한 예는 보이지 않는다.[2] 그래서 혹자는 일본 중세의 화폐유통이 공권력
의 통제 밖에서 자율적으로 발전했다고 평가하기도 한다.[3]

근년의 일본 역사학계는 시대를 막론하고 소위 일국사관을 극복하기 위
해 국경을 초월한 광역적인 지역 간 교류를 중시하는 연구경향이 하나의 큰
사조를 이루고 있다. 이러한 관심에서 보면, 중국의 시대별 화폐상황과 깊이
맞물린 일본 중세화폐사는 일국중심적인 역사관에서 벗어나 동아시아의 지
역 간 상호교류를 조명해볼 수 있는 적절한 소재임이 분명하다. 또한 무로마

---

1) 桜井英治, 「日本中世における貨幣と信用について」, 『歴史学研究』703, 1997.

2) 川戸貴史, 「中近世移行期日本の貨幣流通史を振り返って」, 『歴史学研究』812, 2006.

3) 中島圭一, 「室町時代の経済」, 榎原雅治 編 『日本の時代史 11―揆の時代』, 吉川弘文館,
2003.

치막부 이후 중세 후기의 화폐사는 각지의 정치권력이 다양한 내용의 찬전령 반포를 통해 화폐유통에 적극적으로 개입한 전국시대를 거쳐, 일본 독자적인 금·은·동 삼화제도(三貨制度)가 수립되고 국가가 화폐를 대량으로 주조, 발행하는 근세 에도시대의 일원적인 경제체제로 수렴되어 가는 중요한 과정이기도 하다.

위와 같은 관점에 입각하여 여기서는 먼저 일본 중세화폐사의 변천과정을 수입 송전을 중심으로 본 중국의 화폐상황과 연계시켜 단계별로 개관한다. 다음으로 전국시대의 찬전현상과 찬전령, 오다·도요토미 정권기의 화폐정책을 통해 한편으로 다원적인 형태를 띠면서도 다른 한편에서 근세 삼화제도로 수렴되어 가는 중·근세 이행기의 화폐사에 대해 검토한다. 그리고 연구자에 따라 극히 다양하게 제기되고 있는 중세화폐사의 주요 논점을 선행 연구에 입각하여 정리한 후, 끝으로 중세 후기에 전개된 신용화폐와 신용경제의 단초에 대해 논해보고자 한다.

1. 중세화폐사와 송전 유통

고대 일본의 화폐유통은 10세기 말경 쇠퇴하기 시작하여 11세기 초두에 완전히 사용이 단절된다. 이후 12세기 후반 중국산 동전이 본격적으로 수입, 유통되기까지 열도 내부의 동전 유통은 거의 자취를 감추었다.[4] 대체로 11세기 말부터 조짐이 드러나서 12세기 후반 이후 대량으로 유입되기 시작한 중국산 동전 중 양적인 면에서 타를 압도한 것은 송전이다.

---

4) 榮原永遠男, 「貨幣の發生」, 櫻井英治·中西聰 編 『新體系日本史12 流通經濟史』, 山川出版社, 2002; 江草宣友, 「平安期における錢貨流通と渡来錢」, 『ヒストリア』193, 2005.

1) 11~12세기의 송전 유통

중국에서는 대개 10세기경부터 구리 공급량이 늘면서 북송대(960~1127)의 동전 발행량은 전성기인 신종(神宗, 재위 1067~1085) 때 매년 약 500~600만 관에 달했다. 북송은 이를 기반으로 넓은 지역에 동전 유통을 정착시키는 동시에, 특히 신종대 왕안석(王安石, 1021~1086)의 신법이 시행된 이후로는 동전을 기준통화로 한 국가재정을 대대적으로 전개했다.[5] 또한 이 시기 해외로 유출된 송전은 가깝게는 고려, 일본, 동남아로부터 멀리는 서아시아, 아프리카 동해안에 이르는 광대한 지역에서 통화로 사용되었다. 그 중 일본열도의 수입량이 특히 많았으며,[6] 한반도에서도 이때부터 송전 출토 유적이 늘어난다.[7]

그 후 금의 북중국 정복에 밀려 송이 남쪽으로 이동하면서 남송(1127~1279)이 성립한다. 1160대 이후 남송은 금과의 전쟁에 필요한 군비 염출을 위해 '회자(會子)'라는 지폐를 대량 제작해서 이것을 정책적인 기준통화로 삼아 동전과 함께 유통시켰다.[8] 서서히 회자가 동전의 화폐 기능을 흡수하여 민, 관에 광범위하게 유통되자 수요가 감소한 동전은 녹여서 구리 제품의 원소재로 사용하거나 수출로 돌려졌다. 지폐 확산으로 인한 중국 내 동전 수요의 감

---

5) 宮沢知之, 『宋代中国の国家と経済』, 創文社, 1998. 北宋이 대량의 동전을 발행한 배경에 관해서는 단순히 민간 상품경제 발전의 자연스러운 결과로서가 아니라, 兵農分離體制 하에서 용병부대에 군수물자를 원활히 보급하기 위한 국가적 지불수단이었다고 보는 견해도 있다. 이 점에 대해서는 본서의 고대 편에서 이미 언급했다.

6) 예를 들어 1998년까지 일본열도에서 출토된 동전을 출토량에 따라 배열하면 ① 皇宋通寶 (1039년 초주), ② 元豊通寶(1078년), ③ 熙寧元寶(1068년), ④ 元祐通寶(1086년), ⑤ 開元通寶 (621년) 순이다. 출토 사례는 총 275건, 총량은 353만 장에 달한다. 이 가운데 ①~④가 북송시대의 것으로 일본에서 대량 출토된 동전의 약 8할을 차지한다. 이어서 명, 당, 남송의 동전이 많으며 그밖에도 중국 역대 왕조와 한반도, 동남아시아의 왕조들이 발행한 동전도 확인된다. 이상은 鈴木公雄, 『出土銭貨の研究』, 東京大学出版会, 1999. 이러한 출토 현황은 해당 시기 화폐의 유통상황을 반영한 것으로 이해해도 무방할 것이다.

7) 大澤研一, 「高麗時代の銭貨をめぐる研究の現況と課題」, 『出土銭貨』 21, 2004.

8) 足立啓二, 「東アジアにおける銭貨の流通」, 『アジアのなかの日本史Ⅲ 海上の道』, 東京大学出版会, 1992.; 山田勝芳, 「貨幣と王権 -中国と日本-」, 『天皇と王権を考える 3生産と流通』, 岩波書店, 2002.

소가 해외 유출을 자극한 것이다. 게다가 남송 정부는 세수 증대를 위해 해외 무역을 촉진하는 정책을 펼쳤고, 일본에서도 국가에 의한 무역통제가 대폭 완화됨으로써 송일무역을 통한 동전의 일본 유입은 크게 확대되었다.[9]

그러면 송일, 원일무역을 통해 일본 중세에 얼마만큼의 중국 동전이 유입 되었을까? 그 총량을 문헌사료로 확인하기는 불가능하다. 다만 1975년 전 남 신안 앞바다에서 인양된 침몰선에 대한 한국 수중고고학계의 조사결과 를 통해 대략적인 짐작을 할 수 있을 뿐이다. 이 배는 전장 30m의 목선으로, 적재된 하물에 첨부된 목간의 기재로 보아 교토 동복사(東福寺)의 재건비용 마련을 위해 출항하여 1323년(지치3·원형3) 중국의 경원(慶元, 그 전의 명 주, 현재는 영파)에서[10] 교역활동을 마치고 하카타(博多)로 귀환하던 사찰조 영선(寺刹造營船)이 분명하다. 사찰조영선의 실태에 관해서는 중복을 피해 후술할 예정이다. 배에는 약 2만 점의 도자기를 비롯한 대량의 중국산 물품 과 함께, 약 800만 매(약 28톤)에 달하는 중국 동전이 적재되어 있었다. 원말 1350년대의 수년간에 걸친 내란기를 제외하면, 12세기 후반부터 14세기에 걸쳐 거의 매년 이런 상선이 20~30척씩 당시 중일 간의 주요 항로였던 경 원-하카타 간의 대양로를 항해했을 것으로 추정된다.[11]

위와 같은 대량의 동전 유입을 배경으로 오타 유키오(大田由紀夫)는 중세 일본의 송전 수용과 유통을 다음 세 단계로 정리했다.[12] 제1단계는 열도의

---

9) 大田由紀夫,「渡来銭と中世の経済」, 荒野泰典 등 편 『日本の対外関係 4倭寇と「日本国王」』, 吉川弘文館, 2010, 165-166쪽.

10) 浙江省 慶元은 三江口라는 수상교통의 요지에 형성된 중국대륙의 북방해운과 남방해운을 연결하는 중요한 항만도시이다. 원래는 明州라 불리다가 1196년(경원2) 당시의 연호를 따서 慶元府로 개칭되었다. 명나라 초 1376년(홍무9) 洪武帝에 의해 寧波로 명명된 후 현재에 이른 다. 斯波義信,「港市論」,『アジアのなかの日本史 Ⅲ海上の道』, 東京大学出版会, 1992.

11) 橋本雄,「中世日本の銅銭 -永楽銭から「宋銭の世界」を考える-」, 井原弘編『宋銭の世界』, 勉誠出版, 2009.

12) 大田由紀夫, 앞의 논고「渡来銭と中世の経済」, 163쪽. 이하, 본고에서 大田의 논고를 이용 한 부분은 일일이 각주를 달았다.

일부 지역에 송전이 국지적으로 유입된 11세기 말~12세기 전반, 제2단계는 송전이 본격적으로 수입되기 시작한 12세기 후반 무렵, 제3단계는 송전이 주요 통화로서 전면적으로 유통된 13세기 이후이다. 오타의 3단계설은 다른 선행 연구에 비추어 봐도 대단히 정합성이 높은 것으로 판단되므로 본고에서도 여기에 입각하여 중세화폐사의 복잡한 전개과정을 정리해보고자 한다.

우선 제1단계에는 고대 이래 열도 최대의 국제무역항으로 번성한 규슈 북안의 하카타에 11세기 후반경 송상(松商)의 체류 및 교역거점으로서 '당방(唐坊·唐房)'이 형성된다.[13] 송상들은 당방에 장기간 정착하여 무역뿐만 아니라 다채로운 사회문화적인 활동을 펼치는 소위 주번무역(住蕃貿易)을 행했다.[14] 이 무렵 하카타로 유입된 송전은 소량에 불과했고 주로 송상 상호 간의 경제활동에 이용된 것으로 보인다. 그러므로 이 단계의 송전 유통은 열도 일부에서 나타난 극히 국지적인 현상이라고 할 수 있다.

한편, 교토를 중심으로 한 수도권에서는 율령국가의 동전이 가치척도로서 기능을 점차 상실해가는 10세기 중엽부터 쌀·비단·사금 등 현물화폐가 주요 교환매체로 활약했다. 하지만 현물화폐를 이용한 유통은 필연적으로 각종 현물 사이의 복잡한 환산관계를 필요로 한다. 따라서 이미 역사적 경험을 통해 가치가 비교적 안정적인 데다 휴대가 간편하고 내구성도 강한 금속화폐 고유의 편익성을 인지하고 있던 당시 사람들로서는 환산이 용이

---

13) 唐坊은 중국인을 비롯한 한 외국인 집단거류지를 가리키는 지명으로, 최근 일본의 중세 대외관계사에서 주목받고 있다. 가장 유명한 곳은 본문에 언급한 博多의 宋商 거류지이다. 근년에는 九州 각지와 本州 남단에도 관련되는 지명이 다수 검출된다. 아마 宋代 경제발전의 파동이 일본열도에까지 영향을 미친 결과 博多를 필두로 그 후 다른 지역에도 형성된 것으로 보인다. 열도 내의 唐坊은 元의 침략을 전환점으로 한 중일 간 무역체제 변화, 일본 국내 정책의 변화 등으로 인해 소멸했다. 이상은 柳原敏昭, 「中世前期南九州の港と宋人居留地に関する一試論」, 『日本史研究』 448, 1999; 동, 「唐坊と唐人町」, 荒野泰典 등 편 『日本の対外関係 4倭寇と「日本国王」』, 吉川弘文館, 2010, 204·212쪽.

14) 亀井明徳, 「日宋貿易関係の展開」, 『講座日本通史 6』, 岩波書店, 1995.

한 새로운 동전의 등장을 회구할 수밖에 없었다.

제2단계에는 1160대부터 교토에서 동전 금액으로 지가를 명시한 토지매권(土地賣券)이 나타난다. 단, 이때까지 기내를 포함한 열도의 대부분 지역은 아직 미곡, 포백류 등을 대가로 명시한 토지매권이 사용되었다.[15] 1170년대 이후는 서일본의 수군 세력을 이용해서 무력으로 정권을 쟁취한 다이라노 기요모리(平清盛, 1118~1181)가 효고(兵庫)의 후쿠하라(福原)에 항구를 열어 대송무역을 적극적으로 추진함으로써 대량의 송전이 수입되고 교토를 중심으로 유통되기 시작한다. 아마 당시 송상과의 교역을 통해 양질의 송전을 접한 일부 상인들이나 송에 유학한 승려들을 통해 수입과 유통이 촉진되었을 것이다.

그 결과 1179년경에는 궁정 사료에 "근일 일본 천하에 상하를 막론하고 병으로 앓는 이가 많다. 이름 부쳐 전병(錢病)이라 부른다"는 기술까지 등장한다. '전병'이란 피부에 동전 형태의 둥근 반점이 생기는 홍역으로 추측되는 역병이다. 이 말이 회자된 것은 그만큼 송전이 수도권 주민의 일상에 깊이 파고든 때문일 것이다.[16] 연구자에 따라서는 송전의 유통 확대로 인해 미곡, 포백류 위주로 재정을 꾸려온 조정 및 국아(国衙)의 구매력이 현저히 저하된 결과 송전에 대한 부정적 자세가 반영된 것으로 보는 견해도 있다.[17]

교토 조정은 수도권의 물가 혼란을 우려하여 애초부터 화폐로서 송전의 유통을 인정하지 않았다. 다이라씨 일문이 멸망한 후 12세기 말에는 송전에 대한 유통금지령을 반포하기도 했다.[18] 하지만 앞서 논한 대로 동전의 재유

---

15) 大田由紀夫, 앞의 논고「渡来銭と中世の経済」, 164쪽.

16) 橋本雄, 앞의 논고「中世日本の銅銭 -永楽銭から「宋銭の世界」を考える-」. 인용 사료는「百練(錬)抄」,『新訂増補国史大系』.

17) 桜井英治,「中世の貨幣・信用」, 桜井英治・中西聡 編『新体系日本史12 流通経済史』, 山川出版社, 2002.

18) 井上正夫,「一二世紀末の宋銭排除論とその背景」,『社会経済史学』70-5, 2005.

통은 시대적 요청에 따른 자연스러운 현상이었으므로 실질적인 유통금지는 불가능했다. 가마쿠라막부가 성립하고 공(公), 무(武)로 나뉜 권력의 이원적 상황에서 막부의 우위가 점차 명확해지자 노도와 같은 송전 유입은 민간의 화폐유통을 더욱 활발하게 했다.

2) 13세기 이후의 송전 유통과 열도 경제

제3단계에는 송전이 열도 각지로 보급된다. 이 시기의 송전 유통에는 1210년대와 1270년대라는 두 개의 전환점이 존재한다. 우선 1210년대는 기내의 토지매권에서 동전을 기준으로 삼는 빈도가 높아진 점으로 미루어 기내지역을 중심으로 송전 유통이 확대되었음을 알 수 있다. 이어서 대개 1220년대 후반부터는 그 전까지 주로 미곡, 포백류와 각종 현물로 납부하던 장원 연공이 전대납되기 시작한다.[19] 그 후 1270년대는 기내 이외 지역의 토지매매에도 송전 사용이 보편화되는 한편으로, 열도 전역에서 비축 또는 주술적 기원을 목적으로 한 동전매장관습이 성행하고,[20] 연공 전대납은 더욱 넓은 범위로 확대되었다.

13세기 중엽 송전의 보급 상황을 잘 드러내주는 흥미로운 사례가 있다. 1250년(건장2) 가마쿠라막부는 교토 이조(二条)의 한원내리(閑院内裏) 조영을 각지의 어가인(御家人)들에게 할당한다. 『오처경(吾妻鏡)』에는 이때 각 부분의 건축을 실제로 담당한 전부 253명에 달하는 어가인 개개인의 일람이 수록되어 있다. 장군에게서 받은 '어은(御恩)'에 대해 직접적인 인력동원을 통해 '봉공(奉公)'한다고 하는 가마쿠라막부체제의 이념이 그대로 실현된 것이다. 그런데 불과 20여 년이 경과한 1275년(건치1) 육조(六条) 하치만궁의

---

19) 本郷恵子, 「社会構造の転換」, 『全集日本の歴史 6京·鎌倉ふたつの王権』, 小学館, 2008, 290쪽.

20) 大田由紀夫, 「十二~十五世紀初頭東アジアにおける銅銭の流布 -日本·中国を中心として-」, 『社会経済史学』61-2, 1995.

조영 때는 거주지별로 가마쿠라, 교토, 그 외 지역으로 나누어 전부 469명의 어가인 총령(惣領)이 일람표에 게재되었지만, 이 경우 건축에 대한 세부적인 분담이나 직접적인 인력 동원은 없고 어가인 일족의 자산에 따른 비용 배분과 집금(集金) 내역만 기록되었을 뿐이다. 즉, 13세기 중엽 이후는 화폐경제의 진전과 함께 어가인역(御家人役)도 인적 봉사에서 금전 공출로 성격이 변화한 것이다. 이리하여 같은 무렵에는 장군-어가인의 관계뿐만 아니라 대부분의 사회관계가 금전으로 환산된 것으로 보인다.[21] 그 결과 제3단계에 이르러 송전은 기존의 현물화폐가 지닌 교환수단으로서의 기능을 빠르게 잠식하면서 중세 일본의 통일적인 가치척도이자 기준통화로 정착하게 된다.[22]

　13세기 일본열도에 송전이 급속히 침투한 대외적인 요인은 같은 시기 중국으로부터 동전이 대량 유입된 점에서 찾을 수 있다. 구리 자원의 부족 때문에 발행량이 줄면서 남송은 1199년(경원5) 고려, 일본에 대한 동전수출금지령을 내렸으나 그래도 유출은 계속되었다.[23] 또한 이미 지폐를 기준통화로 격상시킨 남송에 대해, 1210년대는 금나라도 북중국에서 지폐인 '초(鈔·錢鈔)'를 중심으로 한 통화정책을 펼쳤으며 초의 원활한 보급을 위해 동전 유통을 아예 금지시켜버렸다. 남송을 병합한 원(1260~1368) 초기 1270년대는 장강 하류지역에도 같은 성격의 금지령이 반포되었다. 원의 지폐전용정책은 명(1368~1644) 전기까지 계승된다. 그러나 제조 원가가 극단적으로 낮아서 전국적 유통을 보장하는 왕권과의 관계가 동전 이상으로 깊을 수밖에 없던 지폐는 중국 바깥에서의 유통이 전혀 보장되지 않았다.[24] 결과적으

<hr>

21) 本郷恵子, 앞의 논고「社会構造の転換」, 290-295쪽.

22) 松延康隆,「銭と貨幣の観念 -鎌倉時代における貨幣機能の変化について-」,『列島の文化史』6, 日本エディタースクール出版部, 1989; 東野治之,『貨幣の日本史』, 朝日新聞社, 1997.

23) 東野治之, 앞의 책『貨幣の日本史』, 73-84쪽.

24) 足立啓二, 앞의 논고「東アジアにおける銭貨の流通」; 山田勝芳, 앞의 논고「貨幣と王権 -中国と日本-」.

로 대륙 내에서 마땅한 용처를 찾지 못한 대량의 동전이 외부로 흘러나갔으니 그 주요 유출처 중 하나가 중세 일본이다. 1270년대는 자바, 베트남 등 동남아시아 각지에서도 송전 중심의 경제로 전환하는 현상이 일어난다. 중국 동전의 외부 확산이 아시아 전역의 경제에 심대한 영향을 미친 것이다.[25]

하지만 대량 유입으로 1270년대 이후 송전이 열도의 기준통화로 정착된 후에도 14세기 남북조시대에는 동전 수요의 지속적 증대, 장기간 사용으로 인한 마멸이나 파손, 앞 시대부터 유행처럼 번진 매장관습 등으로 일본열도에서 동전유통량이 만성적으로 부족하여 송전의 가치가 상승하는 이른바 '전귀(錢貴)'상태가 지속된 듯하다.[26] 그 결과 민간에서 임의로 사주전(私鑄錢)이 주조되었으며, 실현되지는 않았지만 후제호천황(後醍醐, 재위 1318~1339)이 지폐와 동전발행계획을 표명하기도 했다. 이에 따라 14세기 후반에는 기내 주변에서 토지매매의 지불수단으로 동전이 사용되지 않고 송전 유통이 일시적으로 후퇴하는 현상까지 나타난다.[27]

당시 중국대륙에 새로 성립한 명은 건국 초기부터 구리 자원의 고갈로 지폐 발행이 성행하여 초에 중심을 둔 화폐경제를 지향했다. 특히 홍무제(洪武帝, 재위 1368~1398) 때는 1억 관 규모의 초가 발행되었다고 한다.[28] 그로 인해 홍무제 말기에는 이전까지 발행되던 홍무통보(洪武通寶)도 더 이상 주조되지 않았으며 1394년(홍무27)에는 동전 유통 자체가 금지되었다. 게다

---

25) 黑田明伸,『貨幣システムの世界史 ーく非対称性〉をよむー』, 岩波書店, 2003(이 책은 정혜중 역,『화폐시스템의 세계사 -'비대칭성을 읽는다'-』, 논형, 2005로 국내에서도 출간됨.) ; 大田由紀夫, 앞의 논문「十二~十五世紀初頭東アジアにおける銅錢の流布 -日本・中国を中心として-」; 동, 앞의 논고「渡来錢と中世の経済」, 169-170쪽.

26) 鈴木公雄, 앞의 책『出土錢貨の研究』는 南北朝에서 室町時代 초기에 걸쳐 埋藏錢의 양이 정점에 달하고 한 건당 수만 매의 동전 출토가 확인되는 점을 시사적으로 거론하고 있다.

27) 大田由紀夫,「一四・一五世紀の渡来錢流入 -中世日本の場合-」,『歷史の理論と教育』128, 2008.

28) 大田由起夫,「中国王朝による貨幣発行と流通 -明・洪武朝の鈔法を中心として-」, 池享編『錢貨 -前近代日本の貨幣と国家-』, 青木書店, 2001.

가 홍무제는 해외 통교를 국가 차원으로만 한정하고 민간인의 자유로운 해외도항을 금지하는 해금정책을 실시했다.[29] 따라서 대륙으로부터 동전의 외부 유출통로가 폐쇄된 것이 열도 내 송전 유통을 후퇴시키는 외적 요인으로 작용했을 것이다.

동전부족현상은 14세기 후반~15세기 전반 일본열도의 경제동향에도 직간접적인 영향을 미친 것으로 보인다. 이 시기의 일본 경제에 대해서는 열도산 도자기가 중국 수입 도자기를 대체하여 널리 유통되고, 주옥과 토창으로 대표되는 금융업이 번영의 정점에 도달한 동시에, 각지의 항만도시를 중심으로 한 해상 물류가 활발했다고 보는 긍정적인 평가가 대세이다.[30] 그러나 중세 일본이 비단 · 도자기 · 동전에서부터 15세기 후반 이래의 면포에 이르기까지 주요 물자의 상당 부분을 수입에 의존한 사실을 간과해서는 안 된다. 이러한 대외 교역과의 연관성을 깊이 감안하지 않고 시각을 열도 내부만으로 한정하여 마치 당시의 일본 경제가 발전일변도였던 것처럼 평가하는 위견해는 문제가 있다. 게다가 상행위를 둘러싼 분쟁, 마찰을 통제하여 상업질서를 유지할 목적으로 영주층이 발령한 시장법도 전후한 시기와는 달리 이 1세기 동안은 거의 나타나지 않는다.[31]

그러므로 사회경제적 측면에서 이 무렵은 열도 내의 생산력과 유통경제가 점진적으로 상향되긴 했으나 전후한 시기와 비교하여 그 속도가 대체로 완만하고, 특히 화폐 공급이 부족했던 점을 감안하면 전체적으로는 경제의 정체기로 해석할 수 있다. 결과적으로 각지의 유통거점에서는 부족한 수입동전을 보완하기 위한 지역적 대응책의 일환으로 송전을 모방하여 주조한

---

29) 大田由紀夫, 앞의 논고 「一四 · 一五世紀の渡来銭流入 -中世日本の場合-」.

30) 中島圭一, 앞의 논고 「室町時代の経済」.

31) 佐々木銀弥, 「中世市場法の変遷と特質」, 『日本中世の都市と法』, 吉川弘文館, 1994.

모주전(模鑄錢) 유통이 증가한다.[32] 전국적 유통에는 송전을 비롯한 '정전(精錢)'이, 지역적 유통에는 그 지역에만 사용이 한정된 잡다한 동전이 유통하는 이중구조가 나타나기 시작한 것이다.

동전에 대한 사회적 수요가 고조된 시기에 무로마치막부의 3대 장군 아시카가 요시미츠(足利義滿, 재직 1368~1394)에 의한 명·일 간 감합무역(勘合貿易)이 개시되고 한편으로 유구국을 매개로 하는 명·일 중계무역이 발흥하면서 15세기부터는 중국 동전이 다시 일본으로 유입된다. 하지만 이 시기 동전의 수입 규모는 14세 후반에 비해 나아지긴 했으나 여전히 수요에 비해 공급이 크게 부족했다.[33]

명에서는 정난(靖難)의 변을 거쳐 즉위한 영락제(永樂帝, 재위 1402~1424)에 의해 1408년(영락6) 영락통보(永樂通寶)가 주조됨으로써 비로소 동전 발행이 재개된다. 단, 이때도 초는 명 정부의 재정기반으로서 비교적 안정적으로 유통된다. 하지만 1421년(영락19) 명이 남경에서 북경으로 천도한 후 대운하를 이용한 남북 간 물류체계를 정비하고 1449년(정통14)에는 몽골계열의 오이라트(Oirat, 瓦剌)군에게 정통제(正統帝, 재위 1435~1449)가 포로가 되는 토목(土木)의 변 등을 겪으면서 명 정부는 급증한 재정 부담을 위해 초를 남발한다. 그리고 15세기 중엽 이후 명은 북방으로부터의 위협에 대비한 수도 방위 및 보급체계 재편을 위해 현물 수송과 현물 지급을 기피하고, 그간의 남발로 인해 거의 가치를 상실한 초에 대신하여 은을 기반으로 한 재정운용의 효율화를 적극적으로 추진했다. 명 초기에는 중국 내에서도 절강, 복건 등을 중심으로 연 100만 량 이상의 은이 채굴되고 있었다.

이에 따라 이미 오래 전부터 기준통화로서 지위를 상실한 동전은 또 다시

---

32) 이상은 大田由紀夫, 앞의 논고 「渡来銭と中世の経済」, 172-174쪽을 참조하여 작성함.

33) 大田由紀夫, 앞의 논문 「一四・一五世紀の渡来銭流入 -中世日本の場合-」.

발행이 중지되었다.[34] 그러나 다수의 병사들과 하층민은 식량, 생필품 구입을 위해 각종 경로로 입수한 은을 동전으로 교환해야만 했다.[35] 공식적인 공급이 단절된 상태에서 동전 수요가 증대한 결과 조악한 사주전이 북경 시중에 나돌고 잡다한 전종(錢種)을 선별하여 사용하는 찬전행위도 점차 횡행했다. 한편으로 명 정부의 북방 군사비 증대는 무거운 부담이 되어 인민생활을 짓눌렀고, 해마다 북방으로 거액의 은이 반출되면서 명의 국내는 심각한 은 부족 상태에 빠져들었다. 게다가 바로 그 무렵부터는 국내산 은도 생산량이 감소한다.[36] 15세기 일본으로 유입된 중국 동전은 이러한 중국 측 사정을 배경으로 한 영락전과 그 외 수 종의 명전 그리고 다종다양한 사주전이 중심이었다.

2. 전국시대의 찬전령

변화를 겪으면서도 나름대로 안정적인 질서를 유지하던 열도 내 송전 유통은 전국시대가 되면 격렬한 동요를 보인다. 무로마치막부체제의 동요와 권력의 지역분산이 가속적으로 전개된 15세기 후반 이후는 때마침 대륙으로부터 동전 수입도 급감하여 파전(破錢), 마모전 등 악전이 대량으로 발생하고 민간의 찬전행위가 급증했다. 그 결과 15세기 말~16세기는 각지에서 전국다이묘와 막부에 의해 찬전령이 빈번히 발령된다.

---

34) 足立啓二, 앞의 논고 「東アジアにおける錢貨の流通」; 大田由紀夫, 「鈔から銀へ」, 伊原弘 編 『宋錢の世界』, 勉誠社, 2009.

35) 足立啓二, 「明代中期における京師の錢法」, 『熊本大学文学部論叢』 29, 1989; 黒田明伸, 「東アジア貨幣史の中の中世後期日本」, 鈴木公雄 編 『貨幣の地域史 -中世から近世へ-』, 岩波書店, 2007.

36) 기시모토 미오 · 미야지마 히로시(김현영 · 문순실 역), 『조선과 중국, 근세 오백년을 가다』, 역사비평사, 2003, 143쪽.

이 시기의 '찬전(撰錢)'이란 상품거래 및 세금납부에서 종전까지 전종, 품질을 불문하고 1매= 1문(文)으로 통용되던 각종 동전을 구별하고, 특정 동전을 선별적으로 사용하거나 또는 수수를 거부하는 행위를 가리킨다. 또 '찬전령'이란 그러한 찬전행위를 금지하거나 상용 가능한 동전의 허용범위를 변별하는 등 찬전에 관한 기준을 정한 법령이다.[37] 찬전의 대상이 된 '악전(惡錢·鐚錢)'은 일반적으로는 형태, 품질이 조악한 동전을 의미한다. 그 유래를 둘러싸고는 송전을 모방하여 사카이(堺) 등지에서 주조한 일본제 모주전이란 견해가 유력하지만, 원래 중국에서 유입된 사주전이 중심이란 주장도 있어서 연구자들 사이에 의견이 분분하다. 아마 15세기 후반 이후 중국산, 열도산을 망라하여 온갖 종류의 악전이 열도 내에 범람한 결과 시중에 유통되는 동전의 균질성이 와해되고 다양한 동전을 선별하려는 찬전행위가 만연한 것으로 보인다.[38]

조악한 동전을 배제하기 위한 찬전 관행은 중국을 비롯하여 동전이 유통된 지역이라면 어디든 보편적으로 존재한다. 중국에서는 이미 진대(秦代)에 찬전령이 반포되었으며, 일본의 전국시대보다 조금 앞선 명대 중기에도 찬전령에 해당하는 도간금령(挑揀禁令)이 보인다. 명대 최초의 도간금령은 1460년(천순4) 반포되었는데 명 정부가 발행한 제전(制錢)인 홍무통보, 영락통보, 선덕통보(宣德通寶) 등에 대한 찬전행위를 금했으며, 1480년(성화16)에는 홍무통보의 사용을 장려하는 법령이 반포되기도 했다. 이러한 사례를 통해 주목할 점은 당시 중국의 민간에서 지배국가인 명의 제전을 기피하고 송전을 비롯한 앞 시대의 동전을 선호했다는 사실이다.[39]

---

37) 高木久史,「日本戦国時代の撰錢と撰錢令」, 井原弘, 編『宋錢の世界』, 勉誠出版, 2009; 大田由紀夫, 앞의 논고「渡来錢と中世の経済」, 175쪽.

38) 大田由紀夫, 앞의 논고「渡来錢と中世の経済」, 176-177쪽.

39) 高木久史, 앞의 논고「日本戦国時代の撰錢と撰錢令」. 특히 본문 중에 후술하는 일본 전국시대 동일본을 중심으로 널리 통용된 永樂通寶의 경우, 明代의 중국 본토에서는 거의 유통되지 않았다는 고고학적 연구도 있다. 三宅俊彦,『中国の埋められた錢貨』, 同成社, 2005.

15세기 후반 명에서는 북경을 비롯한 대운하 주변을 중심으로 도시경제가 급속히 성장하고 면포·비단 등의 상품생산과 유통이 활발해진다. 이와 동시에 해외 물산에 대한 수요도 증대하여 강남, 복건 등 동남부 연해지역에서는 후추와 같은 동남아시아산 향신료와 중국산 비단·도자기 사이의 밀무역이 성행했다. 15세기는 유라시아대륙의 동과 서에서 동남아산 향신료에 대한 수요가 급증하는데 중국은 그 최대 수요처였다. 밀무역 융성은 동남부 연해지역의 도시화에 박차를 가했고, 이와 동시에 현금 유동성에 대한 수요도 증대한다. 결과적으로 광역적인 거래에서 은 유통이 증가하는 한편으로 지역 내 거래를 매개하는 동전 수요도 덩달아 커졌다. 이에 따라 북경에서부터 횡행하기 시작한 찬전현상이 점차 남하하여 동남부 연해지역까지 확대되었으며, 심지어 활발한 대외교역을 통해 온갖 종류의 사주전이 동아시아와 동남아시아 각지로 유포됨으로써 찬전현상도 광범위한 지역으로 전파되어 갔다.[40]

　　전국시대 찬전행위의 만연과 찬전령 급증이 위와 같은 동시기 중국의 화폐상황과 밀접히 연동된 것임은 말할 나위 없다. 그러나 여기에는 당시 일본열도의 경제동향도 중요한 동인으로 작용했다. 전국시대는 도처에 성하정, 사내정(寺内町) 등 새로운 도시가 다수 출현한다. 각지에서 전개된 생산, 유통, 소비의 확대는 점차적으로 교토를 구심점으로 한 기존 유통구조에 변화를 초래하여 소위 지역경제권, 영국경제권의 형성이 진전된다.[41] 지역경제의 성장은 말할 필요도 없이 현금 유동성에 대한 새로운 수요를 창출했다. 15세기 후반 이후 공식 경로를 통한 중국으로부터 동전 수입이 격감하자 사주전과 같은 악전이 대거 유입되었고, 그 후 명의 왜구 토벌로 인해 밀무역

---

40) 大田由紀夫, 앞의 논고「渡来銭と中世の経済」, 179쪽.

41) 桜井英治, 앞의 논고「中世の貨幣·信用」. 중세 경제에 대한 京都의 구심성과 그 후의 지역경제권 성립 등에 관해서는 본서의 중세편「1장. 중세유통사의 연구사적 이해」에서 개괄적인 연구사 정리를 한 바 있다.

형태의 동전 유입도 차단되었다. 결과적으로 악전이 대량으로 발생하고 찬전행위가 급증하여 전국 각지에서 동전 유통이 중단되는 사태가 발생한 것이다.[42]

중국의 예와 마찬가지로 중세 일본열도에도 찬전행위는 항시적으로 존재했다. 그러나 전국시대에 들면 그것이 사회문제화하고 권력에 의한 법적 규제가 빈발한 점이 특이한 현상이라 할 수 있다.[43] 그 한 사례로 스오(周防), 나가토(長門) 지역을 지배한 전국다이묘 오우치씨(大内氏)가 중세 최초로 1485년(문명17) 발령한 찬전령에 관해 검토해보자.[44] 원문은 생략이 심해 내용이 극히 난해하므로 필자가 나름대로 문장을 보완하고 약간의 설명을 덧붙였다.

「금 제」

제1조. 동전을 선별하는 일: 단전(段錢, 전답의 면적에 부과하여 동전으로 납부하는 무로마치막부의 기본 조세)은 예로부터 납부해 오던 것이므로 말할 필요도 없이 전종을 선별한 송전 납부가 원칙이지만, 일반 백성을 위한 조치로 단전 100문에 시중에서 기피하는 영락전, 선덕전 20문의 혼입을 허용한다.

제2조. 차용금의 이전(利錢)과 상품매매에 대해: 신분의 상하, 금액의 대소를 막론하고 영락전, 선덕전을 차별 없이 사용해야 한다. 단, 이렇게 정한다고 해서 영락전, 선덕전만으로 거래해서는 안 된다. 동전 100문에 영락전, 선덕전 30문까지 혼입을 허용한다. 사카이에서 주조한 모주전, 홍무전, 전문이 아예 없는 무문전(無文錢), 이 세 전종은 사용을 금한다.

제3조. 미곡 매매에 대해: 되(升)의 부정한 사용을 금한다. 미가 변동에 관한 수속은 따로 정한다.

---

42) 大田由紀夫, 앞의 논고 「渡来銭と中世の経済」, 180쪽.

43) 川戸貴史, 앞의 논문 「中近世移行期日本の貨幣流通史を振り返って」.

44) 佐藤進一·池内義資·百瀬今朝雄 編 『中世法制 史料集Ⅲ』의 「大内氏掟書」, 岩波書店, 1965.

찬전령에 해당하는 제1, 2조에 한정해서 보면 위 사료를 통해 첫째, 시중의 동전 유통에서 찬전행위의 허용 대상을 사카이전(堺錢), 홍무전, 무문전으로 한정하고 영락전, 선덕전에 대해서는 찬전을 금지하여 30%까지 혼용을 허용함으로써 민간의 화폐유통을 원활히 하고자 한 점, 둘째로는 영주 오우치씨에게 납부할 단전에 대해서는 두 전종의 혼입비율을 민간보다 낮은 20%로 억제하여 양전 확보를 꾀한 점, 셋째는 앞서 본 대로 거의 같은 시기 명의 국내에서 명전이 기피되고 구래의 송전 등이 선호된 것과 유사한 상황이 일본 국내에서도 그대로 재현된 점 등을 확인할 수 있다. 다만 명에서는 전혀 보이지 않던 전종별 혼용비율이 오우치씨를 비롯한 당시 열도의 찬전령에서는 거의 공통적으로 나타난다. 이는 일본의 영주층이 명의 도간금령을 그대로 수입한 것이 아니라 열도의 실정에 맞춰 변형을 시도한 때문일 것이다.

16세기에 들어서면 무로마치막부의 찬전령도 꽤 많은 사례가 확인된다. 1500년(명응9) 반포된 막부 최초의 찬전령은 사주전의 사용금지와 함께 '근본도당전(根本渡唐錢)'인 홍무전, 영락전, 선덕전 등의 명전을 송전과 동일하게 사용하도록 명한 내용이었다. 이는 오우치씨의 사례와 같이 명전이 당시 민간에서 기피되었음을 전제로 하며, 그러한 명전 사용을 공인함으로써 화폐유통량을 늘리고 사주전을 배제하려는 의도에서 나온 것으로 보인다. 또한 1506년(영정3) 막부는 당시 품질이 조악하고 잡다한 열도산 모주전의 총칭이던 '경전(京錢)'과 무문전 사용을 금하고, 수입 동전 가운데 홍무전, 영락전, 선덕전의 일부가 파손된 파전에 대해서는 100문 중 32매까지 혼용을 인정했다. 나중의 사례에서는 일부를 제외하면 이 혼용비율이 그대로 적용된다. 이후 막부는 명전 사용의 공인, 사주전 배제, 악전과 파전에 대한 규제 등의 내용을 담은 찬전령을 1544년(천문13)까지 연속적으로 발령한다.[45]

---

45) 小葉田淳, 『日本歷史新書 日本の貨幣』, 至文堂, 1958; 동, 『中世日支通交貿易史の研究』, 刀江書院, 1969; 동, 『日本貨幣流通史』, 刀江書院, 1969.

막부의 찬전령은 시기별 추이의 검토가 가능한 데다 무엇보다도 경제적 중심지인 교토를 중심으로 한 막부의 화폐정책이 당시 일본열도의 경제동향을 가장 잘 반영할 것이라는 선입견으로 인해 학계의 관심을 모았다. 특히 무로마치막부가 찬전령을 거듭 반포한 이유에 관해서는 이러한 법령을 통해 악전 유통을 강제함으로써 그것을 대량으로 보유한 막부 재정을 보전하려 했다는 설과[46] 화폐의 유통질서가 혼란해지자 민간이 공권력에게 화폐 입법을 요구한 결과일 뿐 내용적으로는 실제 유통상황에 대한 현상 추인에 불과하다는 설 등이 있다.[47] 전자는 막부의 재정적 요구를, 후자는 사회적 요구를 중시한 점에서 두 견해가 크게 대립하고 있는 것이다. 하지만 어느 쪽으로 이해하든 이미 세력이 극도로 약화된 막부의 찬전령은 민간의 호응을 얻지 못해 유통 현장에서 별다른 성공을 거두지 못했다.

이상은 주로 서일본의 사례를 들었으나 동일본의 경우도 전국다이묘의 분국법(分國法)과 장원, 사찰 등이 반포한 찬전령 등을 통해 송전 선호, 명전에 대한 기피현상 및 혼용비율규정, 명전 중에서도 영락전의 사용 허가 등등 지역별 다양성을 확인할 수 있다. 그 중에서도 관동지역의 고호죠씨(後北条氏)는 화폐유통에 대해 수많은 법령을 남겼다. 특히 1569년(영록12)부터는 영락전을 이용한 단전 납부를 허용했고, 1577년(천정5) 이후로는 영락전에 송전의 두 배 가치를 부여하기도 했다.[48] 이런 현상은 서일본과는 달리 관동지역에서 영락전이 기준통화로 자리잡았음을 의미한다.[49] 열도 내 영락전 유통의 지역성에 관해서는 논점 부분에서 재론할 예정이다.

46) 滝沢武雄,「撰錢令についての一考察」,『日本貨幣流通史』, 校倉書房, 1966.

47) 中島圭一,「西と東の永楽錢」, 石井進 編『中世の村と流通』, 吉川弘文館, 1992 등. 이상, 본문의 서술은 川戸貴史, 앞의 논문「中近世移行期日本の貨幣流通史を振り返って」를 참조하여 작성함.

48) 中島圭一, 앞의 논문「西と東の永楽錢」.

49) 高木久史, 앞의 논문「日本戦国時代の撰錢と撰錢令」.

3. 오다·도요토미 정권기의 화폐정책과 근세 삼화제도

동전 유통의 혼란상이 증폭되면서 서일본에서는 대개 1560년대부터 70년대에 걸쳐 가치척도로서의 화폐적 기능이 동전에서 쌀로 변화한다. 특히 토지매권이 그러한 변화의 중심이었다.[50] 다만 16세기 후반에도 부분적으로는 동전이 여전히 교환매체로 활용되었고, 게다가 명과 마찬가지로 열도 내에서 은이 화폐로서 급속히 보급된 것도 거의 같은 시기이므로 당시의 상황을 화폐=쌀이라고만 단정하기는 어렵다.

이 무렵 가치척도의 일반적인 기준이 쌀로 이행한 원인에 관해서는 중국으로부터 동전 수입이 완전히 단절된 점에 주목한 연구가 있다.[51] 즉, 당시 서일본의 전국다이묘들 사이에는 중국 동남부 연안의 복건성(福建省) 장주(漳州) 월항(月港)에 일본산 은을 수출하고 각종 사주전을 수입하는 밀무역이 성행했다, 그런데 16세기 중반 이후 명 정부의 왜구 진압에 의해 중-일 간을 직접 연결하는 밀무역 루트가 축소되고, 게다가 마닐라를 경유하여 복건의 장주로 멕시코산 은이 대량 유입되면서 일본산 은의 매력도 감퇴한다, 따라서 1560년대는 일본 수출을 위한 복건 일대의 사주전 생산이 거의 중단됨으로써 그 후 수년 사이에 서일본에서는 동전에 대신하여 현물화폐인 쌀이 재등장하기에 이르렀다는 것이다.

여기서 잠시 일본열도의 은 생산에 관해 살펴보면, 16세기 들어 서일본에서는 이와미은산(石見銀山. 현 시마네현 오타시), 이쿠노은산(生野銀山. 효

---

50) 浦長瀬隆, 「一六世紀後半西日本における貨幣流通 -支払い手段の変化を中心として-」, 『ヒストリア』 106, 1985; 동, 「一六世紀後半京都における貨幣流通」, 『地方史研究』 35-3, 1985. 이 논문들은 후에 동, 『中近世日本貨幣流通史 -取引手段の変化と要因-』, 勁草書房, 2001에 재수록됨.

51) 黒田明伸, 「16·17世紀環シナ海経済と銭貨流通」, 歴史学研究会 『越境する歴史学』, 青木書店, 1999; 동, 앞의 책 『貨幣システムの世界史 ー〈非対称性〉をよむー』; 三宅俊彦, 앞의 책 『中国の埋められた銭貨』.

고현 이쿠노정)으로 대표되는 양질의 은광들이 연이어 발견된다. 또한 1533년(천문2) 조선계 기술자로부터 '회취(灰吹)'법이라는 제련법도 새로 도입되면서 은의 대량 생산이 가능해졌다.[52] 그 결과 1530년대 열도의 은 생산은 전세계 산출량의 약 3분의 1을 점한 것으로 추정된다.[53] 이 일본산 은이 이윽고 16세기 중반에 이르러 은 수요가 고조된 중국에서 멕시코산 은과 경합을 벌인 것이다.

이밖에도 전란기라는 열도 내부의 상황으로 인해 쌀의 중요성이 크게 높아진 점이 가치척도가 쌀로 이행한 보다 본질적인 요인이라는 주장도 제기되고 있다.[54] 막대한 군량미를 필요로 한 전국다이묘에게 쌀은 반드시 확보해야 할 가장 중요한 전략물자였다. 동전 유입이 단절된 이후 군량미를 겸한 현물화폐로서 쌀의 중요성이 높아졌다는 것은 충분히 납득할 수 있는 논리이다.

위와 같은 성과를 기반으로 그간 학계에서는 16세기 후반 일본열도의 동전 유통이 쇠퇴일로를 걸은 것으로 간주해왔다. 그러나 외부로부터 유입이 단절되었다고 해서 동전 유통 자체가 종료된 것은 아니다. 이 시기 열도 각

---

52) 灰吹法이란 고로의 밑바닥에 구덩이를 파서 재를 채우고 그 위에 금·은 광석과 납의 혼합물을 얹어 풀무로 가열함으로써 납은 녹아서 재에 흡수되게 하고 순수한 금괴, 은괴만을 남기는 제련법이다. 일본에서는 1526년(대영6) 石見銀山이 발견된 후부터 실제 채용되었으며 에도시대를 통해 전국적으로 금·은의 생산을 비약적으로 늘리는 계기가 되었다고 한다. 일본으로 전래된 이 기술의 계보에 관해서는 조선전래설과 중국전래설이 있다. 田中健夫, 『中世海外交涉史の研究』, 東京大学出版会, 1959; 小葉田淳, 『日本鉱山史の研究』, 岩波書店, 1968.
　　단, 현재로서는 조선전래설이 우세하다. 즉, 1526년 石見銀山이 博多의 상인 神屋(神谷)寿禎에 의해 재발견된 직후 1533년(천문2) 寿禎가 博多로부터 宗丹, 桂(慶)壽라는 조선계 기술자를 石見로 초빙하여 灰吹法을 도입했으며 그로부터 산출량이 비약적으로 증가했다는 것이다. 村井章介, 『中世倭人伝』, 岩波書店(新書274), 1993; 동, 『国境を超えて -東アジア海域世界の中世-』, 校倉書房, 1997; 荻慎一郎, 『近世鉱山社会史の研究』, 思文閣出版, 1996; 秋田洋一郎, 「十六世紀石見銀山と灰吹法伝達者慶寿禅門 ―日朝通交の人的ネットワークに関する一試論―」, 『ヒストリア』 207, 2007 등.
53) 三上隆三, 『江戸の貨幣物語』, 東洋経済新報社, 1996.
54) 川戸貴史, 앞의 논문 「中近世移行期日本の貨幣流通史を振り返って」.

지에서는 유동성 부족을 보전하기 위해 다양한 품질의 모주전,[55] 사주전 생산이 급속히 확대되었으며 에도시대에 들어선 17세기 초까지도 이것들이 활발히 유통했다.

오다 정권이 수립된 전국시대 말기의 일본열도는 거듭된 찬전령에도 불구하고 조금 도식적으로 이해하자면 전국적으로 1매= 1문의 가치가 인정된 주로 송전을 지칭하는 정전(精錢)과 정전 가치의 1/2～1/3만 인정되어 지역적으로 유통된 악전(명전 및 수입 사주전, 열도 내 모주전, 이것들의 파전과 마모전 등등)이 혼재하는 상황이었다. 그러므로 시중의 원활한 유통을 위해서는 다종다양한 동전의 가치를 규정하는 공정환산율이 필수적이었다.

이러한 상황에서 오다 정권은 1569년(영록12) 3월 1일 전문 7개 조의 찬전령을 기내에 반포한다.[56] 이는 당시 1매= 1문으로 통용되던 송전으로 추정되는 정전을 기준으로 하여 명전은 2매= 1문, 파전과 마모전은 5매= 1문, 그 외는 10매= 1문으로 정전과 악전의 공정환산율을 규정한 법령이다. 또한 실제 유통에서는 정전, 악전을 절반씩 사용하도록 했다. 이런 점을 종합적으로 고려하면, 법령 반포의 목적이 동전 유통량의 부족이라는 현실에 직면하여 가능한 한 악전을 다용하도록 강제하는 데 있었음은 명확하다.

그 직후인 동년 3월 16일에는 교토의 가미쿄(上京) 지역에 아래와 같은 추가 찬전령이 반포된다.[57] 가미쿄 외에도 야마시로국(山城国) 하치만총향(八幡惣郷)에 반포된 동문의 법령이 잔존하며, 나라 흥복사(興福寺)의 『다문인일기(多聞院日記)』 동년 3월 24일조에 의하면 같은 내용의 제찰(制札)이 나라 시가지에도 나붙었다고 한다. 게다가 거의 동문의 찬전령이 1570년(원구

---

55) 嶋谷和彦,「模鑄錢の生産と普及」, 小野正敏 · 萩原三雄 編『戦国時代の考古学』, 高志書院, 2003.

56) 현존하는 이 시기 織田信長의 撰錢令은 摂津国 天王寺를 대상으로 한 「定精撰条々」(『言継卿記』四)이다.

57) 歷史学研究会,『日本史史料 3近世』, 岩波書店, 2006의 사료를 이용했으며, 이해를 돕기 위해 필자가 약간의 설명을 덧붙였다.

1) 오와리국(尾張国) 아츠타정(熱田町)에도 반포된 점 등으로 미루어 이 추가령은 교토와 기내를 중심으로 당시 오다 세력이 지배하던 넓은 범위에 걸쳐 발령되었음을 알 수 있다.

「상경에 포고하는 찬전령 추가 조문」

제1조. 쌀을 매매의 수단으로 삼는 행위를 금지한다.

제2조. 중국으로부터 수입하는 견사 · 약재 10근 이상, 단자(緞子, 고급 견직물) 10단 이상, 차 도구 100개 이상은 금 · 은으로 거래해야 한다. 단, 금 · 은이 없을 때는 미리 정한 선전(善錢)으로 거래한다. 그 외 수입 물품도 이에 준한다. 이밖에 것들도 모두 정해진 대물(代物)로 거래해야 한다. 그럼에도 불구하고 서로 은밀히 금 · 은으로 거래하는 일이 있으면 중벌로 다스린다. 단, 금 10량은 동전 15관문, 은 10량은 동전 2관문으로 환산한다.

제3조. 사찰 및 신사가 운용하는 대부 금전, 서당물에 대한 금전, 모든 상거래와 금전 대차 등은 법도로 정한 대물로 변제해야 한다. 단, 금 · 은으로 차용한 경우는 금 · 은으로 변제한다. 금 · 은이 없을 때는 선대물(善代物)로 대체한다.

제4조. 이 법도 때문에 조금이라도 물품 매매를 꺼리는 자들이 있다면 분국(分國) 내에서 영구히 상거래를 금지시켜야 한다. 단, 모든 상거래에서 금 · 은으로 구매하는 행위를 금하며, 또한 물건을 파는 자도 금 · 은을 선호해서는 안 된다.

제5조. 대소에 상관없이 하물과 제반 상거래에서 법도를 어긴 자가 있다면 역인(役人)은 이를 신고하고 진상을 밝혀야 한다. 만약 신용할 수 없는 하물이라면 역인이 남김없이 몰수해야 한다.

제6조. 범칙금은 거래액 1~100문에 동전 100필(疋, 1필= 10문), 100문 이상은 동전 1,000필에 처한다. 그밖에 것들은 이에 준한다.

제7조. 이 법도를 위반하는 자가 있으면 해당 정(町)에서 책임지고 처벌하라. 만약 정에서 그렇게 하지 않으면 해당 정이 소속한 총정(惣町)이 합심하여 처벌하라. 그래도 힘에 부치는 자들이 있으면 위에다 알려야 한다. 이런 법도 위

반자를 신고하면 포상금으로 동전 500필을 주겠다.

영록 12년 삼월 십육일　　　　　　　　탄정충(彈正忠)[58] (주인朱印)

　　제2, 3조의 '선전', '대물', '선대물'이 구체적으로 무엇을 가리키는지는 석연치 않다. 앞선 3월 1일자 찬전령의 취지에 비추어 보면 아마도 정전뿐만 아니라 형태가 양호한 악전까지를 포함하는 것으로 추측된다. 제5조의 '역인'은 일반적 독법으로는 오다 정권의 현지 종자를 가리키겠지만 제7조의 내용으로 미루어 정의 대표자를 칭한 것으로 보이기도 한다.

　　추가령 제1조에서는 교환수단으로써 동전 대신 쌀을 이용하는 행위를 금지했다. 이는 전술한 막부령에서는 전혀 보이지 않던 내용이다. 당시 서일본에서 동전 사용이 급격히 감퇴하고 쌀이 현물화폐로 유통되고 있는 상황을 오다 정권이 크게 우려하여 동전의 원활한 유통을 위해 쌀의 화폐적 이용을 금지한 게 아닐까? 선행연구에서는 쌀 이용 금지에 대해 풍흉, 수급균형 등의 요인으로 매년 가치가 변화하는 곡가를 정권 차원에서 안정적으로 관리하기 어렵다는 정책적 판단이 배경으로 작용했을 것이라는 견해도 있다.[59]

　　추가령의 핵심은 제2~4조이다. 중국 수입 물품을 일정량 이상 거래할 때는 금·은 사용을(2조), 일반적인 거래 및 대차관계는 동전 사용을 각기 원칙으로 하며(2, 3조), 무엇보다도 금·은과 동전 사이의 공정환산율을 분명히 규정했다(2조). 이때의 환산율을 금 1량을 기준으로 보면 금 1량= 은 7.5량= 동전 1.5관이다.

　　이 같은 법령의 핵심 내용은 동전 유통이 심히 혼란스럽고 상거래에 대

---

58) '弾正'은 율령제의 중앙관사인 弾正台, '忠'은 율령제 4등관의 제3위 관직으로 당시의 織田信長를 지칭함.

59) 西川裕一,「江戸期三貨制度の萌芽 -中世から近世への貨幣経済の連続性-」, 日本銀行金融研究所『金融研究』, 1999.

용 화폐로써 쌀과 금·은이 이용되던 당시 열도 내 화폐상황을 배경으로 한다. 특히 총포, 탄약 등 신병기의 조달과 유지에 드는 거액의 군사비 지출을 금·은 등 귀금속으로 충당해온 오다 정권으로서는 동전의 원활한 유통 이외에도 같은 중량이면 동전에 비해 구매력이 월등하고 경량 수수가 가능한 금·은을 기존 화폐체계에 추가해야 할 필요성이 절실했을 것이다.[60] 또한 앞서 논한 16세기 중반 무렵 중국의 은 유통과 일본산 은의 증산이라는 국내외적 배경도 고려할 필요가 있다. 오다 정권은 당시 이쿠노은산과 무역항 사카이를 장악하고 있었다. 그러므로 노부나가의 추가 찬전령은 중국산 비단, 생사와 일본산 은을 중심으로 전개된 당시 동아시아의 무역구조에 대응하여 국내산 은의 장악을 목표로 한 것으로 이해되기도 한다.[61]

한편으로 추가령에서 불법적인 화폐유통에 대한 처벌을 엄격히 규정하고 (2조 이하), 집행능력에 의문은 있지만 해당 정(町)에 단속과 처벌을 위임한 점도 주의를 요한다(7조). 이러한 것들은 막연히 위반자를 신고하도록 명했을 뿐인 무로마치막부의 찬전령에서는 보이지 않던 규정이다. 특히 제7조는 후일 도요토미 정권이 법령 반포에 즈음하여 촌, 정의 준수와 위반자 처벌을 서약하게 한 방식과 상통하는 것으로 볼 수 있다.

노부나가의 추가 찬전령은 현재까지 확인된 바로는 일본의 위정자로서 최초로 금·은의 화폐적 사용을 공식화한 것이다. 이는 후세와의 연속성이란 측면에서 에도막부의 금·은·동을 기축으로 한 삼화제도의 출발점으로도 평가된다[62]. 그러나 오다 정권 하에서 금·은의 화폐적 유통은 어디까지나 지금(地金) 상태로 무게를 달아서 거래에 사용하는 칭량화폐(秤量貨幣)의 단계에 지나지 않았다. 품위와 중량 면에서 균질적인 금화·은화를 대량

60) 黒田明伸, 앞의 논문 「16·17世紀環シナ海経済と銭貨流通」.

61) 三上隆三, 앞의 책 『江戸の貨幣物語』.

62) 三上隆三, 앞의 책 『江戸の貨幣物語』.

으로 발행, 유통시킨 에도막부의 화폐정책과는 질적인 차이가 있음을 간과해선 안 된다.

또한 동전을 중심으로 한 일반적인 화폐유통체계의 정비라는 측면에서 볼 때 오다 정권의 찬전령은 복잡하게 뒤엉킨 여러 전종의 공정환산율을 책정한 미봉책에 불과하다. 찬전행위에 대한 근본적인 해결책이라고 할 수 있는 양질의 동전 발행은 실행되지 않았다. 그 후 기내에서 오다 정권이 어느 정도 안정됨에 따라 공정환산율은 시중에 차츰 수용된다. 그러나 교토 일원에서는 절대량이 부족한 정전에 대신하여 일정 이상의 품질을 가진 모주 경전(京錢)이 지불기준으로 활용되기도 했다. 이 당시의 경전은 오우미(近江)의 사카모토(坂本) 등지에서 상당량이 주조되어 각지로 유포된 것으로 보인다.[63] 하지만 그 정도의 공급으로 만성적인 동전 부족을 해결할 수는 없었다.

1582년(천정10) 오다 노부나가가 혼노사(本能寺)에서 갑작스런 죽음을 맞은 직후, 기내 일부 지역에서는 심각한 파손이나 결손 등 최악의 상태가 아니면 모든 동전을 3매= 1문으로 환산한다는 취지의 찬전령이 연거푸 발령된다. 여기서는 송전인가 명전인가, 정전인가 악전인가 등 전종에 대한 배려는 찾아볼 수 없다. 중세화폐사를 통해 장기간 지속되어온 송전의 탁월한 지위가 이 시점에 이르러 열도 중앙부에서 거의 무너져버린 것이다. 그 후 에도시대 초기 1608년(경장13)과 그 이듬해에 에도막부는 금화-경전의 환산율과 영락전 사용금지를 규정한 찬전령을 반포했다. 이 법은 잡다한 악전에 의한 동전 통일정책으로 평가되는데, 여기서도 송전의 우위는 전혀 보이지 않는다.[64]

오다 정권의 화폐정책 가운데 금·은에 관련된 부분은 뒤이은 도요토미 정권에도 발전적으로 계승된다. 도요토미 히데요시는 앞 시대보다 한 걸음

---

63) 安国良一,「貨幣の地域性と近世的統合」, 鈴木公雄 編『貨幣の地域史 -中世から近世へ-』, 岩波書店, 2007.

64) 安国良一,「近世初期の撰錢令をめぐって」, 歴史学研究会 編『越境する貨幣』, 青木書店, 1999를 참조하여 서술함.

더 나아가서 금·은을 비롯하여 생사·화약 등에 대한 무역 독점을 꾀했다. 이 무렵 전국의 광산에서 도요토미 정권으로 헌납된 금·은의 양은 1598년(경장3) 한 해만도 금 3,397매(약 150관), 은 7만 9,415매(약 3415관)에 달했다. 이런 막대한 수입을 기반으로 히데요시는 휘하에 명하여 1588년(천정16)부터 '천정대판(天正大判)'이란 1매= 10량의 금화와 정권 차원에서 무게 및 품위를 보장하는 극인 은(極印銀)을 발행할 수 있었다.

도요토미 정권 하의 금화·은화는 애초에는 주로 대외교역, 군사, 가신단에 대한 논공행상 등의 용도로 이용되었다. 점차 발행량이 늘면서 민간에서도 원래 칭량화폐인 은은 물론이고 금화를 잘라서 소액 결제에 사용하는 관행이 보편화한다. 이에 따라 금·은은 서서히 송전을 대신하여 전국 통일적인 가치척도이자 교환의 보편적 기준으로 정착되어 간다. 그 결과 동전을 기준으로 토지 가치를 매기는 관고제(貫高制)에 대신하여 직할지에 대해서는 새로 금납(金納) 연공제를 시행할 수 있었다. 가장 이르게는 1583년(천정11) 가신 마에다 도시이에(前田利家, 1538~1599)가 자신의 관할 지역에 대해 쌀 100가마니(俵)= 금 10량으로 환산해서 금 지금으로 연공을 납부하도록 명한 사례를 들 수 있다.[65] 관고제에 관해서는 뒤에서 보다 자세히 다룰 생각이다.

또한 도요토미 정권 하에서는 민간에도 교토, 후시미(伏見), 사카이, 오사카 등 서일본의 경제중심지에 '금옥(金屋)', '은옥(銀屋)'과 같은 전문 상인이 출현하여 귀족, 사사, 각급 영주층 등이 공조나 증답물로 획득한 금·은을 일반 지불을 위한 동전으로 교환해 주거나 원격지 송금 및 휴대를 원하는 자에게 금·은을 판매했다. 그리고 민간 유통뿐만 아니라 정권에 납부하는 세금으로서 금·은의 시세까지도 이들 상인들이 매월 혹은, 매일 정하는 표준 거래시가에 좌우되었다. 이 무렵은 그만큼 도시상인에 대한 정권의 의존도

---

65) 小葉田淳, 앞의 책『日本歷史新書 日本の貨幣』.

가 높아진 것이다.[66] 이렇게 고가의 금·은을 솔선하여 화폐로 사용하고 그 용도를 민간에까지 확장시킨 점에서 화폐유통사상 도요토미 정권의 의의를 적극적으로 평가할 수 있다.[67] 한편으로 금·은을 이용한 소액거래가 가능해지자 사회 전반에 걸쳐 장기간 지속된 송전에 대한 의존성이 급속히 옅어진 반면에, 열도 자체적인 동전 발행에 대한 기대감이 경제적, 심리적으로 성숙되어 갔다.

이상에서 중국의 시대별 화폐상황과 깊이 연계된 송전을 중심으로 한 일본 중세화폐사의 단계적 변천과정을 개관하고, 전국시대의 찬전령, 오다·도요토미 정권기의 화폐정책 등을 통해 권력체계의 변화에 병행하여 극히 분산적인 양상을 띠면서도 한편으로는 에도시대 금·은·동의 삼화제도로 수렴되어 가는 중·근세 이행기의 화폐사에 대해 검토해보았다. 결론적으로 에도막부의 삼화제도는 중세사회의 송전을 중심으로 한 화폐경제의 기반 위에, 오다 정권이 1569년 추가 찬전령에서 규정한 금·은·동전에 대한 공정환산율, 도요토미 정권 하에서 금·은이 보편적으로 사용되기 시작한 정치사회적 상황 그리고 일본산 동전 발행에 대한 사회 전반의 기대감 등을 배경으로 성립했다고 할 수 있다.

4. 중세화폐사의 주요 논점들

여기서는 연구자에 따라 다양한 주장이 제기되고 있는 수입 동전을 중심으로 한 일본 중세화폐사의 주요 논점을 네 가지 소주제별로 간추려보자.

---

66) 朝日新聞社, 『週刊朝日百科日本の歴史27 中世から近世へ ⑤信長と秀吉 天下統一』, 1986, 6-152쪽.

67) 黒田明伸, 앞의 논문 「16·17世紀環シナ海経済と銭貨流通」.

1) 중세 일본은 왜 화폐를 발행하지 못했는가?

중세 일본의 화폐경제는 중국산 수입 동전에 일방적으로 의존했다. 앞서 언급한 후제호천황의 지폐 및 동전발행계획을 제외하면 당대 일본에서 국가가 주도한 조폐사업은 확인되지 않는다. 과거에는 당시의 화폐발행계획이 국가의식과 천황 권위를 고양하기 위한 정책이라고 평가되기도 했다. 그러나 실제로는 화폐발행으로 얻을 수 있는 재정수익을 통해 궁궐건축용 재원 마련을 기대한 측면이 강하다.[68]

중세의 권력자들이 독자적인 화폐를 발행하지 않고 오직 수입에 의존한 이유는 무엇일까? 이 점에 대해서는 국가적 대사업이나 대규모 전쟁을 기도하지 않고 단순히 일반 교환수단으로서만 화폐를 이용한다면, 다시 말해 국가재정이 화폐발행에 따른 대량의 수익을 필요로 하지 않았다면 외부로부터 수입한 동전만으로도 국가경제를 운영하는 일이 충분히 가능했을 것이라는 견해도 있다.[69] 그러나 8~10세기 고대 일본의 거듭된 금속화폐 발행이 대량의 재정 투여가 절실했던 때문은 아니므로 이런 주장을 그대로 수긍하기는 어렵다. 또한 막부와 중앙 권문을 포함한 정치세력이 동전 주조에 필요한 기술력이나 구리 원소재를 결여한 것도 아니었다. 고대부터 이미 여러 종류의 금속화폐가 주조되었고 무로마치시대에도 송전의 모주가 성행했으며, 중세 말에는 서양인에 의해 전래된 화승총을 자체적으로 신속히 양산할 만한 금속가공능력을 보유하고 있었다. 게다가 당시의 일본은 때로 구리를 수출해서까지 중국산 동전을 수입했다.

그 본질적인 이유는 애당초 중세 일본의 권력자들이 화폐에 대한 발행권도 유통 현장에서 제기될 온갖 현안에 대한 통제력도 갖추지 못했다는 사실

---

68) 橋本雄, 앞의 논문 「中世日本の銅錢 -永楽錢から「宋錢」の世界」を考える-」.

69) 桜井英治, 앞의 논고 「中世の貨幣・信用」.

에서 찾을 수 있을 것이다.[70] 즉, 당시의 일본열도에는 화폐를 대량으로 발행해서 유통시킬 만한 강력한 권력체계가 형성되지 않았다.[71] 중국의 역대 왕조과 같은 강대한 중앙집권적 전제왕권의 국가적 물류와는 달리 분산적, 다원적인 권력체계에 기반을 둔 중세 일본의 지역분열적인 영주경제 하에서는 소재가 지닌 원래의 금속가치보다 공정가치를 턱없이 높게 책정한 동전을 막부나 영주층이 자체적으로 발행하여 세입, 세출 등의 재정행위를 통해 민간의 신임을 받기란 사실상 불가능했다. 따라서 각급 영주세력이 중국경제의 고고한 지위를 후광으로 삼아 동아시아 각지에서 공용화폐로 기능한 송전 등을 적극적으로 수용한 것은 자연스러운 현상이었다. 그 결과 지역분산적인 동시에 그 각각이 수도 교토로 연결된 중세의 영주재정은 전국적인 척도성을 지닌 수입 동전을 통해 비로소 운영될 수 있었다.

그런데 일본사의 중세와 같은 시기 중국 현지에서의 동전은 대륙 내부만으로 유통이 한정된 소위 내부화폐(內部貨幣)에 불과했고, 대외교역에서 중국 측이 사용한 화폐는 이미 은으로 정착되었다는 점에 주의가 필요하다. 또한 이 무렵 남아시아, 서아시아의 각종 산물은 중국 중심의 동아시아 역내교역을 거쳐야만 일본열도로 수입될 수 있었다. 이런 사실에 의거하여 학계에서는 중국으로부터 대량의 송전을 수입하여 기준통화로 활용한 중세 일본의 화폐상황을 중국의 내부화폐권에 포섭된 것으로 보는 견해도 존재한다.[72] 하지만 이 점에 대해서는 열도 내에서 유통된 송전이 일문전(一文錢)뿐이며 고액의 대전(大錢)이나 철전(鐵錢), 지폐 등이 전혀 유통되지 않은 사실을 들어서 중세 일본이 중국 화폐의 통화권에 완전히 편입된 것은 아니

---

70) 川戸貴史,「室町幕府明錢輸入の性格」,『歷史評論』700, 2008.
71) 東野治之, 앞의 책『貨幣の日本史』.
72) 足立啓二, 앞의 논고「東アジアにおける錢貨の流通」.

라고 반박하거나,[73] 당시 일본으로 수입된 중국 동전은 결제수단으로서가
아니라 그 자체가 상품이었다고 보는 주장 등,[74] 다양한 반대 의견이 개진되
고 있다.

2) 중세 일본이 대량의 송전을 수입한 국내적 배경은?

12세기 후반 이후 송전이 본격적으로 수입되기 시작한 일본의 국내적 요
인을 둘러싸고는 여러 견해가 제기되고 있다. 일각에서는 장원 연공의 전대
납을 중시하여 장원의 수조 수단으로써 송전에 대한 본격적인 수요가 시작
된 것으로 간주하기도 한다.[75] 즉, 장원제 하에서 영주들은 필요한 물자를
기본적으로는 자신이 소유한 장원에 할당할 수밖에 없었으며, 현지 조달이
어려운 물자와 수도까지의 운송에 드는 시간 및 비용 부담이라는 난제를 한
꺼번에 해결해줄 유일한 선택지가 연공을 금전으로 납부하는 전대납이었다
는 것이다. 그러나 이미 예전에 밝혀진 대로 12세기 후반 장원제가 전국적
으로 확대된 시기까지도 전대납은 아직 성립하지 않았다.[76] 전대납이 송전
의 대량 수입에 일정한 변수로 작용한 것은 13세기에 들어 이 제도가 널리
시행되고 잠재적인 동전 수요가 증대한 후부터일 것이다.

송전 수입의 증대와 장원제의 관계는 일차적으로 12세기 후반 교토의 시
장 발전에서 찾아야 할 것으로 보인다. 장원제 확대는 교토와 수도권 일대에

---

73) 東野治之, 앞의 책 『貨幣の日本史』. 이밖에 大田由紀夫도 중국 동전 수입이 대폭적으로
늘어난 1215년(건보3) 무렵과 1270년대는 중국 내에서 사용되지 않게 된 동전이 국외로 대
량 유출되었음을 강조하고 일본이 중국의 내부화폐권에 포함되었다는 주장을 부정했다. 大
田由紀夫, 앞의 논문「十二~十五世紀初頭東アジアにおける銅銭の流布 -日本・中国を中心
として-」.

74) 上田信, 『中国の歴史 9海と帝国 明清時代』, 講談社, 2005; 井上泰也, 「文献からみた中国の
貨幣流通 -七~一四世紀(唐・宋・元代)を中心に-」, 『出土銭貨』25, 2006.

75) 黒田明伸, 앞의 책 『貨幣システムの世界史 ー〈非対称性〉をよむー』.

76) 佐々木銀弥, 「荘園における代銭納制の成立と展開」, 『中世商品流通史の研究』, 法政大学
出版会, 1972; 滝沢武雄, 「鎌倉時代前期の貨幣」, 竹内理三博士古稀記念会 編『続荘園制と武
家社会』, 吉川弘文館, 1978.

영주층을 위시하여 장원 공납물의 일부를 재분배 받는 잡다한 계층이 집단으로 거주하는 결과를 빚었다. 이들 중 대부분은 수익으로 얻은 공납물을 처분하여 필요한 생필품으로 교환해야 하는 시장의존적인 존재였다. 이런 광의의 수조권자들에게 교환의 장을 제공하면서 경제력을 확대해 간 것이 교토의 시장이다.[77]

장원제가 정점을 맞은 12세기 후반의 교토에서는 미곡, 포백류보다도 경제적인 편익성이 뛰어난 송전을 교환매체로 선호했다. 하지만 이 무렵의 송전 수용은 아직 정권 중심지인 교토에 국한된 현상이었음을 간과해선 안 된다. 이 점은 송이 고려에 파견한 서긍(徐兢, 1091~1153)의 『선화봉사고려도경(宣和奉使高麗圖經)』에 기술된,[78] 아직 동전이 일반적으로 유통되지 않던 1120년대의 고려에서 약재 거래에 중국 동전이 사용된 사례와도 유사하다. 다만 고려에서는 그 후로도 중국 동전이 특정한 상거래를 벗어나 광범위한 경제활동으로 연결되지 않은데 비해, 일본의 경우는 앞서 논한 대로 1270년대 이후 교토를 교두보 삼아 열도 각지로 송전이 파급되었다.[79] 그 결과 13세기 말 교토는 거대 소비도시로 성장할 수 있었고 지방에서도 정기시가 다수 등장하여 지역적 편차를 내포하면서도 상품경제의 활황을 토대로 한 중세 일본의 사회경제적 발전이 점진적으로 전개된다. 그러나 이 시기도 모든 상거래가 동전을 매개로 한 것은 아니었다. 고액 거래와 원격지 간 거래는 금융업자를 거치는 것이 보통이었기 때문이다.[80]

최근에는 헤이안시대 후기까지 일본열도에 구리가 거의 산출되지 않았으

---

77) 桜井英治, 앞의 논문 「日本中世における貨幣と信用について」; 동, 앞의 논고 「中世の貨幣·信用」.

78) 『宣和奉使高麗圖經』(1124년 완성) 권16 「藥局」(조동원 역, 『고려도경』, 황소자리, 2005).

79) 大田由紀夫, 앞의 논고 「渡来銭と中世の経済」, 164쪽.

80) 고액거래 및 원격지간 거래에 대한 금융업자의 개입은 本郷恵子, 앞의 논고 「社会構造の転換」, 290쪽.

므로 원래는 구리 원소재를 활용하기 위해 송전을 수입한 것이며 그 잔여분이 점차 통화로 활용되었을 것이라는 가설도 제기되었다.[81] 1150년(구안6)경 일본열도에서 불경의 경통(經筒) 재료를 위한 구리 수요가 증가하자 송전을 녹여 원소재로 활용한 것은 일부 사실이다. 유사한 행위는 동 시대의 중국, 고려, 북베트남에서도 나타난다.[82] 그러나 전술한 대로 11세기 말부터 이미 하카타에서 송전이 국지적 화폐로 유통된 점을 감안하면 송전의 재료화와 화폐로서의 유통 중 어느 쪽이 먼저인지는 간단히 단정하기 어려울 것이다.

3) 명전 수입을 둘러싼 아시카가 요시미츠의 왕권찬탈론

1404년(영락2 · 응영11), 아시카가 요시미츠는 명의 영락제로부터 금인(金印)과 함께 감합 100도(道)를 하사받고 '일본국왕'으로서 황제에게 조공하는 형식의 감합무역을 시작한다. 바로 그 시기에 국내적으로 정점을 맞은 무로마치 장군의 전국 지배권이 근린 대국으로부터 국왕의 권위까지 부여받기에 이른 것이다. 저명한 중세사학자 사토 신이치(佐藤進一)는 그 직후의 요시미츠가 감합무역을 통해 견명선(遣明船) 파견과 명전 수입을 독점했으며, 이는 '사실상의 화폐발행권'을 수중에 넣음으로써 왕권의 일부를 실질적으로 장악한 것이라고 평가했다.[83] 사토가 주창한 요시미츠의 왕권찬탈론은 그 후 후진들의 적극적인 지지를 얻어 학계의 통설로 자리잡았다.[84]

그러나 여기에 대해서도 무로마치시대 일본열도에서 유통된 동전은 송전

---

81) 飯沼賢司,「錢は銅材料となるのか -古代〜中世の銅生産 · 流通 · 信仰-」, 小田富士雄 외 편 『経筒が語る中世の日本』, 思文閣出版, 2008.

82) 大田由紀夫, 앞의 논고「渡来銭と中世の経済」, 167-168쪽.

83) 佐藤進一,「室町幕府論」, 동『日本中世史論集』, 岩波書店, 1990(초출은 1963), 155-156쪽 ; 동,『日本の歴史 9 南北朝の動乱』, 中央公論社, 1974(초출은 1965), 470-471쪽.

84) 今谷明,『室町の王権 -足利義満の王権簒奪計画-』, 中央公論社, 1990; 脇田晴子,「物価より 見た日明貿易の性格」,宮川秀一 編『日本史における国家と社会』,思文閣出版, 1992.

이 주체이므로 감합무역을 통해 수입된 명전이 당시의 화폐유통에 미친 경제적 효과를 과대평가해서는 안 된다는 고바타 아츠시(小葉田淳)의 지적이 이미 오래 전부터 있었다.[85] 또한 근년에는 '일본국왕' 칭호가 명에 대한 통교자의 명의로서만 의미를 가졌을 뿐 대내적인 통치에는 별 이점이 없었다는 비판과 함께,[86] 심지어 요시미츠가 국왕 책봉을 받은 목적은 명일무역의 이윤 확보에 있었으며 명 황제의 권위를 국내 정치에 이용하는 일은 부차적인 목적에 지나지 않는다는 주장도 제기되었다.[87]

유통사의 관점에서 이 왕권찬탈론이 성립하기 위해서는 요시미츠가 명전과 그밖에 각종 수입품의 유통을 완전히 독점하고 이것들을 국내의 제 정치세력을 통합하는 데 이용했다는 점을 입증하지 않으면 안 된다. 하지만 사료로 확인 가능한 6대 장군 요시노리(足利義教, 재직 1428~1441)와 8대 장군 요시마사(足利義政, 1449~1473) 시기의 견명선단에는 막부 장군이 직접 파견한 '공방선(公方船)'도 있었으나, 회당 평균 6~7척에 이르는 견명선의 파견 주체는 대부분이 막부에 일정한 '예전(礼銭)'을 납부하고 공동출자 형식으로 선단을 꾸민 유력한 수호다이묘(守護大名)와 대규모 사사들이었다. 게다가 공동출자금은 파견 주체들이 자가 부담하는 일도 일부 있었지만 공방선을 포함하여 대개는 배에 동승한 하카타, 사카이 등지의 무역상들로부터 승선료와 하물운송료 등을 징수하여 조달하는 경우가 많았다. 예를 들어 응인연간(1467~1469) 파견된 공방선에는 모두 26명분의 '객상(客商)'이 동승했는데, 그들은 한 명당 승선료 20관문, 하물 한 개당 운송료 12관문씩을 납

---

85) 小葉田淳,『改訂増補日本貨幣流通史』, 刀江書院, 1943(초출은 1930); 동,「勘合貿易と倭寇」,『岩波講座日本歴史』7, 岩波書店, 1963.

86) 田中健夫,『前近代の国際交流と外交文書』, 吉川弘文館, 1996; 村井章介,『中世の国家と在地社会』, 校倉書房, 2005.

87) 村井章介,「易姓革命の思想と天皇制」,『講座前近代の天皇』五, 青木書店, 1995; 橋本雄,「室町・戦国期の将軍権力と外交権」,『歴史学研究』708, 1998; 동,「室町幕府外交は王権論といかに関わるのか？」,『人民の歴史学』145, 2000; 동, 앞의 논문「中世日本の銅銭 -永楽銭から「宋銭の世界」を考える-」.

부했으며 심지어 막부 장군이 명 황제에게 헌납할 조공품의 조달 경비까지
부담했다.[88]

이런 식으로 복수의 권력집단과 다수 상인들이 동참한 결과 수입된 명전
과 기타 물품에 대해 비록 최상위 권력자라 해도 막부 장군이 일원적인 통
제를 가했다는 것은 상상하기 어렵다. 실제로 본장의 서두에서 밝힌 대로
1500년 반포된 무로마치막부 최초의 찬전령 이전까지는 명전을 비롯한 각
종 수입품에 대해 막부가 통제를 가하거나 유통을 규제했다는 어떤 증거도
찾을 수 없다. 그러므로 요시미츠의 시기에도 막부가 수입 명전을 전량 독점
적으로 관장하고 실질적인 화폐발행권 즉, 왕권의 일부를 장악했다는 구설
은 현재의 연구수준에 비추어 볼 때 정합성이 인정되지 않는다.

앞서 본 바와 같이 무로마치막부 재정의 주요 재원은 단전, 동별전, 토창
주옥역, 장군가어료소, 지두어가인역(地頭御家人役) 등이었다. 그러나 남북
조시대 이래의 만성적인 동전부족상황에서 요시미츠가 강행한 금각(金閣),
기타야마전(北山殿) 조영과 나라 흥복사(興福寺) 중건 등등 방대한 공공사
업은 심각한 재정난을 야기한다. 이런 상황에서 무로마치막부가 감합무역
을 통해 거둬들인 수만 관 규모의 현금 수입은 재정적으로 큰 의미를 가졌음
이 분명하다.[89] 결국 요시미츠에게 감합무역을 통한 대량의 명전 수입은 막
부의 재정난 타개와 당면한 시중의 동전부족현상을 완화하기 위한 불가피
한 방편이었을 것이다.[90]

---

88) 遣明船團의 경영 내역에 대해서는 橋本雄,「遣明船と遣朝鮮船の経営構造」,『遥かなる中
世』17, 1998; 동,「対明・対朝鮮貿易と室町幕府-守護体制」, 荒野泰典 등 편『日本の対外関係
4倭寇と「日本国王」』, 吉川弘文館, 2010, 122-125쪽; 村井章介, 앞의 논고「倭寇と「日本国王」」,
17-18쪽 참조.

89) 川戸貴史, 앞의 논문「室町幕府明銭輸入の性格」.

90) 橋本雄, 앞의 논문「中世日本の銅銭 -永楽銭から「宋銭の世界」を考える-」참조.

4) 동일본의 영락전 수용과 서일본의 배제

송전이 압도적 우위를 보인 일본의 중세화폐사에서 명전 가운데 영락전은 지역적으로 뚜렷한 특징을 드러낸다. 영락전은 1408년(영락6) 처음 주조되었으며, 일본열도에 본격적으로 수입된 시점은 무로마치막부 6대 장군 아시카가 요시노리 때부터로 보인다.[91]

열도 내에서는 영락전을 둘러싸고 몇 가지 전승이 존재한다. 그 첫 번째는 아시카가 요시미츠가 최초로 파견한 견명선에 승선하여 명에 유학한 승려 주호 츄쇼(仲方中正)가 영락제로부터 의뢰를 받아 '영락통보'라는 전문 녁자를 휘호했다는 것이다. 이 전승은 명, 조선과의 외교문서를 기초한 상국사(相國寺) 승려 오센 게이산(横川景三, 1429~1493)이 어떤 그림에 부쳤다는 찬문(贊文)을 통해 전해진다. 이것을 사실로 인정하는 연구자도 있기 하지만,[92] 여러 정황으로 미루어 단순한 야사에 지나지 않을 것이다.

두 번째는 동일본 일대에 전래되는 전승이다. 1403년(응영10) 8월 모일 전날부터의 세찬 바람으로 '당선(唐船)' 두 척이 사가미국(相模国) 미사키포(三崎浦)에 표착했는데 배 안에 수백 관의 영락전이 실려 있었다. 요시미츠와 4대 장군 요시모치(足利義持, 재직 1394~1423)는 이것을 관동공방(関東公方) 아시카가 미츠카네(足利満兼, 재직 1398~1409)에게 하사했으니, 이 일을 계기로 관동 일원에서 영락전을 사용하게 되었다는 것이 대강의 줄거리이다.[93] 그러나 1403년이라면 아직 영락전이 주조도 되기 전이며, 위 전승이

---

91) 曾我部静雄,「明銭の渡来」,『社会経済史学』19-1, 1953.

92) 東野治之, 앞의 책『貨幣の日本史』. 전승을 기록한 사료는『補庵京華前集』.

93) 南北朝時代인 1335년(건무2)부터 약 1세기 동안 鎌倉를 거점으로 동일본을 지배한 室町幕府의 지방통치기관을 鎌倉府라고 칭한다. 원래의 지배지역은 関東의 8개 国과 伊豆国, 甲斐国이었지만 1392년(명덕3)부터는 동북의 陸奥国, 出羽国까지 관할하게 되었다. 鎌倉府의 수장은 鎌倉公方 또는 関東公方이라 칭하여 足利氏 일족이 독점했으며, 그 아래 집사역을 맡아 대대로 정무를 관장한 管領으로 上杉氏가 있었다. 1439년(영향11) 公方과 막부 将軍이 대립하고 管領이 公方으로부터 이반하면서 鎌倉府는 종말을 고한다. 그 후로는 거점을 下総国 古川로 옮긴 까닭에 古川公方이라고 불리었다. 본문의 전승을 기록한 사료는『新編相模国風土記稿』111巻「武家盛衰記」.

등재된 사료집 자체가 1841년(천보12) 성립한 것이므로 사실 여부가 전혀 석연치 않다.

　세 번째는 근세에 들어 에도막부로부터 관영통보(寬永通寶) 주조를 청부받은 나루미가(鳴海家)의 선조 유서(由緖)이다. 그 내용은 응영연간(1394~1428) 나루미가의 선조가 아시카가 요시모치에게 조선에서 들여온 영락전 3,000관을 헌상했다. 하지만 그것만으로는 시중 통용에 부족했기에 영락전의 증주(增鑄)를 위임받았고 그 후 대대로 주전(鑄錢)을 담당하여 오늘에 이르렀다는 것이다.[94] 조선으로부터의 영락전 수입이란 요시모치가 명과 단교한 점을 의식한 때문일 것이다. 이 전승은 최근 나루미가 선조의 거주지와 인접한 지점으로 추정되는 이바라키현(茨城県) 도카이촌(東海村) 유적지에서 영락전 주조과정을 그대로 보여주는 지전(枝錢)이 발굴됨으로써 당시 관동지역에서 영락전을 모주한 사실을 반영하고 있을 가능성이 크다.[95]

　그런데 위 세 가지 전승 가운데 두 번째, 세 번째가 4대 장군 요시모치와 연관되고, 또한 둘 다 동일본을 무대로 한 전승이라는 점은 우연의 일치라고만 보기 어렵다. 앞서 논한 것처럼 영락전을 비롯한 명전은 서일본 일대의 광범위한 지역에서 찬전행위의 대상으로 민간에게 기피되었다. 하지만 16세기 후반 관동, 동북지역의 전국다이묘들은 영락전을 기준통화로 한 수취체계인 관고제를 지향했다.[96] '관고(貫高)'란 토지 가치를 동전 특히, 영락전의 금액으로 표시한 것인데 사료상으로는 '영고(永高)'로 기재된 경우가 많다. 관동, 동북지역의 전국다이묘 중에는 가신에 대한 토지 급부와 군역 부

---

94) 吉原健一郎, 『江戸の錢と庶民の暮らし』, 同成社(江戸時代史叢書), 2003의 검토에 따름. 관련 사료는 「鳴海平蔵由緖書」.

95) 芳賀友博·寺内久永, 「村松白根遺跡(茨城県東海村)出土の「永楽通宝」枝錢」, 『出土錢貨』 22, 2005.

96) 中島圭一, 앞의 논문 「西と東の永楽錢」.

과, 백성들에 대한 연공 및 세금부과의 통일적인 기준으로 관고제를 채용한 경우가 많았다. 또한 거의 같은 시기부터는 관동, 규슈에서 출토되는 매장전에 포함된 영락전의 양이 눈에 띄게 증가한다.[97]

따라서 위 두 가지 전승은 동일본에서 모주, 유통된 영락전이 막부 장군의 허가를 받아 공식적으로 발행된 것임을 강변하기 위해 현지 권력의 측근에 의해 의도적으로 작위되었을 가능성이 있다. 하지만 앞의 1500년 막부 찬전령에서 본 것처럼 모주 명전을 배제하고자 한 막부가 거꾸로 모주전 발행을 허가했다고 보기는 어렵다. 필자로서는 전승 조작의 주체가 관동공방 혹은, 관동지역 전국다이묘의 측근이 아닐까라는 생각이 든다.

그러면 1500년 발령된 막부 최초의 찬전령에 의해 '근본도당전'으로 공인된 영락전 등 명전이 기내와 서일본에서는 왜 저평가되었을까? 이 점에 대해서는 1483년(문명15) 파견된 견명선을 이용하여 북경을 방문한 교토 오산(五山)의 승려 긴케이 본타쿠(金溪梵鐸)가 남긴 다음 증언이 좋은 참고가 된다.[98]

중국인은 도적이다. 일본인이 대명(大明)의 수도에 입경하여 지참한 물품을 관리에게 팔고 관리가 그 값을 정하여 이를 동전으로 보상할 때 때로 신전(新錢)으로 지불한다. 그러나 일본인은 구전(舊錢)으로 주기를 간청한다. 왜냐하면 구전은 정전(精錢)이지만 신전은 악전이기 때문이다.

이 사료에 관해서는 신전과 구전의 성격, 전체적인 내용 해석을 둘러싸고 선행 연구의 이해가 서로 대립되는 부분도 있다.[99] 필자로서는 중국인

---

97) 鈴木公雄, 앞의 책『出土錢貨の研究』.

98) 사료는『鹿苑日録』1499년(明応8) 8월 6일조. 橋本雄, 앞의 논문「中世日本の銅錢 -永楽錢から「宋錢の世界」を考える-」에서 사료를 재인용하여 필자 나름의 독자적인 해석을 시도했음.

99) 小葉田淳, 앞의 책『改訂増補日本貨幣流通史』과 橋本雄, 앞의 논문「中世日本の銅錢 -永楽錢から「宋錢の世界」を考える-」에서의 이해가 서로 다르다.

을 '도적'이라고 단언한 첫 구절과 전체 문맥으로 미루어 긴케이를 비롯한 일본 측 인사들이 당시 명의 민, 관에서 구전 즉, 당전(唐錢) · 송전 · 원전(元錢) 등을 정선한 동전으로, 명조가 발행한 신전을 악전으로 간주하는 인식이 존재한다는 점을 분명히 인지했던 것으로 이해된다. 대륙 정보에 민감한 기내와 서일본에서는 이런 중국 현지의 영향을 받아 명전을 기피했던 게 아닐까?[100]

대개 16세기 중엽부터 열도 내부는 그 전까지 송전을 축으로 하던 화폐유통질서가 서서히 붕괴하고, 기준통화의 지역적 분화현상이 현저해지며, 동일 지역 내부에서도 잡다한 동전이 유통된다. 기준통화는 주로 원격지 간 결제수단이나 수조 및 가치기준 등으로 이용되고, 그밖에 잡다한 동전들은 기준통화와 일정한 환산치를 가지고 지역 내의 각종 거래에 통용되었다.[101] 그런 와중에 기내 및 서일본은 역내에 송전을 상당량 보유한 까닭에 중국 현지와 마찬가지로 명전을 기피하고 송전 위주의 통화체계를 유지할 수 있었다. 그러나 송전을 입수할 기회가 상대적으로 제한된 관동 및 동일본과 규슈 등지에서는 열도 중심부로부터 기피당한 명전이 자연스럽게 유입된 결과 점차 민간의 선호도도 높아졌을 것이다.[102] 동일본 각지의 영락전 수용은 대체로 이런 배경 하에서 나타난 현상으로 보인다. 명전 가운데도 유독 영락전이 지역의 기준통화로 채용된 이유는 감합무역을 통해 대량 수입된 명전이 주로 영락전이었던 때문으로 사료된다. 그러나 이 점에 관해서는 금후 보다 자세한 규명이 필요하다.

100) 이상은 필자가 추론한 부분 외에는 전반적인 사실관계를 橋本雄, 앞의 논문 「中世日本の銅錢 -永楽錢から「宋錢の世界」を考える-」를 참고함.

101) 本多博之, 『戦国豊臣期の貨幣と石高制』, 吉川弘文館, 2006.

102) 大田由紀夫, 앞의 논고 「渡来錢と中世の経済」, 177 · 180쪽을 참조함.

5. 신용경제의 전개

1) 위체의 통용과 문서주의

일본 중세는 신용경제가 어느 정도 발달을 본 시대였다. 예컨대 오늘날 사용되는 일본의 경제용어 가운데 '위체(爲替, 가와세)'는 송금시스템을 의미하는 중세어이며, 시세를 가리키는 '상장(相場, 소바)'도 16세기 후반부터 나타난 용어이다. 또한 상공업을 둘러싼 동일한 권리에 대해 복수의 권리 소유자가 존재할 때 그 지분 단위를 의미하는 중세 용어인 '좌(座)'가 근세 이후는 '주(株, 가부)', '주식(株式, 가부시키)'으로 정착되어 현재까지도 사용되고 있다.[103]

본서의 고대 편에서 논한 대로 10세기 후반부터는 국가적인 각종 급부와 지불에서 동전, 현물에 대신하여 그것을 명한 문서인 '하문(下文)'이나 영수증인 '반초(返抄)'로 대체되는 경우가 늘어난다.[104] 또한 11세기 중엽 이후는 중앙정부뿐만 아니라 동대사와 같은 관립 대사찰들도 유가증권의 성격을 띤 '가납반초(假納返抄)'로 필요한 물자를 조달했다.

이러한 기존 연구에 의거하여 일본 중세사학계에서는 동전이 부재한 11세기 헤이안시대 후기에 위체가 발생했다는 주장이 대두되었다.[105] 하지만 이 시기의 위체발생설에 대해서는 『동대사문서(東大寺文書)』에 산견되는 하문, 반초는 산하기관에 대한 내부적인 지불 서류에 불과할 뿐 외부에 대한 양도성, 유통성은 제한적이므로 금융업자가 관여한 송금용 위체의 발생은 가마쿠라시대 이후로 보아야 한다는 반론도 제기되고 있다.[106]

---

103) 桜井英治, 앞의 논문 「日本中世の経済思想 -非近代社会における商業と流通-」, 40-41쪽.

104) 大石直正, 「平安時代後期の徴税機構と莊園制」, 『東北學院大學論集』 歷史學 · 地理學 1호, 1970; 佐藤泰弘, 『日本中世の黎明』, 京都大學出版會, 2001, 제IV장.

105) 網野善彦, 「貨幣と資本」, 『講座日本通史9 中世 3』, 岩波書店, 1994, 217-218쪽.

106) 桜井英治, 앞의 논고 「中世の貨幣 · 信用」, 55-59쪽.

경제용어 위체의 사전적인 정의는 "위체 발행인(A)이 제3자인 지불인(B) 앞으로 발행하여 일정한 금액을 수취인(C) 또는 수취인이 지정한 자(C′)에게 지급하도록 위탁하는 형식의 환어음"이다.[107] 즉, 대차관계나 물품 대금 등으로 A가 C에게 일정한 금액을 지불할 의무가 있을 때, A가 발행한 문서가 C 또는 C′를 경유하여 B에게 제시되고 이에 의거하여 실제 금액이 B로부터 C 또는 C′에게 지불되면 이 문서는 위체라고 보아야 한다. 최근 이노우에 마사오(井上正夫)는 이런 정의에 입각하여 1055년(천희3) 10월 이후 동대사가 스오국(周防国) 앞으로 발급한 복수의 반초가 실은 송금 목적의 위체였으며, 이것들은 양도성과 유통성을 구비한 유가증권이었음을 구체적인 사용실태를 통해 증명해냈다.[108] 따라서 위체의 발생 시기를 둘러싼 앞의 반론과는 달리 헤이안시대 후기에 접어든 11세기 중엽에는 이미 송금용 위체가 유통되었음이 분명한 것으로 보인다.

그 후 13세기 전반 가마쿠라시대 중기부터는 하문, 반초의 전통을 이은 신용화폐라고 할 수 있는 '체전(替錢)', '할부(割符)' 등의 위체가 원격지 간 송금에 이용된다. 교토와 가마쿠라 등지에서는 '할부옥(割符屋)'이라는 명칭의 금융업자도 등장한다. 할부옥은 송금 의뢰인으로부터 쌀·동전 등을 수수하고 금액을 지불할 상대방의 성명, 거주지, 지불기일, 금액 등이 명시된 할부를 발행하거나, 거래관계에 있는 동업자가 발행한 할부의 금액을 지불하는 기능을 주로 수행했다. 즉, 위의 사전적 정의에서 본 B의 역할을 할부옥이 담당한 것이다. 무로마치시대에 들어서면 할부는 상거래 외에도 지방에 소재한 장원이 교토의 장원영주에게 연공을 금전으로 환산하여 납부하

---

107) 일본어사전 『広辞苑』의 정의를 필자 나름대로 풀어서 번역함.

108) 井上正夫, 앞의 논문 「一一世紀の日本における送金為替手形の問題について」. 井上正夫가 고증한 返抄史料는 『平安遺文』 733·735·749·784호와 『東大寺図書館所蔵文書』에 수록된 것들이다. 이 사료들에 대해서는 이미 福島正樹,「僧戒禅書状とその周辺」,『信濃·第三次』 40-6, 1988의 상세한 검토가 있으며, 井上 논문도 이 연구에 입각하고 있다.

는 등 일상적인 송금수단으로 활용된다. 이러한 경향은 13세기 이후 공납물을 현지에서 환금하여 납부한 전대납의 보급과 함께 시작된 일인데, 할부의 보편화는 이런 경향에 더욱 박차를 가했다. 따라서 장원공령제 하에서 현물을 연공으로 수취하여 운영하던 장원영주층의 가산제적 경제는 무로마치시대 이후 이미 실체를 잃었으며, 현실적으로 영주층의 경제를 지탱한 것은 상품화폐경제의 힘이었다고 할 수 있다.

그런데 모든 할부가 발행 후 지정된 시기 내에 바로 현금으로 결제된 것은 아니었다. 15세기 중엽이 되면 송금이 필요할 때마다 매번 새 할부를 발행하지 않고 예전부터 보유하던 할부를 유용하거나 시장 상인들도 할부로 상품을 거래하는 등, 그 자체가 재산가치를 내재한 유가증권으로서 성격이 농후해진다. 같은 시기에는 위험을 수반한 여정에 현금 대신 할부를 지참하여 가볍게 내왕하는 상황까지 도래했다.[109] 중세 말기에는 통상적으로 할부 1매= 동전 10관문으로 정액화되고, 5관문의 할부를 '반(半)할부'라고 부르는 어법도 정착한다. 이는 할부를 중심으로 한 송금시스템이 정비, 확산되면서 할부가 지폐와 유사한 성격의 유가증권으로 원활하게 유통되었음을 전제로 한 변화임이 분명하다.

할부의 신용이 어떤 과정을 거쳐 구축되었는가는 중세 경제의 근간에 관계되는 중요한 문제이다. '위할부(違割符)'라 하여 부도가 빈발했음에도 불구하고 전체적으로 할부 자체가 신용을 잃는 사태는 발생하지 않았다. 이는 결국 할부를 발행하고 또 최종적으로 금액을 결제하는 할부옥의 사회적 신용도에 의해 좌우된다. 부도율이 극히 낮은 할부옥이 서명, 발행한 할부는 자연히 높은 신용을 획득하게 되는 것이다. 하지만 그것만으로 이 문제를 온전히 설명해낼 수는 없다. 할부는 쉽게 도적의 표적이 되었기에 그 운반에는 세심한 주의를 기울여야만 했다. 이는 다시 말해 지정된 할부옥이 아니더

---

109) 杉山博,「莊園における商業」,『日本歷史講座3 中世篇1』, 河出書房, 1951.

라도 할부를 소지한 자라면 누구든 어디서든 쉽게 환금할 수 있으며, 따라서 할부라는 양식을 취한 문서 자체가 신용의 원천으로 작용한 측면이 있다는 것을 역설적으로 의미한다. 앞서 상인 간 분쟁과 공법질서에서 보았듯이 15세기 이후는 문서주의가 급속히 침투했다. 문서주의가 맹위를 떨치기 시작한 때가 할부의 전사회적 보급과 시기적으로 일치한다는 사실은 우연이 아닐 것이다. 문서주의란 한 마디로 "모든 권리는 문서에 의해 증명되어야만 한다"는 사조이다. 이런 사조는 이윽고 문서에 기명된 자가 누구든 상관없이 현재 그것을 소지한 자가 문서상의 권리를 향유할 수 있다는 단락적인 관념으로 변형되어 사회 속으로 깊이 침투한다. 중세 후기의 경제에는 이러한 문서의 유가증권화라는 인식이 큰 영향을 미쳤으니, 할부의 사회적 신용을 근저로부터 지탱한 것도 바로 이런 관념일 것이다.[110]

위체를 이용한 신용거래는 일본 중세사회를 통해 발전을 거듭한다. 단, 이런 현상을 단순히 상품경제가 발달한 결과로만 이해하기는 어렵다. 오히려 필요한 물량을 안전하고 신속하게 충족할 만큼 현물 수송 및 조달체계가 원만히 운용되지 못한 점이 중세적인 신용거래 확대의 일차적 원인일 것이다.[111]

2) 상업적 신용과 덕정령의 외상거래

신용경제란 한편으로는 차용한 재화를 언제까지 어떤 방법으로 변제한다는 채권채무의 약속 위에 성립한다. 가장 기본적인 사례로 중세 일본의 농업은 고대사회와 마찬가지로 종도(種稻) 및 영농자금을 봄에 빌려서 가을의 수확 때 변제하는 출거(出擧)를 기반으로 성립할 수 있었다. 또한 앞서 본 것

---

110) 본문의 割符, 割符屋과 문서주의에 관해서는 桜井英治, 앞의 논문 「日本中世の経済思想 - 非近代社会における商業と流通-」, 53-56쪽을 참조하여 서술함.

111) 本郷恵子, 앞의 논고 「中世の経済構造」, 193쪽.

처럼 무로마치시대 연공을 비롯한 각종 세금을 장원영주가 현지 대관으로부터 선납받은 대관청부제도 '차미(借米)', '차전(借錢)'이라는 용어에서 알 수 있듯이 세금을 담보로 한 공적인 차용의 한 형태였다. 심지어 15세기에는 '단고야(丹後屋)', '에치고야(越後屋)', '치쿠고야(筑後屋)' 등 구니의 명칭을 앞세운 교토의 구니도이야(国問屋)들이 특정 구니의 상품을 위탁받아 외상으로 판매하고 후일 한꺼번에 결산처리를 통해 결제하는 신용거래의 관행도 정착했다. 이런 식으로 일본의 중세사회는 재화의 대차관계가 광범위하게 전개되었고, 따라서 이 문제를 둘러싼 분쟁도 다수 발생한다. 신용경제의 일환으로서 상업적 신용과 채권채무계약이 중세 경제의 원활한 순환을 위해 상당히 중요한 의미를 가졌던 것이다.[112]

상업적 신용의 가장 중요한 부분을 차지하는 것은 외상거래이다. 하지만 이를 직접적으로 드러내는 사료는 극히 드물고 주로 덕정령(德政令)에 관련된 내용에서 단편적으로 나타날 뿐이다. 일본 고대사에서 '덕정'이란 재해 때 농민구제와 같은 치자의 선정을 의미하며 원래 금전대차와는 아무런 상관이 없는 용어이다. 그러나 중세사회의 덕정령은 보통 전쟁, 재해 등으로 야기된 사회혼란을 일시적으로 수습하기 위한 채권채무파기령으로 인식되었다. 그것이 인심 수습과 단기적인 구휼을 본질로 하는 까닭에 덕정령이란 명칭이 사용된 것이다. 상행위의 경우도 외상거래에 대한 덕정령의 채권채무 파기규정은 유사시에 채무자를 구제할 뿐만 아니라 그로부터 인심 수습과 치안을 유지하는 데 목적이 있었던 것으로 보인다.[113]

덕정령은 가마쿠라시대 중기인 1267년(문영4) 어가인 대책의 일환으로 처음 반포된다. 하지만 그 실천과정에서 어려움을 겪으며 완화와 철회를 거듭한 끝에 1297년(영인5) 당시의 막부 득종(得宗) 호죠 사다토키(北条貞時,

---

112) 井原今朝男, 앞의 책 『中世の借金事情』.

113) 高木久史, 앞의 논문 「日本中世後期の掛取引について」, 『社会経済史学』 74 2009.

1271~1311)에 의해 정식으로 발령된다. 몽골 침략 후의 격동기에는 동산, 부동산을 둘러싼 분쟁이 대폭 증가하고 사회혼란이 심화되었으므로 명분상으로 볼 때 이 시기 덕정령을 반포할 만한 당위성은 분명히 존재했다. 하지만 법령의 실제 목적은 어가인층이 보유한 영지를 전당잡히거나 매각하는 행위를 금하고 법령 반포 이전에 매각된 영지에 대해서는 원래의 보유자에게 무상으로 반환하도록 강제함으로써 막부 지배의 근간인 어가인층의 경제적 몰락을 막고 가계 안정을 도모하는 데 있었다. 그런 까닭에 법령의 조문은 매각된 토지가 20년 이상 경과된 경우 공령(公領), 사령(私領)을 불문하고 회수는 인정되지 않는다고 하면서도, "단, 비(非)어가인이나 범하지배(凡下之輩)가 매입한 토지는 경과된 시간에 상관없이 어가인이 회수할 수 있다"는 예외 조항을 두었다. '범하지배'란 금융업자를 포함하여 신분이 낮은 자를 지칭한다. 이처럼 어가인, 비어가인을 준별하고 대우에 분명한 차등을 두는 것은 가마쿠라막부의 일관된 정책이었다.

　가마쿠라막부의 덕정령에는 몇 가지 주목할 사항이 있다. 그 첫째는 당초 막부의 목적이 시혜 대상을 어가인만으로 한정한 것이었음에도 불구하고 민간에서는 어느새 이를 비어가인, '범하(凡下)'가 매각한 토지라도 언제든 회수 가능한 것으로 받아들여 적극적으로 수용한 점이다. 일본의 중등과정 역사교과서는 아직도 덕정령을 어가인의 궁핍을 구제하기 위한 법령으로만 기술하고 있다. 그러나 덕정령의 실제 대상 범위는 어가인, 민간인을 막론하고 놀라운 속도로 사회 전체에 확산되었다. 둘째로는 덕정령 반포 후에도 불가피한 사유로 어가인의 토지매각행위는 계속될 수밖에 없었고, 그럴 때는 덕정령을 회피하기 위한 여러 조치가 취해졌다는 점이다. 예컨대 매각이 아니라 단순 양도임을 가장하기 위한 '양장(讓狀)' 첨부하기, 또 금후 덕정령이 새로 반포되더라도 본 매매계약과는 일체 상관이 없다는 취지를 계약서에 첨서하기 등의 행위가 광범위하게 나타난다. 셋째, 거듭된 덕정령 반포로 인해 결과적으로 사회의 모든 계층에서 매매계약의 관념 자체가 크게 동요한 점도 빼놓을 수 없다. 재산권과 매매계약이 법령의 테두리를 벗어나 당사자 상호 간의 의도에 좌우되는 경향이 농후해진 것이다.[114]

재산권 및 매매계약의 보호는 경제발전과정에서 일반적으로 대단히 중요한 의미를 지닌다. 따라서 덕정령에 의한 채권채무 파기는 얼핏 보기에 경제발전을 저해하는 요인으로 이해될 수 있다. 그러나 이것은 법령이 제반 거래에 그대로 적용되었다는 전제에서 비롯된 오해일 뿐 실제 상황은 크게 달랐다. 잔존 사료가 워낙 적은 까닭에 수량적인 분석은 어렵지만, 늦어도 15세기 후반 이후는 상호 신용에 바탕을 둔 외상거래가 광범위하게 존재했고 채권보호를 요구하는 관념 또한 사회적으로 성립했음을 확인할 수 있다.

잔존 사료에 의하면 상업적 외상거래의 금액 규모는 동전 '195관문', '13관문', '7관 200문' 등으로 다양하게 나타난다. 앞서 본 중세 공인의 표준 임금이 1일 100~110문인 점을 감안하면 이러한 금액은 상당한 규모로 상품을 취급한 주로 상인 간 거래일 것이다. 또한 채권자-채무자의 소재지 간 직선 거리가 현재 단위로 환산해서 대개 80~110㎞에 달하는 점으로 미루어 소액의 근거리 거래가 아닌 중, 장거리의 상인 간 외상거래가 중세 후기에 존재했음을 짐작할 수 있다. 약정한 지불 기일을 초과한 외상거래에 대해서는 월 2%의 이자를 지불한다는 특약이 맺어지기도 했다. 이것은 당시 토창의 동전 대출이율이 월 5% 전후였던 데 비하면 낮은 이유이고, 서종사원이 토창을 비롯한 금융업자에게 '사당전(祠堂錢)'을 대출할 때의 법정 이율 2%와 같다. 한편으로 외상거래는 '구약(口約)'이라는 구두 약속만으로도 가능했지만 앞서 논한 것처럼 음성, 기억만이 아니라 채권보전을 위한 합리적 방법으로써

---

114) 鎌倉時代의 德政令에 관해서는 本郷惠子, 「永仁の德政令」, 『全集日本の歴史 6京·鎌倉 ふたつの王権』, 小学館, 2008, 278-287쪽을 참조함. 단, 말미의 세 가지 사항은 本郷의 서술 내용을 필자가 임의로 간추린 것임.

문서화도 널리 행해졌다. 이런 점을 고려하면 덕정령을 통한 채권 파기는 사회의 일반적 추세에 역행하는 일이었다고 할 수 있다.

중세 후기 1520년(영정17)에는 외상거래에 관한 규정이 포함된 무로마치 막부 최초의 덕정령이 반포되어, "외상 판매금, 외상 구입금은 선례에서도 적용 외이므로 덕정이 미치지 않는다"라고 하여 이자의 유무에 상관없이 막부도 결국 외상거래 채권의 보호를 추인했다. 또한 1526년(대영6) 반포된 막부 덕정령에서는 외상거래액의 10%에 해당하는 '분일전(分一錢)'을 채권자가 막부에 납입함으로써 채권을 보호받은 사실이 드러난다. 그 후의 덕정령에 외상거래에 관한 규정이 거듭해서 등장하는 것은 현금, 현물이 아닌 신용에 바탕을 둔 상거래가 널리 행해진 당시의 사회실태를 반영한 것으로 해석할 수 있다. 이런 점이 뒤이은 에도시대 상업적 신용이 발전하는 전제가 되었을 것이다.[115]

3) 이자와 담보 물건

신용경제의 일환으로서 채권채무를 고려할 때 이자와 담보 물건은 빼놓을 수 없는 중요한 사항이다. 이자의 경우, 근대 자본주의 이후의 채권채무론은 채권자의 권리만을 일방적으로 존중하여 가령 채무자가 불가항력적인 재해, 전쟁 등의 피해를 입어도 항변권조차 인정되지 않고 이자가 무한정으로 증식하는 것이 기본원칙이다.[116] 그러면 전근대 일본사에서 이자, 담보 물

---

115) 이상, 德政令과 상업적 신용거래에 대해서는 高木久史, 앞의 논문 「日本中世後期の掛取引について」에 주로 의거함.

116) 長尾治助, 『債務不履行の帰責事由』, 有斐閣, 1975. 한편, 이슬람권에서는 코란에 의해 재화 대출에 대한 이자취득을 악으로 규정하고 이를 금지한다. 2006년에는 방글라데시의 그라민은행(Grameen Bank)이 가난한 서민을 대상으로 한 무이자 소액신용대출(Micro Credit)로 노벨 평화상을 받았다. 같은 해 1월 일본의 最高裁判所도 이자제한법의 상한을 초과한 이자지불은 무효라는 판결을 내렸다. 일본으로서는 근대법 시행 이후 최초로 채무자 보호의 필요성을 인정한 사법적 판단이라고 할 수 있을 것이다. 그러나 채권자의 권리를 우선시하는 기본원칙은 아직 확고부동하다. 井原今朝男, 앞의 책 『中世の借金事情』, 4-5쪽.

건은 어떤 양상을 띠었을까?

채권채무를 둘러싼 계약 실태나 민간의 관습법에 의하면 고대 이래 일본에서는 이자를 붙여 차용한 출거의 경우 채무를 이행하지 못해도 노역으로 변제하도록 의무화되었을 뿐 달리 형벌이 가해지는 일은 없었다. 또 무이자 차용 시의 변제 불이행에 대해서는 금액의 다과에 따라 태형(笞刑), 장형(杖刑) 등 형사적인 처벌이 가해졌다. 그런데 이런 무이자 대차가 중세 일본의 민간에서 널리 성행한다.

또한 일본 고대의 경우 출거에 대한 이자는 공출거가 대체로 연리 5할, 사출거가 연리 5~10할이었다. 중세사회에서도 사적인 대차관계는 평균적으로 연리 5할의 고리이고 이자율을 제한하는 법령은 없었다. 그러나 고대 이래 '이배법(利倍法)'이라 하여 이자는 원금의 두 배 이상 늘어날 수 없다는 총액 규제의 이자제한법이 기능함으로써 그 이상을 이자로 수수하는 행위를 위칙죄(違勅罪)로 간주하는 법의식이 엄연히 존재했다. 동전 출거의 경우도 '거전반배법(擧錢半倍法)'이라 하여 원금의 0.5배 이상 이자를 수수하는 행위는 금지되었다. 예컨대 12세기부터 가마쿠라시대에 걸쳐 사료상 확인 가능한 대출금 징수를 위한 소송에서는 과다한 이자 징수가 위법으로 판결된 사례가 많다. 이런 총액주의에 의거한 이자 규제의 관행을 살펴보면 근대 이후와는 대단히 이질적으로 빈민 구제를 통한 사회혼란의 경감을 위해 채무자의 권리보호가 일종의 사회정의로 자리잡았음을 엿볼 수 있다. 앞에서 본 중세의 녁성녕이나 또 에노시대에 이따금 반보된 기연녕(棄捐令)도 채권포기, 채무면제를 공적으로 인정한 사례들이다.

한편, 담보 물건의 설정은 재화를 차용할 때 그 변제를 보증하기 위한 것이다. 과거 일본의 중세사학계에서는 화폐경제 발전과 고리대의 성업이 초래한 담보물 유실로 인해 결과적으로 빈부격차가 확대되고 계급분화가 진전되었다는 것이 연구자들의 상식이었다. 물론 재화 대차에 수반되는 담보물 유실현상이 전 사회적으로 횡행한다면 계급분화는 촉진될 수밖에 없다.

하지만 위와 같은 학계의 기존 인식은 근세 에도시대에 일반화된 사회현상을 중세사회로까지 확대 해석한 측면이 있다.

역사적으로 담보 물건은 채권자가 계약기간 동안 단순히 담보물로 설정만 할 뿐 점유하지 않는 '저당담보'와 담보물을 완전히 점유하고 활용하는 '점유담보'로 구분된다. 그러나 일본 고대, 중세까지는 대부분이 저당담보였기에 굳이 양자를 구분할 필요조차 없었다. 담보물= 점유담보라고 인식되는 것은 에도시대부터이다. 고대 율령국가는 구분전(口分田), 관전 등 공전에 대해서는 매매금지의 원칙을 엄격히 적용했고, 토지 및 가옥 등의 부동산을 담보물로 삼아 대차하는 행위를 금하는 법령이 여러 차례 공포되었다.[117] 중세에 들어서도 고대법은 여전히 기능했으므로 점유담보는 아직 나타나지 않는다. 그 대신 중세 후기는 부동산을 담보로 잡힌다는 내용의 '질권(質券)'이란 문서를 통해 차용하는, 저당담보의 일종인 문서담보가 일반적이었다. 이 경우 약정한 변제 기한을 넘기더라도 채무자와의 합의가 없는 한 채권자는 문서를 타인에게 양도할 수 없었고, 설령 합의 하에 양도된 경우라도 언제든 채무가 변제되면 문서를 반환해야 했다.[118]

중세 후기 문서담보의 바탕 위에 광범위하게 이루어진 채권채무관계는 거듭된 내란, 기근 등으로 생산력의 기반이 무너진 상황에서 기존 통념처럼 계급분화를 일방적으로 촉진하기보다 결과론적인 평가이긴 하지만 거꾸로 계층 간 상호부조를 통해 계급분화를 둔화시킨 측면도 있을 것이다.

---

117) 菊地康明, 『日本古代土地所有の研究』, 東京大学出版会, 1969 등.

118) 이상, 대차관계의 이자와 담보 물건에 관해서는 井原今朝男, 앞의 책 『中世の借金事情』을 주로 참조하고 필자가 약간의 사견을 덧붙임.

중세 일본열도의 교통은 예전에는 전후한 고대, 근세와 연속선상에서 그 중간에 끼인 예외적인 단절의 시대로 이해되는 것이 일반적이었다. 이에 따르면 고대·중세 이행기는 율령국가의 중앙집권적인 대규모 교통체계가 쇠퇴하고 각각의 지방 권력이 관할하는 중세적인 도로망, 역제로 축소 재편된다. 또한 중·근세 이행기는 에도막부라는 강력한 통일정권 하에서 중세의 지역별로 분할된 교통체계가 전국 규모의 일원적인 교통체계로 재정비되는 것으로 이해되어 왔다.[1]

이러한 인식의 근저에는 고대, 근세와 같은 중앙집권적인 단일교통체계야말로 정상적인 상태라는 연구자들의 선입견이 작용하는 것 같다. 그러나 말할 필요도 없이 일본 중세는 지역적 분권의 시대이며, 따라서 중세적인 교통체계가 지역에 따라 어느 정도 독자적인 형태를 띠는 것은 극히 자연스러운 일이다. 게다가 유통사적 측면에서 보면 국가적 물류가 중심을 이룬 고대 일본의 경우 율령국가의 제도적인 교통체계가 큰 비중을 점할 수밖에 없었던데 비해, 중세사회의 교통은 분산적인 권력체계와 함께 민간의 시장적 물류도 주요 동인으로 작용했다는 점에서 기본적인 차이가 있다.

---

1) 兒玉幸多 編, 『日本交通史』, 吉川弘文館, 1992.

과거 일본의 중세교통사 연구는 대부분 문헌사료에만 의존해왔다. 그런데 연구사를 돌이켜보면 사료의 잔존 상황에 내포된 몇 가지 기본적인 편향성이 연구자들에게 상당한 영향을 미친 것으로 보인다. 첫째는 잔존 사료의 지역적 다과를 둘러싼 문제이다. 그 결과 사료가 비교적 많은 편인 기내지역으로 자연스럽게 연구가 편중되었다. 둘째는 사료의 분야별 편향성이다. 지금까지는 잔존사료가 상대적으로 많은 교통제도 및 정책에 관련된 분야로 연구가 몰렸다. 셋째는 사료의 작성자가 누구냐에 따른 질적, 내용적인 편향성이다. 대부분의 중세 사료는 권력 측근에 의해 작성되었으므로 내용도 영주세력의 판단에 따라 취사선택이 이루어졌을 가능성이 크다. 따라서 교통사에 관련된 제도가 실제 각지에서 어떻게 운용되었는가를 살필 수 있는 사료는 극히 드물고 연구도 여기까지 미치지 못하고 있다.

위와 같은 기존 문헌사학의 문제점을 극복하기 위해 최근에는 새로운 흐름도 보인다. 예를 들어 도로 연구는 최근 들어 금석문, 역사지리학, 고고학 등의 성과를 원용한 종합적인 검토가 행해지고 있다. 특히 고고학적 연구를 통해 당시 도로의 실상이 어느 정도 복원 가능해짐으로써 도로로 연결된 지역사회 및 도시적인 장으로까지 연구가 확대되고, 결과적으로 일본중세사 전체에 대한 연구수준이 심화된 점은 큰 의미가 있다.[2]

고대와 마찬가지로 중세 일본열도의 교통도 육상교통, 수상교통으로 대별된다. 물론 사람, 물자, 정보의 이동이 이 중 어느 한 쪽만으로 완결되는 경우는 극히 예외적이고 오히려 양자가 상호 보완하는 형태야말로 전근대 교통체계의 주류일 것이다. 하지만 현재까지 일본 중세교통사 연구는 대체로 양자를 분리하여 다루는 경향이 농후하다. 앞으로는 육운, 수운을 포괄하여 광역적인 교통체계를 규명하고 그것이 해당 시대와 사회에 어떤 의미를

---

2) 이상, 연구사에 대한 이해는 岡陽一郎, 「中世の陸上交通に関する諸問題」, 『交通史研究』 56, 2005, 15-17쪽을 주로 참조함.

가지는지 정치, 경제, 문화적인 측면까지 망라해서 추구할 필요가 있다.[3]

다만, 중세교통사에 대한 필자의 학업이 아직 턱없이 부족하여 그 전반적인 체계를 제시할 정도까지 도달하지 못했다. 여기서는 소략하나마 현재까지 파악된 단편적인 몇 가지 사항만을 간추리고 그 구조적인 이해는 금후의 과제로 돌리고자 한다.

1. 대도와 수레 이용을 중심으로 본 육상교통

1) 중세의 대도와 지역경제

패전 후 일본 중세 육상교통사는 1980년대를 전후한 장원공령제 하 도시-농촌 간 교통, 1990년대의 고도(古道) 답사와 고고학적 복원 등을 통해 연구가 심화되었다.[4] 이러한 선행 연구를 바탕으로 여기서는 주로 근년의 성과에 입각하여 소위 가마쿠라가도(鎌倉街道)에 속하는 몇 개 간선도로와 지방의 대도(大道)에 관해 검토해보자. 전자는 중앙 권력이, 후자는 중앙 권력과 지역의 영주세력이 함께 통제권을 행사한 도로이다.

가마쿠라막부가 편찬한 『오처경(吾妻鏡)』에 의하면 도시 가마쿠라와 주요 지역 사이의 간선도로는 다음과 같다. 첫째는 교토-가마쿠라-히타치(常陸)를 연결한 가장 중요한 도로인 동해도(東海道), 둘째는 가마쿠라-(북북동 방향) 무사시(武蔵) 동부-시모츠케(下野)로 향한 중로(中路), 셋째는 중로를 경유하여 무츠(陸奥)까지를 연결한 오대도(奥大道), 넷째는 가마쿠라-(북향)무사시 서부-고즈케(上野)로 향한 하도(下道), 다섯째는 하도를 경유하여 시나노(信

---

3) 綿貫友子,「中世水運史研究の動向と展望 -遠江国の事例から-」,『交通史研究』56, 2005, 57 쪽을 참조함.

4) 시기별 주요 연구성과는 保立道久,「荘園制支配と都市・農村関係」,『歴史学研究』別册, 1978; 戸田芳実,『歴史と古道 歩いて学ぶ中世史』, 人文書院, 1992 등.

濃)-에치고(越後)로 향한 북륙도(北陸道), 여섯째는 가마쿠라-시모츠케의 아시카가장(足利莊) 사이의 현재로서는 경로가 불분명한 무사시대로(武蔵大路)이다.[5] 이 가운데 동해도, 북륙도는 고대 율령국가 때부터 존재했으며 또 '대도', '대로', '중로'는 고대 이래 관도(官道)의 규격을 가리키는 용어이므로 중세사회에서 이것들이 실제 도로명으로 사용되었는지는 단정하기 어렵다.

위와 같은 가마쿠라가도 이외에도 현존하는 중세 문헌사료에는 열도 각지에 'ㅇㅇ대도'라는 명칭을 가진 도로가 다수 등장한다. 과거에는 이것들을 막연히 중앙과 각 지역을 직접 연결하는 규모가 큰 간선도로로만 이해해왔다. 그러나 고고학의 복원작업이 진척되면서 대도로 명명된 도로 중에는 노폭이 제법 넓은 곳도 있지만 같은 도로상에 말 한 필이 겨우 지날 정도의 좁은 곳도 병존한다는 점이 밝혀졌다. 또한 대도에는 동북지역의 내륙을 종단하는 오대도 같은 대형 간선도로가 존재하는 한편으로, 단순히 주변 도시를 잇는 현실적 중요성 때문에 대도라고 명명된 것들도 있다. 이런 점을 종합적으로 고려하면 도로 규모, 중앙과의 연결 여부, 일상적인 정비 정도 등은 대도로서 기본조건이 아니다. 대도는 '한로(閑路)'와는 달리 사람, 물자의 통행이 왕성하여 지역민의 생활에 큰 영향을 미친 도로를 가리키는 것으로 보인다. 그러므로 가마쿠라가도와 몇몇 간선도로를 제외한 중세의 일반적인 대도는 중앙과의 연락을 일차적 목적으로 한 고대의 관도와는 대조적으로 지역 간을 연결하는 성격이 강하다.

대도가 주민생활에 큰 영향을 미친 까닭에 막부와 지역의 영수세력들은 대도의 원활한 교통을 책임져야만 했다. 일례로써 『가마쿠라유문(鎌倉遺文)』에 따르면 막부는 1256년(건장8) 6월 "오대도(奧大道)에 근년 들어 특히 야간에 강도가 많이 출몰한다고 한다. 이는 오로지 (해당 지역의)지두, 사태

---

5) 『吾妻鏡』에는 武蔵大路의 경로에 관한 기술이 없다. 학계에서는 鎌倉 시가지의 내부 도로 혹은, 본문 중의 下道나 中路로 보는 등 여러 가지 추측이 있긴 하지만 현재로서는 어느 쪽도 확실한 근거가 없고 경로 불명의 상태이다.

인(沙汰人) 등이 감독을 게을리 한 탓이다"라고 하여 엄중한 단속을 명한다. 심지어 규슈의 산간지역을 관통하는 소형 대도에 대해서도 유사한 명령이 하달되었다. 막부는 규모의 대소를 불문하고 대도의 안전한 통행 그 자체를 중시한 것이다.[6]

그러면 유통사적인 측면에서 중세 대도의 구체적인 발굴 사례를 한 건 들어보자. 동일본의 도치기현(栃木県) 고쿠분지정(国分寺町) 시모후루다테 유적(下古館遺跡)은 중세 오대도의 일부로 추정되는 남북을 관통하는 '우도(牛道)'라는 도로를 중심으로 형성된 유적이다. 시기적으로는 13세기 전반~중반에 성립하여 14세기에 전성하고 15세기 전반 무로마치막부의 동일본 통치기관인 가마쿠라부(鎌倉府) 붕괴와 함께 종말을 맞은 것으로 보인다. 전체 9만 4,000㎡ 정도가 발굴 조사되어 도랑 133조, 수혈유구 125기, 우물 179기, 토갱 1,584기, 그밖에 방형 유구, 무덤, 화장터, 굴립주(掘立柱) 건물 유구 등이 검출되었다. 중세에 해당하는 출토 유물은 전부 3,700여 점인데 그 중 토기·도기가 각각 전체의 약 4할씩, 목제품이 1할, 숫돌이 0.5할을 차지한다. 당대의 다른 유적과 비교하면 숫돌과 목제품 비중이 높으며 또한 토기·목제품·석제품 등은 가마쿠라의 것을 규범으로 따른 경우가 많다.[7]

전체적으로 보아 유적은 무덤과 화장터 등으로 구성된 종교적인 공간과 수혈유구·우물·토갱 등으로 구성된 일상적인 공간으로 구분된다. 또한 그 외에 도로를 중심으로 한 양쪽이 하나의 구획을 이루면서도 외부에 대해 개방적이어서 교통, 물류의 시장 기능을 담당한 것으로 추측되는 도시화된 공간도 보인다.[8] 후지와라 요시아키(藤原良章)는 근년 중세의 시장 경관에

---

6) 이상, 본문의 大道에 관해서는 岡陽一郎, 「中世の大道とその周辺」, 藤原良章·村井章介 編『中世のみちと物流』, 山川出版社, 1999; 동, 앞의 논문 「中世の陸上交通に関する諸問題」, 17-21쪽을 주로 참조함.

7) 田代隆, 「下古館中世遺跡の調査について」, 『日本歴史』 485, 1988.

8) 下古館遺跡의 시장 기능을 담당한 도시적 공간에 대해서는 石井進, 앞의 논고 「商人の原像 -千駄櫃と連雀-」를 참조함.

대한 복원을 시도하여 '민가, 시장, 시장의 신'이라는 세 가지 기본요소를 도출하고 위 유적의 일상적 공간, 도시적 공간, 종교적 공간이 그 한 사례임을 시사했다.[9] 이상을 종합하면 이 유적지는 도시 가마쿠라를 중핵으로 한 교통망의 하나인 오대도 상에 성립한 지역의 유통거점으로 판단된다.[10]

한편으로, 교토와 규슈 대재부를 연결하여 고대 최고의 간선도로로서 지위를 누리던 산양도(山陽道)는 중세에 들어 대륙과의 교류가 축소되면서 과거의 영광을 잃는다. 그러나 세토내해(瀬戸内海) 연안의 내륙 하운 및 해운과 연계되어 주요 대로로써 역할은 계속 수행한다. 앞서 언급한 육상교통과 수상교통의 상호 보완성이란 측면에서 중세 산양도에 관해 잠시 살펴보자.

에바라 마사하루(榎原雅治)는 세토내해 연변의 하리마(播磨)-비젠(備前)-빗츄(備中)를 잇는 중세 후기 산양도의 복원을 통해 육상교통, 수상교통의 교차점에 위치한 지역 내 도시의 역할을 지역경제권론과 관련지어 검토했다. 그 결과, 산양도와 주요 하천이 교차하는 지점에 위치한 역참과 하구 부근에 형성된 항만의 조합이 세토내해 연안지역 도시의 기본유형인 점, 특히 시장·창고 등이 집중된 역참은 하천 유역의 곡창지대로부터 유입된 제 물자를 집적하고 기내 등지로 반출하는 지역경제의 중심지로서 일대의 상품 유통을 지배한 상인과 유덕인들이 집단적으로 거주한 점, 이러한 도로·내륙 하운을 축으로 한 지역적 유통과 하구의 항만을 경유지로 한 원격지 유통이 상호 밀접히 결합된 점, 나아가서 수호를 비롯한 지역의 전국시대 영주세력은 이러한 지역경제권 편성에 참여하고 유통로를 상악함으로써 그 지배권을 확립할 수 있었던 점, 등이 새로 규명되었다.[11]

도로, 하천을 축으로 한 지역경제권은 이밖에도 세토내해 연안에서 보편

9) 藤原良章, 「中世の市庭」, 網野善彦·石井進·稲垣泰彦·永原慶二 編 『講座日本荘園史 3荘園の構造』, 吉川弘文館, 2003.

10) 이상, 下古館遺跡에 관해서는 飯村均, 앞의 논고 「コラム東国の街道と流通拠点」에 상당 부분을 의존함.

11) 榎原雅治, 「中世後期の山陽道」, 石井進 編 『中世の村と流通』, 吉川弘文館, 1992.

적으로 검출된다. 내륙부와 해안을 연결하는 하천이 존재하지 않는 곳에서는 그 대신 도로가 조밀하게 정비되었다. 이리하여 중세 후기의 산양도 연변은 역참을 중심으로 하천 유역 또는 육로를 따라 남북으로 펼쳐지는 지역경제권이 염주 알처럼 이어진다. 이것들은 작게는 군(郡) 규모에서 크게는 구니(国)를 넘어선 규모까지 병존했으며, 때로 소규모 경제권이 대규모 경제권에 포섭되는 등 다양한 형태를 취했다. 또 그 외항 역할을 담당한 하구와 해안의 항구, 포구 등을 매개로 하여 인접한 다른 지역경제권, 나아가서는 수도경제권 및 원격지 지역경제권과도 유통이 이루어졌다. 이러한 육상교통, 수상교통의 상호 보완성 위에서 각지의 지역경제권을 연결하는 원격지 유통은 중세 후기 열도 전역에 걸쳐 나타난 보편적 현상이라고 할 수 있다.[12]

2) 수레의 이용

다음으로 육상교통의 하물운송에 이용된 수레에 관해 살펴보자. 과거 역사학계의 통설에 의하면 일본 고대는 험한 도로 사정으로 인해 동서시 등 수도권을 제외하고는 하물운송에 수레를 이용하는 일이 극히 드물고 '인단(人担)'이 보편적인 운송수단이었다. 또한 중세에 들어서도 교토, 나라 등 기내의 대도시권과 그 외항인 오쓰(大津), 요도(淀) 등지에서만 주로 근거리용 운송을 위해 수레가 사용된 것으로 인식되어 왔다.[13]

고대 이래 하중이 무거운 곡물, 석재 등의 수송은 말할 필요도 없이 주로 수상교통에 의존했다. 하지만 그 경우도 수송과정의 일정 부분은 육상교통이 담당해야 했으며, 하물며 유통경제가 고대에 비해 상당히 발달한 중세 일본에서 순수하게 인력에만 의존한 하물운송이란 대단히 부자연스러운 일임에 분명하다. 이에 따라 근년에는 중세사회의 수레 이용에 대해 조심스럽게

---

12) 市村高男, 앞의 논고 「中世西日本における流通と海運」, 16쪽.

13) 小林茂, 「荷車」, 『講座日本技術の社会史 8交通・運輸』, 日本評論社, 1985; 福島正義, 「武士の旅と庶民の旅」, 児玉幸多 編 『日本交通史』, 吉川弘文館, 1992.

나마 반론이 제기되고 있다.

중세 동일본의 대도시 가마쿠라와 그 외항 무츠라(六浦)에는 수레를 이용한 운송업자를 지칭하는 '거차(車借)'가 존재했다. 또 『오처경』1251년(건장 3) 12월조에서는 도로상에 소를 매어두는 행위를 금지한 법령이 가마쿠라 시중에 반포된다. 최근에는 가마쿠라 해변의 중세 상공업 유적지로부터 도로유구 표면에 얕은 홈 형태로 길게 이어진 철혼(轍痕, 수레바퀴 자국)이 다수 검출되기도 했다. 이러한 사례들은 우마가 끄는 수레를 하물운송에 이용한 경우가 제법 많지 않았을까는 추측을 가능하게 해준다. 단, 가마쿠라-무츠라 간은 수레 통행이 거의 불가능한 큰 재가 가로막고 있으므로 아마 각각의 지역 내부에서 수레가 활용되었을 것으로 보인다.

앞의 무츠라, 가마쿠라 해변은 모두 수륙교통이 발달한 도시적인 공간이다. 그런데 유사한 입지조건을 가진 동북지역의 최대 도시 히라이즈미(平泉)에서도 현재까지 시가지 내 2개소에서 철혼이 발견되었다. 그 중 하나인 야나기노고쇼유적(柳之御所遺跡)은 도시 중심부에 위치한 까닭에 원래 사람과 하물의 내왕이 많은 곳이다. 또 한 곳은 밋카정유적(三日町遺跡)인데, 이곳은 대도 연변에 위치하고 지명 자체가 월 3회 개시되는 삼재시(三齋市)에서 유래했을 뿐만 아니라 근처에 선착장과 기온신사(祇園神社)가 있었던 것으로 보여 도시 히라이즈미의 현관을 겸한 상업지구였던 것으로 추측된다.[14] 따라서 이 철혼들은 운송용 수레의 흔적일 가능성이 대단히 크다.

가마쿠라, 히라이즈미는 둘 다 당시로서 대도시의 사례에 지나지 않는다. 그러나 동일본 각지의 고대 도로에 철혼이 검출되었다는 조사보고도 있으며,[15] 여러 정황을 종합적으로 고려하면 종래의 통설과는 달리 동일본에서도 고대 이래 운송용 수레가 지속적으로 이용된 것으로 사료된다. 단, 고대

---

14) 斎藤利男, 『平泉 よみがえる中世都市』, 岩波書店, 1992, 147쪽 이하.

15) 加藤友康, 「日本古代における交通・輸送と車 -大会テーマ「古代の車」検討のために-」, 『古代交通研究』 13, 2003.

와 마찬가지로 중세 일본에서 수레는 비교적 한정된 좁은 지역에서만 활약했을 뿐 장거리 수송의 주역은 아니었다. 험준한 산악지형과 수많은 대소 하천이 교차하는 일본열도의 자연조건이 수레의 운행범위를 크게 제한했을 것이다.

고대의 중앙집권적인 대형 관도가 쇠퇴한 후 성립한 중세의 주요 도로는 고대보다 규모면에서 소형이라고 한다.[16] 하지만 도시적인 유물이 출토되는 중세의 도로 유적은 열도 각지에 산재하며 문헌사료를 통해서도 도로상의 수많은 역참과 시장을 확인할 수 있다. 그러므로 중세의 도로는 고대에 비해 규모면에서 소형화하긴 했지만 각지의 도시화된 거점지역을 연결하는 도로망의 밀도는 훨씬 조밀해지고, 개중에는 운송용 수레가 활약한 수륙교통의 요충지도 제법 많았을 것으로 추측된다.[17]

2. 중세 일본열도의 수상교통

일본 중세 수상교통에 관한 연구는 1970년대까지 연공 수송, 상품유통, 해사(海事), 대외관계 등의 분야에서 연구가 축적되었다.[18] 1980년대 후반부터는 당시 융성하던 사회사의 영향을 받아 수상교통이 중세의 사회경제를 구조적으로 이해하기 위한 필수 검토과제로 인식되기 시작한다. 특히 아미노 요시히코(網野善彦)가 비농업민의 사회적 역할을 검토하는 과정에서 널리 바다, 하천을 무대로 생업을 영위한 해민(海民)의 존재에 주목하여 그 형

---

16) 木下良, 「歴史地理研究における古代地名」, 잡지 『地理』의 임시 증간호 『地名の世界』, 1982.

17) 이상, 운송용 수레에 관해서는 岡 陽一郎, 앞의 논문 「中世の陸上交通に関する諸問題」, 21-30쪽을 참조하고 필자의 생각을 덧붙임.

18) 고전적인 연구성과는 德田釼一·豊田武, 『増補中世における水運の発達』, 巖南堂, 1966.

태와 성격을 규명한 것은 중세 수상교통사 연구에 큰 영향을 미쳤다.[19] 또 1990년대 이후는 신죠 쓰네조(新城常三)의 기초적이자 망라적인 연구,[20] 사료집 「효고북관입선납장(兵庫北関入舩納帳)」의 간행을 계기로 한 세토내해 수운과 유통사 연구의 결합, 도쿄만에서 이세만(伊勢湾)에 걸쳐 태평양 해운의 실태를 규명한 와타누키 도모코(綿貫友子)의 작업,[21] 학제적 연구의 성과물 간행 등으로 열도 각지에서 연구가 급진전했다.[22]

하지만 다양한 연구성과에도 불구하고 지금까지 알려진 사료는 단편적인 것이 대부분이며 새로운 사료발굴도 거의 기대하기 어려운 실정이다. 따라서 기존 사료에 대한 심층적인 재해석 작업이 중요한데, 이 점은 문헌사학만으로는 분명히 한계가 있다. 예컨대 중세교통사에서 늘 문제가 되는 것은 연공으로서 쌀과 동전, 앞서 논한 오야마사키(大山崎) 등 유신인의 기름, 「효고북관입선납장」의 기재 물자 외에는 운송한 물자가 어떤 종류인지 전혀 확실치 않다는 점이다.[23] 이러한 한계를 극복하기 위해 앞으로는 인접 학문과의 협업이 더한층 중요한 열쇠로 작용할 것이다. 한편, 질적인 단계를 충분히 고려하지 않은 채 지나치게 발전적인 측면만을 강조하는 단락적인 연구도 여전히 많다.[24] 앞으로는 항로, 항만의 존재형태와 같은 기초적인 사실 확인 작업을 꾸준히 지속하는 동시에, 기존 성과를 총괄하여 유통시스템론, 지역 경제권론과의 관계 속에서 근세와는 다른 중세 수상교통사의 구조적 특질에 천착할 필요가 있다.

---

19) 網野善彦, 「中世前期の水上交通について」, 『日本社会再考 -海民と列島文化-』, 小学館, 1979; 동, 『日本中世の非農業民と天皇』, 岩波書店, 1984. 등.

20) 新城常三, 『中世水運史の研究』, 塙書房, 1994.

21) 綿貫友子, 『中世東国の太平洋海運』, 東京大学出版会, 1998.

22) 1990년대 학제적 연구의 대표적인 성과물로는 『海と列島文化』 전 11권, 小学館, 1990~1993; 『中世の風景を読む』 전 7권, 新人物往来社, 1994~1995 등이 있다. 이상은 市村高男, 앞의 논고 「中世西日本における流通と海運」, 7-8쪽의 연구사 정리를 참조함.

23) 宇佐見隆之, 앞의 논문 「中世末期地域流通と商業の変容」, 71쪽.

24) 市村高男, 「中世港湾都市那珂湊と権力の動向」, 『茨城県史研究』 87, 2003, 64쪽의 지적.

1) 서일본의 5대 해로

중세 수상교통사에서 상대적으로 관련 사료와 선행 연구가 풍부한 것은 서일본의 해운이다. 그런데 실은 여기에 대해 일찍부터 가장 포괄적인 정보를 제공해준 기초 사료는 1471년(성종2·문명3) 조선의 신숙주(申叔舟, 1417~1475)가 찬한 『해동제국기(海東諸国紀)』이다. 이 사료에 수록된 「일본국지도(日本国之圖)」, 「일본국 서해도 규슈지도(西海道九州之圖)」에는 15세기 후반 규슈 하카타를 중핵으로 한 네 개의 해로가 흰 선으로 명시되었는데, 이는 후대의 연구를 통해 당시 실존하던 해로와 거의 부합한다는 사실이 밝혀졌다. 다만 후술하는 바처럼 같은 시기 일본열도에 해로 상의 허브(hub)라고 할 만한 도시가 제법 여러 곳 존재함에도 불구하고 신숙주가 유독 하카타를 중시한 것은 당시 조선 정부의 대일 외교정책에서 하카타의 지정학적 위치가 그만큼 중요했기 때문일 것이다.

최근 일본 중세사학계의 연구성과에 따르면 중세 후기 서일본의 주요 해로는, ① 혼슈 서해(한국 동해)의 서부 연안-한반도·규슈·세토내해를 연결한 산인(山陰)항로, ② 교토·기내-세토내해 연안을 연결하여 가장 왕성한 발달을 보인 세토내해항로, ③ 규슈 남부-규슈 동부 연안-세토내해항로로 접속하는 규슈 동부연안항로, ④ 규슈 남부-규슈 동부 연안-시코쿠(四国) 고치만(高知湾)-사카이로 통하는 태평양항로, ⑤ 규슈 남부-규슈 서부 연안-하카타-유구·동남아시아 등지로 연결된 구슈 서부연안항로의 크게 다섯 가지로 나눌 수 있다.[25] 위 『해동제국기』의 하카타는 규슈 서부연안항로의 최종 기착지이다.

이 가운데 한반도와도 연관되는 산인항로에 관해 조금 구체적으로 살펴보자. 일본 역사학계에서는 이 항로가 고대 이래 대륙과 교통하는 일본열도

---

25) 市村高男, 앞의 논고 「中世西日本における流通と海運」, 17쪽 이하.

의 현관으로서 번성했다는 통설적인 견해가 있는 한편으로,[26] 최근에는 세토내해나 북류지역의 연안 항로에 비해 열세를 면치 못했다는 새로운 주장도 대두하는 등,[27] 현재까지의 연구만으로는 그 교통사적인 의미를 확정하기 어려운 점이 있다.

중세에 들어 산인항로가 비교적 활황을 띠게 된 첫 번째 조건은 근처 산악지대에 분포한 광물자원 덕분이다. 예를 들어 산음도(山陰道)의 철 자원은 육로, 하천을 통해 서해안의 인접한 여러 항구로 반출되고 그곳에서 항로를 따라 주로 세토내해 방면으로 운송된 것으로 추측된다. 이런 점이 많은 상인들을 이 해역으로 흡인한 구심력이 되었을 것이다.[28]

두 번째 조건으로는 소위 무역도자기의 유통을 들 수 있다. 9세기 전반 헤이안시대 초기의 궁정의례가 당나라 방식을 수용한 뒤로 고대 율령국가의 귀족들은 대륙으로부터 수입된 도자기를 식기로써 선호해왔다.[29] 중세에 접어든 11세기 후반~12세기 전반에는 하카타를 통해 들여온 중국산 백자가 교토를 중심으로 홍수를 이룬다. 단, 이 무렵 수입 백자는 하카타에서 혼슈 서해안을 북상하여 북류의 가가(加賀)까지 해상 운송되었다.[30] 물자의 대량 수송을 위해 산인항로가 북류지역까지 연장된 것이다. 그 후 12세기 중엽부터는 교토, 가마쿠라를 주요 소비지로 한 청자가 하카타를 통해 대량 수입되고, 몇 가지 정황으로 보아 수입 청자는 산인항로를 타고 가가 이북의 혼슈 북부까지 유통된 것으로 보인다.[31]

26) 高橋公明,「中世西日本海地域と対外交流」,『海と列島文化 2日本海と出雲世界』, 小学館, 1991.

27) 錦織勤,「中世山陰海運の構造 -美保関と隠岐の位置づけを中心に-」,『鳥取地域史研究』6, 2004.

28) 이상, 본문의 山陰航路에 관해서는 주로 長谷川博史,「十六世紀における西日本海域の構造転換」,『日本海域歴史大系3 中世篇』, 清文堂出版, 2005, 150-153쪽을 참조함.

29) 宇野隆夫,「古代的食器様式」,『歴史時代土器研究』7, 1989.

30) 吉岡康暢,「新しい交易体系の成立」,『考古学による日本歴史9 交易と交通』, 雄山閣, 1997.

31) 水沢幸一, 앞의 논고「第3章 中世日本海域物流からみた地域性・境界性」을 참조함.

한편, 세토내해항로의 출입구에 해당하는 사카이는 15세기 후반 이래 크게 발달한다. '사카이(堺)'란 지명 자체는 원래 토지의 경계를 의미하는데, 고대 이래 이 지역이 셋츠(摂津)와 이즈미(和泉)의 경계지라는 점에서 유래한 것 같다. 사카이가 하카타, 효고와 비견되는 국제무역항으로 성장한 시점은 15세기 후반 응인(応仁)의 난이 확대되고 효고를 전국다이묘 오우치씨(大内氏)가 점거한 이후로 보는 것이 통설이다. 오우치씨의 효고 점령으로 세토내해를 원활히 항해하기가 어려워지자 제12차 견명선단 가운데 공방선(公方船), 호소카와선(細川船) 등이 기존의 세토내해항로를 포기하고 규슈 남단의 가고시마(鹿児島)-시코쿠의 고치만을 우회하는 태평양항로를 이용하여 1469년(문명1) 사카이로 귀항했다. 또 1476년(문명8) 파견된 제13차 견명선단은 사카이의 호상 유카와 센아(湯川宣阿, ?~1483)가 거액을 투자하여 경영을 청부받고 사카이로부터 출항시켰다. 이러한 일련의 사건을 계기로 견명선단의 경영을 사카이상인이 거의 독점하게 된다. 사카이는 16세기 후반부터는 남만무역(南蛮貿易)의 거점으로 번성하고 오다 · 도요토미 정권 이전까지 도시의 자치적 운영이 행해지기도 했다.

중세 서일본에서 5대 해로가 활성화된 배경으로는 다른 무엇보다도 중세 후기에 들어 지역 간 분업 및 유통경제가 발달하고 지역경제권이 각지에서 부상한 점을 우선적으로 고려할 필요가 있을 것이다. 5대 해로의 공통적인 특성을 정리하면 첫째, 원래 장원의 연공 수송을 목적으로 하던 중앙으로의 구심적 해운이 지역경제권이 부상한 후로는 내부에 여러 개의 소규모 해로를 내포한 복수의 해역, 지역으로 분절된 점, 둘째, 각각의 해로 상에는 하천과 육로 등 내륙교통과 일체가 되어 지역경제권의 중심으로 기능한 대소 항만도시가 존재하며, 그 각각이 해로를 통해 외부와 연결된 점, 셋째, 그 중에는 산인항로의 오바마(小浜) · 미호관(美保關), 세토내해항로의 효고 · 사카이 · 도바(鳥羽), 규슈 동부연안항로의 시부시(志布志) · 사가관(佐賀関), 태평양항로의 우라도(浦戸), 규슈 서부연안항로의 하카타 등과 같이 해로의 중핵을 담당한 항만도시가 존재하여 그곳을 중심으로 광역적인 지역해운체계가 성립한 점, 넷째, 그 결과 지역 특산물을 주 상품으로 하는 지역경제권 간의 원격지 교역이 발전했으며 연공 수송 및 상업적 유통에 종사하던 회선인(廻船人)들이 해운업을 장악한 점, 다섯째, 전국다이묘를 비롯한 지역의 대소 영주세력들이 해운 요충지를 지배하며 항해세를 징수하고 각종 유통정책을 펼친 점, 등을 특징으로 들 수 있다.[32]

2) 동일본의 항만도시 나카진

중세 동일본의 수상교통에 관해서는 필자의 천학 탓에 아직 체계화된 정보를 구하지 못했다. 여기서는 이치무라 다카오(市村高男)의 히타치(常陸) 나카진(那珂湊)에 관한 연구를 토대로 태평양 연안 동일본의 항만도시와 연안 해운에 대해 그 일단을 들여다보기로 하자.[33]

현재의 이바라키현(茨城県)에 속하는 히타치의 나카진은 두 개의 하천이 합류하여 태평양으로 유입되는 하구에 위치한 항만도시이다. 1355년(문화 4)경 나카진이란 지명이 사료상에 처음 등장하고 그 후 자주 보이는 점으로 미루어 대개 14세기 중엽에는 지역을 대표하는 항만도시로 성장한 것 같다. 이 시기 나카진에는 다수의 신사, 사찰이 존재하여 원근 각지로부터 운집하는 신앙인들을 대상으로 자연적인 시장이 형성되었다. 동 세기 후반에는 근방의 여러 사사가 나카진으로 이전함으로써 종교도시, 항만도시로서 내실이 한층 충실해졌다.

히타치에서 북쪽의 이와키(岩城)에 이르는 혼슈 태평양 연안에는 대소 여러 형태의 중세 항만이 있다. 이것들은 대체로 다음 세 가지 유형으로 구분

---

32) 市村高男, 앞의 논고 「中世西日本における流通と海運」, 17-30쪽의 세부적인 기술을 참고하여 필자가 서일본 5대 해로의 보편적 특징을 도출, 정리하였음.

33) 이하, 那珂湊에 대한 본문의 서술은 市村高男, 앞의 논문 「中世港湾都市那珂湊と権力の動向」에 의거함.

할 수 있다. 첫째는 현지 및 근해에서 생산된 소금·어패류·해조류 등을 집하하여 인근 지역에 반출하고 상대 지역으로부터도 여러 물자가 반입된 국지적 유통거점으로서 소규모 항만, 둘째는 국지적 항만으로부터 반입된 물자를 교역하는 한편으로 보다 규모가 큰 지역 내 물자집산지로 중계하는 역할을 담당한 중간 규모 항만, 셋째는 해운, 내륙 하운, 육로의 교차점에 위치하여 지역의 최종적인 물자집산지로서 뿐만 아니라 원격지 교역의 일대 거점으로 활약한 항만이다.

이 세 번째 유형에는 지역의 종교, 문화와 유통경제의 중심지로 발전한 나카진, 구지빈(久慈濱), 오나빈(小名濱) 등의 항만도시가 있다. 그 중에서도 나카진은 연안 해운을 이용하여 주로 북쪽의 여러 항구, 포구들과 광역적인 교역활동을 전개한 한편으로, 나카천(那珂川)을 통해 일대의 최대 도시인 미토(水戶, 중세의 지명은 江戶)를 비롯한 내륙부의 각종 물자가 집산함으로써 동일본 항만도시의 대표적인 사례라고 할 수 있다. 가마쿠라부(鎌倉府)도 위와 같은 나카진의 비중에 주목하여 14세기 후반 이래 이곳을 직접 지배했다.

나카진의 해상교역 범주를 짐작할 수 있는 흥미로운 사례가 있다. 북부 태평양 연안 산리쿠(三陸)의 헤이군(閉伊郡) 장근사(長根寺)에 1356년(문화5) 기진된 대반야경(大般若經)은 본래 출처가 불분명했는데, 그 가운데 일부가 실은 나카진에 소재한 사찰의 어떤 승려가 집필한 것이다. 나카진이 처음 사료에 등장한 무렵부터 멀리 헤이군과 사이에 종교를 매개로 한 교류가 있었던 것이다. 이는 두 지역 사이의 육상 험로를 감안하면 태평양 연안 해운을 이용했을 개연성이 높고, 종교적 교류뿐만 아니라 동 시기의 상업적인 교역도 충분히 짐작할 수 있다. 또 다른 사례로 1593년(문록2) 도요토미 정권 하의 미토에서는 영주 사타케씨(佐竹氏)의 상인사(商人司) 후카야씨(深谷氏)를 비롯한 특권적 호상들이 자체 경영하는 상인숙(商人宿)에 서일본의 사카이, 이세 등지로부터 내방한 상인들이 체류하며 활발한 교역활동을 펼쳤다.

이들은 아마 태평양 연안 해운을 이용하여 동일본의 무사시(武藏), 사가미(相模) 등 현재의 동경만 일대에 활동거점을 마련하고, 다시 북상하여 나카진에 입항한 후 나카천의 하운을 통해 미토까지 진출한 것으로 보인다.[34]

이러한 사례들로 볼 때 나카진의 해상교역 범주는 서로는 사카이와 이세, 북으로는 산리쿠 일대까지 미치지 않았을까 추측된다. 즉, 중세 후기 서일본에 비해 아직 후진지역으로 알려진 동일본의 태평양 연안에도 광역적인 해상교역을 담당한 항만도시가 분명히 존재했던 것이다.

3) 선박과 항해술

끝으로 당시 일본열도에서 사용되던 선박의 구조와 규모, 항해술에 관해 간단히 논해보기로 하자. 중세 선박의 형태와 규모에 대해서는 문헌사료가 거의 없고, 주로 항만 인근이나 해난사고 다발 지역의 신사, 불각 등이 소장하는 회화사료를 통해 대강의 윤곽을 추정할 수 있을 뿐이다. 이것들은 대개가 항해의 안전을 기원할 목적으로 금품과 함께 선주 측이 기증한 것들이다.

중세 전기까지의 선박은 고대와 마찬가지로 통나무 속통을 V자형으로 도려내어 선저(船底)로 삼고 그 위에 판자로 뱃전을 이어붙인 준구조선(準構造船)의 형태를 취하는 것이 보통이었다. 그러나 중세 후기가 되면 선저에서부터 가공 목재로 골조를 세우고 그 위에 큰 판자를 접합하여 선체를 완성시키는 구조선으로 이행한다. 준구조선에서 구조선으로의 기술적 혁신은 대형 톱날 사용에 따른 제재기술의 비약적 향상 외에도 선체, 돛, 밧줄, 닻 등의 종합적인 제작기술과 그 원자재 조달능력 등 당시 산업의 일반적인 발전이란 문제와 깊이 연동되었다.[35] 물론 이 같은 기술력의 상당 부분이 대륙으로부터 수입되거나 그 영향을 받은 것임은 쉽게 짐작할 수 있는 일이다.

---

34) 市村高男,「港町の景観と列島のネットワーク」, 小野正敏 編『沈没船が語る交流史』, 高志書院, 2003.

35) 斎藤善之, 앞의 논고「近世流通史の視点から」, 81쪽.

선박의 규모 면에서는, 세토내해항로의 경우 그 동부 해역은 주로 적재량 100석 이하를 중심으로 한 다수의 소형 선박이 취항한 것으로 보인다. 이것들은 해당 해역의 물자를 집하하고 지역 내부와 인접 지역 간 그리고 현지와 수도권 사이의 수송을 담당했다. 이와는 대조적으로 세토내해 서부 해역은 선박 수가 상대적으로 적지만 대체로 200~300석 전후의 대형 선박이 중심이었다. 이는 당시 세토내해항로를 이용한 원격지 유통이 서부 해역을 거점으로 이루어졌음을 의미한다. 물론 이 해역에도 지역 내부, 인접 지역 간 수송을 담당한 소형 선박은 존재했을 것이다. 이밖에도 양자의 중간 해역에 위치한 빙고(備後) 오미치(尾道) 등지에서는 섬 사이의 복잡하기 그지없는 항로를 누비는 다양한 규모의 선박이 서로 분업관계를 형성하여 지역 내외의 물자집산과 중계, 원격지 유통을 담당한 것으로 추측된다.[36]

항해술 측면에서 보면 고대 이래 열도 연안부에 대한 야간 항해는 거의 실현되지 못했다. 중세의 경우도 선박은 주간에만 항해하고 야간은 항구에 정박했기 때문에 항구 사이의 간격이 선박의 1일 항속거리를 기준으로 조밀하게 분포되었다. 예를 들어 도요토미 히데요시가 1590년(천정18) 관동지역 오다와라(小田原)의 고호죠씨(後北条氏)를 공격할 때 군량미를 수송한 선박은 스루가만(駿河湾)의 호상(弧狀) 해안선에 포진한 다수의 항구에 차례로 기항해야만 했다. 참고로 에도시대 중기가 되면 야간 항해가 보편화되어 풍향만 적당하면 수일간에 걸친 연속 항해도 가능해짐으로써 항속거리와 평균 속도가 비약적으로 향상된다. 이것은 상급 선원들이 오랜 경험을 통해 야간 항해에 필요한 자연과학적 지식과 기술을 축적해온 덕분일 것이다.[37]

---

36) 武藤直,「中世の兵庫津と瀬戸内海水運 -入船納帳と船籍地比定に関連して-」, 앞의 책 林屋辰三郎 編『兵庫北関入船納帳』.

37) 斎藤善之, 앞의 논고「近世流通史の視点から」, 82쪽을 참조하여 작성함.

6장
대외관계와 무역

패전 후 일본의 중세 대외관계사는 꽤 오랫동안 국가권력을 주체로 한 자국 중심의 역사관에 입각하여 주로 정치외교사 분야에 관심이 집중되었다. 그러나 1980년대 이후는 종래의 연구사조와 자국중심주의에 대한 반성에서 해양을 주 무대로 하는 광역적인 환중국해권, 환동해권 등을 가설적으로 설정하고 그 속의 해상(海商), 해민, 승려 등 다양한 계층의 생업활동에까지 연구가 진척됨으로써 현존하는 국가, 국경의 상대화라고 하는 새로운 방향성이 설정되었다.

이에 따라 열도 내부적으로도 종래 중세국가의 변경으로만 인식되어 그다지 관심을 두지 않았던 유구열도, 혼슈의 동북지역 북부, 홋카이도에 관해서도 지배영역을 넘어선 보다 넓은 범위의 지역세계, 해역세계라는 개념을 적용하여 해당 지역의 독자적인 역사전개과정을 파악하고자 하는 연구가 활발해지고 있다.[1]

---

1) 村井章介, 『アジアのなかの中世日本』, 校倉書房, 1988; 山内晋次, 「日本列島と海域世界」, 桃木至朗 編 『海域アジア史研究入門』, 岩波書店, 2008, 39쪽 등을 참조함.

1. 고대 · 중세 이행기 동아시아 삼국의 관리무역과 중국인 해상

10세기 초반 동아시아 국제정세는 격동기를 맞는다. 300년 가까이 동아시아의 중심국가로서 주변 제국에 큰 영향력을 행사하던 당이 907년 멸망하고 오대십국(五代十国)의 분열시대가 시작되었다. 그리고 마치 연쇄반응이라도 일으키듯이 대륙 북방에서는 926년 발해가 거란에게 멸망당했고, 한반도에서도 936년 고려가 건국된다.

8세기 무렵까지 동아시아에서 외국 물품과 해외정보를 입수하기 위해서는 번다한 정치적 수속과 거액의 비용부담을 필요로 하는 국가사절단의 파견과 같은 한정적인 기회를 이용해야만 했다. 중국인 해상들이 처음 모습을 드러낸 것은 9세기경이다. 10세기 초 중국이 오대십국의 혼란기에 들어선 후에도 오월(吳越)을 중심으로 한 중국인 해상들의 해외무역은 계속되었다. 그러나 당시는 아직 해상교통에 대한 동아시아 각국의 국가적 관리체계가 정비되지 않은 시기였다. 동 세기 후반 송이 중원지역을 재통일하여 중국 내 상업과 유통이 한층 발전한 결과 송상(宋商)들이 본격적으로 고려와 일본, 동남아로 진출하게 된다.

송은 당나라 중기 이래의 해외무역 관리기구인 시박사(市舶司)를 971년 (개보4) 광주(廣州), 뒤이어 항주(杭州)와 명주(明州) 등지에 설치했다. 시박사에서는 해상들로부터 관의 전매품과 필요한 물품들을 선매한 후에 사무역을 인정하고 무역품 일부를 세금으로 징수했다. 단, 이러한 송대 시박사제도는 위의 몇몇 항만도시만을 무역거점으로 특정한 것처럼 보이지만, 실제로는 당말 이래 중국 동남부 연해지역 각지에 형성된 무역항과 고려, 일본, 동남아 사이의 교역망은 제도 시행 후에도 여전히 존속했다. 게다가 시박사제도 하에서도 해상들은 하물 은폐와 밀무역, 관에 대한 뇌물증여 등을 통해 최대한의 이익을 얻고자 노력했다.[2] 그러므로 시박사제도에 의거한 송의 국가적 관리무역이란 모든 해외무역에 대해 일단은 시박사를 경유하도록 형식상 의무화한 것일 뿐이다. 그 이상의 엄격한 관리와 통제는 실태 면에서 애당초 불가능했던 것으로 추론된다.[3]

이리하여 송의 동중국해 무역에 대한 관리체계는 많은 허점을 지니면서도 10세 말 제도적으로 확립되고, 그 후 1080년(원풍3)에는 광주가 동남아 방면, 명주가 고려와 일본 방면에 대한 출항지로 명문화되었다. 이 가운데서도 명주는 북송 후반기가 되면 후배지인 장강 중하류 유역과 절강성(浙江省), 복건성(福建省)에 인구가 밀집하여 도시가 번창하고, 조선·양조·제염·방적·요업·각인업(刻印業) 등 각종 수공업이 발달했다. 특히 명주에 인접한 월주요(越州窯)에서 생산된 비색(秘色) 청자는 일본열도 내 대재부(大宰府)의 홍려관유적(鴻臚館遺跡)을 필두로 도성, 관아, 사찰 유적에서 많은 양이 출토되고 있다. 심지어 고려의 청자를 비롯하여 일본의 녹유(綠釉), 회유(灰釉)도기 등 비색 청자를 모방한 도자기들이 인접국에서도 생산되었다.[4]

고려는 건국 이후 34대 450여 년이란 장기간에 걸쳐 한반도를 지배한다. 하지만 그 과정은 결코 순탄치 않아서 중국의 중원을 지배한 송·원, 북방의 요(거란)·금(여진) 그리고 남방 일본과 사이에 늘 긴장이 존재했기에 대외관계에 면밀한 주의를 기울이며 중원 및 북방세력에 대한 균형적인 외교정책을 전개했다. 하지만 특히 거란과의 관계가 나빠서 993년(성종12), 1010년(현종1), 1018년(동9) 대규모 침략을 당했다. 불교의 힘으로 거란의 침략을 막고자 기획된 것이 1020년(동11)경 착수하여 1087년(선종4)경 완성된

---

2) 榎本渉,「宋代市舶司貿易にたずさわる人々」, 歴史学研究会 編『シリーズ港町の世界史 三 港町に生きる』. 青木書店, 2006; 동, 『東アジア海域と日中交流 -九〜一四世紀-』, 吉川弘文館, 2007.

3) 榎本渉,「東シナ海の宋海商」, 荒野泰典 등 편『日本の対外関係 3通交·通商圏の拡大』, 吉川弘文館, 2010, 38쪽.

4) 佐伯弘次,「博多と寧波」, 荒野泰典 등 편『日本の対外関係 3通交·通商圏の拡大』, 吉川弘文館, 2010, 142-143쪽.

대장경 조판이다.

수도 개경(開京)의 외항인 예성항(禮成港)은 건국 초부터 수도로 통하는 관문으로서 송과의 사절단 교환 외에도 송상들의 출입항으로 사용되었으며 국가에 의한 관리가 일부 행해졌다. 『선화봉사고려도경』에 의하면 개경에는 송상을 위한 객관(客館)이 설치되고, 그들로부터 국왕에 대한 '공헌(貢獻)' 과 그 반대급부로 '회사(回賜)'가 이루어졌다. 송상의 공식적인 내항과 공헌 이 1012년(현종3)부터 시작된 점으로 미루어 대개 이 무렵에는 송상에 대한 고려 정부의 수용체계가 일단 정비된 것으로 보인다. 고려와 송 사이의 정식 사절단 왕래는 1030년(현종21 · 천성8) 거란의 재침을 우려한 고려에 의해 일시 단절된다. 단, 여기에는 고려가 자국으로부터 입수한 문물, 정보를 적 대국인 거란에 유출하여 안전보장을 위협받지 않을까라는 의심을 품은 송 의 입장도 작용했을 것이다.[5] 려 · 송 외교관계는 1071년(문종25 · 희령4) 송 신종(神宗, 재위 1067~85)의 복교 교섭을 계기로 부활된다.

공식 외교관계의 단절, 부활에 연동하여 송 측에서는 11세기 전반 해상 들의 고려 도항에 대한 금지조치가 취해져서 이후 1079년(문종33 · 원풍2) 까지 이어졌다. 그 후에도 1090년(선종7 · 원우5) 송은 또다시 해상들의 고 려 도항을 금지했고, 이는 1094년(선종11 · 소성1) 해제된다. 그러나 송상들 의 입장에서 고려와의 무역은 진봉한 물품보다 몇 배로 보상을 받아 막대한 수익을 거두는 사업이었으므로 거듭된 도항금지령은 그들에게 사활이 걸 린 문제였다. 당연한 결과로 송 정부의 금지령은 해상들의 고려 내왕을 완벽 히 통제할 수 없었다. 『고려사』에서는 도항금지령과 무관하게 1030년대~12 세기 중엽 매년 평균 1회 정도 송상의 내왕이 확인된다. 고려 정부는 송과의 외교관계와 무역을 별개 문제로 간주하여 해상들에게 객관을 제공하고 공 헌, 회사의 명목으로 무역을 관리했던 것이다.

---

5) 石井正敏, 「高麗との交流」, 荒野泰典 등 편 『日本の対外関係 3通交 · 通商圏の拡大』, 吉川 弘文館, 2010, 86, 105쪽.

한편, 고대 일본의 경우 중국 해상들과 그 적재 물품은 일차적으로 대재부의 홍려관이 수용과 관리를 담당했다. 천황이 무역을 허가하면 대재부 통제하에 먼저 천황, 왕신 귀족, 중앙 및 지방의 관사를 주 고객으로 한 공무역이 이루어진다. 국가, 관사가 가장 큰 구매력을 행사하여 필요한 물품을 우선적으로 확보한 점은 고려, 송의 경우도 마찬가지였다. 공무역이나 징세 대상에 포함되지 않은 물품은 자유매매가 허락되어 민간무역이 행해진다. 본서의 고대 편에서 논한 대로 911년(연희11)에는 동일한 해상이 매년 하카타에 입항하는 것을 제한한 연기제(年紀制)가 시행되며, 바로 이 시기 율령국가의 무역관리제도가 기본적인 형태를 갖춘다.

위와 같은 과정을 거치며 대개 11세기에 들어설 무렵에는 동중국해를 무대로 활약한 송상세력이 송, 고려, 일본과 안정적인 관계를 구축한 것으로 보인다. 삼국은 각기 명주, 예성항, 하카타를 핵심 무역거점으로 한 관리체계를 정비했고, 송상들을 통해 필요한 외국 물품과 정보를 수시로 입수할 수 있었다. 단, 송에서 해상들이 시박사가 설치되지 않은 항구도 이용했던 것과 마찬가지로 고려, 일본에서도 예성항, 하카타와 같은 정해진 무역항 이외의 항만들이 해상, 물자의 입출항에 이용되었다. 그러나 이것들은 공인된 위 세 곳의 관리무역항을 연결하는 항로를 축으로 하여 비로소 존립할 수 있었다. 일본의 경우는 그 대표적인 예로 히라도(平戸)를 들 수 있다. 히라도는 규슈의 서북단에 위치한 섬으로 하카타를 출항한 배가 동중국해를 일거에 횡단하기 위한 순풍을 기다리기에 적합했으며, 거꾸로 명주에서 규슈로 내항할 때는 동중국해를 지나 맨 처음 기항할 수 있는 항로상의 요지였다. 이 명주-히라도·오도열도(五島列島)-하카타 간 항로가 중세 일본과 중국을 잇는 정식 해로이다.[6]

---

6) 市村高男,「中世の航路と港湾」, 荒野泰典 등 편 『日本の対外関係 4倭寇と「日本国王」』, 吉川弘文館, 2010, 293쪽. 明州와 博多의 관계는 佐伯弘次, 앞의 논고「博多と寧波」가 자세함. 이상, 宋商의 대두에 관해서는 주로 榎本渉, 앞의 논고「東シナ海の宋海商」을 참조했다.

일본열도가 중세로 접어든 후에도 중국인 해상들은 동아시아 해역에서 삼국의 관리무역항을 중심으로 안정적인 무역을 구가할 수 있었다. 한편으로 이런 해상의 활동을 각국 정부가 제대로 통제하지 못했기에 사람, 물자의 비공식적인 이동은 끊이지 않았고 삼국도 그런 행위를 엄단하지 않았다.[7] 즉, 당시는 삼국의 국가권력과 해상들이 비교적 유연한 공생관계에 있었다고 할 수 있다.

다음으로 중국인 해상의 역할에 관해 살펴보자. 해상들이 지참한 물품이 반드시 당대의 일급품이었다고는 할 수 없다. 하지만 수송 물량과 빈도 면에서 그들의 활약에 힘입어 동중국해권의 교류는 착실히 진전된다. 서적류처럼 특정한 물품은 귀항하는 해상에게 주문하여 다음 내항 때 입수할 수 있었으며, 사적인 물품을 위탁 매매하는 일도 빈번했다. 물자뿐만 아니라 정부 사절단 파견과 표류민 송환 등 합법적인 수송업무, 그밖에 유학승(留学僧)과 심지어 자국에 불만을 품은 망명자, 범죄자 등의 수송도 해상들을 통해 이루어졌다. 예컨대 고려 개경에는 해상들의 선박으로 내항한 각인각색의 배경을 지닌 복건성 출신자가 수백 명이나 거주했다고 한다.

이밖에도 해상들이 수행한 정치적 역할로는 공, 사를 망라한 정보전달을 들 수 있다. 물론 사절단이나 외교문서를 통해 입수 가능한 정보에 비해 해상들로부터 얻는 정보는 내용 면에서 그 진위가 의심스러운 경우가 많았다. 그러나 외교사절단은 상대국 정부의 중추부까지 접촉한 반면에 기밀정보로부터는 철저히 차단당했다. 따라서 삼국 정부는 행동에 별 제약이 없는 해상들을 통해 고급 정보를 입수하고자 했다. 해상에 의한 기밀정보 전달이 때로 정치적인 문제가 된 적도 있다. 『고려사』 1140년대의 기록에 의하면, 이

---

7) 이 점과 관련하여 일본사의 경우 과거에는 大宰府의 통제를 기피하는 海商들로 인해 장원 내 밀무역이 성행했다는 설이 유력했다(森克己, 『日宋貿易の研究』, 国立書院, 1948). 하지만 그 사료적 근거는 미약하고, 근년에는 문헌사료에 입각하는 한 12세기 전반까지 관리무역은 유효하게 기능했다고 보는 설이 유력하다. 山内晋次, 『奈良平安期の日本とアジア』, 吉川弘文館, 2003의 제2부 제1장.

무렵 고려인과 송인이 공모하여 송 정부가 금나라를 친다는 명목으로 군대를 도항시켜 고려 국내를 통과하면 내부에서 호응하여 고려를 송의 것으로 만드는 데 협력하겠다는 비밀 서신과 고려지도를 해상 편으로 송 재상 진회(秦檜)에게 보낸 일이 있었다. 그런데 의뢰를 받은 송상이 중도에 서신과 지도를 탈취당하면서 사실이 발각되어 공모자들이 처벌되었다고 한다.

또한 해상에게는 정식 외교를 위한 막후 사전교섭의 역할도 부여되었다. 고금을 막론하고 국가 간 외교란 최고 통치자 간에 공식적인 의지를 확인하는 장이다. 그러나 현실적으로는 사전에 비공식적으로 쌍방의 속내를 확인할 필요가 있고, 사절단 파견은 그런 연후에 가능하면 의례적인 요식행위로 끝내는 것이 이상적이다. 앞서 논한 1071년 려·송의 외교관계 부활도 이면에서는 해상들을 앞세운 양국 정부의 신중한 예비교섭이 선행되었다.[8] 이후로도 양국은 해상을 통해 외교 현안에 대한 상호조율을 거듭했다.[9]

송·일 사이에서도 송은 1070년대부터 수차례 해상들을 통해 외교문서를 일본으로 보냈다. 일본의 외교사서(外交史書) 『선린국보기(善隣國寶記)』상권에 의하면 1118년(중화1·원영1) 송이 보낸 국서는 분명히 일본의 입공(入貢)을 기대하는 내용이었지만 당시 일본 조정이 논의 결과 답서를 보내지 않고 이에 불응함으로써 교섭은 성사되지 않았다. 양국 간의 외교사절단은 1172년(건도8·승안2) 대송무역을 적극 추진하기 위해 다이라노 기요모리(平淸盛, 1118~1181)가 파견한 송사(宋使)뿐이다. 이때도 기요모리는 사전 교섭을 위해 죠겐(重源), 에이사이(榮西) 등 사승(使僧)을 해상들의 선박을 이용하여 미리 파견했던 것으로 보인다. 위와 같이 많은 경우에 중국 해상들은 외교상의 윤활유로써 역할을 수행했다.[10]

8) 近藤一成,「文人官僚蘇軾の対高麗政策」,『史滴』23, 2001.

9) 李鎭漢,「高麗時代における宋商の往来と麗宋外交」,『年報朝鮮学』12, 2009, 6-12쪽.

10) 이상, 宋商의 정치적 역할에 관해서는 榎本渉, 앞의 논고「東シナ海の宋海商」을 참조함.

2. 중세 전기 일본의 대외관계와 무역

1) 무역을 중심으로 본 송일, 원일 관계

10세기 말~13세기 송일무역의 전개과정에 대해서는 모리 가츠미(森克己)의 포괄적인 연구가 패전 후 반세기 가까이 통설적인 지위를 점했다.[11] 그 주요 내용을 비롯하여 1980년대 말 이후 전면적인 비판이 가해진 점에 관해서는 이미 본서 고대 편에서 논한 바 있다. 또한 송일무역, 원일무역의 규모에 대해서도 앞의 화폐사 부분에서 간략히 다루었으므로 여기서는 생략한다.

12세기 중엽이 되면 그 전까지 하카타에만 집중되던 송상 거류지 당방(唐坊·唐房)이 규슈 각지와 여타 지역으로 확산되고 일본인과의 잡거상태도 진전된 것으로 보인다. 이에 따라 송전, 선종, 끽다 등 다양한 종류의 중국식 생활문화가 점차 광범위한 지역으로 전파되어 이것들이 훗날 일본사회에 넓고 깊은 영향을 미친 것으로 보인다.[12] 오직 수입 물품을 통해서만 이국과 교류하던 헤이안시대와는 대외교류의 내용과 수준을 달리하게 된 것이다.

그리고 이때부터는 대재부가 중심이 되어 내항한 중국 선박을 일률적으로 관리하고 천황이 무역을 최종 허가하던 헤이안시대까지의 무역관리체계에 변화가 일어난다. 원래 해상들에 대한 대재부의 관리는 그들이 법을 준수하는 한 대량의 물품구매, 체류 중의 안건을 보장하는 것이었다. 따라서 관리체계의 변화는 해상들로 하여금 스스로 안정적인 거래 상대와 배후의 보호자 확보에 나서게 만들었고, 점차 중앙 권문과 해상이 개별적인 관

---

11) 森克己, 『森克己著作集 1新訂日宋貿易の研究』, 國書刊行會, 1975(초판은 『日宋貿易の研究』, 国立書院, 1948); 동, 「轉換期十世紀の對外交涉」, 『森克己著作集 2續日宋貿易の研究』, 상동(초출은 1969).

12) 山内晋次, 앞의 논고 「日本列島と海域世界」, 41-42쪽.

계를 맺기에 이른다. 다시 말해 공적인 무역이 후퇴하고 사적 무역이 확대된 것이다.[13] 한편으로 12세기 후반에는 려·송 간의 무역선 내왕이 계속되었음에도 불구하고 『고려사』에서 송상들의 내항과 진봉에 관한 기사가 거의 사라진다. 이는 같은 무렵 고려에 무신정권이 탄생하고 송상들을 둘러싼 여러 현안과 대외무역에 대한 종전 국왕의 역할을 무신들이 주체가 되어 사적으로 대행한 때문이 아닐까 추측된다.[14] 그렇다면 고려, 일본의 무역관리체계는 12세기 후반경 공통적으로 군주의 지위가 후퇴하고 무신, 중앙 권문과 같은 실력자가 직접 송상과 접촉하는 체제로 이행했다고 볼 수 있다.

다만 일본의 경우 대재부 중심의 기존 관리체계가 이완된 후에도 하카타는 핵심적인 무역항으로서 지위를 유지했고, 수입 물품의 대부분은 여전히 명주-하카타를 메인 루트로 삼아 열도 중앙부로 공급되었다. 하카타에서는 성복사(聖福寺)를 비롯한 선종 사찰에 대외교류의 노하우가 축적 계승되었으며, 지역의 선사(禪寺)와 유력 송상들의 사적인 연결망은 세토내해 각지의 항만도시 및 교토 오산, 중앙 권문과도 강고한 인맥을 형성했다. 결과적으로 중앙 권문들은 사적인 보호자 혹은, 출자자로서 하카타의 송상들과 관계를 이어갔다.[15]

송은 12세기 이후 금의 북중국 정복에 밀려 남하정책을 펼치면서 급속한 난개발과 그에 따른 자원고갈로 목재 가격이 등귀하여 일본으로부터 다량의 목재를 수입한다. 게다가 일본열도에서 송전이 대량 유통되고 유학승이 급증하자 송일무역은 대단한 성황을 보였다. 일본의 수출품은 목재·금·

---

13) 12세기 중엽 平清盛가 구축한 송일무역의 루트를 이용하여 私貿易을 통해 막대한 부를 축적한 대표적인 중앙 권문으로는 藤原 北家에 속하는 西園寺家를 들 수 있다. 이 시기 西園寺家는 京都-瀨戶內海-九州를 연결하는 대외무역을 가산제 경영의 중요한 일환으로 삼았다. 일례로 1242년(인치3) 西園寺家가 파견한 무역선은 宋錢 10만 관과 다수의 珍寶를 지참하여 귀국했다. 西園寺의 경영에 대해서는 本鄕惠子, 앞의 논고 「中世の経済構造」, 197-198쪽 참조.

14) 李鎭漢, 「高麗時代 宋商 貿易의 再照明」, 『歷史教育』 104, 2007.

15) 榎本涉, 앞의 논고 「東シナ海の宋海商」.

수은·유황 등 천연자원 이외에 칠 공예품·부채·나전·병풍·칼 등 공예품이 중심이었다. 수입품은 송전을 필두로 하여 고급 직물과 도자기·문방구·서적 등 중국산 제품, 향료·염료·약품류 등 남아시아 산품, 약용 인삼·홍화(紅花) 등 고려의 산품이 대부분을 차지했다.[16]

13세기 후반~14세기 중엽의 원·일 관계에 대해서는 현재까지 1274년(지원11·문영11), 1281년(지원18·홍안4) 두 차례에 걸친 원의 일본침략기를 중심으로 연구가 진행되었다. 1019년(관인3) 연해주지역 여진족 도이(刀伊)의 북부 규슈에 대한 침략과 후대 1419년(세종1·응영26) 조선의 대마도 정벌(한국사의 己亥東征, 일본사의 応永外寇) 등, 중세의 일본열도는 몇 번에 걸친 대외 전쟁을 치룬 적이 있다. 그러나 규모와 내용 면에서 원의 침략은 전후한 사건들과는 비할 바 없이 컸고 그 만큼 일본역사에 큰 흔적을 남겼다. 예컨대 대외의식이란 측면에서 원의 침략은 극히 중요한 이문화 접촉 경험이었다. 하지만 그것은 외부세력과의 대면을 계기로 한 자기인식의 심화가 아니라, 이방인에 대해 일방적인 멸시와 배제를 수반한 공허하기 짝이 없는 신국사상(神國思想)의 정착이라는 결과를 낳았다.[17]

일본의 중세사학계는 주로 이 전쟁을 계기로 한 국내정치의 변질과정이나 병력, 물자의 동원 및 징발체제 그리고 전후의 무사 및 권문들에 대한 은상(恩賞) 등을 단서로 하여 전쟁이 중세 일본의 정치, 경제, 사회, 문화에 미친 광범위한 영향을 검증해왔다. 이렇게 일본사 연구가 거의 열도 내부로만 시야를 한정한 데 반해 일본의 농양사학계는 중국사, 조선사, 중앙유라시아사 연구자들이 폭넓게 참여하여 원, 고려, 일본 간의 외교 교섭과 전쟁의 과정을 상세히 검토했다. 특히 근년에는 1281년 2차 침공 시 태풍으로 침몰한

---

16) 本郷惠子, 앞의 논고「中世の経済構造」, 189-190쪽.

17) 村井章介,「蒙古襲来と異文化接触」, 荒野泰典 등 편『日本の対外関係 4倭寇と「日本国王」』, 吉川弘文館, 2010, 58·77쪽. 한편, 村井의 견해에 근접하는 과거의 연구로 金光哲,『中近世における朝鮮観の創出』, 校倉書房, 1999을 들 수 있다(村井, 앞의 논고 77-78쪽을 참조).

다수의 원, 고려 병선에서 나온 것으로 보이는 각종 해저 유물들이 나가사키현 다카시마(鷹島) 앞바다에서 인양되어 수중고고학, 문헌사학의 협업에 의한 새로운 연구가 기대되고 있는 상황이다.[18]

원의 침략 후 무역선 내왕이 잠시 두절되긴 하지만 1290년(지원27·정응3) 무렵에는 원일무역이 부활하여 이후 14세기 전반까지 송대 이상으로 활발한 양상을 보였다. 그리고 중국인 해상들은 이때도 앞 시대를 계승하여 변함없이 일본의 중앙 권문과 깊은 인맥관계를 유지하며 무역에 종사했다. 이 시대는 무역 이윤으로 사사의 조영 비용을 충당하고자 한 사찰조영선(寺刹造營船)이 집중적으로 나타난다. 이는 원·일 간을 왕래하는 중국 상선에 대해 일본의 정치권력이 일본→ 중국→ 일본이라는 1왕복 항해에 한하여 '사사조영료당선(寺社造營料唐船)'이란 명목을 부여한 것으로,[19] 앞서 소개한 신안 침몰선은 그 한 사례이다.

그러나 원의 침략이 무역에 실질적인 후유증을 남긴 측면도 있다. 1309년(지대2) 경원(慶元)에서 '일본 상인'이 현지 관인과 충돌하여 성내가 대개 소실되는 사건이 발생한 이래,[20] 원은 '왜구(倭寇)' 문제를 이유로 일본에서 온 선박의 입항을 단속적으로 규제한다. 이 시기 경제적으로는 무역 확대의 요인이 상존했으나 일본침략의 정치적, 군사적 후유증으로 인해 역으로 무역 규제가 강화된 것이다. 유사한 상황은 일본에서도 나타났다. 앞서 논한 대로 11세기 말~13세기 전반 하카타 일원에서는 송상을 중심으로 한 주번무역(住蕃貿易)이 성행했다. 하지만 원의 침략을 받은 후 가마쿠라막부는 외부에서 입항한 낯선 이국인을 제지하라는 법령을 반포한다. 그 결과 13세기 말부터 주번무역이 사료상 갑자기 자취를 감추고 해상들의 장기체류가 쇠

---

18) 山内晉次, 앞의 논고「日本列島と海域世界」, 42쪽.

19) 村井章介,「寺社造営料唐船を見直す -貿易・文化交流・沈船-」, 歴史学研究会 編『シリーズ港町の世界史 1港町と海域世界』, 青木書店, 2005.

20) 이때의 '일본 상인'은 실체가 불분명하다. 일본과 거래하는 중국인 해상을 지칭하는 듯 하지만 아직 확증은 없다. 榎本渉,「宋代の「日本商人」の再検討」,『史学雑誌』110-2, 2001.

퇴하는 대신 무역선 왕래가 증가한다. 이리하여 원의 침략을 계기로 하카타에는 점차 출입국 관리를 통한 공권력의 지배가 강화되어 갔다.[21)]

그 후 원말 명초의 동란으로 명주-하카타 항로가 불안정해지자 1350년대부터는 메인 루트의 하나로 복건-유구-규슈 사츠마(薩摩)와 히고(肥後)에 이르는 우회 항로가 개척되기도 했다. 다만 이 시기 원일무역의 실태를 명확히 규명할 만한 사료는 아직 거의 발견되지 않고 있다.[22)]

2) 려·일 관계와 무역

일본사의 중세 전기 한반도와 일본열도의 교류에 관해서는 송·일, 원·일 관계에 비해서도 관련 사료가 훨씬 적어서 오랜 기간 별다른 연구성과가 축적되지 못했다. 다만 그런 속에서도 국가 간 관계를 넘어서서 열도의 다양한 계층이 조선 정부와 통교한 다원적 교류를 특징으로 한다는 인식은 패전 이전부터 존재했다.[23)]

려·일의 국가 간 관계에서 먼저 주의를 요하는 점은 양국 공통의 소중화의식일 것이다. 고려 국내에서는 중국과 마찬가지로 국왕을 '황제'로 호칭하고 국왕도 진시황 이래 천자(天子)의 일인칭인 '짐(朕)'을 자칭했다. 유사한 소중화의식은 일본의 경우도 고대 율령제 제정을 전후한 시기부터 일관되게 나타나는 현상으로, 일본의 왕권은 스스로 중화를 자칭하며 신라를 '서번(西藩)'으로 자리매김했다. 물론 이런 독선적인 세계관은 자국을 대국, 일본을 소인의 나라로 간주한 상대국 신라에 의해 일찍부터 파탄되있나. 그 후 일본의 율령국가는 신라와의 외교관계를 단절함으로써 자기만족적인 소중화의식을 유지하는 길을 택했으며, 일본을 중화로 인정하는 듯한 자세를 보

---

21) 村井章介, 앞의 논고 「蒙古襲来と異文化接触」, 75-77쪽.

22) 榎本涉, 앞의 논고 「東シナ海の宋海商」.

23) 中村栄孝, 「室町時代の日鮮関係」, 『日鮮関係史の研究』上, 吉川弘文館, 1965(초출은 1933).

인 발해국 사신만을 받아들였다. 919년(애왕19·연희19) 마지막 발해사가 내방한 이래 일본은 오랜 기간 이국과 외교관계를 맺지 않았다. 이는 신라의 후계자로서 스스로 중화를 칭했으나 일본 입장에서는 번국에 지나지 않던 고려에 대해서도 마찬가지였다.

고려는 건국 직후인 939년(태조22·천경2) 일본과의 통교를 위해 사자를 파견한다. 그러나 고려의 무력을 두려워 한 일본은 실제로 중앙 정부의 심의를 거쳤으면서도 천황, 태정관(太政官)이 이 문제에 관여하지 않았다는 형식을 갖추기 위해 규슈의 대재부 명의로 회답서를 보냄으로써 고려의 통교 요청을 거부했다. 970년대에 수차례 파견된 고려 사자에 대해서도 같은 자세를 취했다.

1019년에는 앞서 언급한 도이의 내침 사건이 발생한다. 선박 50여 척으로 구성된 도이 집단은 먼저 고려의 동해안을 내습하여 납치와 약탈을 자행한 후 남하해서 대마도, 이키 등 도서지역과 규슈 북부를 침략했다. '도이'란 고려인들이 연해주 일대의 여진족을 멸시하여 칭한 '되(놈)'을 일본어로 음차한 말이다. 그 종족구성에 대해 혹은 고려의 변방인으로 보는 견해도 있으나 이 무렵 고려가 매년 여진족의 침입을 당한 사실로 미루어 아마 여진족이 주 구성원이었을 것이다. 도이의 내침으로 대마도, 이키 등은 심대한 피해를 입었으나 대재부에 주둔한 방위군이 이를 격퇴했다. 퇴로의 도이 집단은 고려 수군의 집중적인 공격을 받았는데, 이때 고려군에게 구출된 일본인 포로 270여 명은 중화를 표방한 고려의 대일 자세 덕분인지 빈객에 버금가는 대접을 받고 고려 사자에 의해 열도로 송환되었다. 이 사건은 중세 전기 려·일 통교를 위한 중요한 계기가 될 수 있었다. 그러나 송환된 자국민들을 통해 고려 병선이 당시 일본과는 비교가 안 될 정도로 중무장한 강력한 군선(軍船)이란 사실을 알게 된 일본 정부는 이전부터의 고려에 대한 경계심을 더욱 증폭시켜 려·일 외교에 한층 완고한 입장을 고수하게 된다.

이밖에도 하카타 거주의 송상으로 추측되는 왕즉정(王則貞)이 1079년(문종33·승력3) 무역을 위해 고려를 방문한다.[24] 그는 귀로에 고려의 외교담당 관청인 예빈성(禮賓省)으로부터 비단·사향 등 하사품과 함께 국왕 문종(文宗, 재위 1046~1083)의 중풍 치료를 위해 일본 정부가 의사를 파견하도록 대재부에 요청해줄 것을 의뢰받았다. 이는 그 후 양국 간에 주고받은 공문서가 남아있는 드문 사례이다. 일본 정부는 신속히 문제를 심의했지만 고려의 요청대로 의사를 보내 만약 치료에 실패하면 일본의 '치욕'이 될 뿐이라는 반대 주장이 제기되었다. 결국 일본은 예빈성 첩장(牒狀)에 사용된 '성지(聖旨)'라는 어휘와 상인을 통한 전달이라는 형식이 무례하다는 등의 명분을 내세워 의사 파견을 거절한다.[25]

그 후 많은 시간이 흐른 1366년(공민왕15·정치5)에도 고려로부터 김용(金龍), 김을귀(金乙貴) 등 사절단 일행이 왜구 금압을 요청하기 위해 정동행중서성(征東行中書省)의 자문(咨文)을 지참하고 일본으로 파견되었다. 당시 남북조내란 상태에서 회답을 망설인 남조 조정은 무로마치막부의 장군에게 문제를 떠넘긴다. 그래서 이 사건은 무로마치막부가 행한 대외 외교의 효시로 평가되기도 한다.[26] 하지만 막부는 장군이 아닌 사찰업무를 관장하던 승록(僧錄)의 명의로 회답했을 뿐이다. 이러한 과정을 거치며 중세 전기 려·일 사이의 공식적인 외교관계는 내정이 고려에 알려지는 것을 극도로 경계한 일본의 소극적인 자세로 인해 결국 수립되지 않았다. 한편으로 원의 침략 이후 현실화된 언젠가 고려가 재침해 올지도 모른다는 불안감은 앞서도 논했듯이 일본이 신에 의해 창조되고 신의 자손이 통치하며 신들의 보호를 받는 나라라고 하는 소위 신국사상의 고양에 박차를 가하는 결과를 초

---

24) 榎本涉, 앞의 논문「宋代の「日本商人」の再檢討」.

25) 고려는 일본에 의사 파견을 요청하기 1년 전에 같은 내용을 宋에도 요청했다. 이에 대해 宋은 1079년 의사와 100종의 약재를 고려에 보냈다. 石井正敏, 앞의 논고「高麗との交流」, 101쪽.

26) 橋本雄, 앞의 논고「対明·対朝鮮貿易と室町幕府-守護体制」, 108쪽.

래했다.

그러나 양국 간 교류는 무역, 표류민의 상호송환 등을 축으로 하여 여러 형태로 지속되었다. 특히 무역은 일본 정부도 고려 상인의 내왕을 허용했고, 고려 측도 송상들과 함께 일본 상인을 수도 개경에서 개최된 팔관회(八關會)에 열석시켜 자국의 중화를 장식하는 도구로 활용함으로써 상당히 번성했다.[27] 고려 무역에 종사한 일본 상인은 『고려사』의 기록에 따르면 지방관, 호족들이 독자적으로 파견한 사자와 순수한 상인으로 대별된다. 또 후자는 전술한 왕즉정과 같이 일본을 거점으로 한 송상이나 신라, 고려로부터 열도에 이주한 도래인의 후예도 포함된 것으로 보여서 송, 고려, 일본 삼국을 무대로 활약한 상인의 존재를 엿볼 수 있다.

일본 상인이 고려에 진봉한 물품은 나전제 안장·칼·경갑(鏡匣)·서안(書案)·병풍·향로·활·화살·수은·부채 등으로 송일무역의 품목과 거의 같다. 반면에 고려에서 일본으로 수출된 품목을 구체적으로 파악할 수 있는 사료는 희소하다. 다만 문종대 의사 파견을 요청했을 때 그 보수로써 제시한 화금(花錦)·대릉(大綾)·중릉(中綾) 등 비단류와 사향 그리고 고려국왕이 송 및 거란의 황제에게 진봉한 어의(御衣)·요대(腰帶)·금기(金器)·동기(銅器)·지묵(紙墨)·향유 등 당대 최고급의 수공예 제품보다 조금 질이 떨어지는 동종의 일반 보급품과 말·인삼 등이 일본으로도 수출되지 않았을까 추측될 뿐이다.[28] 이러한 것들로 판단할 때 필자는 려일무역이 양국의 국내 경제에 미친 영향은 극히 미미했으리라 인식하고 있다.

---

27) 森克己, 앞의 책 『森克己著作集 1新訂日宋貿易の硏究』; 동, 「日·宋と高麗の私献貿易」, 『続日宋貿易の硏究』, 国書刊行会, 1975.

28) 이상, 중세 전기 麗日關係와 무역에 대해서는 石井正敏, 앞의 논고 「高麗との交流」, 86-104쪽을 참조하여 서술함.

3. 중세 후기의 중·일 통교와 무역

1) 명·일 감합무역의 성립과정

중세 후기 일본과 명의 교섭은 홍무제(洪武帝) 주원장(朱元璋, 재위 1368~1398)이 펼친 해금정책과 '사이군장(四夷君長)'에 대한 사신 파견 및 입공 요구로부터 시작된다. 명의 해금정책이란 원래 해안지역 주민을 내륙부로 격리함으로써 당시 빈발하던 해양세력의 소요를 평정하고 국내 치안을 도모하기 위한 것이었다. 하지만 홍무제 때 해금령이 여러 차례 반포되자 결과적으로 민간인이 해양으로 진출하거나 외국인과 교역하는 행위는 일체 금지된 반면, 주변 각국이 명 황제에게 보낸 조공사절과 명이 답례로 보낸 책봉, 회례사절 등 명을 중심으로 한 방사선 상의 왕복 사절단만이 합법적인 국제관계로 인정되었다.[29] 즉, 국내적인 해금정책과 대외적인 책봉외교가 표리일체의 관계를 형성한 것이다. 명의 입공 요청에 가장 먼저 답한 나라는 유구이다. 그 뒤를 이어 고려 및 조선왕조, 일본, 동남아의 안남(安南, 베트남 중북부), 점성(占城, 베트남 남부), 섬라(暹羅, 타이), 조와(爪哇, 자바) 등의 국가들이 조공사절을 명에 보냈고 피책봉국 상호 간에도 통교관계가 성립했다.[30]

일본열도에서 명의 입공 및 왜구금압 요구에 처음 응한 것은 1372년(문중1·응안5) 남조 휘하에서 규슈 통치를 맡은 정서장군(征西將軍) 가네요시친왕(懷良親王, 1329~1383)이나. '친왕'이란 선왕의 형제 혹은, 왕자에 대한 호칭으로 가네요시친왕은 후제호천황의 왕자이다. 당시 규슈를 지배하던 가네요시의 명에 대한 입공은 명 황제로부터 국왕 책봉을 받음으로써 명일무역을 독점하고, 나아가서 명의 군사적 후원을 배경으로 규슈의 분할, 독

---

29) 伊川健二,『大航海時代の東アジア -日欧通交の歴史的前提-』,吉川弘文館, 2007.

30) 関周一,「「中華」の再建と南北朝内乱」,荒野泰典 등 편『日本の対外関係 4倭寇と「日本国王」』,吉川弘文館, 2010, 91-92쪽.

립을 노린 명확한 조공이었다.[31] 바로 이 해를 경계로 남북조내란은 왕권의 국제적 인지를 둘러싼 싸움으로 성격이 변모한다. 무로마치막부의 3대 장군 아시카가 요시미츠(足利義満, 재직 1368~1394)는 가네요시의 행위를 명제국과 결탁하여 내전을 국제전으로 확대시키려는 책략으로 인식하고 명의 군사적 침공 가능성에 공포감을 느꼈으며,[32] 그것을 막기 위해서는 스스로 일본국왕으로 인정받는 수밖에 없다고 인식한 것으로 보인다. 이리하여 요시미츠도 1374년(문중4 · 응안7) 명에 사절단을 파견했다. 그러나 "남의 신하와는 외교하지 않는다(人臣無外交)"는 명의 방침에 따라, 황제에게 바치는 국왕의 표문(表文)을 지참하지 않았다는 이유로 거부당하고 만다. 대명 외교를 둘러싼 요시미츠의 경쟁 상대는 가네요시만이 아니었다. 규슈의 시마즈씨(島津氏)도 같은 해 외교사절을 명에 보냈으나 역시 자격이 없다는 이유로 거절당했다.[33]

외교무대 데뷔에 실패한 요시미츠는 국내의 정치적 지위를 높여서 경쟁 상대를 제압하는 데 주력하는 한편으로, 명의 환심을 사기 위해서도 왜구금압에 적극적으로 나서야만 했다. 1392년(원중9= 명덕3) 남북조내란을 실질적으로 수습한 요시미츠는 직후에 출가하여 형식상 속계를 초월함으로써 상황(上皇)에 준하는 지위를 획득했다. 1399년(응영6) 서일본의 대수호(大守護) 오우치 요시히로(大内義弘, 1356~1399) 등이 일으킨 응영(應永)의 난

---

31) 그러나 懷良親王을 일본국왕에 봉하는 명의 册封使가 일본에 도착했을 무렵 이미 南朝의 九州 征西府는 室町幕府의 九州探題 今川了俊에게 핵심 시설인 大宰府를 점령당했고, 그 내막을 알게 된 책봉사는 교섭 상대를 北朝로 변경했다. 1380년(홍무13 · 강역2) 명에서 중신 胡惟庸이 모반죄로 처형당하는 사건이 발생한다. 이 사건을 통해 胡惟庸이 사전에 懷良에게 병력 지원을 요청했으며 실제로 군병 400명과 화약 · 도검을 지원받은 사실이 발각됨으로써 격노한 洪武帝는 懷良과 단교하게 된다(자세한 사정은 関周一, 앞의 논고 「「中華」の再建と南北朝内乱」, 96-98쪽 참조). 그러므로 懷良에 대한 책봉행위 자체는 완수되지 못했다. 橋本雄, 앞의 논고 「対明 · 対朝鮮貿易と室町幕府-守護体制」, 111쪽.

32) 이 부분은 이영, 「동아시아 국제질서의 변동과 왜구 - 14세기 후반에서 15세기 초를 중심으로-」, 『한일관계사연구』 36, 2010을 참조함.

33) 伊藤幸司, 「日明の外交と貿易」, 桃木至朗 編 『海域アジア史研究入門』, 岩波書店, 2008, 68쪽; 村井章介, 앞의 논고 「倭寇と「日本国王」」, 14쪽.

은 요시미츠 생애 최대의 위기였으나 이를 무사히 수습한 후 1401년(건문 3·응영8) 그는 재차 명에 사자를 파견했다.

때마침 이 무렵의 명은 홍무제의 적손(嫡孫)인 건문제(建文帝, 재위 1398~1402)가 통치했으나 숙부 연왕(燕王)이 제위를 노려 거병한 정난(靖難)의 변으로 내란상태에 빠져 있었다. 건문제는 표문을 지참하지 않은 사절단의 입공을 거절해온 홍무제 이래의 방침에도 불구하고 단순히 정중한 서간문에 공물과 왜구에게 납치당한 포로만을 바친 요시미츠의 사자를 받아들여 이듬해인 1402년 그를 일본국왕에 책봉했다. 즉, 내란에 대처하기 위한 명 정부의 임시방편적인 원교근공책(遠交近攻策)으로 인해 명·일 양국 간에 국교가 성립한 것이다.[34] 또한 당시 동중국해 최대의 외교 현안이던 왜구를 금압할 수 있는 자가 바로 일본국왕으로서 자격을 갖는다라는 당시 동아시아권의 공통인식도 요시미츠에 대한 명의 국왕 책봉에 국제적인 계기로 작용했을 것이다. 1401년(태종1)에는 조선국왕도 명의 책봉을 받았다. 그 직후 조카로부터 제위를 찬탈한 연왕은 영락제(永樂帝)가 되어 요시미츠에게 금인(金印)과 함께 '감합(勘合) 백도(百道)'를 하사한다. 이로써 1404년(응영11)부터는 일본국왕이 명 황제에게 조공하는 형식의 감합무역이 정식 출범하고, 동시에 무로마치막부에 의한 왜구 진압이 본격적으로 추진되었다. 명 황제를 정점으로 한 동아시아 국제관계의 화이질서(華夷秩序)가 일단 정착된 것이다.[35]

아시카가 요시미츠의 국왕 책봉과 감합무역을 둘러싸고 과거 일본 중세 사학계에서 통설화된 '화폐발행권 장악=왕권찬탈론'이 이미 대부분 부정되었음은 앞에서 상론한 바 있다. 하지만 막부 장군이 명 황제로부터 일본국왕으로 인정받음으로써 동아시아권에서 일본을 대표하는 지위를 획득했고,

---

34) 橋本雄, 앞의 논고「対明·対朝鮮貿易と室町幕府-守護体制」, 112-113쪽. 이 연구는 당시의 비정상적인 책봉의례에 대해서도 세부적으로 검토하고 있다.

35) 村井章介, 앞의 논고「倭冠と「日本国王」」, 4·15쪽.

그리하여 국왕에게만 허용된 특권적인 통교무역권을 국내의 정치적 구심력 강화에 이용할 수 있었던 것은 분명한 사실이다.[36] 초기 감합무역의 무역이윤은 막부 지배를 강화하기 위한 재정기반의 중심축으로 활용되었다.

한편, 요시미츠 이후의 무로마치막부는 무사정권으로서 독자적인 외교를 전개하기 위해 그 전까지 교토의 귀족들이 담당하던 외교문서 작성을 중국 문화에 익숙한 승려들로 교체하고 교토 오산(五山)을 일종의 외교기관으로 활용했다. 오산이란 교토 인근의 선종 5대 사찰을 의미하는데 요시미츠 이후는 남선사(南禅寺)를 필두로, 천룡사(天竜寺), 상국사(相国寺), 건인사(建仁寺), 동복사(東福寺), 만수사(万寿寺)가 이에 해당한다. 일본의 선종 사찰들은 가마쿠라시대, 남북조시대에 걸쳐 제법 많은 수의 중국인 승려를 받아들임과 동시에 송, 원에 다수의 유학승을 파견함으로써 중국 선종과 밀접한 교류를 가졌다. 그 결과 교토 오산을 중심으로 한자문화권 공통의 어학력과 유학적 교양을 쌓은 선승이 다수 배출되었고, 막부는 중국 사대부계층에 대응할 정도의 지적 수준을 갖춘 이들 선승들을 외교문서 작성, 사자 파견 등 외교승(外交僧)으로 활용한 것이다.[37]

2) 감합무역의 실태와 전개

1401년부터 아시카가 요시미츠가 사망한 1408년까지 무로마치막부의 견명선(遺明船)은 거의 매년 파견되었으니 전근대를 통틀어 이 정도로 중일관계가 친밀했던 적은 그 전에도 후에도 찾아보기 어렵다. 개인적 사항이긴 하지만 요시미츠는 그보다 조금 앞선 시기의 후제호천황(後醍醐, 재위 1318~1339)과 함께 당대 일본열도 내 '중국 취향(chinoiserie)'의 쌍벽이었다.[38]

---

36) 橋本雄, 앞의 논문「室町・戦国期の将軍権力と外交権」; 村井章介, 앞의 책『中世の国家と在地社会』; 伊藤幸司, 앞의 논고「日明の外交と貿易」, 68-69쪽.

37) 伊藤幸司,『中世日本の外交と禅宗』, 吉川弘文館, 2002; 橋本雄,『中世日本の国際関係 -東アジア通交圏と偽使問題-』, 吉川弘文館, 2005.

38) 村井章介, 앞의 논고「倭寇と『日本国王』」, 19쪽.

그러나 요시미츠가 명 황제에게 칭신(稱臣)한 일은 중국과의 대등한 관계를 강변해온 일본 지배층의 대외관을 크게 요동치게 했다. 교토의 조정세력 가운데도 명 황제의 신하로서 행하는 감합무역에 대해 불만과 비판이 강했다. 요시미츠의 뒤를 이은 4대 장군 요시모치(足利義持, 재직 1394~1422) 때는 신국사상에 뿌리를 둔 구래의 대외관으로 회귀하면서 명 황제의 책봉을 받지 않고 대명 외교를 일시 중단한다. 하지만 '당물(唐物)'과 고급문화에 대한 지배층의 높은 수요를 감당하기 위해서는 조선, 유구를 통해 문물수입을 지속할 수밖에 없었다.[39] 그 후 6대 장군 요시노리(足利義教, 재직 1428~1441) 때 대명 감합무역은 재개된다. 그러나 재개된 후의 무역이윤은 전대와는 달리 막부재정의 중심이 아니라 하나의 구성요소에 지나지 않았다. 학계 일각에서는 감합무역의 축소로 인해 결과적으로 무역이윤을 재정기반으로 삼아 팽창 일로를 걷던 장군 권력이 약체화함으로써 전국시대로 돌입하는 지방분권화가 촉진되었다고 보는 견해도 있다.[40]

위와 같은 시기별 변화를 염두에 두면서 감합무역의 실태에 접근해보기로 하자. 요시미츠 이후 일본이 명에 파견한 정식 견명선은 총 19회 확인된다. 단, 이는 일본국왕의 진공에만 부수적으로 허용되는 조공무역의 성격을 띠었기에 정사(正使)는 반드시 국왕 즉, 막부의 장군이 명 황제에게 보내는 표문을 지참해야 했다. 또한 견명선은 한 번에 평균 6~7척의 선단을 꾸려 출항했는데 각 선박은 명 황제로부터 교부받은 감합을 소지하지 않으면 입국이 허용되지 않았다.

영락제가 예부(禮部)에 제작하게 해서 요시미츠에게 보냈다고 하는 감합은 실물이 현존하지 않아 그 형상, 크기, 사증방법(査證方法) 등을 정확히 알 수 없다. 일본의 중등과정 교과서나 개설서에서는 지금도 날인한 용지를 절

---

39) 村井章介, 앞의 논고 「倭寇と「日本国王」」, 19쪽 참조.

40) 早島大祐, 앞의 논문 「中世後期社会の展開と首都」; 동, 「発展段階論と中世後期社会経済史研究」를 참조하여 작성함.

반으로 나눈 할부(割符) 혹은, 관인(官印) 자체를 반으로 쪼갠 반인(半印)을 감합이라고 오해하고 있는 경우가 많다. 여기서는 잔존하는 관련 사료와 후대 청나라의 감합 현물을 종합하여 추론을 시도한 선행 연구에 필자의 소견을 덧붙여 감합의 실체에 관해 살펴보자.

감합은 명의 연호를 비롯하여 미리 약간의 정형화된 문장이 인쇄된 가로 1m 내외, 세로 80㎝ 내외의 바탕 용지 상단 오른쪽에 소지(小紙) 두 장을 겹치지 않도록 상하로 나란히 놓고, 용지와 소지에 절반씩 걸치도록 주인(朱印)[41]을 상하에 한 번씩 눌러 찍으며, 용지의 여백 부분에 묵자(墨字)로 외교문서인 자문(咨文)과 물품목록인 별폭(別幅)을 기입한 형태였을 것으로 추측된다. 실제 사용 시 명에서 일본으로 보내는 것에는 '일자○호(日字○號)', 일본에서 명으로 보내는 것에는 '본자○호(本字○號)'가 용지와 소지에 걸치도록 묵자로 할서(割書)되며 번호는 각기 100호까지 존재한다. 이렇게 하면 인영(印影)과 묵자의 왼쪽 절반이 용지에 오른쪽 절반이 두 장의 소지에 남아서 절대로 위조가 불가능한 할인할서(割印割書)의 형태를 띠게 된다. 이 바탕 용지가 감합이며, 소지 100장씩을 철한 두 권의 장책을 '저부(底簿)'라 칭한다. 명의 사신이 일본을 향할 때 지참하는 일자감합(日字勘合)은 출발 시점에 북경의 예부에서 1회, 일본에 도착하면 무로마치막부에서 1회 각각 보관하고 있던 저부와 대조하여 위사(僞使) 판별, 증답품의 도중 망실 여부 등이 체크되었다. 일본의 견명사(遣明使)가 지참한 본자감합(本字勘合)은 저부가 입항지 영파(寧波)의 절강포정사(浙江布政司)와 북경 예부에 두어져 도착하면 일일이 대조했다.[42] 또한 감합은 발행 당시의 명 연호를 부쳐서 '○○감합'이라 통칭하며, 황제와 연호가 바뀌면 미사용분은 반환하고 새

---

41) 明 禮部의 관인인 '禮部之印'. 한 변 10㎝ 정도로 추측됨.

42) 이상, 勘合의 형태와 사용방법에 대해서는 橋本雄, 「日明勘合再考」, 九州史学研究会 編 『『九州史学』 創刊五〇周年記念論文集 下 境界からみた内と外』, 岩田書院, 2008; 동, 앞의 논고「対明・対朝鮮貿易と室町幕府-守護体制」, 117-119쪽을 참조. 그러나 위 연구만으로는 감합의 형태를 정확히 이해하기 어려웠기에 필자가 상당 부분을 추측하여 정리하였음.

로운 감합이 교부되는 것이 원칙이었다.[43]

중세화폐사의 논점 부분에서 이미 언급한 대로 견명선단에는 장군이 직접 파견한 공방선도 있었으나 파견 주체의 대부분은 장군으로부터 감합을 교부받은 유력한 수호다이묘나 대형 사사들이었다. 이들은 감합을 교부받는 대가로 감합 1도에 약 300관문 정도의 예전을 막부에 지불한 후 자금 모집, 선박 임차 등 무역선 파견을 위한 실무에 착수한다. 일례로 1434년(영흥6) 파견된 견명선은 파견 주체가 모두 13가(家)인데, 이들은 선박 차용료로 각기 120관문씩을 부담하여 총 1,500관문 정도의 공동출자 형식을 띤 선단을 꾸몄다.[44] 이 공동출자금을 하카타, 사카이 등지의 객상들에게 부담시킨 구체적인 사례는 앞에서 소개했으므로 생략한다. 한편, 객상들은 명에서 거래를 마치고 귀국한 후 수입물품 평가액의 대개 1할에 해당되는 한 척당 3,000~4,000관문을 현물수입세 성격의 '추분전(抽分錢)'으로 파견 주체들에게 납부해야만 했다.[45]

요컨대 수호다이묘, 사사 등은 장군과의 연줄을 이용하여 감합을 획득하기만 하면 객상들을 모집하여 쉽게 선단을 꾸미고 그들로부터 징수한 추분전에서 예전을 뺀 척당 3,000관문 이상의 수입을 확보할 수 있었다. 따라서 많은 세력들이 경쟁적으로 참여를 원했으므로 감합 교부권을 장악한 장군은 스스로 공방선을 파견하지 않더라도 납부된 예전만으로 상당한 수익을 거두었다. 게다가 진공 물품에 대한 명 황제의 회사품은 장군이 독점한 까닭에 감합무역의 결과 막대한 금품이 막부 금고에 쌓이게 된다. 특히 아시카가 요시미츠 때는 거액의 명전을 회사품으로 받아 재정보전에 사용했다.

---

43) 村井章介, 앞의 논고「倭寇と「日本国王」」, 17쪽.

44) 선박 차용료 1,500貫文의 내역은 대개 船賃 300관문, 선박 수리 및 도구조달비용 300관문, 선장과 선원 약 40명의 급여 400관문, 그밖에 식량, 물, 약재 구입비용 500관문이었다. 橋本雄, 앞의 논고「対明・対朝鮮貿易と室町幕府-守護体制」, 122쪽.

45) 1476년(문명8) 파견된 遣明船부터는 명의 재정악화 때문에 공무역이 예전만큼 왕성하지 않고 무역이윤도 박해진 탓인지 抽分錢 납부액을 도항 전에 미리 계약하는 관행이 일반화된 것으로 보인다. 小葉田淳,『中世日支通交貿易史の研究』, 刀江書院, 1969.

한편, 막대한 부담에도 불구하고 상인들이 앞 다투어 객상으로 동승한 이유는 말할 필요도 없이 그 이상의 무역이윤을 기대할 수 있었기 때문이다. 명일무역에서 일본의 주요 수출품은 유황[46]·칼·말 등이고 수입품은 주로 견직물·생사·서적류 등이었다. 그런데 가장 중요한 수입품인 견직물과 생사는 수입 원가보다 네 배 이상의 가격으로 일본 내에서 판매되었다.[47] 그래서 견명선 한 척당 평균적인 수출물량은 동전으로 환산해서 약 1만 관문 정도인데 비해 그 수입물량은 귀국 후 3~4배의 금액에 달했다. 결과적으로 객상들의 수익은 예정대로 매매가 이루어진 경우 척당 수입품 판매대금 4만 관문에서 수출품 원금 1만 관문, 운임 1,000관문, 추분전 4,000관문 등을 뺀 2만 5,000관문 정도의 수익이 발생하여 경비 대비 수익률이 약 2.5배 정도였을 것으로 추측된다.[48]

1451년(보덕3) 파견된 견명선단은 선박 수 9척, 도항 인원 1,200명으로 역대 최대 규모였다. 이는 재정이 악화된 막부가 감합을 남발하여 예전 수입의 확대를 노린 결과이다. 하지만 사절단의 팽창을 우려한 명은 막부의 반발에도 불구하고 경태약조(景泰約條)를 강제 체결함으로써 일본으로부터 조공을 10년 1공, 1공에 선박 3척 이내, 척당 인원은 100명 이내로 제한했다.[49] 게다가 이 무렵부터 명 정부는 수입품의 가격을 터무니없이 인하하도록 강요함으로써 일본 측과 심한 마찰을 빚게 된다. 그 후 무로마치막부의 장군은 감합교부권과 무역이윤을 미끼삼아 수호다이묘들의 원조를 요구하거나 예전 납부

---

46) 화약 원료인 유황은 진공품, 교역품 중에서도 특히 明의 관심이 높아서 반드시 公方船에 적재하라는 명령이 자주 하달되었다. 하지만 실제는 공방선 이외의 선박이 유황을 적재하는 일도 잦았다. 山内晋次,『日宋貿易と「硫黄の道」』, 山川出版社 日本史リブレット, 2009.

47) 脇田晴子,「物価より見た日明貿易の性格」, 宮川秀一 編『日本史における国家と社会』, 思文閣出版, 1992; 佐々木銀弥,『日本中世の流通と対外関係』, 吉川弘文館, 1994.

48) 이상, 遣明船의 경영 내역에 대해서는 橋本雄,「遣明船と遣朝鮮船の経営構造」,『遥かなる中世』17, 1998; 동, 앞의 논고「対明·対朝鮮貿易と室町幕府-守護体制」, 122-125쪽; 村井章介, 앞의 논고「倭寇と「日本国王」」, 17-18쪽을 참조함.

49) 橋本雄,「遣明船の派遣契機」,『日本史研究』479, 2002.

에 대한 보상으로 미래의 무역선 파견권리를 약속하는 등, 결과적으로 열도 내부에서 감합무역의 이권화 및 감합의 유가증권화 현상이 현저해진다.[50]

1467년(응인1) 발발한 응인의 난은 장군가(將軍家)와 아시카가 가문의 일원인 유력 수호다이묘들 사이의 장군 후계자 옹립을 둘러싼 대립에서 비롯되었다. 그 후 내란은 중심세력이 야마나씨(山名氏)와 호소카와씨(細川氏)로 크게 양분되는 대규모 전란으로 발전했고, 급기야 장군은 호소카와씨의 꼭두각시에 지나지 않게 되었다.

강대한 수호다이묘로서 막부의 관령(管領)을 역임한 호소카와씨는 기내의 사카이를 대륙무역의 거점으로 삼고 있었다. 한편, 야마구치(山口)를 본거지로 스오(周防), 나가토(長門) 등 6개 구니를 지배한 수호다이묘 오우치씨(大内氏)는 독자적인 대외교역을 위해 늘 북부 규슈로의 진출을 노렸다. 결국 1478년(문명10) 오우치씨는 대륙 무역의 창구이자 견명선의 최종 출항지인 하카타를 점거했다. 이리하여 응인의 난 이후 감합무역은 장군가에 밀착하여 감합 발급에 관여하고 사카이의 상인세력을 배경으로 가진 호소카와씨와 대륙 교통의 요지 하카타를 지배하고 하카타상인을 배경으로 삼은 오우치씨, 이 양자의 과점상태라는 양상을 띠게 된다.[51] 또한 이 무렵부터는 종래의 감합무역에 내재하던 이윤분배의 불공정성이 객상들의 이탈을 초래한 때문인지 동승하는 객상들에 대해 승선료, 하물운송료를 할인하는 서비스도 시작되었다.

15세기 말 선란이 선국석으로 확대되면서 10대 상군 아시카가 요시타네(足利義植, 재직 1490~1493) 이후의 장군가는 실제로는 두 명의 장군이 병

---

50) 伊藤幸司, 앞의 논고「日明の外交と貿易」, 70-71쪽; 村井章介, 앞의 논고「倭寇と「日本国王」」, 18쪽.

51) 村井章介, 앞의 논고「倭寇と「日本国王」」, 18쪽. 그런데 伊藤幸司는 戦国時代의 遣明船 파견에 대해 細川氏-堺의 연합과 大内氏-博多의 연합 간 각축이라는 기존 견해를 비판한다. 그에 따르면 大内氏가 자신의 領國에 무역이윤을 끌어들이기 위해서는 室町幕府와 교섭하고 게다가 堺 상인을 반드시 거쳐야만 했다. 伊藤幸司,「大内氏の日明貿易と堺」,『中世日本の堺外交と禅宗』, 吉川弘文館, 2002(초출은 1998).

립하는 사태로까지 전개된다. 이들은 각기 자신의 지위보전과 세력확장을 위해 대명 통교무역권의 핵심인 감합을 여러 방면에 남발했다. 이러한 사태를 배경으로 학계 일각에서는 급속한 약체화에도 불구하고 장군가의 권위와 무로마치막부-수호체제가 쉽게 붕괴하지 않은 핵심 요인의 하나로서 장군이 독점한 감합교부권에 주목하는 견해도 있다.[52] 특히 대외교역에 깊은 관심을 가진 규슈의 제 세력에게 감합교부권에 기반을 둔 막부의 구심력은 여전히 클 수밖에 없었다.

호소카와씨, 오우치씨 두 가문은 명에 독자적인 사절단을 파견하는 등 무역주도권을 둘러싼 치열한 경쟁을 펼친다. 양자의 갈등은 마침내 1523년(가정2·대영3) 영파에서 조공 순서를 다투는 무력대립으로까지 격화되어 결국 호소카와 측을 지지한 명의 관인이 살해되는 '영파쟁공(寧波爭貢)'이 발생한다. 이 사건은 외교문제로 비화하여 그 후 감합무역에 대한 명 정부의 통제가 더욱 엄격해졌다. 감합무역은 1536년(천문5) 막부로부터 견명선의 경영권을 승인받은 오우치씨에 의해 독점적으로 재개되어 1551년(천문20) 오우치씨가 가신의 모반으로 멸망할 때까지 이어진다. 하지만 그 사이 1540년대 중반에도 규슈의 전국다이묘 오토모씨(大友氏)가 견명선 파견을 시도했고, 서일본 각지에는 중국 상선의 내항이 빈번했다.

오우치씨는 외교통상에 관련된 업무를 직접 관장하기 위해 하카타의 선종 사찰과 협조하여 외교승을 자체 육성하기도 했다. 이밖에도 오토모씨, 쓰시마 소씨(宗氏)를 비롯하여 규슈 일원의 전국다이묘들이 유사한 행태를 보였다. 이리하여 가마쿠라시대 이래 대외교류의 노하우를 지속적으로 축적해온 하카타 주변의 선사, 선승들은 16세기 이후 교토 오산에 대신하여 외교 업무를 실무적인 면에서 뒷받침하는 세력으로 성장할 수 있었다.[53] 위와 같

52) 橋本雄, 앞의 논고「対明・対朝鮮貿易と室町幕府-守護体制」, 129쪽.

53) 伊藤幸司, 앞의 논고「日明の外交と貿易」, 72-73쪽.

은 현상들이 후술하는 쓰시마 소씨의 조선에 대한 위사 파견, 국서개찬(國書改竄) 등을 용이하게 만들고 나아가서 조선, 명에 대한 무로마치막부의 통교무역권을 붕괴시키는 원심력으로 작용했을 것이다.[54]

3) 일본산 은을 중심으로 한 동아시아해역의 교류

15세기 중엽 이후 명은 북방 방어용 군사비 증대로 해마다 거액의 은이 반출된 까닭에 심각한 은 부족 상태에 빠져들었다. 게다가 15세기 후반부터 북경을 비롯한 대운하 주변지역 도시경제가 급성장하고 아울러 동남부 연해지역의 경제발전이 가속화되자 대량의 은 수요가 추가로 발생했다. 이런 배경 하에서 은 밀무역에 종사하는 해상들의 움직임이 활발해지고 해금체제에 변화의 조짐이 나타나게 된다. 특히 15세기 말 동아시아해역에 처음 진출한 포르투갈인들이 드디어 1511년 말레이반도의 남서부에 위치한 이슬람왕국 말라카를 점거하고 그 수년 후 중국 연해까지 내항하게 된 후로는 명의 해금정책도 서서히 유명무실해졌다.

명 정부와의 공무역을 시도했으나 실패한 포르투갈인들은 1522년(가정1) 우선 광주만(廣州灣)을 거점으로 소규모 밀무역에 종사했다. 그로부터 동남부 연해지역에 밀무역을 위한 거점들이 다수 출현한다. 1540년대에 이르러 이들을 본격적인 대규모 밀무역으로 끌어들인 것은 왕직(王直),[55] 허동(許棟) 등 절강성 쌍서(双嶼)를 거점으로 한 휘주(徽州) 출신의 해적 겸 상인집단이었다. 이 무렵은 휘주 출신 외에도 밀무역에 종사하는 상당수 중국인 해상들이 일본열도의 규슈 남부로 내항하고 있었다. 그 와중에 포르투갈에 이어 스페인까지 동아시아해역에 진출하면서 이 해역의 교류는 종전에 비해

---

54) 伊藤幸司,『中世日本の外交と禅宗』, 吉川弘文館, 2002; 橋本雄, 앞의 책『中世日本の国際関係 -東アジア通交圏と偽使問題-』.

55) 王直은 1540년경부터 廣東을 거점으로 동남아시아와 일본을 연결하는 밀무역을 전개했다. 후일 그는 後期倭寇의 유력한 리더 중 한 명으로 성장한다. 왕직에 대해서는 中島楽章,「ポルトガル人の日本初来航と東アジア海域貿易」,『史淵』142, 2005.

상당히 다원화된 양상을 띠게 된다. 우선 해금정책에 편승하여 그간 번성을 누리던 유구의 중계무역이 쇠퇴한다. 반면에 규슈 및 서일본 각지에 거점을 둔 밀무역 세력들이 중국 화남지역과 동남아로까지 적극적으로 진출했다.

이러한 밀무역 붐의 일차적 동인은 일본산 은 생산량의 급증이다. 그 전까지 수입품이었던 은은 열도 내부의 생산이 급증하여 전세계 산출량의 약 3분의 1을 점유한 것으로 추정되는 1530년대를 경계로 외부로 대량 유출되기 시작한다. 일본산 은이 가장 먼저 이용된 것은 같은 시기 조선과의 무역에서였다. 이 점에 관해서는 후술할 예정이다. 1540년대 초에는 멀리 남중국해에서 중국, 포르투갈, 이슬람 상인들이 일본산 은의 교역 주도권을 둘러싸고 각축전을 벌였다. 후에 왜구의 대수령으로 성장한 전술한 왕직의 정크선이 포르투갈인 수 삼명을 태우고 규슈 남쪽의 다네가시마(種子島)에 표착하여 일본열도에 화승총을 전래한 것도 이 무렵의 일이다.[56]

조선이 일본과의 무역을 엄격히 제한한 후 일본산 은은 대개 명으로 유입되고, 이에 따라 중국산 생사와 일본산 은을 매개로 한 명·일 간 밀무역이 급격히 늘어났다. 1540~1550년대『조선왕조실록』에는 정체불명의 '황당선(荒唐船)' 표착에 관한 기사가 많이 보인다. 이것들은 승선 인원만 100명이 넘는 대형 선박으로, 중국 동남해안과 규슈를 내왕하던 밀무역선이 조난을 당해 주로 조선 서해안에 표착한 사례들이다.[57] 황당선의 갑작스런 출현은 바로 이 시기에 중국인 해상들이 일본산 은을 노려 대규모 밀무역에 나선 여파로 볼 수 있을 것이다. 그리고 이 당시도 절강성 쌍서는 밀무역의 핵심 거점으로 기능했다. 거듭된 황당선 표착은 조선 정부의 경계심을 자극하여 비변사(備邊司)가 재정비된다.[58]

---

56) 村井章介,『海から見た戦国日本』, 筑摩書房, 1997; 中島楽章, 앞의 논문「ポルトガル人の日本初来航と東アジア海域貿易」.

57) 기시모토 미오·미야지마 히로시, 앞의 책『조선과 중국, 근세 오백년을 가다』, 144-145쪽.

58) 中島楽章, 앞의 논문「ポルトガル人の日本初来航と東アジア海域貿易」, 63쪽.

이리하여 명 국내의 절실한 은 수요로 인해 촉발된 일본산 은의 대륙을 향한 불가역적인 흐름과 중국인, 포르투갈인 등에 의한 밀무역의 융성은 결과적으로 명대 초기 이래의 해금 및 책봉체제를 기축으로 한 동아시아의 국가 간 통교무역시스템을 거의 붕괴시켰다.[59] 그 틈을 타고 16세기 중엽부터는 중국인, 일본인 해상들의 무장 밀무역집단인 소위 후기왜구가 급성장한다.[60] 그러나 바로 이 무렵부터 명 정부의 강경한 왜구 진압으로 중·일 간의 직접적인 밀무역 루트가 점점 축소되고, 한편으로 마닐라를 경유한 멕시코산 은이 중국으로 대량 유입되면서 일본산 은의 매력이 감퇴한 점에 관해서는 앞의 화폐사 부분에서 논한 바 있다.

4. 중세 후기 조선과의 통교무역관계

1) 조선조 초기의 다원적인 조일관계

1392년 건국한 조선은 왜구문제를 회유책 중심으로 전환하여 건국 직후부터 왜구의 금압을 무로마치막부에 요청했다. 1398년(태조7= 정종1·응영 5)에는 박돈지(朴惇之)를 막부에 파견함으로써 조·일 간의 정식 외교관계를 성립시키고 막부 장군을 일본국왕으로 인정한다.

그런데 같은 시기 명일관계가 명 황제와 일본국왕 아시카가씨 사이의 일원적인 외교였음에 비해 조일관계는 일본국왕 이외에도 오우치씨, 시바씨, 소씨 등 규슈의 수호다이묘, 유력한 국인층, 하카타와 쓰시마 등지의 상인들까지 각기 조선국왕과 사자를 주고받는 다원적인 통교관계였다. 이는 왜구 금압, 피랍인 및 표류민 송환, 그밖에도 복잡하게 전개되는 열도 내부

---

59) 長谷川博史, 앞의 논고 「十六世紀における西日本海域の構造転換」, 170-171쪽.

60) 田中健夫, 『東アジア通交圏と国際認識』, 吉川弘文館, 1997; 橋本雄, 앞의 책 『中世日本の国際関係 -東アジア通交圏と偽使問題-』 등.

의 정세 탐색 등을 원한 조선 측의 요구와 조선과의 무역을 열망한 열도 내 여러 세력들의 요구가 합치된 결과라고 할 수 있다.[61] 심지어 상인 가운데는 원래 왜구에 몸담았던 자들도 있었다. 조선과의 개별 통교자 중에서도 오우치씨는 자신의 선조가 백제 시조 온조왕의 후예임을 자임하며 조선왕조와 긴밀한 관계를 맺어 통신부(通信符)를 발급받기도 했다. 그리고 이 시기 무로마치막부, 오우치씨 등의 외교문서 작성이나 사절단 파견은 전술한 명과의 경우와 마찬가지로 교토 오산의 외교승들이 담당했다.

다원적이며 대체로 상하적인 관계였기에 조선 측이 일방적으로 주도권을 행사한 당시 조일관계의 주요 통교제도로는 도서제(図書制), 문인제(文引制), 세견선(歲遣船) 약조 등이 있었다. 도서제는 조선 정부가 통교자로 인정한 자들 중 일부에게 '도서'라는 구리 도장을 배포한 제도로 이를 수령한 자를 '수도서인(受図書人)'이라 칭했다. 도서에는 통교자의 실명이 각인되어 내항 시 지참하는 서계에 찍어서 증명을 삼도록 했다. 문인제는 쓰시마의 수호다이묘 겸 도주(島主)인 소씨에게 '문인' 즉, 도항증명서를 발급할 수 있는 권리를 인정한 것이다. 이는 소씨가 조선 정부의 대행자로서 통교자의 자격을 검열한 제도라고 할 수 있다. 세견선에 대해 15세기 중엽 조선은 일본 측 통교자가 연간 파견할 선박 총수를 규정하고 수도서인이 파견 가능한 척수를 일인당 연간 1~2척으로 제한했다.

또한 공식 사절단이 이용한 선박과는 별도로 순수한 교역만을 목적으로 한 '흥리왜선(興利倭船)'이 한반도 남해안에 내항하여 지참한 어류·소금 등속과 현지의 미곡을 교환하기도 했다. 이 배에 승선한 '흥리왜인'들은 주로 쓰시마의 어민이었던 것으로 보인다. 조선에 귀순한 왜구나 조선으로의 이주를 자원한 일본인도 있었는데, 조선 측은 그들을 국왕의 덕을 추모하여 귀화한 왜인이란 의미에서 '투화왜(投化倭)', '향화왜(向化倭)'라고 불렀다. 이

---

61) 須田牧子, 「朝鮮使節·漂流民の日本·琉球観察」, 荒野泰典 등 편 『日本の対外関係 4倭寇と『日本国王』』, 吉川弘文館, 2010, 215-217쪽을 참조함.

경우도 대부분은 쓰시마 출신으로 추측되며, 개중에는 관직을 하사받은 '수직인(受職人)'도 있다. 한편, 조선조 초기부터 조·일 경계에 가까운 지역의 일본인들이 열도 내 여러 세력의 사자 자격으로 조선을 방문했고, 조선 정부가 설정한 각종 통제망을 넘나들며 활발히 무역을 행했다.[62]

조선조 초기 조일무역의 구조와 내용에 대해서는 감합무역에 비해 잔존 사료가 절대적으로 부족한 까닭에 자세히 알기 어렵다. 단, 무로마치막부가 조선으로부터 수입한 문물 중 가장 귀한 대접을 받은 것은 고려시대 제작된 대장경이다. 조선왕조는 고려와는 달리 유교를 국시로 삼았으므로 불전은 무용지물이었다. 그 중에서도 한 질당 6,000여 권에 달하는 방대한 규모의 대장경은 불교 일색이던 중세 일본사회에 조선이 대국의 위세를 과시할 수 있는 최고의 선물이었다. 일본국왕, 오우치씨를 필두로 한 수호다이묘, 하카타의 상인, 선승 등이 조선에 대장경을 구하여 통교했고, 1388(창왕1)~1539년(중종34) 약 150년 사이에 판명된 것만도 50질 이상의 대장경이 일본열도로 건너갔다.[63]

2) 15세기 중엽 이후의 일원적 관계

15세기 이후의 조일관계에서 중요한 역할을 수행한 것은 쓰시마이다. 조·일의 경계지점에 위치한 쓰시마는 고대 이래 한반도와 빈번한 교류를 가졌으며, 중세에 들어서는 왜구의 최대 근거지이기도 했다. 왜구 진압을 단초로 하여 성립한 조선은 건국 초부터 서남해안의 병선, 성책(城栅) 등을 징비하여 해안방어태세를 강화하는 한편으로, 왜구의 근거지로 지목된 쓰시마 등지의 영주세력에게 직위를 내리는 등 강온 양면의 대책을 펼쳐 왔다. 그 와중에 쓰시마의 소씨는 조선과의 통교무역상 권익을 명분으로 내부적

---

62) 村井章介,「倭寇と「日本国王」」, 荒野泰典 등 편『日本の対外関係 4倭寇と「日本国王」」, 吉川弘文館, 2010, 21쪽.
63) 村井章介, 앞의 논고「倭寇と「日本国王」」, 19-20쪽.

인 지배권을 확립할 수 있었다.[64]

그런데 1418년(태종18 · 응영25) 소 사다시게(宗貞茂, ?~1418)가 사망한
후 호전적인 세력이 득세하면서 같은 해 12월에는 쓰시마가 심각한 기근상황
을 타개하기 위해 300여 척의 무장 선단으로 명의 해안지대를 습격할 준비를
하고 있다는 정보가 조선 정부에 입수된다.[65] 도서지역에 대한 안정적 통치를
열망하던 조선 정부 내에서는 바로 그 무렵 명의 영락제가 복교(復交)를 거부
하는 일본을 심히 못마땅해 한다는 첩보를 입수하자 강경론이 일거에 분출했
다.[66] 1419년(세종1 · 응영26) 6월 상왕 태종은 세종의 반대를 물리치고 병선
227척, 만 7,000여 명의 대군을 파견하여 왜구의 주체로 지목된 쓰시마를 토벌
했다. 이 사건을 조선은 기해'동정'(己亥東征), 일본은 응영'외구'(応永外寇)라
부른다. 열흘 정도에 걸친 토벌전은 쌍방에 수백 명의 사상자를 냈다.

그 후 쓰시마의 여러 세력들은 대개 조선과의 통교자로 변모해간다. 1443
년(세종25 · 가길3) 소 사다모리(宗貞盛, ?~1452)는 조선 정부와 계해약조
(癸亥約條)를 맺어 세견선 50척과 특송선(特送船) 파견을 인정받았다. 그 결
과 쓰시마 도민 가운데는 한반도 동남해안과 하카타, 유구 등을 무대로 활약
하는 상인도 나타났다. 소위 '삼포(三浦, 乃而浦= 薺浦진해, 富山浦부산, 鹽
浦울산)'에는 상거래 겸 숙박을 위한 왜관이 설치되어 사절단을 비롯한 다수
의 일본인들이 내항했다. 또 대부분이 쓰시마 도민으로 구성된 현지 거류의
'항거왜(恒居倭)'도 크게 늘어서 삼포는 차츰 과다 인구를 보유한 거류지로
서 도시적인 발전을 보게 된다.[67] 소수의 일본인이 조선국왕을 알현하기 위
해 방문하는 한양에도 왜관이 설치되었다. 이런 각지의 왜관들은 조선 정부

64) 関周一,「日朝多元外交の展開」, 桃木至朗 編『海域アジア史研究入門』, 岩波書店, 2008.
65) 田中健夫, 앞의 책『中世海外交渉史の研究』.
66) 藤田明良,「東アジアにおける島嶼と国家 -黄海をめぐる海域交流史-」, 荒野泰典 등 편『日
本の対外関係 4倭寇と「日本国王」』, 吉川弘文館, 2010, 239쪽.
67) 関周一, 앞의 논고「日朝多元外交の展開」.

의 하급 관리, 역관 등을 연줄로 한 밀무역의 장으로도 기능했다. 그 결과 왜관을 통한 조일무역은 조선 경제에 상당한 영향을 미친 것으로 보인다.[68]

1441년(가길1) 일본열도에서는 막부로의 권력 집중을 꾀하던 6대 장군 요시노리가 수호다이묘 아카마츠 미츠스케(赤松満祐, 1373?~1441)에게 살해당하는 가길(嘉吉)의 난이 발생한다. 같은 해 하층 농민들이 일으킨 도잇키(土一揆)의 결과 반포된 야마시로국(山城国) 덕정령으로 막부재정의 주요 부분을 담당하던 토창주옥역 수입이 급감하고 게다가 전술한 1450년대의 경태약조로 인해 명과의 감합무역도 퇴조하면서 8대 장군 아시카가 요시마사(足利義政, 재직 1449~1473) 때는 막부의 재정적 붕괴가 심각해졌다. 이러한 국내외적 요인은 열도의 여러 세력으로 하여금 조선무역, 유구무역에 대한 의존도를 높이는 결과를 초래했다.[69]

잔존 사료를 종합하면 요시마사 이후는 막부가 아닌 사사, 수호다이묘 등이 일본국왕의 명의를 빌어 조선 정부에 대장경을 구청(求請)한 사실이 명확하게 드러난다.[70] 이것은 재정이 궁핍해진 막부가 독자적으로 사절단을 파견할 수 없게 되자 희망하는 세력들에게 국왕의 명의를 닥치는 대로 부여한 때문일 것이다. 사선(使船)의 실질적 경영주체인 사사, 수호다이묘들은 약 250~300관문 정도로 추정되는 조선국왕에게 바칠 진상품 비용과 막부에 사례금으로 10~50관 정도의 예전을 지불하는 것만으로 대장경을 입수할 수 있었다.[71] 하지만 15세기 중엽 이후 조선 정부는 일본국왕, 관령가(管領家), 오우치씨, 쓰시마 소씨 이외에는 대장경을 내구지 않았다. 그러자 주로 무역이윤과 대장경 획득을 노려 허위로 일본국왕사 등을 사칭한 위사(僞

---

68) 村井章介, 앞의 논고 「倭寇と「日本国王」」, 21쪽.

69) 橋本雄, 앞의 논고 「対明・対朝鮮貿易と室町幕府-守護体制」, 120-121쪽.

70) 関周一, 「室町幕府の朝鮮外交 -足利義持・義教期の日本国王使を中心として-」, 阿部猛 編 『日本社会における王権と封建』, 東京堂出版, 1997.

71) 橋本雄, 앞의 논고 「対明・対朝鮮貿易と室町幕府-守護体制」, 125-126쪽; 동, 「大蔵経の値段 -室町時代の輸入大蔵経を中心に-」, 『北大史学』 50, 2010.

使)가 다수 조선을 내방하게 된다.[72] 조선을 방문한 위사 가운데는 세조(재위 1455~1468) 때 처음 내항한 자가 상당히 많으며, 일본 역사학계에서는 이 현상을 조선도항 붐이라고까지 부른다.

근년 들어 15세기경 쓰시마의 소씨가 조선으로부터 지급받았다고 허위 가장한 위조구리 도서, 목제 도서와 통신부 등을 다수 소지했던 사실이 규슈국립박물관의 소장품 조사를 통해 확인되었다. 이러한 실물사료의 발견을 계기로 조선 정부로부터 문인발급권을 인정받은 소씨가 이미 15세기 전반부터 하카타상인들과 짜고 위사를 파견한 사실 그리고 동 세기 중엽 붐을 이룬 조선에 대한 사절단 파견은 대부분이 쓰시마를 통한 위사였음이 새롭게 밝혀졌다.[73] 즉, 15세기 중엽에는 쓰시마 소씨가 다수의 위사를 파견하여 조선에 대한 통교무역권을 집적하기 시작했고, 이 무렵부터 조일관계가 그 전까지의 다원적 구조에서 쓰시마를 경유하는 일원적 구조로 이행하게 된 것이다.[74]

그런데 15세기 중엽 위사 파견이 격증한 배경에는 조일관계의 매개자로서 쓰시마 소씨의 책략과 함께, 조선의 내부 사정도 크게 작용한 것 같다. 전자의 경우, 이 시기 조선 정부는 열도의 내정탐색과 일본국왕사에 대한 답례를 목적으로 무로마치막부에 몇 차례 통신사 파견을 계획한다. 하지만 1443

---

72) 村井章介, 앞의 논고「倭寇と「日本国王」」, 19-20쪽.

73) 長節子, 『中世国境海域の倭と朝鮮』, 吉川弘文館, 2002; 동, 「朝鮮前期朝日関係の虚像と実像」, 『年報朝鮮学』8, 2002. 한편, 종래 対馬의 조선무역에 관한 연구는 주로 『王朝実録』, 『海東諸国紀』 등 조선 측 사료에 의거했다. 그런데 이 사료들은 歳遣船 定約者, 守職人 등 통교 명의인에 대해서는 상세히 기술한 반면, 정작 무역에 대해서는 극히 단편적으로밖에 기록하지 않았다. 따라서 통교 사절단의 일원으로서 조선을 내방한 対馬의 무역상이 무수히 존재했음에도 그 실태는 아직 불분명하다. 현 단계에서 対馬 무역상을 구체적으로 확인할 수 있는 사료는 1572~1575년 사이의 117명에 대해 기술한 宗家文書의 「朝鮮送使国次之書契覚」이 유일하다(田中健夫, 『対外関係と文化交流』, 思文閣出版, 1982에 수록). 또한 荒木和憲, 「中世対馬の朝鮮貿易と領国経済」, 九州大学韓国研究センター専門委員会 『韓国研究センター年報』5, 2005는 이 사료를 집중적으로 분석하여 중세 조일무역의 최대 원동력이 対馬의 토호층이라는 결론을 도출했다.

74) 荒木和憲, 앞의 논문 「中世対馬の朝鮮貿易と領国経済」, 113쪽.

년(세종25 · 가길3) 통신사 변효문(卞孝文)의 교토 방문과 1479년(성종10 · 문명11) 파견된 이형원(李亨元)이 쓰시마에서 중병으로 귀국한 것을 마지막으로 16세기 말 히데요시의 조선침략 직전까지 통신사 파견은 실현되지 않았다. 그 원인은 응인의 난 이래 확대일로에 있던 열도 내의 전란, 일본인을 인면수심이라고 멸시하여 일본행 자체를 기피한 조선 관료들의 인식 등 여러 가지가 있을 것이다. 그러나 조일관계를 독점하려는 쓰시마 소씨의 행태가 무엇보다도 큰 영향을 미쳤다.[75] 이미 다수의 위사를 파견하고 있던 소씨로서는 조선 정부가 예전처럼 직접 일본국왕에게 통신사를 파견하고 열도의 내정을 소상히 파악하는 것이 자신들에게 이롭지 못하다고 판단하여 조선 측의 수로안내 요청을 고의로 기피하곤 했던 것이다.[76]

한편, 조선 측의 내부 사정으로는 소년 단종(端宗, 재위 1452~1455)을 죽음으로 내몰고 정권을 찬탈한 세조가 자신의 치세를 불교적인 기서(奇瑞)로 치장하고 그것을 축복해주는 신규 통교자를 적극 환영한 점을 들 수 있다. 당시 조 · 일 간에는 왜구에게 피납되거나 표류한 조선인을 본국으로 송환하는 시스템이 존재했다. 그러나 송환경로는 중앙의 막부로 일원화되지 않고 각 지역의 영주가 개별적으로 쓰시마, 이키(壱岐), 마츠우라(松浦)의 제 세력과 연계하는 형태로 이루어졌다. 영주들이 송환에 적극적으로 나선 목적은 말할 필요도 없이 그 대가로 기대되는 통교무역의 권익 때문이었다.[77] 세조대의 조선 정부는 아마 이들 중 태반이 실체가 불분명한 자들이며 지참한 외교문서도 위소 내지는 개찬된 것임을 짐작하면서도 정권의 정당화를 위해 '왕성대신사(王城大臣使)'라 칭하여 우대한 것으로 보인다.

---

75) 村井章介, 앞의 논고 「倭寇と「日本国王」」, 22쪽.

76) 須田牧子, 앞의 논고 「朝鮮使節 · 漂流民の日本 · 琉球観察」, 221쪽.

77) 村井章介, 앞의 논고 「倭寇と「日本国王」」, 21쪽.

3) 아부제와 삼포의 난

8대 장군 요시마사는 위사 문제의 대응책을 명분으로 조선에 사증제도 도입을 제안했다. 이를 받아들인 조선 정부는 1474년(성종5 · 문명6) '아부(牙符)' 10매를 제작해서 그 반쪽을 일본국왕 요시마사에게 보낸다. 아직 실물이 발견되지 않은 아부는 원주(圓周) 4.5촌(약 13.5㎝) 정도의 상아를 얇게 절편한 원반 앞면에 전서체(篆書體)로 '조선통신(朝鮮通信)', 뒷면에 '성화십년갑오(成化十年甲午)'라고 발급 연도와 간지를 적어 한 중간을 나눈 것으로 추정된다. 여기에 1~10이란 번호가 부쳐져서 조선이 좌부(左符)를 갖고 막부에 우부(右符)가 배포되었으며, 1504년(연산군10 · 영정1) 아부를 갱신한 때부터는 좌, 우를 서로 바꾸어 소지했다. 원래 조선 정부는 왕성대신사를 파견해 오던 당시 열도의 유력한 제 세력에게 아부를 골고루 배포할 생각이었다. 그러나 이를 수령한 요시마사는 장군이 파견하는 일본국왕사로만 용도를 한정지었다. 일본 측은 명 · 일 간 감합에 빗대어 아부를 '고려감합(高麗勘合)'이라고 불렀다.[78]

1482년(성종13 · 문명14) 일본국왕사가 제1 아부를 지참하고 도항한 때부터 아부제가 정식으로 발효된다. 제도가 궤도에 오른 16세기 초두에는 가짜 일본국왕사, 왕성대신사 등이 설 자리를 잃음으로써 쓰시마를 위시하여 그간 위사를 파견해온 세력들은 큰 타격을 받았다.[79] 나아가서 조선국왕 중종이 사선 접대 및 무역을 간소화하고 삼포 항거왜의 기득권에 대한 통제를 강화하는 등 대일 외교정책을 다잡게 되자 쓰시마 측의 불만이 더욱 고조되었다. 그 결과 1510년(중종5 · 영정7) 4월 쓰시마 소씨가 보낸 군세와 삼포 항거왜가 연합하여 중세 조일관계사의 최대 사건이라 할 수 있는 삼포의 난(= 庚午倭變)을 일으킨다. 그러나 난이 수습된 후는 쓰시마 측의 의도와는 달리 임

---

78) 橋本雄, 앞의 논고「対明 · 対朝鮮貿易と室町幕府-守護体制」, 120-121쪽.

79) 橋本雄, 앞의 책『中世日本の国際関係 -東アジア通交圏と偽使問題-』.

신약조(壬申約條), 정미약조(丁未約條) 등에 의해 통교 특권이 오히려 대폭 제한되었다.[80] 단, 그 후 16세기 말 도요토미 히데요시가 조선에 대한 침략전쟁을 개시하기에 앞서 조선국왕에게 복속을 요구했을 때도 쓰시마의 소 요시도시(宗義智, 1568~1615)는 자신의 가신을 일본국왕사로 사칭하여 조선에 파견하고, 히데요시의 복속 요구를 통신사 파견 요청으로 내용을 바꿔치기했다. 이때까지도 쓰시마에 의한 위사 파견이 계속되고 있었던 것이다.[81]

15세기 말경 조일무역은 연간 100회를 넘어선다.[82] 특히 조선에서 수입된 면포는 전국시대의 일본열도에 거대한 군사적 수요를 야기함으로써 열도 전역에 걸쳐 시장의 확대를 자극하고 광범위한 계층을 상품유통으로 끌어들였다.[83] 그 후 1530년대 일본산 은이 외부로 대량 유출될 때 가장 먼저 이용된 것은 앞서 논한 대로 조선과의 무역에서부터였다. 16세기 초 조선에서는 단천은광(端川銀鑛)이 개광함으로써 중국, 일본으로도 은이 수출된다. 그러나 1530년대에 이르러 거꾸로 일본으로부터 대량의 은이 유입되는 역전현상이 일어난 것이다. 『중종실록』에 따르면 1538년(중종33) 일본인들이 조선에 지참한 물품의 대부분이 은이었고, 조선 정부는 금은령(禁銀令)을 시행하여 이에 대응하고자 했다. 하지만 1542년(중종37)경에는 일본산 은이 조선 전역에 널리 유포되어 이미 '천물(賤物)'로 취급되었다고 한다.[84]

80) 荒木和憲,「一六世紀前半対馬の政変と三浦の乱」,『九州大学21世紀COEプログラム(人文科学) 東アジアと日本 : 交流と変容』, 2005, 77쪽.

81) 이상, 조·일 통교의 전개과정에 대해서는 関周一,「日朝多元外交の展開」, 桃木至朗編 『海域アジア史研究入門』, 岩波書店, 2008, 74-79쪽에서 많은 부분을 참조함.

82) 荒木和憲,『中世対馬宗氏領国と朝鮮』, 山川出版社, 2007.

83) 永原慶二,『新・木綿以前のこと』, 中央公論社, 1990.

84) 村井章介, 앞의 책『海から見た戦国日本』.

5. 왜구 문제와 조선침략기 일본의 대외무역

1) 전기왜구의 민족구성

왜구란 일반적으로 14~16세기 한반도와 중국의 연해지역을 무대로 재물약탈 및 인신 납치와 살해 등을 자행한 일본인 해적집단을 의미한다. 물론 13세기에도 왜구는 존재했으나 아직 산발적이고 세력도 미약했다. 『고려사』에 따르면 왜구가 본격적으로 준동한 것은 려말 1350년(충정왕2) 경상도와 전라도 남해안 일대에서부터이다. 이 해 2월 아무런 전조 없이 왜구의 선단이 내침한 결과 약 300여 명의 왜구가 고려군에 의해 죽임을 당했다고 한다. 한국 역사학계는 이를 경인왜구(庚寅倭寇)라 통칭함으로써 그 전까지의 산발적인 왜구와는 명확히 구분하고 있다. 그 이듬해부터는 왜구가 수도 근방의 경기도 해안을 내습하여 개경이 계엄태세에 들기도 했다. 그 후 거의 매년처럼 연해지역의 관영 창고군과 조운선단(漕運船團)에 대한 왜구의 대규모 습격이 자행되자 고려 정부는 거제도, 남해도, 진도, 흑산도 등지의 관아와 주민들을 내륙으로 이전하는 공도정책(空島政策)을 펼치기도 했다.

이 14세기 중후반은 일본열도의 남북조내란기로서 규슈에서 양측의 군세가 격렬하게 맞붙은 1370년대는 왜구의 준동이 더욱 혹심했다. 그 전까지 인명과 가축을 해치지 않던 왜구가 이후로는 도처에서 부녀자를 도살함으로써 전라도, 양광도(楊廣道, 충청도 일원과 경기도 남부)의 연해지역에 인적이 거의 사라질 정도였다고 한다. 고려에 대한 왜구의 침략은 려말 1350~1391년 사이에 약 300건으로, 이 가운데는 100~500척 정도의 대규모 선단으로 내침한 경우도 있다. 특히 우왕(禑王, 재위 1374~1388) 때는 내륙까지 침공을 감행한 대규모 기마집단도 등장한다.

일본 역사학계에서는 14~15세기 한반도 연해지역을 노략질한 왜구를 통칭하여 전기왜구라고 부른다. 소위 전기왜구에 대해서는 『고려사』, 『고려사절요』, 『조선왕조실록』과 같은 한국 측 관찬 사료집과 한국, 중국의 금석문

자료에 관련 내용이 다수 나타난다. 하지만 같은 시기 일본 측의 왜구에 대한 문헌사료는 거의 전무한 실정이다. 전기왜구의 성격을 둘러싸고 가장 큰 쟁점이 되고 있는 문제는 왜구의 주체가 누구냐는 점이다. 예전의 일본 중세 사학계에서는 『조선왕조실록』의 '삼도왜구(三島倭寇)'라는 표현에 의거하여 규슈 북쪽의 쓰시마, 이키, 마츠우라반도의 일본인 해민들을 왜구의 주체로 인정해왔다.[85] 그러나 한국의 왜구 연구자 이영(李嶺)은 '삼도'가 특정한 세 군데 섬을 지칭하는 말이 아니라 시기에 따라 각기 다른 지역을 가리키며, 일본열도에 속하면서도 열도 중심부와는 성격이 다른 정치적 주체가 지배한 영역이라고 주장한다.[86]

1980년대 후반부터는 주로 『세종실록』에 실린 판중추원사(判中枢院事) 이순몽(李順蒙, 1386~1449)의 고려조를 회고한 상서(上書)에 의거하여 화척(禾尺), 재인(才人) 등 고려천민주체설이나 고려인・왜인연합론,[87] 그리고 제주도가 왜구의 주요 거점이었을 가능성 등이 제기되어 학계에 큰 파문을 일으켰다.[88] 기존 통설에 대한 이러한 문제제기는 그 후 한국, 일본의 연구자들에 의해 전자가 중시한 이순몽 상서가 왜구 전성기로부터 반세기 이상 경과한 1446년(세종28) 호패법(號牌法)의 재시행을 주장하기 위해 비롯

---

85) 시발점이 된 연구는 田中健夫, 『中世対外関係史』, 東京大学出版会, 1959.

86) 이영, 「고려 말-조선 초 왜구의 실체= 삼도(쓰시마, 이키, 마츠우라) 해민설의 비판적 검토」, 『일본문화연구』, 2011. 또한 이영은 바로 최근에도 田中健夫로부터 시작된 소위 三島海民説이 왜구=「고려(조선)인 주체설」, 「고려・일본인 연합설」, 「다국적・복합적 해적설」의 출발점이며, 이것들은 일본인 연구자들의 '한반도 멸시관'과 그것에 입각한 식민사관에 기인한다고 하여 맹렬한 비판을 가했다. 이영, 「민중사관을 가장한 식민사관 -일본 왜구 연구의 허구와 실체-」, 2012년 동양사학회 춘계연구발표회 『역사상 동아시아 교류의 새로운 모색』, 2012.

87) 田中健夫, 『日本前近代の国家と対外関係』, 吉川弘文館, 1987; 동, 「倭寇と東アジア通交圏」, 『東アジア通交圏と国際認識』, 吉川弘文館, 1997.

88) 高橋公明, 「中世東アジア海域における海民と交流 -濟州島を中心として-」, 『名古屋大学文学部研究論集』史学33, 1987; 동, 「朝鮮外交秩序と東アジア海域の交流」, 『歴史學研究』573, 1987; 동, 「十六世紀の朝鮮・対馬・東アジア海域」, 加藤栄一 외 편『幕藩制国家と異域・異国』, 校倉書房, 1989.

된 언설이라는 점,[89] 후자의 경우는 제주도를 포함한 조선 각지의 중앙 정부에 대한 반란행위는 왜구와 그 행태가 명확히 구별된다는 점 등,[90] 사료에 입각한 실증적인 반론이 제기됨으로써 현재로서는 일본 학계에서도 전기왜구의 일본인주체설이 다시 시민권을 회복하고 있는 상황이다. 특히 이영은 한, 일 양측의 사료를 종횡으로 구사하여 경인년 이후 왜구의 주체를 무로마치막부의 내부 분쟁이 정점에 달한 관응요란(觀應擾亂, 1350~1352) 이후 북부 규슈의 쇼니씨(少弐氏)를 중심으로 한 세력이라고 규정함으로써 학계에 신선한 충격을 던졌다. 그에 따르면 대규모 왜구집단은 무로마치막부가 이끈 북조 세력의 일원으로서 북규슈를 중심으로 활약하던 쇼니씨가 열악한 군량미를 포함한 각종 물자와 노동력 획득을 위해 정규 군사력을 조직적으로 동원한 것이며 결코 단순한 해적이 아니다.[91]

한편, 근년 들어서는 앞서도 논한 대로 국경을 초월한 광역적인 지역 간 교류를 중시하는 연구경향이 일본 역사학계에 하나의 새로운 사조를 이루고 있다. 그 일환으로 왜구 문제에 대해서도 국민국가 이후의 국가, 국경, 국민 개념을 앞세워 그 민족구성을 논해온 기존 연구사를 강력히 비판하고, 왜구를 어느 특정 국가에만 귀속된 존재가 아니라 국가권력으로부터 상대적으로 자유로운 변경지역 경계인(marginal man)의 집단으로 인식하려는 연구가 속속 제기되었다.[92] 예컨대 한반도 남해안의 경우 경상도-쓰시마-북부 규슈, 전라도-제주도-북부 규슈 사이에 국경을 넘나드는 해민들의 집단적 반

---

89) 대표적인 연구는 浜中昇, 「高麗末期倭寇集団の民族構成」, 『歴史学研究』 685, 1996.

90) 大隅和雄·村井章介 편, 『中世後期における東アジアの国際関係』, 山川出版社, 1997; 李嶺, 『倭寇と日麗関係史』, 東京大学出版会, 1999.

91) 李嶺, 앞의 책 『倭寇と日麗関係史』. 이영의 주장에 대해, 당시 왜구가 少弐氏의 정규 군사력이라면 왜구 금압을 요구하는 고려의 국서가 室町幕府에 당도한 1367년(정치6)의 朝議에서 少弐氏를 지배하던 막부는 당연히 어떤 조치를 취하도록 명했을 터인데 그런 조짐은 전혀 보이지 않는다는 반론이 제기되기도 했다. 森茂晩, 『南朝全史―大覚寺統から後南朝へ』, 講談社 選書メチエ, 2005.

92) 대표적인 연구는 村井章介, 앞의 책 『中世倭人伝』; 동, 앞의 책 『海から見た戦国日本』; 関周一, 앞의 논고 「「中華」の再建と南北朝内乱」 등.

(牛) 일상적인 교류가 있었다고 보는 것이다. 그러나 앞의 이영은 후지타 아키요시(藤田明良)의 한반도 남해안 도서지역에 대한 려말선초 왜구= 다민족 복합적 해적설을 『조선왕조실록』에 대한 치명적인 사료 오독에 근거하고 있다고 비판한다.[93]

전기왜구는 일본인만으로 구성된 균질적인 해적집단인가? 14세기 중엽~ 15세기 초 경기지역을 내습한 대규모 왜구집단과 경상도 남해안을 노략질한 왜구는 성격이 같은가? 아니면 다른가? 조선왕조에 의해 관찬된 『고려사』가 왜구토벌로 명성을 날린 태조 이성계의 업적을 칭송하기 위해 관련 기사를 윤색했을 가능성은 없는가? 소위 전기왜구 문제를 둘러싼 학계의 과제는 아직 산적해 있는 실정이다.

2) 후기왜구의 종식

전기왜구는 조선 정부의 회유책과 명의 영락제가 취한 감합정책, 조공외교 등에 의해 서서히 세력이 약화된다. 하지만 그러한 정책적 대응도 16세기에 들어서자 파탄을 보이기 시작했다. 그 최대 원인은 1540년대부터 일본산 은의 중국 유입이 급증한 데 있다. 은을 생사와 교역하려는 중국의 밀무역선들이 대거 일본열도로 몰려들었으니 이들이 바로 후기왜구의 모태가 되었다. 또한 1551년(천문20)의 오우치씨 멸망을 계기로 정식 감합을 소지한 견명선 파견이 두절되고 그 뒤를 이은 지역의 실력자 오토모씨, 모리씨(毛利氏) 등이 가짜 감합으로 파견한 밀무역선들도 후기왜구의 일종이었을 것이다. 그러므로 무로마치막부가 명의 조공체제로부터 이탈한 사실이 후기왜구 발생의 한 요인으로 작용했다고 할 수 있다.

명의 관헌은 1548년(가정27) 최대의 밀무역 거점인 절강성 쌍서를 함락했

---

93) 藤田明良, 「東アジアにおける「海賊」と国家 -一四世紀~一五世紀の朝鮮半島を中心に-」, 『歴史評論』 575, 1998 등. 이에 대한 비판은 이영, 「〈여말-선초의 한반도 연해도서=다민족 잡거 지역〉설의 비판적 검토」, 『동북아문화연구』 29, 2011.

다. 그러나 이 일은 거꾸로 밀무역 집단의 확산과 과격화를 초래하여 그 직후인 1550년대의 '가정대왜구(嘉靖大倭寇)'를 정점으로 중국 동남해안을 중심으로 한 후기왜구의 약탈행위가 격렬해진다.[94] 앞서 본 같은 시기 조선 서해안에서 거듭 발생한 황당선 표착사건도 그 여파로 볼 수 있을 것이다.

명 관헌의 단속과 토벌에도 불구하고 후기왜구가 계속해서 창궐한 것은 북부 규슈의 고토(五島), 히라도(平戶) 등지에 안전한 피난처가 마련된 덕분이다. 예를 들어 명으로서는 악덕무도한 해적단의 우두머리에 지나지 않던 왕직이 서일본 각지에 거점을 확보하고 히라도의 거소에서 영주에 버금가는 호사를 누렸다. 그 때문에 명은 1555년(가정34・홍치1)과 그 이듬해 연거푸 일본국왕에게 왜구금압을 요구하는 선유사(宣諭使)를 보낸다. 하지만 이미 힘이 극도로 약해진 무로마치막부는 이에 대응하지 못했고, 결국 명의 사절은 서일본 각지의 전국다이묘들에게 협조를 구할 수밖에 없었다. 명 정부가 왜구진압을 위한 실마리를 찾은 것은 해금정책의 강행이야말로 왜구의 창궐을 불러왔다는 점을 뒤늦게 깨닫고 발상을 전환한 때부터이다. 1567년(융경1) 명은 해금정책을 일부 완화하여 복건성 장주 월항(月港)에서 동남아 방면으로 향하는 민간 무역선의 출항을 도항허가증 발급을 조건으로 허락했다. 다만 이때도 일본행은 여전히 금지된다. 따라서 일본으로의 밀무역선 도항은 끊이지 않았고 결국 왜구세력을 완전히 근절할 수 없었다.

1550년대 최대 규모로 창궐한 후기왜구의 민족구성에 일본인보다 복건성, 절강성 출신의 중국인이 많았다는 사실은 중국 측 사료를 통해 확인할 수 있다. 당시 왜구의 수괴로 활약한 자들 중에는 하카타 출신의 일본인, '해왕(海王)' 또는 '재주왕(財主王)'이라 불린 포르투갈인, 사화동(沙火同)이란

---

94) 최근 한지선은 嘉靖倭亂期를 '禦倭'라는 명 정부의 국가적 과제와 '以海爲田'이라는 동남부 연해지역 주민들의 지역적 요구가 상충하여 이에 대한 조정, 합의가 이루어진 시기로 간주하고, 무역 합법화를 위한 지역사회의 노력에 주안점을 둔 논문을 발표했다. 한지선, 「嘉靖年間 東南沿海社會 -密貿易과 嘉靖倭亂을 중심으로-」, 2012년 동양사학회 춘계연구발표회『역사상 동아시아 교류의 새로운 모색』, 2012.

이름의 진도 출신 조선인 등이 있으나,[95] 그 대부분은 왕직, 서해(徐海) 등 중국인들이었다. 그들이 '왜구'로 통칭된 것은 외관 상 주로 일본식 변발과 복식을 하고 있었기 때문이다.[96]

이러한 사실로 미루어 후기왜구의 실상은 민족, 언어, 출신지를 달리 하는 자들이 잡거 연합한 다민족 구성의 해상집단으로 볼 수 있을 것이다. 아라노 야스노리(荒野泰典)는 16세기 중엽 이후 얼마간 지속된 동아시아해역의 위와 같은 현상을 '왜구적 상황'이라고 명명했다.[97] 이리하여 그 후 후기왜구를 다민족혼합체로 보는 인식이 일본 역사학계의 주류를 이루었다. 아라노의 학설은 국민국가의 틀에 얽매인 종래의 왜구 이해에 경종을 울리고 광역적인 동아시아해역이라는 국제적 안목을 중시했다는 면에서 지금도 연구사적 의의가 대단히 크다. 하지만 그 반면 일본열도에 대한 내향적 관점을 소홀히 하면서 과연 후기왜구의 실상에 정확히 접근할 수 있을까? 전국시대 쓰시마 소씨의 사료에 천착함으로써 '왜구적 상황'론을 근저로부터 재검토한 사에키 고지(佐伯弘次)의 연구에 따르면 소씨는 열도 내의 세토내해, 이키, 마츠우라 방면을 근거지로 한 후기왜구 관련 정보를 조선 정부에 제공했고 그로 인해 왜구집단의 공격을 받았다.[98] 후기왜구에도 주로 규슈를 본거지로 한 일본인이 다수 참여한 것은 부정할 수 없는 사실이다.

왜구 문제에 대해서는 현재도 한, 중, 일 삼국에서 인식의 차이가 대단히

---

95) 沙火同을 조선인 왜구로 인정해온 일본 측의 기존 연구에 대해 박승하는 沙火同이 왜구에게 포로가 된 후 그 先導役으로 활약한 만큼 왜구가 아닌 한 명의 조선인 피로인으로 보아야 한다는 반론을 제기했다. 박승하, 「海賊禁止令과 朝鮮被虜人 沙火同刷還事件과의 관련성을 중심으로」, 2012년 동양사학회 춘계연구발표회 『역사상 동아시아 교류의 새로운 모색』, 2012.

96) 앞의 한지선의 정리에 의하면, 중국 역사학계는 소위 후기왜구의 민족구성에 관해 일본인이 중심이고 거기에 漢奸이 결합한 형태라는 기존 인식에서 1980년대 자본주의 맹아론 이후로는 왜구의 대부분이 상품경제 발달 과정에서 私貿易에 종사한 중국인들로 파악하고 있다고 한다. 한지선, 앞의 논문 「嘉靖年間 東南沿海社會 -密貿易과 嘉靖倭亂을 중심으로-」.

97) 荒野泰典, 「日本型華夷秩序の形成」, 『日本の社会史 1列島内外の交通と国家』, 岩波書店, 1987.

98) 佐伯弘次, 「一六世紀における後期倭寇の活動と対馬宗氏」, 中村質 編 『鎖国と国際関係』, 吉川弘文館, 1997.

크다. 물론 현대인의 자국중심적, 도덕적 관점에서 왜구를 단죄하는 것은 지극히 쉬운 일이다. 하지만 그것만으로는 왜구 문제에 내포된 다양한 역사적 의미를 간과해버릴 우려가 크다. 후기왜구의 실태를 보다 정확히 이해하기 위해서는 일본열도의 안과 밖을 망라하여 당시 동아시아해역의 각 지역별 정치, 경제상황과 그 상호 관계성을 규명하는 동시에 한편으로 현대의 국가, 국경, 국민 개념을 넘어선 복안적 시점이 반드시 필요할 것이다.

동아시아해역의 무장 밀무역집단이자 기존 질서의 폭력적 파괴자인 왜구는 관계국이 전면적으로 협력하지 않는 한 근절이 불가능한 존재였다. 특히 당시 전국시대의 마지막 격동기를 지나던 일본의 내전상황이 문제의 진원이다. 후기왜구가 종식된 것은 압도적인 군사력을 기반으로 전국시대를 통일한 도요토미 정권이 탄생한 이후라고 할 수 있다. 1587년(천정15)과 그 이듬해 도요토미 히데요시는 열도 전역에 걸쳐 해적금지령을 반포함으로써 열도 내 해상세력을 완전히 장악했다. 그런 의미에서 새 정권의 탄생은 오랜 기간 왜구 문제로 노심초사해 온 조선, 중국에게 환영할만한 일이었다. 그러나 주지하는 바와 같이 도요토미 정권은 1592년(선조25·문록1) 대륙 정복을 목표로 한 조선침략을 감행한다. 후기왜구를 종식시킴으로써 동아시아 해역에 평화를 선물한 히데요시가 그 직후 이번에는 한, 중, 일 삼국을 대전란으로 몰아넣고 그 후 7년 간 한반도를 지옥의 수라장으로 만든 미증유의 왜구사건을 도발한 것이다.[99]

3) 조선침략기 일본의 동남아시아 무역

대항해시대의 유럽이 동아시아에 본격적으로 진출한 것은 1511년 포르투 갈이 말레이반도의 요충지 말라카를 점령한 때부터이다. 또한 일본과 유럽

---

99) 이상, 倭寇問題의 성격 및 그 연구사적 검토는 橋本雄·米谷均, 「倭寇論의ゆくえ」, 桃木至朗 編 『海域アジア史研究入門』, 岩波書店, 2008, 81-84쪽을 주로 참조하였음. 이밖에도 일본 역사학계의 왜구 연구에 대해서는 나카다 미노루(中田稔), 「일본에서의 왜구 연구의 학설사적 검토」, 『제2기 한일역사공동연구보고서』 3, 2010이 아주 자세함.

의 통교가 시작된 것은 1543년(천문12) 규슈 남쪽의 다네가시마(種子島)에 포르투갈인이 표착하여 화승총을 전래한 사건을 출발점으로 한다.[100] 이것은 1540년대 동아시아해역에서 일본산 은과 중국산 생사를 중심으로 한 교역의 시대가 개화한 상황 속에서 빚어진 우연적인 사건이었다.

동아시아해역의 광역적인 교역은 16세기 후반 전성기를 맞이한다. 앞서 본 것처럼 1567년 명 정부가 복건성 월항으로부터 무역선의 동남아시아 도항을 허가하자 중국인 해상들의 동남아 각지에 대한 교역이 급속히 활발해졌다. 같은 시기 필리핀에 대한 스페인의 식민지화가 진척되면서 필리핀제도 북부에 위치한 최대의 섬 루손도(呂宋島)의 마닐라를 경유하여 엄청난 양의 멕시코 은이 중국으로 유입된다.[101] 또한 1571년(원구2) 포르투갈 선박에 의한 마카오-나가사키 간 무역이 시작되자 대량의 일본산 은이 마카오를 경유하여 중국으로 유입됨으로써 멕시코 은과 경합을 벌이게 된다. 그런데 필리핀제도는 전근대의 일본인들에게도 남부 규슈에서 유구제도를 따라 남하하면 비교적 쉽게 도항할 수 있는 지역이었다. 일본인 해상들은 이미 1560년대부터 이곳을 내왕했고 1570년대는 오토모씨, 시마즈씨, 마츠라씨(松浦氏) 등 규슈의 전국다이묘들이 마닐라와 동남아 각지에 대해 통교 및 무역을 행했다. 당시 규슈의 전국다이묘들이 동남아로부터 수입한 물품은 향목·약재·염료·피혁류 이외에도 금·납·쇠·수은 등 금속류와 무기 원료가 많았다.

---

100) 포르투갈인이 첫 일본 내항에 관한 기본사료는 南浦文之의『鉄炮記』와 안토니오 가르바의『新旧発見記』가 있다. 그런데 두 사료는 포르투갈인의 種子島 표착 연도를 전자는 1543년(천문12), 후자는 1542년(천문11)으로 기록함으로써 日歐關係史나 銃砲史 연구자들 사이에 현재까지도 논쟁이 계속되어 결론을 보지 못하고 있다. 단, 과거 일본의 역사학계와 교과서류는 일반적으로 1543년설을 취했지만 근년 들어 1542년으로 보는 견해가 점차 지지를 얻고 있는 것으로 보인다. 그러나 中島楽章는 선행 연구에 대한 포괄적인 검토와 일본, 중국, 서구의 관련 사료를 재해석한 결과 포르투갈인의 種子島 표착 연도는 1543년이며, 이 무렵 동아시아해역에서 왕성했던 중국인 해상들의 밀무역과 밀접히 연동되어 전술한 王直 등이 중요한 역할을 수행한 점 등을 분명히 했다(中島楽章, 앞의 논문「ポルトガル人の日本初来航と東アジア海域貿易」). 본고에서도 中島의 견해를 따랐다.

101) 小葉田淳,「明代漳泉人の海外通商発展」,『金銀貿易史の研究』, 法政大学出版局, 1976(초출은 1941); 佐久間重男,「明代後期における漳州の海外貿易 -蕭基の恤商策について-」,『日明関係史の研究』, 吉川弘文館, 1992(초출은 1985).

16세기 말은 규슈와 마닐라 간 무역이 확대된 동시에, 일본과의 통상 및 포교를 둘러싼 포르투갈 대 스페인의 주도권 경쟁이 가열된 시기이기도 하다.[102] 도요토미 정권은 1587년(천정15) 예수회(耶蘇会) 교회령이던 나가사키를 직할령으로 선포한다. 그 이듬해는 포르투갈령 마카오로부터 나가사키에 입항하는 정기선에 적재된 생사를 휘하 상인들에게 매점(買占)하게 하고 1591년(천정19)에는 금의 매점까지 명함으로써 정권 차원에서 무역이윤에 개입하고자 했다. 그러나 포르투갈 측 상인들과 예수회가 강력히 항의한 까닭에 결국 그 주도권을 빼앗지는 못했다. 도요토미 정권이 생사, 금 등의 새로운 공급루트로 주목한 것은 스페인과의 마닐라 무역이다. 1594년(문록 3) 히데요시는 휘하 상인들과 가신에게 마닐라 무역에 대한 감독권을 부여하고 그들의 허가 없이 무역선을 파견하는 행위를 금지했다. 이리하여 스페인을 상대로 한 규슈-마닐라 간 무역은 포르투갈을 상대로 한 나가사키-마카오 간 무역을 보완하려는 정권 차원의 선택에 의해 성장할 수 있었다.

1590년대는 매년 1~3척의 일본 선박이 마닐라에 입항했다. 현지에는 일본인 집단거주지역도 형성되어 장기 거주자가 약 천 명에 달했다고 한다.[103] 이 시기 일본인 해상들은 필리핀제도 이외에도 인도차이나반도, 말레이반도, 타이완 등지로 활발히 도항하여 교역을 전개했다. 그들의 도항지가 에도 시대 초기 막부의 허가를 받아 동남아로 도항한 '주인선(朱印船)'의 목적지와 거의 겹치는 점으로 미루어 소위 주인선무역은 이미 1590년대부터 시작되었다고 할 수 있다.[104] 위와 같은 배경 하에서 조선침략기 일본의 참전 다이묘 중 일부는 무기 원료를 비롯한 막대한 전쟁물자와 거액의 군비를 열도 내부뿐만 아니라 동남아시아 무역을 통해 조달하고자 했다.

---

102) 高瀬弘一郎,『キリシタン時代の研究』, 岩波書店, 1977의「第二章 大航海時代とキリシタン -宣教師の祖国意識を中心に-」.

103) 岩生成一,『南洋日本町の研究』, 岩波書店, 1966, 221-231쪽, 237-259쪽.

104) 中島楽章,「十六世紀末の福建-フィリピン-九州貿易」,『史淵』144, 2007.

나카지마 요시아키(中島楽章)는 조선침략의 선봉장으로 악명을 떨친 가토 기요마사(加藤清正, 1562~1611)를 중심으로 이 시기 일본의 동남아시아 무역을 조감함으로써 우리에게 일본군의 전쟁물자 수급에 관한 대단히 흥미로운 연구결과를 제시해 주고 있다.[105] 잘 알려진 바와 같이 조선침략에 동원된 여러 다이묘들은 히데요시에게 영지의 지배권을 인정받은 대신 병력 동원은 물론이고 군량미, 무기류, 수송선박 등 방대한 물자의 대부분을 군역 의무로서 자력 조달해야만 했다. 특히 일본군의 주력이 화승총으로 무장한 보병부대였던 만큼 총기, 탄약의 보급은 시각을 다투는 화급한 문제였다. 그런데 당시 화승총의 총신에는 수입 선철(銑鐵)이, 용수철 원료인 황동(黃銅)도 중국산이 사용되었다. 또 흑색 화약은 초석(硝石) 8할, 유황 1할 미만, 목탄 1할 이상을 혼합해서 제조하는데 천연 초석은 대부분 수입에 의존했다. 게다가 탄환 원료인 납도 일본열도에서는 거의 산출되지 않았다. 이 때문에 당시 동남아 각지의 시장에서 총기 원료인 쇠·구리, 탄환 및 탄약 원료인 납·유황·초석 등에 대한 수요가 급증하여 심각한 공급부족현상이 초래된다. 그 와중에 납·초석은 포르투갈 상인들이 마카오로부터 나가사키에, 또 스페인이 지배한 마닐라를 통해서도 열도로 유입되었다. 심지어 전쟁 상대국인 중국의 복건성 남부와 발해만으로부터도 전쟁물자가 일본열도로 밀수된다.

규슈 구마모토(熊本)의 성주 가토 기요마사는 침략전쟁 개전에 대비하여 그 직전까지 2백 석 규모의 수송선 100적, 예비 선박 50적을 자력으로 건조하고 화승총 300정을 영내에서 제조하게 했다. 또 부족한 총기류는 교토와 오사카로 주문하고, 상당한 양의 은을 나가사키로 보내 포르투갈 선박으로부터 탄환 제조에 소용되는 대량의 납을 구입하는 등 전쟁물자의 사전 확보를 위해 갖은 노력을 기울였다. 1592년 4월 도요토미 정권이 조선침략을 개

---

105) 이하, 본문의 조선침략기 일본의 동남아 무역에 관해서는 주로 中島楽章, 앞의 논문 「16世紀末の九州-東南アジア貿易 -加藤清正のルソン貿易をめぐって-」를 참조함.

시하자 가토는 약 1만 명의 군세를 이끌고 침략군의 최전선을 맡아 파죽지세로 북상한 결과 5월 초 한양에 입성하고 계속해서 함경도로 침공하여 임해군(臨海君), 순화군(順和君) 두 명의 왕자를 생포한 후 여진지역까지 침투한다.

개전 초기는 사전에 비축한 물자로 전선을 유지할 수 있었다. 그러나 병참선이 함경도까지 확장된 이후는 물자수급에 심한 곤란을 겪었으며, 같은 해 9월경에는 주야를 가리지 말고 총기와 탄약을 마련하도록 구마모토에 긴급지령을 보냈다. 이윽고 겨울철이 되자 혹독한 대륙의 동장군과 조선 민, 관의 격렬한 저항으로 인해 군사력 소모는 극에 달했고, 1593년(선조26 · 문록 2) 2월 말 한양으로 철수했을 때 병력은 원래의 절반 정도인 5,500명 이하로 감소했다. 동년 4월이 되면 남해안까지 철수하여 부산 북쪽의 서생포(西生浦)에 축성하고 장기주둔태세에 들어간다.[106] 서생포 왜성(倭城)에서의 가토는 영지 구마모토에 대해 인적, 물적인 총동원을 꾀한다. 또한 12월에는 연공미를 환금한 은과 영내에서 생산, 가공한 소맥분을 자신이 보유한 적재량 천석(千石) 이상의 중국식 정크선을 이용해서 마닐라로 수출할 것을 가신에게 명한다. 이 명령의 실현 여부는 아직 확인되지 않고 있다. 그 후 1596년(선조29 · 경장1) 4월, 가토는 명과의 강화교섭을 방해한 혐의로 소환되어 후시미(伏見)에 칩거당한다. 그리고 이듬해는 칩거 중이면서도 히데요시로부터 주인장(朱印狀)을 발급받아 실제로 무역선을 마닐라에 파견했다.[107]

가토 기요마사가 1595년(문록4) 한 해 동안 영지로부터 거둬들인 연공은

---

106) 北島万次, 『加藤清正 朝鮮侵略の実像』, 吉川弘文館, 2007.

107) 加藤清正의 마닐라 무역에 관한 사료 소개 및 기본적인 검토는 森山恒雄, 「豊臣期海外貿易の一形態 -肥後加藤氏領における関連史料の紹介-」, 『森山恒雄教授退官論文集 地域史研究と歴史教育』, 熊本出版文化会館, 1998(초출은 1966). 단, 이 연구가 加藤의 선박이 肥後로부터 長崎로 파견될 예정이었으며 두 차례 모두 계획만으로 끝났다고 추론한 점에 대해, 中島楽章는 외양 항해에 적합한 대형 정크선의 구조를 감안하면 직접 마닐라까지 파견을 계획한 것이며 특히 1597년(경장2) 사례는 당시 필리핀 총독이 스페인 국왕에게 보낸 보고서 내용으로 보아 실제로 파견된 것이라고 주장한다.

쌀이 약 2만 3,000석, 콩 약 2만 2,000석, 보리 약 9,100석, 밀이 약 2,400석이다. 그러므로 군량과 선박용 목재 등은 영내 조달이 가능하지만 총기, 탄약 등의 구입에 필요한 막대한 현금을 얻기 위해서는 연공으로 징수한 곡물을 시장을 통해 환금해야만 했다. 쌀·콩 등은 교토, 오사카 시장에서 쉽게 은으로 바꿀 수 있었다. 특히 콩은 조선으로도 수송되어 군량, 군마 사료용 등 자체 소비 외에 시세가 상대적으로 좋은 부산 쪽에서 판매하기도 했다. 하지만 갖은 노력에도 불구하고 군자금은 턱없이 부족했으며, 특히 보리·밀 같은 맥류(麥類)는 적당한 시장을 찾기 어려웠다.[108] 그런데 맷돌로 갈아서 가공한 양질의 일본산 소맥분은 당시 마닐라 거주 스페인인들의 식생활에 없어서는 안 될 필수품이었다. 이 무렵 가토를 비롯한 규슈의 참전 다이묘들이 대량의 밀가루를 마닐라로 수출할 수 있었던 것은 바로 이런 배경에서이다.

다이묘들이 은·소맥분 등을 수출하고 마닐라를 통해 입수하고자 한 것은 말할 필요도 없이 침략전쟁의 장기화로 완전히 바닥을 드러낸 각종 전쟁물자였다. 하지만 당시 동남아 시장에서도 군수품을 원활히 조달하기 힘든 상황이었던 점을 감안하면, 가토 등이 마닐라 무역을 통해 실질적으로 수입하고자 한 것은 아마도 열도 내에서 고수익이 기대되는 중국산 생사·비단·도자기류, 필리핀산 녹피(鹿皮)·설탕 그리고 무엇보다도 금이었을 것이다. 이 무렵 침략전쟁 수행을 위한 군자금 용도로 금·은 수요가 폭증하자 은은 흔하지만 금이 전혀 산출되지 않던 서일본지역의 다이묘들은 은을 수출해서까지 금을 얻고자 했다. 가토 기요마사가 마닐라 무역을 통해 어느 정도의 금과 각종 사치품을 수입할 수 있었는지, 그 결과 얻은 수익으로 얼마나 많은 전쟁물자를 조달했는지 등은 아직 전혀 밝혀지지 않았다.

---

108) 森山恒雄,「佐々·加藤氏の政治」,『新熊本市史 通史編第三卷 近世Ⅰ』, 熊本市, 2001.

후기

학부 때는 일어교육학 전공에 사학을 부전공했다. 어디서부터 어떻게 실마리를 찾아들어야 할지 암중모색하던 일본 유학 초기를 지나 에도시대 상업사, 유통경제사를 주 전공으로 택한 것은 동북대학 일본사연구실 석사 2년차 무렵이었다. 서서히 역사공부에 문리가 트이며 '도끼자루 썩는 줄 모르고' 학업의 세계에 빠져든 것은 박사과정 때부터이었던 것 같다.

돌이켜보면 그 후 과정을 수료하고 국비장학금이 끊길 무렵, 생활고를 겪으면서도 한 5년 더 연구에만 몰두했더라면 좋았을 걸이라는 아쉬움이 크다. 1990년 초봄 연구자로서 자립할 만한 기량이 채 다져지지 않은 상태에서 강릉대학교(현 강릉원주대학교) 교양과정 일본어 전임강사로 취업이 결정되어 귀국했다. 그 후로도 유학 시절 익힌 대로 실증 중심의 개별 연구논문을 써 오던 필자가 점차 자신의 방법론을 심각히 회의하게 된 점에 관해서는 서론에 이미 적었다.

2004년 1월 말 동양사학회 연구토론회가 「동아시아 역사상의 상인과 시장」이란 주제로 대천에서 열렸고, 필자도 일본사 분야의 주제 발표자로 참가했다. 그 전년 가을부터 몇 차례 가진 준비 모임에서 중국사 쪽 발표를 맡으신 서울대 이성규 교수님이 "일본 상업사를 체계적으로 정리한 문헌이 국내에는 아직 없다. 번역서라도 있으면 좋겠다."는 취지의 말씀을 누차 하셨다. 아무런 내색도 하지 않았지만 심한 갈등을 겪고 있던 당시의 필자에게는 그 말씀이 큰 반성자료이자 자극이었다.

과연 유통사라는 하나의 전문화된 분야사를 통시대적으로 고찰해낼 만한 힘이 내게 있을까? 오랜 고심 끝에 작업에 착수한 것은 2004년 후반기부터였던 것으로 기억한다. 당초에는 전근대 일본유통사의 선행 연구를 광범위하게 섭렵하여 시대별, 소주제별로 체계화하고 그 각각에 대해 문제점, 전망 등을 제기함으로써 전문 연구서와 통사적 서술의 조화를 꾀하겠다는 나름대로 당찬 포부를 갖고 출발했다. 하지만 그 후의 현실은 방대한 연구사를 뒤쫓기에도 급급하여 깊은 늪에 빠진 듯 허우적대며 자주 후회막급한 상태에 빠졌다.

은사 와타나베 노부오(渡辺信夫) 선생은 생전에 뵐 때마다 학위논문을 속히 공간하라고 독촉하셨다. 그러나 자신의 성과에 미진함을 많이 느끼던 필자는 몇 번이고 수정, 가필한 원고를 앞에 쌓아두고도 그러지를 못 했다. 이번에는 "연구성과란 그 시점까지의 최선이고 늘 부족하다."라던 조언을 상기하며 용기를 내기로 했다.

유통사 개설에 소주제별로 약간의 연구사적 검토를 더했을 뿐인 부족함이 많은 이 한 권의 책을 완성하는 데 꽤 오랜 시간이 걸렸다. 중도에 다른 일도 제법 많이 끼어들었지만 원체 글이 더딘데다 틈만 나면 동료, 제자들과 음주담소를 즐기는 필자의 나태함이 클 것이다.

그동안 많은 분들께 폐를 끼치고 도움을 받았다. 일일이 함자를 거론하지 않겠으나 특히 센다이(仙台) 유학 시절 맺은 연구실 출신 선배들, 동기들과의 깊은 유대가 오랜 기간 심적, 물적으로 큰 힘이 되었다. 일본사학회 산하 근세사연구회의 학우들은 신통찮은 발표에도 매번 여러 모로 지적과 조언을 아끼지 않았다. 사랑하는 벗님, 늘 귀감이 되어 주신 몇 분 근무처 동료들께도 깊이 감사드린다. 방학 때마다 온갖 핑계를 대며 허물 벗듯 일본으로 내빼게 해준 가족들에게는 말할 염치도 없다. 독자층이 넓을 리 없는 본서의 출간을 쾌락해 주신 논형출판의 소재두 사장님께도 심심한 감사의 마음을 전한다.

대학원 시절을 함께 한 어느 일본인 친구가 연전 출간한 자신의 연구서 후기에 "나의 연구는 이제부터다"라고 쓴 것을 읽고 감동한 적이 있다. 그를 본받고 싶다. 기한을 정할 수는 없지만 전공인 에도시대 유통사에 관한 책을 본서의 후속 편으로, 보다 나은 내용과 체재로 꼭 쓸 생각이다.

2012년 10월
강릉 지변동에서

참고문헌

〈서론과 제1부〉

姜仁求,『한국정신문화연구원 조사연구보고서 87-1 한국의 전방후원분 -舞妓山과 長鼓
　　山古墳 측량조사보고서-』, 1987.

岡田裕之・原俊一,「古墳時代の須惠器製作者集團 -福岡縣宗像市須惠須賀浦遺跡の硏究-」,
　　『日本考古學』17, 2004.

岡村道雄,『繩文の生活誌 -日本の歷史01-』, 講談社, 2000.

岡戸哲紀,「搖籃期の陶邑」, 文化財學論集刊行會『文化財學論集』, 1994.

鎌田元一,「『部』についての基礎的考察」, 岸俊男敎授退官紀念會『日本政治社會史硏究』
　　上卷, 1984.

藁科哲夫,「石器および玉類原材料の山地分析」,『考古学と年代測定学・地球科学』, 同成
　　社, 1999.

藁科哲夫・東村武信・佐藤宏之・Z.ラプシナ,「石器石材の山地推定(18)」,『日本文化財
　　科学会 第15回大会 発表要旨』, 1998.

高橋克壽,「埴輪生産の展開」,『考古學硏究』41-2, 1994.

高橋護,「西日本における繩文時代の生業と集落」,『島根考古学会誌』18, 2001.

高久健二,「韓國の倭系遺物」,『國立歷史民俗博物館硏究報告』110, 2004.

高木恭二,「古墳時代の交易と交通」,『考古學による日本歷史9 交易と交通』, 雄山閣,
　　1997.

高田貫太,「古墳時代の日朝関係史と国家形成論をめぐる考古学史的整理」,『国立歴史民
　　俗博物館研究報告』170, 2012.

廣瀨和雄,「古代の開發」,『考古學硏究』30-2, 1983.

＿＿＿,「河內古市大溝の年代とその意義」,『考古學硏究』29-4, 1983.

＿＿＿,「彌生都市の成立」,『考古學硏究』45-3, 1998.

橋口尙武,「海からの贈り物」,『海を渡った繩文人』, 小學館, 1999.

金關恕・大坂府立彌生文化博物館 편,『彌生文化の成立』, 角川書店, 1995.

今尾文昭, 「天皇陵古墳の實像」, 『季刊考古學·別册14 畿內の巨大古墳とその時代』, 2004.

今村啓爾, 「日本列島の新石器時代」, 歷史學硏究會·日本史硏究會 『日本史講座1 東アジアにおける国家の形成』, 東京大學出版會, 2004.

金鉉球, 『백제는 일본의 기원인가』, 창작과비평사, 2002.

吉井秀夫, 「栄山江流域の「前方後円墳」を視る目」, 『歴博』129, 2005.

大貫靜夫, 「日本と大陸の交流」, 『東アジアと日本の考古學III』, 同成社, 2003.

大島直行, 「北海道出土の貝輪について」, 『考古學ジャーナル』311, 1989.

都出比呂志, 「考古學からみた分業の問題」, 『考古學研究』15-2, 1968.

_____, 「考古学と社会」, 『岩波講座 日本考古学』7, 1986.

_____, 「日本古代の國家形成論序說 -前方後圓墳體制の提唱」, 『日本史研究』343, 1991.

_____, 「國家形成の諸段階」, 『歷史評論』551호, 1996.

_____, 「彌生環濠集落は都市にあらず」, 『日本古代史 都市と神殿の誕生』, 新人物往來社, 1998.

藤田弘夫, 『都市の論理』, 中央公論社, 1993.

藤田和尊, 「武器·武具と鐵器生産」, 『季刊考古學·別册14 畿內の巨大古墳とその時代』, 雄山閣, 2004.

鈴木靖民, 「文獻からみた加耶と倭の鐵」, 『國立歷史民俗博物館研究報告』110, 2004.

末松保和, 『任那興亡史』, 大八洲出版, 1949.

木村幾多郎, 「繩文時代の日韓交流」, 『東アジアと日本の考古學III』, 同成社, 2003.

木下尙子, 「南海産貝輪交易考」, 『横山浩一先生退官記念論文集 I 生産と流通の考古學』, 文獻出版, 1989.

_____, 「古代朝鮮·琉球交流試論 -朝鮮半島における起源1世紀から7世紀の大型卷貝使用製品の考古學的檢討-」, 『靑丘學術論集』第18集, 2001.

_____, 「韓半島の琉球列島産貝製品 -1~7世紀を對象に-」, 『韓半島考古學論叢』, すずさわ書店, 2002.

武光誠, 『部民制』, 吉川弘文館, 1982.

武末純一, 『日本史リブレット3 弥生の村』, 山川出版社, 2002.

朴天秀, 「四, 五世紀における韓日交涉の考古學的再檢討 考古學からみた古代の韓·日

交渉」,『靑丘學術論集』12, 1998.

_____, 「考古資料를 통해 본 古代 韓半島와 日本列島의 相互作用」,『韓國古代史研究』 27, 2002.

_____, 「榮山江流域における前方後圓墳の被葬者の出自と性格」,『考古學研究』49-2, 2002.

白石耕治, 「陶邑と須惠器生産」,『季刊考古學・別冊14 畿內の巨大古墳とその時代』, 雄山閣, 2004.

白石太一郎, 「古墳にみる王權」,『週刊朝日百科 日本の歴史 別冊 歴史の讀み方3 考古學への招待』, 朝日新聞社, 1988.

_____, 「古墳成立論」,『新版古代の日本 1古代史總論』, 角川書店, 1993.

_____, 「彌生・古墳文化論」,『岩波講座日本通史2 古代1』, 岩波書店, 1993.

_____, 「總論-交通・交易システムの變遷とその背景」,『考古學による日本歴史9 交易と交通』, 雄山閣, 1997.

_____, 「倭國誕生」,『日本の時代史 1倭國誕生』, 吉川弘文館, 2002.

_____, 「もう一つの倭・韓交易ルート」,『国立歴史民俗博物館研究報告』110, 2004.

寺澤薰, 『日本の歴史 2.王權誕生』, 講談社, 2000.

山崎武, 「埴輪の地域性と時代性 生産と流通」,『考古資料大觀 4彌生・古墳時代 埴輪』, 小學館, 2004.

森岡秀人, 「七. 分業と流通 -繩文・古墳時代との比較」, 佐原眞 編『古代を考える 稻・金屬・戰爭-彌生-』, 吉川弘文館, 2002.

_____, 「貨幣」,『東アジアと日本の考古學Ⅲ』, 同成社, 2003.

_____, 「農耕社會の成立」, 歴史學研究會・日本史研究會 編『日本史講座1 東アジアにおける國家の形成』, 東京大學出版會. 2004.

西本昌弘, 「邪馬台國論争」,『日本歴史』700, 2006.

石母田正, 「古墳時代の社會組織 -『部』の組織についてー」,『日本考古學講座』5, 河出書房, 1955.

_____, 「古代史概説」,『岩座日本歴史1 原始および古代1』, 岩波書店, 1962.

_____, 『日本の古代國家』, 岩波書店, 1971.

石井寬治, 『日本流通史』, 有斐閣, 2003.

宣石悅,「加耶の鐵と倭の南北市糴」,『國立歴史民俗博物館研究報告』110, 2004.

設樂博己,「彌生時代の交易・交通」,『考古學による日本歴史9 交易と交通』, 雄山閣, 1997.

小林行雄,『古墳の話』, 岩波書店, 1959.

_____,「古墳文化の生成」,『岩座日本歴史1 原始および古代1』, 岩波書店, 1962.

小杉康,「交易好きな三内丸山集団」,『三内丸山フォーラム `98』, 1998.

_____,「生業としての交易活動」,『考古学研究』50-2, 2003.

松藤和人,「日本列島の舊石器時代」, 歴史學研究會・日本史研究會『日本史講座1 東アジアにおける國家の形成』, 東京大學出版會, 2004.

松原弘宣,「總論 畿内王權の成立と瀬戸内海支配」,『古代王權と交流6 瀬戸内海地域における交流の展開 』, 名著出版, 1995.

埴原和郎,『日本人の誕生』, 吉川弘文館, 1996.

신경철・김재우,『김해 대성동 고분군Ⅰ』・『김해 대성동 고분군Ⅱ』, 경성대학교박물관 연구총서 4집・7집, 2000.

岸本直文,「三角緣神獸鏡の配布」,『季刊考古學・別册14 畿内の巨大古墳とその時代』, 雄山閣, 2004.

安蒜政雄,「石器時代の物物交換とミチ」,『考古学による日本歴史9 交易と交通』, 雄山閣, 1997.

櫻井英治・中西聰편,『新體系日本史12 流通經濟史』, 山川出版社, 2002.

연민수,「영산강 유역의 前方後圓墳 피장자와 그 성격」, 동국대학교 일본학연구소『日本學』32집, 2011.

宇野隆夫,「西洋流通史の考古學的研究 -イギリス考古學の研究動向からー」,『古代文化』48-10, 1996.

李盛周,「분구묘의 인식」,『한국상고사학보』32호, 2000.

日本考古學協會,『前・中期舊石器問題調査研究特別委員會報告(Ⅱ)』, 2002.

林永珍,『영산강유역권 장고분 조사연구보고서』, 백제문화개발연구원, 2009.

長沼孝,「黑曜石の山・白滝遺跡群」,『科学』72호, 岩波書店, 2002.

田畑久夫,『鳥居竜蔵のみた日本 -日本民族・文化の源流を求めて-』, 古今書院, 2007.

朝尾直弘・宇野俊一・田中琢編,『新版日本史辞典』, 角川書店, 1996.

朝鮮學會,『前方後圓墳と古代日朝關係』, 同成社, 2002.

早乙女雅博・早川泰弘,「日韓硬玉製勾玉の自然科學的分析」,『朝鮮學報』162, 1997.

朝日新聞社,『週刊朝日百科 日本の歴史 別册3 考古学への招待』, 1988.

足立啓二,「東アジアにおける錢貨の流通」,『アジアのなかの日本史III 海上の道』, 東京大学出版会, 1992.

佐藤宏之・ヤロスラフV. クズミン・ミチェルD. クラスコク,「サハリン島出土の先史時代黒曜石製石器の原産地分析と黒曜石の流通」,『北海道考古学』38輯, 2002.

佐原眞,「彌生文化の比較考古學 一總論」,『古代を考える 稲・金屬・戰爭 彌生』, 吉川弘文館, 2002.

中橋孝博・飯塚勝,「北部九州の縄文~彌生移行期に關する人類學的考察」,『人類學雜誌』第106卷 第1号, 1998.

村上恭通,「鐵と社會變革をめぐる諸問題」・「鐵器生産・流通と社會變革」,『古墳時代像を見直す』, 青木書店, 2006.

春田直紀,「モノからみた15世紀の社会」,『日本史研究』546, 2008.

坂本寧男,『雑穀のきた道』, 日本放送出版協会, 1988.

平野邦雄,「日本における古代鑛業と手工業」,『古代史講座』9, 學生社, 1963.

平田定幸,「福岡平野における青銅器生産 -春日丘陵とその周邊を中心として-」,『考古學ジャーナル』359, 1993.

豊田武・兒玉幸多편,『流通史 I 』, 山川出版社, 1969.

河仁秀,「東三洞貝塚と韓・日新石器時代の交流」,『シンポジウム海峡を越えて -原の辻以前の先史時代の人と交流』, 龍田考古会, 2001.

穴澤義功,「日本古代の鐵生産」,『國立歴史民俗博物館研究報告』110, 2004.

花谷浩,「飛鳥池遺跡と銅・ガラス製品の生産」,『考古學研究會 例會シンポジウム紀録3 三世紀のクニグニ・古代の生産と工房』, 2002.

花田勝廣,「倭政權と鍛冶工房 -畿內の鍛冶專業集落を中心に-」,『考古學研究』36-4, 1989.

_____,「韓鍛冶と渡来公人集團」,『国立歴史民俗博物館研究報告』第110集, 2004.

和田晴吾,「金屬器の生産と流通」,『日本考古學』3, 岩波書店, 1986.

_____,「古墳時代の生業と社會 -古墳の秩序と生産・流通システム-」,『考古學研究』50-

3, 2003.

_____, 「古墳文化論」, 歷史學研究會·日本史研究會『日本史講座1』, 東京大學出版會, 2004.

横田健一, 「物部氏祖先傳承の一考察」, 『日本書紀研究』2, 1966.

横田洋三편, 『木瓜原遺跡』, 滋賀縣教育委員會·滋賀縣文化財保護協會, 1996.

Childe, V. G(1950), The urban revolution. *Town Planning Review*, vol. 21.

Hodder, I(1991), *Reading the Past: Current approachs to interpretation in archaeology*, 2nd edition, Cambridge.

Renfrew, C(1975). *Trade as action at a distance. In Ancient Civilisation and Trade*, edited by J.A.Sabloff and C.C. Lamberg-Karlovsky, University of New Mexico Press.

〈제2부〉

家島彦一, 「チベット産麝香の流通ネットワーク」, 『海域から見た歴史』, 名古屋大学出版会, 2006.

加藤繁, 『唐宋時代に於ける金銀の研究』分册二, 東洋文庫, 1926.

榎本淳一, 「コメント「蕃国」から「異国」へ」, 『日本史研究』464, 2001.

綱島謙, 「律令制下の通信スピードとその変遷 -移動形態に関連して-」, 『ヒストリア』190, 2004.

江草宣友, 「古代日本における銭貨の成立 -富本銭の検討-」, 『国学院雑誌』102-4, 2001.

_____, 「藤原仲麻呂政権下の銭貨発行と新羅征討計画」, 『国史学』182, 2004.

_____, 「平安期における銭貨流通と渡来銭」, 『ヒストリア』193, 2005.

皆川雅樹, 「9~10世紀における日本の金と對外關係 一大宰府鴻臚館を中心としてー」, 『古代交通研究』11, 2001.

_____, 「九~十世紀の「唐物」と東アジア 一香料を中心としてー」, 『人民の歴史学』166, 2005.

_____, 「平安期の「唐物」と「東アジア」」, 『歴史評論』680, 2006.

高橋美久二, 「山崎駅と駅家の構造」, 『長岡京古文化論叢』, 1986.

_____, 「山陽道の瓦葺駅家」, 『古代交通の考古地理』, 大明堂, 1995.

_____, 「都と地方間の交通路政策」, 『國立歴史民俗博物館研究報告』134, 2007.

高柳光寿,「東大寺薬師院文書の研究 -平城京相模国調邸・東西市荘・東西堀川のこと-」,
　　『高柳光寿史学論文集』上, 吉川弘文館, 1970.

舘野和己,「律令制下の交通と人民支配」,『日本史研究』211, 1980.

_____,「日本古代の交通政策」,『日本政治社会史研究』, 塙書房, 1984.

_____,「律令国家の交通政策」,『古代交通研究』2, 1993.

_____,「長屋王家の交易活動 -木簡に見える「店」をめぐって-」,『奈良古代史論集』3,
　　1997.

関周一,「唐物の流通と消費」,『国立歴史民俗博物館研究報告』92, 2002.

亀田隆之,「観世音寺の奴婢」,『日本古代制度史論』2, 吉川弘文館, 1980.

堀部猛,「匠丁考」,『延喜式研究』9, 1994.

宮滝交二,「古代東国における物流と河川交通」,『古代交通研究』6, 1997.

宮原武夫,「公廨稲出挙制の成立」,『日本古代の国家と農民』, 法政大学出版局, 1973.

宮沢知之,「北宋の財政と貨幣経済」, 中国史研究会編『中国専制国家と社会統合 -中国史
　　像の再構成 II』, 文理閣, 1990.

鬼頭清明,「昭和四十一年度平城宮出土の木簡」,『奈良国立文化財研究所年報』, 1967.

_____,「平城宮出土木簡と下級官人」,『日本古代都市論序説』, 1977.

_____,「八, 九世紀における出挙銭の存在形態 -官営高利貸と下級官人層をめぐって-」,
　　『日本古代都市論序説』, 法政大学出版局, 1977.

_____,『古代木簡と都城の研究』, 塙書房, 2000.

今村啓爾,『富本銭と謎の銀銭 ー貨幣誕生の眞相ー』, 小学館, 2001.

_____,「和同開珎銀銭と銅銭の発行當初の交換比率」,『史學雜誌』110ー7, 2001.

_____,「無文銀銭と和同開珎銀銭」,『季刊考古學』78, 2002.

_____,「三上喜孝氏による拙著『富本銭と謎の銀銭』の書評に対して」,『歴史学研究』
　　767, 2002.

金沢悦男,「日本古代における銭貨の特質」,『歴史学研究』755, 2001.

_____,「富本銭に関する一考察」,『古代史研究』19, 2002.

吉岡康暢,「新しい交易體系の成立」,『考古學による日本歴史9 交易と交通』, 雄山閣,
　　1997.

吉田光邦,「宋元の軍事技術」, 薮内清編『宋元時代の科学技術史』, 京都大学人文科学研

究所, 1967.

吉田法一,「中国家父長制論批判序説」, 中国史研究会編『中国専制国家と社会統合 -中国史像の再構成 II』, 文理閣, 1990.

吉田晶,「八, 九世紀における私出擧について」, 大阪歴史学会編『律令國家の基礎構造』, 吉川弘文館, 1960.

吉田孝,「律令時代の交易」, 弥永貞三編『日本經濟史大系 I 古代』, 東京大学出版会, 1965.

_____,『日本の誕生』, 岩波書店(岩波新書), 1997.

吉川聡,「律令官司制の構造とその成立」,『日本史研究』444, 1999.

김기흥,『삼국 및 통일신라 세제의 연구』, 역사비평사, 1991.

金元龍,『武寧王陵』, 近藤出版社, 1979.

김창석,『삼국과 통일신라의 유통체계 연구』, 일조각, 2004.

奈良国立文化財研究所,『平城宮發掘調查出土木簡概報』17, 1984.

朧谷寿.「都市と民衆」, 笹山晴生編『古代を考える平安の都』, 吉川弘文館, 1991.

鍛代敏雄,「日本中世における商人身分の形成とその特質 -物流の観点を中心に-」,『国学院雑誌』109-11, 2008.

大石直正,「平安時代後期の徴税機構と莊園制」,『東北學院大學論集』歴史學・地理學1, 1970.

大日方克己,「律令国家の交通制度の構造 -逓送・供給をめぐって-」,『日本史研究』269, 1985.

_____, 舘野和己『日本古代の交通と社会』에 대한 서평,『古代交通研究』8, 1998.

大津透,『律令國家支配構造の研究』, 岩波書店, 1993.

大塚初重 외 編,『考古学による日本歴史 9交易と交通』, 雄山閣, 1997.

渡邊誠,「平安中期, 公貿易下の取引形態と唐物使」,『史學研究』237호, 2002.

_____,「平安期の貿易決済をめぐる陸奥と大宰府」,『九州史学』140, 2005.

_____,「年紀制と中国海商 -平安時代貿易管理制度再考-」,『歴史学研究』856, 2009.

_____,「年紀制の消長と唐人来着定 -平安時代貿易管理制度再考-」,『ヒストリア』217, 2009.

_____,「鴻臚館の盛衰」, 荒野泰典 등 編『日本の対外関係 3通交・通商圏の拡大』, 吉川

弘文館, 2010.

渡辺信一郎,『中国古代国家の思想構造』, 校倉書房, 1994.

都出比呂志,「都市形成史と国家論」, 吉田晶編『日本古代の国家と村落』, 塙書房, 1998.

東野治之,「鳥毛立女屛風下張文書の研究 -買新羅物解の基礎的考察-」,『正倉院文書と木簡の研究』, 塙書房, 1977.

_____,「日出処・日本・ワークワーク」,『遣唐使と正倉院』, 岩波書店, 1992.

_____,『貨幣の日本史』, 朝日新聞社, 1997.

_____,「東アジアの中の富本銭」,『市民の古代ニュース』196・197 부록, 1999.10・11.

『東洋文庫183 東方見聞録2』, 愛宕松男 역주, 平凡社, 1971.

藤田豊八,「宋代輸入の日本貨につきて」,『東西交渉史の研究 南海篇』, 荻原星文館, 1943.

藤田弘夫,『都市の論理 -権力はなぜ都市を必要とするか-』, 中央公論社(中公新書1151), 1993.

滝沢武雄,『日本の貨幣の歴史』, 吉川弘文館, 1996.

馬場基,「駅と伝と伝馬の構造」,『史学雑誌』105-3, 1996.

梅村喬,「勘会制の変質と解由制の成立」,『日本史研究』142・143, 1974.

_____,「民部省勘会の成立」, 弥永貞三先生還暦記念会編『日本古代の社会と経済 上』, 吉川弘文館, 1978

毛利憲一,「六・七世紀の地方支配 ー「國」の歴史的位置ー」,『日本史研究』523, 2006.

木下良,「近年における古代道路研究の成果と課題」,『人文地理』40-4, 1988.

_____,「古代交通研究上の諸問題」,『古代交通研究』1, 1992.

_____,「古代の交通体系」,『岩波講座日本通史』5, 岩波書店, 1995.

_____,「古代道路研究の近年の成果」, 木下良編『古代を考える 古代道路』, 吉川弘文館, 1996.

門井直哉,「律令期の伝馬制と交通路体系について -「伝路」概念の再檢討を通じて-」,『史林』85-6, 2002.

尾野善裕,「平安時代における緑釉陶器の生産・流通と消費 ー尾張産を中心にー」,『國立歴史民俗博物館研究報告』92, 2002.

_____,「嵯峨朝の尾張における緑釉陶器生産とその背景 ー平安時代初期の喫茶文化と

の關わりを通してー」,『古代文化』54ー11, 2002.

박노자, 「신라엔 왜 금속화폐가 없었을까」,『한겨레21』707, 2008.

白石太一郎, 「總論-交通・交易システムの變遷とその背景」,『考古學による日本歷史9 交易と交通』, 雄山閣, 1997.

保立道久, 「中世前期の新制と沽價法 -都市王権の法, 市場・貨幣・財政-」,『歴史学研究』687, 1996.

＿＿＿＿,『黄金国家ー東アジアと平安日本』, 青木書店, 2004.

服藤早苗, 『家成立史の研究』, 校倉書房, 1991.

福原榮太郎, 「長屋王家の消費活動」,『神戸山手大學紀要』3, 2001.

本郷恵子, 「中世の経済構造」,『全集日本の歴史 6京・鎌倉ふたつの王権』, 小学館, 2008.

北村文治, 「古代国郡制創始小考」,『国士舘大学人文学会紀要』22, 1989.

北村優季, 「京戸について -都市としての平城京-」,『史学雑誌』93-6, 1984.

寺崎保廣, 日本歴史學會編『人物叢書 長玉王』, 吉川弘文館, 1999.

寺內浩, 「攝關期の受領と私富蓄積」,『日本歴史』551호, 1994.

山口英男, 「郡領の銓擬とその変遷」, 笹山晴生先生還暦記念会編『日本律令制論集』下, 吉川弘文館, 1993.

＿＿＿＿, 「4. 地域社会と国郡制」, 歴史学研究会・日本史研究会『日本史講座2 律令国家の展開』, 東京大学出版会, 2004.

山崎雅稔, 「貞観八年應天門事件と新羅賊兵」,『人民の歴史学』146, 2000.

山内晋次, 「10~11世紀の對外關係と國家 -中國商人の來航をめぐって-」,『ヒストリア』141, 1993.

＿＿＿＿, 「東アジア海域における海商と國家 -10~13世紀を中心とする覺書-」,『歴史學研究』681호, 1996

＿＿＿＿, 「平安期日本の対外交流と中国海商」,『日本史研究』464, 2001.

＿＿＿＿, 「Ⅳ.日宋貿易の展開」, 加藤友康編『日本の時代史 6攝關政治と王朝文化』, 吉川弘文館, 2002.

＿＿＿＿, 「中国海商と王朝国家」,『奈良平安期の日本とアジア』, 吉川弘文館, 2003.

＿＿＿＿, 「10~13世紀の東アジアにおける海域交流」,『唐代史研究』7, 2004.

＿＿＿＿, 「日本列島と海域世界」, 桃木至朗編『海域アジア史研究入門』, 岩波書店, 2008.

山本明,「律令政治の進展における貴族と官人」, 東京教育大学昭史会編『日本歴史論究』, 二宮書店, 1963.

山尾幸久,『日本古代国家と土地所有』, 吉川弘文館, 2003.

山田勝芳,「貨幣と王権-中国と日本」,『岩波講座 天皇と王権を考える 3生産と流通』, 岩波書店, 2002.

山中敏史,『古代地方官衙遺跡の研究』, 塙書房, 1994.

山中章,「初期平安京の造営と構造」,『古代文化』46-1, 1994.

_____,『日本古代都城の研究』, 柏書房, 1998.

_____,「古代都市の構造と機能」,『考古学研究』45-2, 1998.

_____,『長岡京研究序説』, 塙書房, 2001.

_____,「古代都市と商業」, 後藤直・茂木雅博編『東アジアと日本の考古学 V』, 同成社, 2003.

森克己,『森克己著作集 1新訂日宋貿易の研究』, 國書刊行會, 1975.

_____,『森克己著作集 2續日宋貿易の研究』, 國書刊行會, 1975.

杉本一樹,「鳥毛立女屏風本紙裏面の調査」,『正倉院年報』12, 1990.

杉山宏,『日本古代海運史の研究』, 法政大學出版局, 1978.

_____,「律令制下の海運政策について」,『古代交通研究』4, 1995.

杉山洋,「コラム皇朝十二銭の鋳造」, 大塚初重 外 編『考古学による日本歴史 9交易と交通』, 雄山閣, 1997.

_____,「古代都城の金屬器生産」,『國立歴史民俗博物館研究報告』113, 2004.

_____,「飛鳥池遺跡の性格をめぐって」, 奈良文化財研究所『文化財論叢Ⅲ』, 2002. ,『歴史評論』655, 2004.

三上喜孝,「庸制の特質を通じてみた古代現物貨幣論」,『史學雜誌』106-11, 1997.

_____,「古代銀銭の再検討」,『出土銭貨』9, 1998.

_____,「富本銭の史的意義」,『山形県立米沢女子短期大学紀要』35, 2000.

_____,「出擧・農業経営と地域社会」,『歴史学研究』7 81, 2003.

_____,「日本古代の錢貨出擧についての覺書」,『國立歴史民俗博物館研究報告』113집, 2004.

_____,「銭貨と古代国家」,『歴史評論』655, 2004.

森哲也, 「律令制下の情報伝達について」, 『日本歴史』 571, 1995; 永田英明, 「律令国家の駅制運用」, 『史学雑誌』 105-3, 1996.

三宅俊彦, 「第二章生産と流通3 生産・流通の諸相③ 第九節東アジアの銭貨流通」, 天野哲也 외 편 『中世東アジアの周縁世界』, 同成社, 2009.

三浦圭介, 「北奥・北海道地域における古代防御性集落の発生と展開」, 『国立歴史民俗博物館研究紀要』 64, 1995.

_____, 「北日本古代の集落・生産・流通」, 『日本海域歴史大系 2古代編』, 清文堂出版, 2006

三品彰英, 『三品彰英論文集 4増補日鮮神話伝説の研究』, 平凡社, 1972.

生田滋, 「アジア史上の港市国家」, 大林太良編 『古代の日本3 海を越えての交流』, 中央公論社, 1986.

西嶋定生, 『古代東アジア世界と日本』, 岩波書店, 2000(李成市 편집. 한글판은 송완범 역, 『일본의 고대사 인식: '동아시아세계론'과 일본』, 역사비평사, 2008).

石見清裕, 「鴻臚寺と迎賓館」, 『唐の北方問題と国際秩序』, 汲古書院, 1998.

石母田正, 「日本古代における国際意識」, 『思想』 454, 1962.

_____, 「天皇と「諸蕃」」, 『法学志林』 60-3・4, 1963.

_____, 「國家機構と古代官僚制の成立」, 『石母田正著作集 3 日本の古代國家』, 岩波書店, 1989.

石上英一, 「律令財政史研究の課題」, 『日本歴史』 334, 1976.

石井寛治, 『日本流通史』, 有斐閣, 2003.

石井正敏, 「一〇世紀の国際変動と日宋貿易」, 田村晃一・鈴木靖民編 『新版古代の日本 2 アジアからみた古代日本』, 角川書店, 1992.

_____, 「高麗との交流」, 荒野泰典 등 편 『日本の対外関係 3通交・通商圏の拡大』, 吉川弘文館, 2010.

石井進, 『日本の中世1 中世のかたち』, 中央公論新社, 2002.

小沢毅, 「古代都市「藤原京」の成立」, 『考古学研究』 43-4, 1997.

松木哲, 「船と航海を推定復元する」, 大林太郎編 『日本の古代 3海をこえての交流』, 中央公論社, 1986.

송완범, 「8세기 중엽 '新羅征討' 계획으로 본 古代 日本의 對外方針」, 『한일관계사연구』

25, 2006.

松原弘宣,『日本古代水上交通史の研究』, 吉川弘文館, 1985.

_____,「古代水上交通研究の現状と課題 -瀬戸内海交通を中心に-」,『古代交通研究』3, 1994.

_____,「水上交通研究の成果と課題」,『古代交通研究』4, 1995.

_____,「水上交通の検察システムについて」,『続日本紀研究』337, 2002.

松村惠司,「富本七曜錢の再檢討」,『出土錢貨』11, 1999.

_____,「『富本錢』は通貨かまじない錢か」,『歷史讀本』44-8, 1999.

_____,「富本錢をめぐる諸問題」,『季刊考古學』78, 2002.

_____,「出土錢貨」,『日本の美術』512, 至文堂, 2008.

狩野久,「律令制収奪と人民」,『日本史研究』97, 1968.

市大樹,「律令交通体系における驛路と伝路」,『史學雜誌』105-3, 1996.

_____,「伊勢國計會帳からみた律令國家の交通体系」,『三重縣史研究』16, 2001.

時野谷滋,「位階の賣買」,『飛鳥奈良時代の基礎的研究』, 國書刊行會, 1990.

市川理恵,「日本古代における「都市民」の成立 -坊令・保刀禰を中心に-」,『ヒストリア』 183, 2003.

岸俊男,「都城と律令国家」,『岩波講座世界歷史2』, 1975.

_____,『日本古代宮都の研究』, 岩波書店, 1988.

桜井英治,「日本中世における貨幣と信用について」,『歷史学研究』703, 1997.

櫻井英治・中西聰編『新體系日本史12 流通經濟史』, 山川出版社, 2002.

鈴木公雄,「出土錢貨研究の展望」,『季刊考古學』78, 2002. 2, 雄山閣.

鈴木靖民,「正倉院の新羅文物」,『古代対外関係史の研究』, 吉川弘文館, 1985.

鈴木琢也,「北日本における古代末期の北方交易 一北方交易からみた平泉前史一」,『歷 史評論』678, 2006.

栄原永遠男,「律令国家と錢貨-功直錢給をめぐって-」,『日本史研究』123, 1972.

_____,「日本古代の遠距離交易について」, 大阪歷史學會編『古代國家の形成と展開』, 吉川弘文館, 1976.

_____,「律令中央財政と錢貨に関する試論」,『社会科学研究』2, 1981.

_____,「錢貨と呪力 -日本古代錢貨の出土事例を中心として-」,『大阪市立大学文学部人

文研究』43-7, 1991.

_____,「和同開珎の流通」,『新版古代の日本6 近畿Ⅱ』, 角川書店, 1991.

_____,『奈良時代流通経済史の研究』, 塙書房, 1992.

_____,「銭貨の多義性 -日本古代銭貨の場合-」,『アジアのなかの日本史Ⅲ 海上の道』, 東京大学出版会, 1992.

_____,「和同開珎の誕生」,『日本古代銭貨流通史の研究』, 塙書房, 1993.

_____,「日本古代國家の錢貨發行」, 池享編『錢貨 -前近代日本の貨幣と國家-』, 青木書店, 2001.

_____,「古代の難波をめぐる国際交易ネットワーク」,『都市文化研究』8, 2006.

永田英明,「律令國家における傳馬制の機能」,『交通史研究』28, 1992.

_____,「七道制と驛馬・傳馬」,『古代交通研究』7, 1997.

五味文彦,「日宋貿易の社会構造」, 今井林太郎先生喜寿記念論文集刊行会編『今井林太郎先生喜寿記念 国史学論集』, 1988.

王勇,「海を渡った文物」, 荒野泰典 등 편『日本の対外関係 3通交・通商圏の拡大』, 吉川弘文館, 2010.

原秀三郎,「律令制経済の変容と国家的対応」,『日本経済史を学ぶ 上 古代・中世』, 有斐閣, 1982.

윤재운,「南北國時代의 네트워크」,『九州大學韓國研究センター年報』5, 2005.

李炳魯,「九世紀初期における「環シナ海貿易圏」の考察 -張寶皐と対日交易を中心として-」,『神戸大学史学年報』8, 1993.

_____,「寛平期(890년대) 일본의 대외관계에 관한 일고찰」,『日本學誌』16, 1996.

李嶺,『倭寇と日麗關係史』, 東京大學出版會, 1999.

仁藤敦史,「「長屋王家」の家産と家政機關について」,『國立歴史民俗博物館研究報告』113집, 2004.

林文理,「博多綱首の歴史的位置 -博多における権門貿易-」, 大阪大学日本史研究室編『古代中世の社会と国家』, 清文堂出版, 1998.

田島公,「日本, 中國・朝鮮對外交流史年表 一大宝元年~文治元年一」, 奈良縣立橿原考古學研究所付屬博物館編『貿易陶磁 一奈良・平安の中國陶磁一』, 臨川書店, 1993.

_____,「大宰府鴻臚館の終焉 -八世紀~十一世紀の對外交易システムの解明-」,『日本史

研究』389, 1995.

田中史生,「筑前國における銀の流通と国際交易」,『古代交通研究』6, 1997.

_____,「筑前国の銀の流通と国際交易 -銀流通の前提を再考する-」, 松村恵司・栄原永遠男編『古代の銀と銀銭をめぐる史的検討』, 科學研究費報告書, 2004.

田中俊明,「朝鮮三国の都城制と東アジア」,『古代の日本と東アジア』, 小学館, 1991.

井上光貞 외 역주,『日本思想大系 3律令』, 岩波書店, 1976.

井上正夫,「一一世紀の日本における送金為替手形の問題について」, 東京大学『東洋文化研究所紀要』155, 2009.

篠原豊一,「コラム平城京の東市」, 大塚初重 외 編『考古学による日本歴史 9交易と交通』, 雄山閣, 1997.

早川庄八,「律令財政の構造とその変質」, 弥永貞三編『日本経済史大系 1古代』, 東京大學出版会, 1965.

_____,『日本の歴史4 律令国家』, 小学館, 1974.

_____,「公廨稲制度の成立」,『日本古代の財政制度』, 名著刊行会, 2000.

足立啓二,「専制国家と財政・貨幣」, 中国史研究会編『中国専制国家と社会統合 -中国史像の再構成II』, 文理閣, 1990.

_____,「東アジアにおける銭貨の流通」,『アジアのなかの日本史III 海上の道』, 東京大学出版会, 1992.

鐘江宏之,「「國」制の成立」, 笹山晴生先生還暦記念会編『日本律令制論集』上, 吉川弘文館, 1993.

_____,「律令制形成期の往来と道制」,『古代交通研究』7, 1997.

_____,『全集日本の歴史 3律令国家と万葉びと』, 小学館, 2008.

佐藤信,「古代の『大臣外交』についての一考察」,『境界の日本史』, 山川出版社, 1997.

佐藤宗諄,「関と過所」,『古代交通研究』3, 1994.

佐藤泰弘,『日本中世の黎明』, 京都大學出版會, 2001.

佐佐木虔一,「古代の渡し 一河川を中心に一」,『古代交通研究』3, 1994.

酒寄雅志,「日本と渤海・鞨鞨との交流 -日本海・オホーツク海域圏と船-」,『境界の日本史』, 山川出版社, 1997.

_____,「古代日本海の交流」, 熊田亮介・坂井秀弥編『日本海域歴史大系 2古代篇II』, 清

文堂出版, 2006.

中島圭一,「日本の中世貨幣と国家」, 歴史学研究会編『シリーズ歴史学の現在1 越境する
　　　貨幣』, 青木書店, 1999.

中野高行,「天智朝の帝国性」,『日本歴史』747, 2010.

中込律子,「中世成立期の國家財政構造」,『歴史學研究』677호, 1995.

中村順昭,「奉寫一切經所の月借錢解について」,『日本歴史』526, 1992.

中村太一,「古代東国の水上交通 -その構造と特質-」,『古代王権と交流2 古代東国の民衆
　　　と社会』, 名著出版, 1994.

_____,『日本古代国家と計画道路』, 吉川弘文館, 1996.

_____,「日本古代の交易者 -目的とその類型-」,『國立歴史民俗博物館研究報告』113,
　　　2004.

_____,「古代国家形成期の都鄙間交通一駅伝制の成立を中心に一」,『歴史学研究』820,
　　　2006.

櫛木謙周,『日本古代勞動力編成の研究』, 塙書房, 1996.

_____,「長屋王家の經濟基盤と荷札木簡」,『木簡研究』21, 1999.

_____,「平安京の宅地賣買とその價格」,『洛北史學』1, 1999.

_____,「長屋王家の消費と流通經濟 -勞働力編成と貨幣・物価を中心に-」,『國立歴史民
　　　俗博物館研究報告』92, 2002.

_____,「商人と商業の発生」, 櫻井英治・中西聰編『新體系日本史12 流通經濟史』, 山川
　　　出版社, 2002.

_____,「5 生産・流通と古代の社会編成」, 歴史学研究会・日本史研究会『日本史講座
　　　2 律令国家の展開』, 東京大学出版会, 2004.

池端雪浦,「東南アジア史へのアプローチ」, 池端雪浦編『変わる東南アジア史像』, 山川
　　　出版社, 1994.

川尻秋生,「古代東國における交通の特質」,『古代交通研究』11, 2001.

青木和夫,「計帳と徭銭」,『続日本紀研究』9-3, 1962.

_____,「古代の交通」,『體系日本史叢書24 交通史』, 山川出版社, 1970.

村井章介,『東アジア往還 漢詩と外交』, 朝日新聞社, 1995.

坂本太郎,『上代驛制の研究』, 至文堂, 1928.

平野邦雄,「第1章 古代の商品流通」, 豊田武・兒玉幸多編『体系日本史叢書13 流通史Ⅰ』, 山川出版社, 1969.

平野吾郎,「東海地方における郡衙推定遺跡とその立地について」, 斎藤忠先生頌壽記念論文集刊行会編『考古学論叢』, 吉川弘文館, 1988.

平野卓治,「日本古代の駅家 -文献史学から-」,『古代交通研究』3, 1994.

蒲生京子,「新羅末期の張寶皐の擡頭と反乱」,『朝鮮史研究会論文集』16, 1979.

豊田武・兒玉幸多編,『体系日本史叢書24 交通史』, 山川出版社, 1970.

戸田芳実,「平安初期の国衙と富豪層」・「中世成立期の所有と経営について」,『日本領主制成立史の研究』, 岩波書店, 1967.

_____,「富戸層」,『國史大辭典』12, 吉川弘文館, 1991.

和田浩爾・赤松蔚・奥谷喬司,「正倉院宝物(螺鈿, 貝殻)材質調査報告」,『正倉院年報』18, 1996.

Hugh R. Clark,「한반도와 남중국 간의 무역과 국제관계」,『장보고 해양경영사연구』, 도서출판 李鎭, 1993.

Karl Polany, The Livelihood of Man, Academic Press, 1977(한글판은 박현수 역,『人間의 經濟』Ⅰ, 도서출판 풀빛, 1983. 일본어판은 玉野井芳郎 외 역,『人間の経済』Ⅰ, 岩波書店, 1980).

〈제3부〉

加藤友康,「日本古代における交通・輸送と車 -大会テーマ「古代の車」検討のために-」,『古代交通研究』13, 2003.

榎本渉,「宋代の「日本商人」の再検討」,『史学雑誌』110-2, 2001.

_____,「宋代市舶司貿易にたずさわる人々」, 歴史学研究会編『シリーズ港町の世界史 三港町に生きる』. 青木書店, 2006.

_____,『東アジア海域と日中交流 -九～一四世紀-』, 吉川弘文館, 2007.

_____,「東シナ海の宋海商」, 荒野泰典 等 편『日本の対外関係 3通交・通商圏の拡大』, 吉川弘文館, 2010.

榎原雅治,「山伏が棟別銭を集めた話」,『遥かなる中世』7, 1986.

_____,「中世後期の山陽道」, 石井進編『中世の村と流通』, 吉川弘文館, 1992.

_____,『日本中世地域社会の構造』, 校倉書房, 2000.

角山榮,『堺 -海の都市文明-』, PHP新書, 2000.

岡野友彦,「『応永の検注帳』と中世後期荘園制」,『歴史学研究』807, 2005.

岡陽一郎,「中世の大道とその周辺」, 藤原良章・村井章介編『中世のみちと物流』, 山川
　　出版社, 1999.

_____,「中世の陸上交通に関する諸問題」,『交通史研究』56, 2005.

江草宣友,「平安期における銭貨流通と渡来銭」,『ヒストリア』193, 2005.

高橋公明,「中世東アジア海域における海民と交流 -濟州島を中心として-」,『名古屋大学
　　文学部研究論集』史学33, 1987.

_____,「朝鮮外交秩序と東アジア海域の交流」,『歴史學研究』573, 1987.

_____,「十六世紀の朝鮮・対馬・東アジア海域」, 加藤栄一 외 편『幕藩制国家と異域・
　　異国』, 校倉書房, 1989.

_____,「中世西日本海地域と対外交流」,『海と列島文化 2日本海と出雲世界』, 小学館,
　　1991.

高橋敏子,「中世の荘園と村落」, 近藤成一編『モンゴルの襲来』, 吉川弘文館, 2003.

高橋慎一郎,「「封建都市論」から学ぶこと」,『遥かなる中世』20, 2003.

高橋昌明,『武士の成立 武士像の創出』, 東京大學出版會, 1999.

高木久史,「日本戦国時代の撰銭と撰銭令」, 井原弘編『宋銭の世界』, 勉誠出版, 2009.

高瀬弘一郎,『キリシタン時代の研究』, 岩波書店, 1977.

関周一,「室町幕府の朝鮮外交 -足利義持・義教期の日本国王使を中心として-」, 阿部猛
　　編『日本社会における王権と封建』, 東京堂出版, 1997.

_____,「日朝多元外交の展開」, 桃木至朗編『海域アジア史研究入門』, 岩波書店, 2008.

_____,「「中華」の再建と南北朝内乱」, 荒野泰典 등 편『日本の対外関係 4倭寇と「日本国
　　王」』, 吉川弘文館, 2010.

橋本雄,「室町・戦国期の将軍権力と外交権」,『歴史学研究』708, 1998.

_____,「遣明船と遣朝鮮船の経営構造」,『遥かなる中世』17, 1998.

_____,「室町幕府外交は王権論といかに関わるのか?」,『人民の歴史学』145, 2000.

_____,「遣明船の派遣契機」,『日本史研究』479, 2002.

_____,『中世日本の国際関係 -東アジア通交圏と偽使問題-』, 吉川弘文館, 2005.

_____,「中世日本の銅銭 -永楽銭から「宋銭の世界」を考える-」, 井原弘編『宋銭の世界』, 勉誠出版, 2009.

_____,「日明勘合再考」, 九州史学研究会編『『九州史学』創刊五〇周年記念論文集 下 境界からみた内と外』, 岩田書院, 2008.

_____,「対明・対朝鮮貿易と室町幕府-守護体制」, 荒野泰典 等 編『日本の対外関係 4倭寇と「日本国王」』, 吉川弘文館, 2010.

_____,「大蔵経の値段 -室町時代の輸入大蔵経を中心に-」,『北大史学』50, 2010.

橋本雄・米谷均,「倭寇論のゆくえ」, 桃木至朗編『海域アジア史研究入門』, 岩波書店, 2008.

久留島典子,「領主の一揆と中世後期社会」,『講座日本通史9 中世3』, 岩波書店, 1994.

久野俊彦,「「連雀商人の巻物」の世界」, 地方史研究協議会編『宗教・民衆・伝統』, 雄山閣, 1995.

_____,「商人の巻物にみる民俗」, 国立歴史民俗博物館『第二十三回歴博フォーラム 中世商人の世界 -市をめぐる伝説と実像-』, 日本エディタースクール出版部, 1998.

菊地康明,『日本古代土地所有の研究』, 東京大学出版会, 1969.

菊地利夫,「会津盆地の修験山伏による定期市の市立とその歴史心理」,『歴史地理学会会報』103, 1979.

菊池浩幸,「戦国期領主層の歴史的位置」, 東国戦国史研究会『戦国史研究』別冊「戦国大名再考」, 2001.

_____,「室町・戦国期在地領主のイエと地域社会・国家」,『歴史学研究』833, 2007.

宮沢知之,『宋代中国の国家と経済』, 創文社, 1998.

亀井明徳,「日宋貿易関係の展開」,『講座日本通史 6』, 岩波書店, 1995.

近藤成一,「鎌倉幕府と公家政権」,『新体系日本史 1国家史』, 山川出版社, 2006.

近藤一成,「文人官僚蘇軾の対高麗政策」,『史滴』23, 2001.

今谷明,『京都・一五四七年』, 平凡社, 1988.

_____,『室町の王権 -足利義満の王権簒奪計画-』, 中央公論社, 1990

錦織勤,「中世山陰海運の構造 -美保関と隠岐の位置づけを中心に-」,『鳥取地域史研究』6, 2004.

기시모토 미오・미야지마 히로시(김현영・문순실 역),『조선과 중국, 근세 오백년을 가다」, 역사비평사, 2003.

吉岡康暢, 「新しい交易体系の成立」, 『考古学による日本歴史9 交易と交通』, 雄山閣, 1997.

吉原健一郎, 『江戸の錢と庶民の暮らし』, 同成社(江戸時代史叢書), 2003.

吉田賢司, 「中期室町幕府の軍勢催促」, 『ヒストリア』184, 2003.

_____, 「室町幕府の軍事親裁制度」, 『史学雑誌』115-4, 2006.

吉田孝, 「律令時代の交易」, 弥永貞三編 『日本經濟史大系 Ⅰ 古代』, 東京大学出版会, 1965.

金光哲, 『中近世における朝鮮観の創出』, 校倉書房, 1999.

나카다 미노루, 「일본에서의 왜구 연구의 학설사적 검토」, 『제2기 한일역사공동연구보고서』3, 2010.

滝川恒昭, 「戦国期房総における流通商人の存在形態」, 『中世東国の地域権力と社会』, 岩田書店, 1996.

滝沢武雄, 「撰錢令についての一考察」, 『日本貨幣流通史』, 校倉書房, 1966.

_____, 「鎌倉時代前期の貨幣」, 竹内理三博士古稀記念会編 『続荘園制と武家社会』, 吉川弘文館, 1978.

鍛代敏雄, 『中世後期の寺社と経済』, 思文閣出版, 1999.

_____, 「日本中世における商人身分の形成とその特質 -物流の観点を中心に-」, 『国学院雑誌』109-11, 2008.

大石直正, 「荘園公領制の展開」, 『講座日本歴史』3, 岩波書店, 1984.

大隅和雄・村井章介 編, 『中世後期における東アジアの国際関係』, 山川出版社, 1997.

大田由紀夫, 「十二～十五世紀初頭東アジアにおける銅錢の流布 -日本・中国を中心として-」, 『社会経済史学』61-2, 1995.

_____, 「中国王朝による貨幣発行と流通 -明・洪武朝の鈔法を中心として-」, 池享編 『錢貨 -前近代日本の貨幣と国家-』, 青木書店, 2001.

_____, 「一四・一五世紀の渡来錢流入 -中世日本の場合-」, 『歴史の理論と教育』128, 2008.

_____, 「渡来錢と中世の経済」, 荒野泰典 등 編 『日本の対外関係 4倭寇と「日本国王」』, 吉川弘文館, 2010.

大澤研一,「高麗時代の錢貨をめぐる研究の現況と課題」,『出土錢貨』21, 2004.

大和谷郁美,「『兵庫北関入舩納帳』から見る物価の變動」,『北大史学』46, 2006.

徳田釼一・豊田武,『増補中世における水運の発達』, 巖南堂, 1966.

嶋谷和彦,「模鋳銭の生産と普及」, 小野正敏・萩原三雄編『戦国時代の考古学』, 高志書院, 2003.

島田次郎,「日本中世共同体試論」・「百姓愁訴闘争の歴史的性格」,『日本中世の領主制と村落』下, 吉川弘文館, 1986.

東野治之,『貨幣の日本史』, 朝日新聞社, 1997.

藤木久志,『豊臣平和令と戦国社会』, 東京大学出版会, 1985.

_____,『戦国の作法 -村の紛争解決-』, 平凡社選書, 1987.

_____,『飢餓と戦争の戦国を行く』, 朝日選書, 2001.

藤原良章,「中世の市庭」, 網野善彦・石井進・稲垣泰彦・永原慶二編『講座日本荘園史 3 荘園の構造』, 吉川弘文館, 2003.

藤田明良,「東アジアにおける「海賊」と国家 -一四世紀～一五世紀の朝鮮半島を中心に-」,『歴史評論』575, 1998.

_____,「東アジアにおける島嶼と国家 -黄海をめぐる海域交流史-」, 荒野泰典 等 편『日本の対外関係 4倭冠と「日本国王」』, 吉川弘文館, 2010.

藤田裕嗣,「兵庫北関入舩納帳にみえる関銭をめぐる考察 -升米の再検討-」,『国立歴史民俗博物館研究報告』113, 2004.

瀬田勝哉,「荘園解体期の京の流通」『武蔵大学人文学会雑誌』24-2・3, 1985.

笠松宏至,『法と言葉の中世史』, 平凡社, 1984.

網野善彦,『無縁・公界・楽 -日本中世の自由と平和-』, 平凡社, 1978.

_____,「中世前期の水上交通について」,『日本社会再考 -海民と列島文化-』, 小学館, 1979.

_____,『日本中世の非農業民と天皇』, 岩波書店, 1984.

_____,「「悪」の諸相」,『海と列島の中世』, 日本エディタースクール出版部, 1992.

_____,「日本列島とその周邊 ―『日本論』の現在」,『岩波講座日本通史1 日本列島と人類社會』, 1993.

_____,「貨幣と資本」,『講座日本通史9 中世 3』, 岩波書店, 1994

_____,『日本中世都市の世界』, 筑摩書房, 1996.

_____,『日本中世に何が起きたか -都市と宗教と「資本主義」』, 日本エディタースクール 出版部, 1997.

梅原郁・諸田實,『平凡社大百科事典』9, 1985의「通行税」.

綿貫友子,「「武蔵国品河湊船帳」をめぐって -中世関東における隔地間取引の一側面-」, 『史林』30, 1989.

_____,『中世東国の太平洋海運』, 東京大学出版会, 1998.

_____,「中世水運史研究の動向と展望 -遠江国の事例から-」,『交通史研究』56, 2005.

木村茂光,「日本中世像の現在」,『日本史研究』526, 2006.

木下良,「歴史地理研究における古代地名」,『地理』임시 증간호『地名の世界』, 1982.

武藤直,「中世の兵庫津と瀬戸内海水運 -入船納帳と船籍地比定に関連して-」, 林屋辰三 郎編『兵庫北関入船納帳』, 中央公論美術出版, 1981.

박승하,「海賊禁止令과 朝鮮被虜人 沙火同刷還事件과의 관련성을 중심으로」, 2012년 동 양사학회 춘계연구발표회『역사상 동아시아 교류의 새로운 모색』, 2012.

飯沼賢司,「銭は銅材料となるのか -古代~中世の銅生産・流通・信仰-」, 小田富士雄 외 편『経筒が語る中世の日本』, 思文閣出版, 2008.

飯村均,「コラム東国の街道と流通拠点」, 橋本久和・市村高男編『中世西日本の流通と交 通 -行き交うヒトとモノ-」, 高志書院, 2004.

芳賀友博・寺内久永,「村松白根遺跡(茨城県東海村)出土の「永楽通宝」枝銭」,『出土銭貨』 22, 2005.

保立道久,「荘園制支配と都市・農村関係」,『歴史学研究』別冊, 1978.

_____,「中世民衆経済の展開」,『講座日本歴史3 中世1』, 東京大学出版会, 1984.

福島正樹,「僧戒禅書状とその周辺」,『信濃・第三次』40-6, 1988.

福島正義,「武士の旅と庶民の旅」, 児玉幸多編『日本交通史』, 吉川弘文館, 1992.

本多博之,『戦国豊臣期の貨幣と石高制』, 吉川弘文館, 2006.

本郷恵子,「中世前期の朝廷財政について」,『史学雑誌』101-4, 1992.

_____,「中世の経済構造」,『全集日本の歴史 6京・鎌倉ふたつの王権』, 小学館, 2008.

_____,「永仁の徳政令」,『全集日本の歴史 6京・鎌倉ふたつの王権』, 小学館, 2008.

峰岸純夫,『中世災害・戦乱の社会史』, 吉川弘文館, 2001.

富田正弘,「室町殿と天皇」,『日本史研究』319, 1989.

北島万次,『加藤清正 朝鮮侵略の実像』, 吉川弘文館, 2007.

浜中昇,「高麗末期倭寇集団の民族構成」,『歴史学研究』685, 1996.

斯波義信,「港市論」,『アジアのなかの日本史 III 海上の道』, 東京大学出版会, 1992.

山内晋次,『奈良平安期の日本とアジア』, 吉川弘文館, 2003.

_____,「日本列島と海域世界」, 桃木至朗編『海域アジア史研究入門』, 岩波書店, 2008.

_____,『日宋貿易と「硫黄の道」』, 山川出版社 日本史リブレット, 2009.

山本幸俊,「近世初期の論所と裁許 -会津藩を中心に-」, 北島正元 編『近世の支配体制と
社会構造』, 吉川弘文館, 1983.

山田邦明,「大名領国の財源」,『全集日本の歴史 8 戦国の活力』, 小学館, 2008.

山田勝芳,「貨幣と王権 -中国と日本-」,『天皇と王権を考える 3 生産と流通』, 岩波書店,
2002.

森克己,『森克己著作集 1 新訂日宋貿易の研究』, 國書刊行會, 1975.

_____,『森克己著作集 2 續日宋貿易の研究』, 國書刊行會, 1975.

森茂暁,『南朝全史－大覚寺統から後南朝へ』, 講談社選書メチエ, 2005.

杉山博,「荘園における商業」,『日本歴史講座3 中世篇1』, 河出書房, 1951.

森山恒雄,「豊臣期海外貿易の一形態 -肥後加藤氏領における関連史料の紹介-」,『森山恒
雄教授退官論文集 地域史研究と歴史教育』, 熊本出版文化会館, 1998.

_____,「佐々・加藤氏の政治」,『新熊本市史 通史編第三巻 近世 I』, 熊本市, 2001.

三上隆三,『江戸の貨幣物語』, 東洋経済新報社, 1996.

三枝暁子,「南北朝期における山門・祇園社の本末関係と京都支配」,『史学雑誌』110-1,
2001.

_____,「室町幕府の京都支配」,『歴史学研究』859, 2009.

三宅俊彦,『中国の埋められた銭貨』, 同成社, 2005.

三浦圭一,『日本中世の地域と社会』, 思文閣出版, 1993.

上島享,「財政史よりみた中世国家の成立 -中世国家財政論序説-」,『歴史評論』525, 1994.

上田信,『中国の歴史 9 海と帝国 明清時代』, 講談社, 2005.

西川裕一,「江戸期三貨制度の萌芽 -中世から近世への貨幣経済の連続性-」, 日本銀行金
融研究所『金融研究』, 1999.

石母田正, 『中世的世界の形成』, 伊藤書店, 1946.

石田晴男, 「室町幕府・守護・国人体制と『一揆』」, 『歴史学研究』586, 1988.

石井寛治, 『日本流通史』, 有斐閣, 2003.

石井正敏, 「高麗との交流」, 荒野泰典 等 편 『日本の対外関係 3通交・通商圏の拡大』, 吉
　　　川弘文館, 2010.

石井進, 「商人と市をめぐる伝説と実像」, 国立歴史民俗博物館 『第二十三回歴博フォー
　　　ラム 中世商人の世界 -市をめぐる伝説と実像-』, 日本エディタースクール出版部,
　　　1998.

_____, 『日本の中世 1中世のかたち』, 中央公論社, 2002.

小林茂, 「荷車」, 『講座日本技術の社会史 8交通・運輸』, 日本評論社, 1985.

小葉田淳, 『改訂増補日本貨幣流通史』, 刀江書院, 1943.

_____, 『日本歴史新書 日本の貨幣』, 至文堂, 1958.

_____, 「勘合貿易と倭寇」, 『岩波講座日本歴史』7, 岩波書店, 1963.

_____, 『日本鉱山史の研究』, 岩波書店, 1968.

_____, 『中世日支通交貿易史の研究』, 刀江書院, 1969.

_____, 『日本貨幣流通史』, 刀江書院, 1969.

_____, 「明代漳泉人の海外通商発展」, 『金銀貿易史の研究』, 法政大学出版局, 1976.

松延康隆, 「銭と貨幣の観念 -鎌倉時代における貨幣機能の変化について-」, 『列島の文化
　　　史』6, 日本エディタースクール出版部, 1989.

水野智之, 「南北朝・室町期の公武関係論と国家像の展望」, 『歴史評論』700, 2008.

須田牧子, 「朝鮮使節・漂流民の日本・琉球観察」, 荒野泰典 等 편 『日本の対外関係 4倭
　　　寇と「日本国王」』, 吉川弘文館, 2010.

須川英徳, 『李朝商業政策史研究』, 東京大學出版會, 1994.

水沢幸一, 「第3章 中世日本海域物流からみた地域性・境界性」, 『日本海域歴史大系3 中
　　　世篇』, 清文堂出版, 2005.

勝俣鎮夫, 「山賊と海賊」, 『週刊朝日百科 日本の歴史 8徳政令 -中世の法と裁判-』, 朝日新
　　　聞社, 1986.

_____, 「楽市楽座」, 『國史大辞典』, 吉川弘文館, 1993.

市村高男, 「中世港湾都市那珂湊と権力の動向」, 『茨城県史研究』87, 2003.

＿＿＿＿，「港町の景観と列島のネットワーク」，小野正敏編『沈没船が語る交流史』，高志書院, 2003.

＿＿＿＿，「中世西日本における流通と海運」，橋本久和・市村高男編『中世西日本の流通と交通』，高志書院, 2004.

＿＿＿＿，「中世の航路と港湾」，荒野泰典 등 편『日本の対外関係 4倭寇と「日本国王」』，吉川弘文館, 2010.

新城常三，『中世水運史の研究』，塙書房, 1994.

阿部浩一，「戦国期の有徳人と地域社会」，『歴史学研究』증간호, 2002.

児玉幸多編，『日本交通史』，吉川弘文館, 1992.

安国良一，「近世初期の撰銭令をめぐって」，歴史学研究会編『越境する貨幣』，青木書店, 1999.

＿＿＿＿，「貨幣の地域性と近世的統合」，鈴木公雄編『貨幣の地域史 -中世から近世へ-』，岩波書店, 2007.

安野眞幸，「安土山下町宛信長朱印状」，『弘前大学教育学部紀要』93, 2005.

安田次郎，「宋希璟のみた日本」，『全集日本の歴史 7走る悪党, 蜂起する土民』，小学館, 2008.

岩生成一，『南洋日本町の研究』，岩波書店, 1966.

桜井英治，「日本中世商業における慣習と秩序」，『人民の歴史学』94, 1987.

＿＿＿＿，「日本中世の経済思想 -非近代社会における商業と流通-」，『思想』834, 1993.

＿＿＿＿，『日本中世の経済構造』，岩波書店, 1996.

＿＿＿＿，「折紙銭と一五世紀の贈与経済」，勝股鎮夫編『中世人の生活世界』，山川出版社, 1996.

＿＿＿＿，「日本中世における貨幣と信用について」，『歴史学研究』703, 1997.

＿＿＿＿，「中世の商品流通」，桜井英治・中西聡編『新体系日本史12 流通経済史』，山川出版社, 2002.

＿＿＿＿，「早島報告コメント」，『日本史研究』487, 2003.

＿＿＿＿，「中世における物価の特性と消費者行動」，『国立歴史民俗博物館研究報告』113, 2004.

＿＿＿＿，「これからの中世史研究 -比較史および経済史の視点から-」，大阪歴史科学協議

　会『歴史科学』194, 2008.

鈴木公雄, 『出土銭貨の研究』, 東京大学出版会, 1999.

鈴木敦子, 「中世後期における地域経済圏の構造」, 『日本中世社会の流通構造』, 校倉書
　房, 2000.

鈴木良一, 「敗戦後の歴史学における一傾向 ―藤間・石母田氏のしごとについて―」, 『思
　想』295, 1948.

鈴木琢也, 「古代北海道における物流経済」, 氏家等編『アイヌ文化と北海道の中世社会』,
　北海道出版企画センター, 2006.

_____, 「北日本における古代末期の北方交易 -北方交易からみた平泉前史-」, 『歴史評
　論』678. 2006.

永原慶二, 「日本中世国家史の一問題」, 『思想』475, 1964.

_____, 『新・木綿以前のこと』, 中央公論社, 1990.

_____, 「戦国期の都市と物流」, 東京学芸大学『史海』42, 1995.

_____, 『戦国期の政治経済構造』, 岩波書店, 1997.

_____, 『荘園』, 吉川弘文館, 1998.

永井規男, 「実隆公記に現れた貴族住宅の作事」, 『日本建築学会論文報告集』136, 1967.

_____, 「歴史のなかの建築生産システム」, 新建築学大系編集委員会編『新建築学大系
　建築生産システム』, 彰国社, 1982.

五味文彦編, 『京・鎌倉の王権』, 吉川弘文館, 2003.

五味文彦, 「王の記憶 -王権と都市-」, 新人物往来社, 2007.

外岡慎一郎, 「鎌倉末～南北朝期の備後・安芸」, 『年報中世史研究』15, 1990.

宇野隆夫, 「古代的食器様式」, 『歴史時代土器研究』7, 1989.

宇佐見隆之, 「港津における問の展開」・「港津における問の終焉」, 『日本中世の流通と商
　業』, 吉川弘文館, 1999.

_____, 「コラム 中世都市研究の課題」, 佐藤信・吉田伸之編『新体系日本史6 都市社会
　史』, 山川出版社, 2001.

_____, 「中世末期地域流通と商業の変容」, 『日本史研究』523, 2006.

薗部寿樹, 「中世村落における宮座頭役と身分 -官途, 有徳, そして徳政-」, 『日本史研究』
　325, 1989.

柳原敏昭,「中世前期南九州の港と宋人居留地に関する一試論」,『日本史研究』448, 1999.

＿＿＿,「唐坊と唐人町」, 荒野泰典 등 편『日本の対外関係 4倭寇と「日本国王」』, 吉川弘文館, 2010.

伊藤幸司,『中世日本の外交と禅宗』, 吉川弘文館, 2002.

＿＿＿,「日明の外交と貿易」, 桃木至朗編『海域アジア史研究入門』, 岩波書店, 2008.

伊藤喜良,「室町期の国家と東国」,『中世国家と東国・奥羽』, 校倉書房, 1999.

李 嶺,『倭寇と日麗関係史』, 東京大学出版会, 1999.

＿＿＿,「동아시아 국제질서의 변동과 왜구 - 14세기 후반에서 15세기 초를 중심으로-」, 『한일관계사연구』36, 2010.

＿＿＿,「고려 말-조선 초 왜구의 실체=삼도(쓰시마, 이키, 마츠우라) 해민설의 비판적 검토」,『일본문화연구』, 2011.

＿＿＿,「〈여말-선초의 한반도 연해도서=다민족 잡거 지역〉설의 비판적 검토」,『동북아 문화연구』29, 2011.

＿＿＿,「민중사관을 가장한 식민사관 -일본 왜구 연구의 허구와 실체-」, 2012년 동양사 학회 춘계연구발표회『역사상 동아시아 교류의 새로운 모색』, 2012.

李鎭漢,「高麗時代 宋商 貿易의 再照明」,『歴史教育』104, 2007.

＿＿＿,「高麗時代における宋商の往来と麗宋外交」,『年報朝鮮学』12, 2009.

伊川健二,『大航海時代の東アジア -日欧通交の歴史的前提-』, 吉川弘文館, 2007.

林屋辰三郎編,『兵庫北関入舩納帳』, 中央公論美術出版, 1981.

入間田宣夫,「比較領主制論の視角」, 荒野泰典 外 編『アジアのなかの日本』I, 東京大学 出版会, 1992.

＿＿＿,「北の平泉」, 入間田宣夫・豊見山和行編『北の平泉・南の琉球』, 中央公論新社, 2002.

＿＿＿,「平泉藤原氏による建寺・造仏の国際的意義」,『アジア遊学』102, 2007.

長谷川博史,「十六世紀における西日本海域の構造転換」,『日本海域歴史大系3 中世篇』, 清文堂出版, 2005.

長尾治助,『債務不履行の帰責事由』, 有斐閣, 1975.

長節子,『中世国境海域の倭と朝鮮』, 吉川弘文館, 2002.

_____,「朝鮮前期朝日関係の虚像と実像」,『年報朝鮮学』8, 2002.

斎藤利男,『平泉 よみがえる中世都市』, 岩波書店, 1992.

_____,「奥州藤原氏の首都遺跡 -平泉と衣川-」, 荒野泰典 等 편『日本の対外関係 3通交・通商圏の拡大』, 吉川弘文館, 2010.

斎藤善之,「近世流通史の視点から」,『日本史研究』523, 2006.

荻慎一郎,『近世鉱山社会史の研究』, 思文閣出版, 1996.

田代隆,「下古館中世遺跡の調査について」,『日本歴史』485, 1988.

田辺泰・渡辺保忠,「建築工匠の賃銀について」,『日本建築学会研究報告』1, 1949.

田中健夫,『中世海外交渉史の研究』, 東京大学出版会, 1959.

_____,『中世対外関係史』, 東京大学出版会, 1975.

_____,『対外関係と文化交流』, 思文閣出版, 1982.

_____,『日本前近代の国家と対外関係』, 吉川弘文館, 1987.

_____,『前近代の国際交流と外交文書』, 吉川弘文館, 1996.

_____,『東アジア通交圏と国際認識』, 吉川弘文館, 1997.

田中大喜,「在地領主結合の複合的展開と公武権力」,『歴史学研究』833, 2007.

_____,「鎌倉～南北朝期の在地領主組織における被官の位相」,『鎌倉遺文研究』24, 2009.

井上正夫,「一二世紀末の宋銭排除論とその背景」,『社会経済史学』70-5, 2005.

井上泰也,「文献からみた中国の貨幣流通 -七～一四世紀(唐・宋・元代)を中心に-」,『出土銭貨』25, 2006.

井原今朝男,「室町期東国本所領荘園の成立過程」,『国立歴史民俗博物館研究報告』104, 2003.

_____,「東国荘園年貢の京上システムと国家的保障体制」,『国立歴史民俗博物館研究報告』108, 2003.

_____,『中世の借金事情』, 吉川弘文館, 2009.

早島大祐,「中世後期社会の展開と首都」,『日本史研究』487, 2003.

_____,「発展段階論と中世後期社会経済史研究」,『史林』88-1, 2005.

朝尾直弘,『大系日本の歴史 8天下統一』, 小學館, 1988.

朝尾直弘 외 편,『日本の社会史6 社会的諸集団』, 岩波書店, 1988.

朝日新聞社,『週刊朝日百科日本の歴史27 中世から近世へ ⑤信長と秀吉 天下統一』, 1986.

足立啓二,「明代中期における京師の銭法」,『熊本大学文学部論叢』29, 1989.

_____,「東アジアにおける銭貨の流通」,『アジアのなかの日本史III 海上の道』, 東京大学出版会, 1992.

佐久間重男,「明代後期における漳州の海外貿易 -蕭基の恤商策について-」,『日明関係史の研究』, 吉川弘文館, 1992.

佐藤進一,「室町幕府論」,『講座日本歴史7 中世3』, 1963.

_____,『日本の歴史 9 南北朝の動乱』, 中央公論社, 1974

_____,「中世幕府論」,『日本中世史論集』, 岩波書店, 1990.

_____,「公家法の特質とその背景」, 笠松宏至 외 校註『中世政治社会思想 下』, 岩波書店, 1981.

_____,『日本の中世国家』, 岩波書店(現代文庫), 2007.

佐藤泰広,「荘園制と都鄙交通」,『日本史講座 3』, 東京大学出版会, 2004.

佐藤和彦,「百姓申状の成立について」,『南北朝内乱史論』, 東京大学出版会, 1979.

佐伯弘次,「一六世紀における後期倭寇の活動と対馬宗氏」, 中村質編『鎖国と国際関係』, 吉川弘文館, 1997.

_____,「博多と寧波」, 荒野泰典 등 편『日本の対外関係 3通交・通商圏の拡大』, 吉川弘文館, 2010.

佐佐木銀弥,『中世商品流通史の研究』, 法政大学出版会, 1972.

_____,「荘園における代銭納制の成立と展開」,『中世商品流通史の研究』, 法政大学出版会, 1972.

_____,「中世後期地域経済の形成と流通」,『日本中世の流通と対外関係』, 吉川弘文館, 1994.

_____,『日本中世の流通と対外関係』, 吉川弘文館, 1994.

_____,『日本中世の都市と法』, 吉川弘文館, 1994.

中島圭一,「西と東の永楽銭」, 石井進編『中世の村と流通』, 吉川弘文館, 1992.

_____,「室町時代の経済」, 榎原雅治編『日本の時代史 11一揆の時代』, 吉川弘文館, 2003.

中島楽章,「ポルトガル人の日本初来航と東アジア海域貿易」,『史淵』142, 2005.

_____,「十六世紀末の福建-フィリピン-九州貿易」,『史淵』144, 2007.

仲村研,『中世惣村史の研究』, 法政大学出版局, 1984.

中村栄孝,「室町時代の日鮮関係」,『日鮮関係史の研究』上, 吉川弘文館, 1965.

中村太一,「日本古代の交易者 -目的とその類型-」,『國立歴史民俗博物館研究報告』113, 2004.

櫛木謙周,「長屋王家の消費と流通経濟 -勞働力編成と貨幣・物価を中心に-」,『國立歴史民俗博物館研究報告』92, 2002.

曾我部静雄,「明銭の渡来」,『社会経済史学』19-1, 1953.

池享,「戦国・織豊期の朝廷政治」,『戦国・織豊期の武家と天皇』, 校倉書房, 2003.

川尻秋生,「Ⅱ.武門の形成」, 加藤友康編『日本の時代史6 摂関政治と王朝文化』, 吉川弘文館, 2002.

川端新,『荘園制成立史の研究』, 思文閣出版, 2000; 高橋一樹,『荘園制と鎌倉幕府』, 塙書房, 2004.

千葉徳爾,「会津高田の市立方式についての修験の巻物」,『日本民俗学』131, 1980.

川戸貴史,「中近世移行期日本の貨幣流通史を振り返って」,『歴史学研究』812, 2006.

_____,「室町幕府明銭輸入の性格」,『歴史評論』700, 2008.

村井章介,『アジアのなかの中世日本』, 校倉書房, 1988.

_____,『中世倭人伝』, 岩波書店(新書274), 1993.

_____,「易姓革命の思想と天皇制」,『講座前近代の天皇』五, 青木書店, 1995.

_____,『国境を超えて -東アジア海域世界の中世-』, 校倉書房, 1997.

_____,『海から見た戦国日本』, 筑摩書房, 1997.

_____,『日本の中世 10分裂する王権と社会』, 中央公論新社, 2003.

_____,『中世の国家と在地社会』, 校倉書房, 2005.

_____,「寺社造営料唐船を見直す -貿易・文化交流・沈船-」, 歴史学研究会編『シリーズ港町の世界史 1港町と海域世界』, 青木書店, 2005.

_____,「蒙古襲来と異文化接触」・「倭冦と「日本国王」」, 荒野泰典 等 편『日本の対外関係 4倭冦と「日本国王」』, 吉川弘文館, 2010.

秋山哲雄,「鎌倉と鎌倉幕府」,『歴史学研究』859, 2009.

秋田洋一郎,「十六世紀石見銀山と灰吹法伝達者慶寿禅門 —日朝通交の人的ネットワークに関する一試論—」,『ヒストリア』207, 2007.

湯浅治久,「日本中世社会と寄進行為一贈与・神仏・共同体—」,『歴史学研究』833, 2007.

平田耿二,『消された政治家 菅原道真』, 文芸新書115, 2000.

浦長瀬隆,「一六世紀後半西日本における貨幣流通 -支払い手段の変化を中心として-」,『ヒストリア』106, 1985.

_____,「一六世紀後半京都における貨幣流通」,『地方史研究』35-3, 1985.

豊田武,『中世日本商業史の研究 増訂版』, 岩波書店, 1952.

_____,『豊田武著作集4 封建都市』, 吉川弘文館, 1983.

豊田武・原田伴彦・矢守一彦編,『講座日本の封建都市』, 文一総合出版, 1982.

河音能平,「中世社会成立期の農民問題」,『中世封建制成立史論』, 東京大学出版会, 1971.

한지선,「嘉靖年間 東南沿海社會 -密貿易과 嘉靖倭亂을 중심으로-」, 2012년 동양사학회 춘계연구발표회『역사상 동아시아 교류의 새로운 모색』, 2012.

脇田晴子,『日本中世商業発達史の研究』, お茶の水書房, 1969.

_____,「室町期の経済発展」,『講座日本歴史7 中世3』, 岩波書店, 1976.

_____,『日本中世都市論』, 東京大学出版会, 1981.

_____,「戦国期における朝廷権威の浮上」,『日本史研究』341・342, 1991・1992.

_____,「物価より見た日明貿易の性格」, 宮川秀一編『日本史における国家と社会』, 思文閣出版, 1992.

戸田芳実,『歴史と古道 歩いて学ぶ中世史』, 人文書院, 1992.

荒木和憲,「中世対馬の朝鮮貿易と領国経済」, 九州大学韓国研究センター専門委員会『韓国研究センター年報』5, 2005.

_____,「一六世紀前半対馬の政変と三浦の乱」,『九州大学21世紀COEプログラム(人文科学) 東アジアと日本：交流と変容』, 2005.

_____,『中世対馬宗氏領国と朝鮮』, 山川出版社, 2007.

荒野泰典,「日本型華夷秩序の形成」,『日本の社会史 1列島内外の交通と国家』, 岩波書店, 1987.

黒田明伸,「16・17世紀環シナ海経済と銭貨流通」, 歴史学研究会『越境する歴史学』, 青木書店, 1999.

_____, 『貨幣システムの世界史 ー〈非対称性〉をよむー』, 岩波書店, 2003(한글판은 정혜중 역, 『화폐시스템의 세계사 -'비대칭성을 읽는다'-』, 논형, 2005).

_____, 「東アジア貨幣史の中の中世後期日本」, 鈴木公雄編 『貨幣の地域史 -中世から近世へ-』, 岩波書店, 2007.

黒田俊雄, 「中世の国家と天皇」, 『岩波講座日本歴史 中世 2』, 岩波書店, 1963.

색인